"十三五"江苏省高等学校重点教材（2017-2-123）

天然气加气站设计与安全管理

赵会军　周　昊　吕爱华 ◎ 主编

石油工业出版社
Petroleum Industry Press

内 容 提 要

本书详细介绍了天然气加气站项目选址、设计建设、运营操作及安全管理的全寿命周期的相关技术知识。本书注重引导读者既能把握天然气加气站系统整体工艺，又能掌握设备、仪表、供配电等各个子系统；既能深刻理解天然气加气站相关理论方法，又能熟练掌握天然气加气站实际操作及安全管理规程。

本书可作为大专院校油气储运工程、城市燃气工程等专业的教学用书，也可作为加气站经营企业的教学培训参考用书，还可供天然气加气站的管理者、操作者和工程技术人员阅读使用。

图书在版编目(CIP)数据

天然气加气站设计与安全管理/赵会军,周昊,吕爱华主编. —北京：石油工业出版社,2019.6(2023.9 重印)
"十三五"江苏省高等学校重点教材
ISBN 978-7-5183-3406-3

Ⅰ.①天… Ⅱ.①赵…②周…③吕… Ⅲ.①天然气—加气站—安全管理—高等学校—教材 Ⅳ.①U491.8

中国版本图书馆 CIP 数据核字(2019)第 097005 号

出版发行：石油工业出版社
（北京市朝阳区安华里 2 区 1 号楼　100011）
网　　址：www.petropub.com
编辑部：(010)64256990
图书营销中心：(010)64523633　(010)64523731
经　销：全国新华书店
排　版：北京密东文创科技有限公司
印　刷：北京中石油彩色印刷有限责任公司

2019 年 6 月第 1 版　2023 年 9 月第 2 次印刷
787 毫米×1092 毫米　开本：1/16　印张：24.5
字数：624 千字

定价：59.00 元
（如出现印装质量问题,我社图书营销中心负责调换）
版权所有,翻印必究

前　言

目前我国正在大力推进"一带一路"倡议，随着能源合作的深入，中俄、中亚、中缅和海上四大油气进口通道的天然气运输量进一步增大，将大大改善我国的能源结构，同时促使国内车用天然气清洁燃料供应量快速增加，天然气加气站相关应用技术得以迅猛发展。江苏省"十二五"期间已在全省范围内建设了CNG加气站260座、LNG加气站50座，"十三五"能源发展规划中又计划"十三五"期间在全省范围内再建设汽车LNG加气站286座，天然气加气站建设已经在江苏省内全面展开。然而目前天然气加气站及其相关行业技术人员极度缺乏，掌握天然气加气站相关理论和知识的油气储运工程专业毕业生的就业职业需求量将剧增，天然气加气站的相关知识也迫切需要普及，国内加气站设计与安全管理方面的高校专业教材更是缺乏，严重滞后于天然气加气站行业发展的需要。常州大学油气储运工程专业在国内率先为本科生开设"天然气加气站设计与安全管理"课程，该课程作为专业主要课程，其教材质量对人才培养具有重要影响。但目前国内专门介绍天然气加气站技术方面内容的教材或专著很少，已有的相关技术书籍在使用中存在系统性、理论性和实践性的很大不足。因此，编者在多年教学实践及总结科研成果的基础上，编写了《天然气加气站设计与安全管理》教材。

本教材以"以学生为本""目标导向"的工程教育认证理念为编写指导思想，以加强培养学生工程实践能力和创新能力为导向，积极进行教材内容变革。编者以江苏省油气储运技术重点实验室、江苏省石油与天然气工程实践教育中心、常州大学—中国石化华东石油局工程实践教育中心、原国家安监总局油气储运安全技术创新中心为依托，充分利用江苏省重点学科和江苏省特色专业——油气储运工程专业在学科方面的理论优势，同时走访了常州大学油气储运实习基地、中国石化江苏省石油分公司已建的各类天然气加气站，对各类加气站所使用的国内外最先进的加气站工艺、设备仪表及操作管理方法进行了系统的调研和资料收集，将理论知识与实际操作管理相结合，将专业技术教育与安全管理教育相结合，并积极归纳、吸收国内外天然气加气站领域前沿研究成果、最先进的设备仪表、最新的行业设计规范，全面准确地阐述天然气加气站的先进理论与概念。

本教材分为天然气的性质及净化处理、天然气加气站工艺、天然气加气站的质量与数量管理、天然气加气站相关设备、天然气加气站仪表及控制系统、天然气加气站操作技术与运营管理、天然气加气站的安全技术与管理共7章，力求向读者展示加气站项目选址、设计建设、运营操作及安全管理的全寿命周期的相关技术知识。

本书由赵会军、周昊、吕爱华担任主编,高玉明和周宁担任副主编。其中第1章由赵会军编写,第2章和第4章由吕爱华编写,第3章和第5章由高玉明编写,第7章由周宁编写,周昊编写其余内容并统稿。中国石油大学(华东)刘刚教授、西南石油大学廖柯熹教授、辽宁石油化工大学马贵阳教授、中国安全生产科学研究院时训先教授级高工、常州大学陈海群教授认真审阅了本书的编写计划和书稿,提出了许多宝贵意见,使编者受益匪浅。

在本教材的编写过程中,得到了中国石化江苏省石油分公司相关领导的关心,他们提供了宝贵的技术资料,还得到许多领导和校友的关心与支持,给编者注入了极大的精神动力,在此表示衷心的感谢。

限于编者的水平,书中难免有不足及错误之处,恳请读者批评指正。

编 者

2018.12

目 录

1 天然气的性质及净化处理 … 1
1.1 天然气的组成及分类 … 1
1.2 天然气的物理性质 … 4
1.3 天然气的传输特性 … 8
1.4 天然气的燃烧性质 … 11
1.5 LNG 的储存特性 … 15
1.6 天然气的净化处理 … 16
思考题 … 17
参考文献 … 17

2 天然气加气站工艺 … 18
2.1 天然气加气站的分类 … 18
2.2 天然气加气站的选址和布局 … 22
2.3 CNG 加气站工艺 … 33
2.4 LNG 加气站工艺 … 46
思考题 … 57
参考文献 … 57

3 天然气加气站的质量与数量管理 … 59
3.1 天然气加气站的天然气质量要求及管理 … 59
3.2 天然气加气站的数量管理 … 61
3.3 天然气加气站的损耗分析及控制管理 … 66
3.4 天然气加气站数质量纠纷处理 … 77
思考题 … 79
参考文献 … 80

4 天然气加气站相关设备 … 81
4.1 CNG 加气站相关设备 … 81
4.2 LNG 加气站相关设备 … 111
思考题 … 154
参考文献 … 155

5 天然气加气站仪表及控制系统 … 157
5.1 加气站常用仪表及计量系统 … 157
5.2 加气站的自控系统 … 214
5.3 加气站供配电系统 … 228
思考题 … 238
参考文献 … 239

6 天然气加气站操作技术与运营管理 ······ 240
6.1 加气站的试运行 ······ 240
6.2 加气站的竣工验收 ······ 252
6.3 加气站的运行操作与维护巡检规程 ······ 252
6.4 加气站主要设备的维护管理和检修 ······ 284
6.5 加气站的运营管理 ······ 319
思考题 ······ 333
参考文献 ······ 334

7 天然气加气站的安全技术与管理 ······ 335
7.1 加气站相关安全生产法律法规 ······ 335
7.2 加气站安全管理组织机构和职责 ······ 341
7.3 加气站的风险分析 ······ 345
7.4 加气站设备安全与管理 ······ 351
7.5 加气站电气安全技术与管理 ······ 357
7.6 加气站事故管理与应急救援 ······ 362
7.7 加气站作业人员个体防护 ······ 372
7.8 加气站健康、安全与环境(HSE)管理体系 ······ 374
7.9 加气站典型事故案例 ······ 380
思考题 ······ 386
参考文献 ······ 386

1 天然气的性质及净化处理

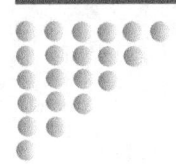

1.1 天然气的组成及分类

1.1.1 天然气的组成

天然气是由烃类化合物、非烃类气体和其他复杂成分组成的混合物。

烃类以烷烃为主,其中甲烷占绝大多数(70%~90%),其次为乙烷、丙烷、丁烷和戊烷。在常压、20℃下,甲烷、乙烷、丙烷、丁烷呈气态,戊烷至十七烷烃呈液态。

非烃类气体视气田而不同,一般有二氧化碳、一氧化碳、氮、氢、硫化氢、水汽和惰性气体等。在一些天然气藏中还含有多硫化氢(H_2S_x)和以胶溶态粒子形态存在的沥青质。

天然气的组成可以用体积分数、摩尔分数和质量分数表示。

对于理想气体混合物,摩尔分数与体积分数相等。

当压力足够低、温度足够高(即密度足够小)时,可以近似将实际气体视为理想气体。

下面举例说明各组成表示方法间的换算方法。

例1.1 某气田天然气的体积组成 y_i 如下:甲烷96.23%,乙烷1.73%,丙烷0.17%,丁烷0.14%,戊烷0.07%,二氧化碳0.27%,氮气1.27%,水0.12%。试求其质量组成 x_i。

解: 根据定义:

$$x_i = \frac{\text{组分质量 } m_i}{\text{总质量 } m} = \frac{\text{组分体积分数 } y_i \times \text{组分摩尔质量 } M_i}{\sum(\text{组分体积分数 } y_i \times \text{组分摩尔质量 } M_i)}$$

则计算结果见表1.1。

表1.1 例1.1计算结果

项目	甲烷	乙烷	丙烷	丁烷	戊烷	二氧化碳	氮气	水	合计
体积分数 y_i,%	96.23	1.73	0.17	0.14	0.07	0.27	1.27	0.12	100
摩尔质量,g/mol	16	30	44	58	72	44	28	18	—
质量分数 x_i,%	92.65	3.12	0.45	0.49	0.30	0.72	2.14	0.13	100

例 1.2 某气田天然气的质量组成 x_i 如下:甲烷 92.65%,乙烷 3.12%,丙烷 0.45%,丁烷 0.49%,戊烷 0.3%,二氧化碳 0.27%,氮气 1.27%,水 0.12%。试求其摩尔(或体积)组成 y_i。

解: 根据定义:

$$y_i = \frac{\text{组分物质的量 } n_i}{\text{总物质的量 } n} = \frac{\dfrac{\text{组分质量 } m_i}{\text{组分摩尔质量 } M_i}}{\sum \dfrac{\text{组分质量 } m_i}{\text{组分摩尔质量 } M_i}}$$

分子分母同除以总质量 m:

$$y_i = \frac{\dfrac{m_i/M_i}{m}}{\sum \dfrac{m_i/M_i}{m}} = \frac{\dfrac{\text{组分质量分数 } x_i}{\text{组分摩尔质量 } M_i}}{\sum \dfrac{\text{组分质量分数 } x_i}{\text{组分摩尔质量 } M_i}}$$

计算结果见表 1.2。

表 1.2 例 1.2 计算结果

项目	甲烷	乙烷	丙烷	丁烷	戊烷	二氧化碳	氮气	水	合计
质量分数 x_i,%	92.65	3.12	0.45	0.49	0.30	0.72	2.14	0.13	100
摩尔质量,g/mol	16	30	44	58	72	44	28	18	—
体积分数 y_i,%	96.23	1.73	0.17	0.14	0.07	0.27	1.27	0.12	100

1.1.2 天然气的分类

1.1.2.1 按照天然气来源分类

天然气按其来源可分为常规天然气和非常规天然气。

1. 常规天然气

(1)油田伴生气:在开采过程中,在油层间伴随石油液体出现的气体,与石油矿藏共生,包括气顶气和溶解气。主要成分是甲烷,其含量约 80%,通常含有大量的乙烷和碳氢重组分,其他烷烃类含量约 15%,低热值约 48 MJ/m³。我国中原油田、胜利油田、大庆油田等均有油田伴生气。

(2)气田气:从天然气气田开采出来的天然气,主要成分为甲烷,含量 80%~98%,乙烷、丙烷、丁烷等烃类较少,含有二氧化氮、硫化氢、氮气等杂质,低热值约 36 MJ/m³。新疆、四川、鄂尔多斯等盆地的气田气均属此类。

(3)凝析气田气:开采出来的气田气中含有较多的戊烷以上的烷烃类,可分离出汽油和轻质油等液体产品。这种气田气在地层中以气态存在,开采出来常温下为液态。

2. 非常规天然气

(1)煤层伴生气:通常存在于煤层中,即通常所说的瓦斯气。主要成分为甲烷,同时含有二氧化碳等气体,低热值约30MJ/m³。

(2)生物气:有机物在隔绝空气及适宜温度、含水率和酸碱度等条件下,受到发酵细菌作用而生成的可燃气体,俗称沼气。沼气的一般组分为甲烷(55%~65%)、二氧化碳(30%~40%),尚有少量的氢、硫化氢、氨气等,低热值为20~25MJ/m³。

此外,还有水溶天然气、水合物天然气。

1.1.2.2 按照含凝析油量分类

凝析油是指从凝析气田的天然气中凝析出来的液相组分,又称天然汽油。其主要成分是C_5至C_8烃类的混合物,并含有少量的大于C_8的烃类以及二氧化硫、噻吩类、硫醇类、硫醚类和多硫化物等杂质,其馏分多在温度为20~200℃得到,挥发性好,是生产溶剂油优质的原料。按含凝析油量的多少可分为干气与湿气两种。此分类与含水量没有关系。

(1)干气:甲烷含量比较高的天然气。这种天然气含甲烷在90%以上,含其他成分较少。

(2)湿气:含C_5等容易液化的组分较高的天然气。这种天然气含甲烷在90%以下,含其他成分10%以上。

1.1.3 天然气的状态

1.1.3.1 标准状态

天然气是由互不发生化学反应的多种单一组分气体混合而成,它的平均参数或视参数可由单一组分气体的性质按混合法则计算。因而,各单一组分气体的特性是计算该混合气体的基础数据。气体的特性与气体所处的状态有关。目前,规定的标准状态有以下几种:

(1)1954年第十届国际计量大会(CGPM)协议及国际标准ISO 7504规定:温度273.15K(0℃)、压力1.01325×10^5Pa为标准状态(standard condition)。

(2)国际标准化组织ISO 7504还推荐环境压力和15℃、20℃、23℃、25℃、27℃等为正常状态(normal condition)。

(3)美国国家标准(ANSI)的标准状态为:温度288.15K(15℃),压力1.01325×10^5Pa。

(4)我国《用标准孔板流量计测量天然气流量》(GB/T 21446)和《流量测量仪表基本参数》(JB/T 10564)规定的标准状态(通常称为工程标准状态):温度293.15K(20℃),压力1.01325×10^5Pa,这是我国计量气体体积流量采用的标准。

1.1.3.2 天然气的两种主要应用状态

天然气在正常使用的温度和压力条件下呈气态。而在应用过程中,为了便于储存和运输,天然气常保持在高压气态和低温液态两种状态,即压缩天然气(compressed natural gas,简称CNG)和液化天然气(liquefied natural gas,简称LNG)两种状态。

1. 压缩天然气

压缩天然气是指压缩到10MPa≤压力<25MPa的气态天然气,并以气态储存在容器中。当天然气被压缩到25MPa时,其体积接近标准状态的1/300。经压缩后天然气的成分没有变

化,体积缩小。

压缩天然气本身无味,在作为燃气使用时,一般应加臭。加臭的目的是当天然气泄漏到空气中,达到爆炸下限的20%的浓度时,应能察觉。

2. 液化天然气

天然气主要成分是甲烷,在常温下不能加压液化,必须将温度降到约 -82.6℃以下才能在压力下液化。气田开采出来的天然气,经过脱除水、酸性气体、汞、重烃类、氦、氮等,然后压缩、膨胀、液化而成的低温液体称为液化天热气。天然气在1个大气压下,被冷却至约 -162℃时,可以由气态转变成液态,其体积缩小至同量气态天然气体积的1/625,重量仅为同体积水的45%左右。常用的天然气制冷剂有丙烷、丙烯、乙烷、乙烯、甲烷、氮气等。

由于液化天然气先经净化处理,再经超低温处理,所以其无毒且无腐蚀性,泄漏后不会对人体造成毒性伤害,但吸入过多会导致肌体缺氧窒息死亡。液化天然气无色、无味、不能加臭,必须用专用检漏仪检漏。

1.2 天然气的物理性质

1.2.1 天然气的密度

密度是指在规定状态下,单位体积天然气的质量,符号为 ρ,单位为 kg/m^3。工程标准状态 (20℃,1.01325×10^5 Pa)下,天然气的密度为 $0.75 \sim 0.8 kg/m^3$。

另外,在相同的指定压力、温度状态下,天然气的密度与干空气密度的比值称为天然气的相对密度,符号为 Δ,其数值为 $0.58 \sim 0.62$。

LNG 的密度与其组分有关,一般为 $420 \sim 460 \ kg/m^3$。LNG 的密度随温度升高而减小,变化梯度约为 $1.35 \ kg/(m^3 \cdot K)$。

1.2.2 天然气的沸点、汽化潜热

1.2.2.1 沸点

沸点是常压(1.01325×10^5 Pa)下饱和液体沸腾时的温度。LNG 的沸点一般在 $-166 \sim -157℃$。

1.2.2.2 汽化潜热

汽化潜热是指在温度不变时,单位质量的液体在汽化过程中所吸收的热量,单位为 J/kg。一些碳氢化合物的汽化潜热见表1.3。

表1.3 一些碳氢化合物的汽化潜热　　　单位:J/kg

甲烷	丙烷	正丁烷	异丁烷	丙烯	丁烯-1	顺丁烯-2	异丁烯
510000	422584	383254	366100	439320	390786	415800	394133

由表 1.3 可知，甲烷的汽化潜热较高，汽化时吸收较多的热量，接触人体时容易造成冻伤。

1.2.3 天然气的湿度、含水量与水露点

1.2.3.1 湿度

天然气中往往含有水汽，天然气中含水汽多少用湿度或含水量来描述。湿度又分为绝对湿度和相对湿度。

绝对湿度是指单位体积天然气与水汽的混合物中含有的水汽质量，单位为 kg/m³ 或 mg/m³。在一定温度下，天然气的绝对湿度只与水蒸气的分压有关。若温度一定，水分增加到天然气被水蒸气所饱和时的绝对湿度称为饱和湿度。

相对湿度就是天然气的实际绝对湿度与同温度下的饱和湿度之比。当天然气中水蒸气达到饱和时，其相对湿度等于1。

1.2.3.2 含水量与水露点

含水量是指单位体积干天然气中所含的水蒸气量，单位为 kg/m³。

水露点也是表征天然气含水量的参数之一。它是指在压力一定下，逐渐降低温度，当天然气中水蒸气开始冷凝结露时的温度。

对于管输天然气，必须保证在输送过程中没有液态水析出。要求天然气净化脱水处理要达到在输送压力下，天然气的水露点应比最低环境温度低5℃。

1.2.4 天然气的烃露点

天然气的烃露点是指一定组成的天然气在一定压力下冷凝，当析出第一滴烃类液珠时的温度。烃露点可以根据天然气组成和压力、温度条件进行计算，也可以用仪器直接测量。

1.2.5 天然气的视临界参数和对比参数

1.2.5.1 视临界参数

任何气体在温度低于某一数值时，都可以等温压缩成液体，但当高于该温度时，无论压力增加到多大，都不能使之液化。可以使气体压缩成液体的这个极限温度称为该气体的临界温度，对应临界温度使气体液化所需的压力称为临界压力，该状态称为临界状态。临界状态下的温度、压力、密度（或比容）分别称为临界温度 T_c、临界压力 p_c、临界密度 ρ_c（或临界比容 v_c）。混合气体的视临界参数可按凯(Kay)法则计算：

$$T_c = \sum y_i T_{ci} \tag{1.1}$$

$$p_c = \sum y_i p_{ci} \tag{1.2}$$

式中　T_c——混合气体视临界温度，K；
　　　p_c——混合气体视临界压力(绝)，Pa；
　　　T_{ci}——i 组分的临界温度，K；
　　　p_{ci}——i 组分的临界压力(绝)，Pa。

该法则的适用条件是:各组分的临界压力比值和临界温度比值为 0.5~2。

1.2.5.2 对比参数

天然气的压力 p、温度 T、密度 ρ(或比容 v)分别与其视临界压力、视临界温度、视临界密度(或视临界比容)之比称为对比压力 p_r、对比温度 T_r、对比密度 ρ_r(或对比容积 v_r),统称为对比参数。对比参数计算公式如下:

$$p_r = \frac{p}{p_c} \tag{1.3}$$

$$T_r = \frac{T}{T_c} \tag{1.4}$$

$$\rho_r = \frac{\rho}{\rho_c} \quad \text{或} \quad v_r = \frac{v}{v_c} \tag{1.5}$$

1.2.6 天然气的压缩因子

描述气体压力、比容和温度之间相互关系的方程就是气体状态方程,对于研究压缩气体的状态和流动规律是十分重要的。把气体的压力 p、密度 ρ(或比容 v)和温度 T 这三者关系称为"PVT 特性"。

1.2.6.1 理想气体状态方程

$$pv = RT \tag{1.6a}$$

$$pV_M = R_M T \tag{1.6b}$$

$$pV = mRT = nR_M T \tag{1.6c}$$

式中 p——气体压力,Pa;

v——气体比容,m³/kg;

R——气体常数,kJ/(kg·K);

T——气体温度,K;

V_M——1kmol 气体容积,m³/kmol;

R_M——通用气体常数或普适常数,R_M = 8.3143kJ/(kmol·K);

m——气体质量,kg;

n——气体物质的量,kmol;

V——$m$kg 或 $n$mol 气体容积,m³。

气体常数 R 与通用气体常数 R_M 的关系为

$$R = R_M/M \tag{1.7}$$

式中,M 为气体千摩尔质量。

假设主要有两点:分子是质点没有体积;分子间无作用力。假设零压力的气体是合理的,上述 PVT 关系式是适用的。实际上这样的气体是不存在的,在压力足够低、温度足够高,即密度足够小的情况下(例如常温常压),可以近似使用理想气体状态方程。

1.2.6.2 实际气体状态方程

在天然气输气管线上,输气压力高达几兆帕甚至更高,此时天然气与理想气体性质差别很大,分子体积和分子间的作用力必须予以考虑。为了考虑这些效果,范德瓦尔斯(van der Waals)在 1873 年提出了定性描述实际气体一般特性的瓦尔状态方程。之后又出现了大量的经验或半经验半理论的关系式,如瑞得里奇—邝(Redlich-Kwong)方程、SRK 方程、本尼迪科特—韦勃—鲁宾(BWRS)方程。下面详细介绍计算精度比较高,而工程实际中经常使用的带压缩因子 Z 的状态方程:

$$p = Z\rho RT \quad \text{或} \quad pv = ZRT \tag{1.8}$$

式中,Z 称为压缩因子或压缩系数,它表示实际气体与理想气体的差别。由状态方程可以看出,Z 是一个状态参数,但对理想气体,在任何状态下都有 $Z=1$。

1.2.6.3 压缩因子

任何实际气体的 Z 值要通过实验来确定。大量实验表明:在相同的压力和温度下,不同流体的密度(或比容)是不同的,但是处于相同对比状态的不同流体具有近似相同的对比密度(或对比容积),这就是对比态原理。这一事实首先被范德瓦尔斯应用,对所有气态和液态流体提出如下的数学表达式:

$$F(p_r, T_r, v_r) = 0 \quad \text{或} \quad v_r = f_1(p_r, T_r) \tag{1.9}$$

由式(1.8)得

$$Z = \frac{pv}{RT}; \quad Z_c = \frac{p_c v_c}{RT_c}$$

Z_c 称为临界压缩因子。两式相比得

$$Z = Z_c \frac{p_r v_r}{T_r}$$

由上式与式(1.9)联立可得

$$Z = f_2(p_r, T_r, Z_c) \tag{1.10}$$

对于大多数物质,Z_c 的实验值变化不大,在 0.23 ~ 0.31 之间,因而可以近似认为是一常数。这样式(1.10)简化为

$$Z = f_2(p_r, T_r) \tag{1.11}$$

该表达式通常又称为修正的对比态原理。

压缩因子 Z 的确定方法有图解法和计算法两种。

图解法首先要根据各组分的摩尔分数或容积分数,按凯法则计算出天然气的视临界压力和视临界温度;其次计算对比压力和对比温度;最后查通用压缩因子图即可,如图 1.1 所示。

计算法主要通过经验公式和上述气体状态方程求得。我国《用标准孔板流量计测量天然气流量》(GB/T 21446)已经采用了美国煤气协会(AGA)公式的计算方法。标准状态下的天然气压缩因子计算,国家标准《天然气 发热量、密度、相对密度和沃泊指数的计算方法》(GB/T 11062)给出了计算公式。应该注意的是,美国煤气协会(AGA)公式只适合于天然气的主要成分为甲烷、乙烷,重烃含量较少,且真实相对密度 $\Delta \leq 0.75$、氮气摩尔分数 $M_N \leq 0.15$ 和二氧化碳的摩尔分数 $M_C \leq 0.15$ 的天然气计算。

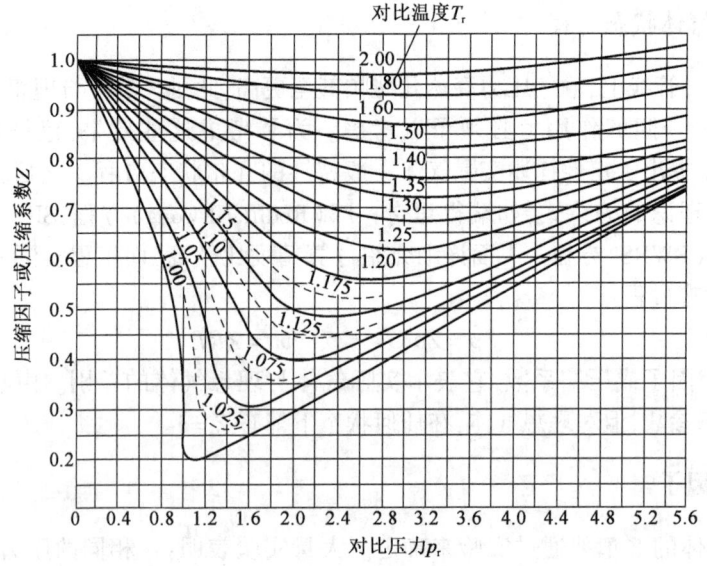

图1.1 常用天然气的压缩因子图

例1.3 已知某天然气压力4.413MPa,温度5℃。气体组成(体积分数)为甲烷97.5%、乙烷0.2%、丙烷0.2%、氮1.6%、二氧化碳0.5%,利用通用压缩因子图查其Z值。

解:(1)查资料得各组分p_{ci}、T_{ci}见表1.4。

表1.4 组分气体的临界压力、临界温度

项目	甲烷	乙烷	丙烷	氮	二氧化碳
p_{ci},MPa	4.544	4.816	4.194	3.349	7.290
T_{ci},K	190.58	305.42	369.82	125.97	304.25

(2)计算视临界参数。由式(1.1)、式(1.2)得

$$T_c = \sum y_i T_{ci} = (97.5 \times 190.58 + 0.2 \times 305.42 + 0.2 \times 369.82 + 1.6 \times 125.97$$
$$+ 0.5 \times 304.25)/100 = 190.7(K)$$

$$p_c = \sum y_i p_{ci} = (97.5 \times 4.544 + 0.2 \times 4.816 + 0.2 \times 4.194 + 1.6 \times 3.349$$
$$+ 0.5 \times 7.290)/100 = 4.538(MPa)$$

(3)计算对比参数:

对比压力 $\quad p_r = p/p_c = 4.413 \div 4.538 = 0.972$

对比温度 $\quad T_r = T/T_c = 278.15 \div 190.7 = 1.459$

(4)查图1.1得$Z = 0.91$。

1.3 天然气的传输特性

在天然气液化和LNG输送过程中,存在着流体流动和传热问题,下面介绍与天然气的传输相关的几个参数。

1.3.1 天然气的黏度

黏度也是物质的一种物理化学性质,由于黏度的作用,物体与流体发生相对运动时就会产生摩擦阻力和压差。

天然气的黏度与其相对分子质量、组成、压力和温度有关。中、低压力下,压力变化对气体黏度的影响不大,此时温度升高,气体分子无序热运动增强,气层间的加速和阻滞作用增加,因此,气体的黏度随温度升高而增大;压力增高,气体的黏度也增大。随着压力的增高,压力对黏度的影响逐渐增大,温度变化对气体黏度的影响逐渐减小,当压力增加到一定程度后(有资料介绍当压力高于10MPa以上时),温度对气体黏度的影响接近液体,气体黏度随温度升高而降低。

气体的黏度包括动力黏度和运动黏度。

动力黏度用符号 μ 表示,单位为 Pa·s,常用单位为泊(P)、厘泊(cP),1Pa·s = 10P = 1000cP。

运动黏度用符号 ν 表示,单位为 m^2/s,常用单位为托(St)、厘托(cSt),$1m^2/s = 10^4 St = 10^6 cSt$。

动力黏度与运动黏度的关系为

$$\nu = \frac{\mu}{\rho} \tag{1.12}$$

低压天然气的黏度计算方法有 Chung 法和 Lucas 法,高压天然气的计算要考虑压力对气体黏度的影响,采用修正后的 Chung 法和 Lucas 高压黏度模型或剩余黏度法计算。LNG 的黏度计算方法以 Jamieson 经验关联式与 Teja–Rice 法相结合使用。

1.3.2 天然气的比热容

在不发生相变和化学变化的条件下,加热单位质量的物质时,温度升高1℃所吸收的热量,称为此物质的比热容,单位为 kJ/(kg·K)或 kJ/(kg·℃)。

$$c = \frac{dQ}{dt} \tag{1.13}$$

式中　c——物质的比热容,kJ/(kg·K)或 kJ/(kg·℃);
　　　dQ——单位质量物质温度变化 dt 时吸收或放出的热量,kJ/kg;
　　　dt——温度变化,K 或 ℃。

气体的比热容根据热力过程的不同分为定容(容积不变)比热容 c_V 和定压(压力不变)比热容 c_p。均匀简单可压缩系统的比定容热容和比定压热容定义为

$$c_V = \left(\frac{\partial u}{\partial t}\right)_V \tag{1.14}$$

$$c_p = \left(\frac{\partial h}{\partial t}\right)_p \tag{1.15}$$

式中　u——气体的比内能,kJ/kg;
　　　h——气体的比焓,kJ/kg。

由热力学可知,对于理想气体有

$$c_p^0 - c_V^0 = R \tag{1.16}$$

式中　c_p^0——理想气体比定压热容,kJ/(kg·℃)或 kJ/(kg·K);

c_V^0——理想气体比定容热容,kJ/(kg·℃)或 kJ/(kg·K);

R——气体常数,kJ/(kg·℃)或 kJ/(kg·K)。

甲烷在 -40℃时的比定压热容为 2.077 kJ/(kg·℃)。

1.3.3 天然气的导热系数(热导率)

导热系数是物质的基本性质之一,是物质导热能力的特性参数。导热系数是指沿着导热方向上温度梯度为 1K/m 时,单位时间内通过单位面积的热量,符号为 λ,单位 J/(m·s·K)或 W/(m·K)。

气体碳氢化合物的导热系数随温度或压力的升高而增大。大多数液体的导热系数随温度升高而减小。常温下,压力对液体的导热系数影响较小,当压力低于 5~6MPa 时,工程上可忽略压力对导热系数的影响。液体混合物的导热系数可由单组分的导热系数通过混合规则计算。气体导热系数可按查表、查图和计算法确定。

1.3.4 焦耳—汤姆逊系数

焦耳—汤姆逊系数是在研究一个被称为焦耳—汤姆逊膨胀过程的流动过程时得到的。如图 1.2 所示,让气体在管道中通过一多孔塞从高压区向低压区流动或膨胀,过程稳定、绝热地进行。因为气体不可能自发地从低压区向高压区扩散,因此,无论过程多么缓慢都是不可逆的。

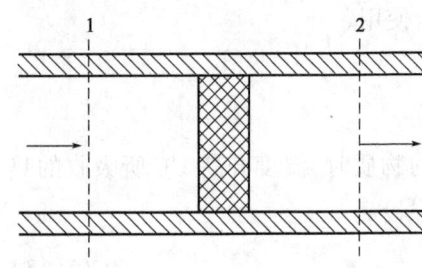

图 1.2 焦耳—汤姆逊膨胀实验示意图

在满足初始焓与终止焓相等的条件下进行一系列焦耳—汤姆逊膨胀实验。首先保证高压侧的压力(p_1)、温度(T_1)不变,而改变并维持低压侧压力为 p_{2a}、p_{2b}、p_{2c} 等,并分别测得相应的温度 T_{2a}、T_{2b}、T_{2c} 等。把这些点画在 $T-p$ 图上,就有一系列离散点 1,2a,2b,2c,……。这些点上有 $h_1 = h_{2a} = h_{2b} = h_{2c} = \cdots$。把这些离散点连成一条光滑的曲线——等焓线,如图 1.3 所示。但该曲线并不代表实际的气体通过节流塞的过程。

然后改变 p_1、T_1,重复上述过程。如此做一系列类似的实验,就可以得到一簇等焓曲线,如图 1.4 所示。

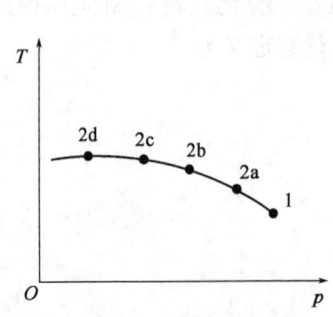

图 1.3 焦耳—汤姆逊实验等焓曲线

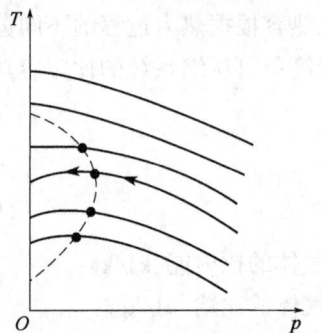

图 1.4 焦耳—汤姆逊实验等焓曲线簇

在等焓曲线上,任一点的斜率称为焦耳—汤姆逊系数,符号为 D_i,即

$$D_i = \left(\frac{\partial T}{\partial p}\right)_h \tag{1.17}$$

D_i 的值可以是正的、负的或者是零。

$D_i = 0$ 的点相应于等焓曲线的最大值,称为转换点。所有转换点连接成的线称为转换曲线。在转换曲线以内的区域($D_i > 0$),由于节流作用,温度随着压力的降低而降低,称为冷却效应。在转换曲线以外的区域($D_i < 0$),由于节流作用,温度随着压力的降低而升高,称为热效应。转换曲线与温度坐标轴交点的温度称为最大转换温度。当焦耳—汤姆逊膨胀的初始温度高于与最大转换温度相应的某一温度时,冷却是不可能的。

对于干线输气管道,一般 D_i 取 3~5℃/MPa。

1.4 天然气的燃烧性质

1.4.1 天然气的热值

1m³ 燃气完全燃烧所放出的热量称为燃气的热值,简称热值,单位为 kJ/m³。天然气的热值有高热值和低热值之分。高热值又称全热值,是指在恒定压力 1.01325×10^5 Pa、恒定温度 T(一般为 25℃)下燃气完全燃烧,生成的水蒸气完全以冷凝水的状态排出时所放出的热量;低热值又称净热值,是指在恒定压力 1.01325×10^5 Pa、恒定温度 T(一般为 25℃)下燃气完全燃烧,生成的水蒸气以气相排出时所放出的热量。显然高、低热值之差即为水蒸气的汽化潜热。一般在应用时,计算燃气灶具热效率时采用高热值为标准热值,而在实际当中,烟气排放均比水蒸气冷凝温度高得多,水蒸气并没有冷凝,或者说冷凝潜热得不到利用,所以工程计算中,一般采用低热值。

1.4.2 天然气的闪点

可燃液体表面的蒸气与空气混合,形成混合可燃气体,遇火源即发生燃烧,形成挥发性混合气体的最低燃烧温度称为闪点。表 1.5 是几种天然气组分的闪点。闪点越高,安全性越好。

表 1.5 几种天然气组分的闪点

组分	甲烷	乙烷	丙烷	丁烷
闪点,℃	-188	< -50	-104	-82.78

1.4.3 天然气的燃点、自燃点、燃烧温度

在规定的条件下,可燃物质遇火源自行燃烧的最低温度称为该物质的燃点。表 1.6 是几种天然气组分的燃点。燃点越高,安全性越好。

表 1.6 几种天然气组分的燃点

组分	甲烷	丙烷	丁烷
燃点,℃	538	466	430

可燃物质达到某一温度时,与空气接触,无需引火即可剧烈氧化而自行燃烧的最低温度称为自燃点。

燃烧温度是指燃料燃烧时放出的热量使燃烧产物(烟气)所能达到的温度,包括实际燃烧温度和理论燃烧温度两类。天然气利用空气作为助燃剂,理论燃烧温度可达到2300℃。

甲烷性质稳定,以甲烷为主要成分的天然气着火温度较高。在大气压条件下,纯甲烷的平均自动着火温度为650℃。如果混合气体的温度高于自动着火点,则在很短的时间后,气体将会自动点燃。如果温度比着火点高得多,气体将立即点燃。LNG的自动着火温度随着组分的变化而变化,例如,若LNG中碳氢化合物的重组分比例增加,则自动着火温度降低。

除了受热点火外,天然气也能被火花点燃。如衣服上的静电,也能产生足够的能量点燃天然气。因此,工作人员不能穿化纤布(尼龙、腈纶等)类的衣服操作天然气,化纤布比天然纤维更容易产生静电。

1.4.4 天然气的辛烷值

辛烷值是燃料抗爆性的标志,它表示燃料在发动机内燃烧时不发生爆震的能力。辛烷值是指与汽油抗爆性相同的标准燃料所含异辛烷的体积分数。如辛烷值为93的汽油(93号汽油),表示其抗爆性等于93%的异辛烷和7%的正庚烷组成的标准燃料的抗爆性。辛烷值越高表示抗爆性越好。规定异辛烷的辛烷值为100,正庚烷的辛烷值为0。甲烷的辛烷值为130,而现有优质汽油的辛烷值最高也仅为99。

1.4.5 天然气的燃烧速度与爆燃

气体的燃烧速度很快,受热和氧化后就会迅速燃烧。在气体燃烧中,通常采用火焰的传播速度来表示燃烧速度。甲烷在空气中的最大火焰传播速度为33.8cm/s,最大燃烧速度时的体积分数是10%。

混合气体着火时,如果火焰传播速度低于声速,燃烧过程称为爆燃。火焰传播速度高于声速的燃烧过程称为爆轰。天然气的爆燃特性是主要的危险因素。常温常压下天然气被点燃,其燃烧速度约为0.3m/s。

1.4.6 天然气的爆炸特性

可燃物质(可燃气体、蒸汽和粉尘)与空气(或氧气)必须在一定的浓度范围内均匀混合,形成预混气,遇着火源才会发生爆炸,这个浓度范围称为爆炸极限,或爆炸浓度极限。爆炸燃烧的最低浓度称为爆炸浓度下限,最高浓度称为爆炸浓度上限。天然气的爆炸极限为5%~15%。由于天然气的燃烧速度相对比较慢(大约是0.3m/s),所以在敞开的环境条件下,LNG和蒸汽一般不会因燃烧引起爆炸。天然气燃烧产生的黑烟很少,导致热辐射也少。

1.4.6.1 爆炸极限的影响因素

爆炸极限不是一个固定值,它随一些因素而变化。影响爆炸极限的因素主要有如下几点:
(1)原始温度:爆炸性混合物的原始温度越高,则爆炸极限范围越宽,即爆炸下限降低而爆炸上限升高。

（2）原始压力：混合物的原始压力对爆炸极限的影响很大。一般压力增大，爆炸极限扩大；压力降低，则爆炸极限缩小。

（3）惰性气体及杂质：若混合物中所含惰性气体的比例增加，爆炸极限范围越小，安全性提高；惰性气体浓度提高到某一数值，爆炸下限与爆炸上限重合，可使混合物不爆炸。

（4）充装容器的材质、尺寸等：实验证明，容器或管道直径越小，爆炸极限范围越小。

除上述因素外，火花的能量、热量交换表面的面积、火源和混合物的接触时间等对爆炸极限均有影响。

1.4.6.2 爆炸浓度极限的实用意义

（1）评定气体或液体火灾危险性的大小。可燃气体或液体的爆炸下限越低，爆炸极限范围越大，火灾危险性就越大。

（2）划分可燃气体等级的依据。爆炸下限低于10%的可燃气体属一级可燃气体，高于10%的可燃气体属二级可燃气体。

（3）评定气体生产、储存火险类别，选择电气设备的依据。生产、储存爆炸下限小于10%的可燃气体为甲类火灾危险，应选隔爆型电气设备；生产、储存爆炸下限大于10%的可燃气体为乙类火灾危险，可选任一类防爆型电气设备。

1.4.7 LNG 的低温特性

LNG 的低温常压储存是在液化天然气的饱和蒸气压接近常压时的温度进行储存，即是将 LNG 作为一种沸腾液体储存在绝热储罐中。常压下 LNG 的沸点在 -162℃ 左右，因此 LNG 的储存、运输、利用都是在低温状态下进行的。基于 LNG 的低温特性，对 LNG 系统的设备、管道的材料除了要注意防止低温条件下的脆性断裂和冷收缩对设备和管路引起的危害外，也要解决系统保冷、蒸发气处理、泄漏扩散以及低温灼伤等方面的问题。

1.4.7.1 保冷隔热

LNG 系统的保冷隔热材料应满足导热系数小、密度低、吸湿率和吸水率小、抗冻性强的要求，并满足在低温下不开裂、耐火性好、无气味、不易霉烂、对人体无害、机械强度高、经久耐用、价格低廉、方便施工等要求。

1.4.7.2 蒸发

LNG 是作为沸腾液体储存在绝热储罐中的。外界任何传入的热量都会引起一定量液体蒸发成为气体，这就是蒸发气(BOG)。蒸发气的组成与液体组成有关。标准状况下蒸发气密度是空气的60%。

当 LNG 压力降至沸点压力以下时，将有一定量的液体蒸发而成为气体，同时液体温度也随之降到其在该压力下的沸点，这就是 LNG 的闪蒸。通过烃类气体的气液平衡计算，可得到闪蒸气的组成及气量。当压力在 100~200kPa 范围内时，$1m^3$ 处于沸点下的 LNG 每降低 1kPa 压力时，闪蒸出的气量约为 0.4kg。当然，这与 LNG 的组成有关，以上数据可作估算参考。由于压力、温度变化引起的 LNG 蒸发产生的蒸发气的处理是液化天然气储存运输中经常遇到的问题。

液化天然气按照组成不同,常压下的沸点为 -166 ~ -157℃,密度为 430 ~ 460kg/m³(液),热值为 41.5 ~ 45.3MJ/m³(气),华白 Wobbe 指数为 49 ~ 56.5MJ/m³,液化天然气的体积大约是气态的1/625。在泄漏或溢出时,空气中的水蒸气被溢出的 LNG 冷却,产生明显的白色蒸气云。LNG 气化时,其气体密度与空气密度相当,因此,LNG 气化后,气体温度高于 -107℃时,其密度比空气小,容易在空气中扩散。

1.4.7.3 泄漏

由于 LNG 储存温度为 -162℃,泄漏后的初始阶段会吸收地面和周围空气中的热量迅速气化。但到一定的时间后,地面被冻结,周围的空气温度在无对流的情况下也会迅速下降,此时气化速度减慢,甚至会发生部分液体来不及气化而被防护堤拦蓄。气化的天然气在空气中形成冷蒸气云。冷蒸气云或者来不及气化的液体都会对人体产生低温灼烧、冻伤等危害。

LNG 泄漏后的冷蒸气云、来不及气化的液体或喷溅的液体,会使所接触的一些材料变脆、易碎,或者产生冷收缩,致使管材、焊缝、管件受损产生泄漏。特别是对 LNG 储罐可能引起外筒脆裂或变形,导致真空失效,绝热性能降低,从而引起内筒液体膨胀压力升高,造成更大事故,设备的混凝土基础可能由于冷冻而强度受损。

LNG 倾倒在地面上时,起初迅速蒸发,然后当从地面和周围大气中吸收的热量与 LNG 蒸发所需的热量平衡时便降至某一固定的蒸发速度。该蒸发速度的大小取决于从周围环境吸收热量的多少。由实验测得的 LNG 在不同材料表面的蒸发速度见表 1.7。

表 1.7 LNG 在不同材料表面的蒸发速度

材料	60s 后蒸发速度,kg/(m²·h)	材料	60s 后蒸发速度,kg/(m²·h)
湿沙	240	标准混凝土	130
干沙	195	轻胶体混凝土	65
水	190		

LNG 泄漏到水中时产生强烈的对流传热,以至在一定的面积内蒸发速度保持不变。随着 LNG 流动泄漏面积逐渐增大,直到气体蒸发量等于漏出液体所能产生的气体量为止。

泄漏的 LNG 开始蒸发时,所产生的气体温度接近液体温度,其密度大于环境空气。冷气体在未大量吸收环境空气中热量之前,沿地面形成一个流动层。当其温度升至约 -113℃(对纯 CH_4)或 -80℃(对 LNG 蒸气)时气体密度就小于环境空气。形成的蒸发气和空气的混合物在温度继续上升过程中逐渐形成密度小于空气的云团,此云团的膨胀和扩散是一个与风速、大气稳定度有关的复杂问题。LNG 泄漏时,由于液体温度很低,大气中的水蒸气也被冷凝而形成"雾团",这是可见的,可以作为可燃性云团的示踪物,指示出云团的区域范围。泄漏的 LNG 以喷射形式进入大气,同时进行膨胀和蒸发,还进行与空气的剧烈混合。大部分 LNG 包在初始形成的类似溶胶的云团之中,在进一步与空气混合的过程中完全气化。

LNG 与外露的皮肤短暂接触不会产生什么伤害,可是持续接触会引起严重的低温灼伤和组织损坏。

1.4.7.4 天然气的窒息特性

天然气的过分积聚可能会使空气中氧浓度变稀,人处在这种环境中可能会导致昏迷、伤害,甚至窒息。当空气中氧气体积分数低于 20% 时,如果氧气的含量进一步降低操作人员应当撤离。

当操作人员因缺氧失去知觉时,应当立即将其撤离现场,并进行人工呼吸。如果操作人员停止呼吸,应当立即进行人工呼吸并马上送往医院治疗。当空气中氧气浓度小于 10%、天然气浓度大于 50% 时,对人体产生永久伤害,在此情况下,工作人员不能进入 LNG 区域。

1.5 LNG 的储存特性

1.5.1 分层

LNG 是多组分混合物,因温度和组分的变化会引起密度变化,液体密度的差异使储罐内的 LNG 发生分层。一般罐内液体垂直方向上温差大于 0.2℃、密度差大于 $0.5kg/m^3$ 时,认为罐内液体发生了分层。LNG 储罐内液体分层往往是因为充装的 LNG 密度不同或是因为 LNG 氮含量太高引起的。

为防止分层,可采取如下方法:
(1) 不同产地、不同气源的 LNG 分开储存,可避免因密度差而引起的 LNG 分层。
(2) 根据需储存的 LNG 与储槽内原有的 LNG 密度的差异,选择正确的充注方法,可有效地防止分层。
①密度相近时一般底部充注;
②将轻质 LNG 充注到重质 LNG 储槽中时,宜底部充注;
③将重质 LNG 充注到轻质 LNG 储槽中时,宜顶部充注。

使用混合喷嘴和多孔管充注,可使充注的新 LNG 和原有的 LNG 充分混合,从而避免分层。

1.5.2 翻滚

若储罐内的液体已经分层,被上层液体吸收的热量一部分消耗于液面液体蒸发所需的潜热,其余热量使上层液体温度升高。随着蒸发的持续,上层液体密度增大,下层液体密度减小,当上下两层液体密度接近相等时,分层界面消失,液层快速混合并伴随有液体大量蒸发,此时的蒸发率远高于正常蒸发率,出现翻滚。

翻滚现象出现时,在短时间内有大量气体从 LNG 储罐内散发出来,如不采取措施,将导致设备超压。

1.5.3 快速相态转变(RPT)

两种温差极大的液体接触时,若热液体温度比冷液体沸点温度高 1.1 倍,则冷液体温度上升极快,表面层温度超过自发成核温度(当液体中出现气泡时),此过程热液体能在极短时间内通过复杂的链式反应机理以爆炸速度产生大量蒸气,这就是 LNG 或液氮接触时出现 RPT 现象的原因。LNG 溢入水中而产生 RPT 不太常见,其后果也不太严重。

1.6 天然气的净化处理

液化天然气工厂的原料气来自油气田生产的天然气、凝析气或油田伴生气,其中不同程度地含有硫化氢、二氧化碳、重烃、水和汞等杂质。在液化之前,必须进行预处理,以避免液化过程中由于过量水分、CO_2、重烃等的存在而产生冻结和堵塞设备及管道。表1.8列出了LNG原料气中最大允许杂质含量。

表1.8 LNG原料气中最大允许杂质含量

杂质组分	允许含量	杂质组分	允许含量
H_2O	<0.1mg/L	总硫	10~50mg/m³
CO_2	50~100mg/L	汞	<0.01μg/m³
H_2S	3.5mg/m³	芳香烃类	1~10mg/L
COS	<0.1mg/L	C_{5+}	<70mg/m³

1.6.1 脱除酸性气体

天然气中最常见的酸性气体是 H_2S、CO_2、COS 等。酸性气体不仅对人体有害,对设备管道有腐蚀作用,而且由于其临界温度较高(CO_2 常压下临界温度为304.25K),在降温过程中易成固体析出,堵塞设备管道,必须脱除。

天然气脱除酸性气体的方法主要有化学吸收法、物理吸收法、化学—物理吸收法、直接转化法和膜分离法等。其中,以醇胺法为主的化学吸收法和以砜胺法为代表的化学—物理吸收法是采用最多的方法。

1.6.2 脱水

按现行标准,进入液化天然气工厂的管输天然气的水露点,在交接点的压力和温度条件下,应比最低环境温度低5℃,此时,天然气中的含水量不能满足深冷液化的要求。为了防止低温液化过程中产生水合物,堵塞设备和管道,因此在液化前,必须将原料气中水分含量降低到小于 0.1×10^{-6} mg/L。

常用的天然气脱水方法有冷却法、甘醇吸收法和分子筛吸附法等。以上三类脱水方法的适应性概括如下:

冷却法脱水受到温度、压力的限制,脱水深度有限,常常作为初级脱水。

甘醇吸收法适用于大型天然气液化装置中脱除原料气所含的大部分水分。甘醇吸收法的投资费用较低,连续操作,压降较小,再生能耗小。采用汽提再生时,干气露点可降低至约 -60℃。但气体中含有重烃时,甘醇溶液易起泡,影响操作,增加损耗。

分子筛吸附法适用于要求干气露点低的场合,可以使气体中水的体积分数降低至 1×10^{-6} 以下。该法对气温、流速、压力等的变化不敏感,腐蚀、起泡等问题不存在,对于处理量小、脱水深度大的装置特别适合。天然气液化工厂采用吸附法脱水时多用分子筛吸附法。

对于液化天然气工厂,一般来说,处理气量比较大,原料气要求的露点降较大。实际使用中,对于露点降要求大的装置,可以采用分段脱水,先用甘醇吸收法除去大部分水,再用分子筛吸附法深度脱水至所要求的低露点。

思考题

1. 天然气是如何分类的?
2. 什么是天然气的水露点和烃露点?说明确定水露点和烃露点的几种方法。
3. 什么是天然气虚拟临界常数?在实际中有何应用?
4. 什么是气体的对比态原理?在实际中有何应用?
5. 什么是燃气的热值?在实际生产中为什么采用低热值而不是高热值?燃点、自燃点、燃烧温度有什么区别?
6. 定性说明温度对液体和气体黏度的不同影响。
7. 什么是燃气的爆炸极限?影响爆炸极限的因素有哪些?爆炸极限有什么实用意义?
8. 在 LNG 储存过程中,如何防止产生分层?
9. 在 LNG 储存过程中,在何种情况下会出现翻滚现象?
10. 天然气脱除酸性气体有哪些方法?
11. 天然气脱水有哪些方法?
12. 某输气管内气体平均压力为 $44×10^5 Pa$(绝),温度为 5℃,气体的质量组成如下:CH_4 = 95.26%,C_2H_6 = 1.63%,C_3H_8 = 0.563%,C_4H_{10} = 0.636%,C_5H_{12} = 0.351%,CO_2 = 0.134%,N_2 = 1.28%,H_2O = 0.146%(H_2O 的临界压力 p_c = 220.89×10⁵Pa,临界温度 T_c = 647.35K)。试求:

(1) 天然气的容积组成、视临界温度和视临界压力;
(2) 标准状况下天然气的密度、相对密度;
(3) 若输气管长 125km,管内径 700mm,求在管输状况下管内的气体在工程标准状态下的体积。

参 考 文 献

[1] 李长俊. 天然气管道输送. 北京:石油工业出版社,2000.
[2] 李一庆,范小平. 天然气加气站建设与管理. 北京:中国质检出版社,2013.
[3] 李玉星,姚光镇. 输气管道设计与管理. 东营:中国石油大学出版社,2009.
[4] 顾安忠,等. 液化天然气技术. 2 版. 北京:机械工业出版社,2015.

2 天然气加气站工艺

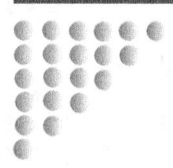

2.1 天然气加气站的分类

2.1.1 按气源形态分类

天然气加气站根据气源形态不同可分为 CNG 加气站、LNG 加气站两大类。国内已建成的加气站中,80% 以上为流程简单、技术成熟的 CNG 加气站。随着 LNG 汽车的推广发展,LNG 加气站也逐步形成一定规模。

2.1.1.1 CNG 加气站

CNG 加气站是为燃气汽车、储气装置充装车用压缩天然气(CNG)的专门场所。根据气源和规模大小不同,CNG 加气站又可分为标准站和子母站。

1. 标准站

一般有天然气管网的城市,在管网附近设立的加气站称为标准站(又称常规站)。它直接从管网中吸取气体,经压缩机压缩后输入储气瓶,再通过售气机向汽车供气。CNG 标准站的日加气能力一般在 $2 \times 10^4 \sim 3 \times 10^4 m^3$。

2. 子母站

在城市无天然气管网所及之处若要设加气站时,一般用子母站的方式加以解决。子母站是指在母站从高压管道取气,经压缩后由 CNG 槽车分供到各处子站,进行汽车加气。子母站是针对管网、征地、安全等条件受限制而发展起来的一种无管网输配技术,可建在输气管网尚未敷设的区域,远离主城区。

加气母站是为加气子站供应压缩天然气的加气站,一般从天然气高压管道(1.0~1.5MPa)直接取气,主要为 CNG 槽车充装天然气,如图 2.1 所示。大多数加气母站同时具有为 CNG 燃料汽车加气的功能。一座加气母站可日充运气瓶车十多辆,通常配置 4~6 个子站。加气母站加气根据进站天然气压力的不同,日加气能力从 $3 \times 10^4 m^3$ 到 $30 \times 10^4 m^3$ 不等,有的地方建设的加气母站日加气能力可以达到 $50 \times 10^4 m^3$。

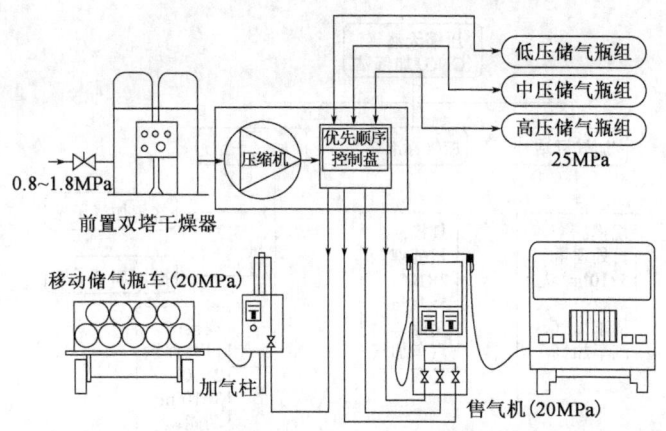

图 2.1 加气母站工作示意图

加气子站主要是为了满足没有管输气的城镇建设加气站的需要,依靠 CNG 槽车运送压缩天然气,为汽车进行加气作业的加气站。根据卸气方式不同,又分为常规子站和液压子站。子站日加气能力一般在 $1\times10^4\sim2\times10^4\text{m}^3$。加气子站主要适用于敷管实施困难、不经济或现有供气能力不能满足加气用气需要的站点。加气子站的建设灵活、方便,距母站 200km 以内为宜,主要建在车流量大的中心城区周边。加气子站工作示意图如图 2.2 所示。

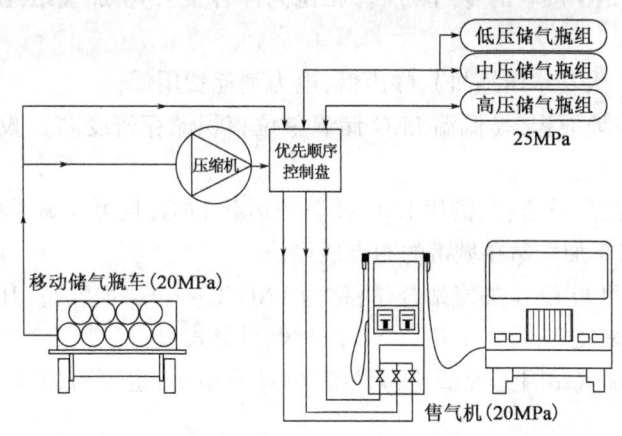

图 2.2 加气子站工作示意图

子母站有快速发展的趋势,它与标准站等进行有机结合,实现优势互补,各自的特点如图 2.3 所示。目前国内各地区气源特点不同,京津地区主要采用子母站,四川、重庆地区主要使用标准站。

2.1.1.2 LNG 加气站

LNG 加气站是以 LNG 为气源建设的汽车加气站。较 CNG 加气站,主要优势在于脱离天然气管输网限制,建站更灵活,可以在任何需要的地方建站,且无需造价昂贵及占地面积宽的多级压缩机组,大大减少了加气站初期投资和运行费用。LNG 加气站建站的一次性投资相对 CNG 加气站节约 30%,且日常运行和维护费用减少近 50%。

依据可加气车辆类型,LNG 加气站主要可分为液化天然气加气站(简称 LNG 加气站)、液化天然气经液态加压、气化的天然气加气站(简称 L-CNG 加气站)、LNG 和 L-CNG 联建的加气站(简称 LNG/L-CNG 加气站)3 种。

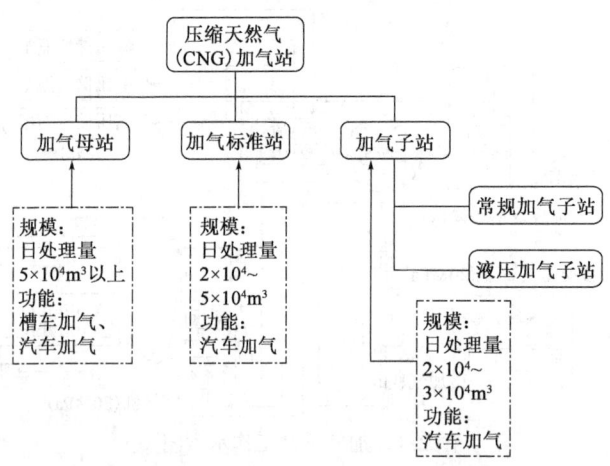

图 2.3　CNG 加气站的分类框图

LNG 加气站是为 LNG 汽车储瓶充装 LNG 燃料的专门场所。该类加气站使用 LNG 作为气源,经适当增压后,通过 LNG 加注机直接向 LNG 汽车进行加注。

L－CNG 加气站是 LNG 与 CNG 两种加气方式的有机组合,它是将 LNG 转化为 CNG,为 CNG 汽车储瓶充装 CNG 燃料的专门场所。相比同样容量 CNG 加气站,L－CNG 加气站具有以下特点:

(1)设备少(减少大功率压缩机),噪声低,电力消耗费用低;

(2)工艺简单,占地面积少(低温 LNG 储罐单位容积储存密度高),投资省,一站多用,运行成本低;

(3)不必敷设天然气管道,只需用 LNG 槽车来运载 LNG,且可远离天然气输气管网建设,极大地方便了燃气汽车加气站在城市的布点成网。

L－CNG 加气站可与 LNG 加气站合建,称为 LNG/L－CNG 加气站,其特点是可合用一套 LNG 储罐和卸车、装车装置,提供 LNG、CNG 两种燃料形式。

此外,LNG 各类加气站因无大型动力设备,气站占地少,也可与加油站合建,称为加油加气合建站。

综合而言,根据气源和供气形态分类,天然气加气站主要有表 2.1 中所列的几种类型。

表 2.1　天然气加气站的种类

型式	气源	服务对象	站址选位
CNG 标准站	天然气管道	为 CNG 汽车充装 CNG	有供气能力的中压管网干线
CNG 加气母站	输气干线或城市高压管道	为车载储气瓶充装 CNG	门站或高中压调压站
CNG 加气子站	CNG 车载储气瓶	为 CNG 汽车充装 CNG	主要在市中心区外缘、公交车停车场
LNG 加气站	市区小站可由大站倒运	为 LNG 汽车充装 LNG	储配站型设在市区边缘,小站可设在市中心区外缘或公交车停车场(非上客)
L－CNG 加气站	市区小站可由大站倒运	由 LNG 转化成 CNG,为 CNG 汽车充装 CNG	储配站型设在市区边缘,小站可设在市中心区外缘或公交车停车场(非上客)

续表

型式	气源	服务对象	站址选位
LNG/L-CNG加气站	共用LNG储罐和接气系统,分设LNG和L-CNG供气系统	可为汽车充装车用CNG,也可为汽车充装车用LNG	储配站型设在城市边缘,一般站主要建在市际高速公路的服务区及国道、省道处
加油加气合建站	主要是CNG子站、标准站及LNG、L-CNG站与加油站合建	可为汽车充装汽油、柴油,又可为天然气汽车充装车用CNG或LNG	改建有加气条件的加油站,在市际道路上宜建油气合建站(可利用加油站改建)

2.1.2 按建站方式分类

目前加气站的建站方式主要有两种——站房式加气站、橇装式加气站。

2.1.2.1 站房式加气站

所谓站房式(也称固定式)加气站,是指将加气站所有设备分别安装在固定站房内,其中主要设备现场安装,常规建设,并按工艺流程及高低压管道和各种阀门将这些设备联系起来,形成一个开环工艺系统。

这种建站方式的特点是设备空间较大,便于运行和维修保养,但现场安装工作量大,占地面积大,设备与基础相连,施工周期长,加气站的土建施工、设备安装费用高。这种建站方式适合已经有一定量LNG汽车或政府资金支持的城镇。若建站条件允许时,尽可能建设站房式加气站,形成长久加气设施。

图2.4为站房式LNG加气站示意图。

图2.4 站房式LNG加气站示意图

2.1.2.2 橇装式加气站

所谓橇装式结构,是指将加气站主要设备,如净化系统、加压设备、气化器、储气容器、加气机、控制系统等设备尽可能地集成安装在一个或多个橇块上,形成一个可控制的整体设备。橇装式加气站多为临时站,有运输方便、安装简单快捷、工艺流程简单、工程量小、占地面积小、建设周期短、投入较小等特点,适合前期开发市场时使用。

橇装式加气站又可分为地面式和移动式两种。地面式橇装式LNG加气站将储存系统、管路系统和加气机系统安装在橇体内,站控系统安装在橇体外的值班室内。地面式橇装式加气站也有两种变异形式:一种是不封闭型结构,即橇装上没有安装封闭的箱体,所有设备都暴露在外面,适用在室内或棚下安装;另一种是全封闭型结构,即橇装上安装有一个类似集装箱那样的全封闭型箱体,具有密封、防雨、防爆、保温、降噪等功能,适于露天安装。地面式橇装式LNG加气站典型实例见图2.5,其储罐总容积一般不大于50m³。根据加气规模,橇装式LNG加气站一般可分为微型(<5000m³/d)、小型(8000~10000m³/d)、中型(10000~15000m³/d)。

(a)　　　　　　　　　　　　　　　(b)

图2.5　地面式橇装式LNG加气站典型实例(外形尺寸12900mm×2250mm×2720mm)

移动式橇装式LNG加气站将以上各系统集中安装在橇体内,与拖车采用软管连接,可整站移动,并且驱动机大都为天然气发动机。其特点是体积小,占地面积小,仅适用于临时及应急使用,功能简单,方便移动,适合矿区及偏远地区临时使用。简易移动式LNG加气站示意图如图2.6所示。LNG拖挂车容积有30m³、50m³、60m³等多种规格。

图2.6　简易移动式LNG加气站示意图

2.2　天然气加气站的选址和布局

天然气加气站是给天然气汽车充装天然气的地方,属服务性、易燃、易爆的危险场所。除CNG加气母站外的其他各类加气站可与加油站联合建站。这样做有利于节省城市用地、降低投资成本,有利于经营管理,也有利于燃气汽车的发展。加油加气站还可与电动汽车充电设施联合建站。

2.2.1 CNG加气站的基本条件与建设

2.2.1.1 CNG加气站的储气规模

CNG加气站储气设施的总容积,应根据设计加气汽车数量、每辆汽车加气时间,以及母站服务的子站的个数、规模和服务半径等因素综合确定。

根据作业需要,加气时间比较集中的CNG加气站,储气量以日加气量的1/2为宜,加气时间不很集中的CNG加气站,储气量以日加气量的1/3为宜。目前加气母站一般有5~7个拖车在固定停车位同时加气,主力拖车储气瓶组几何容积为18m^3。为限制城市建成区内加气母站规模,故CNG加气母站储气设施的总容积不应过大,通常不应超过120m^3。压缩天然气常规加气站日加气量一般为(1~1.5)×$10^4 m^3$(基准状态),繁忙的加气站日加气量达到2×$10^4 m^3$(基准状态),故压缩天然气常规加气站储气设施的总容积在城市建成区内通常不应超过30m^3。对于CNG加气子站,若站内设置有固定储气设施时,固定储气设施的总容积不应超过18m^3。

加气站储罐总容积不同,对周围建筑物的影响程度和危险性也不同。依据《汽车加油加气站设计与施工规范》(GB 50156),CNG加气站可划分为一级(12m^3<储气设备容积≤16m^3)、二级(6m^3<储气设备容积≤12m^3)、三级(储气设备容积≤6m^3),共三个等级。

2.2.1.2 CNG加气站的选址

CNG加气站的选址合理与否直接关系到消费者的利益,同样影响着企业的经济效益。

1. 选址原则

目前,CNG加气站的建站模式主要采用油气合建(加油站与CNG加气站合建)。在进行加油加气站网点布局和选址定点时,首先需要符合当地的整体规划、环境保护和防火安全的要求,即符合城乡规划原则、环境保护原则以及防火安全原则,充分考虑与周围建筑物、构筑物、交通线的安全距离。

同时需要处理好方便加油加气和不影响交通这样一个关系,符合交通便利原则,宜设在需求量大、城市道路附近交通便利、便于车辆进出、视线开阔、便于司机发觉,且供水、供电、供气方便的地方以降低投资。

此外,所选站址还应遵循效益最大化原则,选择最经济的站址。

2. 选址步骤

(1)掌握车辆燃料需求情况。选址时,首先应了解道路设施与车流情况。道路设施与过境车辆息息相关。车流是加气站的生命线,所以在选址前,要掌握区域内各线路的车流量和车流特点,了解同方向上竞争对手的情况,了解道路规划蓝图及周围环境的特点等。

(2)进行拟选站址位置比较。在选定区域后,要对所选区域进行充分调查,摸清地上、地下的情况,尽量避开埋地管线和上空高压线等情况。有些地质条件会使加气站建设陷入困境。初选时应拟选多个站址位置,并分别摸清地上、地下情况。在此基础上进行比较,选出最优者以后,方可开始着手项目可行性报告的编写。

(3)编制项目可行性报告。项目建设单位应在可行性论证的基础上,根据立项批复,编制方案图,征询政府有关职能部门的意见,结合调查结果,编制项目可行性报告。

3. 选址方法

选址时,应符合城市规划、防火要求、环境保护、交通便利等条件,一般宜设在工厂和居民区全年最小频率风向的上风侧,并通风良好的地点。

在城市建设加气站网络,应与当地燃气汽车的发展、燃气供应等规划相适应。还应考虑整个加气站网络间的关系,如加气站的间距。若是油气合建站,还要考虑与原加油站网络的合理匹配等。进行 CNG 站选址布点时,应处理好以下几方面的关系:

(1)站址应有效避开公共建筑和人员密集区,以减少事故危害。

(2)站址应位于交通干线和车辆出入方便的次要干道上,以方便加气。经济的站场地形为喇叭形,沿着路口侧为大口,里面为小口。不过理想的地形是极为难得的,通常采用量地建站的方法。一般来讲,市区加气站沿道路侧的长度可控制在 40~60m 之间,公路干线上沿公路侧的长度要控制在 70~120m 之间,与道路垂直的长度可控制在 40m 左右。垂直方向的长度过大会影响土地的使用率。

(3)常规站一般建在有城市输气管网附近,母站一般建在门站或主干线附近。

(4)进出站的槽车行驶路线应符合城市易燃易爆品交通运输的有关规定,应避免在市区繁忙道路上行驶,同时应考虑转弯半径等因素。

(5)还应考虑管网压力是否符合压缩机进气要求,若布点不当会影响 CNG 站的运行和使用,加气站的设置应纳入城市燃气规划。

4. 选址注意事项

(1)在城市建成区内不宜建一级加油站、一级加气站、一级加油加气合建站、CNG 加气母站。建设的加油加气站,宜靠近城市道路,但不宜选在城市干道的交叉路口附近。在城市中心区不应建一级加油站、一级加气站、一级加油加气合建站、CNG 加气母站。在城市中心区附近受消防安全的限制或道路宽度与转弯半径不宜通行运气瓶车的站点,且该站点所处路段建有较大供气能力的天然气管道时,要选建标准型加气站。

(2)选址时应与政府有关部门沟通信息,听取意见,及时掌握道路和城建规划情况,以避免建成后不久搬迁,造成不必要的损失。城市中因道路拓宽、改建等市政工程,迫使加油加气站拆除迁建的事屡屡发生,因此选址时应多加注意。

(3)站址应避开人员稠密的繁华区段、车流量大的交叉路口和重要建筑。不应选在城市干道的交叉口、人员密集区及重要建筑物、构筑物的附近,以确保交通通畅和周围环境的安全。若站址地处咽喉地段,将会造成站前车辆排队堵塞道路,致使车辆进站困难,影响正常营业。

(4)站址应避开地下构筑物(古墓等文物)、空中有电信电缆、电力电缆区域;应避免在塌陷回填、地势低洼、地下水位高涨区域;应避免地质条件恶劣如流沙层、淤泥层、断裂层等区域,以免增加施工难度。

(5)站址应尽可能利用社会整体配套设施,以降低配套投资。选址时必须考虑到附近是否有便利的水源、电源和通畅的排水设施。

(6)应根据实际情况和需要,开展多种经营。例如,充分利用场地空地,开发为专供过路司机吃、住的饭店、停车场。这样,司机可以将该站作为歇脚点,中途停留休息,必然增加销售收入和经济效益。

2.2.1.3 CNG加气站的平面布置

1. 区域布置

CNG加气站站内主要功能区域有CNG工艺装置区、加注区(槽车加气岛、槽车固定车位、汽车加气岛)、生产辅助区(生产辅助用房、加气站房、消防水池)等。加注区与生产辅助区之间应设有界线标识。

1) CNG工艺装置区

CNG工艺装置区内设天然气入站管道、天然气净化系统、天然气调压系统、天然气压缩系统和天然气储气设备等,实现天然气入站和脱硫、脱水、调压、计量、压缩、储存等主要生产工艺。

储气井由于安装在地下,一旦发生事故,影响范围相对地上储气瓶要小,故允许其与站外建(构)筑物的安全间距小于地上储气瓶。为了防止进站加气汽车控制失误撞入储气设施造成事故,储气瓶组或储气井与站内汽车通道相邻一侧,应设安全防撞栏或采取其他防撞措施。

加气站的CNG储气瓶(组)间宜采用开敞式或半开敞式钢筋混凝土结构或钢结构。天然气压缩机房是易燃易爆场所,采用敞开式或半敞开式厂房,有利于可燃气体扩散和通风,并增大建筑物的泄压比。屋面应采用不燃烧轻质材料建造。储气瓶(组)管道接口端朝向的墙应为厚度不小于200mm的钢筋混凝土实体墙。

2) 加注区

加注区主要实现为汽车(槽车)加注压缩天然气的功能,主要设备是加气机。加气机不得设在室内。加气机的数量应根据加气汽车数量、每辆汽车加气时间4~6min计算确定。在加油加气合建站,加注区主要设备还包含加油机。

加注区是易燃易爆的危险场所,区内不得有"明火地点"或"散发火花地点"。因油性植物易引起火灾,加注区内不得种植油性植物。主要建(构)筑物有加气、加油岛,汽车(槽车)固定停车位,罩棚等。加气、加油岛又称安全岛。为使汽车加气、加油时,安全岛和罩棚柱不受汽车碰撞和确保操作人员人身安全,安全岛高度、宽度及其突出罩棚柱外的距离均应根据实际需要进行设置。根据《汽车加油加气站设计与施工规范》(GB 50156),安全岛两端的宽度不应小于1.2m;其上罩棚立柱边缘距岛端部不应小于0.6m;安全岛应高出停车位的地坪0.15~0.2m,且加气机及罩棚支柱两端设置防撞挡杆。

罩棚的设置是为了避免操作人员和加注设备长期处于雨淋和日晒状态。由于风雷荷载造成罩棚坍塌的事故发生较多,设计时应计算活荷载、雪荷载、风荷载。由于天然气比空气轻,泄漏出来的天然气会向上飘散,如果窝存在罩棚里面,有可能形成爆炸性气体,因此设置于CNG设备和LNG设备上方的罩棚,应采用避免天然气积聚的结构形式。罩棚应采用不燃烧材料建造。考虑能顺利通过各种加油、加气车辆,进站口无限高措施时,罩棚的净空高度不应小于4.5m;进站口有限高措施时,罩棚净空高度不应小于限高高度。

3) 生产辅助区

生产辅助区主要实现供电、供水等辅助生产工艺,建(构)筑物主要由营业站房(含营业室、财务室、值班室、办公室、仪表总控制室、卫生间、便利店等)和综合辅助用房(含高低压变配电室、消防水系统等)两种站房构成。也可将站房的一部分布置在加注区内,但布置的站房建筑面积不宜超过300m²,且该站房内不得有明火设备,同时经营性餐饮、汽车服务等非站房所属建筑物或设施,不应布置在加油加气作业区内。

当加油加气站内的锅炉房、厨房等有明火设备的房间与工艺设备之间的距离符合GB 50156的规定但小于或等于25m时,其朝向加油加气作业区的外墙应为无门窗洞口且耐火极限不低于3h的实体墙。

站房可设在站外民用建筑物内或与站外民用建筑物合建,但站房与民用建筑物之间不得有连接通道,且站房应单独开设通向加油加气站的出入口。民用建筑物不得有直接通向加油加气站的出入口。

加油加气站的变配电设备一般不防爆,其变配电间或室外变压器应布置在爆炸危险区域之外,且与爆炸危险区域边界线的距离不小于3m的附加安全距离,起算点为门窗等洞口。

若在加气站或加油加气合建站建电动汽车充电设施或更换电池设施,由于电动汽车充电或电池更换设备一般没有防爆性能,所以要求电动汽车充电设施应布置在辅助服务区内。

2. 道路、围墙等其他布置

1) 道路布置

站区内停车位和道路应符合下列规定:

(1)站内车道或停车位宽度应按车辆类型确定。CNG加气母站内单车道或单车停车位宽度不应小于4.5m,双车道或双车停车位宽度不应小于9m;其他类型加油加气站的车道或停车位,单车道或单车停车位宽度不应小于4m,双车道或双车停车位宽度不应小于6m。

(2)站内的道路转弯半径应按行驶车型确定,且不宜小于9m。站内道路转弯半径按主流车型确定,不小于9m为宜。

(3)站内停车位应为平坡,道路坡度不应大于8%,且宜坡向站外。汽车槽车卸车停车位按平坡设计,主要考虑尽量避免溜车。

(4)加油加气作业区内的停车位和道路路面不应采用沥青路面。站内停车场和道路路面采用沥青路面,容易受到泄漏油品的侵蚀,沥青层易于破坏,此外发生火灾事故时沥青将发生熔融而影响车辆撤离和消防工作正常进行,故规定不应采用沥青路面。

(5)CNG管束拖车设有专用通道和停车位。

此外,车辆入口和出口应分开设置,并画出标识。

2) 围墙布置

通常情况下,加气站面向进、出口道路的一侧宜设置非实体围墙或开敞,其他三面设置不低于2.2m高的非燃烧实体围墙。根据《汽车加油加气站设计与施工规范》(GB 50156),当两者距离大于安全间距的1.5倍,且大于25m时,可设置非实体围墙。

在CNG加气子站拖车卸气端应设钢筋混凝土实体墙,其高度不应低于拖车高度,长度为车宽的2倍。该墙可作为站区围墙一部分。

CNG站内还可以采用单项站用橇装设备,如压缩机组橇、储气瓶组橇等,但橇装设备与站内其他设施之间的防火间距应遵守站内设施的防火间距要求和站外设施距离要求。某CNG合建站平面布置如图2.7所示。

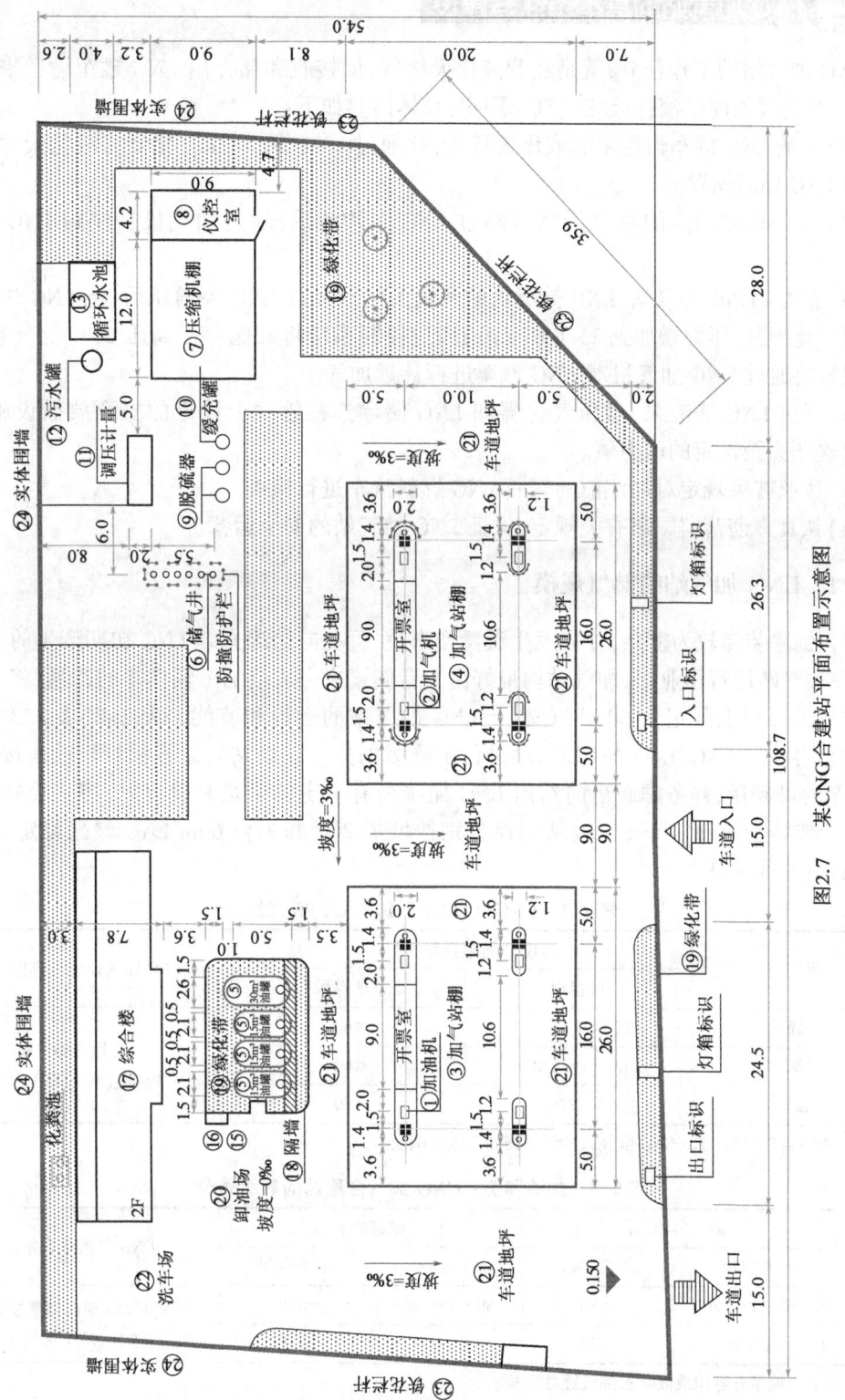

图2.7 某CNG合建站平面布置示意图

2.2.2 LNG加气站的基本条件与建设

LNG加气站的工作任务,就是经营液化天然气,即接收和储存由LNG罐车输送来的液化天然气,并将其加注给液化天然气汽车用户,具体内容如下:

(1)接纳LNG罐车输送来的液化天然气,并通过LNG泵、增压气化器将液化天然气卸入站内的LNG储罐储存。

(2)将LNG储罐内的液化天然气经过LNG泵增压后,通过加气机加注到LNG燃料汽车中。

(3)在L-CNG加气站,LNG储罐内的液化天然气经过LNG泵增压后,将LNG送入高压气化器气化膨胀,压力增加到25.0MPa后,通过控制系统将其储存于高压CNG储气瓶组内,再根据需要通过CNG加气机对CNG汽车进行计量加气。

(4)通过LNG潜液泵、增压气化器和LNG储罐连接管线上设定的安全放散设施,调整LNG储罐压力至设定的压力值。

(5)按照有关规定对加注前的气瓶LNG燃料汽车进行检查。

(6)认真贯彻落实国家有关规定,保证LNG加气站的安全运营。

2.2.2.1 LNG加气站的储气规模

因为倒罐装卸较为复杂,并易发生误操作事故,且在向储罐充装LNG初期产生的BOG量较大,在加气站运行作业中,加气站内最好由1台储罐来完成接纳1辆槽车的卸量,将LNG加气站的单罐容积上限定为60m³,有利于LNG加气站的运行和节能。表2.2、表2.3中按照LNG储罐容积对LNG/L-CNG加气站进行了等级划分。三级站的总容积规模就是按能接纳1辆槽车的可卸量,并考虑卸车前站内LNG储罐尚有一定的余量来确定的,将三级站的容积定为小于或等于60m³。一、二级站规模分别按增加2台和1台60m³ LNG储罐设定,以满足1~3d的销售量需要。

表2.2 LNG/L-CNG加气站的等级划分

级别	LNG储罐容积,m³		CNG储气设施总容积,m³
	总容积	单罐容积	
一级	120<V≤180	≤60	V≤8(地面储气瓶)
二级	60<V≤120	≤60	V≤18(地下储气井)
三级	V≤60	≤60	

注:V为储罐总容积。L-CNG橇装式加气站按照三级站确定。

表2.3 加油和L-CNG加气合建站的等级划分

级别	油罐容积,m³		LNG储罐容积,m³		CNG储罐总容积,m³
	总容积	单罐容积	总容积	单罐容积	
一级	60<V≤120	≤50	60<V≤120	≤60	V≤8(地面储气瓶)
二级	V≤60	≤30	V≤60	≤60	V≤18(地下储气井)

注:(1)V为油罐总容积或液化石油气罐总容积。
  (2)柴油罐容积可折半计入油罐总容积。

对于LNG橇装站,确定LNG橇装站中储存橇的规模时,主要考虑的因素如下:

(1)橇块的机动灵活性强、工厂化生产、易于异地运输、场地适应性强等特点要求储存橇的规模不宜过大。

(2)LNG橇装站有可能与城区内的加油站合建,为了在城区加油站内找到合适的场地,且对周边环境影响较小,不引起公众的恐慌心理,要求储存橇的规模不宜过大。

(3)国内规范中关于LNG站场的消防系统配置要求也决定了储存橇的规模不宜过大。《城镇燃气设计规范》(GB 50028—2006)中规定,总容积小于$50m^3$且单罐容积小于$20m^3$的液化天然气储罐或储罐区可单独设置固定喷淋装置或移动水枪,其消防用水量应按水枪用水量计算。从LNG橇装站的消防系统配置角度来看,要求储存橇的规模不宜大于$20m^3$。

(4)为了体现LNG橇装站的经济效益,使之能够快速得到推广,储存橇的规模又不能太小。以配置240L车载储气瓶的公交车为例,$20m^3$的储存规模能满足约70辆公交车的需求(液态LNG约$17m^3/d$),既能满足初期加气的需求,也能取得一定经济效益。建设1座$20m^3$储存规模的橇装站,总造价约370万元,当LNG(气态)购销差价为$0.6元/m^3$时,投资回收期约7年,内部收益率约12.4%。

(5)确定储存橇的规模时,还应考虑国内LNG储罐的产品规格,尽量采用常规的产品规格。

确定了储存橇的规模后,可以根据城市汽车加气市场的发展确定LNG橇装站的规模。LNG橇装站规模和供气能力的计算可依据下列计算式进行:

$$V_G = \frac{\tau \cdot G_L}{\rho_L \beta_G} \quad (2.1a)$$

或

$$Q_0 = \frac{Q_M G_L}{M} = \frac{22 \cdot 4 V_G \rho_L \beta_G}{M\tau} \quad (2.1b)$$

式中 V_G——LNG液体的总储存容积,m^3;

τ——LNG液体的储存天数,d,τ为2d;

G_L——LNG液体的日平均用量,kg/d;

ρ_L——最高温度下LNG液体的密度,kg/m^3,可根据储罐的操作条件和LNG的组分计算得出;

β_G——最高工作温度下储罐的允许充装率,$\beta_G=0.9$;

Q_0——LNG气体的日平均用量,m^3/d;

Q_M——工程标况(温度$t_0=20℃$,压力$p_0=101.3kPa$)下LNG气体的摩尔体积,m^3;

M——LNG液体的平均相对分子质量,$M=16.37$。

LNG橇装站供气能力可依据下列计算式进行:

$$N = \frac{Q_0}{Q_R} = \frac{Q_0}{Q_C \cdot \beta \cdot \frac{L}{100}} \quad (2.2a)$$

其中

$$Q_R = Q_C \cdot \beta \cdot \frac{L}{100} \quad (2.2b)$$

$$\beta = \frac{Q_L}{Q_g} \quad (2.2c)$$

式中 β——液气两种燃料的热值比(或称为燃料气油比),即在产生相同热值的情况下,完全燃烧1kg油品(液体)所相当的天然气量,kg/m³;

Q_L——油品的热值,MJ/L;

Q_g——LNG气体的热值,MJ/L;

Q_0——LNG加气站的实际日平均供气量,m³/d;

Q_c——车辆每千米燃油耗量,m³/km,如重卡(50t)柴油车 $Q_c = 55 \times 10^{-3}$ m³/km;

Q_0——LNG气体的日平均用量,m³/d;

N——可供加注的车辆台数,辆/d;

L——车辆平均每天行驶的路程,km。

在满足国内相关规范要求的前提下,要想使储罐不设置固定喷淋装置且站内不设置消防水池,LNG橇装站的规模存在着两种选择:一种为配置单个储存橇,即规模为20m³;另一种为配置两个储存橇,即规模为40m³。这两种规模的LNG橇装站都属于总容积小于50m³且单罐容积为20 m³的LNG站场。

2.2.2.2 LNG加气站的选址

站址选择应符合城市规划、交通规划、环境保护和消防安全的要求,并应选在交通便利的地方。LNG加气站站址选择的具体要求如下:

(1)LNG加气站从防火等级上属于甲类火灾危险场所,因此站址应远离学校、影剧院、体育馆、商场和居民稠密区。

(2)一级加气站、一级加油加气合建站不应建在城市建成区。

(3)在城市中心区内所建的加气站、加油加气合建站宜采用地下或半地下LNG储罐。

(4)考虑到气站与供气站之间的频繁运输,并方便加气汽车的频繁进出,城市建成区内的加气站,宜靠近城市道路,与道路交叉路口的距离应符合交通主管部门的要求。

(5)满足服务对象最大化的要求。加气站布点是否合理直接影响到LNG汽车的推广。目前,LNG加气示范站的服务对象为城市公交车,发展对象为城市区间车及出租车。若加气站的服务对象为公交车,选址在公交车的停车场附近比较合适,便于晚间集中加气。若服务对象为城市区间车,可考虑在高速公路沿线的加油站处合建。若服务对象为出租车,则要充分考虑出租车加气的便利性,合理布点。

(6)LNG加气与L-CNG加气可共用部分LNG设备,因此可联合建站。LNG能量密度远大于CNG,且LNG充装速度快,大型车辆的充装时间也只有几分钟。因无大型动力设备,加气站占地少,建议尽量与现有的加油站合建。

(7)加气站的LNG储罐、放散管管口、LNG卸车口,与站外建筑物、构筑物应保持一定防火间距。加气站的LNG储罐、放散管管口、LNG卸车口距重要公共建筑物的安全间距为80m。三个级别加气站内LNG储罐与明火的距离分别为35m、30m、25m,主要考虑发生LNG泄漏事故,可控制扩延量或在10min内能熄灭周围明火的安全间距。随着LNG储罐安装位置的下移,发生泄漏沉积在罐区内的时间相对长,随着气化速度降低,对防护堤外的扩散减慢,危害降低,其安全间距可适当减小。故对地下和半地下LNG储罐与站外建(构)筑物的安全间距允许按地上LNG储罐减少30%和20%。

2.2.2.3 LNG加气站的建筑布局

根据LNG加气站的实际情况和生产工艺需求,站区可分为储存区、加气区和生产辅助区。

储存区、加气区、生产辅助区均独立布置，布置时应注意 LNG 泵与 LNG 加气机的距离要尽可能短，不宜大于 15 m，原因是国内 LNG 汽车的车辆供气系统未设置气瓶增压器。为了保证供气压力的稳定性，使之能满足发动机的用气压力要求，给车辆加注的 LNG 必须为饱和液体。若 LNG 泵与 LNG 加气机的距离过长，无车辆加气时，管道内剩余的饱和 LNG 较多，容易气化，会影响加气并排放大量的气体，造成浪费。

1. 储存区建筑物及设备的布局

储存区是加气站的重点生产区域之一，地面应铺设不产生火花的混凝土地面。除了加气机类型设置不同外，LNG 加气站与 L-CNG 加气站总图布置的主要区别就在于储存区。储存区的主要设备包括 LNG 储罐、LNG 泵、卸车增压器、自增压气化器等。其中，LNG 加气站储存区的主要设备有 LNG 储罐、卸车增压器、LNG 泵等；L-CNG 加气站储存区除了 LNG 加气站设置的主要设备外，还有低温高压泵、高压气化设备及储气设施。在储存区，LNG 储罐和加气站的工艺装置均宜露天布置。

1）LNG 储罐布置

LNG 储罐是工艺设备区的主要工艺设备。LNG 储罐以外的热源会对 LNG 储罐产生热作用。因此，LNG 储罐的布置须符合 LNG 安全防火的要求。一般根据储罐的体积合理确定安全间距。

储罐建造的位置首先应避开易燃物释放的下风向。平面布置设计时，应根据工艺确定的流程位置来确定工艺装置及储罐的相对位置。一般站场的工艺装置系统离储罐较远，在储罐围堰以外较近距离，可以根据需要布置热源危害相对影响小的建筑，如消防水池及废水收集池等。

由于埋地 LNG 储罐、地下或半地下储罐抵御外部火灾的性能好，自身发生事故影响范围小。在城市中心区内，建筑物和人员较为密集，应采用埋地储罐、地下或半地下 LNG 储罐。地下或半地下 LNG 储罐的设置，应符合下列规定：

(1) 储罐宜采用卧式储罐。采用卧式储罐可减小罐池深度，降低建造难度。

(2) 储罐应安装在罐池中。罐池应为不燃烧实体防护结构，应能承受所容纳液体的静压及温度变化的影响，且不应渗漏。

(3) 储罐的外壁距罐池内壁的距离不应小于 1m，同池内储罐的间距不应小于 1.5m。

(4) 罐池深度大于或等于 2m 时，池顶应至少高出罐池外地面 1m，防止人员意外跌落罐池而受伤。

(5) 半地下 LNG 储罐的池壁顶应至少高出罐顶 0.2m。

(6) 储罐应采取抗浮措施。罐池内在雨季有可能积水，故需对储罐采取抗浮措施。

(7) 罐池上方可设置开敞式的罩棚。

(8) 储罐基础的耐火极限不应低于 3S。

2）储罐围堰

单容罐的结构特性需设置实体防护围堰，其作用是用来容纳一旦内罐发生泄漏而流出的液体，阻止泄漏范围的扩大。围堰要能承受所容纳液体的静压及温度变化的影响，且不应渗漏。为了操作与维修的需要，以及储罐及其管路发生泄漏事故，尽量将泄漏的 LNG 控制在堰区内，围堰有效容量不应小于单个最大 LNG 储罐的容量。围堰内 LNG 储罐之间的净距不应小于相邻较大罐的1/2直径,且不应小于2m。

围堰距单容罐内罐的距离要大于或等于储罐最高液位减去围堰高度之后的尺寸加上液面上蒸汽压的当量压头的值之和。据规范,围堰内壁与LNG储罐外壁的净距:立式罐不应小于2m,卧式罐不应小于1.5m。围堰顶面高于围堰内地面不小于0.8m,且应高于围堰外地面,不宜小于0.4m,其目的是使泄漏的LNG在堤区内缓慢汽化,且以上升扩散为主,减小气雾沿地面扩散。

围堰内宜设置排水设施,但不应直接排入市政排水管道。为了在LNG储罐发生泄漏事故时能及时封堵雨水排放口,避免LNG流淌至防护堤外,围堰的雨水排放口应有封堵措施。

由于围堰的特殊作用,在设计时应注意以下几点:

(1)围堰的强度能承受拦蓄的LNG全部静水压头。
(2)围堰材料能承受温度骤冷所产生的影响。
(3)围堰能承受预计到的火灾和自然力的影响。
(4)选用热导率较小的材料来建造围堰及罐区场坪。一般围堰采用钢筋混凝土材料建造。

在围堰内一般还布置有非明火的增压气化器、LNG潜液泵等装置,因其从工艺操作方面来说需靠近储罐布置。卸车接头及其阀门可布置在围堰一侧的墙体上。

3)L-CNG加气站气化区

L-CNG加气站中气化器、低温泵布置应符合下列要求:

(1)气化器和低温泵可与LNG储罐放置在围堰区域内;
(2)气化器的布置应满足操作维修的要求,相邻的气化器之间间距不小于1.5m。

CNG高压瓶组或储气井发生事故的爆破力较大,因此LNG储罐围堰内不宜设置其他可燃液体储罐、CNG储气瓶(组)或储气井。

在加油加气合建站内,宜将柴油罐布置在压缩天然气储气瓶组与汽油罐之间。

2. 加气区建筑物及设备的布局

加气区一般为罩棚所覆盖的区域,是整个液化天然气站的主要操作场所,是平面布置的重点,应敞开布置,并遵循以下布置原则:

(1)整体布局合理、美观、进站顺畅,尽量减少排队等候的干扰。
(2)可视性好,公司形象标识醒目。
(3)加气车辆行驶、停靠顺畅,加气方便。
(4)加气区宽敞,尽量靠近路边。
(5)汽车驶入、驶离加气位方便。
(6)人员进营业室便捷。
(7)有一定扩展空间。
(8)有广泛的适用性。
(9)保持加气区有良好的通风。

加气区主要建筑物有加气岛和罩棚。

(1)加气岛。加气岛应高出加气区地坪0.15~0.2m;宽度不应小于1.2m。加气岛上的罩棚立柱距岛端部,不应小于0.6m。

为保证泄漏的液化天然气迅速扩散,加气机不得设置在室内。为避免受汽车碰撞引发事故,加气机附近应设置防撞(柱)栏,其高度不应小于0.5m。

(2)罩棚。加气岛宜设置非燃烧材料的罩棚。按照靠近路边的原则,罩棚外檐尽可能靠近建筑规划红线。罩棚分独立罩棚和与站房搭接式罩棚两种,可根据加气站所处地理位置和面积加以选择。罩棚设置还应满足以下要求:

①罩棚净高不应小于5m,罩棚边缘与加气机的平顶距离不宜小于2m;
②罩棚支柱距加气岛端部不应小于0.6m。

此外,加气区应设照明灯,照度不得小于100lx。

3. 生产辅助区建筑物的布局

生产辅助区主要建筑物是加气站房。站房位置分临道纵向和非临道横向布置两种方式,根据实际情况进行选取。站房通常由值班室、综合营业厅、仪表配电间、空压机房、办公室等组成。

4. 围墙和道路的布局

1) 围墙

(1)站内工艺设施与站外建筑物、构筑物之间的距离小于或等于25m时,相邻一侧应设置高度不低于2.2m的非燃烧实体围墙。

(2)站内工艺设施与站外建筑物、构筑物之间的距离大于25m,且满足LNG加气站设计规范防火间距的1.5倍时,相邻一侧可为非实体围墙。

(3)面向加气站进口、出口道路的一侧宜设置非实体围墙或开敞。

2) 道路

(1)车辆入口和出口应分开设置。

(2)LNG槽车单车道宽度不应小于4.5m,其他单车道宽度不应小于4m,双车道宽度不应小于7m。

(3)道路转弯半径应按行驶车型确定,且不宜小于9m;站内停车位应为平坡,道路坡度不应大于6%,且宜坡向站外。

(4)站内道路不应采用沥青路面。

2.3 CNG加气站工艺

CNG加气站是由一系列设备构成的工艺系统,它主要由下列6个部分组成:

(1)进气计量设备:用以度量从天然气管线进入加气站的气量。

(2)气体净化设备:用以除去气体中的机械杂质、水分、硫化氢、润滑油等。其中脱硫系统只在来气中含硫量超过气体质量规定时才需设置。对天然气管网中气体而言,若气体在产地已经过脱硫处理,含硫量已达到规定值,则无需再设脱硫设备。

(3)气体增压设备:把气体从较低压力提高到所需高压的机械与电气设备。

(4)气体储存设备:把高压气体储存在瓶、罐中,以满足对汽车快速充气的需要。

(5)控制设备:包括为满足充气需要的程序控制的设备,以及用于检测、保护的设备等。

(6)售气设备:用于对汽车加气的气枪与计量设备等。

2.3.1 基本工艺流程

2.3.1.1 标准站工艺流程

CNG标准加气站将引自中压天然气管网的天然气经过滤、调压计量后进入干燥器,经干燥处理后,再经缓冲罐后进入压缩机加压,通过优先/顺序控制盘为储气井组充装天然气,或直接输送至加气机为CNG燃料汽车加气,也可以利用储气井组内的天然气通过加气机为CNG燃料汽车加气。

标准站系统根据对汽车充气方式的不同,又可分成下列几种类型。

1. 标准站三级操作系统

图2.8所示为一般标准站三级操作系统。该系统是目前加气站最常用的操作系统,其特点是加气站上的储气瓶分成高压、中压、低压三组,所以称为三级操作系统。压缩机送来的高压气体先对三组储气瓶充气,使储气瓶中的气体压力都达到22~25MPa。其次,系统中设有顺序控制器,它是三级储气系统的必要设备,可使储气瓶中的高压气体按压力高低的次序顺次向汽车气瓶充气,图2.9为其示意图。

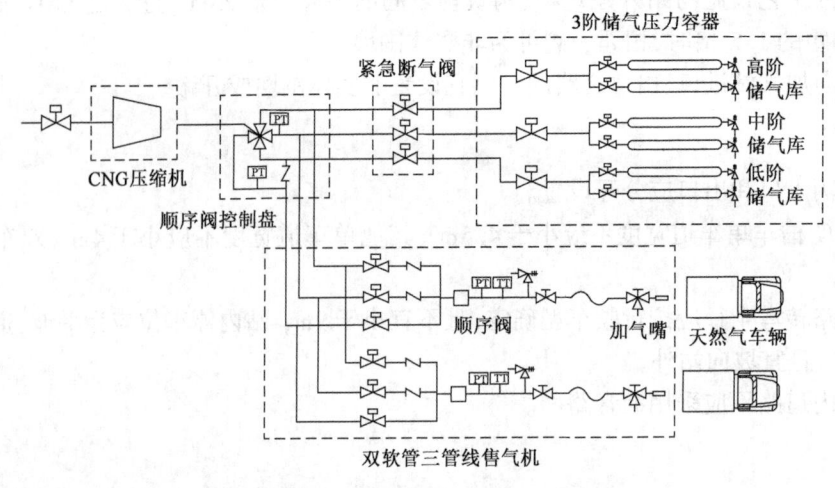

图2.8 一般标准站三级操作系统

加气站工作前通常都将全部气瓶充满25MPa的气体。首先由属于低压气瓶组的气瓶向汽车充气,当低压气瓶组中压力低于21MPa时,由顺序控制器启动属于中压气瓶组的气瓶继续向汽车充气,最后达到汽车储气瓶中压力为20MPa停止。下一辆汽车充气过程也是先由低压气瓶组对其充气,当低压气瓶组内压力比被充汽车储气瓶中压力高1~2MPa时启动中压气瓶组供气。依次类推,当中压气瓶组中气体压力小于21MPa时,由顺序控制器启动高压气瓶组供气。在继续不断地对汽车加气过程中,当高压气瓶组中压力降至21MPa时,顺序控制器命令压缩机启动。压缩机工作时首先供应汽车气瓶,以保证汽车气瓶达20MPa压力的气体,然后对储气瓶组补气。当加气管线压力达到22MPa时第一个调压阀打开,从而实现对高压气瓶组补气;当高压气瓶组压力达到22MPa时第二个调压阀打开,则实现中压气瓶组补气;当低压气瓶组压力达到22MPa时第三个调压阀打开,则实现低压气瓶组补气。最后压缩机向三个气瓶组同时补气,压力直至25MPa,压缩机自动停车。

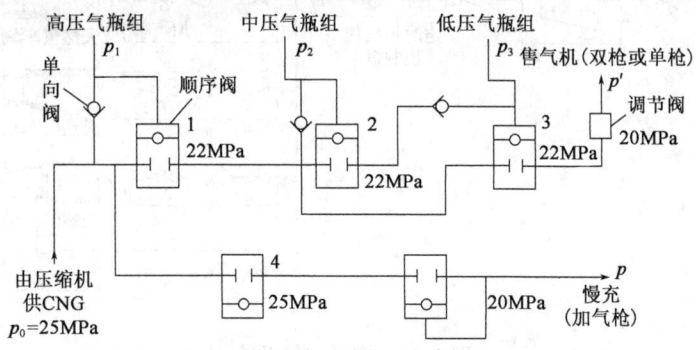

图2.9 顺序控制器示意图

售气机是系统中的最后一个设备,它包括气体计量、计价器以及充气枪。

2. 标准站单级操作系统

图2.10为一种单级充气系统,其中储气瓶组不分级,即储气瓶组同时供气或不供气或被充气。站的结构比较简单,投资较少,但瓶组内气体压力利用不合理,压缩机启动、停车频繁,运行经济性差,单级系统主要用于供气量小的场合。

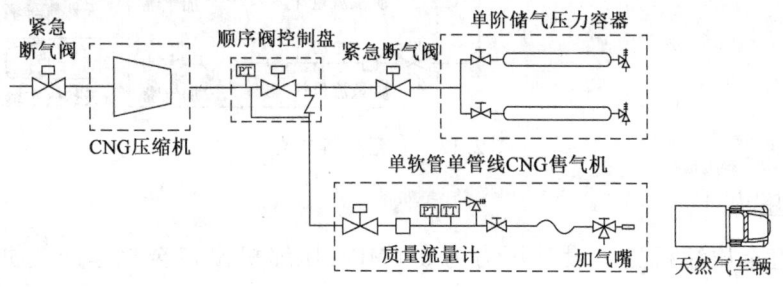

图2.10 单级充气系统

3. 定时加气系统

如图2.11所示,定时加气系统中由压缩机直接向汽车供气,其所需设备的数量最小,费用最低,并且不需要储气的压力容器,压缩机排出的气体直接输送到要加气的车辆。加气速度取决于压缩机的排气量与一次所加车辆的数量。加气量由时间来控制,一般用于规律性较强的公交车辆加气等场合。

4. 直充换向系统

如图2.12所示,直充换向系统类似于单管线快速加气系统,但是提供了两根加气软管。换向阀将全部压缩机流量引导至优先许可的第一根软管。当允许第二根软管加气时,加气过程将直接从单个储气库开始,不必从第一根软管中抽取压缩机排出的流量。第一根软管一完成加气过程,换向阀就将全部压缩机流量转换至第二根软管。标准站的主要工艺参数通常设置如下。

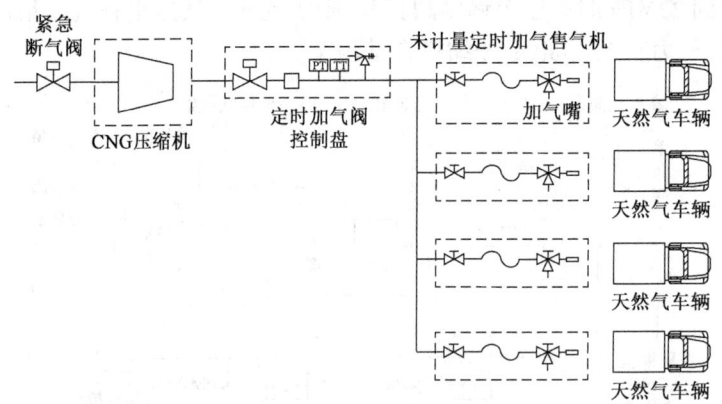

图 2.11 定时加气系统

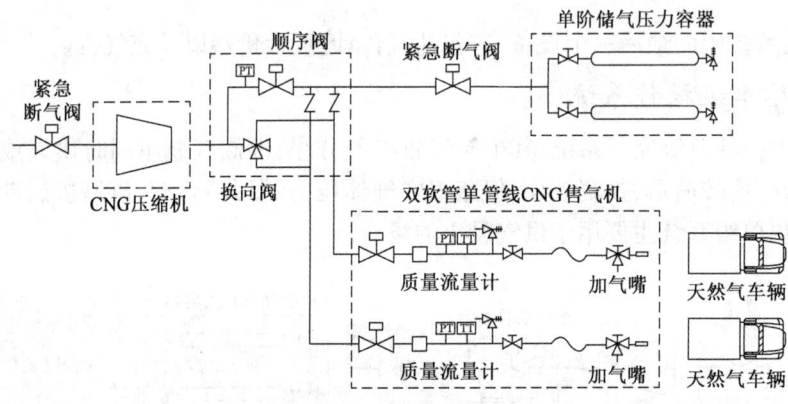

图 2.12 直充换向系统

1)设计压力

进站管道至压缩机进口设计压力为 0.6MPa;压缩机出口至汽车加气机设计压力为 27.5MPa。

2)工作压力

进站管道至调压器进口工作压力为 0.2~0.4MPa;调压器至压缩机进口工作压力为 0.15~0.3MPa;压缩机出口至汽车加气机工作压力为 25MPa。

3)加气能力

站内设置 2 台橇装风冷或混冷压缩机,每台压缩机小时排气量为 850m³(0.3MPa 进气压力),日加气能力为 $2 \times 10^4 m^3$。

2.3.1.2 加气母站工艺流程

加气母站主要设备有干燥装置、压缩机、缓冲罐、收集罐、槽车加气机、储气井(瓶)组、过滤器、调压器、流量计、控制系统等。图 2.13 为 CNG 加气母站的工艺流程示意图(前置脱水)。由图可知,引自站外高压管道工作压力为 0.6~1.6MPa 的天然气,经过滤、调压计量后,进入干燥脱水装置进行脱水干燥处理,将气体常压露点降至 -60℃,干燥后的气体通过缓冲罐进入压缩机加压。压缩后的高压气体分为两路:一路进入槽车加气岛,经过槽车加气柱计量后,为

CNG槽车充装压缩天然气;另一路通过顺序控制盘进入储气井,再通过加气机给CNG燃料汽车加气。由于该流程在天然气压缩增压之前进行了脱水干燥处理,称为加气母站前置脱水流程。有的加气母站在将干燥脱水工艺置于压缩机增压之后,形成加气母站后置脱水流程,如图2.14所示。

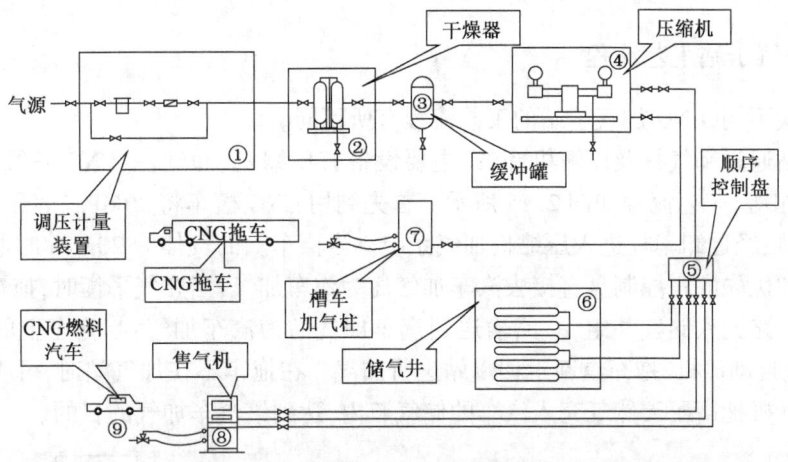

图2.13　CNG加气母站工艺流程示意图(前置脱水)

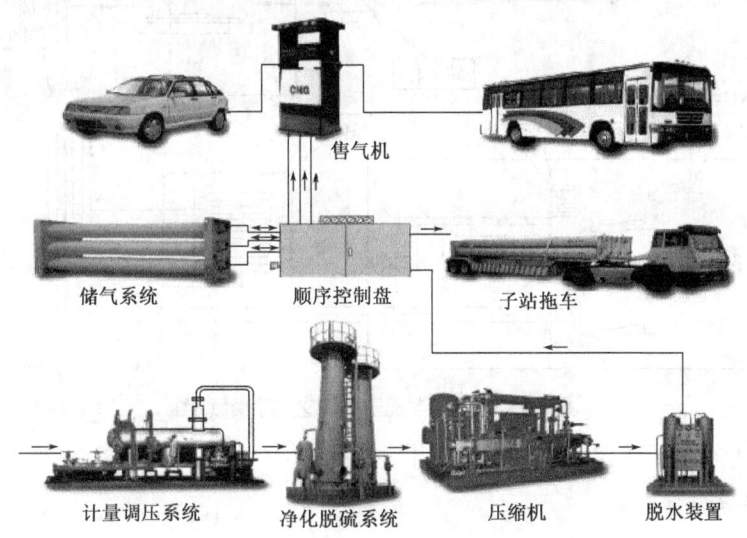

图2.14　CNG加气母站工艺流程示意图(后置脱水)

CNG加气母站的主要工艺参数通常设置如下。

1. 设计压力

进站管道至调压器进口设计压力为2.5MPa;调压器进口至压缩机进口设计压力为1.6MPa;压缩机出口至槽车、汽车加气岛设计压力为25MPa。

2. 运行压力

进站管道至压缩机进口运行压力为0.6~1.6MPa;压缩机出口至槽车加气岛运行压力为20MPa;压缩机出口至储气设施及加气机运行压力为25MPa。

3. 加气能力

加气母站的日加气能力一般在$(3\sim30)\times10^4m^3$。如果进站压力在1.2~1.6MPa,日加气能力在$(10\sim15)\times10^4m^3$,按照此条件站内设置3台橇装压缩机,日加气能力为$13.4\times10^4m^3/d$。

2.3.1.3 加气子站工艺流程

卸气方式不同,CNG加气子站的工艺流程有所不同。

常规子站通过卸气柱及压缩机卸气,主要设备有压缩机、卸气柱、CNG三线双枪加气机、储气井(瓶)组等,工艺流程如图2.15所示。首先利用CNG槽车将20MPa(表压)的净化天然气运至加气站,经过卸车柱进入压缩机加气系统。当槽车上的气体为20MPa时通过压缩机上的气动阀门和优先顺序控制盘直接去汽车加气岛为汽车加气;当充气平衡时,拖车上的天然气通过压缩机一路充入储气井组,一路输送到汽车加气岛为汽车加气;当拖车上的压力下降到2MPa,压缩机自动停机,拖车重新返回母站进行加气。在拖车不在加气站时,可将储气井组通过站内的加气机把高压天然气充入汽车的储气瓶内,达到给汽车加气的目的。

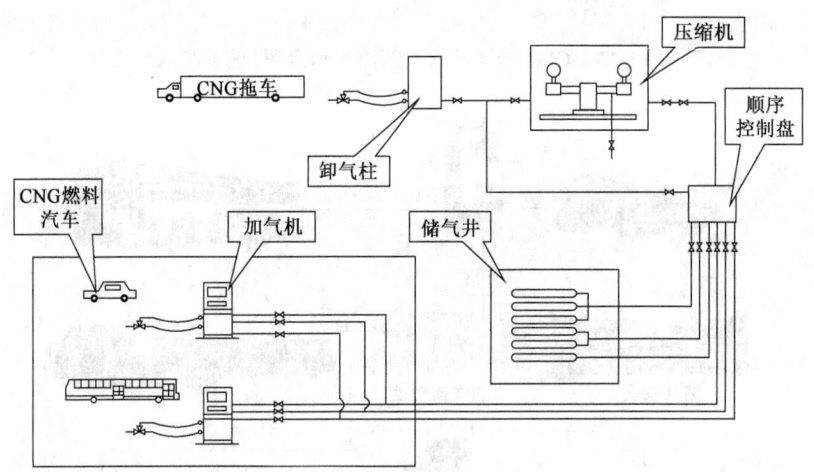

图2.15 CNG常规子站工艺流程示意图

CNG加气子站的工艺参数通常设置如下。

1. 设计压力

卸气柱至压缩机进口设计压力为27.5MPa;压缩机出口至汽车加气机设计压力为27.5MPa;压缩机出口至储气井组设计压力为27.5MPa。

2. 运行压力

卸气柱至压缩机进口运行压力为20MPa;压缩机出口至汽车加气机运行压力为25MPa;压缩机出口至储气井组运行压力为25MPa。

3. 加气能力

站内设置2台压缩机,每台压缩机小时排气量为$500\sim1500m^3$,日加气能力为$20000m^3$。

液压子站通过液压橇体卸气,主要设备有液压橇体(主要包括橇体、增压系统、液压介质储罐、液压介质、CNG缓冲罐)、液压子站拖车(主要由集装管束、拖车操作舱、拖车底盘组成),

工艺流程如图2.16所示。CNG子站拖车到达CNG加气子站后,通过快装接头将高压进液软管、高压回液软管、控制气管束、CNG高压出气软管与液压子站橇体连接。系统连接完毕后启动液压子站橇体或者在PLC控制系统监测到液压系统压力低时,高压液压泵开始工作,PLC自动控制系统会打开一个钢瓶的进液阀门和出气阀门,将高压液体介质注入一个钢瓶,保证CNG子站拖车钢瓶内气体压力保持在20~22MPa,CNG通过钢瓶出气口经CNG高压出气软管进入子站橇体缓冲罐后,经高压管输送至CNG加气机给CNG燃料汽车加气。

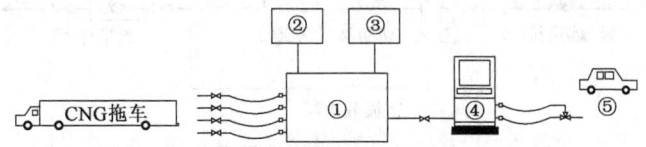

图2.16 CNG液压加气子站工艺流程示意图
①—液压子站橇体;②—气动控制系统;③—控制柜;
④—加气机;⑤—CNG燃料汽车

可见CNG加气站的生产工艺流程根据加气站的规模不同,稍有不同的变化,但基本流程是相同的,即进站原料天然气经计量调压系统调压计量后,经适当缓冲稳压后流入天然气净化系统进行脱水干燥,然后经压缩系统增压到25MPa,此时可直接通过CNG售气系统在程序售气控制器下给汽车(槽车)充装压缩天然气,也可将压缩天然气储存在天然气储气系统内,再在程序售气控制器下向汽车加气,见图2.17。

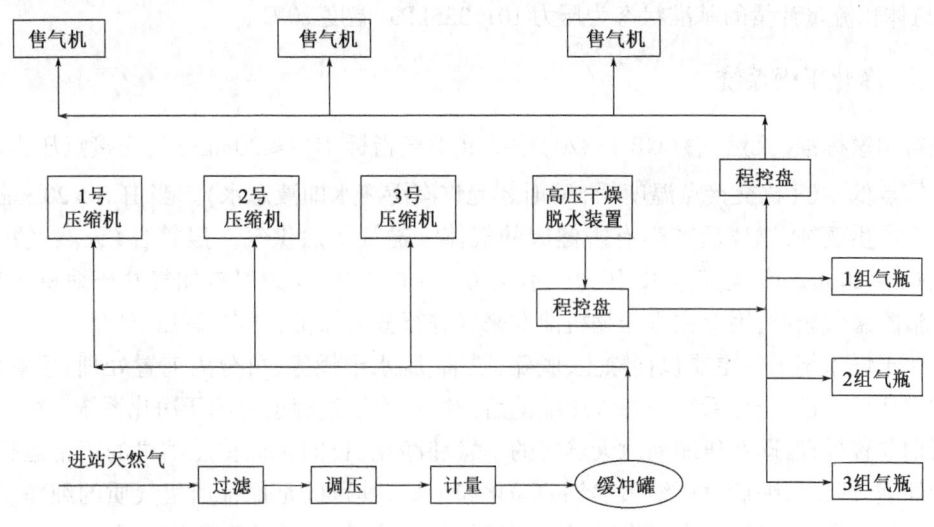

图2.17 CNG加气站生产工艺流程示意图

2.3.2 CNG加气站工艺系统

2.3.2.1 调压计量系统

CNG加气站的核心设备是天然气压缩机,当压缩机进气压力较高时,可相应减少1~2级压缩,单位产气的压缩能耗相应降低。为此,在设计过程中应详细分析供气管道的运行工况,合理配置加气站进气调压系统,在保证压缩机稳定工作的前提下尽可能降低加气站压缩能耗,从而天然气进站管道上宜设置调压装置以适应压缩机工况变化需要,满足压缩机的吸入压力,平稳供气,并防止超压,保证运行安全。

低压原料天然气进入 CNG 加气站后,首先进入调压计量系统,这个系统包括过滤、分离、调压、计量、缓冲等装置。天然气进站管道设置调压器时,调压器应设置在天然气进站管道上的紧急关断阀之后。CNG 加气站调压计量系统工艺流程见图 2.18。

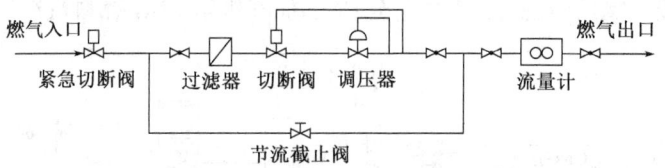

图 2.18　CNG 加气站调压计量系统工艺流程

加气站调压计量系统由进站紧急切断阀(电动或气动)、调压单元和计量单元组成。由于加气站一般每日运行 12～16h,调压单元可采用"1+1"结构,即"工作路+手动旁路"。

计量单元采用涡轮流量计,仅作为内部经营核算时可采用计量精度等级为 1.0、1.5 级的流量计;需与供气方贸易结算时,采用计量精度等级为 0.5 级的流量计。天然气进站管道上计量装置的设置应符合下列规定:

(1)天然气流量采用标准孔板计量时,应符合国家现行标准《用标准孔板流量计测量天然气流量》(GB/T 21446)中的有关规定,其流量计量系统不确定度不应低于 1.0 级。

(2)体积流量计量的基准状态为压力 101.325kPa、温度 20℃。

2.3.2.2　净化干燥系统

现行国家标准《天然气》(GB 17820)中的Ⅱ类气指标 $H_2S \leqslant 20mg/m^3$,交接点压力温度条件下水露点低 5℃(比交接点温度低 5℃时才允许有游离水即液态水)。当 $H_2S > 20 mg/m^3$ 时如有水会产生腐蚀,燃烧后产生有害健康的气体。输气管道供气一般符合《天然气》Ⅱ类标准,即 $H_2S \leqslant 20mg/m^3$、无液态水、压力一般为 0.2～0.5MPa。为保持加气站压缩机进口压力稳定及清除来气杂质,因此在进压缩机前对来气进行分离除尘、分水、调压、计量。

净化干燥系统工序主要包括除尘、脱硫、脱油、脱水干燥等,可分为前置处理、后置处理两类形式。严格来讲,压缩系统中每级压缩前后的冷凝除油过程也可归于净化系统。

所谓前置处理,即在压缩前对天然气的干燥和净化,目的是保护压缩机的正常运行;而所谓后置处理,即在压缩后对压缩天然气的净化和干燥,其目的是保证所售气质的纯净,不但确保在发动机中燃烧良好,不会对发动机产生任何危害,同时也可避免可能出现的对售气系统的损害。

这两种净化干燥处理方式,既可同时应用,也可只采用其中一种。从目前国内外实际应用来看,基本上都有采用,而且近年来前置处理的方式逐步成为一种趋势,这样可保护加气站的压缩机不会受到腐蚀和损坏。

1. 脱硫工艺

硫化氢与水接触,溶解于其中形成酸性很强的雾状硫化氢水溶液腐蚀机械设备,对压力容器、压缩机气缸和管道等强度和寿命造成很大的伤害。若不预先脱硫容易引起管线腐蚀和钢质气瓶发生"氢脆现象"。CNG 加气站天然气增压后进入储气装置及出站的压缩天然气的质量,必须符合现行国家标准《车用压缩天然气》(GB 18047—2017)的规定,总硫(以硫计)含量不高于200mg/m³,硫化氢含量不高于15mg/m³。

在压缩机前是否进行脱H_2S应视来气H_2S含量而定。对H_2S超标(车用气标准)应先进行脱H_2S。进站天然气脱硫处理时,脱硫装置应设在室外。脱硫设备应按2台并联设计,其中1台为备用。加气站内脱硫宜采用高效固体脱硫剂。目前,CNG加气站对原料天然气脱硫方法,基本上是海绵铁法。经流量调节分配后,原料天然气进入脱硫装置的原料气过滤分离单元,将天然气夹带的机械杂质和游离水除去后,进入脱硫塔通过脱硫床脱硫剂层时,所含H_2S与脱硫剂反应生成硫的化合物而被除去。脱硫剂在脱除一定量的H_2S后逐渐失效,需要进行再生或更换新的脱硫剂。

脱硫装置的工艺设计应符合下列规定:

(1)天然气通过脱硫装置时的实际流速宜取150~200mm/s;

(2)天然气与脱硫剂的接触时间宜取20~40s,进站天然气中硫化氢含量高时,应取高值;

(3)寒冷地区的脱硫设备,应设有保温措施。

2. 脱水工艺

当进站天然气需脱水处理时,脱水可在天然气增压前、增压中或增压后进行。脱水深度应保证在25MPa及比环境温度低5℃状况下无液态水。因此,脱水干燥的方式可按脱水装置在CNG加气站工艺流程中的位置,分为低压脱水、中压脱水和高压脱水三种。

低压脱水装置设置在压缩机进口处,原料天然气经调压计量系统后,即进入深度脱水装置,经过脱除水分的天然气进入压缩机,对压缩机也有一定的保护作用。由于被干燥气体压力低、水含量高,因此这种类型脱水工艺的特点是:干燥剂的再生采用闭式循环回路,整个脱水装置包括2台充填分子筛干燥剂的干燥器、1台循环风机、1台冷却器、1台分离器和1台加热器。分子筛干燥剂的再生系统通过风机反复循环一定量的气体来完成。这种方式的脱水装置,由于受再生条件的制约,要达到低于-60℃(标准状态下)有一定的困难。

中压脱水装置放置在压缩机的中间级出口处,根据压缩机入口压力的高低,确定放置在一级出口还是二级出口。国内机组的入口压力为0.3MPa,宜放置在二级出口。一般来说,脱水压力控制在4MPa左右比较有利。这样既可将气体中所含水的大部分在4MPa左右的压力下分离掉,又能使设备和管、阀件的压力等级控制在4MPa这一公称压力级上。在4MPa压力下,气体的饱和水含量约为常压下饱和水含量的3%,约为0.3MPa压力下饱和水含量的10.5%。中压脱水的干燥剂也为分子筛。

高压脱水装置放置在压缩机末级出口,通常压力为25MPa。由于气体中所含水的绝大部分已在压缩机的逐级压缩中分离出去,所以,在25MPa压力下气相中的饱和水含量已非常少,仅相当于常压下饱和水含量的0.91%,约为0.3MPa压力下饱和水含量的3%。高压脱水仍需要加热再生,因此,也需要加热器、冷却器和分离器,其工艺原理流程与中压脱水相同,只是设备尺寸和压力等级不同而已。

低、中、高压脱水各有优缺点,尤其在需要深度脱水时高压方式更有其优势。四川、重庆等地多数加气站脱水方式为压缩机后脱水。其优点有干燥器设备体积小、再生气量少、干燥后的气体露点低(≤-60℃)等。由于天然气通过压缩所形成的冷凝水排出量约占总脱水量的70%~80%,故采用压缩机后脱水或级间脱水所需用的设备、脱水剂少,再生能耗低。其缺点是由于压力高达25MPa,对容器制造工艺要求高,需设置可靠的冷凝水导出系统,增加了系统复杂性。另外,进入压缩机的天然气未经干燥,对压缩机的气缸等部位产生一定腐蚀,影响压缩机的使用寿命。

北京、西安、上海等地以及国外大部分地区的CNG加气站采用压缩机前脱水方式。这种方式的优点是保护压缩机不受腐蚀,压缩机机组中无需设置冷凝水导出系统。由于操作压力较低,对容器制造工艺要求低。其缺点是脱水设备体积较大,且脱水量大,所需再生能耗较大。

在实际设计过程中,天然气脱水装置的设置位置应根据下列条件确定:

(1)当选用的压缩机在运行中其机体限制冷凝水的生成量,且天然气的进站压力能克服脱水系统的阻力时,应将脱水装置设置在压缩机前。一般进口压缩机在运行中不允许有冷凝水产生。

(2)当选用的压缩机在运行中其机体不限制冷凝水的生成量,并附有可靠的导出措施时,可将脱水装置设置在压缩机后。

(3)当选用的压缩机在运行中允许从压缩机的中段导出天然气进行脱水处理时,宜将脱水装置设置在压缩机的中段。

(4)压缩机后脱水,天然气应先经间冷、气液分离和除油过滤装置,以脱除游离的水分和油分。

一般用于天然气脱水的方法有吸收法脱水、吸附法脱水和低温法脱水,应根据天然气气质情况、用户要求、脱水要求以及经济比较确定合理的脱水方法。吸收法和吸附法主要应用于水露点的控制。低温法可同时控制水露点和烃露点。吸附法脱水深度比吸收法要高得多,但设备投资较大。由于天然气汽车用燃气对水分的要求很高,故目前国内外一般采用分子筛吸附脱水的干燥工艺。

加气站脱水工艺利用分子筛深度吸附水分时,当分子筛的含水量达到饱和后,利用加热一部分天然气,通过冷热循环脱去分子筛中的水分,使分子筛填料再生。在压缩机前进行脱水时,宜采用活性氧化铝－分子筛或硅胶－分子筛两级脱水装置;在压缩机后或压缩机中段进行脱水时,宜采用分子筛一级脱水装置。天然气脱水装置设置在压缩机后或压缩机中段时,压缩天然气进入脱水装置前,应先经过间冷、气液分离和除油过滤装置,以脱除游离的水分和油分。脱水装置应按2套系统并联设计,一套系统在运行,另一套系统进行再生。交替运行周期可为6~8h。

天然气通过压缩机前脱水装置时的实际流速宜取120~150mm/s;通过压缩机后脱水装置时的实际流速宜取20~40mm/s;通过压缩机中段脱水装置时的实际流速宜取30~50mm/s;天然气与脱水剂的接触时间宜取40~60s;在寒冷地区,天然气在脱水装置中的流速宜取低值,而接触时间宜取高值。

以天然气压缩机前脱水工艺为例,脱水系统主要设备有预过滤器、干燥塔、加热器、再生鼓风机、再生气液分离器、冷却器、后过滤器以及相关阀门。其中,后过滤器主要用于除去吸附剂产生的粉尘。图2.19是某单塔干燥器脱水及再生工艺流程。进行吸附时,打开阀门1、2、7、9,天然气进入干燥塔脱水。再生时,打开阀门4、6,再生气经冷却器冷却、分离出水分后,成为干气,经加热器加热后,重新进入干燥器对分子筛进行再生。

净化干燥系统的设备配置情况,主要依据当地气质来确定,所以对不同地区来说,净化和干燥系统的差异可能很大,而只要达到行业标准规定的气质要求即可。设计和选用这一系统

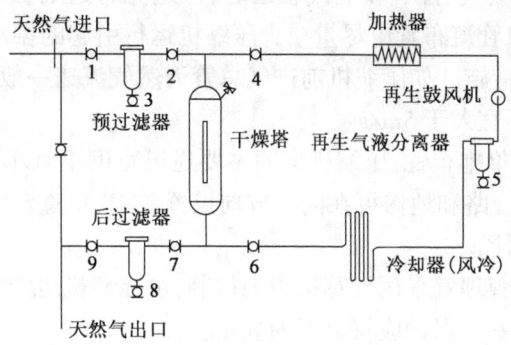

图 2.19　某单塔干燥器脱水及再生工艺流程

设备的依据是,保证经过净化和干燥系统处理的 CNG 气体质量达到标准要求,不必盲目追求进口设备或者设备的配套齐全。

2.3.2.3　天然气压缩系统

天然气压缩系统主要由进气缓冲罐、废气回收罐、压缩机主机、润滑系统、冷却系统等部分组成。

1. 进气缓冲罐和废气回收罐

进气缓冲罐,严格地讲应包括压缩机每一级进气缓冲,其目的是减小压缩机工作时的气流压力脉动以及由此引起的机组的振动。

废气回收罐主要是将每一级压后的天然气经冷却分离后随冷凝油一同排出的一部分废气、压缩机停机后留在系统中的天然气、各种气动阀门的回流气体等先回收起来,并通过一个调压减压阀,返回到压缩机入口。当罐中压力超过其上的安全阀压力时,将自动集中排放。同时,凝结分离出来的重烃油也可定期从回收罐底部排出。

实际上有的厂商在保证使压力脉动足够小的前提下,取消了进气缓冲罐,或以进气分离罐代替缓冲罐的作用,还有的将进气缓冲罐和废气回收罐合二为一,具有双重作用。

2. 压缩机主机

压缩机主机最为重要,它是加气站的心脏,其性能好坏直接影响加气站运行的可靠性和经济性。CNG 加气站用压缩机的排气压力高、排量小,一般采用往复压缩机。从润滑方式分,主要为有油润滑和无油润滑两种。对于有油润滑,在其最终排气口后应安装脱油装置。

加气站用压缩机的排气压力一般为 25MPa,进气压力范围为 $0.035 \sim 9\mathrm{MPa}$,压缩机排气量可根据不同规模进行选择。

(1)天然气压缩机的选型和台数应根据加气站进、出站天然气压力,总加气能力和加气的工作特征确定。加气母站宜设一台备用压缩机,加气子站宜设一台小型倒气用压缩机。

(2)压缩机动力宜选用电动机,也可选用天然气发动机。加气站内压缩机动力宜选用电动机,它的投资低、占地少、运行可靠、操作维修方便、对周围影响小,因此市内有条件的地方宜优先选用电动机。尚不具备供电条件的地方也可选用天然气发动机。

(3)压缩机前应设缓冲罐,保证压缩机工作平稳,缓冲容积按天然气在罐内保留时间不少于 10s 计算。

(4) 设置压缩机组的吸气、排气和泄气管道时,应避免管道的振动对建筑物、构筑物造成有害影响。压缩机进出口管道布置应尽量减少压缩机运行引起的振动。控制管道流速也是减少振动、保持平稳工作的措施。如压缩机前进气总管天然气流速一般不宜大于20m/s;压缩机后出气总管天然气流速不宜大于5m/s。

(5) 天然气压缩机宜单排布置,压缩机房的主要通道宽度不宜小于2m。压缩机单排布置主要考虑水、电、气、汽的管路和地沟可在同一方向设置,工艺布置合理。道路留有足够的宽度方便安装、维修、操作和通风。

(6) 压缩机组的运行管理宜采用计算机集中控制,可提高机组的安全可靠程度。

(7) 压缩机组运行的安全保护应符合下列规定:

①压缩机出口与第一个截断阀之间应设安全阀,安全阀的泄放能力不应小于压缩机的安全泄放能力。

②压缩机进、出口应设高、低压报警和高压越限停机装置。

③压缩机组的冷却系统应设温度报警及停车装置。

④压缩机组的润滑油系统应设低压报警及停机装置。

本条为强制性规定。本条第①款的要求是对压缩机实施超压保护,是保证压缩机安全运行不可缺少的措施。本条第②~④款是压缩机运行的安全保护装置,应由压缩机制造厂配套提供。

(8) 压缩机的卸载排气不得对外放散。回收的天然气可输至压缩机进口缓冲罐。压缩机卸载排气是满足压缩机空载启动的特定要求。泄压部分主要是指工作的活塞顶部及高压管道系统的高压气体,当压缩机停机后,这部分气体应及时泄压放掉以待第二次启动。由于泄压的天然气量大、压力高又在室内,因此应将泄放的天然气回收再用,这样既经济又安全。采用缓冲罐回收卸载时,缓冲罐应设安全泄放装置,确保回收气体不超压。

(9) 压缩机排出的冷凝液应集中处理。压缩机排出的冷凝液中若含有凝析油等污物,则有一定危险,应集中处理达到排放标准时排放。

2.3.2.4 储气系统

为避免压缩机频繁启动及在不需要进行充气时提供气源,CNG加气站需设有储气装置。典型的设计是储气系统和售气系统通过优先顺序控制盘来实现高效充气和快速加气。通常加气站采用分级储存方式,将储气瓶组分为高压、中压和低压气瓶组,由优先顺序控制盘对其充气和取气过程进行自动控制。

充气时,先向高压气瓶组充气,当高压气瓶组的压力上升到一定值时,中压气瓶组开始充气,等到中压气瓶组压力上升到一定值时,低压气瓶组开始充气,随后三组气瓶一起充气,上升到最大储气压力后停止充气。

取气时,先从低压气瓶组取气,当低压气瓶组的压力下降到一定值时,开始从中压气瓶组取气,等到中压气瓶组压力下降到一定值时,开始从高压气瓶组取气,随后从三组气瓶一起取气,直到三组储气瓶中的压力下降到车载气瓶的最高储气压力相等时,停止取气。如果仍有汽车要加气,则直接从压缩机排气管路中取气,等到汽车加气完成后,压缩机再按照充气顺序完成三组储气瓶组的充气,然后停机。这种工作方式的优点可以保证储气瓶组充气最多,提高其利用率,也可使汽车加气的速度最快。

2.3.2.5 加臭系统

天然气无色、无味,在生产和生活过程中天然气发生泄漏时不易察觉。为了杜绝因天然气泄漏而发生的事故,对天然气进行加臭处理。

燃气加臭系统主要包括计算机、交直流转换板、扩散硅压力变送器、微波流量开关。计算机采集流量仪表提供的电压流量信号,经过系统控制系统后将输出控制脉冲信号送给转换板,转换板将它变为直流脉冲电流来控制泵的工作,泵工作后将臭味剂送入到管道燃气中。

2.3.3 阀门和安全附件的工艺设置

高压系统的管道主要按工艺要求,设置储气瓶组截断阀、主截断阀、紧急截断阀和加气截断阀。除加气截断阀用于加气操作外,其他截断阀主要用于切断区间进行检修或事故切断。加气站站内的各类高压阀门多选用专用高压球阀,工作压力为25MPa,要求密封性能好,高压操作安全可靠。阀门设置的位置应易于操作。

(1)天然气进站管道上应设紧急截断阀。加气站灭火的最有效办法就是切断气源。在远离作业区的天然气进站管道上安装紧急手动截断阀,是为了一旦发生火灾或其他事故,自控系统失灵时,操作人员仍可以靠近并关闭截断阀,切断气源,防止事故扩大。手动紧急截断阀的位置应便于发生事故时能及时切断气源。

(2)储气瓶组(储气井)进气总管上应设安全阀及紧急放散管、压力表及超压报警器。每个储气瓶(井)出口应设截止阀。储气设施进口设置安全装置及出口设置的截断阀,均为保证储气设施的安全运行及事故时能及时切断气源之用。

(3)储气瓶组(储气井)与加气枪之间应设储气瓶组(储气井)截断阀、主截断阀、紧急截断阀和加气截断阀(图2.20)。储气瓶各组的截断阀设置是为了检查、保养、维修气瓶。储气瓶组总输出管设置主截断阀,是为了储气区的维修、操作和安全的需要。紧急截断阀主要是截断加气区与储气区、压缩机之间的通道,以便于维修和发生事故时紧急切断。

(4)加气截断阀主要用于加气机的加气操作。

(5)加气站内缓冲罐、压缩机出口、储气瓶组应设置安全阀。安全阀的设置应符合 TSG 21—2016《固定式压力容器安全技术监察规程》的有关规定。安全阀的定压 p_0 除应符合《固定式压力容器安全技术监察规程》的有关规定外,尚应符合下列规定:

① 当 $p \leq 1.8\text{MPa}$ 时,$p_0 = p + 0.18\text{MPa}$;
② 当 $1.8\text{MPa} < p \leq 4.0\text{MPa}$ 时,$p_0 = 1.1p$;
③ 当 $4.0\text{MPa} < p \leq 8.0\text{MPa}$ 时,$p_0 = p + 0.4\text{MPa}$;
④ 当 $8.0\text{MPa} < p \leq 25.0\text{MPa}$ 时,$p_0 = 1.05p$。

p 为设备最高操作压力。

(6)加气站内的天然气管道和储气瓶组应设置泄压保护装置,泄压保护装置应采取防塞和防冻措施。泄放气体应符合下列规定:

① 一次泄放量大于 500m^3(基准状态)的高压气体应通过

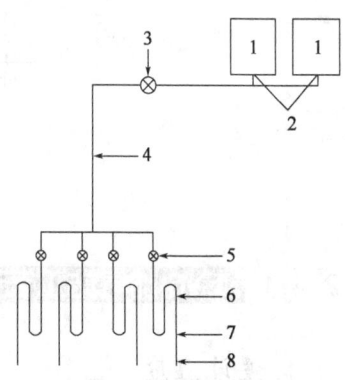

图2.20 储气瓶组与加气枪间阀门设置示意图
1—储气瓶组(储气井);2—储气瓶组(储气井)截断阀;3—主截断阀;4—输气管道;5—紧急截断阀;6—供气软管;7—加气截断阀;8—加气枪

放散管迅速排放。

②一次泄放量大于 $2m^3$（基准状态），泄放次数平均每小时 2~3 次以上的操作排放，应设置专用回收罐。

③一次泄放量小于 $2m^3$（基准状态）的气体可排入大气。

设置安全泄压保护装置迅速排放加气站内泄漏的天然气，是防止加气站火灾事故的重要措施。拆修仪表或加气作业时泄漏少量天然气允许就地排入大气，因为天然气密度小于空气，能很快扩散，故允许其排入大气。压缩机停机卸载的天然气量比较大，排放到回收罐较为安全。事故时紧急排放的气体，很难予以回收，只能通过放散管迅速排放。

(7)加气站放散管的设置是根据现行国家标准《石油天然气工程设计防火规范》（GB 50183—2015）制订的，该规范要求放散管必须保持畅通，符合下列要求：

①高压、低压放散管宜分别设置，并应直接与放空总管连通；

②高压、低压放散管同时接入一个放散管时，应使不同压力的放散点能同时安全排放；

③放散管宜垂直向上，管口高出设备的最高平台，且不应小于 2m，并应高出所在地面 5m。

2.4 LNG 加气站工艺

LNG 加气站的主要任务是接收、储存调压、加注液化天然气。对于 L-CNG 加气站还包含气化液化天然气和加注压缩天然气。根据这些内容，LNG 加气站的工艺流程一般包括 4 个流程：卸车流程、调压流程、加气流程以及卸压流程。LNG 橇装汽车加气站与 LNG 固定式汽车加气站工艺流程基本相同，典型工艺流程见图 2.21。

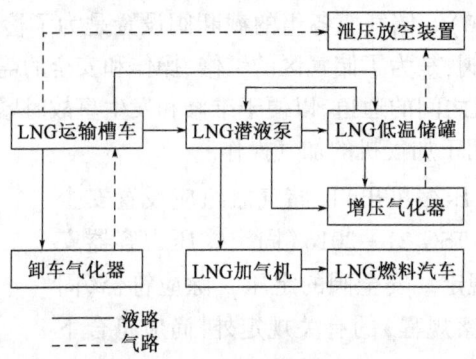

图 2.21 LNG 加气站的典型工艺流程

2.4.1 LNG 加气站工艺设计参数及储存方式

1. 设计温度

加气站允许使用介质液化天然气的设计温度为 -196℃，因此 LNG 加气站液化天然气工艺的设计温度为 -196~+60℃。

2. 设计压力

LNG 加气站的设计压力按液化天然气在最高设计温度下的饱和蒸气压和设备的设计压

力确定,通常取 1.2MPa。

3. 储存方式及数量

由于 LNG 是天然气净化后再经过超低温处理至 -162℃冷却后的液化产物。为了保证连续供气,LNG 加气站应确定合理的储存方式和数量。

目前国内外液化天然气的储存方式广泛采用真空绝热储罐低温常压储存法。低温常压储存是指在低温下(-162℃左右),使液化天然气饱和蒸气压接近于常压的情况下储存。为保障 LNG 储罐的安全性,储罐应设置就地指示的液位计、压力表;同时设置液位上、下限及压力上限报警,并远程监控。为了防止 LNG 储罐压力过高,储罐应设置全启封闭式安全阀,且不应少于 2 个(1 用 1 备)。安全阀的设置应符合《固定式压力容器安全技术监察规程》(TSG 21—2016)的有关规定,安全阀与储罐之间应设切断阀,切断阀在正常操作时应处于铅封开启状态。与储罐气相空间相连的管道上应设置人工放散阀。一旦发生紧急情况,为了保障此时 LNG 储罐的安全,储罐的液相连接管道上应设置紧急切断阀。

液化天然气按 1~3d 的销售量进行配置为宜。

2.4.2 LNG 卸车流程

LNG 卸车流程是将集装箱或槽车内的 LNG 卸至 LNG 加气站的 LNG 储罐内,使 LNG 从储罐上进液管进入 LNG 储罐的操作工艺。连接槽车的液相管道上应设置紧急切断阀和止回阀,气相管道上宜设置切断阀,是为了在出现不正常情况时,能迅速中断作业。

储罐进液设两根进液管,一根在上部进液,一根在下部进液。当来料较重时,应由上进液管注入罐内,反之应由下进液管注入。其目的是力图破除罐内 LNG 轻重分层现象,进一步避免罐内 LNG 产生扰动、翻腾现象发生。储罐进液总管设有紧急切断阀,当 LNG 充装液位至罐容的 85% 时,将发出声光报警;当液位充至罐容的 90% 时,自动关闭进液紧急切断阀,以防止超装。

LNG 卸车软管应采用奥氏体不锈钢波纹软管,其公称压力不得小于装卸系统工作压力的 2 倍,其最小爆破压力不应小于公称压力的 4 倍。有的站采用固定式装卸臂卸车,也是可行的。

LNG 卸车方式主要有两种可供选择,即潜液泵卸车方式和增压器卸车方式。

2.4.2.1 潜液泵卸车方式

1. 原理

利用潜液泵输送液体的性能,将需卸液的罐车中液态液化天然气通过低温潜液泵加压输送到 LNG 储罐中。

2. 工艺流程

潜液泵卸车的工艺流程见图 2.22。卸车时将潜液泵的加液阀和泵卸车进液阀打开,用液相软管、增压软管、气相软管将槽车出液口、增压液相口、气相口分别与加气站储罐的卸车口、增压口、气相口连接,吹扫卸车软管三次并排空,确保软管内无空气。打开储罐气相阀、气相平衡阀、卸车气相阀,同时打开槽车的气相阀门,进行气相平衡。待气相平衡之后,关闭气相平衡阀(通常确保槽车的压力在 6MPa,观察槽车压力是否大于 0.3MPa,若低于 0.3MPa,则需要对槽车进行增压操作)。然后打开槽车出液阀、泵卸车进液阀和 LNG 储罐进液根部阀,使罐车的液相管与潜液泵的入口管接通,潜液泵的出口管与储罐的液相管相通,按潜液泵的操作程序启动潜液泵,罐车液化天然气在泵作用下,经液相管进入储罐,从而完成卸车作业。

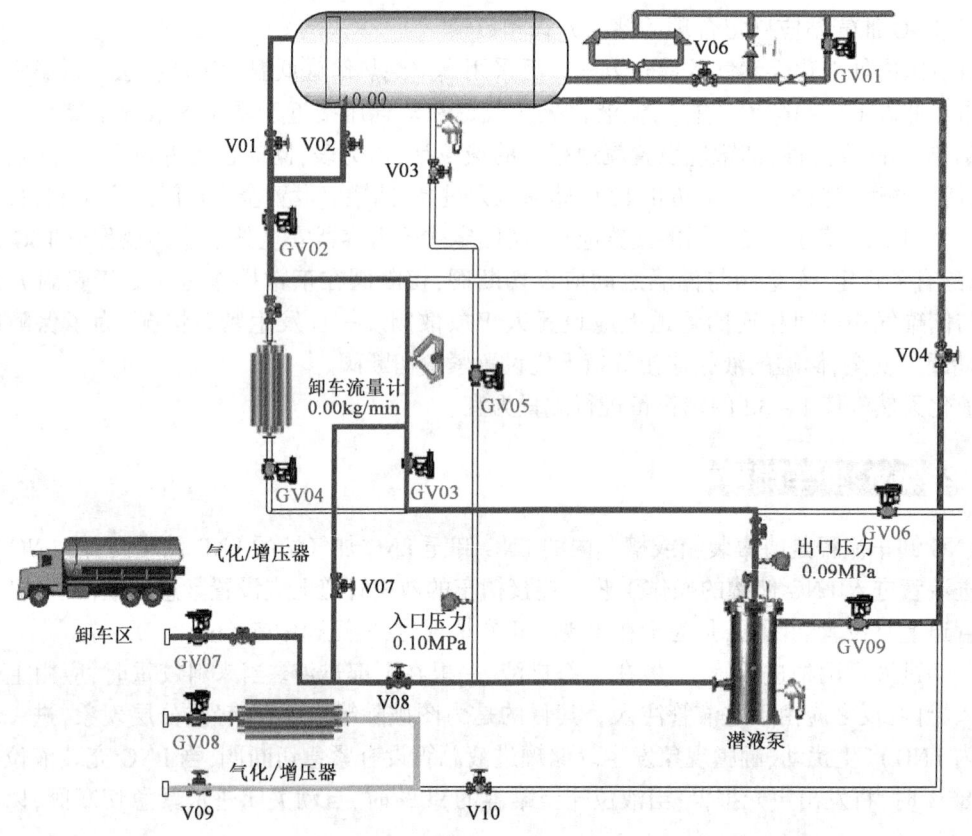

图 2.22 潜液泵卸车工艺流程

为加快装卸,保证潜液泵入口管路的静压头,在开启潜液泵前,应先打开卸车气相阀门使潜液泵、储罐、槽车之间的液化天然气气相管道直接接通,以便在装卸过程中平衡二者之间的压力(在进行三相平衡之前,如果储罐高于 0.75MPa,打开储罐上的放空阀放散降低储罐压力,防止三相平衡后槽车压力过高),使 LNG 储罐中的 BOG 气体通过气相管充入 LNG 槽车,一方面解决 LNG 槽车因液体减少造成的气相压力降低,另一方面解决 LNG 储罐因液体增多造成的气相压力升高。整个卸车过程不需要对储罐泄压,可以直接进行卸车操作。

采用潜液泵卸车时,液化天然气液相管道上任何一点的压力不得低于操作温度下的饱和蒸气压力,管道上任何一点的温度不得高于相应管道内饱和压力下的饱和温度,以防止液化天然气在管内产生气体沸腾现象,造成"气塞",使潜液泵空转。因此,在泵的吸入管路上必须要有避免液态天然气发生汽化的静压头,并保证依靠储罐或罐车内压力及液位差,使泵能被液化天然气全部充满。

设计、安装时要合理设置泵与储罐液位差和 LNG 泵上的气、液相阀门。因 LNG 的密度尚不到水的一半,若管线设置不合理,会使"储罐静压"无法克服管阻,造成开泵困难或者在对外"零压"排放情况下才能开泵。开启 LNG 泵加气储罐内压力不得小于 0.35MPa,否则会造成泵压克服管阻后小于车载瓶压不能加气。橇装 LNG 加气站一般采用一台低温潜液泵。

3. 注意事项

罐车在卸车过程中,驾驶员、押运员必须在场配合机泵操作员做好装卸操作工作,同时应注意罐车的稳固情况和管路有无泄漏等异常现象。打开槽车出液阀时,检查法兰接口是否有渗漏,再完全打开。

泵站气、液相软管接通工艺管道后应注意排净管内空气,并防止空气进入管路系统。软管拆卸时应先泄压,避免拆卸时造成事故。

卸车中防止紧急切断阀自行关闭,造成泵空转。同时严密监视容器液位和压力的变化。卸车时,当储罐液位达到高限设定值时,应立即停止卸车,防止过量充装。

遇有雷雨和暴风天气,应停止卸车。当液化气站存有严重泄漏或报警器发出警报,以及工艺设备、管路出现异常时,必须立即停止罐车卸车作业,并查明原因,及时排除。

移动式罐箱和槽车作为加气站储罐时,因进、出液管上设置了 U 形弯,液位低于 1/4 要及时补液,否则会无法正常启泵。

卸车作业过程结束后,操作人员应及时正确地填写操作记录和运行记录。

切忌在管线内形成 LNG 的"死区",例如两道阀门之间的管线,"死区"内封闭的 LNG 因吸收热量而汽化,造成管线超压而破裂。

潜液泵卸车法卸载时间短,效率高,自动化程度高,管理也方便,另外无需对站内储罐泄压,但必须解决好泵入口端的静压问题,而且经泵卸液不能完全排空,液化天然气有一定损失,要消耗电能。

2.4.2.2 增压器卸车方式

1. 原理

LNG 与环境温度有很大温差,有很大的冷能。利用液化天然气升温后饱和蒸气压力显著提高的特性,以空气(冬天可辅以热水)作为加热源,在不改变容器容积的条件下,使液化天然气的压力增高,在罐车与储罐之间形成一定的压力差,作为装卸液化天然气的动力。

2. 工艺流程

增压器卸车工艺流程可见图 2.23,由该图可看出,罐车中的部分液态天然气通过 LNG 槽车增压口进入槽车自带的增压器,气化后返回罐车内的上部空间,使槽车的气相空间形成较高压力,造成了罐车与储罐之间的压差,迫使罐车内的液体流入储罐,从而达到卸车的目的。增压器卸车结束时,需借助卸车台气相管道将槽车内的气体回收到 BOG 回收系统中,从而给槽车降压,每卸 1 辆车排出的气体量约为 180m^3。

卸车前进行的软管连接和气相平衡操作与潜液泵卸车方式相同。待气相平衡之后,关闭气相平衡阀,打开槽车液相增压阀、橇上液相增压阀,待槽车压力增高 0.2MPa 以上时,打开槽车液相出液阀和橇上卸车液相阀即可进行卸车。

增压器卸车的动力源是 LNG 槽车与 LNG 储罐之间的压力差,由于 LNG 槽车的设计压力为 0.8MPa,储罐的气相操作压力不能低于 0.4MPa,故最大压力差仅有 0.4MPa。如果增压器卸车与潜液泵卸车采用相同内径的管道,增压器卸车方式的流速要低于潜液泵卸车方式,卸车时间长。随着 LNG 槽车内液体的减少,要不断对 LNG 槽车气相空间进行增压,如果卸车时储罐气相空间压力较高,还需要对储罐进行泄压降至 0.4MPa,以增大 LNG 槽车与 LNG 储罐之

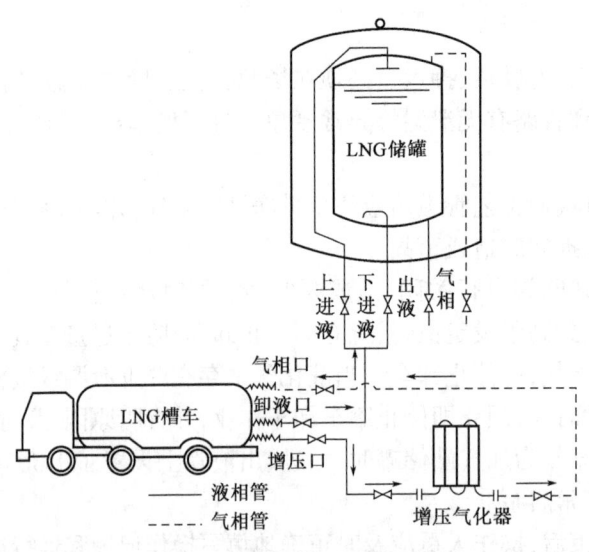

图 2.23 增压器卸车工艺流程

间的压力差。

与潜液泵卸车方式相比,该方式优点是管道连接简单、不耗能。其缺点是:(1)卸车时间长,卸一台标准集装箱时间为 2.5~3h;(2)放散气体多,随着 LNG 储罐内液体不断增多,需要不断泄压,以保持足够的压力差。

3. 注意事项

采用增压气化器加压卸载液化天然气,操作时一定先将增压器的气相出口阀打开,使之与输液容器相通。若忘记开增压器的气相出口阀和输液容器的气相阀门,会使增压器严重超压发生恶性事故。停止装卸时要先关增压器的进液阀,首先停止蒸发,然后再关其他阀门。严禁在液位计平衡阀关闭的情况下仅开液位计气相阀或仅开液位计液相阀,否则会损坏液位计。

卸车中有两个问题需要解决:

(1)随着液体进入储罐内液位升高,气相空间产生压缩效应,导致储罐压力升高,升高到接近槽车的压力时,液体流量大大下降,直至停止。解决的办法是给气体的释放找一个出路,前面介绍的自动调压器就是一条放出气体的出路,但自动减压阀为储罐放出自然蒸发气体而设置的,流量很小,阀的口径也很小,满足不了卸车中放出气体的流量需求。简单的方法是,在自动调压器旁并联一个截止阀,卸车过程中打开,提高流量,卸车结束后关闭。

(2)液体在管道中流动和进入储罐后可能产生汽化,生成的气体也会进入储罐内,导致储罐压力升高,阻碍卸车。第二个问题需要结合储罐进液口的结构和进液的操作工艺才能实现,如采用储罐上、下进液同时进行的方式。卸车时,为防止 LNG 储罐内压力升高而影响卸车速度,当槽车中的 LNG 温度低于储罐中 LNG 的温度时,采用上进液方式。槽车中的低温 LNG 通过储罐上进液管喷嘴以喷淋状态进入储罐,将部分气体冷却为液体而降低罐内压力,使卸车得以顺利进行。若槽车中的 LNG 温度高于储罐中 LNG 的温度时,采用下进液方式,高温 LNG 由下进液口进入储罐,与罐内低温 LNG 混合而降温,避免高温 LNG 由上进液口进入罐内蒸发而升高罐内压力导致卸车困难。实际操作中,由于目前槽车内的 LNG 温度通常都低于加气站储罐中 LNG 的温度,卸车过程中采用上进液方式,当至槽车底液时采用下进液方式卸除底液。

与泵卸车一样,为防止卸车时急冷产生较大的温差应力损坏管道或影响卸车速度,每次卸车前都应当用储罐中的LNG对卸车管道进行预冷。同时应防止快速开启或关闭阀门使LNG的流速突然改变而产生液击损坏管道。

在站房式的LNG加气站中两种方式可以任选其一,也可以同时采用,即增压器和泵联合卸车,就是先将LNG槽车和LNG储罐的气相空间连通,然后断开,在卸车的过程中通过增压器增大槽车的气相压力,用泵将槽车内的LNG卸入储罐,卸完车后需要给槽车降压。这种卸车方式的优点是卸车时间较短,耗电量小于泵卸车方式,缺点是工艺流程较复杂。一般由于空间足够建议同时选择两种方式。

对于橇装式LNG加气站,由于空间的限制、电力系统的配置限制,建议选择增压器卸车方式,可以简化管道,降低成本,节省空间,便于设备整体成橇。

2.4.3 LNG储罐调压流程

随着储罐内LNG的流出,罐内压力不断降低,LNG出罐速度逐渐变慢直至停止。因此,正常供气操作中必须不断向储罐补充气体,将罐内压力维持在一定范围内,才能使LNG气化过程持续下去。

储罐增压流程是利用自动增压调节阀和自增压空温式气化器实现的。LNG储罐的升压采用下进气方式,升压方式根据是否使用潜液泵,可分为:

(1)通过泵低速循环进行升压,潜液泵调压工艺流程如图2.24所示。

(2)通过储罐压力调节器升压,自增压调压工艺流程如图2.25所示。储罐的增压是由自力式增压调压器和小型空温式气化器组成的自动增压系统来完成的,即当储罐内压力低于自动增压阀的设定开启值时,自动增压阀打开,储罐内LNG靠液位差流入自增压空温式气化器(自增压空温式气化器的安装高度应低于储罐的最低液位),在自增压空温式气化器中LNG经过与空气换热气化成气态天然气,然后气态天然气流入储罐,将储罐内压力升至所需的工作压力。当压力回升到调压器设定值以上时,调压器关闭。这时,增压气化器内的压力会阻止液体的继续流入,增压过程结束。

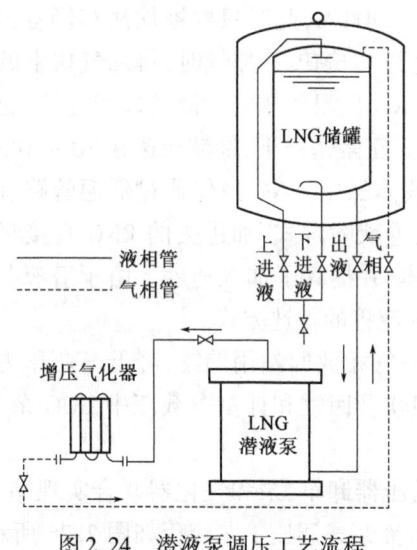

图2.24 潜液泵调压工艺流程

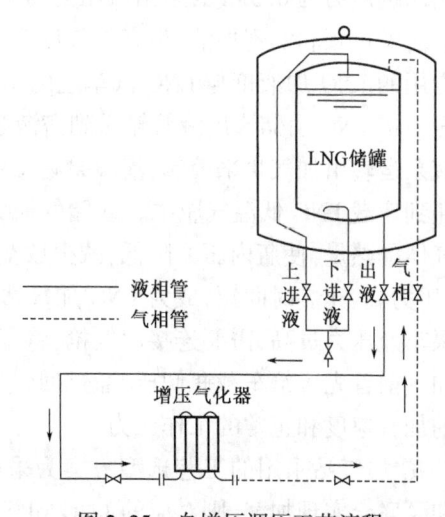

图2.25 自增压调压工艺流程

当罐内压力低于自动增压器的设定值时,调压器打开,罐内液体靠液位差缓缓流入增压气化器,液体气化产生的气体流经调压器和下进液管补充到储罐内,气体的不断补充使得罐内压力回升。

采用这种调压方式时,增压气化器的入口压力为LNG储罐未调压前的气相压力与罐内液体所产生的液柱静压力之和,出口压力为LNG储罐的气相压力,所以自增压调压流程调压速度慢、压力低。这种方式的优点是工艺、设备简单且不耗能。

(3)通过增压器与LNG低温泵联合进行升压。用潜液泵将储罐中的部分LNG液体输送到增压气化器,LNG液体气化后返回储罐;返回的气体与LNG液体进行热交换以改变LNG液体饱和蒸气压力,从而提高储罐的压力;当罐内的压力达到设定压力值时,系统完成LNG液体的增压调整。采用潜液泵为储罐调压时,增压气化器的入口压力为潜液泵的出口压力,一般将出口压力设置为1.2MPa,增压气化器的出口压力为储罐气相压力,约为0.6MPa。增压气化器的入口压力远高于其出口压力,所以使用潜液泵调压速度快、调压时间短、压力高。缺点是需要电耗。

储罐升压采用第三种方式较为合理,并且压力调节器应有备用,若有可能还应增大其规格。这样,虽然增加了造价、能耗,但大大缩短了调压时间,理论上计算可在3~4h实现,从而确保加气时间。

2.4.4 LNG加气流程

2.4.4.1 加气方式

LNG加气流程也有两种方式,即潜液泵和加气机联合加气方式(加气流程潜液泵和调压流程潜液泵可共用),或利用回气后车载瓶和站内储罐间压力差仅使用加气机加气(现一般不采用)。

潜液泵和加气机联合加气方式就是将储罐中的LNG通过低温泵加压后送入加气机,由加气枪给汽车加气。一般情况下泵出口和泵入口压差将达到0.8~0.9MPa(90Hz,5200r/min),如果站用储罐压力为0.5MPa,泵出口压力为1.3~1.4MPa,此时只要被加注车辆容器内压力低于1MPa,即可顺利实现加液,最高加气压力可达到1.6MPa。加气时,将加气机上的加注管路通过专用的LNG加液枪与LNG汽车上的车载LNG低温气瓶的进液接口相连接,通过LNG储罐的压力将LNG由储罐出液管输送到潜液泵中。正常情况下,加液流速在30~50kg/min。

潜液泵运转由加气机来控制,潜液泵将LNG液体加压,LNG液体通过低温管路、阀门、加气机加注到车载LNG低温气瓶中。载储气瓶为上进液喷淋式,加进去的LNG直接吸收车载气瓶内气体的热量,使瓶内压力降低,减少放空气体,并提高了加气速度。由于潜液泵的加气速度快、压力高、充装时间短,成为LNG加气站加气流程的首选方式。

如果车瓶压力过高,需要连接回气枪,将车瓶内气相放回站用储罐,降低车瓶压力。在给车载瓶加气前首先应给车载瓶卸压,通过回气气相软管回收和计量车载瓶中BOG余气,以保证气瓶的加气速度和正常的工作压力。

若LNG加气站采用的工艺选型方案为采用增压器卸车、泵和气化器联合实现储罐调压、加气机和泵联合实现加气,则对应的LNG加气站潜液泵式调压工艺流程如图2.26所示。

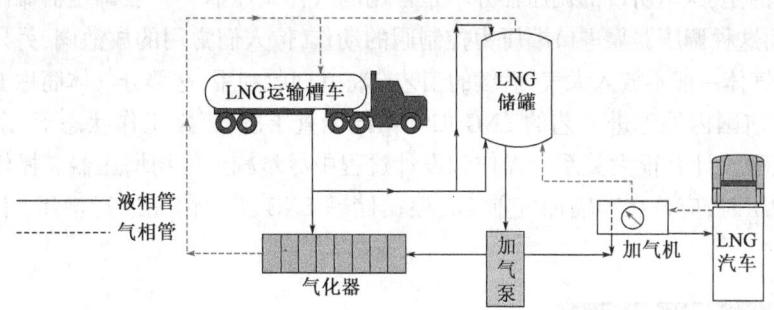

图 2.26　LNG 加气站潜液泵式调压工艺流程

2.4.4.2　加气注意事项

将加气枪与加液口对接,操作加气机进行加气,加气时应注意:

(1)检查吹扫。检查汽车 LNG 气瓶压力,必须小于 1MPa 方可吹扫、加注。若 LNG 气瓶压力小于 1MPa,用吹扫气枪对加注枪头及汽车接触面进行简单吹扫,主要对中心部位,目的是去除灰土或者冰霜。若 LNG 气瓶压力大于 1MPa,用吹扫气枪对回气枪及回气接口接触面进行吹扫;然后,连接回气枪接头,进行回气,直至气瓶压力小于 0.8MPa。

(2)连接枪头。

夹紧:握住加气枪两侧的手握竿,双手向内侧微微用力,使枪头外侧的三个固定块张开一点。

推到底:枪口对准需加气的加气口缓缓向里推进,注意在对准和推进中枪口与加气口保持在一条直线上。

打开:枪口完全套入加气口后左右转动一下,确定平滑后向前推动手握竿,使枪头稳稳地卡在加气口上,再次左右稍微转动一下,确保枪头依然可以平滑转动。

操作时必须一人一枪并戴好防护设备,由持操作证的员工持枪,加气过程中不得离开加气现场,禁止将加液枪交顾客操作。

(3)操作时先观察加气车辆的气瓶压情况,判断是否需要回气。

(4)加液作业时要注意观察压力及流速,检查各连接点有无天然气泄漏。

(5)电闪、雷击频繁时应停止加气作业。

(6)不准在加气机出现乱码时继续加气。

加气过程中,对车辆气瓶、管线、仪表进行检查是否有异常,出现异常营业员应立即启动相应应急预案。对等待加气顾客做到"加一看二照顾三"。

2.4.5　LNG 卸压流程

在给储罐调压过程中,LNG 在储存过程中会由于储罐的环境漏热而缓慢蒸发,导致储罐的压力逐步升高,这部分汽化了的气体如不及时排出,储罐压力会越来越大,最终危及储罐安全。因此,必须采用释放罐内气体的方法控制压力上限。其方法是在储罐的气相管道上设置调压器,当储罐内压力升高到设定值时,减压阀便缓慢打开,将罐内气体放出,保证储罐安全,当压力降回到设定值以下时,自动调压器自动关闭。目前,该部分气体进行放空处理。建议在以后的加气站中,该部分气体通过调压后送入附近市政管网系统。

需要指出的是,这里所说的调压器并不是常用的气体调压器。一般调压器靠出口端压力控制阀的动作,而这种调压器靠进口端压力控制阀的动作,像人们常用的放散阀,另外它要耐受低温。释放出的气体一般不放入大气,后续的工艺会将其回收利用,这部分气体简称 BOG。

通过对目前国内外先进工艺的 LNG 加气站的调查了解,正常工作状态下,系统的放空与操作过程和流程设计有很大关系。操作和设计过程中尽量减少使用增压器。操作过程中如果需要给储罐增压时,应该在车辆加气前 2h,根据储罐 LNG 压力情况进行增压,不宜在卸完车后立即增压。

2.4.6　LNG 气化流程

除上述 LNG 加气站基础流程外,L-CNG 加气站还增加了 LNG 气化流程和 CNG 的加气流程来实现加气目的。其中,CNG 加气流程与 CNG 加气站加气流程类似,这里着重介绍 LNG 气化流程。

加气站要实现同时为 LNG 汽车和 CNG 汽车服务的设计要求,就需要把气化后的天然气加压至 22~25MPa。达到这一要求有两种办法:一是采用压缩机把气化后的天然气加压至额定压力,即靠压力推动,将 LNG 从储罐送入气化器气化膨胀,压力增加到 25MPa 后通过控制系统将其储存于高压 CNG 储气瓶组内;二是采用高压泵在气化前把 LNG 流体加压至额定压力,即从储罐中流出的 LNG,经低温泵加压至 22~25MPa 后进入气化器,气化后直接进入高压 CNG 气瓶等待输出到 CNG 汽车。因为在质量流量和压缩比相同的条件下,低温泵的投资、能耗、占地面积等,均远小于气体压缩机,所以采用第二种加压方案,即采用低温泵加压流体后进入气化器,如图 2.27 所示。

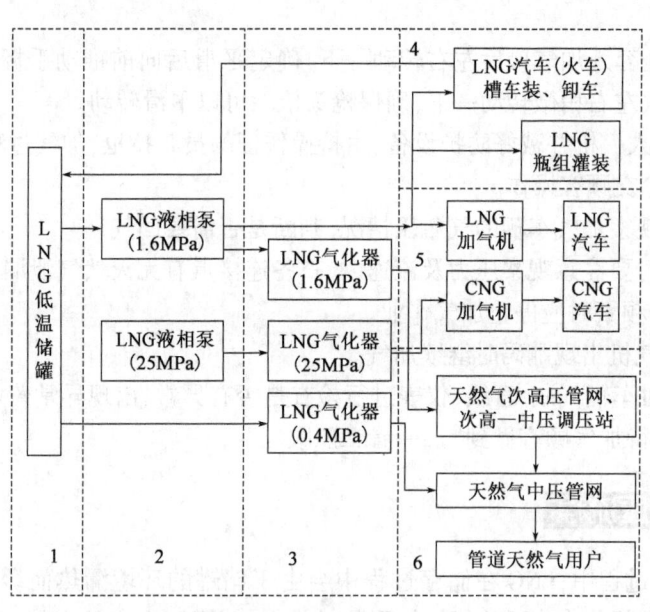

图 2.27　典型的多功能 LNG 气化流程
1—LNG 储存;2—液相加压;3—LNG 气化;4—槽车装卸与瓶组灌装;
5—汽车加气;6—调峰与事故应急供气

低温液体的气化工艺在液氧、液氮等的工业领域非常成熟,只是 LNG 气化工艺比液氧和液氮要复杂一些。LNG 的气化器一般采用空温式气化器,充分利用 LNG 的冷能,节省能源。在寒冷地区,冬季环境温度很低的情况下,会使得气化后的气体温度很低(一般比环境温度还要低10℃),后续的管道、设备等可能承受不了。因此,气化后一般要经过增热装置——复热器将气体升温,以便达到允许的温度,复热器可以采用电加热和循环水等不同方式。最后经调压、计量、加臭,流向用户管网。

2.4.7 LNG 加气站运行中存在的工艺问题

2.4.7.1 工艺系统预冷和吹扫

在 LNG 加气站竣工后正式投运前,应使用液氮对低温系统中的设备和工艺管道进行干燥、预冷、惰化和钝化。预冷时利用液氮槽车阀门的开启度来控制管道或设备的冷却速率不大于1℃/min。管道或设备温度每降低20℃,停止预冷,检查系统气密性和管道与设备的位移。预冷结束后用 LNG 储罐内残留的液氮气化后吹扫。

LNG 加气站正式运营后,每次作业前也要对系统进行预冷。预冷的主要目的是降低 LNG 流经管道的温度,减少工作过程中产生的 BOG 蒸气。实现的方法为:首先依靠储罐与 LNG 泵池间的液位差,预冷泵及泵池与储罐间的管道,在达到设定条件要求后,泵低速运行,预冷泵出口至 LNG 加气机及加气机至储罐间的管道。预冷设定的主要条件是泵池入口温度,以及泵池入口温度与泵池温度间的差值,只有当温度低于设定值以及温度差小于设定值两个条件均满足时,泵才能启动。

2.4.7.2 安全放散

所有低温管道上的安全阀和设备安全阀作为泄压及报警用,泄放量一般只按超压量考虑。有完整绝热保温层时(例如在火灾条件下,保温层不被破坏),安全泄放量按下式计算:

$$W_s = \frac{2.61 \times (650 - t) \lambda A_r^{0.82}}{\delta \cdot q} \tag{2.3}$$

式中 W_s——容器的安全泄放量,kg/h;
A_r——容器受热面积,m²;
q——在泄放压力下液体的汽化潜热,kJ/kg;
t——泄放压力下介质的饱和温度,℃;
δ——容器保温层厚度,m;
λ——常温下绝热材料的导热系数,kJ/(m·h·℃)。

对于半球形封头的卧式容器,$A_r = 3.14 D_0 L$;椭圆形封头的卧式容器,$A_r = 3.14 D_0 (L + 0.3 D_0)$;立式容器,$A_r = 3.14 D_0 h_L$;球形容器,$A_r = 1.57 D_0^2$ 或从地面算起到7.5m高度以下所包括的外表面积,取两者中较大者。其中,D_0 为容器外直径,m;L 为容器总长,m;h_L 为容器最高液位,m。

所有低温管道上的安全阀和设备安全阀排出的气体(EAG)温度极低,气态天然气温度低于 -107℃ 时密度比空气大,低温气态天然气排放不易扩散,会向下积聚,导致局部浓度过高;溢出的 LNG 蒸发速度非常快,会迅速冷却周围空气中的水蒸气,形成大量的白色蒸汽云,并四处扩散,如果遇到火源将引起火灾,造成严重后果;低温还会导致灼伤、冻伤、体温降低等;另外,LNG 系统在常温下安装,在低温条件下运行,前后温差很大(0~180 ℃),在设计中都必须采取必要的措施。为此,低温天然气系统的放散应经加热器加热后放散,放散天然气的温度不宜低于 -107℃。为保证放散的低温天然气能迅速上浮至高空,需设置一台空温式放散气体加热器(又称 EAG 加热器),将放散气体汇集到一起,对放空的低温天然气进行集中加热后,经阻火器后通过放散塔高点排放。

放散管管口应高出 LNG 储罐及以管口为中心半径 12m 范围内的建(构)筑物 2m 及以上,且距地面不应小于 5m。为避免放散天然气影响附近建(构)筑物安全,放散管管口不宜设雨罩等影响放散气流垂直向上的装置,放散管底部应有排污措施。

此外,LNG 加气站是一个压力储运系统,LNG 可以气化使系统压力升高。在松开检修部件之前,必须将所涉及的设备管线降压隔离开,并且采用安全的方式将其内的 LNG 卸压放空。如果没有安全卸压排空 LNG 就开始作业,很可能造成人员伤亡。外置的阀门和法兰可能温度极低,人员在操作时,应注意穿戴相应的防护用品。因维修需要松动或打开系统某一部件时,必须将其内部的 LNG 卸压放空。

其中,储罐及槽车内的 LNG 自然吸热气化产生的气体称为 BOG(boil off gas),其具有温度低、持续不断(约每日 1%~2.5%)、密度比常温空气大的特点。BOG 气体来源包括:

(1)LNG 储槽吸收外界热量产生的蒸发气体;

(2)LNG 卸车时储槽由于压力、气相容积变化产生的蒸发气体;

(3)进入储槽内的 LNG 与原储槽内温度较高的 LNG 接触时产生的蒸发气体;

(4)储槽内压力较高时进行减压操作产生的气体。

LNG 卸车工艺的一个关键之处在于 BOG 气体的排放。低温真空粉末绝热储罐和槽车的日蒸发率一般小于 3‰,低温常压罐蒸发率一般小于 1‰。这部分气化了的气体需及时排放,防止因储罐内压力增高过快威胁储罐安全,并对卸车速度产生阻碍。

为保证储罐的安全及装卸车的需要,在设计中设置了储罐安全减压阀(可根据储罐储存期间压力自动排除 BOG),产生的 BOG 气体通过放空阀至 BOG 加热器加热后,再进入 BOG 储罐储存。储罐和其他部位产生的 BOG 气体温度也是很低的,不能直接进入系统,也必须经过加热才能利用,一般也采用空温气化器。经过加热后的 BOG 气体进入 BOG 储罐储存,在冬季使用水浴式 LNG 加热器时,BOG 可作为热水锅炉的燃料,夏季可进入管网,并遵循优先原则,即 BOG 气体的压力要略高于调压计量装置主调压器后的压力,这样 BOG 气体就优先于主气化器输出的气体进入出站管道。

2.4.7.3 液封

一段液相管道,两端有阀门,当管道内存有液体时关闭两端的阀门,便形成液封。LNG 管道内只要存有部分液体,便可产生危害,而且危害很大。原因是即使做了很好的保温,也不可能完全阻止管道升温,管道内残留的液体就会不断汽化,压力可无限上升,直到管道或阀门破坏为止。采取的措施是合理布置阀门和加安全放散。

2.4.7.4 管道保温

液相管道必须作专门的低温保温处理,而气相管道一般不必保温,操作人员容易触及的部分气相管,可作局部防冻处理。

思考题

1. 何为 CNG 加气站？何为 LNG 加气站？
2. CNG 加气站有哪些类型？
3. 确定 CNG 加气站储气设施的总容积时，通常要考虑哪些因素？
4. 加气站储罐总容积不同，对 CNG（或 LNG）加气站等级划分有何影响？
5. CNG 加气站站内有哪些主要功能区域？
6. 常规 CNG 加气站的工艺系统主要由哪 6 个部分组成？
7. LNG 加气站的工作任务具体有哪些？
8. 对于 LNG 橇装站，确定 LNG 橇装站中储存橇的规模时需考虑哪些主要因素？
9. 简述 CNG 标准加气站的工艺流程。
10. 何为 CNG 加气站脱水工艺中的低压、中压和高压脱水？
11. LNG 加气站设计温度、设计压力通常如何确定？
12. LNG 加气站的工艺流程一般包括哪几个流程？
13. LNG 加气站的 BOG 和 EAG 分别指的是什么？
14. 试分析 LNG 加气站 BOG 气体的主要来源。

参 考 文 献

[1] 顾安忠，等. 液化天然气技术. 2 版. 北京：机械工业出版社，2015.
[2] 冯幸福. 燃气汽车及加气站技术. 北京：电子工业出版社，2001.
[3] 樊宝德，朱焕勤. 加油加气站设计与技术管理. 北京：中国石化出版社，2009.
[4] 祖因希，祖建国. 汽车加油加气站安全技术与管理. 北京：化学工业出版社，2005.
[5] 李一庆，范小平. 天然气加气站建设与管理. 北京：中国质检出版社，2013.
[6] 梁光川，郑云萍，李又绿，等. 液化天然气（LNG）长距离管道输送技术. 天然气与石油，2003，21(2)：8-10.
[7] 祝家新，林文胜. 天然气汽车加气站发展趋势及 L-CNG 加气站技术特点. 电力与能源，2007，28(1)：32-35.
[8] 贺红明，林文胜，顾安忠. L-CNG 加气站技术浅析. 天然气工业，2007，27(4)：126-128.
[9] 郑丹. LNG/L-CNG 加气站工艺设计及安全管理研究. 石化技术，2017，24(6)：296.
[10] 胡诚. LNG、L-CNG、CNG 加气站的比较研究. 工程技术：文摘版，2015(25)：86.
[11] 宋晓琴. 国内外 CNG 加气站的发展趋势. 油气储运，2003，22(8)：1-3.
[12] 何鑫. 大港油田 CNG 加气站技术特点. 天然气与石油，2006，24(6)：18-20.
[13] 江宁. 在 CNG 加气站加装 L-CNG 方案解析. 石油库与加油站，2012，21(4)：14-17.
[14] 崔之健，赵永刚，董超云，等. 橇装式 L-CNG 加气站设计. 石化技术，2015，22(9).
[15] 任永平，陈叔平，殷劲松，等. 天然气加气站技术经济比较. 低温与超导，2010，38(6)：10-14.
[16] 张玮. LNG/L-CNG 加气站的设计. 石油与天然气化工，2014(2)：157-160.
[17] Hongming H E，Wenshen L，Anzhong G U. L-CNG 加气站技术浅析. 天然气工业，

2007,27(4):126-128.

[18] 刘美丽. 撬装式LNG加气站技术浅析. 中国特种设备安全,2013(11):16-18.
[19] 宁成千,岑康,严宇,等. CNG加气站高、低压脱水工艺技术经济分析. 西南石油大学学报(自然科学版),2007(s2):150-152.
[20] 马胜利. LNG橇装汽车加气站工艺流程与设备选型. 煤气与热力,2010,30(8):3-6.
[21] 宋振兴. LNG加气站工艺技术、安全及经济性分析. 哈尔滨:哈尔滨工业大学,2010.
[22] 陈璐. LNG加气站设计优化. 成都:西南石油大学,2016.

3 天然气加气站的质量与数量管理

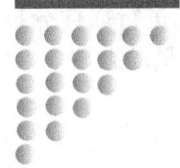

3.1 天然气加气站的天然气质量要求及管理

3.1.1 天然气加气站进站气源的质量要求及管理

(1)天然气加气站进站气源的质量要求及其标准如下：

①压缩天然气标准站的进站天然气质量应符合现行国家标准 GB 17820—2012《天然气》中Ⅱ类气质要求。

②压缩天然气子站的进站天然气质量应符合现行国家标准 GB 18047—2017《车用压缩天然气》要求。

③液化天然气加气站的进站天然气质量应符合现行国家标准 GB/T 19204—2003《液化天然气的一般特性》要求。

(2)各省(市)公司每年应对气源供应商的经营资质、经营规模、产品来源、产品标准、质量控制、计量等级、储存能力、运输方式进行考察和评估，评估合格后方能与其签订供货合同。

(3)进入加气站的车载储气瓶组或槽车应提供气质报告，操作人员应按现行的国家标准进行确认，符合要求的方能进行接卸气作业。严禁不合格气体进入加气站。

(4)压缩天然气标准站供应商应每半年提供气质报告，有条件的加气站可每半年对进站天然气进行一次全分析，保证后续生产正常进行。

3.1.2 天然气加气站的储存环节质量管理

(1)压缩天然气标准站应定期维护脱硫、脱水装置，确保装置功能完好，并定期对压缩天然气进行水露点、硫含量检测，掌握生产运行过程中的气质情况。

(2)压缩天然气储气罐与液化天然气储罐应定期排污。

(3)液化天然气储罐应定期进行开罐检查，对储罐内的残液、杂质、锈蚀物和附着物进行彻底清除，避免储存气受到污染。

(4)液化天然气相关储存和装运按《液化天然气(LNG)生产、储存和装运》(GB/T 20368—2012)规范执行。

3.1.3 天然气加气站的销售环节质量管理

(1)压缩天然气子站、压缩天然气标准站应定期按照现行国家标准 GB 18047—2017《车用压缩天然气》分析方法的要求,对出站产品进行检测,以保证销售气体质量合格。

(2)液化天然气加气站应定期委托有资质的第三方检测机构对出站产品进行取样分析,以保证销售气体质量合格,并应不定期对用户进行产品质量回访,及时了解质量动态。

3.1.4 天然气加气站的天然气质检项目配置

天然气加气站的天然气质检类型分为四类:

(1)母站和标准站进站天然气质量检验(简称进站天然气检验):对进入母站、标准站的原料天然气(压缩前)的质量验收检查。进站天然气检验项目见表3.1。

表3.1 进站天然气检验项目

项目	方法标准	项目	方法标准
高位发热值,MJ/m³	GB/T 11062	水露点,℃	GB/T 17283
总硫(以硫计),mg/m³	GB/T 11060.4	相对密度	GB/T 11062
硫化氢,mg/m³	GB/T 11060.1	燃气类别(沃泊指数)	GB/T 17820;GB/T 11062
二氧化碳含量,%	GB/T 13610	取样	GB/T 13609

(2)母站和标准站在线检测(简称在线检测)、压缩天然气质量检验(简称 CNG 检验):在线检测即在母站和标准站对原料天然气进行加工处理环节,通过在线检测设备实时监控天然气的水露点和硫化氢两个指标;CNG 检验即对母站和标准站生产或外采的 CNG 开展的质量检验。CNG 检验与在线检测的检验项目见表3.2。

表3.2 CNG 检验与在线检测的检验项目

项目	方法标准	项目	方法标准
高位发热值,MJ/m³	GB/T 11062	水露点,℃	GB/T 17283
总硫(以硫计),mg/m³	GB/T 11060.4	相对密度	GB/T 11062
硫化氢,mg/m³	GB/T 11060.1	燃气类别(沃泊指数)	GB/T 17820;GB/T 11062
二氧化碳含量,%	GB/T 13610	取样	GB/T 13609
氧气含量,%	GB/T 13610		

(3)液化天然气质量检验(简称 LNG 检验)和抽查检验(简称抽检)等:LNG 检验即对采购的 LNG 开展质量验收检验。LNG 检验与抽检的 LNG 检验项目见表3.3。

表3.3 LNG 检验与抽检的 LNG 检验项目

项目	方法标准	项目	方法标准
组分	GB/T 13610	硫化氢含量,mg/m³	GB/T 11060.1
高热值,MJ/m³	GB/T 11062	相对密度	GB/T 11062
总硫(以硫计),mg/m³	GB/T 11060.4	取样	GB/T 20603

(4)天然气加气站抽检:对进、销、存、生产的各个环节天然气进行质量监督检查开展的检验。天然气检测环节的项目分别按进、销、存各不同环节的相应质量要求,及天然气的相应类别,分类进行检测。

3.2 天然气加气站的数量管理

3.2.1 天然气加气站的计量交接管理及其影响因素

压缩天然气加气站 CNG 天然气的进出量应以容积计量,计量单位均为立方米;液化天然气加气站 LNG 天然气的进出量应以质量计,进气量计量单位为吨(t),加气量计量单位为千克(kg)。

3.2.1.1 天然气加气站的销售环节计量交接

在销售环节,LNG 和 CNG 都是通过加气机上的流量计进行交接,交接数量的准确性主要取决于流量计的计量误差。

1. LNG 加气站销售环节的计量交接及其影响因素

在国内 LNG 加气机一般采用质量方式作为计量单位,所用的流量计为质量流量计,LNG 加气机上显示的质量即为质量流量计测定的质量。LNG 加气机的计量准确性与以下因素相关:

(1)质量流量计的准确度。质量流量计的准确度取决于计量检定机构和流量计本身的稳定性。

(2)加气机附近环境温度的变化。LNG 加气机在使用过程中温度一般为 -160~-120℃,加气管内外温差大,夏天甚至可以达到 200℃,因此在管路中普遍存在气化现象,形成气液混合多相流的情况。随着环境温度的变化,加气管中的气液比也随之变化,造成计量不稳定。

2. CNG 加气站销售环节的计量交接及其影响因素

CNG 加气机一般采用体积(标方)方式作为计量单位,结算的体积是指 CNG 在标准状况下(20℃,101.325kPa)的体积,可选体积流量计和质量流量计,但目前国内大部分 CNG 加气机选用质量流量计。

CNG 进入加气机后,加气机中计量数据流向是:由质量流量计在计量过程中称出气体质量,这一数据送入电子计控器,电子计控器根据加气机设定的密度和当量系数将 CNG 的质量信号根据公式换算为体积信号,体积信号输出并显示在加气机面板上,完成整个计量过程。

$$加气机面板上显示的体积 = (质量/密度) \times 当量系数 \tag{3.1}$$

式(3.1)中决定体积数值的有 3 个参数:

(1)质量,即质量流量计所称出来的量,这一数值准确与否取决于计量检定机构。

(2)当量系数,是加气机厂为修正质量流量计所设定,用于修正质量流量计误差。

(3)密度,是影响体积结算值的关键数据。应以当地技术监督部门提供的密度设置方法来设置加气机的密度。

国内有两种设置方法——固定值法和实际测定法。采用固定密度时,固定密度与实际密度存在的偏差导致计量不准确,但可以通过调整当量系数来校正加气机计量误差,采用实际密度时必须定期在当地质监局的监督下测定进货气体的实际密度,并对加气机上的密度值进行调整。

总的来说,CNG加气机的计量准确性与以下因素相关:

(1)加气机所选流量计的类型。加气机的计量传感器,即流量计,有体积流量计也有质量流量计,有间接测量法也有直接测量法,每一种的工作原理和结构型式都不同,适用范围和测量准确度也不相同,必然造成售气机的计量准确度也不一样。用体积为计量单位时,应选用带有温度和压缩热补偿功能,并能通过修改密度的方法进行校准的售气机比较合适。

(2)加气机中CNG压力的变化。加气机给汽车加气的过程,是CNG压力不断变化的过程。从开始的最大流量,到加气结束时的零流量,相应的压力从几乎0.1MPa,逐步到达最大压力20MPa。由于天然气在不同压力下的压缩因子是变化的,必然影响经过计量并换算成标准状态下的气体体积数的准确度。

(3)加气机附近环境温度的变化。天然气和所有气体一样,对温度的变化比较敏感。对于使用体积流量计的CNG加气机,随着环境温度的变化,所测出的气体体积数误差很大,尤其在夏天和冬天尤为突出。另外,加气机的气体来自地面储气瓶组(温度较低),还是直接来自正在运行中的压缩机(温度较高),这个压缩热也会对计量体积造成较大的影响。

对于使用质量流量计的CNG加气机,以体积作为计量单位时,就经常会遇到这样的问题:同样的车瓶、同样从空瓶充装至20MPa,在夏天和冬天加气机显示的充装量会有明显的区别,冬天充装量多于夏天。

这主要是由于环境温度的变化所引起的,根据气态方程式:

$$pV = nRTZ \tag{3.2}$$

式中　p——压力;

　　　V——气瓶几何容积;

　　　n——气体的物质的量(可简单理解为充装量);

　　　R——气体的常量;

　　　T——气体温度;

　　　Z——压缩系数。

不难看出,在同一种介质、同一个车瓶、同样的压力条件下,夏天和冬天参数p、V、R、Z均未改变,n与T成反比,即:温度越高,充装量越小;温度越低,充装量越大。

3. 天然气密度值的变化

当用体积作为计量单位时,密度值的变化引起的影响是不容忽视的。一般天然气的组分报告都是在气田或长输管线的末站采样,它所得出的气体密度与加气机计量时的压缩天然气密度(换算成标准状态)有着较大误差。因为加气机计量的天然气,是经过脱水干燥、脱硫、混油除油、分离部分高碳烃后的压缩天然气,其密度必然要发生变化。最好的办法是在加气机后取样,测出密度用于校准计量仪器。

4. 标准计量器具的准确度

标定加气机时所用标准计量器具的准确度,对加气机的计量准确度的影响是显而易见的。按照常识,校准用的标准计量器具的精度,应远远高于被校准的计量设备。

5. 计量标准温度的设定

天然气计量时所采用的标准状态,各个国家都有不同的规定,主要是标准温度不同。例如美国、英国、加拿大和澳大利亚等国为15℃;俄罗斯为0℃或20℃;法国、德国、日本等国为0℃;我国国标为20℃;ISO 7504标准则规定为0℃。标准温度不同,密度值则不同,依据质量流量计测量出的天然气的质量与经计算所得到的标准状态下的体积数必然不同。所以进口加气机在我国应用时一定要注意这一点。国内天然气按体积进行计量,天然气体积计算的标准为20℃(293.15K),绝对压力为101.325kPa(1个标准大气压)。

3.2.1.2 天然气加气站的进气环节计量交接

1. LNG加气站的进气环节计量交接

LNG加气站进气时,进气计量单位为吨,可以用原发数量、量车数量、储罐实收数据三种标准进行交接,具体采用哪个交接标准,视与供气方、运输方签订的协议而定。

采用原发数量标准进行交接时,运输损耗和卸车损耗均由用气方承担,对用气方极其不利。另外LNG槽车在液化工厂装车时一般采用过磅交接,先过轻磅再过重磅。LNG槽车在加气站卸气完毕后LNG槽车内总有一些未卸完的余气,槽车载着气回到LNG液化气库,到库时若槽车压力未达到气库规定的放散压力,则不会放散,这样未卸完的余气未计入原发数量而被送往下一个用气方。在这种交接方式下,用气方提高卸车技术卸净余气显得尤为重要。

采用量车数量进行交接时,卸车前过重磅,卸车结束过轻磅,重磅与轻磅数量之差即为交接数量。在这种交接方式下,卸车过程中放散、漏气等造成的损耗由用气方承担,但槽车内未卸净的余气不计入加气站卸车损耗,所以提高卸车技术减少放散非常重要。

采用量罐数量进行交接时,运输损耗和卸车损耗均不用用气方承担,对用气方最为有利。在这种交接方式下,通过储罐上的液位计得知液位高度、查看容积表找到相应体积,再使用密度计算质量,但是储罐上部存在的气体也会影响计量不准确。

LNG进气时将进气情况记录在LNG卸车记录表上,见表3.4。

表3.4 LNG卸车记录表

	罐车型号	罐车所属单位	
	罐车容积,m³	核定载质量,t	
卸车前 安全检查 内容	充装介质,MPa	充装介质质量,t	
	罐体压力	介质温度,℃	
	安全附件	外观检查	
	防静电装置	消防器材	
	检查结论	检验员　　　年　月　日	
卸车操作 记录	卸车时罐体工作压力,MPa	卸车时介质温度,t	
	卸车后罐体压力,MPa	剩余介质质量,t	
	卸车所用时间	操作员　　　年　月　日	
卸车后 复检	卸车后罐体压力,MPa	剩余介质质量,t	
	泄漏检查	其他检查	
	复检结论	复检员:　　年　月　日	
	押运员:　　　　　　年　月　日	驾驶员:　　　　年　月　日	

LNG站内库存量记录及计算,见表3.5。

表 3.5 LNG 站内库存量记录及计算表

序号	项目名称	数据	备注(填写说明)
1	气种		填写甲烷、丙烷、丁烷或一定百分比的混合气
2	相对分子质量		根据不同气种计算相对分子质量,混合气体按百分比计算平均相对分子质量
3	液体密度(15℃),g/m³		根据气体品质报告提供的数据填写
4	压力,kg/cm²		根据现场采集数据填写
5	液体温度,℃		根据现场采集数据填写
6	气体温度,℃		根据现场采集数据填写
7	液位,mm		根据现场采集数据填写
8	液容积,m³		根据液位,通过容积表查出容积数
9	容积修正系数		通过温度、密度查容积修正系数表
10	密度修正系数		为 0.0011
11	储罐全容积,m³		通过容积表查出储罐全容积
12	修正容积,m³		修正容积(m³) = 液容积 × 容积修正系数
13	修正密度,g/m³		修正密度(g/m³) = 液密度 − 密度修正系数
14	液体库存量,t		液体库存量(t) = 修正容积 × 修正密度
15	气体容积,m³		气体容积(m³) = 储罐全容积 − 液体容积
16	气体修正系数		气体修正系数 = 气体容积/(273.15 + 气体温度) × (1.033 + 压力) × 相对分子质量 × 修正密度/液体密度 × 11.798
17	气体库存量,t		气体库存量(t) = 气体容积 × 气体修正系数/1000
18	液化气库存量,t		液化气库存量(t) = 液体库存量 + 气体库存量
19	总库存量,t		总库存量(t) = T001 的液化气库存量 + T002 的液化气库存量 + T003 的液化气库存量

注:此表仅适用于液化天然气(LNG)加气站。

2. CNG 加气站的进气环节交接

在 CNG 母站进气交接时,常常使用一定时间段流过管道的天然气流量的累积值进行交接,而不是直接用流量值来进行交接,而 CNG 子站进气交接时,可以采用原发数量进行交接,亦可采用气站实收数量进行交接。采用实收数量进行交接时通过卸气柱上的流量计进行,当卸气柱上没有流量计时,则通过公式计算得出交接数量。

实收数量 = 卸气前各储气井库存量 + 各加气机走字数(止码减起码) − 卸气完毕各储气井库存量;

没有储气井的加气站直接等于各加气机走字数。

CNG 进气时将进气情况记录在 CNG 卸车记录表上,见表 3.6。

表 3.6 CNG 卸车记录表

卸车日期		天气情况	
发货单编号		供货单位	
车号		罐箱号	
体积,m³		押运员	

续表

槽车检查	
卸车前温度、压力	℃　　　　　　　MPa
卸车情况	
卸车后温度、压力	℃　　　　　　　MPa
卸车起止时间	时　　分　～　时　　分
操作人员	
备注	
记录	站长

3.2.2 天然气加气站的计量交接依据

天然气计量实际上是天然气流量的测量,是在天然气流动过程中间接测量的,测量的准确度取决于整套测量系统的合理设计、建设、操作和维护等全过程的质量。

为保证计量系统按统一的技术要求进行全面质量管理,保证天然气计量的准确度,制定科学合理的天然气计量标准是非常必要的。在天然气计量的相关标准中,流量计量标准是主要的,另外它还应包括天然气密度、组成、发热量、压缩因子等相关参数的测量和计算标准,还有仪器仪表、设计及安全等标准。天然气计量涉及设计、建设、投产、操作、维修、检验、检定以及安全环保等各个方面,因此其相关标准是很广泛的。

(1)国家计委、国家经委、财政部、石油部联合发布的《天然气商品量管理暂行办法》(计燃〔1987〕2001号)、《天然气商品量管理暂行办法》规定:凡需要进行天然气流量计量标准测量的单位,必须制定科学的设备、仪器、仪表管理、操作、维护等制度和规程,并严格按制度和规程的要求,由计量部门对标准节流装置及计量仪器、仪表进行定期校核,以确保量值的准确性;在气量结算时,以供气方的测量值为准。供用双方应定期对计量仪表进行检查校核。GB/T 18603—2014《天然气计量系统技术要求》则规定了气类天然气计量系统的相关规定。

用户对供气方的气量测量值有疑义时,可及时提出,并共同查找原因。在未查出之前,仍按供方的测量值为准进行气量结算,用户不得拒付。若供气方的气量测量值确有错误,在查明原因并整改后,供方应根据校正值予以调整,并按调整后的气量结算。

(2)国家计委、能源部联合发布的《原油、天然气和稳定轻烃销售交接计量管理规定》(能源油〔1990〕943号),其规定为:①交接计量方式由供方根据需要选择确定,计量器具由供方负责操作,买方监护。②计量员(监护员)必须持有省、部级计量主管部门或其授权的计量技术机构颁发的操作证书。

(3)国家质量标准及相关标准如下:

气体类:GB 17820—2012《天然气》、GB 18047—2017《车用压缩天然气》。

液体类:符合 GB/T 19204—2003《液化天然气的一般特征》要求,质量标准可参考 SN/T 2491—2010《进出口液化天然气质量评价标准》。

储存和装运:按 GB/T 20368—2012《液化天然气(LNG)生产、储存和装运》规范执行。

加气机:JJG 996—2012《压缩天然气加气机》;JJG 1038—2008《科里奥利质量流量计检定规程》。

加气站:GB 50156—2012《汽车加油加气站设计与施工规范》;NB/T 1001—2011《液化天然气(LNG)汽车加气站技术规范》。

国家质量技术监督局发布的 GB 17820—2012《天然气》,该标准与 GB 17820—1999 相比(表3.7),对天然气气质要求有较大幅度提高。

表 3.7　GB 17820—2012 与 GB 17820—1999 的对比

GB 17820—1999《天然气》				GB 17820—2012《天然气》				试验方法
项目	一类	二类	三类	项目	一类	二类	三类	
高热值,MJ/m³	>31.4			高热值[a],MJ/m³ ≥	36.0	31.4	31.4	GB/T 11062
总硫(以硫计),mg/m³	≤100	≤200	≤460	总硫(以硫计)[a],mg/m³ ≤	60	200	350	GB/T 11062
硫化氢,mg/m³	≤6	≤20	≤460	硫化氢,mg/m³ ≤	6	20	350	GB/T 11060.1
二氧化碳,%	≤3.0	—		二氧化碳 y_{CO_2} ≤	2.0	3.0	—	GB/T 13610
水露点,℃	在天然气交接点的压力和温度条件下,比最低环境温度低5℃			水露点[b,c],℃	在交接点压力下,水露点应输送条件下最低环境温度低5℃			GB/T 17283
注:(1)在天然气交接点的压力和温度条件下,天然气中应不存在液态烃; (2)天然气中固体颗粒含量应不影响天然气的输送和利用。				注:[a]本标准中气体体积的标准参比条件是 101.325kPa,20℃。 [b]在输送条件下,当管道管顶埋地温度为 0℃时,水露点应不高于 -5℃。 [c]进入输气管道的天然气,水露点压力应是最高输送压力				

GB 17820—2012 主要内容包括:

①产品(天然气)分类和技术要求。

a. 天然气按高位发热量,总硫、硫化氢和二氧化碳含量分为一类、二类和三类;

b. 天然气的技术指标应符合表 3.7 中规定;

c. 作为民用燃料的天然气,总硫和硫化氢含量应符合一类气或二类气的技术指标。

②输送、储存和使用。

a. 在天然气交接点的压力和温度条件下,天然气中应不存在液态烃。

b. 天然气中固体颗料含量应不影响天然气的输送和利用。

c. 作为城镇燃气的天然气,应具有可察觉的臭味,燃气中加臭剂的最小量应符合 GB 50028—2006 的规定。使用加臭剂后,当天然气泄漏到空气中,达到爆炸下限的 20% 时,应能察觉。城镇燃气加臭剂应符合 GB 50028—2006 的规定。

d. 作为城镇燃气的天然气,其分类和基本特性应符合 GB/T 13611—2018《城镇燃气分类和基本特性》。

e. 天然气在输送和使用的过程中,应执行 GB 50183—2015、GB 50251—2015《输气管道工程设计规范》和 GB 50028—2016 的有关规定,还应遵守国家和当地的安全法规。

3.3　天然气加气站的损耗分析及控制管理

3.3.1　天然气加气站的损耗管理要求

(1)公司数质量管理部门应根据本地加气站的实际情况制定加气站损耗管理办法,加强损耗管理。

(2)压缩天然气加气站损耗宜控制在±3%以内,液化天然气加气站损耗宜控制在±5%以内。

(3)压缩天然气子站应对进站的每台车载储气瓶进行盘点,根据随车送货单进行验收,记录开始和结束时的压力、温度,计算出每车的卸车量和损耗量。

(4)压缩天然气标准站应每日进行输入气量与售出气量的比对,计算输差和损耗量。

(5)液化天然气加气站应对储罐进行标定,每日进行储罐存量盘点,通过标定的容积、压力、温度、组分、密度和密度修正系数、容积修正系数计算储罐存量(见液化气体库存量计算表),进行进销存量比对,计算出损耗量。

(6)加气站必须每月进行盘点结算,当损耗比对结果超过控制范围时,应查明原因,上报主管部门。

(7)加气站应采取有效措施降低损耗。储罐的排污应规定频次和时间。储罐、管道放散时应记录相关参数,便于计算和分析损耗。

3.3.2 天然气加气站的损耗原因分析(以LNG为主)

3.3.2.1 运输损耗

LNG运输损耗:主要是由于槽车无法绝热致使LNG蒸发、槽车压力升高达到安全阀起跳压力而放散产生损耗以及发生异常情况时卡套阀门连接泄漏产生损耗。

CNG运输损耗:主要是由于CNG储气瓶在运输途中超压放散以及发生异常情况时卡套阀门、仪表等连接处泄漏产生损耗。

3.3.2.2 卸车损耗

1. LNG卸车损耗

在卸车期间往往受到工艺与设备的影响,无法降低槽车压力,卸车后槽车内的压力越大,卸车损耗将越大。另外卸车过程中对槽车增压及管道保冷效果不佳导致系统压力升高达到安全阀开启压力而放散。

LNG加气站及L-CNG加气站采用罐车原发吨数进行交接。在卸车期间往往受到工艺与设备的影响,无法降低槽车压力,卸车后槽车内的压力越大,卸车损耗将越大。

LNG卸车损耗主要包括由于工艺或设备原因导致余气无法卸净产生的损耗及卸车过程中槽车和储罐由于压力升高产生的放散损耗。

$$LNG 储罐实收数 = 卸车完毕 LNG 储罐库存量 + 卸车过程中的加气量 - 卸车前 LNG 储罐库存量$$

$$LNG 卸车损耗量 = 原发吨数 - 储罐实收数$$

2. CNG卸车损耗

CNG卸车损耗主要包括由于工艺、设备或卸车人员经验不足导致余气无法卸净产生的损耗及卸车前对卸车高压软管进行置换、卸车结束后高压软管放空产生的损耗。

$$卸气量 = 卸气前各储气井库存量 + 各加气机走字数(止码减起码) - 卸气前各储气井库存量$$

没有储气井的加气站直接等于各加气机走字数。

$$CNG 卸车损耗量 = 原发数量 - 卸气量$$

3.3.2.3 日常储存损耗

1. LNG 日常储存损耗

LNG 温度低,储罐虽然是带保温的,但由于保温效果有限,无法做到绝热,目前国产 LNG 储罐的日静态蒸发率体积分数≤0.3%,储存时间越长,蒸发量就越大,储罐内压力越大,当压力达到一定程度,安全阀会打开自动排放造成储存损耗。

LNG 日常储存损耗主要是由于储罐温度或压力变化引起的放散损耗。

2. CNG 日常储存损耗

CNG 在储存过程中由于压力表失灵,压缩机送气压力过高,瓶组内 CNG 高、中、低压发生串气现象,瓶组外部环境温度过高等原因引起瓶组放散。

CNG 以 25MPa 的压力储存在储气井中,储气井井口密封性能有限,加上 CNG 中含有的硫化物等杂质会对储气井造成腐蚀,导致漏气。

CNG 日常储存损耗主要是由于井口漏气及瓶组超压放散产生的损耗。

3.3.2.4 日常经营损耗

日常经营损耗 = 期初库存 + 进气数量 - 销售 - 卸车损耗,日常经营损耗主要是由计量不准确引起的。影响计量不准确的因素详见本章 3.2.1。

3.3.3 天然气加气站的损耗控制(以 LNG 为主)

天然气加气站的损耗通过改进加气站工艺和加强日常进销存环节的损耗管理来控制。

3.3.3.1 加气站损耗控制原理

(1)减少吸收外界能量。能量可以从一个物体传递给另一个物体,但能量永远不会消失。如果作业环节(装卸、加气过程中)吸收空气中的热能,导致系统内液体或气体的温度、压力升高,放散气体增加,损耗会增大。

(2)减少气体流转环节。加气站产生的任何损耗都有其原因,不会凭空产生。环节越多,损耗越大。

3.3.3.2 从工艺上控制损耗

1. 改进管道设计

管道设计对卸车损耗的影响主要表现在以下三个方面:

(1)LNG 在管道内流动时,不可避免地与外界发生热交换,导致温度升高,蒸发速度加快,容易在管道内产生气阻,若卸气过程不连续,气阻可能导致后续卸气无法进行而产生损耗,从卸气口到 LNG 储罐的管道越长,影响越明显。

(2)LNG 在管道内流动时存在一定的阻力,导致压力损失,管道越长、弯头越多,压力损失越多,必须通过增加气化量来实现,气化量越多,卸车损耗越大。

(3)卸车管道设计上必须同时具备上进液、下进液、下进气及上进气功能,以保证可以根据实际情况切换卸车方式。

管道设计对日常经营损耗的影响:当 LNG 在 LNG 管道或 L-CNG 加压前管道内流动时,管道越长、弯头越多,LNG 在管道内的温度和压力损失越大,LNG 储罐需要增压到更大的压力才能完成对天然气汽车的充装。

因此,在设计上尽量减少工艺管道的长度和弯头可以减少温度和压力损失,减少损耗。

2. 改进卸车工艺

改进卸车工艺有两个目的:(1)尽可能多地回收余气;(2)尽可能减少卸气过程中的放散。LNG 卸车过程一般包含平压过程、增压过程、卸车过程、余气回收过程。

平压的目的是降低 LNG 储罐内压力,其方式分为储罐顶部与槽车顶部平压、储罐顶部与槽车底部平压两种。由于采取后一种方式平压时储罐顶部的高压气体冲击槽车底部液体使其剧烈翻滚,液体蒸发速度加快,罐车内压力升高,不利于平压,一般不建议采取。

当 LNG 储罐与槽车内压力达到平衡时平压过程结束。

增压的目的是升高槽车的压力,使 LNG 能够顺利压入储罐,其方式分两种:一种是自增压,即将槽车内 LNG 通过卸车液相管压入增压气化器,气化后的气体通过卸车气相管压入槽车气相空间给槽车增压;另一种是通过储罐给槽车增压,即通过潜液泵将 LNG 从储罐内输送到增压气化器,气化后的气体通过卸车气相管压入槽车气相空间给槽车增压。前一种增压方式不需要启动泵,对加气过程无影响,后一种增压方式需要启动泵,受泵的功率限制启动泵时加气过程可能无法进行,另外如果设计上未同时有上进液和下进液,增压时无法卸车。一般情况下为了延长泵的使用寿命,建议采取自增压卸车方式。当槽车内剩下一定液体时,可停止增压,靠槽车的余压来卸气。

卸车有两种进液方式,一种是上进液,另一种是下进液。

LNG 储罐顶部设有喷淋点,喷淋可将储罐顶部的气体液化,同时降低储罐压力,因此上进液在一定程度上可以增大槽车与储罐的压力差,有利于卸车。下进液时则没有喷淋作用,且可能导致液体翻滚。因此一般多采用上进液方式。当槽车内液体卸完时改用下进液方式让槽车内气体进入储罐液化,回收余气。

3. 增加放散气体回收工艺

放散产生的损耗是加气站损耗的重要组成部分。若能将放散气体进行回收,则可以大大降低损耗。

目前放散气体回收的方式主要有两种:

(1)加气站区域内有城市管网的直接将放散气体引入管网,若管网非本单位所有,则与管网所属单位签订协议。

(2)将放散气体供给加气站周边的大型餐馆或工业单位,此种方式需要建立短距离的管网以便向需求单位供气。

3.3.3.3 从管理上控制损耗

1. 加强进货卸车环节管理

进货卸车环节管理主要关注以下四个方面:

(1)关注每次进货气体的密度、温度、热值等物性参数是否有明显变化,确保气质稳定;

(2)保证卸车全程至少有两人在现场,一人关注槽车状况,一人关注撬式地磅的工作状态,确保发生意外时能及时发现并遏制;

(3)保证过磅过程至少有一人随车,检查过重磅与过轻磅时槽车内物品及人员状态一致;

(4)与供气方协调,及时到货,若来货不及时,储罐内剩下少量液体时液体蒸发速度快,储罐压力升高,将产生较多的放散。

2. 加强销售环节损耗管理

(1)加强员工培训,提高操作技能,缩短加气时间和减少加气过程中的放散;

(2)与客户协商,尽可能集中加气,减少大循环预冷,降低损耗。

3. 加强储存环节损耗管理

(1)尽可能让所有LNG流经的管道采用真空保温管道设计,减少冷损;

(2)加强日常管线巡检,及时发现异常损耗。

4. 加强防作弊管理

防作弊主要是两个方面:(1)漏气检测报警;(2)防止修改密度及计量系数。要防止加气机计量的作弊行为,必须要管理好密度和计量系数两个主要参数。

目前一般性的做法及国内大多数地区的计量监督部门的要求是:加气机键盘不能直接提供修改这两个参数的方法,必须采用专用手操器进行修改,同时对加气机主板上手操器接口进行铅封。手操器由计量监督管理部门保存,加气站不能持有。

加气机主板及质量流量计等可能调整或影响计量准确度的零部件必须铅封,防止人为改动。

3.3.3.4 卸车流程优化(以LNG为主)

在正常使用中,储罐液位越低,压力越大,进液时往往是储罐压力最高的时候,而LNG储罐的压力是控制损耗的关键,卸车后储罐压力越高,意味着槽车压力越高(损耗越大)。当加气站如有两个以上储罐,可采用双罐优化卸车工艺(图3.1),并尽量以减少LNG和外部环境热交换、减少泵卸为原则,以自身温度、压力和高度差为动力进行卸车。

由于卸车时极少吸收外部能量,LNG冷损低,压力控制得当,按照储罐降压→槽车增压→增压卸液→降压卸液→余气回收的步骤,卸车损耗可以降到最低。具体操作步骤如下所述。

1. 储罐降压

采用下进液方式利用槽车给储罐降压、平压,让储罐中的气体通过管道进入槽车的底部,让槽车的低温液体使气体到达液化的效果,从而降低罐内的压力,参见图3.1(a)。

(1)若储罐二压力比储罐一的高,首先是降低储罐一压力,将其控制在略低于槽车安全阀起跳压力的状态,然后利用槽车为储罐二降压。

(2)若储罐一压力比储罐二的高,首先是让储罐二和储罐一达到压力平衡,提高储罐一压力将其控制在略低于槽车安全阀起跳压力的状态,然后利用槽车给储罐二降压。

2. 槽车增压

通过储罐一为槽车增压,将槽车的压力增至 0.5MPa 以上,但不能超过安全阀起跳压力,

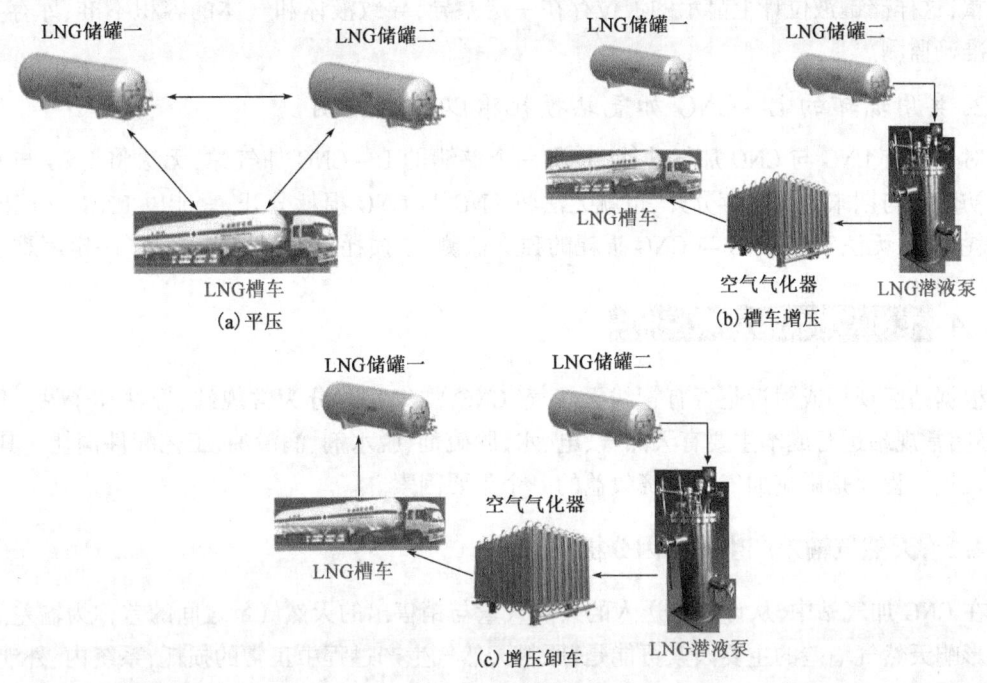

图3.1 双罐优化卸车工艺

让槽车压力高于储罐二0.3MPa以上,便于下一步采用的增压进行卸车,参见图3.1(b)。

3. 增压卸液

采用上进液卸车方式可使储罐二压力降至0.1MPa以下。由于在卸车过程中槽车内的低温液体进入了储罐二,使槽车的气相空间变大,气体压力就相对降下来,所以为保证卸车的速度,可采用增压的方式,保证槽车的压力保持在0.5MPa以上,安全阀起跳压力内,增压与卸车同步进行,参见图3.1(c)。

4. 降压卸液

卸车过程中槽车大约剩1000~4000kg,压力在0.45~0.55MPa范围内,储罐二压力在0.05~0.1MPa,立刻停止增压卸车,关闭增压系统,依然采用上进液进液方式利用压差进行卸车。在这个过程中,槽车内的压力在下降。

5. 余气回收

当槽车内的液体卸完,剩余压力为0.4MPa左右的气体存在槽车中,采用下进液降压方式把槽车的余气进行回收,前面采用上进液卸车方式的储罐二卸车后压力会保持在0.1MPa以下,仍然可利用压差方式让槽车的气体通过管道进入储罐二的底部,由于储罐二的低温液体让气体到达液化的效果,故不会把储罐二压力增高,所以能把槽车的压力降至0.15MPa以下,使槽车内的气体量减少,从而达到回收的效果。

3.3.3.5 损耗控制难点(以LNG为主)

1. LNG储罐库存量难以准确监测

LNG储罐内存在气液两相,气液两相界面存在蒸发翻腾现象,尤其是储罐液面较低时更为严重,这样储罐液位计上显示的液位存在一定差异,导致液体和气体的容积不准、库存数据无法准确监测。

2. 共用储罐的 L-CNG 加气站损耗难以独立监测

对于具有 LNG 与 CNG 加气功能、共用一个储罐的 L-CNG 加气站,无法将 LNG 与 CNG 的期初库存与期末实测库存分开,也就无法将 LNG 与 CNG 损耗分开,只能以 LNG 与 CNG 的总损耗来计,无法实现 LNG 与 CNG 损耗的独立监测,给损耗管理与控制带来了一定困难。

3.3.4 CNG 加气站气损控制

根据站区现场或附近是否有管线天然气,CNG 加气站可分为常规站、母站和子站。除人工费外,常规站运行成本主要有天然气、电、水、脱硫剂、脱水剂、润滑油、工艺配件消耗。其中,天然气气损程度是影响加气站经济效益的一个重要因素。

3.3.4.1 天然气输差产生的原因分析

在 CNG 加气站中,从计量柜送入的天然气量与销售出的天然气量之间的差称为输差。

影响天然气输差的主要因素可能是:原料天然气生产过程中正常的损耗,系统内、外泄漏,计量器具漂移或其他原因。

1. 加气站工艺流程系统简介

压力不大于 0.3MPa 的管道天然气经天然气计量柜计量后,至脱硫塔脱硫处理,再经天然气缓冲罐后至天然气压缩机压缩成 25MPa 的压缩天然气,压缩天然气经高压脱水装置脱水处理后经顺序控制盘至高压储气罐(井),最后通过售气机到用户。

2. 加气站工艺流程系统分析

输气差较大原因如下:

(1)计量管理装置原因本身存在的问题。天然气原料购入与成品销售直接由加气站计量系统负责,其主要由购气计量装置与销售计量装置构成(其中购气计量装置为天然气涡轮表,销售计量装置为天然气质量流量计)。计量器具是否合格对计量的准确性起决定性作用。

购气计量装置天然气涡轮表的计量精度与计量装置的选型、安装质量、介质压力、温度、密度、流速及使用环境、操作与维护方法、自旋时间等有关。

销售计量装置天然气质量流量计的计量精度与介质压力、密度、黏度、环境温度、振动、管道应力等因素有关。

(2)生产工艺系统中设备可能存在的缺陷,如设备本身缺陷。

(3)生产过程中可能存在跑、冒、滴、漏,如进气阀门关闭不严导致天然气回流,售气机电磁阀关闭不严造成的不计量。

(4)生产过程中正常的损耗。天然气按其化学组成,甲烷占 70%~95%、乙烷占 1%~10%,其他还有少量的高碳烷烃、硫化氢、一氧化碳、二氧化碳、水汽等。管道原料天然气经脱硫塔脱硫处理、天然气压缩机压缩、高压脱水装置脱水及高压储气罐(井)储存过程中原料天然气中的高碳烷烃、水等液化后通过排污系统排出,造成一定的正常损耗。此项正常损耗在 1%~5%。

3.3.4.2 输差控制与综合管理

1. 计量与装置控制技术与管理

1）进气计量装置

针对购气计量装置天然气涡轮表工作原理,对影响计量精度的各项因素进行分析,逐一排除了可能影响计量精度的因素后,最后确定影响其计量的因素。

2）销售计量装置

质量流量计在实际使用时,因天然气压力的变化可能导致其测量管绷紧程度发生变化,仪表常数变动,并发生零漂。在实际销售天然气时,应注意控制其压力时,不能与校准时相差太大,否则对于质量流量计将产生一定的影响。

在质量流量计中,受环境、管道应力等因素影响较小,并已考虑了温度补偿,因此环境温度引起的影响也可忽略。实际工作中,天然气密度变化改变质量流量计测量的气体质量,从而使流量传感器的平衡发生变化,导致零点偏移,因此天然气密度的变化是计量装置偏差的最大影响因素。

销售天然气的压力为 20MPa,要想在此工作条件下测得其密度值较为困难。

例如:成都某 CNG 加气站,技术监督局在售气机检定时,原天然气密度值为 $0.7224kg/m^3$,后与多家检测中心联系后,经过多次连续检测,终于检测到实际的最佳天然气密度值为 $0.6867kg/m^3$。加气站与技术监督局协商后,按检测报告调整售气机的密度值。经实施后输差降低约 4.95%。

通过及时检定进气计量装置,缩短销售计量装置的检定周期,及时进行工艺系统的巡检等措施,可较好地解决计量器具引起的输差问题。

3）生产工艺设备缺陷的处理

解决了计量装置对输气差产生的影响,工艺系统中的生产系统、产品质量控制系统、储存系统、回收系统都有所影响。

生产系统中压缩机尤为突出,通常压缩机在运行一段时间后,各级填料存在不同程度的漏气,因漏气量较小,大都随放空管排入大气中;因质量控制系统中的脱水装置排污时产生的气味掩盖了漏气异味,压缩机各级填料漏气一般情况下不易察觉。

4）生产过程管理

加强生产过程管理,杜绝生产过程中发生的跑、冒、滴、漏。

根据对生产工艺系统的分析,找到影响系统内、外泄漏的关键因素:

(1)压缩机在排污时管道内压力增高,而进气止回阀关闭不严导致天然气回流或售气机电磁阀关闭造成售气机不计量。

(2)管线或设备上的阀门外漏及不当操作造成的天然气损耗。

(3)在设备排污时,注意观察,可了解原料气质量,可根据排污情况缩短排污时间,减少因排污造成的输差增加。

2. CNG 加气母站气损控制

CNG 加气母站是 CNG 加气站的主要类型,CNG 加气母站的气源经过脱水处理和压缩后进入储气井，再通过加气机将 CNG 充装于 CNG 燃料汽车的燃料罐，也可根据设计需要将 CNG 充装于 CNG 槽车。

CNG 加气母站既具有充装 CNG 燃料汽车的功能，又具有充装 CNG 槽车的功能，是 CNG 加气站中功能和工艺较为复杂的类型。

CNG 加气母站在脱水、压缩、充装过程中常会因技术、设备、工艺、计量和正常损失等原因产生气损的问题，不但影响了 CNG 加气母站的常规运行，而且造成了 CNG 加气母站不必要的经济损失，更会形成 CNG 加气母站安全上的威胁和隐患，特别是在当前，CNG 燃料汽车属于新型交通工具，CNG 加气母站也面临着社会的认可和认知问题，因此，对 CNG 加气母站的气损控制提高重视，从行业和专业技术角度，实现 CNG 加气母站的有效控制。

CNG 加气母站气损技术控制应立足于 CNG 加气母站的实际工作，在重点分析计量、排污、工艺、设备、正常损耗等造成 CNG 加气母站气损原因的基础上，探寻 CNG 加气母站计量工作、设备优选、工艺优化、加强保养等技术措施，真正对 CNG 加气母站的降损和节能工作起到技术指导作用。

1）产生 CNG 加气母站气损的主要原因

(1) CNG 加气母站计量系统的误差。CNG 加气母站的计量系统由流量计、高级孔板阀和计量计组成，流量计一般选用罗茨流量计，这种流量计的精度在 ±1.5% 以内，但实际的 CNG 加气母站运行中，可能会遇到气源压力波动、质量不高、杂质多、含水量高等情况，所以，常常会因长期污损和超负荷工作等因素，产生计量上较大的偏差。高级孔板阀受到管道长度、粗糙度、管内压差、信号强弱等方面影响，如在维护保养不力情况下，会产生计量上不准确。流量计是售气关键计量仪器，由于天然气密度上存在着变量，特别在密度变小时，容易引起流量计计量值的误差，造成高级孔板阀气损的产生。

(2) CNG 加气母站工艺流程的原因。CNG 加气母站会有放空和排污的工艺，在放空和排污的过程中，会带走一部分气体，形成 CNG 加气母站的气损。

(3) CNG 加气母站设备的原因。CNG 加气母站的安全阀、排污阀、放空阀等因产品质量、使用年限、保养工作等原因会产生气损。CNG 加气母站压缩机组活塞杆磨损，导致高压天然气窜入曲轴箱从呼吸口冒出。CNG 加气母站加气机电磁阀因气质脏关闭将产生高压时不计量，导致 CNG 加气母站气损增大。部分加气站的压缩机组填料气没进行回收，机组处于运行状态时则一直有气体排入大气中。加气枪每加完 1 辆汽车后将进行高压放空，也未进行回收。

(4) CNG 加气母站的正常耗损。CNG 加气母站的气体是一种混合物，会掺杂一定量的重烃，因此，在温度下降和压力升高时将会形成液态，这样会被排污阀排出，增加气损。

2）减少 CNG 加气母站气损的思路

(1) 减小 CNG 加气母站的计量误差。选择合适控制气损的流量计，优先考虑罗茨流量计，使用孔板阀时，要保证上下游直管段长度和粗糙度符合计量要求、差压信号管路的正确安装，要定期对售气机的质量流量计进行清洗，并根据天然气密度进行流量计参数设置。

(2) 减少 CNG 加气母站的放空和排污操作。定期对阀门进行注脂，减少放空阀、排污阀内漏，减少机组的启停次数，从而减少压缩机向空气中的排放量。定期对压缩机组活塞杆、填料、各高压阀门等进行检查。

(3) 改造 CNG 加气母站填料气的回收。将填料气经冷却器冷却、通过缓冲罐进入进气系统中，从而减少气损。

3）降低CNG加气母站气损的具体措施

（1）选择优质的CNG气源。气源的质量是决定气损的重要因素，因此，CNG加气母站应该以控制气源质量为降低气损的重要手段，在CNG加气母站运营中尽量选择净化质量高的CNG作为CNG加气母站的气源。

（2）控制CNG的气压。实际的CNG加气母站运营中，气压过高和过低都会造成气损的增加，应该选择变频式的CNG压缩机，并采用可调余隙式机组设计，有效调节CNG加气母站的企业。同时，在CNG加气母站的日常运行过程中要注意对各工艺阀门的维护和保养，防止阀门损坏引起的气体损耗。

（3）做好CNG加气母站的日常维护。距离气源前端的计量设备容易因气压、气流等原因产生污损，影响计量设备的精确性，因此必须加强对此的保养和维护。CNG加气母站应该推行定时巡检和不定期抽检，避免CNG加气母站设备出现运行问题，减少气损的产生。CNG加气母站的售气机更要定期检查，当售气机流量计偏差超过1%时应该及时更换流量计。

（4）做好CNG加气母站的填料气处理。通过对加气管道和压缩机的改造，形成填料气回收的系统，要逐步淘汰CNG加气母站中不能有效回收填料气的老机组，应用新型功能机组，在监控系统运行状态的基础上，通过对压力和温度的调节，及时将填料气回收到回收罐，降低填料气排放的损失，控制CNG加气母站的气损。

3. CNG加气站常规站气损控制措施

1）CNG加气站常规站产生气损的原因

CNG加气站常规站一般流程是连接城市燃气管网获得天然气，经计量、增压、脱水后储存或销售。由于整个流程工艺设备较多，设备放空排污时不可避免地产生气损，一般用输差来量化气损程度。产生气损的原因主要有以下几种：

（1）计量本身的误差。CNG加气站常规站计量装置由气源处的流量计和销售机的计量系统组成。目前流量计采用最广泛的是罗茨或涡轮流量计，少部分站用高级孔板阀。其中高级孔板阀受人的维护保养、上下游直管段长度和粗糙度、差压信号管路以及仪表自身误差的影响，出现计量不准确的概率较大。

罗茨或涡轮流量计的精度达到了±1.5%，但对气源的气质要求较高，若气源脏、含水量高，则计量偏大。销售机用质量流量计，是依据科氏力原理来测量流体的质量流量的，受环境因素影响较小，精度控制在±0.5%以内。天然气密度可能发生变化，密度变小时，质量流量计计量值小于真实体积值，造成气损增大。

（2）放空、排污损耗。在CNG常规站整个工艺流程中，不同管段和设备均会设置放空和排污阀，压缩机组低压放空一般直接排入大气；进气分离器排污时也带走部分气体；脱水装置各过滤器、分离器排污时均会带走气体；储气井排污也将带走部分气量，各个环节的放空排污均会造成一定程度的天然气损耗。

（3）工艺设备泄漏。安全阀、放空阀、排污阀等因使用时间久、产品质量、保养不到位等原因产生内漏，造成气体泄漏；电磁阀和拉断阀密封不严，三通枪阀泄漏；压缩机组活塞杆磨损，与填料不能完全密封，导致高压天然气窜入曲轴箱从呼吸口冒出；加气机电磁阀因气质脏关闭将产生高压时不计量，导致气损增大。

（4）工艺设备缺陷。填料靠气体压力进行密封，填料在密封过程中会泄漏部分天然气，目前仍有部分加气站的压缩机组填料气没有进行回收,机组处于运行状态时则一直有气体排入大气中。加气枪每加完1辆汽车后将进行高压放空,也未进行回收。存在错峰的场站,单向阀容易损坏,错峰停机后再生气将返回上游管网引起重复计量,气源压力降低时引起天然气回流,气损进一步增大。若压缩机前的所有压力容器(脱硫塔、缓冲罐、回收罐、加湿器等)水容积为 $12m^3$,每日错峰3次,每次压力从 0.8MPa 降低到 0.4MPa,则产生的气体重复计量为 $144m^3/d$。

(5) 正常耗损。天然气是以各种碳氢化合物为主的混合气体,在低于最高凝析温度的某一温度值时,压力升高到露点线后,重烃将会形成液态;在一定压力下,温度下降至露点温度时,重烃也会形成液态排出,增大了天然气气损。此项影响由气源气质决定,高者可达到5%。

2) 减少气损的措施

针对 CNG 加气站常规站各个环节出现的气损情况,结合现场技术人员的管理经验,通常解决措施为:

(1) 减小计量本身误差。首先应结合场站的气质条件、流量计与压缩机组的距离,选择合适的流量计。推荐优先考虑罗茨流量计或涡轮流量计,但针对气质较脏、距离压缩机组较近时则可考虑使用高级孔板阀流量计。使用孔板阀时,要保证上下游直管段长度和粗糙度符合计量要求、差压信号管路的正确安装;同时,应加强流量计的维护保养工作,根据气质条件定期清洗孔板,对不合格的孔板进行更换。对于售气机的质量流量计,要定期对电磁阀进行清洗,根据天然气密度进行流量计参数设置,减少因天然气密度变小而产生气损。

(2) 减少放空、排污损耗。首先应定期对阀门进行注脂,减少放空阀、排污阀内漏。其次,根据储气井压力合理安排机组运行状态,减少机组的启停次数,从而减少压缩机向空气中的排放量。应优先考虑城市管网净化气,原料气由于气质脏、含水量大,将增加排污次数,增大气损。但若存在错峰问题,则可考虑其他气源。应加强压缩机组的维护,防止设备损伤后产生更大的泄漏量。要定期对压缩机组活塞杆、填料、各高压阀门等进行检查,若活塞杆与填料密封性较差,则应更换活塞杆或填料。

(3) 改造工艺设备。目前国内各大 CNG 压缩机生产厂家已基本实现了填料气回收。填料气经冷却器冷却、通过缓冲罐进入进气系统中,从而极大减少了气损。部分国产售气机也实现了加气枪放空回收系统,避免了高压气体放空造成气损。

3) 建议措施

(1) 气源的气质好坏决定了加气站正常气损的大小,在建站时应尽量选择净化气作为气源。对县城等管网压力波动较大的地区,压缩机选型应充分考虑错峰的应对措施,建议选用变频、可调余隙式机组。日常运行时必须保证各工艺阀门的维护保养,特别是对于上游管网压力变化较大的站,单流阀坏后将引起气损程度增大,因此应合理安排压缩机组的运行时间。

(2) 前端流量计推荐罗茨流量计,但针对气质较脏、距离压缩机组较近时则可考虑使用高级孔板阀流量计。使用孔板阀时须规范安装,加强维护保养。售气机流量计须定期进行检验,偏差超过1%的流量计须更换。CNG站在运行时应定时巡检、排污,避免杂质过多影响计量。

(3) 选择压缩机时,优先考虑填料气可回收的类型。对填料气不能回收的老机组,须适时监控运行状态,通过压力、温度、电流变化发现机组问题并及时整改,压缩机组、高压脱水装置的高压放空排污应入回收罐回收。

3.4 天然气加气站数质量纠纷处理

3.4.1 加气站计量投诉原因分析

目前 CNG 加气站投诉较多，LNG 相对较少，其原因简要分析如下。

3.4.1.1 人工输入密度值

目前，国内压缩天然气加气机均采用质量流量计进行天然气质量的计量，加气机计算机主板（电子计控器）利用人为输入的天然气密度将质量换算为体积量进行交易。

当质量为定数时，密度大小跟体积大小成反比。天然气（长距离输气管网）密度值一般为 $0.64 \sim 0.74 kg/m^3$，因此，由密度输入带来的体积交易量的实际偏差在 5%～10%。输入密度把质量换算为体积进行结算，由人工操作实施，且由加气站完成，这就提供了人为作弊的空间。目前密度大小都由技术监督局核定，但与实际高压天然气密度存在差异。

3.4.1.2 不同种类天然气气源

各地天然气气源相对较复杂，不同种类天然气的体积发热量也相差非常大，即使加气站自己规范诚信经营，也有可能造成天然气汽车行驶里程数出现较大的偏差，这也是导致目前压缩天然气加气机计量投诉的原因之一。

3.4.1.3 加气机质量问题

目前，进入市场的压缩天然气加气机质量良莠不齐，好多已经安装使用的压缩天然气加气机的电子计控器、质量流量计、电磁阀等部件在计量稳定性和耐久性上不能保证质量。存在加气机计量数据异常情况使加气机的长期稳定性和可靠性存在问题，且较普遍。

大多数使用中的压缩天然气加气机每年需多次更换计算机主板（电子计控器），且每个厂家的计算机主板样式和种类非常多，各厂家的生产许可证允许的生产型号只有一到两种，这在很大程度上影响了加气机的计量准确度和稳定性，加气机的产品质量在更换了不同的计算机主板后可能发生变化。

3.4.1.4 我国压缩天然气加气机市场的基本状况

陕西、四川等西部省份，虽加气机数量也很大，但这些省份所处地区天然气供应充足，气源稳定，密度也就相对固定，问题即便有也相对较轻。华北北京、河北，华东上海、安徽等省份，气源多样，密度也就相对有波动，故问题相对多些。

3.4.2 数质量纠纷处理

3.4.2.1 数量纠纷

顾客对所加气数量提出异议时，应立即查询电脑记录。如无误，要向顾客耐心解释，礼貌送客。

如有异常,应对肇事加气站进行检查,确认加气机有误时,须立即停止使用,并报请维修和检定;同时应向公司数质量部门汇报并向顾客道歉,赔偿顾客损失。

3.4.2.2 质量纠纷

顾客对所加气质量提出异议时,天然气加气站应委托有资质的第三方检测机构对加气机出站气进行取样分析,同时要向顾客耐心解释。

应紧密跟踪检测结果,确认气质超标时,应立即向主管部门汇报,停止加气业务,并由业务部门与气源供应商协商解决。

3.4.3 预防措施

减少计量投诉与加气站的工作密不可分。加气站主要应做好以下几点:

(1)按时报检,及时检定。加气机到了检定周期时,应及时主动地通知法定计量检定机构进行检定,取得计量检定合格证书,并将合格标签贴于易于消费者看到的地方,同时还要保护好加气机铅封,以便消费者要求查看时能够及时出示。

(2)提高员工自身的工作素质,做到文明服务、礼貌待客,减少由服务质量差引起的投诉。

(3)加气站如果配备了相应的自校标准器,应经常开展自销,定期检查加气机计量的准确性。如发现加气机计量超差,及时与质监部门联系检修。

(4)有一部分消费者受媒体对个别计量违规的加气站曝光的影响,片面地认为大多数的加气站计量都少量。为了消除这部分消费者的顾虑,就要求加气站认真做好宣传工作,树立良好的企业形象,对有疑问的消费者用自校标准器检定给他们看,以赢得消费者的信任。

(5)有些司机以汽车标称容量和行驶的千米数来判断加气机计量少量而投诉。

①应该认定这种判断方法是不科学的。由于天然气密度并不稳定,即使是同一个生产单位不同批次生产的天然气密度也都不一样。在密度不相同时,天然气中所含的杂质也就不一样,这样用标称体积作为基准并不能判断加气机加气量的少量。

②每次加气后汽车行驶的千米数与车速、路况、气候(尤其炎热的夏季与严寒的冬季)等都有相当大的关系。

(6)由于加气机自身的结构及计量以体积法而非热值法为标准,目前还必须在销售天然气的同时附加"体积温度换算装置",这种装置通过对天然气温度的测量,将加气机的非标准体积换算成标准体积。如不经温度换算就会失去量值统一和准确的基础。因此,在销售天然气的过程中,必须对天然气进行温度测量后再通过换算装置,将天然气换算成标准体积。

3.4.4 加气机问题预防措施

目前天然气的结算纠纷和计量投诉等问题关键主要为加气机,保证加气机计量准确,保护消费者和企业的合法利益,切实落实《压缩天然气加气机》(JJG 996—2012)的规定,可对加气机问题采取以下解决方案:

(1)目前产生计量投诉和计量纠纷的最主要原因还是涉及人为作弊的密度输入问题。要解决这个问题,必须由质监计量部门统一各加气站的输入密度。随着中石油、中石化等大公司天然气长输管线逐渐敷设到位,绝大多数压缩天然气加气站的气源将来自长输管网,天然气密度会相对稳定;另外,在线天然气色谱分析仪、水露点分析设备等的使用能为进一步加强压缩天然气行业的计量管理提供技术支持,质监计量部门目前已开始逐步统一各加气站的天然气输入密度,此类问题已基本可解决。但对于 LNG-CNG 联合站须区别对待。

(2)针对键盘直接调整计量误差和随意更换计算机主板以及流量计等问题。可通过铅封、封印等措施加强计量管理。加气机电子计控器处应能加装机械封印,不得随意更换电子计控器,如需更换必须经计量检定部门重新检定方能使用;专用计量误差调整键盘接口处,应有符合管理要求的机械封印接口,不保留与用户或使用者的任何界面。

(3)针对不同种类天然气带来的密度输入产生的计量误差等问题。应明确加气站要配备的气质分析仪器以及相关责任和义务,使每车卖给用户的压缩天然气要有符合管理办法要求的相应检验报告,以便质监部门进行监督管理。加气机不得利用加气机键盘直接进行计量误差调整,只能在去掉机械封印后或用专用计量误差调整键盘进行调整。

(4)对于加气机的质量问题,可从检查各类型号加气机的型式评价报告入手,把握加气机质量。通过检查压缩天然气加气机的全性能型式评价报告,质监相关部门能对各厂家的产品性能作更细致的掌握。型式评价报告证书内容包含计算机主板的原理、照片、性能文档以及其他附件的一致性信息,这样各级计量技术机构在检定过程中可根据生产许可证及相应备案,查证加气机型号和计算机主板以及相关附件是否符合要求。经省质监部门计量技术机构进行压缩天然气加气机全性能型式评价报告检查,可进一步约束生产厂家随意更换计算机主板以及功能的行为,也可防止不合格或稳定性不好的压缩天然气加气机进入市场,进而保证广大消费者和经营业主的利益。

(5)加气机不得有网络、无线以及射频卡调整计量误差和密度的功能。

思考题

1. 压缩天然气标准站的进站天然气质量有何气质要求?
2. 压缩天然气子站的进站天然气质量应符合现行哪个国家标准的要求?
3. 液化天然气加气站的进站天然气质量应符合现行哪个国家标准的要求?
4. 液化天然气的储存和装运应符合现行哪个国家标准的要求?
5. 简述液化天然气检验项目。
6. 压缩天然气有哪些检测项目?执行哪个国家标准?
7. 简述天然气加气站的天然气质检项目类型。
8. CNG 加气机的计量准确性与哪些因素相关?
9. 液化天然气 LNG 进气环节如何进行计量交接?有何要求?
10. 天然气加气站的计量交接有哪些依据与标准?
11. 分析 GB 17820—2012 与 GB17820—1999 标准的不同点。
12. 分析天然气加气站的损耗原因。
13. 分析说明 LNG 与 CNG 运输损耗的不同点。
14. LNG 与 CNG 的卸车损耗有何不同?
15. LNG 与 CNG 的日常储存损耗有何不同?
16. 天然气加气站的损耗如何控制?
17. 简述加气站损耗的控制原理。
18. 如何从工艺上控制加气站损耗?

19. 如何从管理上控制加气站损耗?
20. 如何优化 LNG 卸车流程?
21. 分析 CNG 加气站输差产生的原因。
22. 如何控制 CNG 加气站输差的产生?
23. 分析 CNG 加气母站气损的原因。应如何控制以减少气损?
24. 降低 CNG 加气母站气损的具体措施有哪些?
25. 分析 CNG 加气站常规站的气损原因及控制措施。
26. 分析 CNG 加气站投诉原因。
27. 数质量纠纷处理的预防措施有哪些?

参 考 文 献

[1] 李一庆,范小平.天然气加气站建设与管理.北京:中国质检出版社,2013.

4 天然气加气站相关设备

4.1 CNG加气站相关设备

4.1.1 压缩机组

压缩机组是CNG站中将原料天然气压缩加压使其压力升高而不大于25MPa的设备,主要由压缩机主机、动力系统、润滑系统、冷却系统等组成。此外,压缩机还有排污系统、控制系统等。

4.1.1.1 压缩机主机

压缩机主机包括压缩机和驱动机。压缩机是压缩系统,也是加气站的心脏,其性能好坏直接影响加气站运行的可靠性和经济性。按压缩方式不同,压缩机可分为两大类:

(1)容积式:往复活塞式、螺杆式、滑片式、隔膜式等。它是通过运动件的位移,使一定容积的气体顺序地吸入和排出封闭的空间,以提高静压力的压缩机。

(2)动力式:透干式、离心式等。

天然气加气站使用的大都是往复活塞式压缩机,简称往复压缩机或活塞压缩机。

1.往复压缩机的工作原理

往复压缩机的结构简图如图4.1所示。一般机械式压缩机主要由曲轴、连杆、气缸、吸排气阀、活塞等部分组成。当曲轴旋转时,通过连杆的传动,活塞便做往复运动,由气缸内壁、气缸盖和活塞顶面所构成的工作容积则会发生周期性变化。活塞从气缸盖处开始运动时,气缸内的工作容积逐渐增大,这时,气体即沿着进气管,推开进气阀而进入气缸,直到工作容积变到最大时为止,进气阀关闭;活塞反向运动时,气缸内工作容积缩小,气体压力升高,当气缸内压力达到并略高于排气压力时,排气阀打开,气体排出气缸,直到活塞运动到极限位置为止,排气阀关闭。当活塞再次反向运动时,上述过程重复出现。总之,曲轴旋转一周,活塞往复一次,气缸内相继实现进气、压缩、排气的过程,即完成一个工作循环。

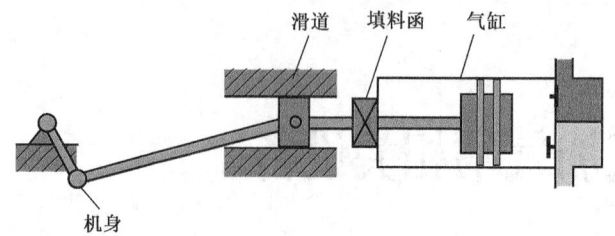

图 4.1 往复压缩机结构简图

对一个气缸而言,可能只有活塞的一侧有工作腔,活塞往复运动一周只完成一个工作循环,这称为单作用气缸。如果在活塞的两侧都有工作腔,活塞往复运动一周完成两个相同的工作循环,称为双作用气缸,如图 4.2 所示。

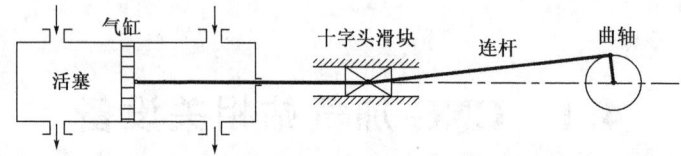

图 4.2 往复活塞式单级双作用压缩机原理图

被压缩气体进入工作腔内完成一次气体压缩称为一级。一台压缩机的进气、排气压力相差较大时,可能需要若干级才能满足压力提示的要求,这称为多级压缩,并在每级压缩之后将气体导入中间冷却器进行冷却。如图 4.3 所示,压缩机各级气缸均为单级作用,每级压缩完毕后经级间冷却和油水分离器分离后,逐级进入下一级压缩,直到达到额定压力后排出。天然气汽车加气站所使用的压缩机都是多级压缩机,一般有 2～6 级。

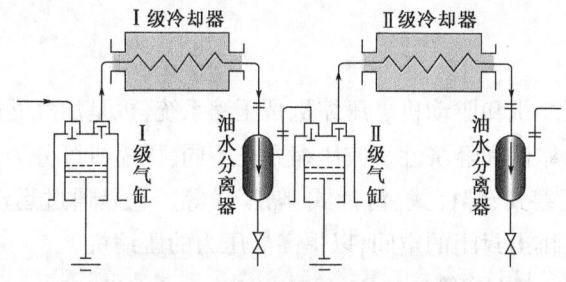

图 4.3 二级压缩机压缩流程示意图

一台压缩机,尤其是多级压缩机中,可能有不止一个连杆,一个压缩机有几个连杆就是几列。一列上可能有一级,也可能有多级。天然气压缩机一般多为 2～4 列,而且多数情况下每列都设置两级。

如图 4.4 所示,液压活塞式压缩机与机械活塞式压缩机工作原理基本相同,主要不同点在于是由液压工作站油泵推动液压油(普通液压油)进入缸体内的油腔,推动活塞杆往复运动,高压排出气体,天然气与液压油通过活塞密封环隔开,排出的天然气纯净无污染。

2. 往复压缩机的结构形式

往复压缩机按照气缸排列方式分为立式、卧式、角度式等。

(1)立式压缩机:基本结构特点是气缸轴线在空间呈直立布置,如图 4.5 所示。立式占地面积小,气体作用垂直作用于基础,扰力(水平不平衡力)对基础影响不大,气缸不支持活塞重

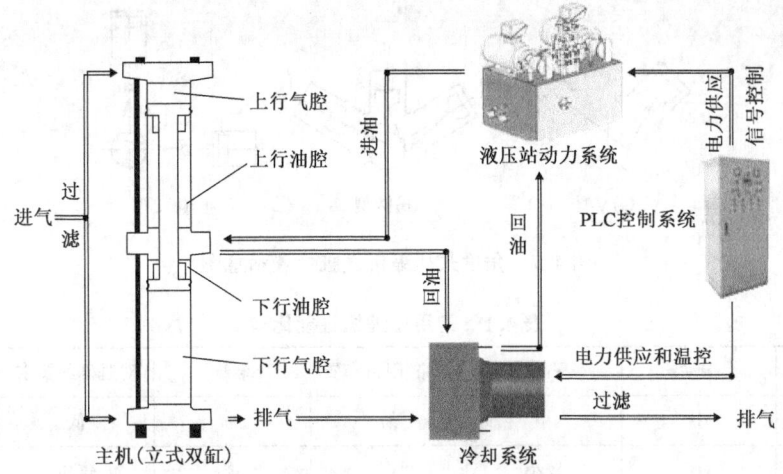

图 4.4 液压活塞式压缩机工作原理

量,活塞环、支撑环周围受力均匀,不会出现偏磨现象,寿命较长,但是整个设备高度过高,维修时需要工作台。

(2)卧式压缩机:基本结构特点是气缸轴线水平布置,传动机构中带有十字头。又可分为一般卧式压缩机、对称平衡型压缩机和对置式压缩机。目前,一般卧式压缩机逐渐被淘汰,仅在小型高压场所采用,最常使用的是对称平衡型压缩机。

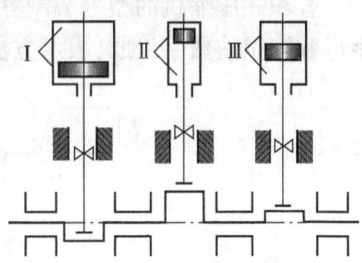

图 4.5 立式压缩机结构示意图

对称平衡型压缩机(M 型、H 型)结构如图 4.6 所示,气缸对称分布在曲轴两侧,相对列的曲拐角为 180°,相对列活塞对动运动(即相对列活塞总是相向运动或相背运动),气体作用力平行于基础,水平不平衡力通过精确配重而部分平衡掉(二阶不平衡还存在)。由于相对列往复运动质量为对动运动,若各列往复运动质量相等,则往复惯性力可以完全平衡。

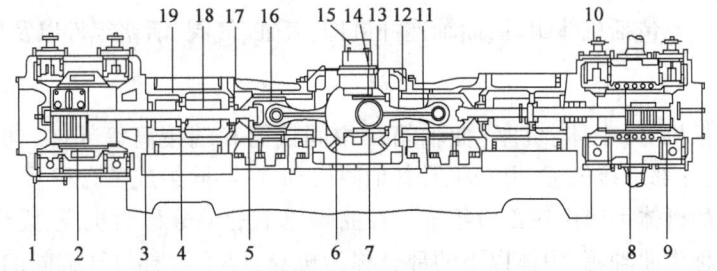

图 4.6 对称平衡型压缩机结构

1—气缸;2—活塞环;3—填料函;4—延伸段的中间填料;5—螺母;6—平衡块;7—曲轴;8—活塞;9—气阀;
10—吸入阀卸载器;11—连杆;12—曲轴箱;13—轴承;14—连杆螺栓;15—防爆安全阀;16—十字头;
17—活塞杆刮油填料;18—活塞杆;19—延伸段(用于无油润滑和危险气体)

(3)角度式压缩机。此类压缩机的基本结构特点是各列气缸轴线呈一定夹角布置。按气缸轴线夹角布置形式,角度式压缩机可分为 V 型、W 型、L 型等,分别如图 4.7 所示。表 4.1 对上述型号各自的特点进行了比较和总结。它们的特点介于立式和卧式压缩机之间。国内生产的压缩机主要有 V 型和 L 型两种类型。

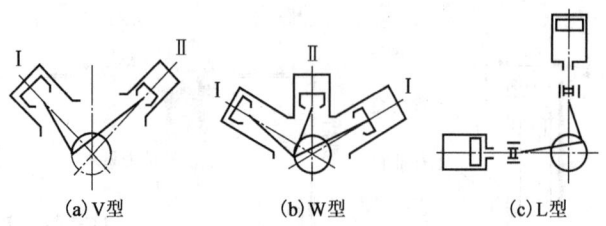

图 4.7　角度式压缩机气缸位置示意图

表 4.1　常用压缩机性能比较

型式	振动	占地	管路、附机布置	维修	对基础的要求	变形
V、W、X	小	小	易	易	低	难
L	小	较小	难	难	较高	易
D	小	较小	易	易	较低	易
Z	较大	较小	较难	较难	低	难

容积式压缩机的型号编制方法与其结构形式相对应。容积式压缩机型号由大写汉语拼音字母和阿拉伯数字组成,表示方法见图4.8。

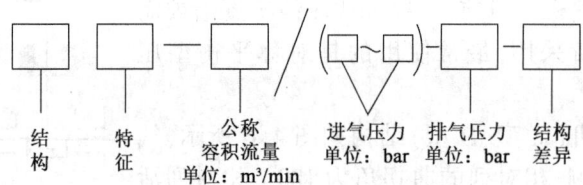

图 4.8　容积式压缩机型号表示方法

3. 往复压缩机的组成部件

往复压缩机主要包括机体组件、曲轴连杆机构、气缸、气阀、活塞组件以及填料函等部件。

1) 机体组件

机体组件包括机身、中体、机座(曲轴箱)、中间接筒和端接筒等部件。机体内部装有曲轴、连杆、十字头,外部承接气缸、电动机及其他附属部件,共同组成整台机器。

立式压缩机的机体一般由三部分组成。在曲轴以下的部分称为机座,无十字头的立式压缩机的机座习惯称为曲轴箱,中体以下的部分称为机身,位于机身与气缸间的部分称为中体。有的立式压缩机的中体、机身和机座铸成一体。

对称平衡型与对置式压缩机采用对置式机体,如图4.9所示。对置式机体一般由机身和中体组成。中体配置在曲轴两侧,用螺栓与机身连接在一起,机体可作成多列的。中体外端与气缸连接,气缸轴线与主轴在同一水平面上。机身下部有油池,机身的加强筋上开有孔洞,便于润滑油流动。机身顶部(或中体顶部)装有呼吸器,使机体内部与大气相通,借以降低油温和维持机体内部的压力平衡。中体铸有滑道,并分成上、下两块。中体侧壁开有窗孔,以便装拆十字头。滑道前装有刮油环,使传动机构的润滑油不与气缸填料函内的油相混,分别回收,循环使用。

2) 曲轴连杆机构

曲轴连杆机构主要由曲轴、连杆、十字头构成。曲拐轴简称曲轴,其结构如图4.10所示。曲轴主要包括主轴颈、曲柄和曲柄销等部分。曲轴搁置在机身轴承上的部分,称为主轴颈;与连杆连接的部分称为曲柄销;把主轴颈和曲柄销连接起来的部分称为曲柄。曲柄与曲柄销组合在一起称为曲拐。曲拐轴的特点是曲柄销的两段均有曲柄,形成曲拐。为使曲轴不产生过大的挠度,两相邻轴颈之间一般只设一个曲拐。对称平衡型压缩机的曲轴,因两曲拐很近,则可设一对曲拐。

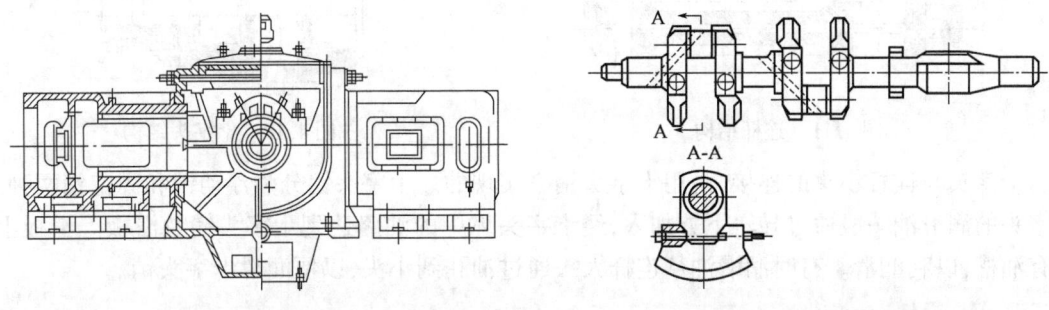

图 4.9 对置式机体　　　　　图 4.10 曲轴结构

曲轴运转中所需润滑油,通常是从轴承处通过主轴颈加入的,并通过曲轴内部加工的孔道引至曲柄销。为了平衡惯性力和力矩,常在曲柄销对面,曲柄的另一端上装有平衡重块(或称平衡铁),并用螺栓固定。

曲轴从机身(或机座)壁穿出,因此必须设置轴封,以防润滑油外漏。

主轴颈装有主轴承,用于支撑主轴,减少主轴与支承之间的磨损,保持主轴的旋转精度。轴承有滚动轴承和滑动轴承两大类。

考虑到主轴的中心线与轴承座中心线的不同心,以及轴在受力后产生弯曲变形,压缩机主轴承常采用双列向心球面滚子轴承。

滑动轴承有整体式和剖分式两种。压缩机主轴承均为剖分式,由两块或四块轴瓦组成。

连杆是连接曲轴与十字头(或活塞)的部件。其作用是把曲轴的旋转运动变为十字头(或活塞)的往复运动,并将动力传递给活塞。连杆包括连杆体、大头和小头三部件。目前使用广泛的是开式连杆,连杆大头作成剖分式。

开式连杆结构如图4.11所示。大头由大头盖和与杆体连成一体的大头瓦座两部分组成,其内放大头瓦。大头盖与大头瓦座之间加有垫片,以便调整大头瓦和曲柄销的间隙,并用连杆螺栓连接,螺栓上加有防松装置,以防螺母松动。杆体截面有圆形、矩形、工字形等,一般内有油路。

连杆小头与十字头销相配。小头孔内装有耐磨的小头瓦,常用的小头瓦为带有油槽的整体铜套。

十字头是连接摆动的连杆和往复运动的活塞的零件,具有导向和传力作用。

十字头由十字头体、滑板、十字头销等组成,按十字头体与滑板的连接方式,可分为整体式和可拆式。整体式十字头如图4.12所示。滑板和十字头体作成一体。在滑板上镶有巴氏合金,并开有油槽以便润滑。

十字头与活塞杆的连接常用螺纹连接和法兰连接的形式。各种连接方式均应采取防松措施,以保证连接的可靠性。

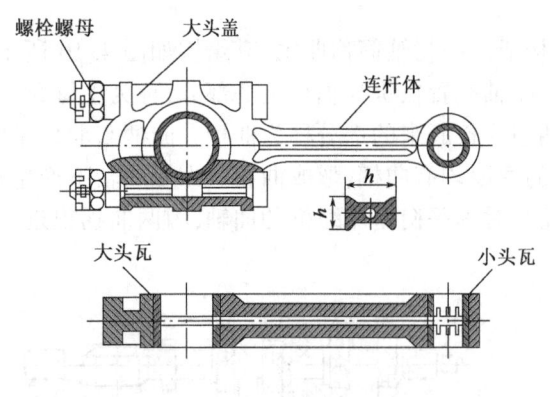
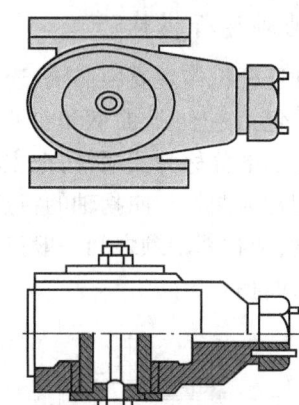

图 4.11　连杆结构　　　　　　　　　图 4.12　十字头结构

十字头与连杆小头的连接,是用十字头销来实现的。十字头销分为浮动销和固定销两种。十字头的润滑油一般通过导轨下方加入,经十字头体中的油路达到十字头销及滑板。滑板上开有油槽,以利润滑。有时润滑油从连杆大头通过油孔到小头,以便润滑十字头销。

3) 气缸

气缸由缸体、缸盖和缸座等部分组成。内部设有工作腔、气道、冷却水套、润滑油接管、指示器孔等。气缸的结构形式多种多样,按气缸的冷却方式不同,气缸可分为风冷式和水冷式。按气缸容积的利用情况,气缸分为单作用、双作用和级差式气缸。活塞在气缸中做往复运动时,只有活塞一侧气缸空间是工作容积的气缸为单作用气缸;活塞两侧气缸空间都是工作容积,各自进行压缩工作循环的气缸为双作用气缸;级差式气缸是由不同尺寸的气缸首尾相连组成,由同一根活塞杆带动不同尺寸的活塞。

图 4.13 所示为由两个单作用级组成的级差式气缸。它的缸体由两段组成,用螺栓连接在一起,为了保证同列两缸的同轴度,端部有止口相配。气缸与缸座制成一体,成闭式结构,减少了密封面。由于活塞杆穿过缸座,为了防止气体泄漏,设置有填料函腔。左侧缸盖与缸体之间采用专用 O 形密封环密封,因此有可能根据生产能力改变的需要向里或向外移动缸盖,改变余隙容积。气缸体两端各有两个径向布置的吸排气阀安装孔。在气缸体前后(指图中)两侧各有两个圆法兰孔,用于与吸、排气管连接。法兰孔各自有气道与相应的气阀相通。压缩机工作时活塞在气缸里作往复运动,这就导致气缸的磨损。修理时,可将工作表面再次加工或压入一个圆桶形的薄壁缸套。很多压缩机的气缸预先就装有缸套,便于磨损过量后更换。

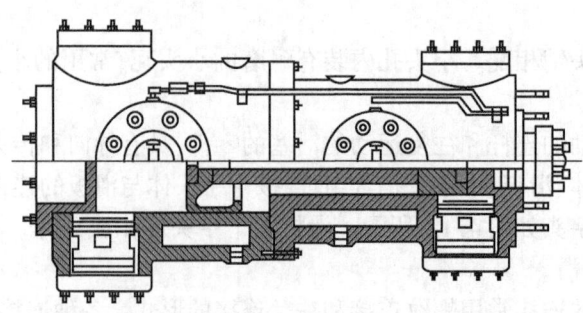

图 4.13　级差式气缸结构

气缸的润滑,除无十字头的压缩机采用飞溅润滑外,一般都采用压力油润滑。采用压力油润滑时,气缸套上设置注油点(孔),将润滑油接管拧在气缸壁上,并对准缸套上的注油点。

4) 气阀

气阀的作用是控制气缸中气体的吸入和排出。靠气阀两侧的压力差来自动实现及时启闭。图 4.14 为气阀结构图。它由阀座、升程限制器、阀片、弹簧及螺栓螺母所组成。吸气阀与排气阀的结构基本相同,只是在组装时阀座与升程限制器互相倒置,吸气阀升程限制器靠近气缸里侧,排气阀则是阀座靠近气缸里侧。此外排气阀所用的弹簧要比吸气阀弹簧力稍大。现以吸气阀为例来说明气阀的工作过程。在吸气过程中,当缸内的压力低于吸气管道中的压力,且两者压力差所产生的压力足以克服弹簧压紧力及阀片、弹簧的惯性力时,阀片被顶开,气体开始进入气缸,吸气过程开始。随后,阀片继续开启并贴到升程限制器上,气体继续进入缸内,直到活塞接近止点位置时,活塞速度急剧下降,气流速度也随之降低,于是气体对阀片的推力减小,当弹簧力大于气体推力及阀片、弹簧的惯性力时,弹簧随即把阀片弹回到阀座上,即吸气阀关闭,吸气过程结束。可见,吸气阀是在阀片两侧压力差的作用下开启,在弹簧力作用下关闭的。排气阀的工作情况也是这样。

5) 活塞组件

活塞组件包括活塞、活塞杆、活塞环等零件。根据结构形式的不同,活塞可分为筒形活塞、盘形活塞、级差式活塞、组合式活塞及柱塞等形式。图 4.15 是一盘形活塞,适用于有十字头的双作用气缸。材料为灰铸铁或铸铝。

为了解决卧式压缩机活塞单面磨损,在活塞下半周常采用耐磨材料制成承压面,承压面一般设置在活塞中段,也有的设置在活塞的两端。

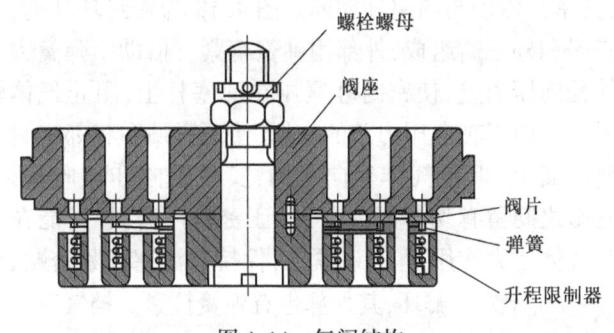

图 4.14 气阀结构

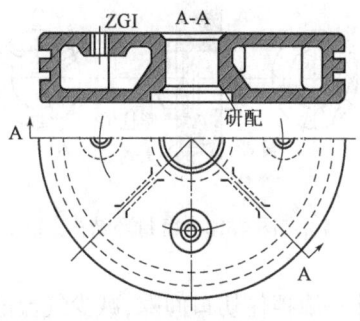

图 4.15 盘形活塞结构

活塞直径小于 300mm 时,为便于加工,活塞支承面可用巴氏合金浇注成整圈式的。活塞环的作用是密封气缸工作表面(镜面)与活塞之间缝隙,防止气体从压缩容积的一侧漏入另一侧。如图 4.16 所示,活塞环是一个开有切口的圆环,其截面为矩形。在自由状态下,环的外径大于气缸内径,而内径又小于活塞外径,装入气缸后,活塞环尺寸收缩,仅在切口处留一热膨胀间隙 δ。当环装入气缸后,由于环的弹性,产生预紧压力,使环紧贴在气缸壁上。安装活塞环时,各环切口错开一定角度,增加气体流动路程,减少气体沿切口的泄漏。

6) 填料函

填料函是阻止气缸内压缩介质沿活塞杆表面泄漏的密封装置。通常用一组密封填料来实现密封。对填料的基本要求是密封性能好、耐磨。常用的金属填料有两种——平面填料和锥面填料。图 4.17 是用于中、低压的平面填料函。它有 5 个密封室,用长螺栓串联在一起,并以法兰固定在气缸体上。第一室的前面是导向衬套,活塞杆从中穿过,起支承、导向及节流密封作用。润滑油由法兰上的油路导入B点(第一、二室之间)和A点(导向套),达到润滑密封圈和导向套及带走热量的目的。为了保证油路畅通,各室在装配时应注意定位。第一至第四室是主要密封室。第五室是前置密封室,其作用是阻止主密封室漏出的气体漏入大气,它与主密封室之间构成一空间,收集由前面漏出的少量有毒、易燃或贵重的气体,通过回气孔引至第一级吸气管中。若被压缩气体允许漏出机外,如空气、氧气等,则前置密封室可取消。为了减少摩擦热,有的填料函设有冷却水道。

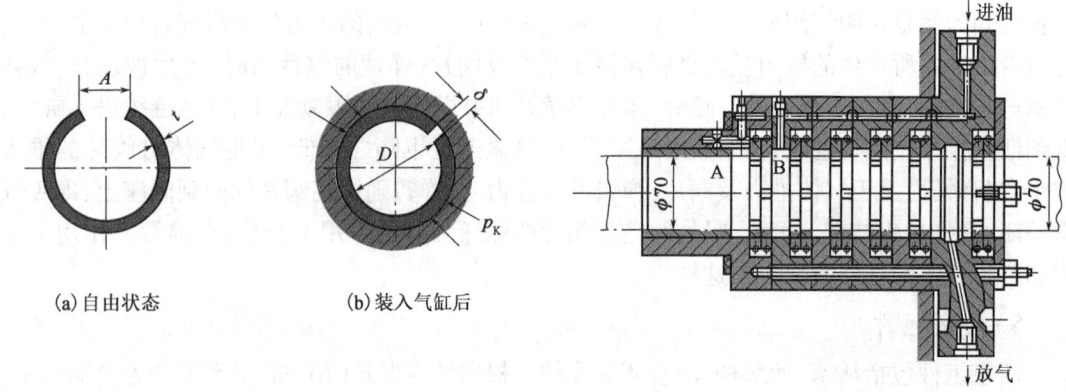

图4.16 活塞环结构　　　图4.17 填料函结构

填料函中每个密封室主要由密封盒、挡气环、密封环和"项链"式弹簧组成。密封盒用来安放密封环及挡气环。密封盒的两个端面必须研磨,以保证密封环与密封盒以及密封盒与

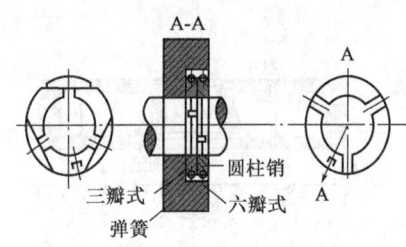

图4.18 密封环结构

密封环之间的径向密封。密封环在填料函中起主要密封作用,其密封原理与活塞环相同。图4.18为密封环结构,由内三瓣和外三瓣组成,外部用弹簧箍紧。借助于弹簧力和气体径向压力差,使密封环紧压在活塞杆上,阻止气体轴向泄漏。由于轴向压力差的作用,使环紧贴在相邻密封盒的研磨面上,阻止气体径向泄漏,实现轴向和径向密封。内三瓣之间留有切口间隙,可保证密封环磨损后,能在弹簧和气体压力作用下,自动紧缩,保持对活塞杆紧密贴合。外三瓣挡住切口间隙,减少气流的泄漏。挡气环为三瓣环,其外部也有弹簧箍紧。挡气环的作用是挡住密封环切口间隙构成的气体轴向泄漏通道。安装时,挡气环应靠近气缸一侧,切不可与密封环装反,否则起不到密封作用;两环切口应相互错开并用销钉定位;为使密封圈能自动地抱住活塞杆,密封环、挡气环应装在密封盒内应有适当轴向间隙。

4. 往复压缩机的性能参数和运行特点

1) 性能参数

(1) 容积流量:也称排气量,是指压缩机在额定排气压力下,在单位时间内排出的气体容积值,该值在排气端测得并折算到压缩机进气状态,即压缩机第一级进气处的压力与温度时的容积值,此时应计入级间分离的液体并折算成气体容积值。压缩机排气量可根据不同规模进行选择。

(2) 供气量:也称标方排气量,是指压缩机在单位时间内排出的气体容积值折算到标准状

态的值,其标准状态为 0.1013MPa,温度 20℃。

(3)压力比:排气绝对压力与进气绝对压力之比。加气站用压缩机的排气压力一般为 25MPa,进气压力范围为 0.035~9 MPa。

总压力比:末级排气接管处绝对压力与第一级进气管处绝对压力之比。

级压力比:各级排气绝对压力与该级进气绝对压力之比。

级的实际压力比:压缩机某一级在压缩终了时工作腔的绝对压力与进气终了时工作腔的绝对压力之比。

进气压力降低,供气量下降。若按原额定排气压力运行,则末级压力比上升,排气温度升高。相反,进气压力上升,供气量大大提高,功率上升。若按原额定排气压力运行,则末级压力比下降,排气温度下降。

2)运行特点

(1)往复压缩机流量变化范围为 40%~120%,对流量的适应范围宽,适应不同负荷情况。

(2)往复压缩机的压比通常是 3∶1~4∶1,在理论上往复压缩机压比可以无限制,但太高的压比会使热效率和机械效率下降,较高的排气温度,会导致温度应力增加。

(3)往复压缩机综合绝热效率高,设计工况点下可达 80%~85%。在相同输压和压比下,往复式机组燃气耗量小于离心式机组。

(4)机械效率高,超过 95%。可靠性高,容易维护,但日常维护工作量大,日常维护费用高。

往复压缩机需要定期更换磨损件,一般在 12~18 个月需更换,运动有往复运动,由于动力不平衡性和气流的脉动作用,设备基础和配管等需采用防震措施,噪声较大。

因此,往复压缩机适用于小流量、流量变化幅度较大、压比高的工况。对中、小气量,不确定性较多的管道增压站,往复压缩机组较为灵活。这种压缩机对运行参数改变的适应能力较强,可较好适应加气站频繁变化的工作参数。若采用其他种类的压缩机,一是难以达到加气站所要求的高压;二是即使达到排气压力要求,也必将造成机组庞大,造价昂贵。

加气站天然气压缩机的选型和台数应根据加气站进站、出站天然气压力,总加气能力和加气的工作特征确定。加气母站宜设一台备用压缩机,加气子站宜设一台小型倒气用压缩机。

5.往复压缩机的气路流程

天然气由进气阀门进入压缩机组。首先进入进气洗涤罐,在这里可以分离气体中的液体(如果气体中的液体被带入压缩机会造成气阀损坏和气缸磨损、腐蚀),然后通过进气阀进入压缩缸,气体在被压缩的过程中会释放大量的热,所以还要经过冷却(冷却方式为风冷),在气体冷却的过程中会凝析出液体,并且气体中会带有一定量润滑气缸的机油,因此天然气从冷却器出来后再经过后洗涤罐,分离出液体,最后由排气阀排至脱油脱水装置区。

4.1.1.2 动力系统

压缩机动力来源宜选用电动机,电动机有过载保护及低压保护,并带有自动和手动复位装置。目前,多选用软启动方式的电动机,它具有短路、过载、过流、缺相、电动机堵转和欠载保护功能。

4.1.1.3 润滑系统

往复压缩机润滑点包括曲轴、气缸、活塞杆、连杆轴套,以及十字头等。压缩机润滑系统的作用主要是将润滑油输送至各个润滑点。

1. 润滑方式

往复压缩机中气缸润滑方式可分为有油润滑、无油润滑和少油润滑3种。

1）有油润滑

优点：对气缸和活塞要求不高；可利用气缸润滑油带走部分摩擦热量，保证压缩机工作在可靠程度范围内；有油润滑技术难度小，安全可靠，同时可以减少摩擦功耗。

缺点：必须在排气口安装昂贵的油分离器；机组体积较大，成本上升；润滑系统复杂、维修工作量大；耗油量大；从气缸带出的润滑油可能使后置处理的干燥物质污染失效。

2）无油润滑

优点：不需要安装昂贵的油分离器；节省了费用和机器空间；耗油量低；润滑系统简化；维护工作量降低。

缺点：对气缸特别是活塞材质要求极高，成本上升。

目前，大部分的无油润滑压缩机由于需要考虑气缸的磨损以及摩擦热的问题，只能保证压缩机在低转速（1000 r/min）下运行，即使这样还是不能保证易损件的寿命。通常无油润滑压缩机的易损件寿命为4000h，有些国产压缩机的易损件寿命只能达到2000 h甚至更低，而且在填料函和活塞环过早损坏后，曲轴箱润滑油也进入气缸，导致气体含油量增大。

3）少油润滑

少油润滑的优点介于有油润滑和无油润滑之间。它是通过一个专门机构，定时定量地将润滑油供给每一个气缸。既能保证气缸润滑需要，又可将润滑油消耗量控制到最小。美国艾里尔公司（ARIEL）生产的压缩机就采用了这种润滑方式。从目前国内对国产和进口压缩机的使用情况来看，少油润滑压缩机是天然气压缩机的发展趋势。这是因为少油润滑压缩机在运行过程中润滑油参与气缸和填料函的动作，保证了压缩机在高转速（1500r/min）下易损件的寿命，且润滑油也参与了气缸的密封、清洁和降温。如进口少油润滑压缩机的易损件寿命都达到8000h以上，甚至能达到16000h。

由于天然气汽车对天然气气质要求非常严格，所以应选择少油或无油润滑气缸。如果选择有油润滑方式，在压缩机的各级级间、末级应该加油气分离器。

2. 润滑系统组成

除无油润滑压缩机外，所有压缩机的气缸、填料函部分及曲轴连杆传动机构部分都应当进行良好的润滑。该系统由预润滑泵、主油泵、分配器、油压表、油温表、传感器、油冷却器、油各处室、过滤器、油箱（曲轴箱）、废油收集器等部件组成。

4.1.1.4 冷却系统

冷却系统主要是冷却各级排气、润滑油，保证压缩机有一个完美的热力循环，使高温零件得以降温，润滑油温不致过高而降低润滑性能等。

冷却系统按冷却方式分为水冷和风冷两种。水冷有开式循环水冷系统和闭式循环水冷系统（在北方需要加防冻液）。风冷也分为两种：一种是气缸带有散热翅片的，多用于结构紧凑的角度式；另一种是气缸不带散热翅片的，用于结构分散的对称平衡式。开式循环水冷方式由于要求建有专门的冷却水池,适应的范围较小。而另外还有3种方式的应用更为合理,技术也比较成熟。

1. 闭式循环水冷系统

闭式循环水冷系统常见工艺流程如图4.19所示,该方法优点有:冷却效果好,气缸壁工作温度低;降低了压缩机对高温环境的敏感度,确保高可靠性、高效率;减轻冷却器的热负荷,减少其体积。

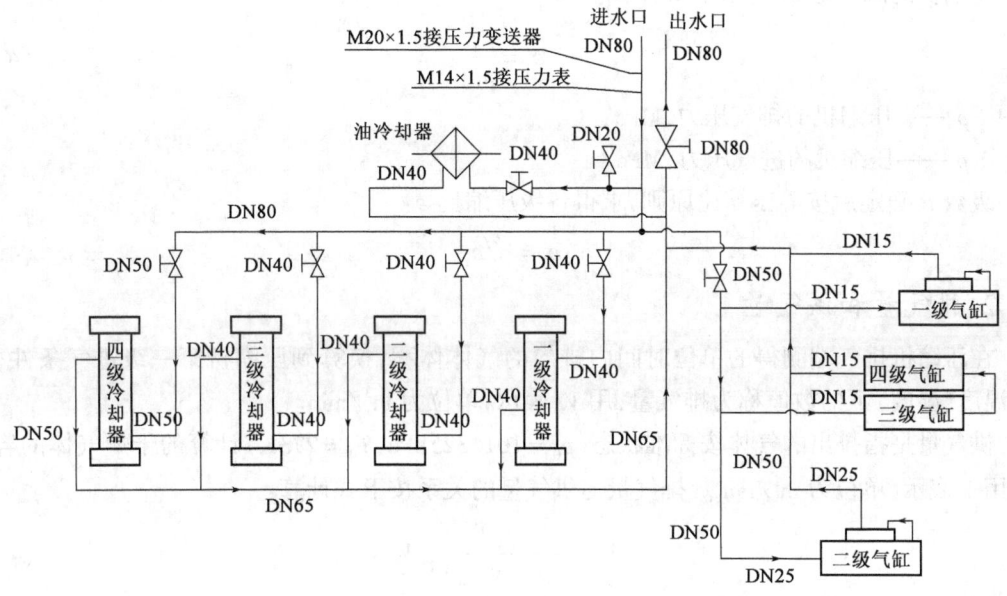

图4.19　闭式循环水冷系统常见工艺流程

缺点:气缸结构复杂;需要定期更换冷却液;增加一套冷却水循环系统,使得整机系统变复杂。

2. 气缸无散热翅片的风冷系统

优点:气缸结构简单;不需要对气缸套清洗水垢;不需冷却水循环系统;冷却风扇可以同时对压缩机和冷却器进行冷却,冷却效果好。

缺点:气缸工作温度高,对材料要求高;冷却效果好坏完全取决于冷却器;同样排气条件下冷却器体积最大。

3. 气缸设置散热翅片的风冷系统

优点:气缸结构比较简单;冷却风扇可以同时对压缩机和冷却器进行冷却,冷却效果好。
缺点:气缸散热翅片使得铸造工艺复杂。

在北方水资源短缺可采用风冷,空气冷却时风机和换热器噪声较大,需采取降噪措施。风冷受周围环境温度限制。进口压缩机排量一般较大,冷却方式为风冷,结构紧凑,多为橇装式,占地面积小,自动化程度高,性能优良,但费用高,售后服务不及国产。国产压缩机排量一般较小、水冷(占地面积大)较多、自动化程度不及进口设备、性能欠缺,但费用小,售后服务方便。各有利弊,应根据实际情况,综合考虑。

4.1.1.5 压缩机的选型

1. 排气压力及级数

压缩机的排气压力是在各级气缸后面靠近排气阀的排气管道中测得的实际压力。压缩机的各级排气压力的大小是由该级之后的排气管道中的压力(通称背压)来决定的。压缩机的排气压力设计为25MPa,进气压力为0.3MPa,级数为四级。

压缩机的总压比 ε_t 可由下式计算:

$$\varepsilon_t = \frac{p_d}{p_s} \tag{4.1}$$

式中 p_d——压缩机的排气压力,MPa;
p_s——压缩机的进气压力,MPa。

级数 B 确定后按等压缩比原则,求得各级压缩比 ε:

$$\varepsilon = \sqrt[B]{\varepsilon_t} \tag{4.2}$$

2. 排气量和供气量

在压缩机排气端测得的单位时间内排出的气体体积,换算到压缩机第一级进气条件(压力、温度、湿度)下的数值称为排气量,用 V_s 表示,单位为 m^3/min。

供气量是指排出的气体按标准状态($p_0 = 101.325\text{kPa}$,$T_0 = 273\text{K}$)计算的干燥气体的容积值,用 V 表示,单位为 m^3/min。排气量与供气量的关系按下式计算:

$$V_s = \frac{p_0 T_s}{(p_s - \phi p_{sa}) T_0} V \tag{4.3}$$

式中 ϕ——进气状态下的相对湿度;
p_{sa}——进气温度下水的饱和蒸气压力,kPa;
p_0——标准状态大气压力,kPa;
T_0——标准状态大气温度,K;
p_s——进气压力,kPa;
T_s——进气温度,K,按我国压缩机行业习惯,$T_s = 40℃$。

3. 排气温度

活塞式压缩机的排气温度可按绝热公式计算:

$$T_d = T_s \varepsilon^{\frac{k-1}{k}} \tag{4.4}$$

式中 T_d——压缩机的排气温度,K;
T_s——压缩机的进气温度,K;
ε——压缩机的各级压缩比;
k——气体绝热指数。

4. 功率

压缩机的功率可由下式来计算:

$$N = 16.745 p_s V_s \frac{k}{k-1} \left(\varepsilon^{\frac{k-1}{k}} - 1\right) \frac{Z_s + Z_d}{2Z_s} \frac{1}{\eta_g} \tag{4.5}$$

式中　　N——压缩机的功率，kW；

　　　　p_s——进气压力，MPa；

　　　　V_s——压缩机的排气量，m³/min；

　　　　ε——压缩机的各级压缩比；

　　　　k——气体绝热指数；

　　　　Z_s、Z_d——气体进、排气口处的压缩系数；

　　　　η_g——机械效率，大中型压缩机 $\eta_g=0.9\sim0.9$，小型压缩机 $\eta_g=0.85\sim0.9$。

5. 驱动机的功率

驱动机的功率按下式计算：

$$N_d = \frac{N}{\eta_c} \tag{4.6}$$

式中　　η_c——传动效率，对皮带传动 $\eta_c=0.96\sim0.99$，对齿轮传动 $\eta_c=0.97\sim0.99$，直联 $\eta_c=0.1$。

4.1.1.6 典型压缩机组简介

1. H20D37 型天然气压缩机

1）主要特性

H20D37 型天然气压缩机是由两级、双缸组成的。操作条件为连续运转；压缩介质，CNG 用 CH_4（$H_2S<2\%$，$CO_2<4\%$）；名义转速 1500r/min；压缩级数为 2 级；压缩机最小入口压力 20bar；压缩机最大入口压力 200bar；压缩机最大出口压力 250bar；电动机功率 37kW；流量 1650m³/h；冷却水压力 0.8bar；仪表风压力最小 6bar，最大 8bar。

一级气缸参数：气缸直径 145mm；杆径 50mm；行程 526mm。二级气缸参数：气缸直径 100mm；杆径 40mm；行程 330mm。

压缩机驱动电动机：防爆电动机；输出功率：37kW；转速 1500r/min；级数为 4；安装类型 B35。

水泵驱动电动机：防爆电动机；输出功率 1.1kW；转速 3000r/min；级数为 2。电风扇驱动电动机：防爆电动机；输出功率 1.1kW；转速 1500r/min；级数为 4。空气压缩机驱动电动机：防爆电动机；输出功率 1.5kW；转速 3000r/min；级数为 2。抽风机驱动电动机：防爆电动机；输出功率 0.13kW；转速 1500r/min；级数为 4。

2）气路系统

该压缩机天然气从入口管线进来，经过过滤，然后在一级气缸中被压缩。入口压力由压力传感器控制，从而使压缩机在一定操作参数下运转。管路和压缩机之间必须配备切断阀。将入口气体彻底过滤是至关重要的，否则，外界的很小、很硬的颗粒会恶化气缸和密封环组件。

在每一级气缸的出口都安装了热交换器，同时在气缸气体节流处还配备了温压测量表和安全阀，安全阀另一侧与安全放空管路连接，控制压力为 275bar。二级压缩后的气体经由出口过滤节气阀过滤，并通过温度调节阀控制出口温度。为了防止出口压力超过最大设定值极限，在最后一级气缸的出口节流处设有压力调节阀。

高压管路和中压、低压管路一样，都有独立的压力传感器进行控制。

3）润滑油和液压回路

该压缩机是由液压驱动的，液压油储存在油箱中，通过由电动机提供动力的双连泵进行泵送,经过调节装置后,进入油路系统。该液压系统还配备了两个最大压力调节阀。最大压力调节阀用来处理维持润滑油压力处于一定的操作压力,这个值可以从压力表上读到。油箱中油的液位必须保持在可视液位计的中部。

液压油体积:$0.11m^3$。

推荐油:壳牌 TELLUS 32#或其他性能相近的液压油的特性。

密度(15℃):$0.872×10^3 kg/m^3$。

燃点:220 ℃。

滴点:-30 ℃。

运动黏度(40℃):32cSt。

运动黏度(100℃):5.5cSt。

黏度系数:10^6。

液压油的过滤:排气孔安装有低压过滤器(最高 10bar)。过滤器能力为 25μm。应注意润滑油的使用必须依据当地的法规,以避免污染。

4)冷却系统

天然气是由水和乙二醇组成的循环水路冷却的。冷却液混合的比例取决于最低环境温度(表4.2),环境的温度需要监控。

表 4.2 冷却液混合比例与冰点关系

乙二醇质量分数	冰点,℃
15%	-5
25%	-10
35%	-16
40%	-20

使用的水必须是软化水,并且不含悬浮颗粒,乙二醇必须是高品质的。建议对冷却水中加入防腐剂,并且至少每一年用除垢剂清洗冷却系统一次。

压缩机冷却水路(含相连管道)的体积大约为 90 L。检查空冷器上方的排气罐,它的液位必须超过容器的一半。

2. LKCNGY-2C 天然气压缩机

LKCNGY-2C 天然气压缩机采用液压往复式双作用结构设计,并配置活塞位置传感系统。利用电动机作为驱动,带动恒功率液压油泵供油,通过换向集成系统进行换向,推动活塞往复运动,压缩天然气。

1)压缩机特点

(1)压缩机采用双系统,可独立运行,能保证全天候不间断工作:双缸压缩机由 2 台电动机组成两套系统,每套系统可独立运行,也可同时运行。加气车辆少时只运行一套系统,加气车辆多时自动运行两套系统,达到节能效果。如果一套系统出现故障,另一套系统可继续独立运行,保证加气站正常运营。

(2)液压活塞式压缩机加气站运行可做到零气损:天然气在全封闭的压缩缸内运行,无任何天然气外泄的途径,可做到天然气无损耗。

(3)压缩机驱动液压油用量少,运营成本低:压缩机采用46#普通抗磨液压油300L,更换一次费用3000元左右。

(4)压缩机气缸活塞采用无油润滑,对天然气无污染:气缸活塞采用无油润滑方式,对天然气零污染,避免油污对加气管路、汽车管路和汽车发动机的损害。

(5)压缩机可持续运行,无需更换添加润滑油:压缩机由于采用无油润滑,不需要润滑系统,减少日常维护工作。

(6)压缩机采用PLC全自动控制,无需人工操作:控制面板可以显示和查询压缩机工作状况,并具有故障报警,自动诊断功能。压缩机运行全部实现自动控制。

2)压缩机组成

LKCNGY-2C型天然气压缩机主要由液压系统、天然气压缩系统、冷却系统、安全系统、降噪系统、控制系统组成。LKCNGY-2C天然气压缩机系统见图4.20。

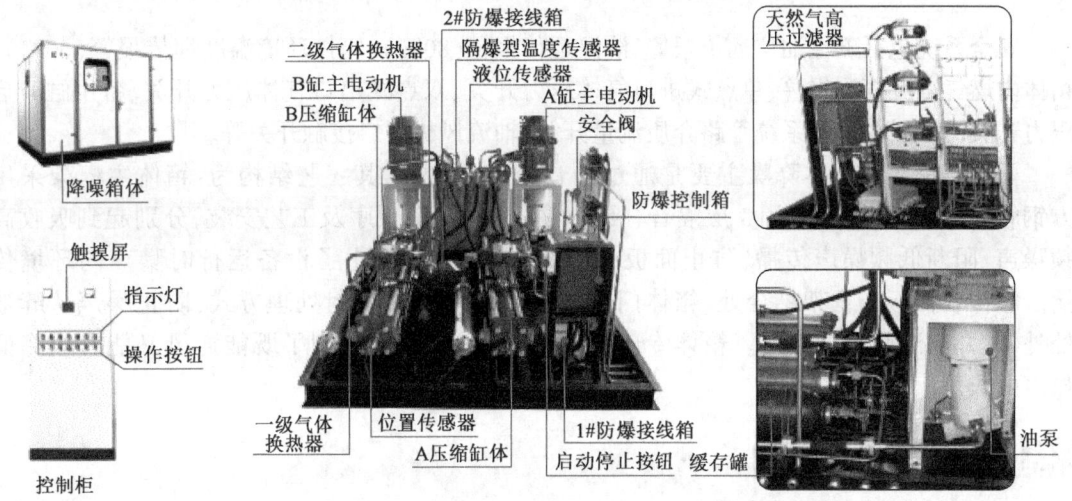

图4.20 LKCNGY-2C天然气压缩机系统

液压系统包括油箱、油泵电动机组、阀体(包括阀块、换向阀等)、液压缸、活塞、过滤器、液压管路等。液压介质为L-MH46#抗磨液压油。液压系统工作示意图见图4.21。液压系统阀体示意图如图4.22所示,用于转换进出油路,调节左右侧油缸内压缩油液进给。

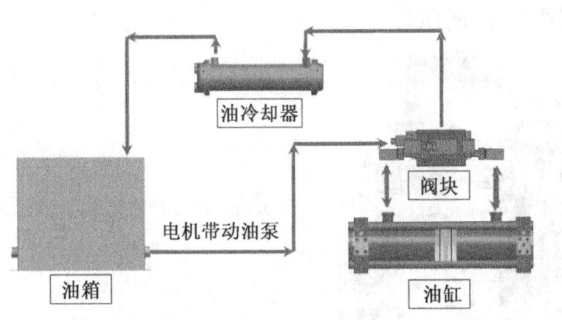

图4.21 液压系统工作示意图

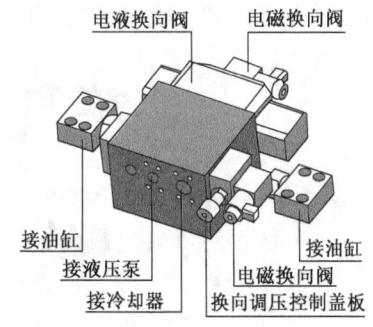

图4.22 液压系统阀体示意图

天然气压缩系统包括高压过滤器、气动阀、压缩缸、气体换热器、缓冲罐、管路等。介质为车用压缩天然气。

冷却系统采用水冷方式。水循环控制系统包括水箱、水泵电动机组、气体换热器、油冷却器、散热器、散热风扇电动机组、管路等。介质为防冻液。冷却系统工作流程示意图如图4.23所示。

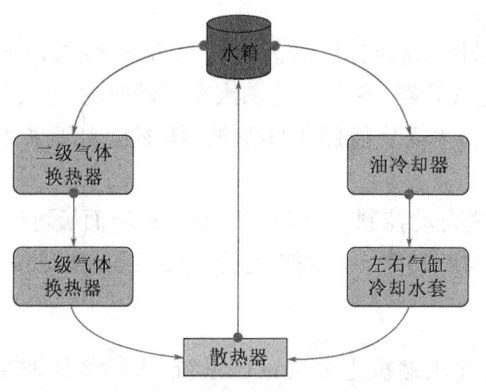

图 4.23　冷却系统工作流程示意图

安全系统包括磁性油位远传报警、油温远传报警(80℃)、箱体环境温度远传报警(60℃)、箱体内燃气浓度探测报警、单点式进口气体压力开关、双点式出口气体压力开关、备用缸开启压力开关、安全阀、冷却系统管路介质流量开关、轴流风机开启接触开关等。

子站压缩机的整体降噪主要是通过隔音箱体实现的,其工艺结构为:箱体主框架采用方钢管焊接而成;内层采用 3 层隔音、吸音材料按照特定顺序及工艺安装,分别起到吸收高频噪声、阻断低频噪声传播、防止面板振动等作用,有效阻止了设备运行时噪声向环境传播。箱体各面板与框架结合处、箱体门边门缝处均采用了密封处理方式,防止噪声从缝隙处外漏,并起到防水的作用。箱体专门设计了通风消音器,起到了既能通风又能有效降低噪声的作用。

4.1.2　气体净化设备

4.1.2.1　脱硫塔

目前,CNG 加气站对原料天然气脱硫方法,基本上是海绵铁法。固体海绵铁脱硫塔由床层支承板,顶部和底部的气体进口、出口管嘴和分配器,填料孔和卸料孔以及测试接口、排污口,压力表插孔等组成。脱硫塔结构示意图如图 4.24 所示。

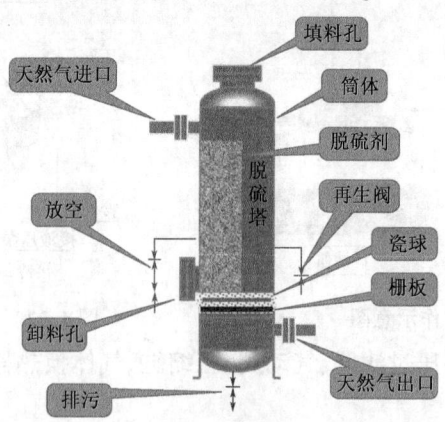

图 4.24　脱硫塔结构示意图

4.1.2.2 干燥器

干燥器是一种利用分子筛的吸附力对天然气进行干燥净化的装置。根据工艺流程的不同,可以将干燥器布置在压缩机前(低压脱水)和压缩机后(高压脱水)。使用高压脱水所需的设备少,脱水剂量小,再生能耗低。

1. 原理

(1)脱水,利用分子筛的表面活性微孔吸附天然气中的水分。

(2)再生,利用低压高温的天然气,清除活性微孔中的水分子。

2. 作用

利用塔内的分子筛有效吸附天然气中的水分,使天然气中的水分含量达到车用压缩天然气水含量的要求。

脱 H_2S、脱 H_2O 均应选用双塔轮换操作。常用的固体干燥剂有氯化钙、活性炭、硅胶、氯化铝、分子筛等。另外,高压脱水场合,在冬季最低气温不低于 $-7℃$ 的地区,干燥剂可选用硅胶,以降低再生操作温度。但对冬季最低温度低于 $-7℃$ 的地区,则必须用分子筛干燥剂。

4.1.3 储气系统

储气系统是利用天然气的可压缩性来储存 CNG。其作用是调峰,并满足间隙式充装的需要,减少压缩机的频繁开机次数,从而减少设备的磨损。储气系统因其内部所储存的 25~30 MPa 的 CNG 而成为安全技术考虑的重中之重,在储气设备的布置方式、安全可靠性评价、工艺制造以及材质方面都有着特殊要求。目前储气系统采用的储气方式有小气瓶储气、管井储气和大型容器储气。

4.1.3.1 储气瓶组

储气瓶组通常采用的有两种规格和型号,主要差别为储存压缩气体的容量不一样。

(1)每个气瓶容积在 500L 以上的大气瓶组,每站 3~6 个,在国外应用得最多。

(2)每个气瓶容积在 40~80L 的小气瓶组,每站在 40~200 个,国内外,尤其是国内基本上是这种形式。

气瓶类型各有利弊,可根据实际情况选择。其具体区别为:

(1)大气瓶价格高,配备数量少,接口少,泄漏点少,检修维护方便。国外使用较多,国内刚开始使用。

(2)小气瓶价格低,配备数量多,接口多,泄漏点多,检修维护复杂。国内使用较多。

就常用的两种形式,大气瓶和小气瓶相比较可知,大气瓶一次性投资较高,而小气瓶相对较小;当储气容积相同,大气瓶所用的数量很少,每年的维护量小,费用较低,而小气瓶所用数量很大,每年的维护量很大,费用也高;大气瓶一般都设有排污孔,便于定期排出瓶内油污,小气瓶则没有排污孔,每年清除油污很费劲;大气瓶上的气阀和管件很少,可靠性较高,而小气瓶数量多,气阀和管件必然很多,漏气和不安全因素大大增加。这些需要在建站时权衡利弊综合考虑。

储气瓶组的特点:

(1)无缝结构,整体成型,安全系数高;

(2)先进的制造工艺、精良的制造设备和可靠的质量保证体系;

(3)设计科学、合理的承载结构。

设计压力25MPa,设计标准为美国DOT49CFR的178.37节(压缩气体运输标准),安全系数为2.48,不允许有排污口,初期投资低,运行维修成本高,每3年必须把单元拆开,对每只瓶子进行水压实验。场地面积在$50m^2$以上。属于松散结构,没有结构整体性,容器多,接头多,存在泄漏危险且管线尺寸小,流动阻力大。

合理的储气瓶组的容量,不但能提高气瓶组的利用率和加气速度,而且可以减少压缩机的启动次数,延长使用寿命。根据经验,通过编组方法,可提高加气效率,即将储气瓶组分为高压、中压、低压三组,瓶数比例以1:2:3较好。当压缩机向储气瓶组充气时,应按高压、中压、低压的顺序进行;当储气瓶组向汽车加气时,则恰恰相反,就按低、中、高压的顺序进行。

4.1.3.2 地下储气井

地下储气井每井可存气$500m^3$。使用API进口石油套管加装高压封头,立式深埋地下$80\sim200m$,形成水容积$2\sim4m^3$的储气管井。

从20世纪90年代初开始,在四川地区成功研究出打地下井储存CNG的技术,实现了储气量大、加气速度快、安全可靠、占地面积小、操作管理方便、维护检测工作量少、年平均经济消耗省等优点。这种储气井的有关技术,如全程固井、连接密封、维护与检验等尚需进一步深入与提高。

储气井井筒直径为$\phi 177.8mm\sim\phi 298.4mm$;井深$80\sim200m$;储气井水容积$2\sim4m^3$,设计压力为25 MPa。它由几十根石油钻井工业中常用的套管通过管端的扁梯形螺纹和接头连接而成,封底和封头由焊接平盖的接头与套管通过螺纹连接,套管是按照API标准5CT制造的N80或P110钢级石油套管,钢号为30Mn4和28CrMo6。其占地面积很小,有利于站场平面布置;虽然初期投资较大,但据四川石油管理局提供的资料表明该储气井至少可以使用25年以上,安全可靠性好。其缺点是耐压试验无法检验强度和密封性,制造缺陷也不能及时发现,排污不彻底,容易对套管造成应力腐蚀。

地下储气井装置有以下特点:

(1)安全可靠,使用方便,免维护设计。地下储气井本身就是石油工业提供给用户的天然气又回注井中的一个过程。

(2)不受环境影响,恒温和抗静电、雷电。因深埋于地下,本身就与大地成为一体形成良好的自然接地。同地温保持一致。

(3)占地面积小($\leq 1m^2$),节约了宝贵的土地资源。

(4)排水彻底,设有专门的排水装置。

(5)无恶性事故发生,杜绝了爆炸,使我国政府环保、能源政策安全造福于国民,使站内工作人员能安心工作。

CNG地下储气井现已成为国内CNG加气站首选储气系统。地下储气井示意图如图4.25所示,其工艺流程如图4.26所示,该过程是油气开采的一个逆过程。

目前已建成并运行的储气井规模为:

储气井井筒直径(ϕ):$177.8\sim244.5mm$。

最大井深:大于300m。

储气井水容积:$1\sim10m^3$。

最大工作压力:25MPa。

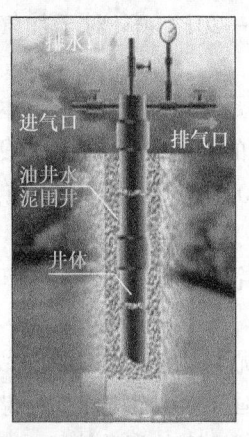

图 4.25　地下储气井示意图

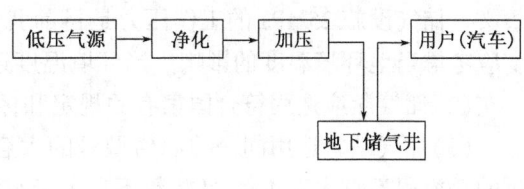

图 4.26　CNG 地下储气井工艺流程图

4.1.3.3　ASME 压力容器

单个高压容器，容积在 $2m^3$ 以上，常用的有以下几种：(1)多层包扎的天然气储气罐，公称直径为 DN800、水容积规格为 $2m^3$、$3m^3$、$4m^3$，分卧式与立式两种；(2)柱型(球型)单层结构高压储气罐，水容积规格为 $2m^3$、$3m^3$、$4m^3$ 或以上；(3)引进美国 CPI 公司制造的高压储气瓶，无缝锻造，按需要由多个气瓶组合使用。ASME 高压容器设计压力通常为 27MPa，设计标准为 ASME 第Ⅷ章第 1 节压缩气体地面存储设计标准，安全系数 3，容器壁厚比同等 DOT 瓶壁厚高出 39%，通常作为地面存储。ASME 允许容器上有排污口；初期投资高，运行和维修成本低，除一般的外部和内部直观检测外，不需再检测；场地要求 $5\sim7m^2$，坚固，整体结构能更好地承受冲击载荷及地震波动；其容器数量少，接头少，管线尺寸大，流动阻力较小。表 4.3 将常用的 3 种储气方式的优缺点进行了简要的对比。

表 4.3　3 种储气方式的优缺点对比表

序号	项目	储气瓶	储气罐	储气井
1	单个容量规格	50L/瓶或 80L/瓶	$2\sim6m^3$	$2\sim3m^3$
2	单组布置数量	$80\sim230$ 瓶	$3\sim6$ 罐	$3\sim8$ 井
3	储气系统的总水容积，m^3	$6\sim12$	$6\sim12$	$6\sim12$
4	标准储气量，m^3	$1500\sim3000$	$1500\sim3000$	$1500\sim3000$
5	占地面积，m^2	30	60	10
6	建设投资概算，万元/年	66.0	94.0	96.5
7	检验维护费用，万元/年	1.25	0.75	
8	使用时期	20 世纪 80 年代—90 年代中期	20 世纪 90 年代后期	目前广泛使用
9	优点	经济、灵活、建设成本低	管阀连接点少，泄漏因素降低，具有较好的安全性	安全牢固、减少占地、爆炸事故发生时减少地面冲击波范围和强度
10	缺点	供气阻力大、管阀漏点多，增加了不安全因素；每年支付的维护费用多，增加了后期的工期成本	爆炸事故发生时，地面冲击波的辐射范围大、强度大	耐压试验无法检验强度和密封性、制造缺陷不能及时发现、排污不彻底容易对套管造成应力腐蚀

在规范《汽车加油加气站设计与施工规范》(GB 50156—2012)中,对于加气站压缩天然气的储存,有以下一些规定:

(1)储气设施的工作压力应为25MPa,其设计温度应满足环境温度要求。本条是强制性条文。储气设施25MPa的工作压力是目前我国加气站统一的运行压力。储气设施的设计温度应考虑当地环境温度的影响。当环境温度过低如小于-20℃,应考虑防冻措施。

(2)储气瓶应选用符合国家有关规定和标准的产品。

(3)加气站宜选用同一种规格型号的大容积储气瓶。当选用小容积储气瓶时,每组储气瓶的总容积不宜大于4m³,且瓶数不宜大于60个。

采用大容积储气瓶具有瓶阀少、接口少、安全性能高等优点,所以推荐加气站选用同一种规格型号的大容积储气瓶。目前我国加气站采用较多的是国产60L钢瓶,每组储气瓶总容积约为4m³(约储天然气1000m³),60L瓶66个。限量是为了减少事故风险度。

(4)加气站内的储气瓶宜按运行压力分高、中、低三级设置,各级瓶组应自成系统。

储气瓶编组是根据汽车加气的工艺程序确定,加气方法是利用储气瓶的压力与汽车瓶的压力平衡进行加气。汽车加气的最高压力限定在20MPa,站内储气瓶的压力限定在25MPa,通过编组方法提高加气效率,满足快速加气的要求。常用加气方法有两种:一是将所有气瓶同时增至最高压后通过平衡充气瓶组自然形成高、中、低三组;另一种方法是把瓶组固定分成高、中、低三组,加压方法根据各站经验而定。四川经验按1:2:3比例配置高、中、低压瓶组容量取气效率可达58%。

(5)小容积储气瓶应固定在独立支架上,且宜卧式存放。

(6)加气站储气井的设计、钻井、固井、验收及管理应按照现行高压气地下储气井国家标准的有关规定进行。储气井的建造应由具有天然气钻井资质的单位进行。

4.1.4　CNG加气机

4.1.4.1　CNG加气机主要功能

CNG加气机,也称售气机,是对CNG汽车进行加气、计量的设备,具备安全可靠、计量准确、密闭充装、显示清晰、操作简便的特点。其主要功能有:

(1)计量功能。主要是进行精确可靠的计量,加气机计量准确度不应低于1.0级。加气量计量应以立方米为计量单位,最小分度值应为0.1m³。加气量计量应进行压力、温度校正,并换算成基准状态(压力101.325kPa,温度20℃)的数值,并能给出压力显示、数量累计和当班累计值。

(2)优顺序加气控制功能。实现顺序取气,即加气时加气机自动先开启低压钢瓶组(井)充气,待气流速度较慢时,切换到高压钢瓶组(井)进行充气,并保证取气比例;控制加气的目标压力,当CNG汽车气瓶压力达20.0MPa时停止加气,保证加气效率和安全性。

4.1.4.2　CNG加气机结构原理

1.工作原理

普通三线双枪加气机工艺流程中,当向CNG汽车上的气瓶充气时,来自加气站高压、中压、低压储气装置中的压缩天然气经三路管线输送到加气机,经过滤器过滤后由电脑控制器按工作状态分别自动打开低压、中压和高压电磁阀使气体流经质量流量计进行计量,计量装置传感器产生脉冲信号,经变送器(检测器)传送给电子装置(微电脑装置),再由电脑识别传送来的脉冲信号进行计量、计价和显示。

经计量后的气体依次通过应急球阀(二位二通球阀)、拉断阀、高压软管、枪阀(二位三通球阀)、加气枪,最后充装入燃气汽车储气瓶中,在压力达到设定值(20MPa左右)后结束充气。同时质量流量计的计量信号传送到电脑控制器经电脑运算处理后进行计量、计价和显示。

取气时,先从低压组取气,当低压组的压力下降到一定值时,开始从中压组取气,等到中压组压力下降到一定值时,开始从高压组取气,随后从三组气瓶(井)一起取气,直到三组储气瓶(井)中的压力下降到与车载气瓶的最高储气压力相等时,停止取气。

为安全起见,我国汽车用压缩天然气钢瓶的运行压力为 16~20MPa。因此要求加气机额定工作压力与之相对应为 20MPa。加气机加气流量不应大于 $0.25m^3/min$(工作状态),控制加气速度确保运行安全。这里规定的加气速度是参考了美国天然气汽车加气标准的限速值 $0.283m^3/min$(工作状态)制定的。在寒冷地区选用加气机时,应适应当地环境温度的限制。

2. 系统构成

CNG 加气机通常主要由质量流量计、微电脑处理装置和压缩天然气气路系统三大部分组成。CNG 加气机组成及工作原理见图 4.27。

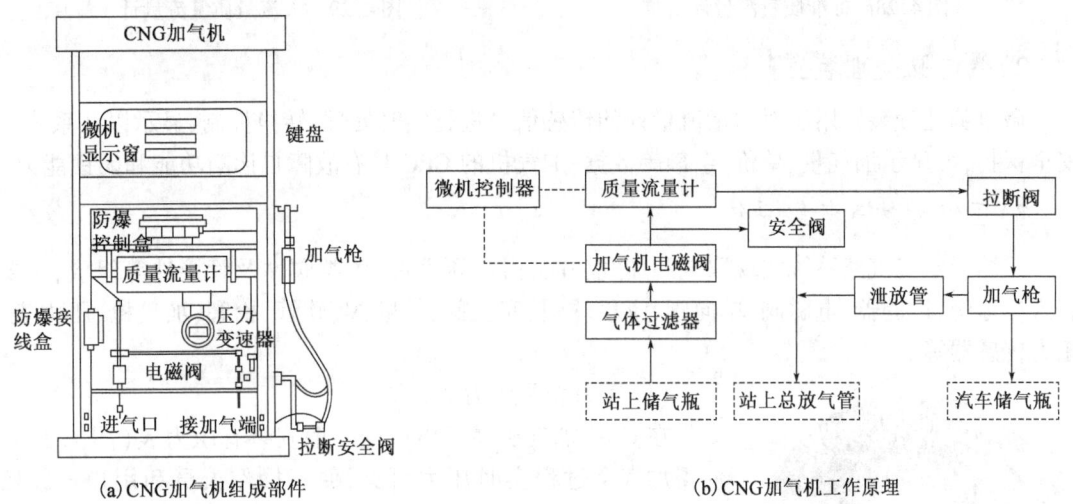

(a)CNG加气机组成部件　　　　　　(b)CNG加气机工作原理

图 4.27　CNG 加气机组成及工作原理

1)质量流量计

质量流量计是用来直接测量质量流量的仪表,其测量系统由流体传感器、电子变送器两部分组成。

为符合我国关于天然气交接计量的相关规定,天然气按基准状态的体积容量作为交接计量值。增压前为气源计量,多采用孔板或体积计算,按天然气的基准状态对压力、温度影响进行补偿。加气机一般采用质量流量计算,不需进行压力温度补偿。质量流量计可直接测量流体质量、体积,具有寿命长、计量精度高并可分体维修。其工作性能不受内部介质的密度、温度影响,具有温度自动补偿功能,并可以随时提供气源的密度、温度、流速等参数。流量计精度为 ±0.15%。

质量流量计以科氏力为基础,在传感器内部有两根平行的 T 型振动管,中部装有驱动线圈,两端装有拾振线圈,变送器提供的激励电压加到驱动线圈上时,振动管作往复周期振动,工业过程的流体介质流经传感器的振动管,就会在振动管上产生科氏力效应,使两根振动管扭转振动,安装在振动管两端的拾振线圈将产生相位不同的两组信号,这两个信号差与流经传感器的流体质量流量成比例关系。计算机解算出流经振动管的质量流量。不同的介质流经传感器时,振动管的主振频率不同,据此解算出介质密度。安装在传感器振动管上的铂电阻可间接测量介质的温度。

质量流量计包括:(1)标准质量流量计(图4.28),专门用于标准流量加气机。(2)大流量质量流量计(图4.29),可以用于标准流量和大流量加气机。

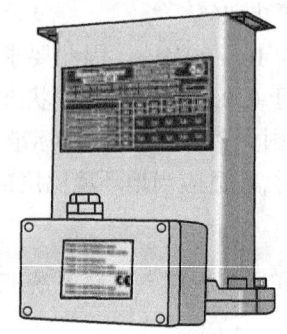

图4.28 标准质量流量计

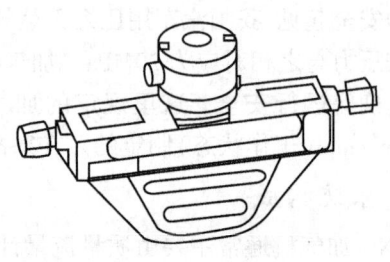

图4.29 大流量质量流量计

2)微电脑处理装置

微电脑处理装置用于对质量流量计的传感信号进行实时处理、转换控制、显示以及系统的安全保护,可显示加气量、单价、金额等数据;加气机的 CPU 具有故障自诊断功能和闭锁能力。

3)压缩天然气气路系统

压缩天然气气路系统实现取气和加气功能,由高压管件、各类阀件及管接件等组成,主要有入口球阀、过滤器、电磁阀、单向阀、应急球阀、安全阀、拉断阀、软管、枪阀、加气枪、压力表、压力传感器等。

图4.30 压力表

(1)压力表及压力变送器。

在 CNG 加气机靠近出口处一般安装有压力表(图4.30),使得加气全过程实时压力可见,便于操作人员和用户连续监控。压力表范围通常为 0~400bar。

压力表出现漏油、表面有机玻璃凸出或破裂、指针损坏或不灵敏、精度误差过大、不回零(无压力时指针不能指到0MPa处)等现象时现场无法维修,应更换新的压力表。

CNG 加气机要配备一个压力变送器(图4.31),用于检测加气过程中加气机出口的压力,并将它们实时传递给电脑控制器,以实现压力控制,保证加气安全。

(2)过滤器。

过滤器(图4.32)是输送介质管道上不可缺少的一种装置,通常安装在其他设备的进口端,用来消除介质中的杂质,以保护阀门及设备的正常使用。当流体进入置有一定规格滤网的滤筒后,其杂质被阻挡,而清洁的滤液则由过滤器出口排出,当需要清洗时,只要打开排污阀排出污垢即可,因此使用维护极为方便。CNG加气机气体过滤器安装在加气机的进口管线上,作用是从压缩天然气中将固体颗粒分离出来,以便使气流平稳并防止在内部组件内形成颗粒沉淀,应能阻止粒度大于0.04mm的固体杂质通过,过滤器滤网眼面积之和必须大于管道截面面积的5倍以上。

(3)控制阀门。

①顺序控制阀。顺序控制阀结构如图4.33所示,它是依靠气路中压力的作用而控制执行元件按顺序动作的压力控制阀,它根据弹簧的预压缩量来控制其开启压力。当输入压力达到或超过开启压力时,顶开弹簧,于是才有输出;反之无输出。

图4.31 压力变送器

(a)外观 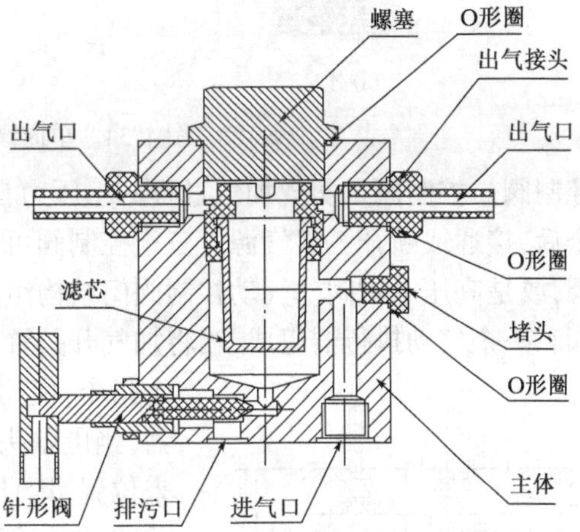　　(b)内部结构

图4.32 过滤器

(a)外观 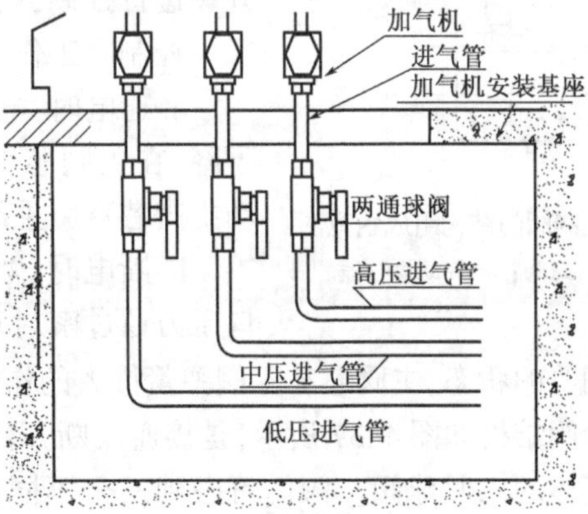　　(b)内部结构

图4.33 顺序控制阀结构图

②单向阀。单向阀结构如图4.34所示,它是气流只能一个方向流动而不能反向流动的方向控制阀。气体从入口进入,克服弹簧力和摩擦力使单向阀阀芯开启,气体从入口流至出口;

当入口无气压或气压低于出口时,在弹簧力和出口(腔)余气力作用下,阀口处于关闭状态,使从出口至入口气流不通。

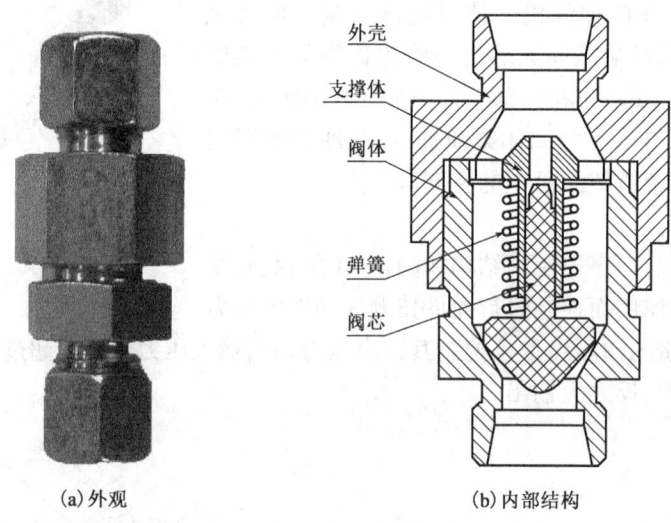

(a)外观　　　　　　　(b)内部结构

图4.34　单向阀结构图

③控制阀。控制阀是实现加气过程三组压力自动切换的执行机构,在控制阀接到电脑控制器指令后,接通或断开三组气源。三组控制阀可单独设置,也可集成一体。控制阀可以是气动控制阀,或是高压电磁阀。气动控制阀门结构组成示意图如图4.35所示,它由一个球阀、一个电磁阀和一个气动执行器组成,当将加气开关置于ON位置(加气),电脑头给电磁阀发出一个指令,使得压缩气体通过打开的通道进入气动执行器,当电脑头给电控阀一个相反的指令时它将返回到原来位置,因此电磁阀通过排气孔排出进入的气体,球阀关闭,加气停止。

电磁阀是用来控制流体通断的自动化基础元件,属于执行器;通常用于机械控制和工业阀门上面,对阀门开关进行控制,内部结构形式可参考图4.36。

控制阀工作原理如下:

a.通电时,电磁力把先导孔打开,上腔室压力迅速下降,在主阀芯周围形成上低下高的压差,流体压力推动主阀芯克服主阀弹簧的压力向上移动,阀门打开;

b.断电时,副阀弹簧推动密封头把先导孔关闭,入口压力通过密封环与螺塞间的间隙迅速在主阀芯周围

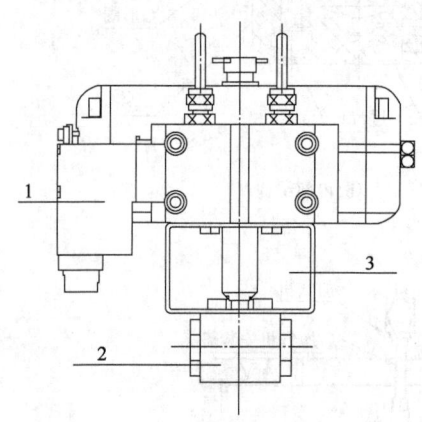

图4.35　气动控制阀门结构组成示意图

1—电磁阀;2—球阀;3—气动执行器

形成上下压差相等的状态,主阀芯在主阀弹簧推力的作用下向下移动,关闭阀门。

④枪阀。枪阀结构如图4.37所示,是接通或断开汽车加气气源,并能在加气后放空加气嘴内残留高压气体的三通球阀。阀门可搬到三个不同位置:位置OFF,阻止气体流动(不加气);位置ON,允许气体流通(加气);位置VENT,加气枪放空。三通阀在放空位置,才能允许加气枪从车载容器上安全地取下来,在任何情况下,不管三通阀是否与加气枪头合为一体,它在与车载容器连接前都必须手动操作,如果三通阀没有在正确位置上,它是不可能与车载容器枪头连接的,在与加气枪连接前阀门在正确位置上是非常重要的。

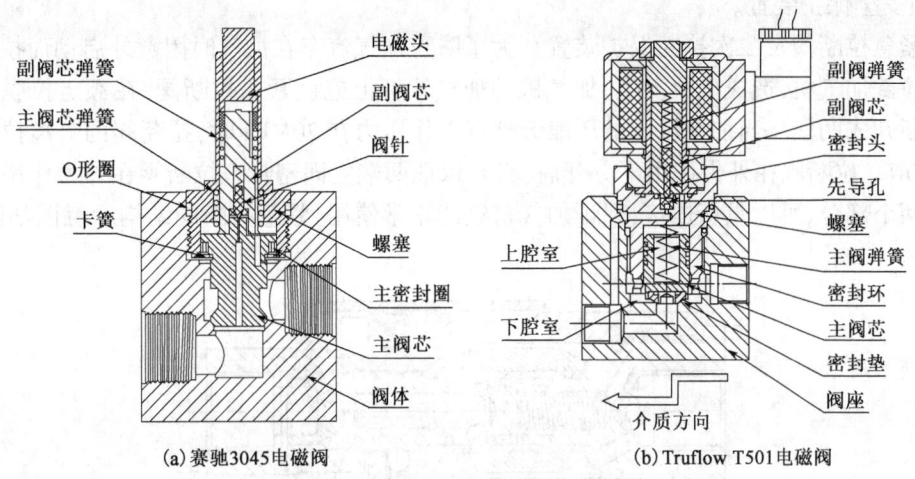

图 4.36 电磁阀内部结构形式示例

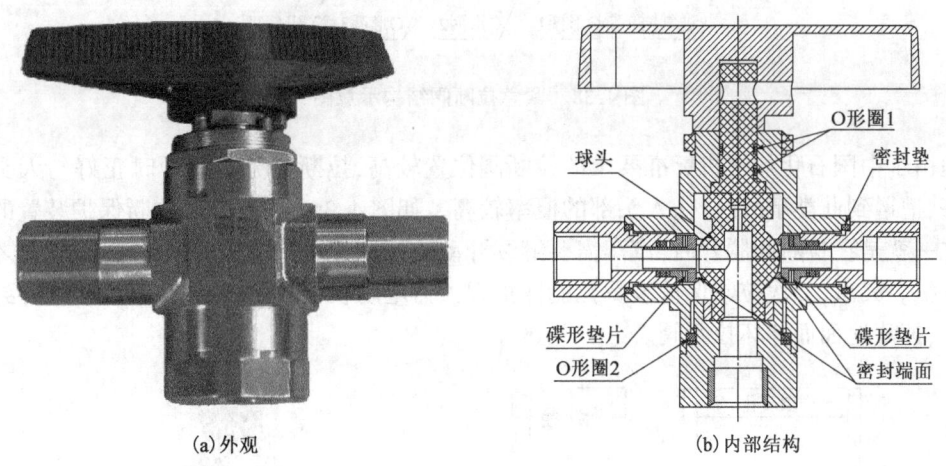

图 4.37 枪阀结构

(4)加气软管及软管接头。

CNG加气机都配备有专门设计用来输送压缩天然气的柔性软管,软管防磨损防撕裂,有很高的操作性能,双线软管可以用于加气和放空。

天然气中含有微量H_2S、CO_2等成分,因此加气软管及软管接头应选用具有抗腐蚀性能的材料。考虑加气的有效性和安全性,加气软管承压不应小于80.0MPa,加气软管有效服务半径不应小于2.5m,加气软管管长不应大于5.0m。标准流量软管内径通常为3/8in,大流量软管内径通常为1/2in。加气高压软管的导静电性能符合《飞机地面加油和排油用橡胶软管及软管组合件 规范》(GB 10543—2014)的有关规定。

软管接头通常采用快速接头,它为一种不需要工具就能实现管路连通或断开的接头。

①断开时:当母头的套圈移到另一端时,不锈钢珠自动向外滚动,公头因母头与公头共同阀门弹簧力的作用下而断开,公头与母头的单向阀各自关闭,瞬间阻断流体流动。

②连接时:当公头插入母头时,套圈在弹簧的作用下回到原来的位置,钢珠滚动锁紧公头紧密连接,同时母头与公头的单向阀互相推动而打开,流体流通,O形圈能完全阻断流体的渗漏。

(5)安全保护装置。

①紧急拉断阀及二次拉断保护装置。为了防止加气汽车在加气时因意外启动而拉断加气软管或拉倒加气机,造成事故发生,加气机的加气软管上应设紧急拉断阀,在额定拉脱力作用下可以断开成两段。当加气机内的压缩天然气工作压力在20MPa时,拉断阀的分离拉力不得大于400N。拉断阀在外力作用下分开后,必须保证两端立即密封。拉断阀在外力作用下自动分成的两个部分,可以重新连接,保证加气机继续正常使用,紧急拉断阀结构示意图如图4.38所示。

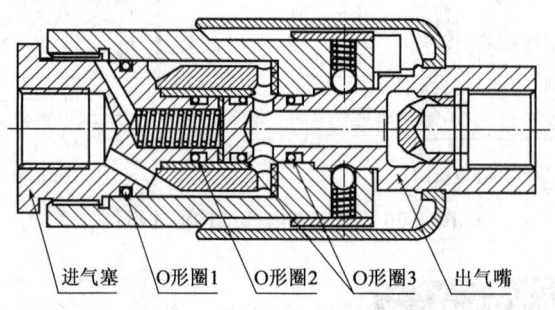

图4.38 紧急拉断阀结构示意图

但由于中国石化加气机标准要求的拉断阀位置较高,拉断阀分离脱开时正好与人头部位置平齐,遭遇到此类事故时,伤人头部的概率较高。如图4.39所示,二次拉断保护装置的主要作用之一就是在拉断阀脱开后,汽车需要继续开动并拉开二次拉断保护装置,加气软管才会脱离加气机。其次,二次拉断保护装置也能保护因大力甩动软管、脚踩软管等意外因素导致拉断阀脱开,掉落地面而摔坏拉断阀。

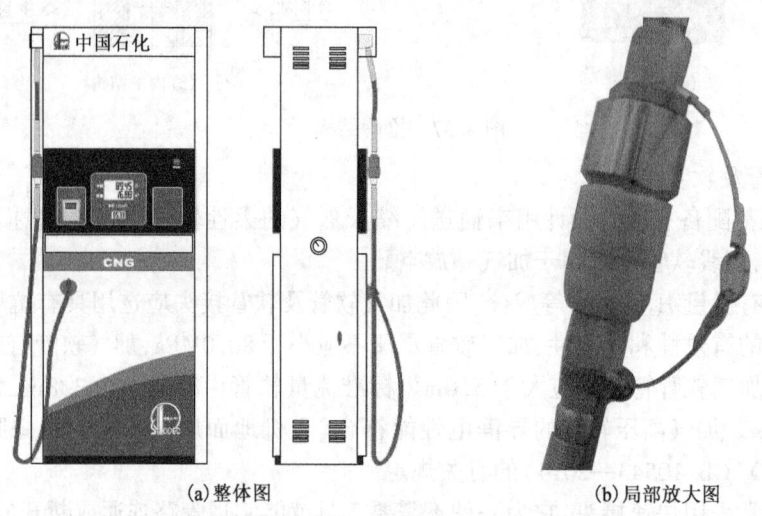

图4.39 二次拉断保护装置结构示意图

②安全阀。弹簧微启式安全阀是利用压缩弹簧的力来平衡作用在阀瓣上的力。螺旋圈形弹簧的压缩量可以通过转动它上面的调整螺母来调节,利用这种结构就可以根据需要校正安全阀的开启(整定)压力。弹簧微启式安全阀结构轻便紧凑,灵敏度也比较高,安装位置不受限制,而且因为对振动的敏感性小,所以可用于移动式的压力容器上。

③防过充系统。由于加气机内压力测量点距离车瓶至少6m,充装过程中测量点与车瓶必然存在压力差,为防止过度充装或充装压力不足,研究充装压力控制技术显得十分必要。

加气机中装载加气压力计算程序,计算过程如下:

a.加注操作之前,先测量车瓶内压力,然后根据目标压力值计算压缩产生的热量,根据压缩热量影响来调节最大加注压力。

b.根据燃气车辆车瓶内起始燃气压力与流动的燃气压力之差来确定加气机与车用瓶之间的燃气通路特性。

c.在充装加气进行的同时,加气机控制系统进行反向运算,利用新的燃气流压力和脉冲频率来计算车内压力,当车内压力达到上述计算的最大压力时加气机才停止加气。

(6)加气枪。

按照CNG加气站的不同要求,有不同型号的加气枪。根据加气对象不同,加气枪分为:轻型车辆加气枪,为出租车、轻型卡车等加气;重型车辆加气枪,为运输公共汽车和重型卡车等加气。根据是否与枪阀整合,可分为整合枪阀加气枪和枪阀分体加气枪,如图4.40所示。

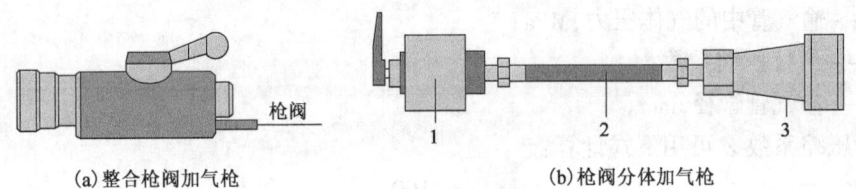

(a)整合枪阀加气枪　　　　(b)枪阀分体加气枪

图4.40　加气枪结构示意图
1—枪阀;2—软管;3—加气枪

加气枪与汽车受气口连接的加气嘴形式和尺寸公差应符合《压缩天然气加气机加气枪》(GB/T 19236—2003)的规定以及压缩天然气汽车有关标准。加气嘴应配置自密封阀,卸开连接后应立即自行关闭,由此引发的天然气泄漏量不得大于$0.01m^3$。

加气站内加气枪的数量根据加气站的等级进行配套设置。

此外,防止进站汽车失控撞上加气机。加气机附近应设防撞柱(栏)。加气机的进气管道上宜设置防撞事故自动切断阀。

最简单的加气机,除了高压气路外,仅有一个非常简易的加气枪和一个手动阀门。先进的加气系统,不仅有微控制,还具有优顺序加气控制、环境温度补偿、过压保护、软管断裂保护等功能。有的还增加了自动收款系统和计算经营管理系统等。

4.1.4.3　CNG加气机分类

按加气枪数量可将CNG加气机分为单枪、双枪、四枪加气机。

按流量可将CNG加气机分为标准流量和大流量加气机。

按进气管线可将CNG加气机分为:

(1)单线加气机:操作一个简单的电磁阀(一级电磁阀),它的传输系统与一个单独的储罐相连。

(2)多线加气机:操作两个或三个电磁阀(一级、二级和三级电磁阀),它的传输系统与两个或三个不同压力级别的储罐相连。

按用途可将CNG加气机分为加气机、加气柱、卸气柱。

4.1.5 CNG站用管道及附件

4.1.5.1 站用管道的选用

1. 输气管管径的确定

输气管管径与输气管气体流量、输气管中的气体温度、输气管中的气体压力以及所输天然气的特性息息相关,可按照式(4.7)计算确定。

$$v = 5.1 \times 10^{-3} \frac{TZ}{pd^2} Q_g \tag{4.7}$$

式中 v——输气管气体流速,m/s;
　　　Q_g——输气管气体流量,m³/d;
　　　T——输气管中的气体温度,K;
　　　p——输气管中的气体压力,MPa;
　　　Z——气体压缩系数;
　　　d——输气管管径,mm。

其中,压缩系数 Z 可用下式计算:

$$Z = \frac{100}{100 + 1.69 p_{av}^{1.15}} \tag{4.8}$$

式中 p_{av}——输气管平均压力,MPa。

2. 输气管管壁厚的确定

输气管管壁厚可依据输气管设计压力、输气管管径、管子的最低屈服强度等计算确定,计算式如式(4.9)所示。

$$\delta = \frac{pd}{2\sigma_s F \phi K_t} + C \tag{4.9}$$

式中 δ——输气管管壁厚,mm;
　　　p——输气管设计压力,MPa;
　　　d——输气管管径,mm;
　　　σ_s——管子的最低屈服强度,MPa;
　　　F——设计因素,取 0.6;
　　　ϕ——管子的纵向焊缝系数,对于无缝钢管 $\phi = 1.00$,双面埋弧焊 $\phi = 0.85$,单面埋弧焊 $\phi = 0.80$;
　　　K_t——管子强度的温度减弱系数,当气体温度在 123℃ 下时,$K_t = 1$;
　　　C——腐蚀裕量,对净化气 $C = 0$mm,微腐蚀 $C = 1$mm,中等腐蚀 $C = 2$mm,强腐蚀 $C = 3$mm。

3. 管材和敷设

加气站用输气管道的选择应根据增压前后的压力选用。设计压力低于4MPa的天然气管道,应符合现行国家标准《输送流体用无缝钢管》(GB/T 8163—2018)的有关规定;设计压力等于或高于4MPa的天然气管道,应符合现行国家标准《流体输送用不锈钢无缝钢管》(GB/T

14976—2012)或《高压锅炉用无缝钢管》(GB 5310—2017)的有关规定。对北方寒冷地区的室外架空管道选材还应考虑低温影响。

加气站内与压缩天然气接触的所有设备、管道、管件、阀门、法兰、基片等的材质应与天然气介质相适应。加气站用天然气允许含有微量 H_2S、CO_2，并可能残存少量凝析油等腐蚀性介质。因此所有与天然气接触的设备材料都应具有抗腐蚀耐老化能力。

站内高压天然气管道宜采用焊接连接，管道与设备、阀门可采用法兰、卡套、锥管螺纹连接。

增压前的天然气管道宜埋地敷设，其管顶距地面不应小于 0.5m。冰冻地区宜敷设在冰冻线以下。加气站内管道埋地敷设，受外界干扰小，较安全。室内管沟敷设，在沟内填充干沙可防泄漏天然气在管沟内聚集产生爆炸危险。因此，加气站内室外高压管道宜埋地敷设。若采用低架敷设，其管底距地面不应小于 0.3m。管道跨越道路时，管底距地面净距不应小于 4.5m。室内管道宜采用管沟敷设，管沟应用中性沙填充。加气站室内管沟敷设，沟内填充中性沙是为了防止泄漏的天然气聚集形成爆炸危险空间。

4.1.5.2 调压计量系统的原理、作用和调压器选型

1. 原理

调压计量系统由进气控制阀、过滤器、调压器、流量计及安全阀等设备组成。原料天然气通过过滤器，分离出杂质，进入机械式的调压装置或 PLC 控制的自动调压装置，将天然气压力调至 CNG 压缩机需要的进气压力，同时通过计量装置记录供气量，准确地反映供需关系。

2. 作用

(1) 调压，使压缩机进气压力保持在某一范围内，保证压缩机的正常工作。

(2) 计量，为了经营核算进站天然气量。

(3) 过滤，分离杂质。

3. 调压器选型

1) 常用调压器类型

调压器是指专用于流体输送介质上的减压器。它具有阀门的特点，可以控制流体的通断和节流。它自身构成一个闭环控制系统，不需要其他辅助能源，只取自流体本身的压力差作为操作能源。目前，国内使用的调压器主要有两大类：直接作用式和间接作用式。

直接作用式调压器是通过内信号管路或外信号管路来感应下游压力的变化。下游压力通过在传感元件(皮膜)上产生的力与加载元件(弹簧装置)产生的力来进行对比，移动皮膜和阀芯，从而改变调压器流通通道的大小。直接作用式主要为弹簧负载式，为小流量调压器，应用于楼栋调压、区域调压，一般只应用于中低压调压，当口径或通过流量较大时，出口压力随流量的变化脉动大，稳压效果差。

间接作用式调压器是当出口压力变化时，由指挥器内出口压力和调压弹簧的相互作用调定一个负载压力来控制调压器主阀阀口的开度，从而改变调压器流通通道的大小。它的敏感元件(即感应出口压力的元件)和传动装置(即受力动作并进行调节的元件)是分开的。指挥器的主要功能是为了增加调压器的敏感性。如图 4.41 所示，如果可以感应到下游压力 p_2 的变化，再将它转化成 p_3 的更大变化值，这样调压器对于流量需求改变的相应程度(敏感性)将

会增加。此外,压力偏差也可以大大地减小,从而减小它对调压器精确度和流量的影响。

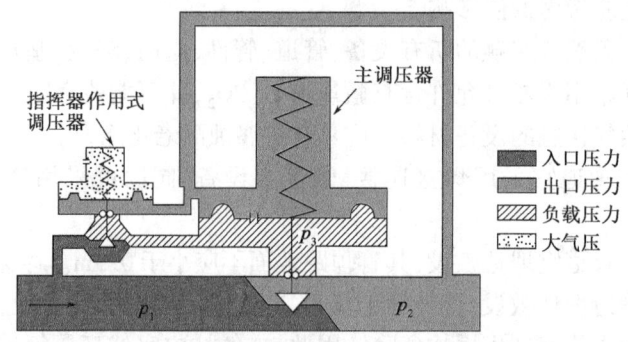

图4.41 间接作用式调压器的工作原理

2)调压器选型方法

(1)额定流量的确定。

调压器不宜在全开状态下工作,以阀芯的位移不超过最大行程的90%为宜,此时调压器的额定流量 Q_0 与计算流量 Q_p 的关系为

$$Q_0 = (1.15 \sim 1.2)Q_p$$

调压器的计算流量 Q_p 一般按其承担管网计算流量 Q_j 的1.2倍确定:

$$Q_p = 1.2Q_j$$

所以调压器的额定流量 Q_0 与调压器承担的管网计算流量 Q_j 的关系为

$$Q_0 = (1.38 \sim 1.44)Q_j$$

管网的计算流量是调压器额定流量的69%~72%。

(2)选型方案。

CNG标准加气站所选用的天然气压缩机对第一级压缩的吸气压力有较高的要求,如超出其正常工作的吸气压力范围,压缩机无法正常启动。

①进站压力较为稳定的条件下调压器选择。当进站压力较为稳定时,调压器可选用截止式调压器,将进加气站的天然气压力调至压缩机正常工作的吸气压力范围内即可。

②进站压力波动较大的条件下调压器选择。以某一实际工程为例,进站天然气压力在0.6~1.6MPa范围内波动,可供选择的天然气压缩机有两种规格:第1种,进气压力为 (0.8 ± 0.2) MPa,4级压缩,排气量为828 m^3/h,排气压力为25.0MPa,电动机功率为132kW;第2种,压缩机进气压力为 (0.5 ± 0.1) MPa,4级压缩,排气量为720 m^3/h,排气压力为25.0MPa,电动机功率为132kW。对应以上两种规格压缩机,有两套设计方案。

方案一:选用2台排气量为828 m^3/h、压缩机进气压力为 (0.8 ± 0.2) MPa 的天然气压缩机,单位产气的压缩能耗为0.16kW·h/m^3;选用轴流式调压器,设定调压器后压力值为0.8MPa(进气压力在0.8MPa以下时,调压器具备直通功能)。

方案二:选用2台排气量为720 m^3/h、压缩机进气压力为 (0.5 ± 0.1) MPa 的天然气压缩机,单位产气的压缩能耗为0.18kW·h/m^3;选用截止式调压器,设定调压器后压力值为0.5MPa。

方案比选:方案一的造价与方案二基本相当(只是方案一选用的调压器造价略高于方案二),按标准加气站 $1.5 \times 10^4 m^3/d$ 的供气规模计算,方案一比方案二在压缩能耗方面每年可节约用电约 13×10^4 kW·h/a。故该工程采用方案一作为实施方案。

当进站压力波动较大时,合理地配置加气站进气调压系统,可以做到尽可能地利用进站天然气压力能、降低加气站压缩能耗、提高工程的经济性。

4.1.5.3 顺序控制盘的作用和工作原理

1. 作用

国内加气站(全部使用国产设备)通常在压缩机出口使用顺序控制盘,通过自动或手动方式操作。顺序控制盘通常是由阀门组及控制面板组成,包括三个子系统:优先系统控制压缩机向各下游供气的次序;当出现紧急情况时快速切断向加气机供气的紧急切断系统;负责控制储气系统向加气机的供气次序以缩短加气机加气时间的顺序控制系统。

2. 工作原理

加气站优先/顺序控制盘主要由压力顺序阀、单向阀和集成式压力调节阀组成,其工作原理如下:首先启动压缩机工作,达到一定压力(如25MPa)后,停止对高压组充气,自动切换到中压组充气,达到中压组设定最高压力(如16MPa)后,停止对中压组充气,切换到低压组充气,低压组达到设定压力(如12MPa)后,对3组同时充气到25MPa。这种充气方法使得每一组储气瓶内的气体都能得到冷却,从而使储气瓶能达到可能的最高压力,对储气瓶组充气完成后,压缩机自动停机。

当加气站为汽车进行加气时,储气瓶组中的气体压力会降低,加气时,先用低压组气瓶的压缩天然气,其次是中压组,最后是高压组。加气完成后,压缩机将自动对各储气瓶进行补偿充气,直到达到各自的最高设定压力时停机。

加气站中储气瓶(地下储气井)分级储存是为了提高气体利用率而设计的。采用三级储气瓶(地下储气井)组,分为高、中、低由顺序控制盘进行充气和售气的自动控制,储存气体的利用率提高30%以上,有的达到58%。

储气控制是通过设置在各储气瓶组的压力传感器和相应的气动控制阀共同完成的。

4.2 LNG 加气站相关设备

4.2.1 LNG(L-CNG、LNG/L-CNG)加气站主要设备的特性

(1)LNG 场站内低温储罐、低温液体泵绝热性能要好,阀门和管件的保冷性能要好。

(2)LNG 站内低温区域内的设备、管道、仪表、阀门及其配件在低温工况条件下操作性能要好,并且具有良好的机械强度、密封性和抗腐蚀性。

(3)因低温液体泵启动过程是靠变频器不断提高转速从而达到提高功率增大流量和提供高输出压力,所以低温液体泵要求提高频率和扩大功率要快,通常在几秒至十几秒内就能满足要求,而且保冷绝热性能要好。

(4)L-CNG 加气站的工艺特点为低温储存、常温使用。储罐设计温度达到 $-196℃$,LNG 常温下沸点在 $-162℃$,而出站天然气温度要求不低于环境温度10℃。

(5)气化设备在普通气候条件下要求能抗地震,耐台风和满足设计要求,达到最大的气化流量。

(6)低温储罐和过滤器的制造及日常运行管理已纳入国家有关压力容器的制造、验收和监察的规范;气化器和低温烃泵在国内均无相关法规加以规范,在其制造过程中执行美国相关行业标准,在压力容器本体上焊接、改造、维修或移动压力容器的位置,都必须向压力容器的监察单位申报。

4.2.2 LNG储罐

4.2.2.1 LNG储罐的特殊要求

LNG储罐是多功能LNG站最为关键的设备,其特殊要求有以下6点。

1. 耐低温

常压下液化天然气的沸点为-160℃。LNG选择低温常压储存方式,将天然气的温度降到沸点以下,使储液罐的操作压力稍高于常压,与高压常温储存方式相比,可以大大降低罐壁厚度,提高安全性能。因此,LNG要求储液罐体具有良好的耐低温性能和优异的保冷性能。

2. 安全要求高

由于罐内储存的是低温液体,储罐一旦出现意外,冷藏的液体会大量挥发,气化量大约是原来冷藏状态下的300倍,在大气中形成会自动引爆的气团。因此,API、BS等规范都要求储罐采用双层壁结构,运用封拦理念,在第一层罐体泄漏时,第二层罐体可对泄漏液体与蒸发气实现完全封拦,确保储存安全。

3. 材料特殊

内罐壁要求耐低温,A537CL2、A516Gr60等材料,外罐壁为预应力钢筋混凝土,一般设计抗拉强度≥20kPa。

4. 保温措施严格

由于罐内外温差最高可达200℃,要使罐内温度保持在-160℃,罐体就要具有良好的保冷性能,在内罐和外罐之间填充高性能的保冷材料。罐底保冷材料还要有足够的承压性能。

5. 抗震性能好

一般建筑物的抗震要求是在规定地震荷载下裂而不倒。为确保储罐在意外荷载作用下的安全,储罐必须具有良好的抗震性能。对LNG储罐则要求在规定地震荷载下不倒也不裂。因次,选择的建造场地一般要避开地震断裂带,在施工前要对储罐做抗震试验,分析动态条件下储罐的结构性能,确保在给定地震烈度下罐体不损坏。

6. 施工要求严格

储罐焊缝必须进行100%磁粉检测(MT)及100%真空气密检测(VBT)。要严格选择保冷材料,施工中应遵循规定的程序。为防止混凝土出现裂纹,均采用后张拉预应力施工,对罐壁垂直度控制十分严格。混凝土外罐顶应具备较高的抗压、抗拉能力,能抵御一般坠落物的击打;由于罐底混凝土较厚,浇注时要控制水化温度,防止因温度应力产生的开裂。

4.2.2.2 LNG储罐的容积

LNG储罐按容量分类可分为小型储罐(5~50m³,常用于民用燃气气化站、LNG加注站)、中型储罐(50~100m³,卫星式液化站、工业燃气站)、大型储罐(100~1000m³,小型LNG生产装置)、大型储槽(10000~40000m³,基本或调峰型液化装置)和特大型储槽(40000~200000m³,LNG接收站)。

储配站的LNG储罐容积大小,视可需的加气数量、周边环境等条件决定。储罐的设计总容量一般按2~3天高峰月平均日用气量计算确定,对气源的要求是不少于2个供气点。如果有一个供气点,则储罐总储量还要考虑气源厂检修时能保证正常供气。

在移动LCNG加气站中可选小型LNG储罐(一般16~20m³),也可以用LNG储气钢瓶作储气设施,解决其储气问题。几种常见LNG低温液体储罐的特性参数见表4.4。

表4.4 几种常见LNG低温液体储罐的特性参数

型号	有效容积,m³	工作压力,MPa	日蒸发率,%	容器空重,kg	外形尺寸,mm
HTFS-30/8	30	0.8	≤0.44	16248	φ3000×8472
HTFS-50/8	50	0.8	≤0.35	24034	φ3000×12000
HTFS-100/6	100	0.6	≤0.25	40550	φ3500×16802
HTFS-150/6	150	0.6	≤0.16	51220	φ3700×21770

4.2.2.3 LNG储罐的基本结构

1. LNG储罐的结构形式

目前工程上LNG储罐常采用双重封拦设计。双重封拦设计是指内罐及外罐均具有盛装冷液的功能,在正常情况下冷液体储存在内罐,当内罐发生泄漏时,外罐能起到拦截、储存冷液的作用,但不能抑制因泄漏而产生的气体蒸发。因此,LNG储罐是一种绝热、低温保冷的双层储存设施,结构很像暖水瓶。内胆存储低温液体,它要承受介质的压力和低温,所以制作内胆的材料必须采用耐低温合金钢(0Cr18N9)。外壳的作用是为了形成内胆的绝热层,它使外壳与内胆之间保持一定距离,形成绝热空间,并通过支撑装置固定内胆,它要承受内胆和介质的重力载荷以及绝热层的真空负压。按结构形式分为单包容罐、双包容罐及全包容罐,如图4.42所示。

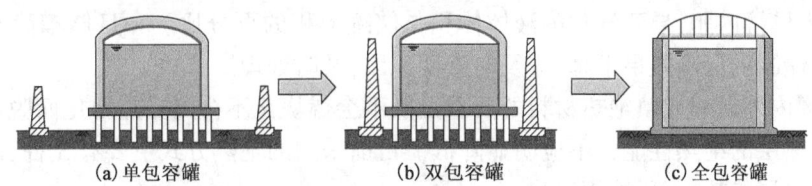

(a)单包容罐　　(b)双包容罐　　(c)全包容罐

图4.42 LNG储罐结构形式示意图

考虑到LNG储罐的制造、运输和国内的实际情况,对中小城市LNG加气站、气化站的储罐通常采用双层金属单罐,一般有立式罐和卧式罐两种。内外罐之间的支承宜采用在低温下既有较高强度又有较低导热系数的低温玻璃钢结构。

2. LNG储罐的放置形式

LNG储罐按放置形式可分为地下储罐(半地下型、地下型、地下坑型,地下土层中挖掘成型,然后将周围的土壤冻结,使之成为一个结构体)、地上金属储罐(内层低温钢,外层碳钢)和金属/预应力混凝土储罐(预应力钢筋混凝土结构,在内壁装有耐低温的金属贴面)3类。地上

LNG储罐又分为金属子母储罐和金属单罐2种。LNG金属子母储罐是由3只以上子罐并列组装在一个大型母罐(即外罐)之中,如图4.43所示。

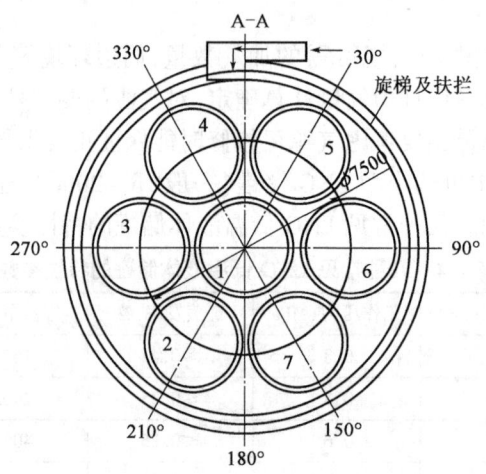

图4.43　LNG金属子母罐结构示意图

3. LNG储罐的形状

LNG储罐按储罐(槽)的形状,又可分为球形罐(中小容量,少量大型储槽,如林德公司40000m³和日本NKK公司5000m³)和圆柱形罐(槽)(各种容量)。

子母罐通常为圆柱形罐,子罐通常为立式圆筒形,母罐为立式平底拱盖圆筒形,子母罐多用于天然气液化工厂。

4.2.2.4　LNG储罐的绝热方式

绝热保冷是储罐安全储存的最主要保证措施。储罐静态蒸发率能较为直观地反映储罐在使用时的绝热性能,其定义为低温绝热压力容器在装有大于有效容积1/2的低温液体时,静止达到热平衡后,24 h内自然蒸发损失的低温液体质量和容器有效容积下低温液体质量的比值。对LNG储罐一般蒸发率为≤0.2%,它表示的是一天24h中,由于储罐绝热层泄漏而使得外部热量传入储罐内胆,导致气化的液体体积与储罐容积的百分比。一旦储罐静态蒸发率发生异常,说明储罐的保冷效果下降,应及时查明原因,及时处理。

对在储罐内外罐间充填绝热材料的要求是既不会燃烧又不会因受热熔化而脱落。外罐外部着火时,绝热层的绝热性能也不应明显降低。目前采用的绝热方式主要有3种,即真空粉末绝热、高真空多层绝热、正压堆积绝热。

1. 真空粉末绝热

真空粉末绝热是通过在绝热空间充填多孔性绝缘材料(粉末或纤维),再将绝热空间抽到一定真空度(1~0.1Pa)的绝热型式。填充粉末通常为珠光砂,常用于小型LNG储罐,储罐的日蒸发率<0.25%,充装系数为0.9。

真空粉末绝热效果受到内罐表面材料辐射性能的影响,这是因为从常温至绝热LNG温度区域,辐射成为这种绝热结构的主要传递通道。此辐射漏热小于高真空绝热中的辐射漏热,所以此温区绝热性能优于高真空绝热。故一般对内罐的外表面进行抛光处理,或采用低发射率的材料涂敷表面,降低材料表面的发射率来减少辐射传热。

除此,真空度的降低会影响绝热效果,如图 4.44 所示。空间保持一定的真空度,即可消除气体的对流传热。而焊缝的泄漏及夹层绝热材料的放气都对真空度有很大影响。如何保持真空度也就成为确保 LNG 储罐安全的必要措施。对于真空绝热容器,一般通过产品的质量保证期的时间反算 LNG 储罐的最大允许漏率,利用氦渗透或氦质谱检漏等泄漏检测手段来保障 LNG 储罐的安全储存。为此,应定期在储罐真空层设压力仪表,用于测量真空层的绝对压力。使用过程中应定期检测,一般检测周期为半年一次。

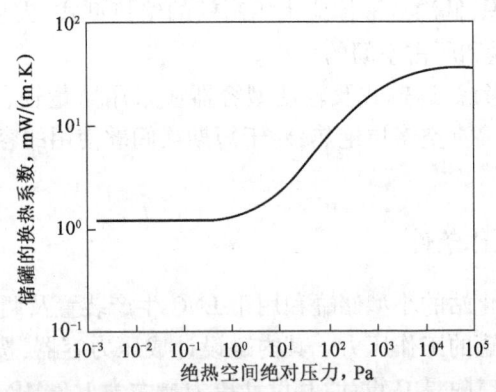

图 4.44 气体压力对真空粉末(30～80 目珠光砂)绝热性能的影响
(残余气体为 N_2,绝热层冷侧温度分别为 77K 和 300K)

真空粉末绝热储罐由于其生产技术与液氧、液氮等储罐基本一样,因而目前国内生产厂家的制造技术也很成熟,运行维护也相对方便、灵活,目前气化站使用较多。

2. 高真空多层绝热

高真空多层绝热是指在高真空(真空度达 10^{-2} Pa 以上)绝热空间内交替装有许多具有高反射能力的辐射与具有低热导率间隔物的一种绝热型式,以绝热空间小、热导率低、绝热可靠等优势,在 LNG 储罐上得到广泛应用,尤其适用于移动式低温储罐。

这种隔热方式的主要漏热来源于导热,因此采用高性能的高真空多层绝热方式,维持中空部分的真空度是至关重要的。首先,在抽真空时要确保腔内材料充分放气,并确保多层材料层间真空度达到规定要求。其次,可在腔内放置吸附剂,或采用添加吸附剂的层间隔热材料,如填炭纸等,以吸附腔内材料可能释放出的少量气体。

3. 正压堆积绝热

对于中、大型及特大型 LNG 储罐,从经济技术上考虑,普遍采用普通堆积绝热,即在绝热空间中装填珠光砂。选用一定粒度的珠光砂充填到一定密度,减弱颗粒间的接触传热。为防止绝热材料吸潮而造成性能下降,使绝热材料保持其绝热效果,对绝热空间充入微正压的氮气,可防止潮湿空气渗入夹层。也可以排出夹层中空气,将夹层中的氧含量降至最低,防止 LNG 泄漏后与氧气混合发生危险。通常用于立式平底拱盖双圆筒结构 LNG 子母式储罐。

LNG 储罐的保冷效果主要取决于夹层充填绝热材料的厚度和干燥程度。厚度在设计计算时已确定,其干燥程度主要靠加注干氮气维持。为此,在站内需设置相应干氮气的补充设施,确保夹层微正压,避免空气进入,导致绝热材料干燥度下降,影响保冷效果。

确定 LNG 储罐的绝热结构要考虑以下几点：

(1) 在保证标准热损的要求下，尽可能减薄绝热层。

(2) 绝热材料不应使管道和设备受到腐蚀。

(3) 绝热体要有适宜的粒径和充装密度，这样才能确保绝热效果，更有效地保障 LNG 储罐的安全储存。

选用绝热型式的一般原则有：

(1) 从经济性角度考虑，低沸点液体应采用高效的绝热型式；大型容器选用成本低的绝热型式，而不必过多考虑重量和所占空间的大小。

(2) 从可操作性角度考虑，运输式及轻便型容器应采用重量轻、体积小的绝热型式；形状复杂的容器一般不宜选用高真空多层绝热；对于短期或间歇使用的容器，宜选高真空绝热以使预冷时间短，冷耗少。

4.2.2.5 LNG 储罐的工作条件

目前用于民用燃气气化站的小型储罐和用于 LNG 生产装置及调峰型液化装置的子母罐，设计工作压力取决于内层罐的工作压力。其内罐设计成压力容器，按《压力容器 第一部分：通用要求》(GB 150—2011) 附录 C 设计，其设计压力最大为 1.8 MPa，通常工作压力在 0.2～1.0 MPa。目前绝大部分 100 m^3 立式 LNG 储罐的最高工作压力为 0.8 MPa。按照规定，当储罐的最高工作压力为 0.8 MPa 时，可取设计压力为 0.84 MPa。储罐的充装系数为 0.95，内罐充装 LNG 后的液柱净压力为 0.062 MPa，内外罐之间绝对压力为 5 Pa，则内罐的计算压力为 1.01 MPa。

大型及特大型 LNG 接收终端用的立式平底圆筒形储罐，按照《低温工作条件下立式平底圆筒型储罐 第一部分：设计、建造、安装和操作通用指南》进行设计，储罐最大设计压力不超过 0.05 MPa。

外罐的主要作用是以吊挂式或支撑式固定内罐与绝热材料，同时与内罐形成高真空绝热层。作用在外罐上的荷载主要为内罐和介质的重力荷载以及绝热层的真空负压。所以外罐为外压容器，设计压力为 -0.1 MPa。立式圆筒型单容罐，国内目前参照 API 620《大型焊接低压储罐设计与建造》附录 Q 及上述标准建造，其工作压力 0.01 MPa，设计正压 0.025 MPa，内部负压 0.0005 MPa。

由于 LNG 储罐是连续供气，其日蒸发率要求不高，一般小于 0.3% 即可。正常操作时 LNG 储罐的工作温度为 -162.3℃，第一次投用前要用 -196℃ 的液氮对储罐进行预冷，则储罐的设计温度为 -196℃。

通常 LNG 储罐还设置有液位计、差压变送器、压力变送器、温度变送器、压力表，以实现对储罐内 LNG 液位、温度、压力的现场指示及远程控制。罐体顶部设安全防爆装置，下部设夹层抽接口及温度测试口。

对于 $1×10^4$ m^3 加气能力的 LNG 加气站而言，选用有效容积为 50 m^3 双金属真空粉末 LNG 储罐，工作压力为 0.6 MPa，工作温度为 -162℃，设备重量为 22000 kg，能够满足加气站正常情况下两天的用气。

4.2.2.6 LNG 储罐的材质

为保证 LNG 储罐的安全，选用制造低温储罐的金属材料须考虑以下因素：

(1) 常温至-196℃(设计温度)范围内的强度。
(2) 在使用温度范围内具有足够的韧性和塑性,以免发生脆性破坏。
(3) 稳定的金相结构。
(4) 具有良好的加工性和焊接性。
(5) 价格低廉,且容易采购。
(6) 适合低温要求的物理性能。

内罐既要承受介质的工作压力,又要承受LNG的低温,要求内罐材料必须具有良好的低温综合机械性能,尤其要具有良好的低温韧性。目前,适宜建造LNG储罐内罐的材料主要有9Ni钢,如国产的06Ni9钢、ASTM A553M Type 1以及奥氏体不锈钢0Cr18Ni9Ti(相当于美国机械工程师协会标准的304)等。中小型LNG储罐的内罐常用奥氏体不锈钢制造,大型及特大型LNG储罐选用9Ni钢作为内罐的首选材料,9%Ni钢板的化学组成和机械性能如表4.5和表4.6所示。根据内罐的计算压力和所选材料,内罐的计算厚度和设计厚度分别为11.1mm和12.0mm。

表4.5 9%Ni钢板(ASTM A553M Type 1)化学成分(质量分数) 单位:%

C	Si	Mn	P	S	Mo	Ni	Cu	Cr	Al	Nb	V	Ti	Cr+Mo
≤0.13	≤0.3	≤0.9	≤0.01	≤0.005	≤0.12	6~10	≤0.4	≤0.3	≥0.2	≤0.2	≤0.2	≤0.2	≤0.32

表4.6 9%Ni钢板(ASTM A553M Type 1)机械性能

R_p 0.2%,MPa	抗拉强度,MPa	L_0,%	低温冲击功,J	试样断口侧膨胀,mm
≤585	690~830	≤20	≥70	0.381

注:R_p 0.2%表示材料非比例(或均匀)延伸率为0.2%时的延伸强度;L_0表示伸长率。

作为常温外压容器,外罐材料多选用低合金容器钢16MnR,其设计厚度为10.0mm。

4.2.2.7 LNG储罐的基础

大型立式平底圆筒形储罐的基础有高架式和落地式两种。高架式基础为储罐支撑于伸出地面的桩基承台上,内罐底设置隔热层,以便阻止接触冷态介质的内罐的冷能向基础传递,从而避免由于基础接受冷能后发生冷冻膨胀,对储罐底板产生破坏作用力,影响储罐的安全储存。落地式储罐基础的底部由珍珠岩混凝土与绝热层结构组合构成,基础中间预埋加热管,在管中通入热风或热水或在罐基础上预设电加热器。在储罐运行期间,保持热风热水或电加热装置持续工作,以防止土壤冻胀鼓起损坏储罐。前者的安全性要高一些,后者的加热系统的隔热环节需要进行特殊设计,以便阻断加热系统向储罐漏热,而使得内罐的冷态低温介质气化,防止出现安全事故。

目前,大型立式平底型圆筒储罐多采用高架式的混凝土桩基基础。基础承台由柱桩支撑,可保证空气流通畅通。内罐底部与外罐底部之间设置隔热层,使用玻璃砖及珠光砂混凝土等导热系数小的材料作为支撑层,隔断内罐冷能,即接触LNG的材料为-162℃,而到混凝土承台可以降到常温。

中小型LNG储罐多采用柱腿支撑,支撑构件作为此类储罐漏热的一个主要部分,在储罐设计时需要考虑支撑的隔热措施,一般用玻璃钢或其他具有较小导热系数又具有强度的材料做中间材料,切断内罐和外界的冷热传递。

4.2.2.8 LNG 储罐的工艺管道及控制要求

1. 工艺管道和阀门

工艺管道是储罐必不可少的一部分,连接内罐和外界介质源。如图 4.45 所示,低温储罐的管道连接共有 7 条,上部的连接为内胆顶部,分别有气相管、上部进液管、储罐上部取压管、溢流管共 4 条,下部的连接为内胆下部共 3 条,分别是下进液管、出液管和储罐液体压力管。7 条管道分别独立从储罐的下部引出。内罐上的接管材质都为 0Cr18Ni9。为了能在事故状态下,做到迅速和安全地关闭与 LNG 储罐连接的 LNG 管道阀门,防止泄漏事故的扩大。与 LNG 储罐连接的 LNG 管道设置可远程操作的紧急切断阀。且 LNG 储罐液相管道根部阀门与储罐的连接应采用焊接,阀体材质与管子材质相适应。

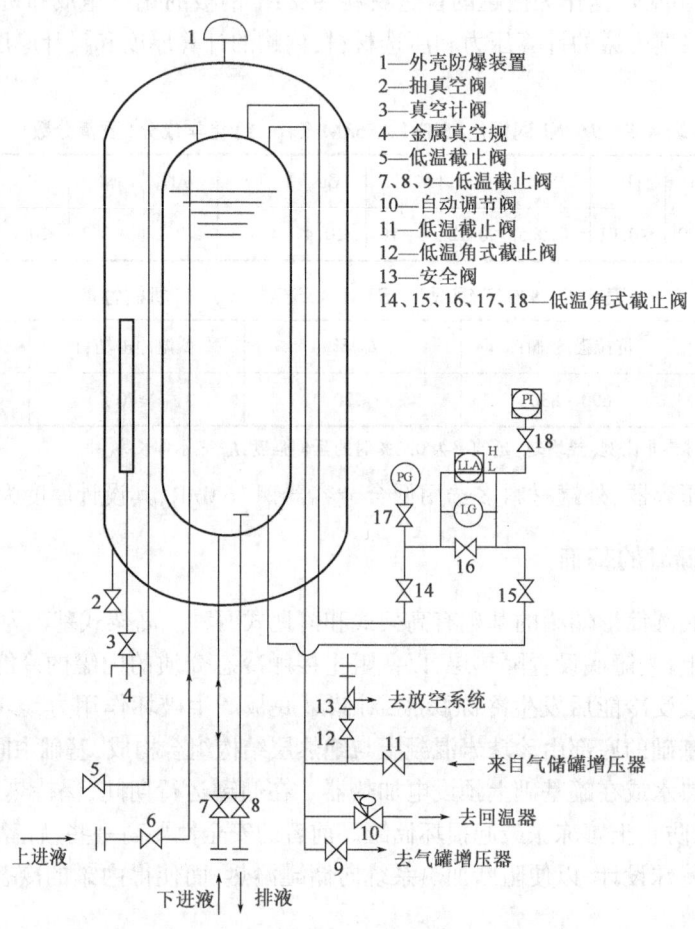

图 4.45 LNG 储罐上所连工艺管道和阀门示意图

考虑到工艺、安全等因素,LNG 储罐所有接管开口一般均在外罐底部,主要包括底部进液管、顶部进液管、出液管、气相管、检液管等,材质为 0Cr18Ni9。

介于夹层中的管道有绝热空间的保冷作用,但对于管道与外容器连接部位,就要考虑连接处的保冷及结构的合理。管道材料在 LNG 工作温度 -162℃ 下会发生冷收缩,需要在管道上设置波纹膨胀节进行冷收缩补偿,受绝热空间绝热材料的影响,补偿结构要设置在外罐外侧。同时在管道和膨胀节的间隙填充隔热材料,阻断通过此连接环节的漏热,可以解决储罐储存中接管漏热的问题。

安全阀是安装在气相管上的，不单独开口；一般也不单独设置排污口。

外罐顶部设安全阀组。此外，为保证安全阀的安全可靠性和满足检验需要，LNG储罐必须设置2套安全阀在线安装的双路系统，并设置1个转换开关，在更换或维修时需要进行切换工作。为了满足安全阀检验需要，安全阀与储罐之间设置切断阀，切断阀在正常操作时应处于铅封开启状态。

为了在LNG储罐超压情况下，能远程迅速打开放散控制阀，保证储罐安全，也确保操作人员安全，与储罐气相空间相连的管道上应设置可远程控制的放散控制阀。

储罐外壁设有消防喷淋管、防雷避雷针、防静电接地线。移动式加气站在搬运时储罐易受到颠簸震动甚至撞击而导致真空度降低或失去绝热功能，影响储罐的使用寿命，因此必须提供储罐安全装置，如避震器、防撞击的保护装置等。

2. 储罐最大充装量

通常LNG储罐设计有最高液位，要控制储罐内的液位不超过此限。充灌低温液体的数量与介质特性，与设计的工作压力有关，LNG储罐的最大充注量对安全储存有着非常密切的关系。在充装LNG时，应考虑到液体受热后的体积膨胀而出现液位超高的情况。因此低温液化气体储罐必须留有一定的空间，作为介质受热膨胀之用，不得将储罐充满。究竟空间留有多大膨胀的空间，这就需要根据充注时液体的具体情况来确定，如果充注的LNG相对于储存压力来说是已经膨胀了的LNG，则可以充注到最高液位，反之则应留有适当的空间允许液体膨胀。

一般可根据储罐泄放阀设定的工作压力和充注时气相空间的压力来确定允许的实际充装量。

3. 液位控制

LNG储罐液位控制系统应设置正常最高工作液位、高液位报警、高高液位报警并切断、最高允许液位4组液位控制方式。其中最高允许液位小于罐壁顶部或者低于溢流口，4组液位控制方式形成阶梯式的过量充液预防保护系统。

储罐出液总管设有紧急切断阀，当LNG出液液位降至罐容的15%时，将发出声光报警，当液位降至10%时，自动关闭出液紧急切断阀。为防止仪表的失效风险，储罐上分别设2套独立的液位测量仪表，在选择测量装置时应考虑密度的变化。

液位控制系统不仅能就地显示，还具有远传功能，其信号可以远传至控制室进行操作，即高液位报警和高高液位报警并切断保护设施联控，可以在LNG充装到此液位限定值后，控制信号直接驱动进液管道上的自动阀来达到关闭。

4. 温度测量

（1）介质温度测量。LNG的密度差异等会造成充装过程的分层和涡旋等不利现象。内罐的外罐壁不同高度设置测量介质温度的热电偶，可以将不同储存深度的LNG温度信息反馈出来，使操作者采取合适的充装程序，同时也监测温度差异，以抑制分层的现象发生。如LNG源温度较罐内储存LNG介质温度高时，可以从下进液管进行充注，罐内介质对充入LNG源起降温作用。反之，则从上进液管充装，LNG源介质可对罐内形成的气相蒸气起冷却作用。

（2）绝热空间温度测量。绝热空间的四周、顶部及底部分散布置着测温装置。绝热层暖侧、冷侧及过渡空间中的测温装置可监测异常的温度变化，以便判断绝热体是否受潮或松散而存在漏热等。内罐底部设置的温度传感器,尤其对采用罐底有加热系统的立式平底型圆筒储罐来说,不仅可监测储罐底部是否存在异常反应,同时可以监测加热装置是否存在漏热。底部加热器为周期性的工作模式,当温度传感器达到最低设定温度后,即内罐冷能即将传递到基础时,可以通过自动控制系统启动加热系统,直至温度传感器达到最高设定温度而保护基础结构。

5. 压力控制

压力是 LNG 储罐重要的安全参数,对压力实时监测是必要的。内罐应设置压力高报警设施,超压自动排放罐顶气体的自力式降压调节阀以及安全阀等,以保证储罐的安全。LNG 储罐最高液位以上部位还要设置差压变送器、压力变送器、压力表各一套,以实现对罐内压力的现场指示及远程控制。

正常运行中,必须将 LNG 储罐的操作压力控制在允许的范围内。华南地区 LNG 储罐的正常工作压力范围为 0.3~0.7MPa,罐内压力低于设定值时,可利用自增压气化器和自增压阀对储罐进行增压。增压下限由自增压阀开启压力确定,增压上限由自增压阀的自动关闭压力确定,其值通常比设定的自增压阀开启压力约高 15%。例如:当 LNG 用作城市燃气主气源时,若自增压阀的开启压力设定为 0.6MPa,自增压阀的关闭压力约为 0.69 MPa,储罐的增压值为 0.09MPa。

储罐的最高工作压力由设置在储罐低温气相管道上的自动减压调节阀的定压值(前压)限定。当储罐最高工作压力达到减压调节阀设定开启值时,减压阀自动开启卸压,以保护储罐安全。为保证增压阀和减压阀工作时互不干扰,增压阀的关闭压力与减压阀的开启压力不能重叠,应保证 0.05MPa 以上的压力差。考虑两阀的制造精度,合适的压力差应在设备调试中确定。

1) 内罐正压泄放

LNG 在储存过程中会由于储罐的"环境漏热"而缓慢蒸发(日静态蒸发率体积分数≤0.3%),导致储罐的压力逐步升高,最终危及储罐安全。为保证储罐安全运行,设计上采用储罐减压调节阀、压力报警手动放散、安全阀起跳三级安全保护措施来进行储罐的超压保护。为保证内罐的压力泄放和解除,内罐应该设置正压安全泄放阀和负压解除阀,这两种阀门应该分开设置。

储罐的保护顺序为:当储罐压力上升到减压调节阀设定开启值时,减压调节阀自动打开泄放气态天然气;当减压调节阀失灵,罐内压力继续上升,达到压力报警值时,压力报警,手动放散卸压;当减压调节阀失灵且手动放散未开启时,安全阀起跳卸压,保证 LNG 储罐的运行安全。对于最大工作压力为 0.80MPa 的 LNG 储罐,设计压力为 0.84MPa,减压调节阀的设定开启压力为 0.76MPa,储罐报警压力为 0.78MPa,安全阀开启压力为 0.80MPa,安全阀排放压力为 0.88MPa。对于储罐,热量进入引起液体的蒸发、充注期间液体的闪蒸、大气压的下降等都能引起罐内压力的上升。内蒸汽压力达到泄压阀设定的压力时,泄压阀开启,对内罐起安全保护作用。低温储罐宜采用先导式泄压阀,这种泄压阀在内部压力达到设定值之前可以紧密关闭,在超过设定压力后完全开启,此结构的阀要么完全截止,要么完全开启,可以防止阀座结冰,而且先导阀抗大气压力工作,其设定压力不随背压变化。储罐泄压阀应该一备一用,即安装 2 块相同泄放能力的泄压阀,为了避免不必要的浪费,从经济上考虑,2 个安全阀的压力值设定依次成增加趋势,但最大设定值不得超过内罐的设计压力。

2) 外罐负压解除

在快速进行排液或抽气时,有可能使罐内形成负压,就需要开启负压解除阀补充 LNG 蒸气或氮气,而不会由于负压而出现罐体变形。这就需要在外罐顶部设置负压解除阀,同样,负压解除阀需要至少设置 2 处。负压解除阀一般与供氮装置连通,根据罐内需要进行补充,在储罐设计时需要规定充装和排液的最大流速,以便减少泄压阀的工作。

3) 内外罐间真空度检测

在内罐与外罐之间应设置检测环形空间绝对压力的仪器或检测接口。检测内罐与外罐之间环形空间的绝对压力,是观察 LNG 储罐完好性的简便易行的有效手段。为便于定期测量真空度和抽真空,外罐下部设有夹层抽真空管 1 个,测真空管 1 个(两者均位于储罐底部);为防止真空失效和内罐介质漏入外罐,在储罐顶部设置有爆破片(以上 3 个接口不得随意撬开)。

6. LNG 储罐内涡旋现象的预防

在 LNG 储存和储罐充注过程中,常发生一种被称为"涡旋或翻滚"的非稳性现象,如图 4.46 所示为卧式容器中低温液体流动过程示意图。所谓涡旋,是指在出现液体温度或密度分层的低温容器中,底部液体由于漏热而形成过热,在一定条件下迅速到达表面并产生大量蒸发气的过程。这是因为在 LNG 储罐中,LNG 一般处于沸腾状态,外来的热量传入会导致气化,使罐内压力超高,将导致安全阀打开或造成更大的破坏。由于储罐中 LNG 组成和密度将引起分层,两层之间发生传质和传热,最终完成混合。与此同时,液层表面将发生蒸发,这一过程将吸收上层液体的热量,使下层液体处于过热状态,当两层液体的密度接近相等时,就会突然迅速混合而在短时间内产生大量气体,使罐内压力上升,甚至顶开安全阀。如果不能及时放散卸压,将严重危及储罐的安全。

大量研究证明,由于以下原因引起 LNG 出现分层而导致翻滚:

(1) 储罐中先后充注的 LNG 产地不同、组分不同而导致密度不同。

(2) 先后充注的 LNG 温度不同而导致密度不同。

(3) 先充注的 LNG 由于轻组分甲烷的蒸发与后充注的 LNG 密度不同。

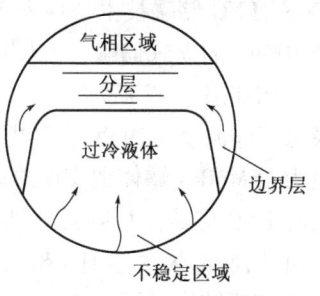

图 4.46 卧式容器中低温液体流动过程示意图

要防止 LNG 产生翻滚引发事故,必须防止储罐内的 LNG 出现分层,常采用如下措施:

(1) 将不同气源的 LNG 分开储存,避免因密度差引起 LNG 分层。

(2) 为防止先后注入储罐中的 LNG 产生密度差,采取以下充注方法:

①槽车中的 LNG 与储罐中的 LNG 密度相近时,从储罐的下进液口充注;

②槽车中的轻质 LNG 充注到重质 LNG 储罐中时,从储罐的下进液口充注;

③槽车中的重质 LNG 充注到轻质 LNG 储罐中时,从储罐的上进液口充注。

(3) 储罐中的进液管使用混合喷嘴和多孔管,可使新充注的 LNG 与原有 LNG 充分混合,从而避免分层。

(4) 对长期储存的 LNG,采取定期倒罐的方式防止其因静止而分层。

7. 运行监控与安全保护

（1）LNG 储罐高、低液位紧急切断。在每台 LNG 储罐的进液管和出液管上均装设气动紧急切断阀，在紧急情况下，可在卸车台、储罐区、控制室紧急切断进出液管路。在进液管紧急切断阀的进出口管路和出液管紧急切断阀的出口管路上分别安装管道安全阀，用于紧急切断阀关闭后管道泄压。

（2）气化器后温度超限报警，联锁关断气化器进液管。重点是对气化器出口气体温度进行检测、报警和联锁。正常操作时，当达到额定负荷时气化器的气体出口温度比环境温度低 10℃。当气化器结霜过多或发生故障时，通过温度检测超限报警、联锁关断气化器进液管实现对气化器的控制。

（3）在 LNG 工艺装置区设天然气泄漏浓度探测器。当其浓度超越报警限值时发出声、光报警信号，并可在控制室迅速关闭进、出口电动阀。

（4）选择超压切断式调压器。调压器出口压力超压时，自动切换。调压器后设安全放散阀，超压后安全放散。

（5）天然气出站管路均设电动阀，可在控制室迅速切断。

（6）出站阀后压力高出设定报警压力。

此外，LNG 储罐在首次充注 LNG 之前，或因需要进行内部检修而停止使用之后，应对储罐进行惰化处理，要用惰性气体 N_2 或 CO_2 将储罐内的空气或天然气置换出来，避免形成天然气与空气的爆炸性混合气体。

4.2.2.9 实例

加气站常用的 LNG 储罐容积有 $50m^3$、$60m^3$ 和 $100m^3$，多采用 $100m^3$ 储罐，某加气站 $100m^3$ LNG 储罐技术特性列于表 4.7。新奥燃气在日照、新乡、滁州、六安、亳州等地选用的都是 $100m^3$ 的立式储罐，一是占地少，二是国内制造厂家制造技术比较成熟。一般立式 LNG 储罐结构如图 4.47 所示。对于 $100m^3$ 立式储罐，最高工作压力目前有 0.5MPa 和 0.8MPa 两种，最低工作温度 -196℃。其内罐内径为 3000mm，内胆材料 0Cr18Ni9；外罐内径为 3200mm，材质为 16MnR。罐体加支座总高度为 17100mm，储罐几何容积为 $105.28m^3$。橇装式 LNG 加气站的 LNG 储罐采用卧式、双层金属结构的绝热低温储罐，内胆固定于外壳内侧，顶部采用十字架角铁，底部采用槽钢支架固定。内胆与外壳间距为 300mm，储罐用地脚螺栓固定在地面上。LNG 储罐结构见图 4.48。

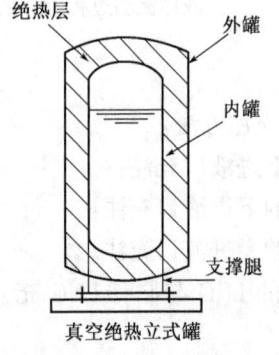

图 4.47 立式 LNG 储罐结构

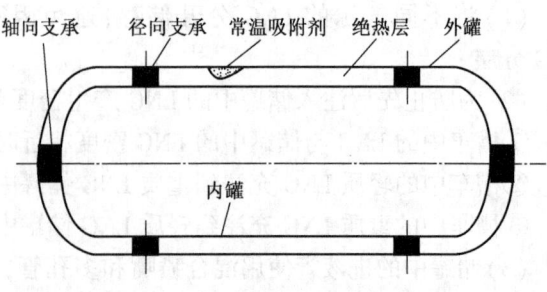

图 4.48 LNG 储罐结构

表 4.7 100m³ LNG 储罐技术特性

项 目		单位	内筒	外筒	备 注
容器类别			三类		
储存介质			LNG,LN$_2$		
最高工作压力		MPa	0.5	-0.1	"-"指外压
设计压力			0.75	-0.1	"-"指外压
强度试验压力(气)			0.93		
气密性试验压力			0.75	0.2①	①内筒同时持压 0.1MPa
管路气密性试验压力			0.75		
安全阀启跳压力			0.55		
最低工作温度		℃	-196	常温	
设计温度			-196	常温	
几何容积		L	105280	42000②	②指夹层容积
有效容积			100000		
设计厚度	直筒	mm	8.94	11.2	
	封头		8.93	10.2	
腐蚀裕量			0	1	
主体材质			0Cr18Ni9	20R	
主体焊材			H0Cr21Ni10	H08A	
焊接接头系数			1.0	0.8	
空重		kg	39390		
满重			85000	LNG	

4.2.3 LNG 钢瓶

低温钢瓶的应用是很成熟的,在液氧和液氮行业应用很广泛。像 LPG 那样,瓶装方式也可以应用在 LNG 上。不过低温钢瓶结构比普通钢瓶复杂,使用要求也比较特殊,所以还不能像 LPG 那样随便使用。LNG 钢瓶一般有 45L、175L、210L、400L 等几种。

如图 4.49 所示,低温钢瓶主要由以下部分组成:

(1)外筒体。除保护内筒外,还与内筒体形成真空夹层。
(2)内筒体。用来储存低温液体。
(3)蒸发盘管。用来通过与外筒内壁的热交换,实现液气转换。
(4)液体进出口阀。用于低温液体的灌充和排出。
(5)安全阀。容器的压力高于最大工作压力时自动卸压。
(6)放空阀(BOG 回气口)。用于排除容器灌充过程中内筒空间的气体。在满足容器顺利灌充的同时,又能控制灌充压力。此阀也可为降低容器压力(内压)作排气阀用。
(7)组合调节器。有两个作用:

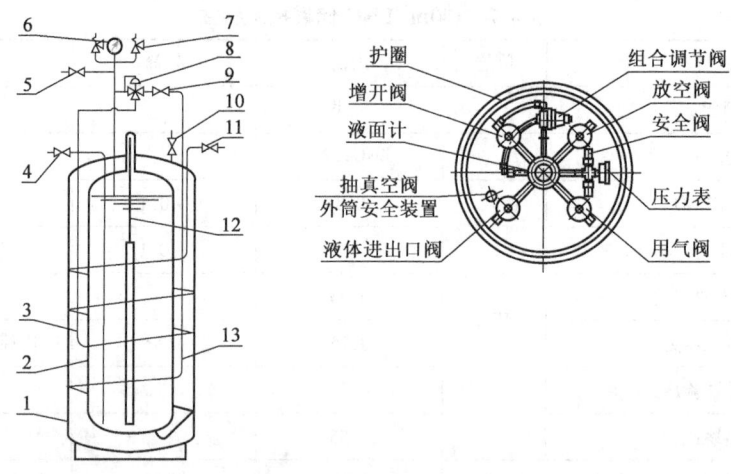

图 4.49 低温钢瓶结构示意图

1—外筒体;2—内筒体;3—蒸发盘管;4—液体进出口阀;5—放空阀(BOG 回气口);6—压力表;7—安全阀;
8—组合调压器;9—增压开启阀;10—抽真空阀、外筒安全装置;11—用气阀;12—液面计;13—增压盘管

①优先使用容器气相空间高于设定压力的那部分积聚气体;
②给增压过程中的最大增压力(驱动压力)一个控制值(限值),一般设定为 0.8MPa。

(8)增压开启阀。用于开启容器压力建立系统的管道,使容器能够建立起一定的驱动压力(内压)来驱动容器内的低温液体。此阀除使用气体时容器的驱动压力不稳定或容器的驱动压力低于用户的用气压力需要以外,一般情况下用户不需要打开。

(9)抽真空阀。用于容器夹层空间的真空封结。

(10)外筒安全装置。用以防止 LNG 钢瓶的损坏而可能造成的事故,并能通过该装置控制事故的扩大。

(11)气阀。用于 LNG 钢瓶液体气化回路与用户用气进口端管道的开启,也可通过调节此阀控制气体流量。

(12)液面计。比较直观地指示容器内低温液体液面的高低。

(13)增压盘管。容器的增压系统工作后,将瓶底流出的低温液体与外筒内壁完成热交换。

低温钢瓶使用中的工艺过程主要有:

(1)低温钢瓶的压力建立过程。将容器上的增压开启阀打开之后,容器内的增压管道就被开通,并由此形成一个内部循环的液体气化回路。在重力作用下,容器内的 LNG 流入增压盘管,并通过与外筒内壁接触的增压盘管完成热交换。在这种热交换的作用下,容器底部流出的 LNG 将被气化成气体。并通过组合调节器向内筒的气相空间形成容器的驱动压(内压)。如此循环,完成增压过程。

(2)LNG 钢瓶的用气过程(小用气量时)。将容器的用气阀打开,在容器驱动压(内压)的作用下,容器内的 LNG 将被压出。在容器内的 LNG 被压出的过程中,通过与外筒内壁接触的蒸发盘管,将完成 LNG 与外界的热交换,并由此热交换将源源不断地被压出的 LNG 气化成气体供用户使用(这也就是容器的液、气转换过程)。当用气结束后,应当立即关闭用气阀,避免无谓的液、气转换而白白地浪费气资源;控制用气阀的开启程度,将有效地控制热交换产生的气体量,从而控制瓶装 LNG 的使用时间。

(3)LNG 钢瓶的用气过程(大用气量时)采用方法为外接气化器。

(4) LNG 钢瓶液体的灌充步骤：
①确认供液设备内的介质是否与所需灌充的低温液体介质相同；
②将 LNG 钢瓶放在磅秤上，用专用低温液体输送管将容器的液体进出口阀与供液设备上的液体输出阀相连接；
③记录钢瓶空重，并将磅秤砝码调到拟充液体重量；
④先打开 LNG 钢瓶的放空阀，然后关闭 LNG 钢瓶上的增开阀、用气阀，最后打开液体进出口阀；
⑤先稍稍打开供液设备上输送阀门（以防止内筒温度高而压力迅速上升），待低温液体将 LNG 钢瓶内筒冷却后，再开大供液设备上的阀门；
⑥在灌充时请注意观察气瓶上的压力表，控制供液设备上的输送阀门和 LNG 钢瓶上的放空阀，将灌充压力控制在 0.3MPa 以内；
⑦观察磅秤砝码，是否达到拟充液体重量，当砝码显示被充容器已接近拟充液体重量时，请适当关小供液设备上的输送阀门；
⑧一旦磅秤显示气瓶已达到拟充液体重量时，请按顺序先关供液设备上的液体输送阀门，然后再关上 LNG 钢瓶的液体进出口阀门，最后关 LNG 钢瓶上的放空阀（此顺序任何时候不允许颠倒）；
⑨充装结束后，请注意及时松开液体输送管，以防止输送管破裂。

(5) LNG 钢瓶液体的取出。只要 LNG 钢瓶处于有压状态，一旦液体进入出口阀被打开，就有 LNG 被压出。因此，LNG 钢瓶液体的取出，其方法、操作步骤与液体的灌充相同。只不过此时钢瓶从原来的 LNG 受体变成了 LNG 的供体，原来的液体进出口阀转换成了液体出口阀。

LNG 钢瓶气体使用时应注意以下事项：
(1) 确认单位时间用气量是否在本瓶的供应范围内。因为 LNG 钢瓶上的蒸发盘管决定了气体的流量，请在使用时不要超出。否则，太大的流量除会因气体温度低而损坏与之接触的管道及附件之外，还会使容器的驱动压力（内压）得不到保持（如果确实需要较大的流量，可外接气化器或将两只以上 LNG 钢瓶并联使用）。
(2) 确认用气压力在本瓶的供气压力范围之内。
(3) 观察 LNG 钢瓶上压力表。容器上的压力是否达到用户用气所需的工作压力，若未达到，须打开 LNG 钢瓶上的增开阀增压；一旦增压压力达到增压调节器所设定的驱动压力（内压）后，应立即关闭增开阀，以避免无谓的容器压力升高。
(4) 用适当的管道将用户用气进口端与本 LNG 钢瓶的用气阀接头相连。
(5) 检查确认上述过程无疏忽或遗漏。
(6) 打开用气阀，并根据驱动压力的稳定程度决定是否打开增开阀。
(7) 用气结束后，随手关闭 LNG 钢瓶上用气阀，并检查 LNG 钢瓶上的其他阀门是否处于正常开、关状态。尤其是要检查增开阀是否关闭。

4.2.4 LNG 泵

LNG 在转移过程中，都存在 LNG 的输送问题。输送方法通常有两种类型：一种是压力输送；另一种是 LNG 泵输送。在输送量比较大和管路流动阻力比较大的情况下，不适合用压力输送的办法，而要采用 LNG 泵进行输送。

4.2.4.1 LNG 潜液式电动泵

1. 基本结构

LNG 潜液式电动泵是泵和电动机整体潜入低温 LNG 中输送低温 LNG 的机械。如图 4.50 所示,LNG 潜液式电动泵将泵直接安装在驱动电动机上,并与电动机整体安装在一个密封的金属容器(称为泵池)内,不需要轴封,也不存在轴封的泄漏问题,用于支撑泵的特殊滚珠轴承和电动机轴由流经泵的液体进行冷却,不再需要任何其他润滑,没有潮湿和腐蚀影响,绝缘也不会因为温度升高引起恶化。泵池为一高真空多层绝热不锈钢容器,具有足够保冷性能和气、液分离作用。泵池的温度和压力是防止潜液泵气蚀的重要参数,也是启动潜液泵的重要依据,为此,泵池应设有温度和压力检测仪表。温度和压力检测仪表应能就地指示,并应将检测信号传送至控制室集中显示。此外,泵池的回气管道宜与 LNG 储罐的气相管道接通,潜液泵启动时,泵池压力骤降引发 LNG 气化,将气化气引至 LNG 储罐气相空间形成连通,有利于确保泵罐的进液。当利用潜液泵卸车时,与槽车的气相管相接形成连通,也有利于卸车顺利进行。泵池还受到一个压力安全阀和一个手动放空阀的保护。有的还增加有一个泵池排液阀。

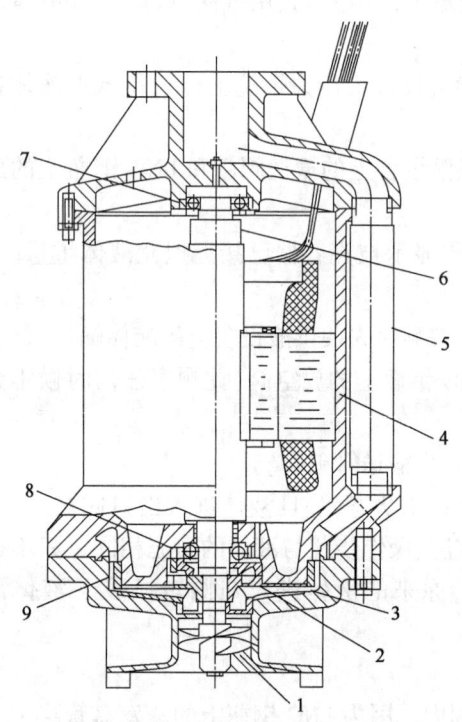

图 4.50 典型的 LNG 潜液式电动泵
1—螺旋导流器;2—推力平衡机构;3—叶轮;
4—电动机;5—排出管;6—主轴;7、8—轴承;9—扩压器

LNG 潜液泵的进出口用法兰结构与输送管道相连,因此不存在 LNG 的泄漏问题。为安全运行管理需要,一般 LNG 潜液泵还包括一个在泵进口处的吸入滤网和在第一级叶轮前的导叶轮。在吸入口设置的导叶轮,能减少流体在吸入口的阻力,防止在泵的吸入口产生气蚀。在泵出口宜设置止回阀,泵出口管道上应设置全启封闭式安全阀和紧急切断阀。还建议在泵的出口管道上安装压差开关或低压开关,以便如果在发生气蚀或启动失败后能自动断开来保护泵机组,主要控制阀门尽量布置在泵橇上。

由于 LNG 的低温和易燃特性,不仅要求泵能承受低温,而且对泵的气密性和电气安全性能要求更高。所有的电缆连接密封组件都要经过压力测试和氦质谱检漏测试和验收,并标明是液化气体输送泵专用电缆,通常可用聚氯乙烯材料(TFE)绝缘,同时用不锈钢丝编成的铠甲加以保护,工作温度为 -200℃。靠近泵池一侧的电缆接头件设计为气密型的,既可在泵池最大工作(吸入)压力下工作,也可在最低气体温度下工作。电气接线端设计成可经受高压和电压的冲击。使用陶瓷气体密封端子和双头密封结构,可确保其可靠性。对于安装在容器内的电动泵,所有的引线密封装置不是焊接就是特殊的焊接技术进行连接。

低温泵的电动机转矩与普通空气冷却的电动机不同,转矩与速度的对应关系和电流、速度的关系曲线类似。在低温状态下转矩会有较大的降低。因而,一个泵从起动到加速至全速运转,对于同样功率的电动机来说,低温条件下的起动转矩会大大减少。这是由于电阻和磁力特性的变化,电动机的电力特性在低温下会发生改变,使起动转矩在低温下会有较大的降低。如果电压降低,起动转矩也会大幅度地降低。

工作温度状态下的电动机特性非常重要,需要了解和掌握电动机在工作温度状态下,最低供电电压和最大负荷条件下的起动特性。低温潜液式电动泵起动电流很大,大约是满负载工作电流的7倍。通过一些措施可以减少起动电流,主要有如下方法:

(1)双速电动机。可以降低起动电流,净吸入压头特性更好、抽吸性能好,减少液锤现象。但需要双倍的电缆,成本增加。

(2)软起动系统。通过控制电流或电压,限制加速时的转矩,减少起动电流和液击。但需要增加起动装置,因此成本也有所增加。

(3)调节频率。可实现无级调速,抽吸特性好,减少液击。但调频系统复杂,使成本增加。

(4)中压起动(3300V)。可减少全负荷运转和起动时的电流。但电动机的成本较高。

2. 潜液式电动泵的选型

当LNG作为汽车燃料时,LNG的转运和加注都需要用泵输送。LNG泵的选型主要是依据加气机的加气速率及泵与增压器联合卸车时的卸车速率,由于加气机类型为单个加气机,为保证加气机的正常工作,可选用流量范围为40~200L/min、功率约为12kW、工作压力为0.2~1.2MPa的浸没式低温液体泵。

LNG槽车的卸车时间一般控制在2~3h以内,卸车流量(液态)控制在30m³/h左右,液态流速控制在1~3m/s以内。

1) LNG槽车卸车时

(1)泵的排量。

$$V_L = \eta_g V_g \tag{4.10}$$

$$Q_b = \frac{1000 V_L}{60 \tau_{xc}} \frac{1000 \eta_g V_g}{60 \tau_{xc}} \tag{4.11}$$

式中 V_g——车载罐的几何容积,m³;
  η_g——车载罐的充装系数,取0.9;
  V_L——实际卸液量,m³;
  τ_{xc}——允许的卸车时间,h;
  Q_b——卸车时泵的排量,L/min。

(2)泵的扬程。

$$h_f = \lambda \cdot \frac{L}{d} \cdot \frac{V^2}{2g}$$

储罐内最高压力:$p_g = 0.7 \sim 1.0$ MPa。
进出口位差:LNG储罐的上进液口(或最高液位)与泵入口之间的位置高差。
泵的扬程计算式如下:

$$p_z = \frac{10^{-4} Z \rho_r}{9.8} \tag{4.12}$$

$$p_b = h_f + p_g + p_z \tag{4.13}$$

$$H_b = \frac{9.8 \times 10^{-4} (h_f + p_g + p_z)}{\rho_\gamma} \tag{4.14}$$

式中　p_z——进出口位差产生的压降,MPa;
　　　Z——进出口位差,m;
　　　ρ_γ——LNG 液体的密度,kg/m³;
　　　h_f——管阀系统的压力降,MPa;
　　　p_g——LNG 储罐(车载钢瓶)内压力,MPa;
　　　p_b——LNG 泵所需的扬程,MPa;
　　　H_b——LNG 泵所需的扬程,m。

2)为加气机供液时

(1)泵的排量。

$$Q_b = kQ_J \tag{4.15}$$

式中　Q_J——LNG 加气机加气枪的充液速度,Q_J = 160L/min;
　　　k——加气机的台数或加气枪的只数,高峰时可能站内所有的加气机同时工作为用户车辆加气。

(2)泵的扬程。

①管网系统的阻力:包含沿程阻力和局部阻力。

②车载钢瓶的内压力:充装时汽车车载钢瓶的内压力国家标准为≤1.45MPa,一般情况下充液压力在 1.2~1.4MPa。

③进出口位差:泵入口与汽车油箱(车载钢瓶)入口的位置高差。

④泵的扬程计算方法同为加气机供液时的扬程计算方法。

3. LNG 潜液泵的平衡要求

LNG 潜液泵的平衡非常重要,直接影响轴承的使用寿命和泵的大修周期。影响泵的平衡主要有径向载荷和轴向载荷,由机械构件不平衡或流体流动不均匀或流体产生的压差所引起。

1)径向力平衡

LNG 泵在设计时,就要考虑到流体和机械方面由于力不平衡所产生的负面影响。在设计和制造时,应尽可能地消除非平衡力。从叶轮中出来的低温流体进入轴向导流器。轴向导流器应有良好的水力对称性。对于传统的具有蜗壳的泵,达到设计流量时,作用在叶轮上的径向力理论上为零。流量高于或低于设计流量时,非平衡状态影响蜗壳内部的压力分布,容易产生径向作用力。因此,设计需要考虑泵的机械平衡和水力学方面的平衡。

2)轴向力平衡

为了使轴向力达到平衡,减少轴向推力载荷,有的 LNG 泵设计了一种自动平衡机构,通过一个可变的轴向节流装置来完成,使轴向推力为零。

3)LNG 泵的效率

影响 LNG 泵效率的关键因素主要有两个方面:一是流体在叶轮流道中加速时的水力学性能;二是流体在扩压器中能量转换时的水力性能。每个叶轮的水力特性应该是对称的,流体在流道中的流动必须是平滑。扩压器主要用于将流体的动能转变为压力能。扩压器的设计应确保在能量转换过程中,使流体流动的不连续性和涡流现象减少到最低的程度。有些低温泵采用风向标式的扩压器,使能量转换更加对称和平滑。水力对称性越好,就越有利于消除径向不平衡引起的载荷。

研究证明,由于水力性能方面的故障,可以引起泵的性能恶化。例如:轴向扩压器内被阻塞,在径向叶轮和轴向扩压器入口之间的几何形状不理想等,会导致泵的流量性能曲线发生变化,甚至使效率降到最低的情况。测试结果表明:当故障产生在扩压器内,叶轮周围存在不对称的压力分布,在圆周方向产生径向力,扩压器周围可能有液体下落,使轴的载荷增加,不仅降低泵的效率,还会降低其使用寿命。

在轴向扩压器中,控制流体流出叶轮时出口角度和流入扩压器时的进口角度,可以消除水力特性方面的问题和产生的低频振荡力。关键是径向扩压器的间隙处于最佳状态时,能改善泵的水力性能和机械强度。

4.2.4.2 LNG 高压柱塞泵

LNG 高压柱塞泵主要作用为升压,就是把 LNG 液体升压到 20～25MPa 的设备。对于 L-CNG 加气站,LNG 加注系统采用了 L-CNG 转换系统,利用柱塞式高压泵将液态天然气增压,然后气化升温,转变为压力很高的气态天然气而不需要压缩机。图 4.51 为柱塞泵用于天然气汽车燃料加注的一般工艺流程。

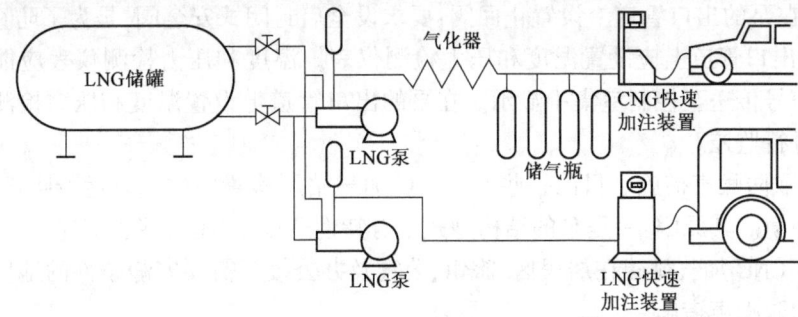

图 4.51 柱塞泵用于天然气汽车燃料加注的一般工艺流程

LNG 低温高压泵是整个 L-CNG 站将 LNG 转变成 CNG 加气站的必要设备,其可靠性要求非常高,既要求能够耐低温(-162℃),又要求能够升压且承受高压(出口压力达25.0MPa)。为了保证设备的使用寿命和生产安全,一般均使用国外进口的 5～20Gal/min(19～76L/min)低温高压泵。以 ACD X9 系列低温泵为例,如图 4.52 所示,该泵是一种重载荷、单缸、双缸或三缸的单作用的往复低温泵,泵主体主要组成件包括冷端、中间体和驱动端,采用橇装,并配以电动机和皮带驱动系统,其组成还包括出口管、进口适配器/进口弛放口和用于多缸泵的出口集流器,并有电控和气化器可供选择。每台泵上还都配备一个进口适配器,标准适配器能适用于大多数的(低温)液体。进口适配器内有密封环,通过螺栓安装固定在冷端上。

LNG 系统采用柱塞泵输送 LNG 时,柱塞泵的设置还应符合下列规定:

(1)柱塞泵的设置应满足泵吸入压头要求。目前一些 L-CNG 加气站柱塞泵的运行不稳定,多数是由于储罐与泵的安装高差不足、管路较长、管径较小等设计缺陷造成的。为此,位于储槽液体出口和泵进口连接(法兰)处的泵进口管路应尽可能地短而直。有必要对更大、更长的进口管进行绝热处理,以确保为泵提供所需的汽蚀余量。非真空绝热的进口管,其管道直径必须保证平均流速约为3ft/s(1m/s)。对于真空绝热的管道,其直径应使流速保持在1ft/s 左右。此外,最好使用独立进口管路。若要用到支管,则支管需尽可能地接近储槽液体阀,并配有(切断)阀门以尽可能减少热量从支管传导过来。多缸泵配有一个进口集合管是必需的。

 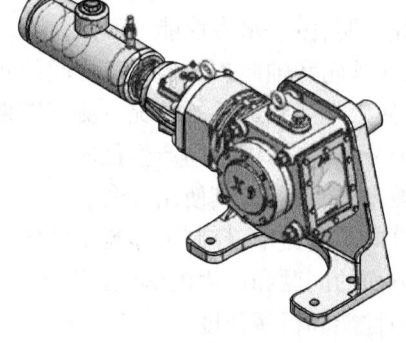

(a)外部结构　　　　　　　　(b)内部结构(由上至下为冷端、中间体、驱动端)

图 4.52　ACD X9 系列低温泵内外结构图

(2)泵的进、出口管道应设置防震装置。柱塞泵的运行震动较大,在泵的进、出口管道上设柔性、防震装置可以减缓震动。为此,管道应带有(金属)软管部分,并应有一个朝向泵(进口)的持续向下的倾斜度,以便使管道中生成的任何气体能回流到储槽中。

(3)在泵出口管道上应设置止回阀和全启封闭式安全阀。为防止 LNG 储气瓶(井)内天然气倒流,需在泵的出口管道上设置止回阀;要求设全启封闭式安全阀,是为了防止管道超压。

(4)在泵出口管道上应设置温度和压力检测仪表。温度和压力检测仪表应能就地指示,并应将检测信号传送至控制室集中显示。在泵的出口管道上设置温度和压力检测装置,便于对泵的运行进行监控。

(5)应采取防噪声措施。目前一些 L - CNG 加气站所购置的柱塞泵运行噪声太大,严重干扰了周边环境。其原因:一是泵的结构型式本身特性造成;二是一些管道连接不当。在泵型未改变前,L - CNG 加气站建在居民区、旅馆、公寓及办公楼等需要安静条件的地区时,柱塞泵需采取有效的防噪声措施。

4.2.5　气化器和加热器

在实际应用中,不管是民用燃气还是工业应用,液化天然气总是要气化并恢复到常温以后才使用,气化器是一种专门用于将液化天然气气化成气态天然气的设备。

4.2.5.1　气化器类型

1.根据热量来源分类

低温的液态天然气要转变成常温的气体,必须要提供相应的热量使其汽化。热量的来源可以从环境空气和水中获得,也可以通过燃料燃烧或蒸气来加热 LNG。美国标准 NFPA 59A 根据 LNG 气化的热量来源不同将 LNG 气化器分为加热气化器、环境气化器和工艺气化器 3 类。

2.根据使用频率分类

根据使用的频率,LNG 气化器可以分为基本负荷型和应急调峰型。基本负荷型汽化器使用率高(通常在 80% 以上),汽化量大,选型时首先考虑的应该是设备的运行成本,最好是利用廉价的低品位热源,如从环境空气或水中获取热量,以降低运行费用。应急调峰型是为了补充用气高峰时供气量的不足或应急需要,其工作特点是使用率低、工作时间是随机性的,具有紧急启动的功能,选型时要求设备投资尽可能低,而对运行费用则不太苛求。

3. 根据结构分类

根据结构不同进行分类,LNG加气站上常见的LNG气化器类型有空温式气化器、强制通风式气化器、热风加热式气化器、中间介质式气化器、真空蒸汽式气化器、水浴式气化器等。其中,空温式气化器是目前小型LNG接收站、气化站、加注站等的主要气化器类型。

空温式气化器是利用空气自然对流加热低温LNG使其气化成常温气体的换热设备。它由铝翅片管按一定的间距连接而成,一般是单程式。为了增大空气侧的换热面积,可以通过加长加宽翅片或增加翅片管上的翅片数量来完成,但加长加宽翅片,会使气化器的体积增大,气化器结构设计难度增大,增加翅片数量又常受铝铸造工艺限制,目前最常用的是8翅片结构,另外还有12翅片和4翅片结构。空温式气化器一般为露天安装,结构分为立式和卧式。立式结构气化器占地面积相对较小,但是随风度等级及地震烈度影响较大;卧式结构气化器占地面积相对较大,同时却更加稳定,选择时应综合考虑。

空温式气化器根据用途可以分为增压式和供气式两类,两者结构基本相同,只有些微差别,主要是增压式空温气化器只具有蒸发部,而供气式空温气化器包含蒸发部和加热部。LNG加气站常见的空温式气化器类型有卸车增压气化器、储罐增压气化器、主空温式气化器、BOG气化器、EAG气化器,主要是气化量、进出口温度、设计压力等参数不同,原理相同。

由于空气加热的能量比较小,空温式气化器最大汽化能力较低,其上限一般在标准状况下是$1400m^3/h$,换热效率低。虽然如此,但由于其没有燃料的消耗,结构简单,制造成本和运行成本低,LNG空温式气化器经常作为中小城市及距离气源地较远的小型天然气接收站和气化站内的主气化器。其缺点是其对环境温度很敏感,冬天易结冰,在我国北方使用受到一定的限制;同时占地面积大,在土地资源少的区域也受到限制。目前,小型天然气接收站、气化站和加注站都离市区较远,土地资源影响不大,同时可通过增加水浴式LNG气化器来解决环境温度的影响。

水浴式气化器是以水为热媒的气化器,在LNG加气站中,水浴式气化器主要包括电加热式、燃料燃烧式等,它具有传热效率高、结构紧凑、占地面积小等优点。在以空温式气化器为主气化器的LNG气化站中,常常将BOG气化器和水浴式气化器集成成撬,从而缩小了空间。水浴式气化器的主要功能是当空温式气化器及BOG气化器出口温度不能满足管网需求时,将开启该装置,将空温式气化器及BOG气化器的天然气加热后送入下游装置。在土地资源有限的地方,可以代替空温式气化器作为主气化器。

由于气化器的工作还主要受流量、工作周期、工作压力、大气温度、大气相对湿度、风力、日照等条件因素的影响,为此,气化器在应用时还应满足以下条件:

(1)根据用气的实际状况进行设计,设计的最小气化量应满足在最恶劣工作环境下的最大用气量要求。

(2)气化器在设计布置时,每台气化器的入口处和出口处应设有切断阀,并在出口切断阀之前设置安全阀,以防止泄漏的LNG进入闲置气化器,并采用其他安全措施排出聚集在两个阀门之间的LNG。

(3)气化器应配备切断热源的装置来确保安全;还应安装温度检测设备,用来测量LNG和热交换介质的进出口温度,确保传热效率。

4.2.5.2 气化器的安装

设备安装过程中应该以气化器为核心,其他设备在满足安全标准的基础上就近安装,LNG低温高压泵最好安装在气化器密闭空间内,这样就可以有效防止由于LNG泵的外壳结霜而影响正常的设备维护和检修的情况发生。LNG储罐与气化器应该按照有关设计标准安装在围堰内,以防止LNG泄露之后四处漫延造成严重后果。加热塔布置在尽量远离气化器的位置上,安装过程中优先挑选整个站址中最开阔而且最好不要被建筑物和植物遮挡阳光的地方。其他设备可以根据现场需要灵活布置。具体的布置示意图见图4.53。

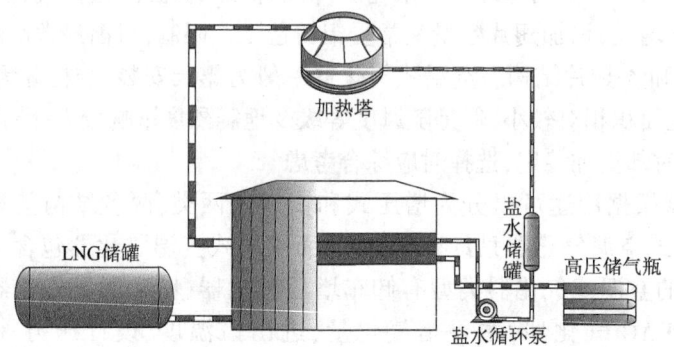

图4.53 LNG气化循环示意图

4.2.5.3 气化器、加热器的选型设计

1. 储罐增压气化器

按100m³的LNG储罐装满90m³的LNG后,在30min内将10m³气相空间的压力由卸车状态的0.4MPa升压至工作状态的0.6MPa进行计算。据计算结果,每台储罐选用1台气化量为200m³/h的空温式气化器为储罐增压,LNG进增压气化器的温度为-162.3℃,气态天然气出增压气化器的温度为-145℃。

设计多采用1台LNG储罐带1台增压气化器。也可多台储罐共用1台或1组气化器增压,通过阀门切换,可简化流程,减少设备,降低造价。

2. 卸车增压气化器

由于LNG集装箱罐车上不配备增压装置,因此站内设置气化量为300m³/h的卸车增压气化器,将罐车压力增至0.6MPa。LNG进气化器温度为-162.3℃,气态天然气出气化器温度为-145℃。

3. BOG空温式加热器

由于站内BOG发生量最大的是回收槽车卸车后的气相天然气,故BOG空温式加热器的设计能力按此进行计算,回收槽车卸车后的气相天然气的时间按30min计。以1台40m³的槽车压力从0.6MPa降至0.3MPa为例,计算出所需BOG空温式气化器的能力为240m³/h。一般根据气化站可同时接卸槽车的数量选用BOG空温式加热器。通常BOG加热器的加热能力为500~1000m³/h。在冬季使用水浴式天然气加热器时,将BOG用作热水锅炉的燃料,其余季节送入城市输配管网。

4. 空温式气化器

空温式气化器是 LNG 气化站向城市供气的主要气化设施。气化器的气化能力按高峰小时用气量确定,并留有一定的余量,通常按高峰小时用气量的 1.3~1.5 倍确定。单台气化器的气化能力按 2000m^3/h 计算,2~4 台为一组,设计上配置 2~3 组,相互切换使用。

5. 水浴式天然气加热器

当环境温度较低,空温式气化器出口气态天然气温度低于 5℃ 时,在空温式气化器后串联水浴式天然气加热器,对气化后的天然气进行加热。加热器的加热能力按高峰小时用气量的 1.3~1.5 倍确定。

6. 安全放散气体(EAG)加热器

LNG 是以甲烷为主的液态混合物,常压下的沸点温度为 -161.5℃,常压下储存温度为 -162.3℃,密度约 430 kg/m^3。当 LNG 气化为气态天然气时,其临界浮力温度为 -107℃。当气态天然气温度高于 -107℃ 时,气态天然气比空气轻,将从泄漏处上升飘走。当气态天然气温度低于 -107℃ 时,气态天然气比空气重,低温气态天然气会向下积聚,与空气形成可燃性爆炸物。为了防止安全阀放空的低温气态天然气向下积聚形成爆炸性混合物,设置 1 台空温式安全放散气体加热器,放散气体先通过该加热器加热,使其密度小于空气,然后再引入高空放散。

EAG 空温式加热器设备能力按 100m^3 储罐的最大安全放散量进行计算。经计算,100m^3 储罐的安全放散量为 500m^3/h,设计中选择气化量为 500m^3/h 的空温式加热器 1 台。进加热器气体温度取 -145℃,出加热器气体温度取 -15℃。

对于南方不设 EAG 加热装置的 LNG 气化站,为了防止安全阀起跳后放出的低温 LNG 气液混合物冷灼伤操作人员,应将单个安全阀放散管和储罐放散管接入集中放散总管放散。

4.2.5.4 气化设备的安全管理

气化设备一般都是低温系统与常温系统的分界界面,其设备运行和操作的安全直接关系到低温液体,不对常温管道造成影响和破坏。

水浴式气化器必须在热水循环达到一定温度后才能开启低温液体的进液阀,以保证气化后的天然气温度达到设计要求。气化器本身也有自控系统来保证这个过程,应避免人为干预反而形成误操作。

空温式气化器主要是采用空气换热方式进行热交换。因而,日常运行时无需外界热媒,非常节能。但由于空气中水分的存在,空温式气化器在与空气热交换过程中,容易在气化器翅片的表面结霜,甚至结冰,从而影响换热效果。这样导致两种结果,要么气化能力下降,要么气化能力维持但出口温度明显降低。

因此,空温式气化器一般按气化能力成倍布置,分为两组,互为切换,轮流化霜。一般切换周期控制在 4~6h 切换一次。

4.2.6 LNG 输送管道

无论是天然气液化装置,还是 LNG 接收终端或是 LNG 气化供气装置,都需要有各种各样的管路系统。长的管路可能是上百米甚至几千米,例如用于连接天然气液化装置和 LNG 装卸码头的连接管路,LNG 装卸码头到接收终端的 LNG 储罐的连接管路,以及从 LNG 储罐到气化器的输送管路。管路系统中有液体输送管路和LNG蒸气循环管路。大型LNG系统的液体管路,管径大的达800mm。

(液相管路)低温真空管路是LNG加气站接收和输出LNG必需的输送管道,使用真空结构能有效防止热传递,减少蒸发率。

使用环境条件如下:

(1)使用环境温度: $-19 \sim +50$℃;

(2)相对湿度不大于 $(95 \pm 3)\%$,温度为 (20 ± 5)℃;

(3)风速:平均风速13m/s,瞬时最大风速45m/s;

(4)海拔高度:不大于2000m;

(5)能在雨、雪、雾中及夜间使用。

在进行LNG管路设计时,不仅要考虑低温液体的隔热要求,还应特别注意因低温引起的热应力问题、防止水蒸气渗透的防护措施问题、避免出现冷凝和结冰的现象、管道漏泄的探测方法,以及防火问题等。管路系统的最大工作压力与LNG储罐的最大工作压力是不同的。液相管道的最大工作压力需考虑LNG储罐的液位静压和泵流量为零时的压力。管道系统的设计压力不应小于最大工作压力的1.2倍,且不应小于所连接设备(或容器)的设计压力与静压头之和。

LNG管路通常采用奥氏体不锈钢管。奥氏体不锈钢具有优异的低温性能,但线膨胀系数较大。当在LNG设备上使用时,不锈钢管需要采取一定的措施,来补偿由于温度变化引起的热膨胀或冷收缩。常用的办法是采用弯管或膨胀节。过多的弯管会给管路布置增加困难,管路的成本也随着上升。

LNG气体管路在液化天然气系统中的作用是非常重要的,因为LNG的输送是处于封闭状态下进行的,如LNG储罐在液体的装卸过程中,需要有气体的排出或补充。储罐在接收LNG时,少量的LNG会转化成气体,若不引出储罐的话,将影响LNG的输送。储罐在输出LNG时,随着液体的抽出,如果没有气体的补充,储罐内可能出现真空,这对储罐的安全是不利的。因此,LNG系统必须考虑必要的气体管路。LNG气体回气增压管路(气相管路)是加气站中气体连接的管路系统,包括增压和排放装置。

在20世纪60年代中期,LNG工业得到强劲的发展,对LNG长距离输送也进行了试验研究。研究表明,用泵输送液体所需要的功率,要远远小于输送气体所需要的功率。例如,对于一直径为762mm管道,每天输送 $2.83 \times 10^4 m^3$ (标准状态)的LNG,大约每40km需要耗功895kW,而输送气体则需要耗功96941kW。

4.2.6.1 冷收缩问题

对于LNG管路,需要慎重考虑由于低温引起的收缩问题,必要条件下,应进行适当的热力和结构方面的试验。通过试验了解所使用的材料和结构型式在设计工况条件下的收缩情况,在LNG温度条件下,不锈钢的收缩率约为千分之三,对于304L材质的管路,在工作温度为 -162℃时,100m长的管路大约收缩300mm。

LNG管路和其他低温液体输送管路一样,管路的收缩及补偿是一个需要细心考虑的重要问题。两个固定点之间,由于冷收缩产生的应力,可能远远超过材料的屈服点。因此,在管路系统设计时,必须考虑采用有效的措施来补偿。通常可采用金属波纹管补偿、管环式补偿,以及采用膨胀率小的管道材料等方法解决。

1. 金属波纹管补偿

采用金属波纹管(也称膨胀节)是补偿低温液体输送冷收缩的常用方法。常规的设计是在35m左右的间隔距离,安装一个膨胀节,以补偿不锈钢管路的收缩。需要注意的是,所采用的波纹管的内径应当与管道相同,并有相同的承压能力。此外,波纹管的形状和变形,还会引发一些隔热结构方面的问题,需要和隔热结构一起考虑。

2. 管环式补偿

管环式补偿与弯管补偿的原理是一样的,广泛地应用于低温工业,可靠性很高。可是它的结构、隔热和支撑结构比较复杂,投资也很高。

3. 采用膨胀率小的管道材料

殷钢是种线膨胀系数非常低的材料,在低温下的收缩率也非常小。在一般的低温条件下,所产生的热应力对管道没有什么危害。随着合金纯度的提高和焊接技术的发展,殷钢受到大家的关注。但现场焊接技术、质量控制的有关规范需要进一步的完善。材料的成本过高仍然限制了工程的实际应用。对于直线的管段,可不采取任何补偿措施,在某种意义上也可减少管路的成本。

4.2.6.2 LNG 管路的隔热

对于 LNG 管路,隔热无疑是一个非常重要的内容。隔热性能不仅影响到 LNG 的输送效率,对整个系统的正常运行也可能产生重要的影响。LNG 输送管道的隔热材料一般采用硬质聚氨酯发泡塑料。

LNG 管道的隔热结构,主要有常规的绝热材料包复型结构和真空夹套型结构。

(1)采用常规的绝热材料包复型结构[图 4.54(a)],由于不锈钢管道的冷收缩问题,使得绝热材料在包覆时需要预留一定的缝隙,补偿管道的收缩。在这些管道的接口处要阻挡水蒸气,但随着时间的推移,这些绝热材料还是会因吸水而丧失绝热效果。采用这种绝热方式的管道造价低,施工制作方便、快捷,适合橇装式 LNG 加气站使用。

(2)采用真空夹套型结构的管道[图 4.54(b)],由于是内外双层管,内管用于输送 LNG,承受 LNG 的输送压力;内外管之间为真空夹层,外管防止水分或者空气进入真空夹层。采用这种结构,真空夹层可以隔绝空气的对流传热,多层缠绕的铝箔和纸绝热材料可以隔绝辐射传热和热传导,整体来看这种结构的绝热效果要优于绝热材料包复型结构。这种结构的制造工艺复杂,造价相对比较高,运行维护成本低,设备可靠性高,适用于站房式 LNG 加气站。

对于隔热的效果,还是真空夹套型的隔热结构最好。在真空夹套中,由于没有空气的对流,隔热效果有大幅度的提高,还可以在真空夹套中设置反射性能好的防辐射材料,这种隔热方式又称为真空多层隔热。双面镀铝聚酯薄膜或铝箔都是良好的防辐射材料,防辐射后能有效地阻挡辐射热的穿透。隔热层的最佳密度大致是 30~40 层/cm。真空夹套型隔热结构虽然有非常良好的隔热效果,但制造工艺复杂,成本较高。实际应用时,要综合考虑成本和施工工艺等诸多方面的因素。从可靠性和制造的观点,真空夹套型的保温管线需要制成模块化的标准组件。管段的长度要根据波纹管的补偿能力来设计。

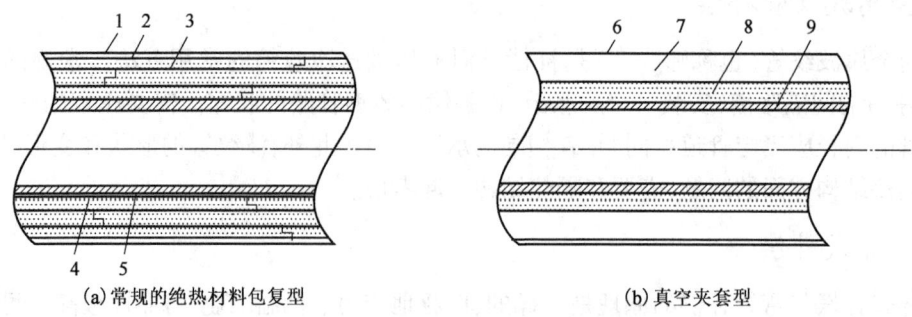

图 4.54 LNG 管道的隔热结构

1—保护层；2—水分阻挡层；3,8—绝热材料；4—缝隙；5,9—钢管壁；6—外管；7—真空夹层

考虑到系统的可靠性，管段之间应互不影响。也就是说如果由于某一管段产生问题，对整个系统不应该造成很大的影响，例如，某一段管道真空失效，对失效的管段来说，其漏热可能上升几百倍，但如果这一管段的长度不大于总长的 0.17%，整体影响是不大的。

基本负荷型和接收终端的系统中，一般不用真空隔热型的 LNG 管线。从管路制作复杂性和管路投资成本来考虑，3km 以上的管道，通常采用普通的聚氨酯发泡塑料包复的隔热方式，而不采用真空夹套的隔热方式。

夹套型隔热管道的真空是一个关键问题。真空夹套间的压力需要达到或低于 1×10^{-2} Pa，真空多层隔热才会体现优良的隔热性能。要达到 1×10^{-2} Pa 的压力，在技术上是没有问题的。但在密封状态下，长时间地维持较低的压力却存在一定的困难，因为影响真空夹套中压力的因素很多，如焊缝的气密性、真空夹套，以及多层材料的清洁程度、放气性能、低温下的受力情况等。

站区内 LNG 液相管、潜液泵及加气机回气管等低温管道均采用高真空多层绝热低温液体输送管道（简称真空管），真空管由内管、外管以及多层绝热材料组成，夹层内多层绝热材料复合而成，以减少辐射传热；将夹层抽成高真空状态，以降低对流传热；内外管之间用低导热系数材料隔离，以减少固体传热，从而把内管冷量损失控制到最低限度，充分满足低温液体的输送要求。管道材料应采用奥氏体不锈钢无缝钢管，其技术性能应符合现行国家标准《流体输送用不锈钢无缝钢管》（GB/T 14976—2012）的规定。

4.2.6.3 管道的预冷

在预冷时，为了防止因温度变化过快、热应力过大而使材料或连接部位产生损坏，应控制预冷时温度下降的速率。温度下降的速率与低温介质输入的状态、流量有关，同时与被冷却的管道的质量有关。根据有关操作的经验，最大冷却速率不超过 50℃/h 是比较安全的。预冷所需要的低温介质的数量与材料的质量、比热容及冷却速度有关。对于一特定的管道，则主要取决于冷却速度。

预冷所需要的时间，可以通过热力分析进行大致的估计。

4.2.6.4 低温阀门及管件

1. 基本要求

由于物料处于低温状态，工艺中附件设备的选取也尤为重要。在管道上安装高真空多层绝热低温截止阀、止回阀、紧急截断阀以及安全系统,对于硬管,在内管或外管上还须设置补偿器。管道阀门选用按照 API 标准制造的专用液化天然气用不锈钢阀门,钢号为 0Cr18Ni9,保温管段采用长轴式,不保温管段采用短轴。阀门与管道间的连接可采用焊接型式连接(DN40 及以下为承插焊,DN50 及以上为对接焊)或法兰连接型式。阀门一般选用国产优质的低温阀门,处于根部的阀门、具有调节功能的气动阀门以及电磁阀等重要的阀门全部选用进口阀门,以保证其运作的安全性。

LNG 储罐根部阀与储罐应采用焊接连接。法兰、垫片、紧固件的配置应与相连装置、阀门等连件的标准体系、规格一致。

管件均采用材质为 0Cr18Ni9 的无缝冲压管件。

法兰采用凹凸面长颈对焊钢制管法兰,其材质为 0Cr18Ni9。法兰密封垫片采用 C 型不锈钢金属缠绕式垫片,材质为 0Cr18Ni9,非金属材料为 PTFE。紧固件采用专用双头螺柱、螺母,材质为 0Cr18Ni9。

低温管托选用硬性聚氨酯材料的成型管托,保冷性能与聚乙烯保冷材料相当。

2. 紧急切断阀

紧急切断阀的工作原理是,在正常的情况下,利用活塞上部弹簧的压力,推动活塞向下运动,继而带动活塞杆和阀杆向下,使阀顶密封面和阀座密封面紧密贴合,实现阀门的关闭;当向气缸充压后,活塞压缩弹簧向上运动,带动活塞杆和阀杆向上,将阀顶抬高,阀门开启。

当阀门处于开启位置,正常工作时,若环境温度升高至(70 ± 5)℃时,安装在气缸处的易熔塞熔化,气缸泄压,弹簧推动活塞向下运动,带动阀杆和阀顶向下,迅速关闭阀门,阻止介质继续流动,防止危险发生或扩大。

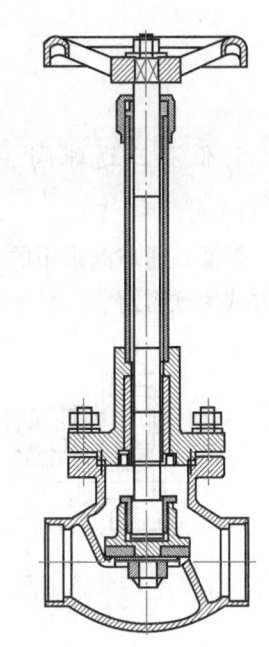

图 4.55 低温截止阀剖面结构

3. 低温截止阀

如图 4.55 所示,低温截止阀与管路连接为焊接式,采用手动旋转手轮。在梯形螺纹的带动下,阀杆带动阀顶同阀体的密封座组成密封副,对介质起截断作用。

4. 低温安全阀

1) 阀门结构

如图 4.56 所示,低温安全阀属于弹簧直接作用式,密封方式分为微启式软密封和全启式硬密封两种。

2) 工作原理

安全阀是在内部压力产生的力与弹簧力达到平衡而实现密封,当内部压力产生的力逐渐接近弹簧力时,密封就会失去平衡,开始细微外泄。内部压力产生的力逐渐升高,阀瓣达到开启高度进行排放。随着流体被排出,内部压力逐渐降低。不久,当弹簧力超过内部压力产生的力时,阀瓣又被弹簧压回到阀座上。

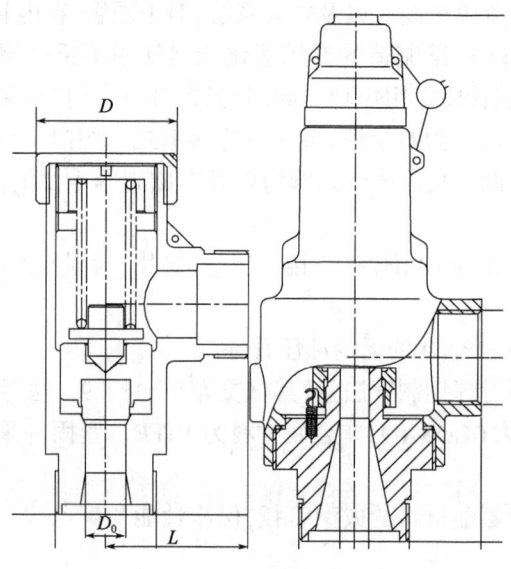

图 4.56　低温安全阀结构

5. 低温三通球阀

1) 阀门结构

低温三通球阀采用的是 T 型三孔道球芯,如图 4.57 所示,实现介质的分流合流的作用,密封方式为软密封。

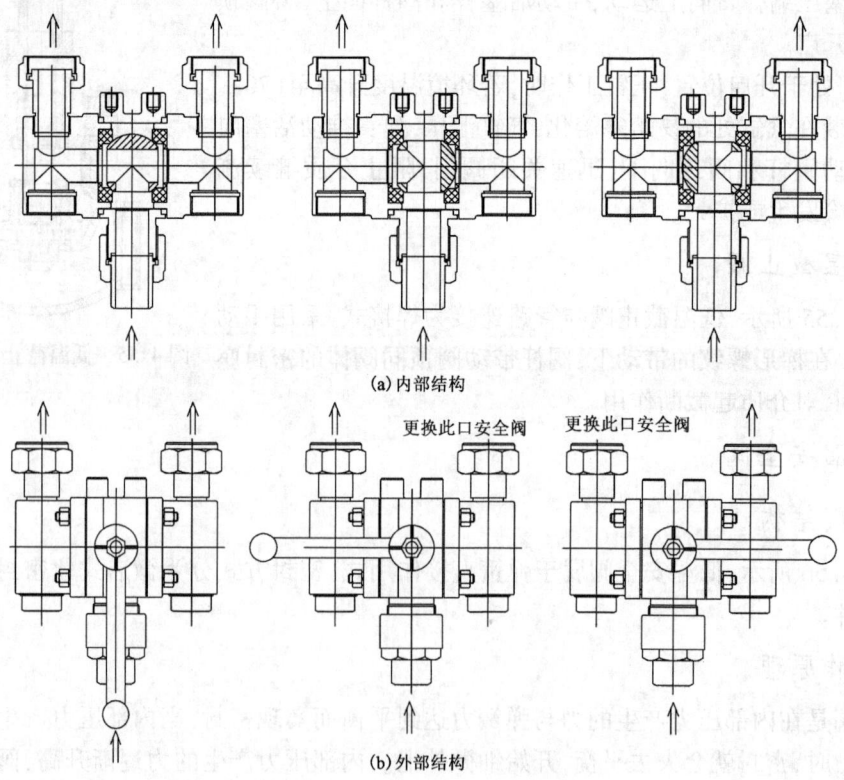

(a) 内部结构

(b) 外部结构

图 4.57　低温三通球阀结构

2）工作原理

球阀的启闭件是一个有孔的球体，球体以阀体中心线为轴做旋转运动，来截断或开启流体的通道。阀门从三口全通到两口通，阀杆的旋转角度为90°。

4.2.7 LNG加气机

LNG加气机应能承受一定的低温，一般应满足下列要求：(1)出于安全考虑，不宜安装在距储罐很近的地方，也不得设在室内。(2)设有安全限压装置。(3)具有预冷装置和收集车载气瓶内剩余气体的回气控制装置。(4)加气完成后可通过控制系统立即关闭。(5)能够显示加气量、单价及金额。

4.2.7.1 工作原理

LNG加气机是主要用于给车载LNG气瓶加气和计量的设备，主要包括流量计和加气枪，内部的设备管线一般采用双层真空绝热结构。流量计是计量设备，采用质量流量计，具有温度补偿功能。加气枪是给车载LNG气瓶加气的快装接头。

图4.58为LNG加气机的工作流程图，其流程包括：

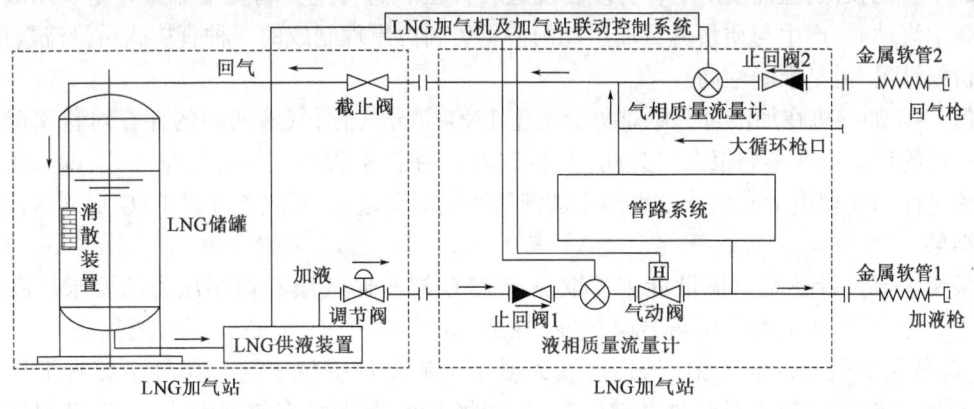

图4.58　LNG加气机工作流程图

(1)将LNG加气机的加液枪插到LNG加气机的大循环枪口上，按下加气机键盘上的"预冷"键，加气机开始预冷。LNG液体从加气机进液管道流向调节阀、止回阀1、液相质量流量计、气动阀、LNG加气机加液金属软管、加液枪、大循环枪口和截止阀，最后经管路回到LNG储罐，当加气机内部管路充满液体且相关状态参数达到冷却要求后预冷结束。此阶段加气机不计量。

(2)预冷结束后，将LNG加气机的加液枪插入车载LNG储气瓶进液口，回气枪插入储气瓶回气口，按下LNG加气机键盘上的"加气"键，加气机开始加气。LNG液体从加气机进液管道流向止回阀1、液相质量流量计、气动阀、LNG加气机加液金属软管和加液枪，然后进入车载LNG储气瓶；车载LNG储气瓶内已经气化的LNG蒸发气经回气枪、LNG加气机回气金属软管、止回阀2、气相质量流量计及回气管路回到LNG储罐。LNG加气机的加气量为液相质量流量计与气相质量流量计的计量值之差，加气机会自动计算差值并显示。当汽车LNG储气瓶加满LNG后加气机自动停机(也可提前手动停机或定额加气)。

(3)LNG加气机停机后从车载LNG储气瓶先取下回气枪，再取下加液枪，将加液枪插入

LNG加气机的加液枪座,完成加气。

（4）在整个加气过程中,质量流量计测出流经LNG加气机的流体密度和质量等参数的物理信号,由信号转换器转换成电脉冲信号传送到控制器,LNG加气机上的压力传感器和控制器可以将LNG加气机的工作状态传输给LNG加气站服务器,使其对整个加气过程进行监控,自动完成加气工作。

（5）如果预冷与加液间隔时间较长,检测到条件不允许加气机时,加气机自动开启小循环流程,液体经单向阀、质量流量计、气相气动阀循环回站用储罐,当检测到条件达到设定值,加气机自动转入加液流程。

4.2.7.2 基本结构和型号

LNG加气机的整机主要由以下三部分组成。

1. LNG流量计

LNG流量计是整个LNG加气机的核心部件。流量计的选型直接关系着LNG加气机的性能。由于LNG属于超低温液体,不能采用具有可动部件的流量计进行计量,因此LNG加气机的计量一般采用超低温涡街流量计或科里奥利质量流量计。如果采用涡街流量计,整个加气机的成本会比较低,但需要对工作介质密度进行补偿。而科里奥利质量流量计是利用流体在振动管中流动时,产生与质量流量成正比的科里奥利力原理制成的一种直接式质量流量仪表,虽然价格昂贵,但是准确性高。

但LNG加气机在加液过程中难免会发生LNG部分气化,气液两相的存在对科里奥利质量流量计的计量精度影响很大。为此,很多LNG加注机采用双流量计计量方式,即采用液相质量流量计和气相质量流量计分别测量加液和回气的质量,二者之差才是LNG加气机计量的最终结果。

采用单流量计还是双流量计主要取决于LNG汽车储气瓶和使用压力的要求。欧美国家的LNG汽车使用的均是喷淋式储气瓶,在加气的过程中液态LNG可以把气态LNG重新液化,降低了储气瓶内的气相压力,这就为使用单流量计提供了前提条件。而我国早期使用的LNG汽车储气瓶不是喷淋式储气瓶,不能将LNG蒸发气有效地液化,所以必须使用双流量计的LNG加气机(2个枪头)。此外,LNG储气瓶初次使用和长期搁置后再次使用时,由于LNG储气瓶内温度较高,LNG充装进去后很快会产生LNG蒸发气,造成LNG储气瓶内压力升高,此后LNG液体就难以充装进LNG储气瓶,这时也必须使用双流量计的LNG加气机进行回气。

从LNG加气机的技术发展趋势来看,随着喷淋式LNG汽车储气瓶的广泛使用和储气瓶制造水平的进一步提高,单流量计LNG加气机是未来LNG加气机的发展方向。单流量计LNG加气机减少了1个回气枪头和1个气相质量流量计,大大降低了成本,加气过程也得到简化,同时因其只对液态的LNG进行计量,因此克服了LNG科里奥利质量流量计气相计量精度不高的缺点,有利于进一步提高LNG加气机的精度等级,也将简化其检定流程。

2. LNG加注机加液管路系统

LNG加注机加液管路系统工艺流程基本相同,其中加注机一般有3条管路与站用管路对接,其中一条为液相管路(进液口),其余两条为气相管路(回液口、排空口)。进液口、回液口和排空口连接方式均为法兰连接。回气管路是为了卸放车载瓶中的高压气体。

管路系统中包含的设备除质量流量计外,还主要有金属软管、低温安全阀、低温截止阀、低温气动阀、低温止回阀、压力传感器、低温紧急切断阀、加液枪头、回气枪头、加气枪座、回气枪座、急停按钮和低温工艺管道等。低温工艺管道采用双层真空绝热结构。以上设备整合在加注机流程箱中,各自所处的位置如图4.59所示。

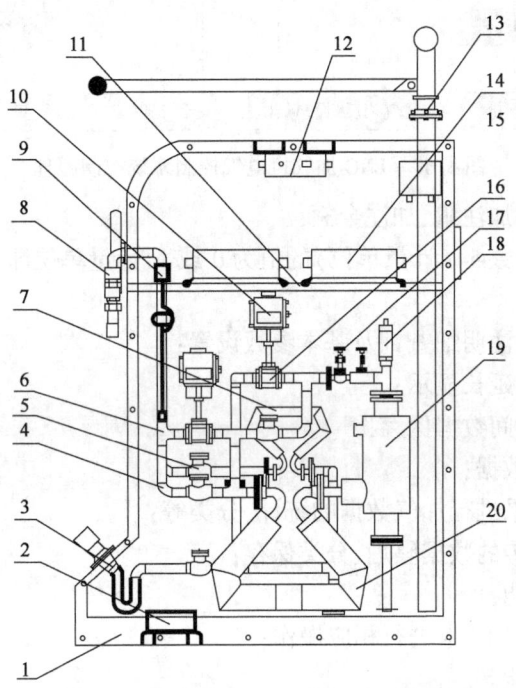

序号	名称	序号	名称	序号	名称	序号	名称
1	机架	6	$1/2$ in三通	11	电器安装板	16	气动球阀
2	防爆接线箱	7	质量流量计2	12	微机控制箱	17	低温短轴截止阀
3	加气枪座	8	拉断阀及软管接头组件	13	旋转提升装置	18	低温全启安全阀
4	90°1.50弯头	9	压力变送器	14	防爆控制箱	19	气液分离器
5	低温止回阀	10	电磁阀	15	流量计核心处理器	20	质量流量计1

图4.59 加气机内部结构图

3. 电脑控制系统和防爆控制电源等电气控制系统

电气控制系统包括电脑控制系统和防爆控制电源等。

电脑控制系统的核心是微机控制器,还包括IC卡电控系统、金额显示屏、功能屏、键盘、小票打印机等。LNG加气机电气控制系统控制原理如图4.60所示。

加气时,将加气枪连接到汽车加气口上,介质通过加气管路进入汽车储罐,流量计将计量脉冲信号传输给微机控制器,微机控制器进行处理后,通过显示器显示总量和金额。

此外,HQHP-JYJ型LNG加注机的电脑控制系统还能完成以下功能:

(1)非定量加注和定量、定金额预置加注;

(2)键盘或触摸屏界面输入及小票打印机自动打印输出加注小票;

(3)高亮背光LCD数字液晶显示功能;

(4)加注开始后系统自动回零并立即进入本次加注计量、显示状态;

(5)IC卡自动扣费、余额、上次交易量查询、锁卡、置灰、挂失、补卡功能;

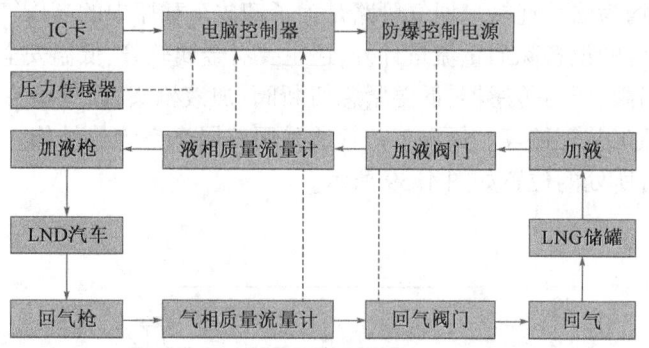

图 4.60　LNG 加气机电气控制系统控制原理

(6)自动累计并保存加注量、加注金额;

(7)通过键盘修改参数 54(计量单位)的值为 0 或 1,计量单位即可在 kg 和 $N \cdot m^3$ 之间进行切换;

(8)多种方式进行加注明细查询及基本参数设置;

(9)数据掉电保护与延长显示;

(10)超大容量、长时间数据保存;

(11)实时监控加注数据;

(12)能根据查询结果进行加气数据的统计、分类等;

(13)能将加注机上传的数据整理、分类保存;

(14)操作员管理功能;

(15)能够对非接触式 IC 卡进行相应操作;

(16)系统初始化功能等。

此外,由于 LNG 加气机的工作环境是易燃易爆的危险场所,因此 LNG 加气机整机必须防爆,加气机产品必须要有防爆标志、防爆等级和防爆合格证号,必须满足爆炸性气体环境用电气设备相关国家标准的要求。

目前国内市场上的 LNG 加气机主要为加拿大 FTI 国际集团有限公司的 FTI 系列加气机。国内已建成的 LNG 加气机采用的计量方式是双管计量方式,即采用两个质量流量计分别测量加气和回气的质量,二者之差作为计量的最后结果。另一种计量方式是单管式计量方式。

在欧美国家的 LNG 汽车所使用的气瓶均为喷淋式储气瓶,这样就可以在加注的过程中,利用液态 LNG 的冷量将气态的 LNG 重新液化。

在运行时加气机相关参数设定如下:

(1)预冷温度:根据储罐内液体实际情况,此温度一般设定为 $-130 \sim -120$℃。

(2)最低流速:一般设定为 6~15kg/min。

(3)气相流速:一般设定为 8~12kg/min。

(4)加气方式:按各地要求可设为 $1m^3$ 或 2kg。

4.2.7.3　加气机型号的确定

加气机型号可由其 LNG 加气枪的充液速率确定,要求所选加气枪的实际充液速率能够满足充液速率理论计算值的要求,充液速率的计算需考虑以下因素:

(1)车辆油箱容量:如 LNG 加注对象主要为中、远途大型柴油客车和重型卡车,尤其以重型卡车为主,则车辆油箱容量取重型卡车的容量瓶容量(一般为2个450L的LNG钢瓶)。

(2)车辆油箱的实际有效容积:路途中行驶的车辆,在加油加气前,不可能将燃料全部耗尽,一般都要留有大约20%的安全余量,只有这样才能保证车辆能安全到达加油加气站补充燃料,以上例为例,油箱的实际有效容积为$(1-0.2) \times 900 = 720(L)$。

(3)加注时间:在加油加气站,每辆车补充燃料所需的总时间大约在10min左右,其中燃料加注时间6min,其他时间4min。

相应的计算公式如下:

$$Q_{yq} = \frac{Q_c}{\tau_c} = \frac{(1-\eta)V_{yx}}{\tau_c} \qquad (4.16)$$

式中　Q_{yq}——LNG加气枪的充液速率,L/min;
　　　Q_c——每辆车的油箱实际有效容积,L/辆;
　　　τ_c——每辆车的燃料加注时间,min;
　　　η——每辆车加液前油箱的安全系数,$\eta = 0.2$;
　　　V_{yx}——每辆车的油箱总容量,L。

4.2.8　LNG槽车

由LNG接收站或工业性液化装置储存的LNG,一般是由LNG槽车载运到各地,供居民燃气或工业燃气用。LNG载运状态一般是常压,所以其温度为112K的低温。LNG又是易燃、易爆的介质,载运中的安全可靠是至关重要的。

LNG槽车罐体是由一个碳钢真空外筒和一个与其同心的奥氏体不锈钢制内筒组成,内外筒之间进行隔热。罐体后部设置有操作室,操作阀门和仪表一般都布置在操作室中。

4.2.8.1　LNG槽车的隔热方式

LNG槽车采用合适的隔热方式,以确保高效、安全地运输。用于LNG槽车隔热主要有三种型式,即真空粉末隔热、真空纤维隔热和高真空多层隔热。

选择哪一种隔热型式的原则是经济高效、隔热可靠、施工简单。由于真空粉末隔热具有真空度要求不高、工艺简单、隔热效果较好的特点,往往被选用。其制造工艺上积累较丰富的经验。

高真空多层隔热近年来因其独特的优点,加上工艺逐渐成熟,为一些制造商所看好。在制造工艺成熟的前提下,高真空多层隔热与真空粉末隔热相比具有如下特点:

(1)高真空多层隔热的夹层厚度约为100mm,而真空粉末隔热的夹层厚度为200mm以上。因此,对于相同容量级的外筒,高真空多层隔热槽车的内筒容积,比真空粉末隔热槽车的内筒容积大27%左右。这样可以在不改变槽车外形尺寸的前提下,提供更大的装载容积。

(2)对于大型半挂槽车,由于夹层空间较大,粉末的重量也相应增大,从而增加了槽车的装备重量,降低载液重量。例如一台20m^3的半挂槽车采用真空粉末隔热时,粉末的重量将近1.8t,而采用高真空多层隔热时,重量仅为200kg。因此,采用高真空多层隔热可以大大减少槽车的装备重量。

(3)采用高真空多层隔热,可以避免因槽车行驶所产生的振动,使隔热材料沉降。高真空多层隔热比真空粉末隔热的施工难度大,但在制造工艺逐渐成熟适合批量生产后,广泛应用的前景是好的。

4.2.8.2 LNG 槽车的安全设计

LNG 槽车的安全设计至关重要,不安全的设计将带来严重的后果。安全设计主要包含两个方面,即防止槽车超压和消除燃烧的可能性(禁火、禁油、消除静电)。

防止槽车超压的手段主要是设置安全阀、爆破片等超压泄放装置。根据低温领域的运行经验在储罐上必须有两套安全阀在线安装的双路系统,并设一个转换。当其中一路安全阀需要更换或检修时,转换、变换到另一路上,而不妨碍工作,并维持最少一套安全阀系统在线使用。在低温系统中,安全阀由于冻结而不能及时开启所造成的危险应引起重视。安全阀冻结大多是由于阀门内漏,低温介质不断通过阀体而造成的。一般通过目视检查安全阀是否结冰或结霜来判断。一旦发现这种情况,应及时拆下安全阀排除内漏故障。

为了运输安全,在有的槽车上,除安全阀和爆破片外,还设有如图 4.61 所示的公路运输泄放阀。在槽车的气相管路上设置一个降压调节阀作为第一道安全保护,该阀的泄放压力远小于罐体的最高工作压力和安全阀起跳压力。它仅在槽车运输时与气相空间相通;但罐车输液时,用截止阀隔离降压调节阀它就不起作用。

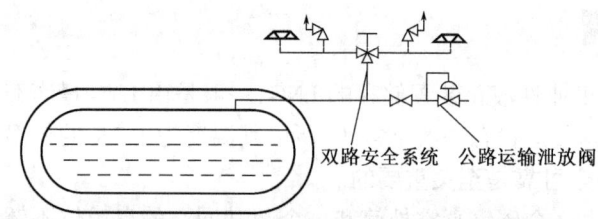

图 4.61 公路运输泄放阀示意图

在低工作压力,泵送 LNG 槽车上,设置公路运输泄放阀有以下优点:

(1)公路运输时,罐内压力低,降低了由静压力引起的内筒压力,有利于罐体的安全保护。

(2)公路运输时,如果压力增高,降压调节先缓慢开启以降低压力,防止因安全阀起跳压力低而造成 LNG 的突然大流量卸放。既提高了安全性,又防止了 LNG 的外泄。

(3)在罐体的液相管、气相管出口处应设置紧急切断装置。该阀一般为气动球阀或截止阀,通气开启,放气关闭。阀上的气缸设置易熔塞,当外界起火燃烧温度达到 70℃ 时,易熔塞熔化,阀门放气,截止阀将 LNG 与外界隔离。液压控制的紧急切断阀,由于在低温下液压油凝固,一般不能采用。

4.2.8.3 LNG 槽车的输液方式

LNG 槽车有两种输液方式,即压力输送(自增压输液)和泵送液体。

1. 压力输送

压力输送是利用在增压器中气化 LNG 返回储罐增压,借助压差挤压出 LNG。这种输液方式较简单,只需装上简单的管路和阀门。这种输液方式有以下缺点:

(1)转注时间长。主要原因是接收 LNG 的固定储槽是带压操作,这样使用转注压差有限,导致转注流量降低。又由于槽车空间有限,增压器的换热面积有限,使转注压差下降过快。

(2)罐体设计压力高,槽车空载重量大,使载液量与整车重量比例(重量利用系数)下降,导致运输效率的降低。例如国产 STYER1491 底盘改装的 $11m^3$ LNG 槽车,其空重约为 17000kg (1.6MPa 高压槽车),载液量为 4670kg,重量利用系数仅为 0.21。运输过程都是重车往返,运输效率较低。

2. 泵送液体

槽车采用泵送液体是较好的方法。它采用配置在车上的离心式低温泵来泵送液体。这种输液方式的优点如下:

(1)转注流量大,转注时间短。

(2)泵后压力高,可以适应各种压力规格的储槽。

(3)泵前压力要求低,无需消耗大量液体来增压。

(4)泵前压力要求低,因此槽车罐体的最高工作压力和设计压力低,槽车的装备重量轻,重量利用系数和运输效率高。

由于槽车采用泵送液体具有以上的优点,即使存在整车造价高、结构较复杂、低温液体泵还需要合理预冷和防止气蚀等问题,但它还是代表了槽车输液方式的发展趋势。

4.2.8.4 LNG 槽车容量的大型化和列车化

LNG 槽车一般是满液输送而空车返回,运输效率 50%。为提高运输效率,降低吨千米成本是非常重要的。

采用半挂车运输 LNG,其一次载运量大大高于单车。由于汽车的耗油量并未随着载重量的增加而成比例的增加。汽车列车的耗油量与同功率的单车相比,其增加量不多。因此单挂 LNG 槽车的吨千米成本远小于单车。目前,进口 LNG 槽车和国产 LNG 槽车均以半挂槽车为主,国产的有 $27m^3$ 和 $40m^3$ 两种型号。欧美日发达国家的半挂列车占运输车辆的比例是相当高的,因此 LNG 槽车向大型化、列车化发展是必然趋势。

4.2.8.5 LNG 槽车的运行速度

LNG 槽车和其他低温液体槽车一样,在结构上有一定的特殊性。例如,采用双层罐体和隔热支撑。罐体结构相对比较复杂,隔热支撑又要兼顾减少热传递和增大机械强度的双重性。加之载运介质的危险性,因此,对 LNG 槽车进行限速是必要的。按我国 JB/T 6898—2015《低温液体贮运设备 使用安全规则》的规定,最高时速 50km/h,转弯时速≤20km/h。现在该规定已不适应实际使用需要,JB/T 6898—2015 就修改为:最高时速在一级公路上≤60km/h,二、三级公路为 30~50km/h。在高速公路上,宜低速,应避免紧急制动,严防撞击。该规则对槽车在高速公路上的限速无明确规定,但由于高速公路上路况好,运输车辆的平均速度高,因此低温液体槽车在高速公路上的平均时速普遍较高,为 70.90km/h。

提高 LNG 槽车的运行速度,可以提高运输效率,加上高速公路和高等级公路的建设在我国发展很快,因此低温槽车有高速化发展的趋势。槽车的高速化对槽车质量要求更高了,具体表现为底盘的可靠性、整车的动力性、横向稳定性、制动性能、隔热支撑的强度等。为了使 LNG 槽车适应高速行驶的需要,以下几点需考虑:

(1)选择性能可靠的汽车底盘和牵引车,轴载和牵引车的负荷低于许用值。

(2)宜使用适应高速行驶的子午线轮胎。

(3)改装后保证整车的动力性能,半挂槽车的比功率宜在 5.88~6.22kW/t,并尽力提高牵引车驱动桥的附着重量,4×2型牵引车的附着重量≥32%的引车重量,6×4型牵引车的附着重量≥40%的列车总重量。

(4)尽量降低整车的高度和质(重)心高度,提高槽车的横向稳定性。

(5)保证槽车有良好的制动性能,半挂槽车应采用双管路制动系统。制动时,挂车应先于牵引车制动,以防止列车紧急制动时出现失去转向和折角。

(6)双层罐体间的隔热支撑,应能承受高速行驶紧急制动时的冲击载荷。

总之,随着我国公路条件的不断改善,运输车辆的平均行驶速度还会有较大的提高,研究适合于高速公路行驶的LNG槽车具有较大的实际意义。

4.2.8.6 LNG槽车的实例

1. 国产 $30m^3/0.8MPa$ LNG 半挂运输车

现以国产 $30m^3/0.8MPa$ LNG 半挂运输车为例,加以说明。

1) 主要技术特性

(1)主要技术参数详见表4.6所列LNG半挂运输车技术特性。

(2)隔热方式及隔热性能指标。该槽车采用真空纤维隔热(简称CB)技术,取代真空粉末隔热(简称CF)技术。低温隔热的措施,主要是在保证不降低隔热性能,不大幅增加隔热成本的前提下,解决真空粉末隔热材料下沉的技术质量问题。真空纤维隔热技术、真空粉末隔热技术及高真空多层隔热(简称CD)技术的分析比较如下:

①隔热性能指标。经实测证明,CB材料保温性能介于CF及CD材料之间,即优于CF材料,略低于CD材料,产品的日蒸发率和自然升压速度指标理论计算值(LNG)见表4.8。

表 4.8 LNG 半挂运输车技术特性

设备	项目名称	内筒	外筒	备 注
储槽	容器类别	三类	—	
	充装介质	LNG	—	
	有效容积,m^3	27①	—	①容积充装率90%
	几何容积,m^3	30	18②	②夹层容积
	最高工作压力,MPa	0.8	-0.1	"-"指"外压"
	设计压力,MPa	1	-0.1	
	最低工作温度,℃	-196	常温	
	设计温度,℃	-196		
	主体材质	0Cr18Ni9③	16MnR④	③GB 3274—2017; ④GB 713—2014
	安全阀开启压力,MPa	0.88		
	隔热形式	真空纤维		简称:CB
	日蒸发率,%/d	≤0.3⑤	—	⑤LNG
	自然升压速度,kPa/d	≤17⑤	—	
	空质量,kg	约14300		
	满质量,kg	25800		LCH_4

续表

设备	项目名称	内筒	外筒	备注
牵引车	型号	ND19265		北方—奔驰
	发动机功率,kW	188		
	最高车速,km/h	86.4		
	最低油耗,g/(kW·h)	216		
	制动距离,m	6.45		30km/h
	百千米油耗,L	22.8		
	轴距,mm	3250		
	允许列车总重,kg	38000		
	鞍座允许压重,kg	12500		
	自重,kg	6550		
半挂车	底架型号	THT9360 型		
	自重	4100		
	允载总质量,kg	36000		
	满载总质量,kg	30700		
列车	型号	KQF9340CDYBTH⑥		⑥不含牵引车
	充装质量,kg	12500		LN_2
	整车装备质量,kg	约 25100		
	允载总质量,kg	38000		LNG
	满载总质量,kg	约 37600		LN_2

②隔热施工可靠性。CB 材料为超细玻璃棉毡制品,以包扎方式紧固于内外筒之间的夹层空间内。其包扎方法与高真空多层隔热相似,具有永不下沉的优点。

③隔热技术成本分析。CB 材料价格介于 CF 材料及 CD 材料之间。但 CB 技术是以人工包扎方式进行的。因此人工费接近于 CD 技术,高于 CF 技术。

就低温隔热所需最佳真空度而言,CB 技术比较接近于 CF 技术,低于 CD 技术,即对真空度获得与维持所需的成本是 CB 技术接近于 CF 技术,低于 CD 技术。因此,总成本变化情况是 CB 技术介于 CF 及 CD 技术之间。CB 技术所增加的成本相对于低温液体储槽的总成本而言,上升一般不超过 5%。这个比例相对于采用 CF 技术因膨胀珍珠岩粉末下沉所引起的售后服务费相比微不足道。

(3)选材。考虑到 LNG 等介质的低温特性,储槽内筒及管道材料选用 0Cr18Ni9 奥氏体不锈钢,外筒选用 16MnR 低合金钢钢板,内外筒支承选用耐低温的且隔热性能较好的环氧玻璃钢。

(4)车型选择。该产品整车装备质量为 18500kg(不含牵引车)。允载总质量为 34000kg,满载总质量为 30700kg。配用北方—奔驰 ND1926S 型牵引汽车较为合适,列车满载总质量为 37600kg。

2)结构简介

半挂 LNG 运输车结构如图 4.62 所示。

(1)牵引汽车及半挂车架。牵引汽车底盘采用定型的北方—奔驰 ND1926S 型带卧罐汽车底盘。该型车是目前国内质量最好的载重汽车之一。除北方—奔驰 ND1926S 牵引车外,也可使用符合本产品牵引性能的其他牵引车,例如东风日产 CKA46BT 型牵引车。半挂车架选用分体式双轴半挂车车架,由挂车厂按整车设计要求定制。

(2)储槽。储槽型号为 TCB-27/8 型低温液体储槽。金属双圆筒真空纤维隔热结构;尾部设置操作箱,主要的操作阀门均安装在操作箱内集中控制。操作箱三面设置铝合金卷帘门,便于操作维护。前部设有车前压力表,便于操作人员在驾驶室内就近观察内筒压力。两侧设置平台,便于阻挡泥浆飞溅。平台上设置软管箱,箱内放置输液(气)金属软管。软管为不锈钢波纹管。

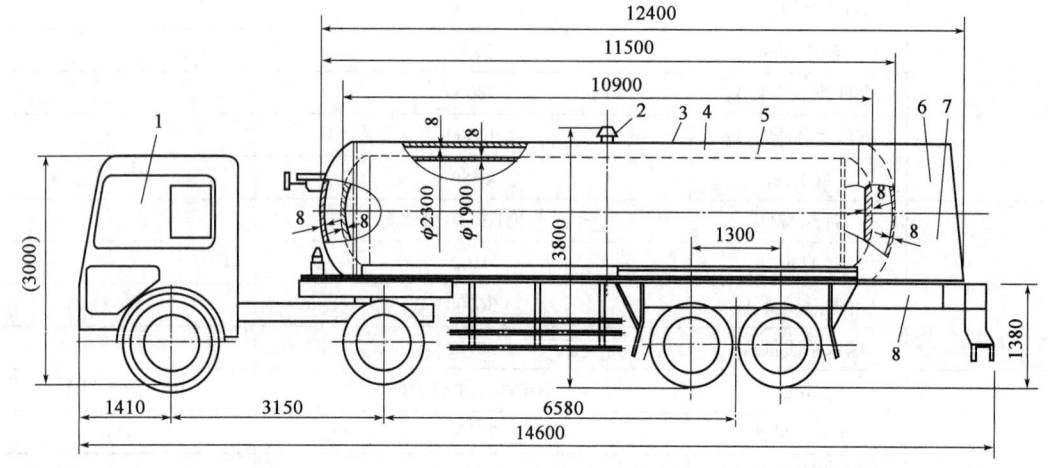

图 4.62 半挂 LNG 运输车
1—牵引车;2—外筒安全装置;3—外筒(16MnR);4—绝热层真空纤维;5—内筒(0Cr18Ni9);
6—操作箱;7—仪表、阀门、管路系统;8—THT9360 型分体式半挂车架

(3)整车。列车整车外形尺寸(长×宽×高)为 14500mm×2500mm×3800mm,符合 GB 7258《机动车运行安全技术条件》标准规定。整车按 GB 11567 标准规定,在两侧设置有安全防护栏杆,车后部设置有安全防护装置,并按 GB 4735 标准规定设置有信号装置灯。

3)流程简介

图 4.63 为 LNG 槽车工艺流程示意图。

(1)进排液系统。此系统由 V3、V4 和 V8 组成。V3 为液体进出阀,V4 为上部进液阀,V8 为紧急截断阀。a 管口连接进排液软管。

(2)进排气系统。V7、V9 为进排气阀。V9 为气相管路紧急截断阀。装车时,槽车的气体介质经此阀排出予以回收。卸车时则由此阀输入气体予以维持压力。也可不用此口,改用增压器增压维持压力。b 管口连接进排气软管。

(3)自增压系统。此系统由 V1、V2 及 Pr 组成。V1 排出液体去增压器加热气化成气体后经 V2 返回内筒顶部增压。增压的目的是维持排液时内筒压力稳定。

(4)吹扫置换系统。此系统由 E2、E3 和 E4 组成。吹扫气由 g 管口进入,a、b、c 口排出,关闭 V3、V4、V9,可以单独吹扫管路;打开 V3、V4、V9 和 E1,可以吹扫容器和管路系统。

(5)仪控系统。仪控系统由 P1、P2、LG 和 L1、L2、L3、G1、G2 组成。P1 和 LG 安装在操作箱内,P2 安装在车前。L1~L3 及 G1、G2 为仪表控制阀门。

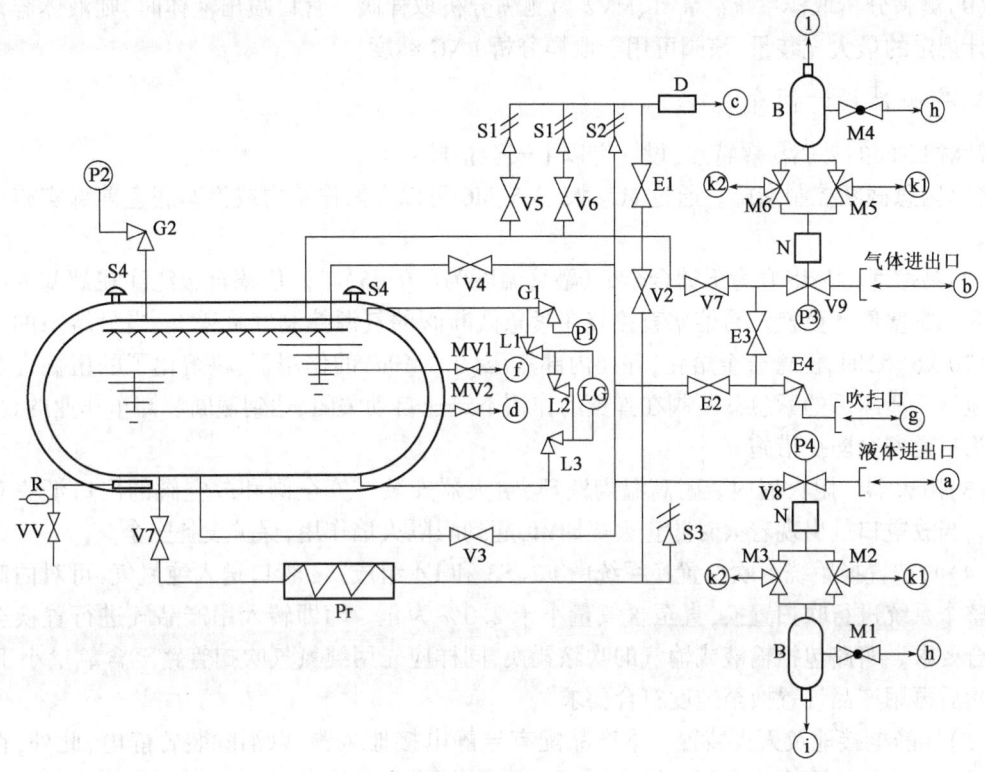

图 4.63 LNG 槽车工艺流程图

B—平衡罐;D—阻火器;E1—放空阀;E2—液相吹扫阀;E3—气相吹扫阀;E4—吹扫总阀;G1—压力表阀;
G2—压力表阀;L1—液位计上阀;L2—平衡阀;L3—液位计下阀;LG—液位计;M1—气源总阀;M2—后部进排气阀;
M3—前部进排气阀;M4—气源总阀;M5—后部进排气阀;M6—前部进排气阀;MV1—LNG 测满阀;
MV2—LNG 测满阀;N—易熔塞;P1—压力表;P2—压力表;P3—压力表;P4—压力表;Pr—增压器;R—真空规管;
S1—安全阀;S2—安全阀;S3—安全阀;S4—外筒防爆装置;V1—增压阀;V2—增压回气阀;V3—液体进出阀;
V4—上部进液阀;V5—气体通过阀(1);V6—气体通过阀(2);V7—气体进出阀;V8—紧急截断阀;
V9—紧急截断阀;VV—真空阀

(6) 紧急截断装置与气控系统。在液相和气相进出口管路上,分别设有下列紧急截断装置和气控系统:

①液相紧急截断装置。V8 为液相紧急截断阀,在紧急情况下由气控系统实行紧急开启或截断作用,它也是液相管路的第二道安全防护措施;V8 为气开式(控制气源无气时自动处于关闭状态)低温截止阀,且具有手动、气动(两者只允许选择一种)两种操作方式。

②气相紧急截断装置。V9 为气相紧急截断阀。

③气控系统。M1 为气源总阀;M2、M2 为三通排气阀,一只安装在 V8 上,另一只安装在汽车底盘空气罐旁的储气球 B 上;N 为易熔塞;P3、P4 为控制气源压力表,气源由汽车底盘提供。V8 在 0.1MPa 气源压力下可打开,低于此压力即可关闭。

(7) 安全系统。此系统由 S1、S2、S3 及 V5、V6、D 组成。S1 为容器安全阀;S2、S3 为管路安全阀,此为第一道安全防护措施;S4 为外筒防爆装置;阻火器 D 用于阻止放空管口处着火时火焰回窜。

(8) 抽空系统。VV 为真空阀,用于连接真空泵。R 为真空规管,与真空计配套可测定夹层真空度。

(9)测满分析取样系统。MV1、MV2 为测满分析取样阀。管口喷出液体时,则液体容量已达设计规定的最大充装量,该阀可用于取样分析 LNG 纯度。

4)安全性设计简介

针对 LNG 的易燃易爆特点,设计有以下安全措施:

(1)紧急截断控制措施。通过 M2、M3、M5、M6 可以在操作箱内或汽车底盘前部实施气动控制。

(2)易熔塞。易熔塞为伍德合金,其融熔温度为(70 ± 5)℃。伍德合金浇注在螺塞的中心通孔内。螺塞便于更换。易熔塞直接装在紧急截断阀的气源控制气缸壁上,当易熔塞的温度达到(70 ± 5)℃时,伍德合金熔化,并在内部气压(0.1MPa)的作用下,将熔化了的伍德合金吹出并泄压。泄压后的紧急截断阀在弹簧的作用下迅速自动关闭,达到截断装卸车作业的目的。此为第三道安全防护措施。

(3)阻火器。阻火器内装耐高温陶瓷环,附火器安装在安全阀和放空阀的出口汇集总管路上。当放空口处出现着火时防止火焰回窜,起到阻隔火焰作用,保护设备安全。

(4)吹扫置换系统。吹扫置换系统由 E2、E3 和 E4 组成。g 管口送入纯氮气,可对内筒和管路整个系统进行吹扫置换,直至含氧量小于 2.0% 为止。随即转入用产品气进行置换至纯度符合要求。管路包括输液或输气的吹除置换,同样应先用纯氮气吹扫管路至含氧量小于 2.0%,然后再用产品气置换至纯度符合要求。

(5)导静电接地及灭火装置。本产品配有导静电接地装置,以消除装置静电;此外,在车的前后左右两侧均配有 4 只灭火机,以备有火灾险情时应急使用。

2. 国产 SDY9401GDY 型低温液体运输半挂车

1)LNG 槽车技术参数

LNG 槽车技术参数详见表 4.9。

表 4.9 LNG 槽车技术参数

名称	主要技术参数	单位	指标(参数)	备注
半挂车	产品商标		圣达因牌	
	车辆类型		O4	
	产品型号名称		SDY9401GDY 型低温液体运输半挂车	
	满载总质量	kg	39550	
	整备质量	kg	20200	
	额定载质量	kg	19350	
	外形尺寸	mm	12985×2496×3995	长×宽×高
	罐体容积	m³	49	
	轴距	mm	6960+1350+1350	
	轮距(前/后)	mm	/1840	
	前悬/后悬	mm	/1456	
	接近角/离去角	(°)	/20	
	轴数		3	
	轮胎数	个	12+1	

续表

名称	主要技术参数	单位	指标(参数)		备注
半挂车	轮胎规格		11.00R20		
	钢板弹簧片数	片	8/8/8		选装空气悬挂
	车辆限速	km/h	60(直线行驶,一级公路)		
			20(转弯行驶)		
罐体	容器类别		内筒	外筒	
			三类		
	最高工作压力		0.7	≤-0.1①	①外压
	设计压力		0.77	-0.1①	
	计算压力	MPa	0.87	-0.1①	
	气压试验压力		0.89②		②工艺性气压试验压力为1.0
	致密性检验		氦检漏	氦检漏	0.77(管道)
	安全阀开启压力		0.75		
	设计温度	℃	-196		
	工作温度	℃	-162		
	腐蚀余量		0	1	
	充装介质		LNG		
	最大充装质量	kg	19350		
	绝热形式		高真空多层绝热		

2) 结构简介

SDY9401GDY型低温液体运输半挂车主要由半挂车、罐体、管路系统、操作室等组成。

半挂车由罐体、底盘、支腿、牵引销等组成;

罐体是由一个碳钢真空外筒和一个与其同心的奥氏体不锈钢制内筒组成,内外筒之间缠绕了几十层铝箔纸并抽真空,为使真空得以长期保持,夹层中还设置有吸附室。

罐体后部设置有操作室,操作阀门和仪表一般都布置在操作室中。为保证罐体能稳定安全地储存与运输低温液体,罐体设置有多重安全装置和仪表,配置进口TECSIS压力表、液位计组,夹层设有外筒防爆装置,内筒设有组合安全系统(双安全阀组合系统),安全阀的标定开启压力为0.77MPa,两套安全阀由一只三通切换阀控制,当三通切换阀手柄处于0°或180°时分别可接通一组安全阀、爆破片;当手柄处于90°左右时,此时可接通2只安全阀。在正常工作状况下,安全阀不会启跳排故。当充液过量(大于90%充装率)或连续长时间在高温下停放等情况使罐体压力超过工作压力时,应先启动一只安全阀,此时当罐体下降时安全阀会自动回座,但为了考虑安全性、经济性,避免自动回座时有霜冻卡住等原因,可用三通切换阀关闭正在工作的安全阀,强行使其回座,并使另一组安全阀处于待工作状态。罐体前另设有一个压力表,此外还有管路安全阀等。安全阀和放气阀的排放口采用集中回收管道通过阻火器进行排放。对底部进液管路、增压管路及装卸用气相管路设置了三重保护(根部为紧急切断阀,第二个为截止阀,第三个为盲法兰)。

操作室:除罐体前部的压力表阀和压力表外,其他操作阀门和仪表均置于操作室中,操作室底板为不锈钢,后部设置集装箱双开门。

槽车除以上组成部分外,还设置有干粉灭火器、防护栏、挡泥板、静电接地带、紧急切断系统等。

3）低温储罐流程

(1)充装卸液系统。

如图4.64~图4.66所示,液体由CZ-1液相接口、V-1底部进液阀、X-1紧急切断阀1从底部充液;或液体由V-2顶部进液阀、顶部止回阀从顶部充液,充液满后由顶部溢流阀出液。

卸液是液体由X-1紧急切断阀1、V-1底部进液阀、CZ-1液相接口卸液。气体由X-2紧急切断阀、V-11气体排放阀、CZ-2气相接口回气体接收系统。

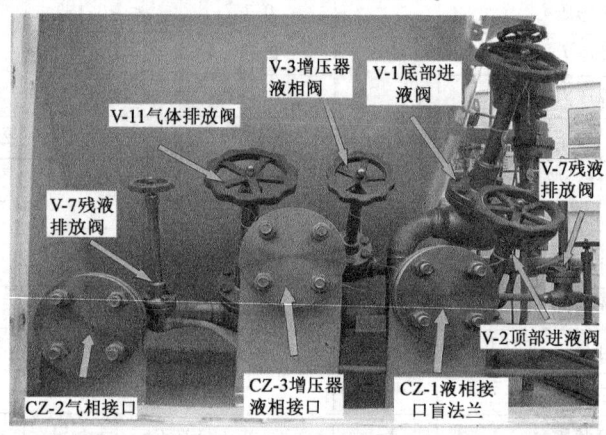

图4.64 SDY9401GDY型低温槽车充装卸液系统实物图

(2)增压减压系统。

如图4.65所示,增压是液体由X-3紧急切断阀3、V-3增压器液相阀、CZ-3增压器液相接口外接增压器从CZ-2气相接口、V-11气体排放阀、X-2紧急切断阀2回槽车,这个过程是液体经过气温加热后变成气体回到槽车逐步压缩,压力增加。

当压力高时可以打开V-12超压排放阀进行排放压力。

(3)安全系统。

罐体:罐体安全系统由V-13组合安全系统阀、SV-1安全阀1、SV-2安全阀2、FA阻火器组成。V-13组合安全系统阀可以自由切换控制任一安全阀,FA阻火器可以防止在气体排放时遇火保护槽车。

管路:管路安全系统由V-7残液排放阀、SV-4安全阀4、SV-5安全阀5、FA阻火器组成。这个安全系统可以防止误操作而引起管路压力倍增。

外壳:在正常情况下防爆盖被真空吸住,当万一出现内胆泄漏而引起夹层压力增高时,防爆盖能自动打开,从而保护槽车。

(4)仪表监测系统。

压力:后操作箱压力显示由V-8液位计气相阀、P1压力表1组成。前压力显示由V-14压力表阀、P2压力表2组成。

液位:液位测量由V-8液位计气相阀、V-9液位计平衡阀、V-10液位计液相阀组成。

在正常情况下,V-8液位计气相阀、V-10液位计液相阀常开,V-9液位计平衡阀常闭;压力可以直接读出,液位可以根据液位对照表算出罐箱内有多少液体。注意在关闭V-8或V-10时,必须先打开V-9。

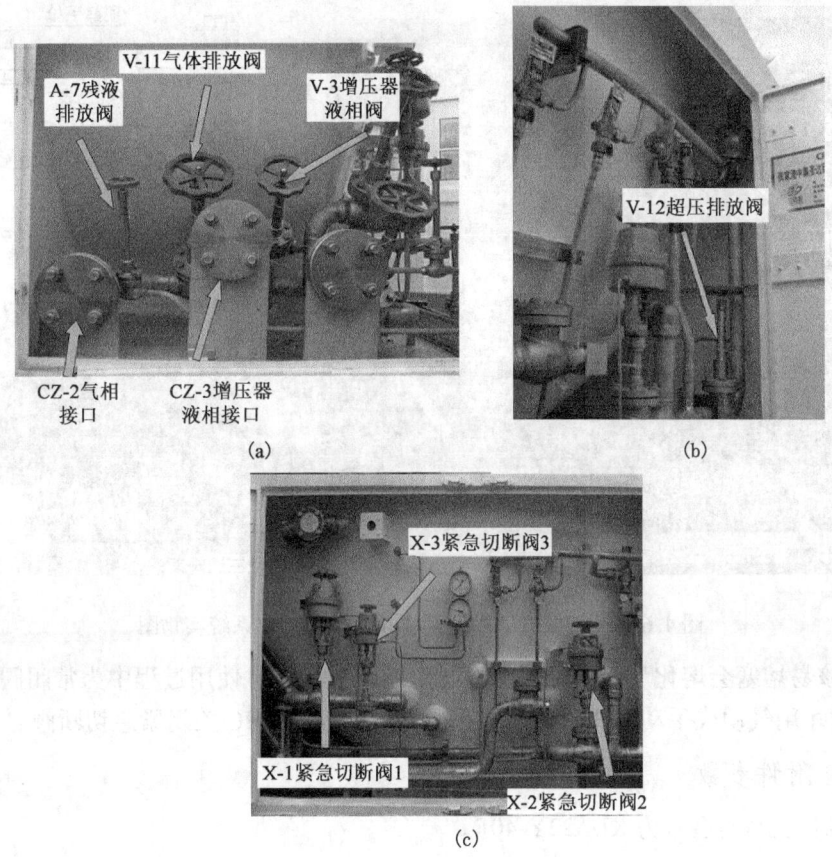

图 4.65 SDY9401GDY 型低温槽车增压减压系统实物图

(5)抽真空及测量系统。

如图 4.66 所示,抽真空装置为 VP-1。测量装置为 V-5 真空隔离阀、VR-1 测真空装置。

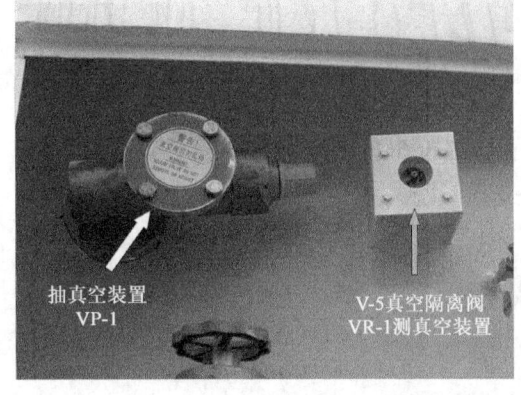

图 4.66 SDY9401GDY 型低温槽车抽真空及测量系统实物图

(6)紧急控制系统。

这部分由 HC 两位三通阀来控制 X-1 紧急切断阀 1、X-2 紧急切断阀 2、X-3 紧急切断阀 3,如图 4.67 所示。

紧急切断阀具有气动和手动开、闭的双重操作功能,且装有易熔塞装置,遇火灾时,达到一

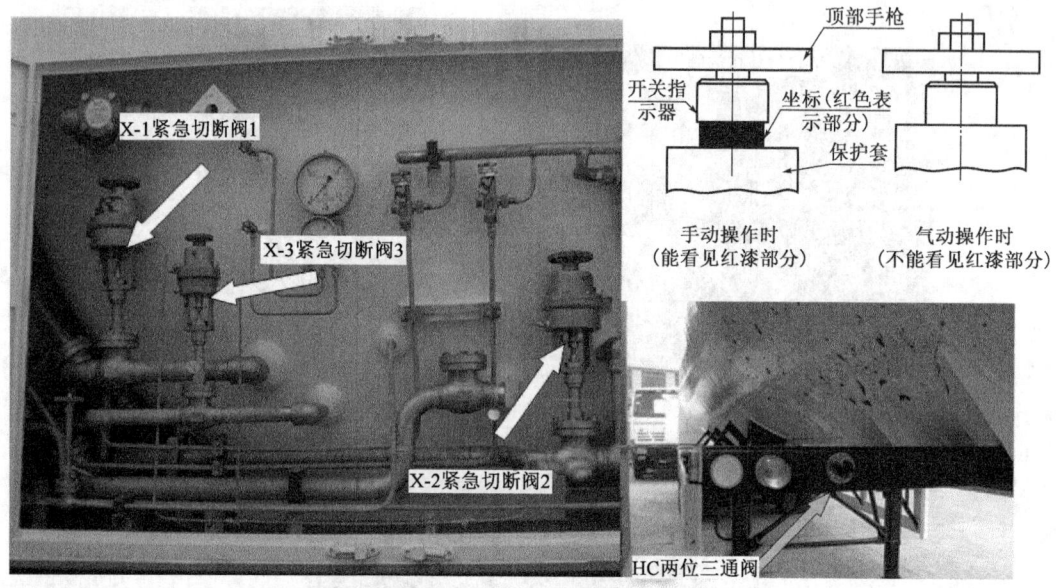

图 4.67　SDY9401GDY 型低温槽车紧急控制系统实物图

定温度后,该易熔塞会熔化从而自动关闭紧急切断阀。在正常使用过程中为常闭阀,只有在充装和卸液时才用气动或手动方式打开该阀门,遇紧急情况用 HC 关闭紧急切断阀。

4)安全附件参数

(1)容器安全阀:型号为 KDA22Y-40P。

起跳压力:≤0.78 MPa。

回座压力:0.75 MPa。

通径:DN25。

(2)管路安全阀:型号为 DA22Y-40P。

起跳压力:≤0.81MPa。

回座压力:0.77MPa。

通径:DN10。

(3)紧急切断阀:型号为 KDJ661F-16P DN50/32。

气缸操作压力:0.4~0.7 MPa。

易熔塞易熔温度:70℃±5℃。

(4)液位计:型号 Tecsis。

量程:0~1.5m。

思考题

1. L-CNG 加气站主要由哪些设备组成?
2. LNG(L-CNG、LNG/ L-CNG)加气站的增压器(气化器)是用什么原理来增压的?
3. 简述 LNG 储罐安全阀的工作原理及作用。
4. 简述往复压缩机的工作原理。

5. 简述活塞式压缩机有哪些气缸润滑方式,各自的优缺点有哪些?
6. 简述压缩机的选型要确定哪些参数,如何确定?
7. 简述 CNG 加气站的气体净化设备主要有哪些,都起到什么作用?
8. CNG 加气站的储气系统起到什么作用,有哪些具体的储气方式?
9. CNG 加气机系统主要由哪些部分构成?
10. LNG(L-CNG、LNG/L-CNG)加气站主要设备具备哪些共同特性?
11. LNG(L-CNG、LNG/L-CNG)加气站的 LNG 储罐具备哪些特殊要求?
12. 为安全运行管理需要,一般 LNG 潜液泵泵前泵后有哪些特殊设置?
13. LNG 加液管道系统中包含的设备除质量流量计外,还主要有哪些?
14. LNG 管路的收缩及补偿可通过哪些方法来解决?

参 考 文 献

[1] 顾安忠,等. 液化天然气技术. 2 版. 北京:机械工业出版社,2015.

[2] 顾安忠,鲁雪生. 液化天然气技术手册. 北京:机械工业出版社,2010.

[3] 敬加强,梁光川,蒋宏业. 液化天然气技术问答. 北京:化学工业出版社,2007.

[4] 周春. LNG 加气站的规范选用及设计. 煤气与热力, 2011, 31(5):15-20.

[5] 刘新领. 关于 NB/T 1001—2011 问题探讨. 城市燃气, 2012(5):23-26.

[6] 陈社鹏,李臻. 9Ni 钢在 LNG 储罐中的应用分析与探讨. 化工装备技术, 2009, 30(6): 40-43.

[7] 李春龙,王强林,石晓宇. LNG 储罐罐表系统选择简述. 中国仪器仪表, 2010(s1): 177-182.

[8] 孟庆海,赵广明. 地上 LNG 储罐选型及基础类型的选择. 石油化工设备技术, 2014, 35(4):1-5.

[9] 张丽敏,陈福洋. LNG 加气机技术现状. 煤气与热力, 2008, 28(7):27-29.

[10] 熊茂涛,赵普俊,张宗平,等. 中国 LNG 加气机的市场、技术现状与发展方向. 天然气工业, 2011, 31(6):103-106.

[11] 马立强,宁檩,金瑟,等. 液化天然气加气机计量检测技术现状分析. 现代测量与实验室管理, 2013(2):3-6.

[12] 祝勇仁,张炜,王循明. LNG 汽车加气站用潜液泵研制. 机械科学与技术, 2012, 31(1):163-166.

[13] 梁骞,厉彦忠,谭宏博,等. 潜液式 LNG 泵的结构特点及其应用优势. 天然气工业, 2008, 28(2):123-125.

[14] 罗资琴,任永平,陈叔平,等. LNG 低温潜液泵结构及设计分析. 低温与超导, 2012, 40(7):13-16.

[15] 张翼飞,仝晓龙. 液化天然气(LNG)输送泵的特点与应用. 水泵技术, 2006(6):38-40.

[16] 邓雪峰. 压缩天然气加气站脱水装置的类型和选择. 中国土木工程学会城市燃气分会压缩天然气专业委员会年会,2007.

[17] 肖芝盛. 对建设压缩天然气加气站的意见. 天然气工业, 1990, 10(3):79-82.

[18] 薛鹏涛,杨卫东,许长泳.压缩天然气加气站设备选型与运行管理.煤气与热力,2004,24(6):348-349.
[19] 何太碧,黄海波,张浩,等.CNG汽车加气站国产设备使用情况研究(Ⅱ).天然气工业,2006,26(9):141-144.
[20] 李超.CNG加气站工艺系统与设备优化研究.重庆:重庆大学,2012.
[21] 颜录通.压缩天然气加气站脱水方式比较.中国石油和化工标准与质量,2013(5):251.
[22] 梅鹏程,邓春锋,邓欣.LNG气化器的分类及选型设计[J].化学工程与装备,2016(5):65-70.

5 天然气加气站仪表及控制系统

5.1 加气站常用仪表及计量系统

5.1.1 加气站自动化仪表

为了准确了解和控制生产过程中的工艺参数(压力、温度、物位、流量等),一般在设备及工艺流程的关键部位上安装了各种仪表和仪器,利用这些仪器仪表所反映出的各种示值,操作人员(或自动化设备)便可判断生产是否正常,并及时做出相应的处理措施,以保证设备安全正常运行。

利用各种仪表和设备代替人的一些复杂性、重复性的劳动,按照人们所预定的要求,自动进行生产和操作,这种管理生产的办法,称为工业生产自动化。其自动化生产过程中的检测与过程控制仪表常称自动化仪表。

了解和掌握加气站常用测量仪表常识以及它们的用途、主要特点、基本工作原理、结构,合理选择和正确使用这些仪表,是加气站设计、管理及操作人员达到安全、平稳操作,搞好加气站生产的必要基础。

5.1.1.1 加气站自动化仪表的分类

检测与过程控制仪表分类方法很多,如按仪表在测量与控制系统中的作用划分,一般分为检测仪表、显示仪表、调节控制仪表和执行器四大类,如图5.1所示。

(1)检测仪表:测量某些工艺参数如压力、温度、电压、频率、振动等,如压力变送器、压力表、差压开关、双金属温度计、铂电阻、热电偶、分析仪表等。

(2)显示仪表:指针式、数字式记录仪及指示器、电位差计、工业电视、图像显示器等。

(3)调节控制仪表:根据需要对信号进行运算如放大、积分、微分等,也包括各种气动、电动调

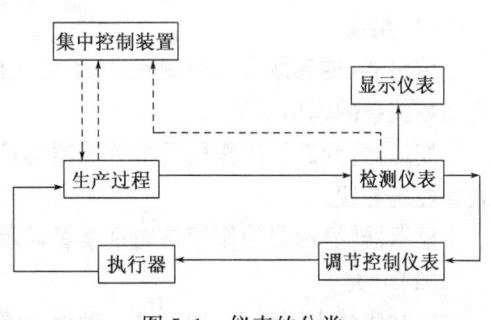

图 5.1 仪表的分类

节器及用来代替调节器的微处理机。调节仪表包括组合式或集中控制调节装置、可编程控制器PMK、PLC、自力式调节阀等,其中集中控制调节装置包括巡回调节仪、程序控制仪、可编程序调节器、可编程序控制器等。

(4)执行器:接收调节系统来的信号或直接来自操作人员的指令,对生产过程进行操作和控制,包括各种电、液、气动执行机构和调节阀、开关等。

计量设备也称流量仪表,如涡轮流量计、质量流量计、孔板阀、超声波流量计等。

自动化仪表根据能源可分为电动、气动、液动;按所测量变量不同,大致可分为压力、温度、物位、流量检测、分析仪表等。

5.1.1.2 加气站自动化检测仪表

1.加气站自动化检测仪表特点、组成与分类

加气站自动化检测仪表是生产自动化系统的最基础、最重要的组成部分之一,其可靠性和精度直接影响系统工作的可靠性和技术性能。熟悉检测仪表的工作原理对正确地选择、合理地使用和维护仪表以及正确地设计自动化系统有重要意义。

由于油气储运系统输送介质的物理化学性质、成分、高压大排量及所使用设备等方面的特点,使得油气储运系统自动化系统中所使用的检测仪表与一般生产过程相比有一定特点或特殊要求。这里主要介绍储运系统中常用的温度、压力、流量、液位、分析及可燃气体检测仪表。

1)加气站自动化检测仪表的特点

(1)油气的成分复杂,有些成分具有腐蚀性,因此,要求所用仪表材质有相应的耐腐蚀性能。

(2)油气中或管线腐蚀所形成的杂质,可能会堵塞仪表,因此,要求仪表或其附属部件有一定的抗堵和消除堵塞的功能。

(3)输送压力和排量都较大,要求仪表有较高的承压能力和较大的动态工作范围。

(4)油气是易燃易爆物,因此,要求仪表必须符合防爆等级要求。

(5)许多储运系统的管线或场站通过气候和地理环境非常恶劣的地带,这些地方的仪表或场站是无人值守的,因此,要求仪表有很高的可靠性。

加气站工艺上需要检测的过程变量主要有压力、温度、流量、液位和成分量(含水量、密度、气中各种成分的含量等),此外还有泵、压缩机、电动机(或柴油机、燃气轮机)的转速、振动量及电压、电流等。

2)加气站自动化检测仪表的组成和分类

(1)组成。

传感器:传感器也称检测元件、敏感元件,其作用是感受被测量的变化,并转换成与之成单值函数关系的输出信号。

变送器:变送器的作用是将传感器的输出信号转换成统一标准信号,送给显示器或其他仪表和控制装置。

显示器:显示器的作用是向观察者显示被测量数位的大小,有指示、数字、屏幕三种形式。

(2)分类。

按被测量不同分类,加气站自动化检测仪表分为温度、压力、流量、液位、成分、转速、位移、振动、电压、电流及功率等仪表。

按输出信号不同分类,加气站自动化检测仪表分为模拟量(电压或电流)、数字量(含开关量、频率量、数字量)等仪表。

按显示不同方式分类,加气站自动化检测仪表分为指示式、记录式、累积式、远传式、信号式等仪表。

按所使用能源不同分类,加气站自动化检测仪表分为电动式、气动式、液动式等仪表。

2. 加气站自动化检测仪表的防爆

1) 危险场所的划分

《中华人民共和国爆炸危险场所电气安全规程(试行)》将爆炸危险场所划分为两类五级。

第一类场所指爆炸性气体或可燃蒸气与空气混合形成爆炸性气体混合物的场所。按其危险程度的大小分为三个区域等级。

(1) 0级区域(0区):在正常情况下,爆炸性气体混合物连续地、短时间频繁地出现或长时间存在的场所。

(2) 1级区域(1区):在正常情况下,爆炸性气体混合物有可能出现的场所。

(3) 2级区域(2区):在正常情况下,爆炸性气体混合物不能出现,仅在不正常情况下偶尔短时间出现的场所。

(注:正常情况是指设备的正常起动、停止、正常运行和维修;不正常情况是指可能发生设备故障或误操作。)

第二类场所指爆炸性粉尘或易燃纤维与空气混合形成爆炸性混合物的场所。按其危险程度的大小分为两个区域等级。

(1) 10级区域(10区):在正常情况下,爆炸性粉尘或可燃纤维与空气的混合物可能连续地、短时间频繁地出现或长时间存在的场所。

(2) 11级区域(11区):在正常情况下,爆炸性粉尘或可燃纤维与空气的混合物不能出现,仅在不正常情况下偶尔短时间出现的场所。

2) 爆炸性物质的分类、分级与分组

(1) 分类。

爆炸性物质可分为三类:Ⅰ类——矿井甲烷;Ⅱ类——爆炸性气体、蒸气;Ⅲ类——爆炸性粉尘、纤维。

(2) 分级与分组。

爆炸性气体在标准试验条件下,按其最大试验安全间隙和最小点燃电流比分级。Ⅰ级——甲烷;ⅡA级——汽油等;ⅡB级——环氧乙烷等;ⅡC级——氢气、乙炔等。其中ⅡC级最危险。

按引燃温度分成6组,单位为℃。

T1组:$T>450$;T2组:$450>T>300$;T3组:$300>T>200$;T4组:$200>T>135$;T5组:$135>T>100$;T6组:$100>T>85$。其中T6组最易引燃。

3) 仪表及系统的防爆措施

(1) 仪表的防爆措施。

自动化仪表属低压电气设备,因此在危险场所使用的自动化仪表要按电气设备防爆规程管理。规程规定:防爆电气设备可制成隔爆型、本质安全型等10种结构类型。其设备的分类、分级、分组与爆炸性物质的分类、分级、分组方法相同,其等级参数及符号也相同,其中温度等级是按最高表面温度确定,隔爆型指外壳表面温度,其余各类型指可能与爆炸性混合物接触的表面的温度。

自动化仪表防爆结构主要有两种类型:

①隔爆型:标志"d"。在结构上把仪表电路和接线端子全部放在防爆表壳内,使表壳有足够的强度和良好的密封性;即使仪表内部产生火花,也不会引起仪表外部的爆炸性混合物爆炸。

②本质安全型:标志"i"。仪表在正常工作状态和事故状态下所产生的火花及达到的温度,均不足以引燃、引爆周围的危险混合物。

例如:安装在汽油泵房的仪表的防爆措施,已知汽油属于ⅡA级,温度组别属T3组。

仪表的防爆措施为可选具有 Exd Ⅱ AT3 防爆性能的仪表或高于其防爆性能的仪表。Ex为防爆标志。

(2)系统的防爆措施。

安全防爆系统如图5.2所示。它不仅在危险场所使用本质安全型仪表,而且在控制室仪表与危险场所仪表之间设置了安全栅,这样构成的系统就实现了本质安全防爆的要求。

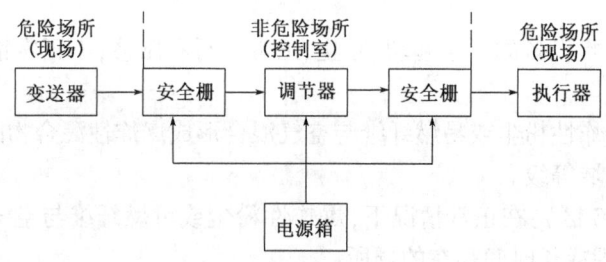

图5.2 安全防爆系统

安全栅作用是作为控制室非本质安全仪表与现场本质安全仪表之间的隔离设备,一方面传输信号,另一方面控制流入危险场所的能量(电压、电流)在爆炸性混合物的点火能量以下,以确保系统的安全火花性能。

如果上述系统中不采用安全栅,而由分电盘代替,分电盘只能起信号隔离作用,不能限压、限流,故该系统已不再是本质安全型防爆系统。

3.加气站自动化检测仪表测量误差基础知识

1)参数的测量

(1)参数检测:将被测参数经过一次或多次能量的交换,获得一种便于显示和传递的信号的过程。参数检测的基本过程如图5.3所示。

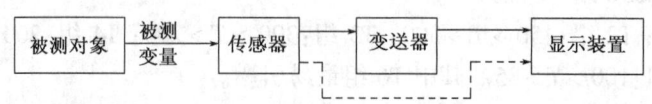

图5.3 参数检测的基本过程

(2)根据信号的不同,参数检测仪表可分为气动检测仪表和电动检测仪表两类。

(3)非电量的电测法:将非电量工艺参数,如压力、温度、流量、物位等,转换为电流、电压等电路参数(信号)的检测方法。

传感器又称为检测元件或敏感元件,它直接响应被测变量,经能量转换并转化成一个与被测变量成对应关系的、便于传送的输出信号,如电压、电流、电阻、频率、位移、力等。因传感器的输出信号种类很多,且信号往往很微弱,一般都需要经过变送器的变送环节进一步处理,把传感器的输出转换成如 0~10mA、4~20mA 等标准统一的模拟量信号或者满足特定标准的数字量信号。

2) 测量仪表性能

(1) 仪表的准确度与误差。

准确度表示测量结果与真值的一致程度。准确度高说明仪表既精密又准确,其随机误差与系统误差都小。

误差分为绝对误差、相对误差和允许误差。

绝对误差反映测量值偏离真值的大小,绝对误差 = 测量值 − 真值。

相对误差为绝对误差与测量值或多次测量的平均值的比值,即相对误差 = (绝对误差/被测量真值) × 100%。相对误差又分为以下 3 种:

①实际相对误差:绝对误差与被测量真值之比;
②示值相对误差:绝对误差与仪表指示值之比;
③引用相对误差:绝对误差与仪表满刻度值之比。

允许误差为仪表在整个量程范围内的最大示值的绝对误差与仪表量程上限之比。

仪表的准确度常用仪表的准确度等级来表示。如准确度等级为 1.5 级仪表,在规定条件下使用时其绝对误差最大值的绝对值不能超过量程的 1.5%。

例 5.1 一台测量范围 0~1000kPa 的压力测量仪表,其最大绝对误差 10kPa(在整个量程范围内),另一台测量范围 0~400kPa 的压力测量仪表,其最大绝对误差 5kPa,请问哪一台压力检测仪表的准确度更高?

解:量程为 1000kPa 的仪表准确度 = 10/1000 = 0.01 = 1%;

量程为 400kPa 的仪表准确度 = 5/400 = 0.0125 = 1.25%。

虽后者的最大绝对误差较小,但并不说明后者较前者准确度高。第一台仪表准确度高。

测量仪表常以最大相对误差百分数来衡量仪表的准确度,定义为仪表的准确度等级。

(2) 仪表的准确度等级。

仪表的准确度等级是指仪表在规定的工作条件下允许的最大相对百分误差。

把仪表允许的最大相对百分误差去掉"±"号和"%"号,便可以用来确定仪表的准确度等级。目前,按照国家统一规定所划分的仪表准确度等级有:0.005,0.02,0.05,0.1,0.2,0.4,0.5,1.0,1.5,2.5,4.0 等。所谓的 0.5 级仪表,表示该仪表允许的最大相对误差为 ±0.5%,以此类推。

准确度等级一般用一定的符号表示在仪表面板上,如 ⑴.⑤ ⚠︎。

仪表的准确度等级是衡量仪表质量优劣的重要指标之一。

准确度等级数值越小,表示仪表的准确度等级越高。

准确度等级数值 ≤0.05 的仪表通常用来作为标准表,而工业用表的准确度等级一般大于等于 0.5 级。天然气贸易计量系统与 GB/T 18603—2014 计量系统的配套仪表准确度分别见表 5.1、表 5.2。

表 5.1 天然气贸易计量系统配套仪表准确度(气体类)

参数测量	计量系统配套仪表准确度		
	A级(1.0%)	B级(2.0%)	C级(3.0%)
温度	0.5 ℃	0.5 ℃	1.0 ℃
压力	0.2%	0.5%	1.0%
密度	0.25%	0.75%	1.0%
压缩因子	0.25%	0.5%	0.5%
发热量	0.5%	1.0%	1.0%
工况下体积流量	0.75%	1.0%	1.5%

表 5.2 GB/T 18603—2014《天然气计量系统技术要求》计量系统配套仪表准确度(气体类)

测量参数	A级(1%)	B级(2%)	C级(3%)
流量	≤0.75%	≤1.0%	≤1.5%
发热量	≤0.5%	≤1.0%	≤1.0%
压缩因子	≤0.3%	≤0.5%	≤0.5%
密度	≤0.5%	≤1.0%	≤1.0%
压力	≤0.2%	≤0.5%	≤2.0%
温度	≤0.5K	≤0.5K	≤1K

例 5.2 某压力变送器测量范围为 0～400kPa,在校验该变送器时测得的最大绝对误差为 -5kPa,请确定该仪表的精度等级。

解:先求最大相对百分误差 $\delta = \dfrac{-5}{400-0} \times 100\% = \pm 1.25\%$,去掉 ± 和 1.25,因此该变送器精度等级为 1.5 级。

例 5.3 根据工艺要求选择一测量范围为 0～40m³/h 的流量计,要求测量误差不超过 ±0.5m³/h,请确认该仪表的精度等级。

解:同样,先求最大相对百分误差 $\delta = \dfrac{\pm 0.5}{40-0} \times 100\% = \pm 1.25\%$,因此该流量计必须选择 1.0 级得流量计。

结论:工艺要求的允许误差≥仪表的允许误差≥检定/校准所得到的相对百分误差。

(3)仪表的变差。

在外界条件不变的情况下,使用同一仪表对被测变量在全量程范围内进行正反行程(即逐渐由小到大和由大到小)测量时,对应于同一被测值的仪表输出可能不相等,二者之差的绝对值即为变差,如图 5.4 所示。变差的大小,根据在同一被测值下正反特性间仪表输出的最大绝对差值和测量仪表量程之比的百分数来表示:

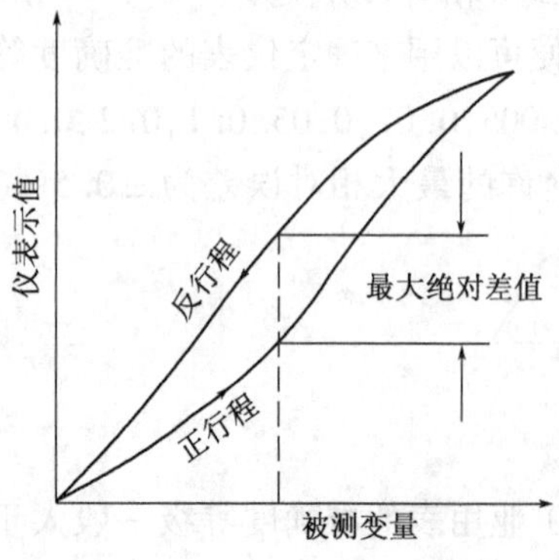

$$\text{变差} = \dfrac{\text{最大绝对差值}}{\text{标尺上限值} - \text{标尺下限值}} \times 100\% \quad (5.1)$$

指示变差为同一仪表对相同的被测参数进行正、反行程测量时,其显示值的差异。

图 5.4 仪表的变差

(4)仪表的分辨力。

分辨力是指仪器仪表指示装置可有意义地辨别被指示量两相邻值的能力,例如,7位数字电压表,若在最低量程时,满度值为1V,则该数字式电压表的分辨力为$0.1\mu V$。数字仪表能稳定显示的位数越多,则分辨力就越高。

(5)仪表的线性度。

通常情况下,总是希望测量仪表的输出量和输入量之间呈线性对应关系。测量仪表的非线性误差就是用来表征仪表的输出量和输入量的实际对应关系与理论直线的吻合程度,如图5.5所示。

通常非线性误差用实际测得的输入—输出特性曲线(也称为校准曲线)与理论直线之间的最大偏差和测量仪表量程之比的百分数来表示:

$$\delta_f = \frac{\Delta'_{max}}{测量范围上限 - 测量范围下限} \times 100\% \quad (5.2)$$

(6)仪表的重复性。

$$\delta_Z = \frac{\Delta Z_{max}}{仪表量程} \times 100\% \quad (5.3)$$

重复性表示检测仪表在被测参数按同一方向作全量程连续多次变动时所得的标定特性曲线不一致的程度。如图5.6所示,若标定的特性曲线一致,重复性就好,重复性误差就小。

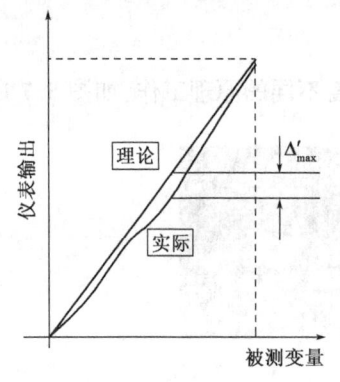

图5.5 仪表的线性度

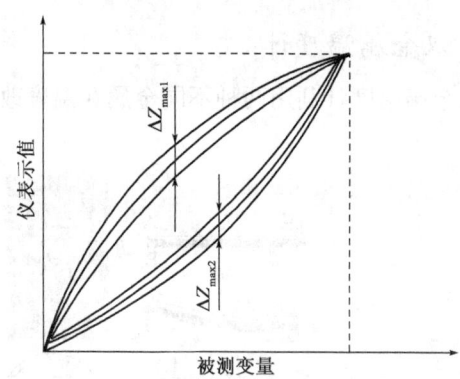

图5.6 仪表的重复性

(7)动态误差。

相对百分误差、非线性误差、变差都是静态误差。动态误差是指检测系统受外扰动作用后,被测变量处于变动状态下仪表示值与参数实际值之间的差异。它反映了仪表对测量值的速度敏感性能。

5.1.2 加气站常用仪表

5.1.2.1 温度检测仪表

在加气站生产过程中,温度是关键性的测量参数之一。

在加气站工艺中温度检测仪表均采用接触式。

现场就地指示仪表选用金属温度计居多,也有用压力式作为温控器用,远传温度检测仪表选用热电阻、热电偶(或温度变送器),特别是热电阻(例如铂热电阻)应用最广。

加气站接触式测温仪表(温度计)性能比较见表5.3。

表5.3 加气站接触式测温仪表(温度计)性能比较

种类	方式	优点	缺点	使用范围,℃
玻璃液体	膨胀式	结构简单、使用方便、测量准确、价格低廉	测量上限和精度受玻璃质量的限制、易破损、读数麻烦,一般只能现场指示,不能记录与远传	-100~100(有机液体) -30~650(水银)
双金属	膨胀式	结构简单、机械强度大、价格低、能记录、报警与自控	精度低、不能离开测量点测量,量程与使用范围均有限	-80~800
压力式		结构简单、不怕震动、具有防爆性、价格低廉、能记录、报警与自控	精度低,测量距离较远时,仪表的滞后性较大,一般离开测量点不超过10m	-50~600(液体型) -50~200(蒸汽型)
热电阻	热阻效应	测量精度高,便于远距离、多点、集中测量和自动控制,应用广泛	不能测高温	-200~600(铂电阻) -50~150(铜电阻)
		灵敏度高、体积小、结构简单、使用方便	互换性较差,测量范围有一定限制	-50~150 (半导体热敏电阻)
热电偶	热电效应	测温范围广,精度高,便于远距离、多点、集中测量和自动控制	需冷端温度补偿,在低温段测量精度较低	-200~1800

1.双金属温度计

双金属温度计利用两种不同金属在温度改变时膨胀程度不同的原理工作,如图5.7所示。

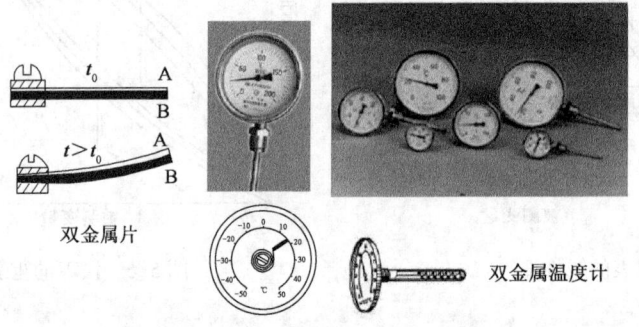

图5.7 双金属温度计及其工作原理图

1)工作原理

双金属温度计是利用膨胀系数不同的两种金属元件来测量温度的仪器。温度变化时使自由端产生位移,借此带动指针在温度刻度盘上转动构成温度计。另外,可作温度继电控制、极值温度控制信号。

双金属温度计用绕成螺纹旋形的热双金属片作感温元件,并装在保护套内,一端固定(固定端),另一端(自由端)连接在一根细轴上,轴端装有指针。温度变化时,感温元件自由端随即转动,细轴带动指针产生角位移,在标度盘上指示出温度变化;直型表则通过转向传动机构带动指针。因感温元件与温度变化呈线性关系,所以双金属温度计指针所指示的位置即是被测温度值。

可调角型温度计表头部分借助于波纹管、转角机构等零件,可由角型到直型或从直型到角型任意角度转变。

2)特点

双金属温度计测量范围大、体积小、结构简单、示值清晰,具有一定抗震性能,适合一般无腐蚀性气液介质温度的就地连续测量,但精度不高。

双金属温度计的测量范围、量程和玻璃管液体膨胀式温度计相同或相近,但双金属温度计精确度稍差。但在有振动和容易受到冲击的场合,以及安装位置离观察者稍远的情况下,双金属温度计更为适用。

目前常用一体化双金属温度计,如图5.8所示,它将热电阻或热电偶的信号远传功能与双金属温度计就地指示功能相结合,既能满足现场测温需求,也能满足远距离传输需求,远传双金属温度计可以直接测量各种生产过程中的 -40 ~ +600℃范围内液体、蒸气、气体介质以及固体表面的温度。其性能特点为:(1)具有测温探头小、灵敏度高、线性刻度、寿命长等特点。(2)具有远传输出电阻信号(PT100)、抗震性、耐腐蚀性及大功率开关信号等多种功能。

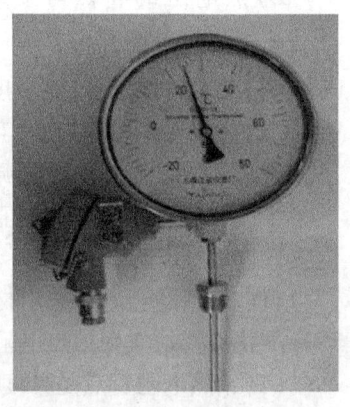

图5.8 一体化双金属温度计

2.热电阻温度计

在工业应用中,热电偶一般适用于测量500℃以上的较高温度。对于500℃以下的中、低温度,热电偶输出的热电势很小,这对二次仪表的放大器、抗干扰措施等的要求就很高,否则难以实现精确测量;且在较低的温度区域,冷端温度的变化所引起的相对误差也非常突出,对误差就显得很突出,并且不易得到全补偿。所以测量中、低温度,一般使用热电阻温度测量仪表较为合适。

工业热电阻一般由感温元件、过渡引线、绝缘管、保护管、接线盒、安装固定装置等部分组成,通常与显示仪表、记录仪和电子调节器等配套使用,它可对 -200 ~ 600℃范围内的液体、蒸汽、气体介质以及固体表面的温度进行测量或者控制;工业热电阻具有灵敏度高、稳定性好等特点而被广泛应用。对加气站而言,通常加气站用热电阻较为适宜。

1)热电阻的测温原理

热电阻利用金属热电阻的电阻值随温度的改变而改变的特性进行温度测量。当温度发生变化时,热电阻发生变化,通过测量电桥转换成电压或电流信号,然后送至显示仪表以指示或记录被测温度。

金属导体的电阻与温度间的关系为

$$R_t = R_0[1 + \alpha(t - t_0)]; \Delta R = \alpha R_0 \Delta t \tag{5.4}$$

其中 $\Delta R = R_t - R_0; \Delta t = t - t_0$

式中 R_t——温度为 t℃时电阻值;

R_0——温度为 t_0℃时电阻值(电阻的绝对值);

α——电阻温度系数;

ΔR——电阻变化量;

Δt——温度变化量。

一般金属电阻值随温度的升高而增加,且近于线性关系。

大多数金属在温度每升高 1℃ 时,其电阻值要增加 0.4%~0.6%。只要测出感温热电阻的阻值变化,就可量出被测温度。热电阻温度计测量范围一般为 -200~850℃。相对于热电偶来说,由于热电阻有一定体积,使用电阻温度计测量出的温度为感温元件所占区域的平均温度,不太适合于某个点的温度测量。

2) 热电阻的特点与要求

热电阻测温优点如下:

(1) 信号可以远传,灵敏度高,无需冷端温度补偿。

(2) 金属热电阻稳定性、互换性好,准确度高,可以用作基准仪表。

热电阻的缺点是需要电源激励,有自热现象,影响测量精度。

半导体热敏电阻的电阻值随着温度的升高而减小,灵敏度比金属热敏电阻大数百倍,但热电特性非线性严重。

目前使用的金属热电阻材料有铜、铂、镍、铁等,实际应用最多的是铜、铂两种材料,并已实现标准化加气站常用铂热电阻或铜热电阻。

(1) 铂热电阻特点是精度高,体积小,测温范围宽,稳定性好,再现性好,但是价格较贵,在高温下只适合在氧化气氛中使用。其电阻与温度的关系在不同的温度范围内满足不同的公式。

在 -200~0℃ 范围内:
$$R_t = R_0[1 + At + Bt^2 + C(t-100)t^3] \tag{5.5}$$

在 0~850℃ 范围内:
$$R_t = R_0(1 + At + Bt^2) \tag{5.6}$$

式中,R_0 为温度 0℃ 时的电阻值;R_t 为温度 t℃ 时的电阻值;系数 $A = 3.9083 \times 10^{-3}$℃$^{-1}$,$B = -5.775 \times 10^{-7}$℃$^{-2}$,$C = -4.183 \times 10^{-12}$℃$^{-4}$。

目前,我国工业用铂热电阻常用的有两种,R_0 分别为 10Ω 和 100Ω,分度号分别为 Pt10 和 Pt100。

(2) 铜电阻也是工业上常用的热电阻。铜易提纯,价格便宜,具有较高的温度系数,热阻值与温度呈线性关系。在 -50~+150℃ 的范围内,具有很好的稳定性。在一些测量精度要求不高且温度较低的场合,多采用铜电阻。

铜电阻缺点为电阻率低,因此体积较大、热响应慢。另外,当温度超过 150℃ 时,铜易氧化,因此其只能在低温及侵蚀性的介质中工作,其电阻与温度的关系为

$$R_t = R_0(1 + \alpha t) \tag{5.7}$$

式中,α 为 0℃ 下的电阻温度系数,$\alpha = 4.28 \times 10^{-3}$℃$^{-1}$。

目前,我国工业用铜热电阻常用的有两种,分度号分别为 Cu50 和 Cu100,R_0 分别为 50Ω 和 100Ω。常用热电阻性能见表 5.4。

表 5.4 常用热电阻性能表

热电阻种类	分度号	测量范围,℃	温度允差 Δt,℃	0℃ 允许误差,Ω
铂电阻	Pt100	-200~600	A 级:±(0.15 + 0.002|t|)	±0.06
	Pt1000		B 级:±(0.30 + 0.005|t|)	±0.12
铜电阻	Cu50	-50~150	±(0.30 + 0.006|t|)	±0.012
	Cu100			±0.10

3）常用热电阻温度计的结构

热电阻温度计通常都由电阻体、绝缘子、保护管和接线盒4个部分组成。除电阻体外,其余各部分的结构、形状以及热电阻的外形均与热电偶的相应部分相同,如图5.9、图5.10所示。铠装热电阻由引线、绝缘粉末及保护套管整体压合而成,在其工作端底部装有小型化电阻体,工程用热电阻温度计,高温用银线、低温用镀银铜线作引出线。

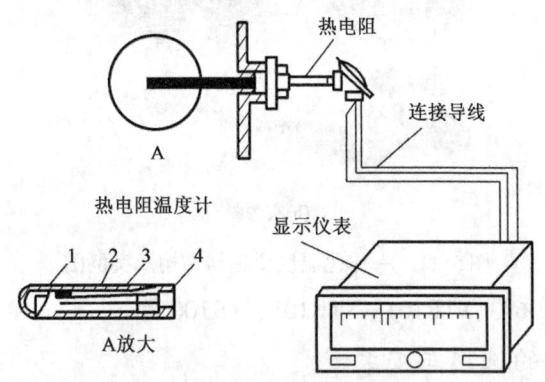

图5.9　热电阻结构图
1—保护套管;2—小金属管;3—电阻感温元件;4—瓷管

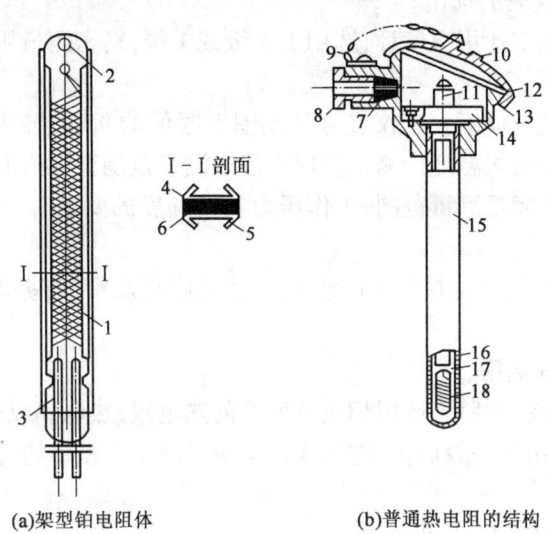

(a)架型铂电阻体　　(b)普通热电阻的结构

图5.10　热电偶结构图
1—铂丝;2—螺钉;3—引出线;4—云母片;5—夹持件;6—管架;7—引线出线孔;8—引线孔螺母;9—链条;10—盖;
11—接线柱;12—密封;13—接线盒;14—接线座;15—保护套管;16—绝缘套;17—引出线;18—电阻体

目前工业上常用一体化温度变送器(图5.11),其为将变送器模块安装在测温元件接线盒或专用接线盒内的一种温度变送器,即利用集成电路技术,把变换电路做成小型模件,安装在铂电阻或热电偶的接线盒内的变送器,可直接输出4～20mA DC的统一信号,直接安装在现场,使用非常方便。

结构:测温元件和变送器模块;

变送器模块正常工作温度:-20～+80℃;

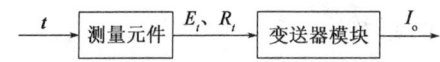

(a)一体化温度变送器结构框图

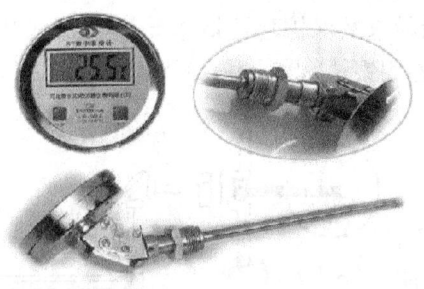

(b)实例图

图5.11 一体化温度变送器结构及实例图

常用变送器芯片:AD693、XTR101、XTR103、IXR100 等。

3. 温度测量仪表的选用与安装

1)温度测量仪表的选用

(1)就地温度测量仪表的选用。

①精确度等级:一般工业用温度计,选用1.5级或1级;精密测量用温度计,选用0.5级或0.25级。

②测量范围:最高测量值不大于仪表测量范围上限值的90%,正常测量值在仪表测量范围上限值的1/2左右;压力式温度计测量值应在仪表测量范围上限值的1/2~3/4之间。

③双金属温度计:在满足测量范围、工作压力和精确度的要求时,应被优先选用于就地显示。

④压力式温度计:适用于-80℃以下低温、无法近距离观察、有振动及精确度要求不高的就地或就地盘显示。

(2)温度测量元件的选用。

①根据温度测量范围,参照表选用相应分度号的热电阻、热电偶或热敏热电阻。

②铠装式热电偶适用于一般场合;铠装式热电阻适用于无振动场合;热敏热电阻适用于测量反应速度快的场合。

(3)特殊场合适用的热电偶、热电阻。

①设备、管道外壁和转体表面温度,选用端(表面)式、压簧固定式或铠装热电阻。

②含坚硬固体颗粒介质,选用耐磨热电阻。

③在同一检出(测)元件保护管中,要求多点测量时,选用多点(支)热电阻。

④为了节省特殊保护管材料(如钽),提高响应速度或要求检出(测)元件弯曲安装时可选用铠装热电阻。

一般工业用温度测量仪表的选型原则如图5.12所示。对 CNG/LNG 加气站主要温度计为 Pt100 热电阻,双金属温度计。材质因有高压与低温要求为不锈钢。

2)温度测量元件的安装

接触式温度测量仪表所测得的温度都由温度测量(感温)元件来决定。在正确选择温度测量元件和二次仪表之后,如不注意温度测量元件的正确安装,那么,测量精度仍得不到保证。

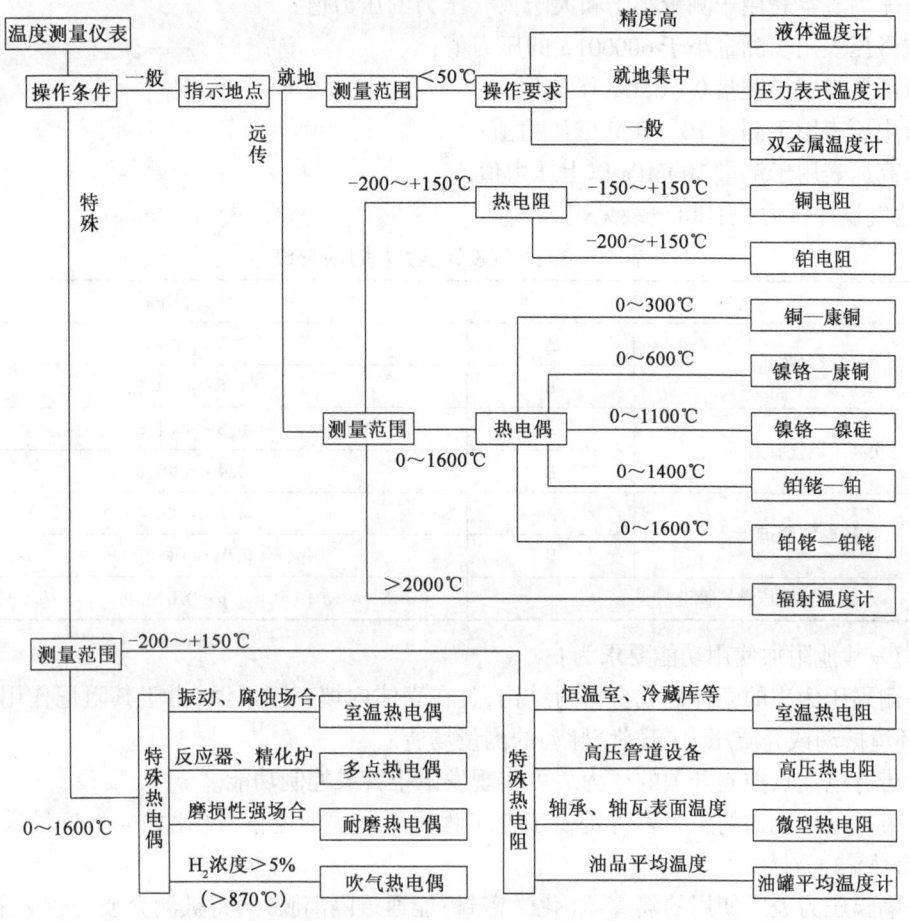

图 5.12 温度测量仪表的选型

天然气加气站温度测量元件的安装一般应符合下列原则要求：
(1)检测元件的安装应确保测量的准确性,选择有代表性的安装位置。
(2)检测元件的安装应确保安全、可靠。
(3)检测元件的安装应综合考虑仪表维修、校验的方便。

5.1.2.2 压力测量仪表

1.压力测量仪表基本知识及其分类

压力测量仪表称为压力表或压力计。压力表可指示、记录压力值,并可附加报警或控制装置。

压力表按其转换原理不同可分为液柱式、弹性式、压力传感式与活塞式四类。
压力表按其测量精确度,可分为精密压力表、一般压力表。
(1)精密压力表的测量精确度等级分别为 0.1、0.15、0.25、0.4 级；
(2)一般压力表的测量精确度等级分别为 1.0、1.5、2.5、4.0 级。
压力表按其指示压力的基准不同,分为一般压力表、绝对压力表、差压表。
压力表按其测量范围分为真空表、压力真空表、微压表、低压表、中压表及高压表。

(1)真空表用于测量小于大气压力的压力值;

(2)压力真空表用于测量小于和大于大气压力的压力值;

(3)微压表用于测量小于60000Pa的压力值;

(4)低压表用于测量0~6MPa压力值;

(5)中压表用于测量10~60MPa压力值;

(6)高压表用于测量100MPa以上压力值。

天然气设计压力(表压)分级见表5.5。

表5.5 天然气设计压力(表压)分级

名称		压力,MPa
高压燃气管道	A	$2.5 < p \leq 4.0$
	B	$1.6 < p \leq 2.5$
次高压燃气管道	A	$0.8 < p \leq 1.6$
	B	$0.4 < p \leq 0.8$
中压燃气管道	A	$0.2 < p \leq 0.4$
	B	$0.01 \leq p \leq 0.2$
低压燃气管道		$p < 0.01$

压力表其他附加使用功能要求为:

(1)耐震压力表的壳体制成全密封结构,且在壳体内填充阻尼油,由于其阻尼作用可使用在工作环境振动或介质压力(载荷)脉动的测量场所。

(2)带有电接点控制开关的压力表可实现发讯报警或控制功能。

(3)带有远传机构的压力表可提供工业工程中所需要的电信号(比如电阻信号或标准直流电流信号)。

(4)隔膜压力表所使用的隔离器(化学密封)能通过隔离膜片,将被测介质与仪表隔离,以便测量强腐蚀、高温、易结晶介质的压力。

用于加气站过程检测的压力表主要有弹性式和传感式(压力变送器)。

加气站使用压力表的功能要求为:

(1)车用CNG加气站用压力表:耐震、密闭、隔爆、中压、常温;

(2)车用LNG加气站用压力表:耐震、密闭、隔爆、低压、低温;

(3)车用LNG-CNG加气站用压力表:耐震、密闭、隔爆、低—中压、低温—常温。

2.弹性式压力表

弹性式压力表是利用各种形式的弹性元件,在被测介质压力作用下,使弹性元件受压后产生弹性变形的原理而制成的测压仪表。

这种仪表具有结构简单、牢固可靠、读数清晰、使用可靠、价格低廉、测量范围广以及有足够的精度等优点。若增加附加装置,如记录机构、电气变换装置、控制元件等,则可实现压力的记录、远传、信号报警、自动控制等。

测压时,压力使弹性元件产生弹性变形。弹性元件变形时产生的弹性力与被测压力产生的测量力相平衡。在此基础上,弹性元件以弹性变形的形式将压力转换成机械位移信号,然后测量其位移量确定被测压力的大小,其原理如图5.13所示。

弹性式压力表采用弹性元件作为压力检测元件。常用弹性元件如图5.14所示。

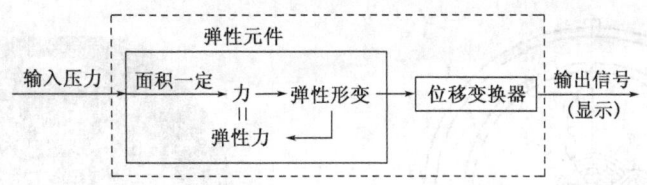

图 5.13 弹性式压力表工作原理图

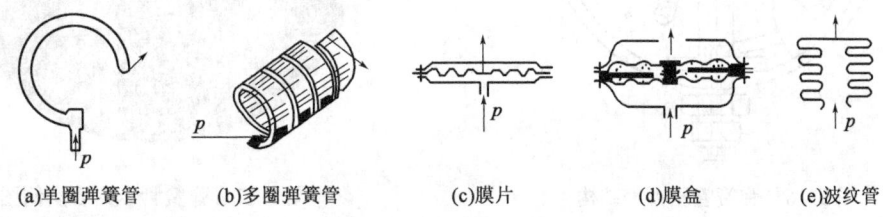

(a)单圈弹簧管　　(b)多圈弹簧管　　(c)膜片　　(d)膜盒　　(e)波纹管

图 5.14 常用弹性元件

膜片、波纹管多用于微压、低压测量；单圈、多圈弹簧管可用于高、中、低压直至负压力的测量。

1)弹簧管压力表

单圈弹簧管压力表(简称弹簧管压力表)因其弹性敏感元件具有很高的机械强度及生产方便等特性,使其在油气管道及加气站上得到最为广泛的应用。

弹簧管压力表的弹性敏感元件一般由铜合金、不锈钢或由特殊材料制成,随压力变化而产生弹性变形。所测量压力一般视为相对压力。一般相对点选为大气压力。弹性元件在介质压力作用下产生的弹性变形,通过压力表的齿轮传动机构放大,压力表就会显示出相对于大气压的相对值(或高或低)。

(1)弹簧管压力表的基本原理。如图 5.15 所示,当被测介质通过接口部件进入弹性敏感元件(弹簧管)内腔时,弹性敏感元件在被测介质压力的作用下其自由端会产生相应的位移,相应的位移则通过齿轮传动放大机构和拉杆机构转换为对应的转角位移,与转角位移同步的仪表指针就会在示数装置的刻度盘刻线上指示出被测介质的压力。

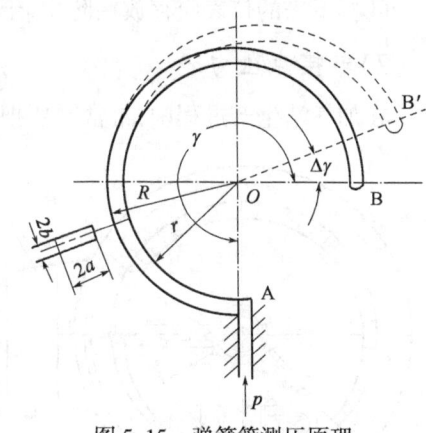

图 5.15 弹簧管测压原理

(2)弹簧管压力表的结构。弹簧管压力表结构如图 5.16 所示。它主要由弹簧管和一组传动放大机构简称机芯(包括拉杆、扇形齿轮、中心齿轮)及指示机构(包括指针、面板上的分度标尺)所组成。

制造弹簧管的材料,因被测介质性质和被测压力的高低而不同。一般情况下,被测压力$p<20$MPa时,用磷青铜；$p>20$MPa 时用不锈钢或合金钢；测量氨气压力时,须使用不锈钢弹簧管,以防产生腐蚀；测量乙炔压力时,不得用铜质弹簧管；测量氧气压力时,弹簧管不得沾有油脂或用有机材料附件,以防出现爆炸危险。

加气站压力表弹簧管的材料通常要求用不锈钢弹簧管,如图 5.17 所示。

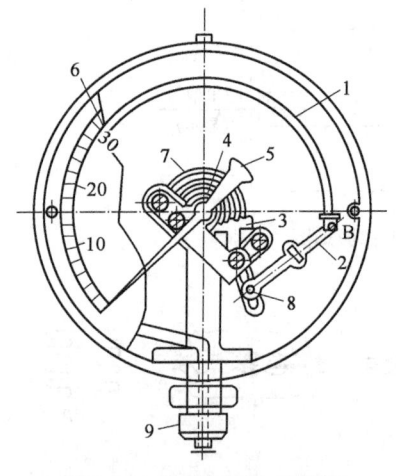

图5.16 弹簧管压力表结构
1—弹簧管;2—拉杆;3—扇形齿轮;4—中心齿轮;5—指针;
6—刻度盘;7—游丝;8—调整螺针;9—接头

图5.17 弹簧管压力表实例图

(3)弹簧管压力表的使用注意点:

①压力表安装完成后,检查安装是否满足要求。

②使用时应缓慢打开阀门,使压力慢慢上升到工作位置。若突然打开阀门,如压力失控,超过测量上限,会造成弹簧管被打坏、变形或造成扇齿脱牙而使仪表失去功能。

③使用完毕后,因缓慢泄压,不要使指针猛然间指零位,这样指针会撞在盘止钉上,会将指针打弯甚至打断。

④拆下来的仪表应存放在防尘、干燥、无腐蚀性的环境中。

2)电接点压力表

在加气站生产过程中,常常需要把压力控制在某一范围内。否则,当压力低于或高于规定数值时,就会破坏正常的工艺条件,甚至可能发生事故。

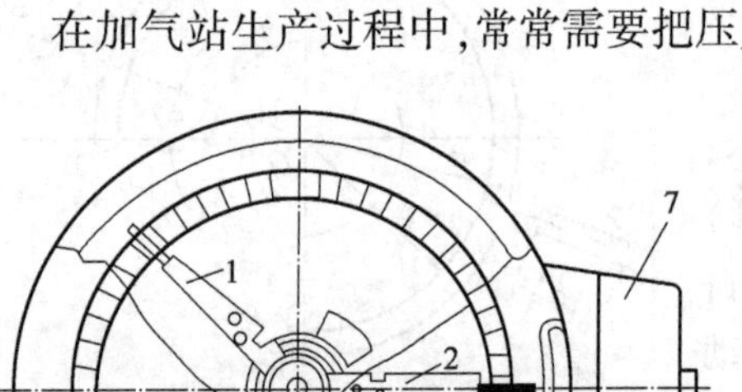

电接点压力表是在普通弹簧管压力表的基础上增加了一套电接点装置构成的。它利用电接点信号压力表就能方便地在压力偏离正常波动范围时及时发出灯光、声响报警信号,以提醒操作人员注意,或通过继电器电路实现对压力的自动控制。

YX型电接点信号压力表的结构原理示意如图5.18所示。

被测压力 $p \leq p_{min}$ 时,低压报警器工作;$p \geq p_{max}$ 时,高压报警器工作。

被测压力介于上下限压力间,$p_{min} < p < p_{max}$ 时,上下限报警器均不工作,表示压力在正常范围之内。如在电路上接入继电器也可实现对压力的控制。

图5.18 YX型电接点信号压力表的结构原理
1,2—上下限给定指针(可调);2—动触点臂(指针);
4,5—上下限触点臂;6—游丝;7—接线盒;
8—低压力报警器(绿灯);9—高压力报警器(红灯)

电接点压力表把指示和位式信号功能结合在一起,比较方便而实用。

3) 弹性压力表测量范围与分类

弹性压力表测量范围与分类见表5.6。

表5.6 弹性压力表测量范围与分类

类 型	测量范围,MPa
压力表	0~0.1；0~1；0~10；0~100
	0~0.16；0~1.6；0~16；0~160
	0~0.25；0~2.5；0~25；0~250
	0~0.4；0~4；0~40；0~400
	0~0.6；0~6；0~60；0~600
真空表	−0.1~0
压力真空表	−0.1~0.06；−0.1~0.15；−0.1~0.3
	−0.1~0.5；−0.1~0.9；−0.1~1.5
	−0.1~2.4

3. 电气式压力测量仪表

1) 电远传压力表

电远传压力表生产历史较久,它在普通弹性元件构成的压力表内附加电远传部件,使之除就地指示压力外,兼有信号远传的功能。这类传感器的敏感元件和弹性式压力表完全一样。

电远传压力表(电远传部件 + 弹性元件)大致有电阻式、电感式、差动式、霍尔式等,如图5.19所示。电阻式远传压力表原理及电路图如图5.20所示。

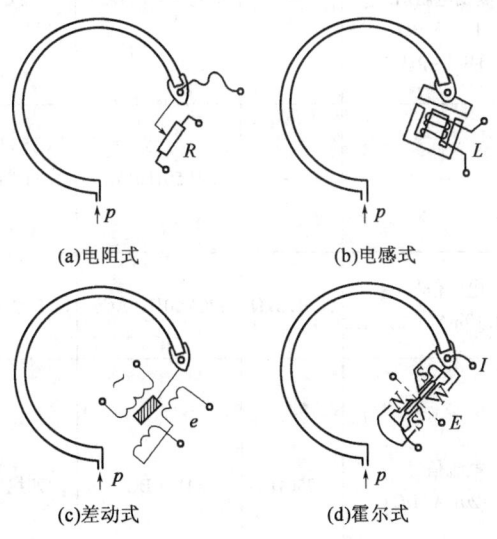

图5.19 电远传压力表传感器原理图

电远传压力表精确度等级分为两种:(1)指示精度:1.0、0.5、2.5 级;(2)信号输出精度:0.5、1.0、1.5、2.5 级。电远传压力表的电气参数应符合表5.7规定。

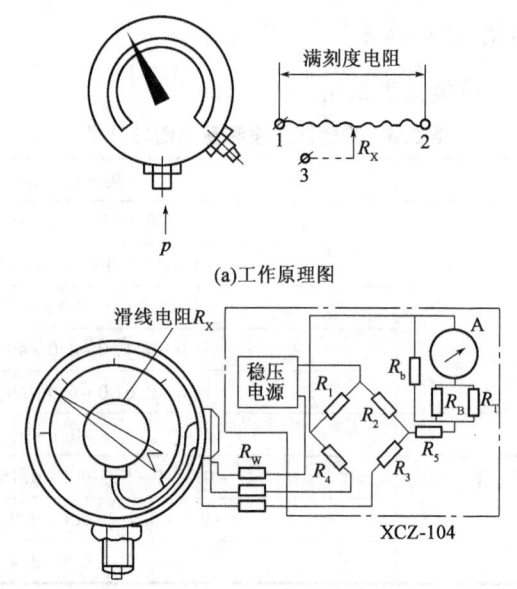

(a)工作原理图

(b)测量电路图

图 5.20 电阻式远传压力表原理及电路图

表 5.7 电远传压力表的电气参数

类型		输出信号	负载电阻	供电方式	传输方式	备注
电位器式电远传压力表		零点电阻值 3～20Ω 满度电阻值 310～370Ω 340～40Ω	—	不高于6V(DC)	三线制	—
差动式电远传压力表	配动圈型	—	—	220V50Hz(AC)	四线制	动圈仪表应符合 JB/T 10565—2006 和 JB/T 8212—2014 标准规定
	Ⅱ型	电流信号 0.10mA(DC)	0～1.5kΩ	220V50Hz(AC)	四线制	
	Ⅲ型	电流信号 4～20mA(DC)	250Ω	24V(DC)	四线制	电源为直流24V;作为本质安全型使用时,由安全栅供电;作为普通型使用时,由配电器供电,允许导线电阻＜100Ω

电远传压力表的基本误差应符合表 5.8 规定。

表 5.8 电远传压力表的基本误差

类型	精确度等级	基本误差							
		指示部分(按量程的百分数计)				信号部分(按最大输出电量信号的百分数计)			
		零点		测量范围90%以上部分	测量范围其余部分	零点		测量范围90%以上部分	测量范围其余部分
		有止销	无止销			有止销	有止销		
电位器式电远传压力表	1.5	1.5	±1.5	±2.5	±1.5	1.5	±1.5	±2.5	±1.5
	2.5	2.5	±2.5	±3.5	±2.5	2.5	±2.5	±3.5	±2.5
差动式电远传压力表	1.0	1.0	±1.0	±1.0	±1.0	0.5	±0.5, 1.0		
						1.0			
	1.5	1.5	±1.5	±1.5	±1.5	0.5	±0.5, ±1.0, ±1.5		
						1.0			
						1.5			
	2.5	2.5	±2.5	±2.5	±2.5	0.5	±0.5, ±1.0, ±1.5, ±2.5		
						1.0			
						1.5			
						2.5			

2) 电气式压力表

电气式压力表是一种能将压力转换成电信号进行传输及显示的仪表。因可远距离传送信号,所以在工业生产过程中可实现压力自动控制和报警,并可与工业控制机联用。电气式压力表组成方框图如图 5.21 所示。

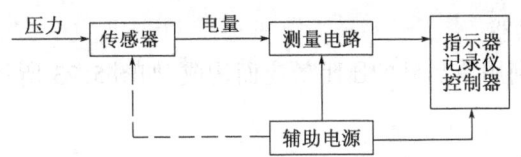

图 5.21 电气式压力表组成框图

电气式压力表一般由压力传感器、测量线路和信号处理装置所组成。

压力传感器的作用是把压力信号检测出来,并转换成电信号进行输出,即利用敏感元件将被测压力直接转换成各种电量。当输出电信号能被进一步变换为标准信号时,压力传感器又称为压力变送器。

常用的信号处理装置有指示仪、记录仪以及控制器、微处理机等。

下面简单介绍加气站常用的应变片压力传感器、压阻式压力传感器、电容式压力变送器。

(1)应变片压力传感器。

应变片压力传感器利用电阻应变原理构成。电阻应变片有金属和半导体应变片两类。

被测压力使应变片产生应变。当应变片产生压缩(拉伸)应变时,其阻值减小(增加),再通过桥式电路获得相应的毫伏级电势输出,并用毫伏计或其他记录仪表显示出被测压力,从而组成应变片压力表。

应变片压力传感器示意图如图 5.22 所示,将应变片通过特殊的黏合剂紧密地黏合在产生力学应变基体上,当基体受力发生应力变化时,电阻应变片也一起产生形变,使应变片的阻值发生改变,从而使加在电阻上的电压发生变化,并通过后续的仪表放大器进行放大,再传输给处理电路显示或执行机构。

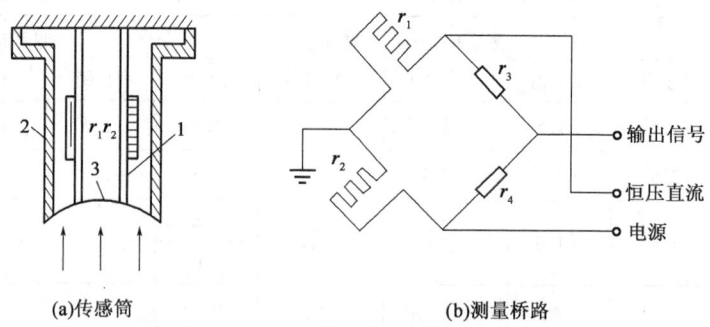

图 5.22 应变片压力传感器示意图
1—应变筒;2—外壳;3—密封膜片

该传感器的输出可分为电压型(0~5V)、电流型(4~20mA)两种。其常见故障及处理办法见表5.9。

表5.9 常见故障及处理方法

序号	故障现象	故障原因	故障排除
1	精度差	供电不正常	检查变送器线路及主板是否损坏,如损坏应更换相应配件
		管路堵塞	清洗管道及压力变送器内部的油污和杂质
		测量精度降低	更换
2	无法检测压力	损坏	更换

注:压力变送器每年应按国家规定送检。

(2)压阻式压力传感器。

压阻式压力传感器利用单晶硅的压阻效应而构成,如图5.23所示。

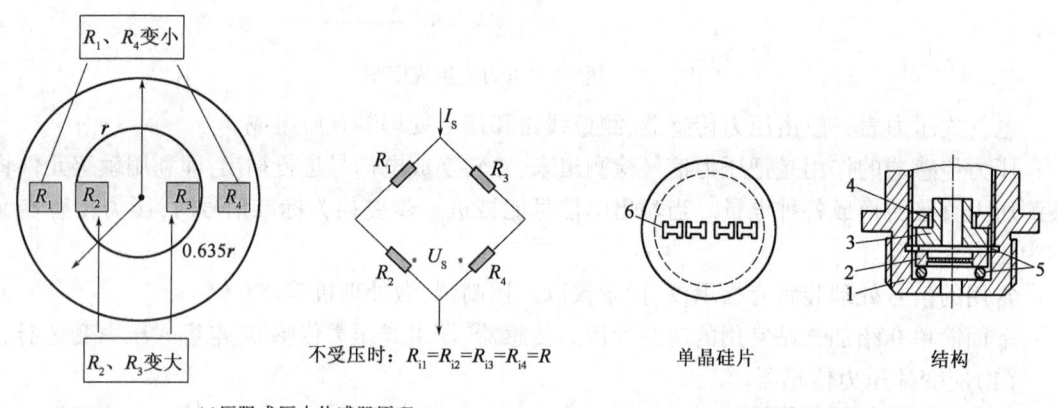

(a)压阻式压力传感器原理   (b)压阻式压力传感器结构

图 5.23 压阻式压力传感器原理及结构
1—基座;2—单晶硅片;3—导环;4—螺母;5—密封垫圈;6—等效电阻;$R_1 \sim R_4$—应变电阻传感器;
$R_{i1} \sim R_{i4}$—不受压时应变电阻传感器的电阻

采用单晶硅片为弹性元件,在单晶硅膜片上利用集成电路的工艺,在单晶硅的特定方向扩散一组等值电阻,并将电阻接成桥路,单晶硅片置于传感器腔内。

当压力发生变化时,单晶硅产生应变,使直接扩散在上面的应变电阻产生与被测压力成比例的变化,再由桥式电路获得相应的电压输出信号。

(3)电容式压力变送器。

电容式压力变送器原理图及结构图如图 5.24 所示,其采用变电容原理,利用弹性元件受压变形来改变可变电容器的电容量,然后通过测量电容量 C 便可知道被测压力的大小,从而实现压力—电容转换。

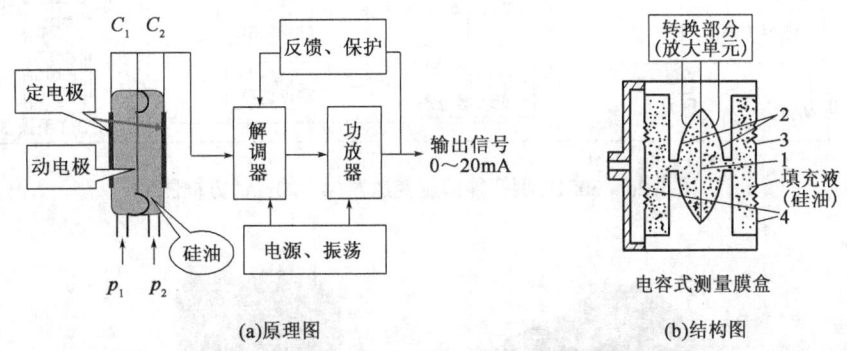

图 5.24 电容式压力变送器原理图及结构图
1—中心感应膜片(可动电极);2—固定电极;3—测量侧;4—隔离膜片

电容式压力变送器,目前在工业生产中应用非常广泛,其输出信号是标准 4~20mA 电流信号。常见电容式压力变送器如图 5.25 所示。

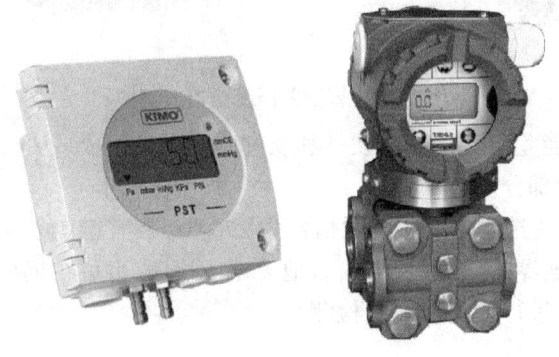

图 5.25 加气站常见电容式压力变送器

(4)智能变送器。

智能变送器是在普通压力或差压传感器的基础上增加微处理器电路而形成的智能检测仪表。智能变送器特点如下:

①性能稳定,可靠性好,测量精度高,基本误差仅为 ±0.1%。

②量程范围可达 100∶1,时间常数可在 0~36s 内调整,有较宽的零点迁移范围。

③具有温度、静压的自动补偿功能,在检测温度时,可对非线性进行自动校正。

④具有数字、模拟两种输出方式,能够实现双向数据通信,可与现场总线网络和上位计算机相连。

⑤可进行远程通信,通过现场通信器,使变送器具有自修正、自补偿、自诊断及错误方式告警等多种功能,简化了调整、校准与维护过程,使维护和使用都十分方便。

智能差压变送器的结构如图 5.26 所示,实例图见图 5.27。

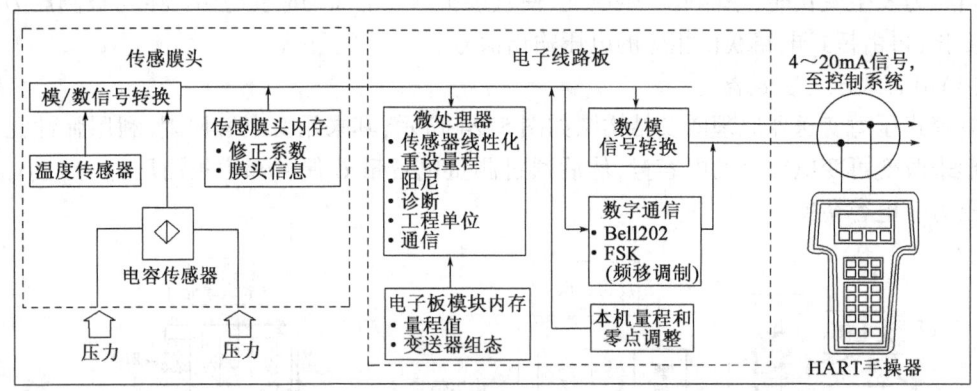

图 5.26　3051C 型智能差压变送器(4~20mA)方框图

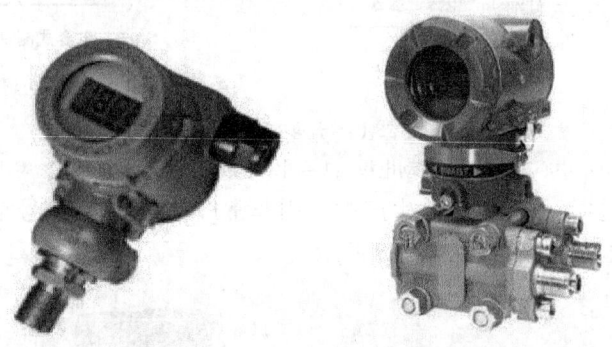

图 5.27　智能差压变送器实例图

从整体上来看,智能差压变送器由硬件和软件两大部分组成。从电路结构上来看,包括传感器部件和电子部件两部分。

3051C 型智能差压变送器所用手持通信器为 275 型,带有键盘及液晶显示器。如图 5.28 所示,其可接在现场变送器的信号端子上,就地设定或检测,也可在远离现场的控制室中,接在某个变送器的信号线上进行远程设定及检测。

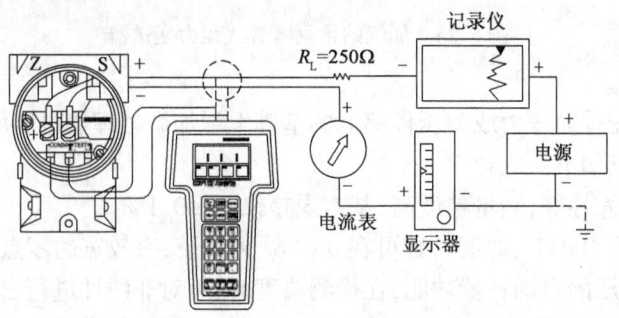

图 5.28　手持通信器的连接示意图

4. 压力表的选型

主要压力表分类与特性见表 5.10。

表 5.10　主要压力表分类与特性

类型	名称	测量范围,Pa	精度等级	优缺点	应用场合
弹性式压力表	弹簧管压力表	$-10^5 \sim 10^9$	0.2	测量范围宽,结构简单,使用方便,价格便宜,可以制成电气远传式,广泛使用	用来测量压力和真空度,可就地指示,也可集中控制,具有记录、发讯报警、远传性能
	多圈弹簧管压力表		0.25、0.35		
	膜盒压力表		0.5		
	波纹管压力表		一般		
	隔膜压力表		1.0、1.5、2.5		
压力变送器	DDZ-Ⅲ压力变送器,电容式压力变送器,扩散硅式压力变送器,振弦式压力变送器,单晶硅谐振式压力变送器	$7 \times 10^2 \sim 5 \times 10^6$	0.25~1.0	测量范围广,便于远传和集中控制	用于压力需要远传和集中控制的场合

1) 按照使用环境和测量介质的性质选择

(1) 在大气腐蚀性较强、粉尘较多和易喷淋液体等环境恶劣的场合,应根据环境条件,选择合适的外壳材料及防护等级。

(2) 对一般介质的测量:

①压力在 -40 ~ +40kPa 时,宜选用膜盒压力表。

②压力在 +40kPa 以上时,一般选用弹簧管压力表或波纹管压力表。

③压力在 -100 ~ +2400kPa 时,应选用压力真空表。

④压力在 -100 ~ 0kPa 时,宜选用弹簧管真空表。

⑤一般腐蚀性介质,应选用耐酸压力表或不锈钢膜片压力表。

⑥重油类及其类似的具有强腐蚀性、含固体颗粒、黏稠液等介质,应选用膜片压力表或隔膜压力表。其膜片及隔膜的材质,必须根据测量介质的特性选择。

⑦结晶、结疤及高黏度等介质,应选用法兰式隔膜压力表。

⑧在机械振动较强的场合,应选用耐震压力表或船用压力表。

⑨在易燃易爆场合,如需电接点讯号时应选用防爆压力控制器或防爆电接点压力表。

⑩对于测量高、中压力或腐蚀性较强介质的压力表,宜选择壳体具有超压释放设施的压力表。

2) 精确度等级的选择

一般测量用压力表、膜盒压力表和膜片压力表,应选用1.5级或2.5级。

精密测量用压力表,应选用0.4级、0.25级或0.16级。

3) 外型尺寸的选择

(1) 在管道和设备上安装的压力表,表盘直径为100mm或150mm。

(2) 在仪表气动管路及其辅助设备上安装的压力表,表盘直径小于60mm。

(3) 安装在照度较低、位置较高或示值不易观测场合的压力表,表盘直径大于150mm或200mm。

4) 测量范围的选择

(1) 测量稳定的压力时,正常操作压力值应在仪表测量范围上限值的1/3~2/3。

(2)测量脉动压力(如泵、压缩机和风机等出口处压力)时,正常操作压力值应在仪表测量范围上限值的 1/3～1/2。

(3)测量高、中压力时,正常操作压力值不应超过仪表测量范围上限值的 1/2。

5)压力检测仪表的选型

压力检测仪表的选型可参照图 5.29 进行,但需注意温度与压力要求。

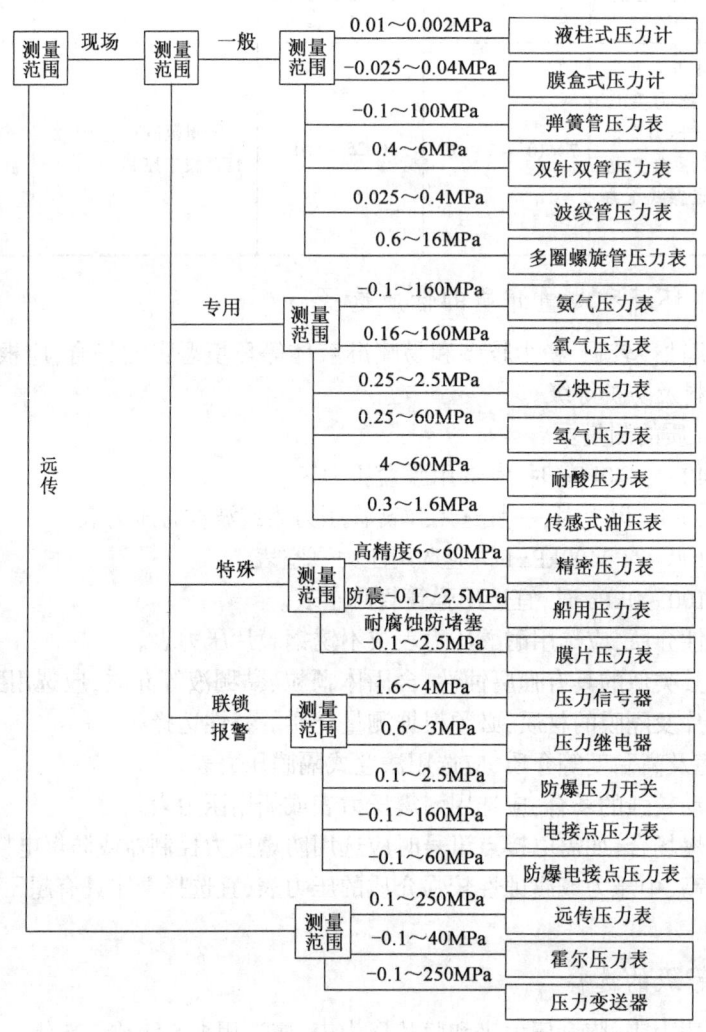

图 5.29 压力检测仪表的选型参照图

5.1.2.3 液位检测仪表

1.液位检测方法的分类

液位检测方法按测量方式可以分为连续测量和定点测量。按其工作原理可分为以下类型:

(1)直读式:主要有玻璃管液位计、玻璃板液位计等。

(2)浮力式:利用浮子(或称沉筒)高度随液位变化而改变或液体对浸沉于液体中的浮子

的浮力随液位高度而变化的原理工作。它分为浮子带钢丝绳或钢带的、浮球带杠杆和沉筒式等。

(3)静压式:分为压力式液位计和差压式液位计,利用液柱对某定点产生压力原理而工作。

(4)电磁式:使物位变化转换为一些电量的变化,通过测出这些电量的变化来测知物位。可分为电导式、电容式等。还有利用压磁效应工作的液位仪表。

(5)声波式:液位变化引起声阻抗变化、声波遮断和声波反射距离的不同,测出这些变化就可测知液位。声波式液位仪表可按工作原理分为声波遮断式、反射式和阻尼式。

(6)光学式:利用液位对光波的遮断和反射原理工作,利用的光源可有普通白炽灯光或激光等。

此外,还有微波式、机械接触式等以适应各种不同的检测要求。表 5.11 给出常见液位计及特性。

表 5.11　常见液位计及特性表

仪表名称		测量范围,m	主要应用场合	说　　明
直读式	玻璃管液位计	<2	主要用于直接指示密闭及开口容器中的液位	就地指示
	玻璃板液位计	<6.5		
浮力式	浮球式液位计	<10	用于开口或承压容器液位的连续测量	可直接指示液位,也可输出 4~20mA DC 信号
	浮筒式液位计	<6	用于液位和相界面的连续测量,在高温高压条件下的工业生产过程的液位,界位测量和限位越位报警联锁	
	磁翻板液位计	0.2~15	适用于各种储罐的液位指示报警,特别适用于危险介质的液位测量	有显示醒目的现场指示;远传装置输出 DC4~20mA 标准信号及报警器多功能为一体可与 DDZ-Ⅲ型组合仪表及计算机配套使用
	浮磁子液位计	60~115	用于常压、承压容器内液位、界位的测量,特别适用于大型储槽球罐腐蚀性介质的测量	
静压式	压力式液位计	0~0.4~200	可测较黏稠,有气雾、露等液体	压力式液位计主要用于开口容器液位的测量;差压式液位计主要用于密闭容器的液位测量
	差压式液位计	20	应用于各种液体的液位测量	
电磁式	电导式物位计	<20	适用于一切导电液体(如水、污水、果酱、啤酒等)液位测量	
	电容式物位计	10	用于各种储槽、容器液位、粉状料位的连续测量及控制报警	不适合测高黏度液体
其他形式	运动阻尼式物位计	1~2~3.5~5~7	用于敞开式料仓内的固体颗粒(如矿砂、水泥等)料位的信号报警及控制	以位式控制为主

续表

仪表名称		测量范围,m	主要应用场合	说　明
其他形式	声波物位计	液体 10~34 固体 5~60 盲区 0.3~1	被测介质可以是腐蚀性液体或粉状的固体物料非接触测量	测量结果受温度影响
	辐射式物位计	0~2	适用于各种料仓内、容器内高温、高压、强腐蚀、剧毒的固态、液态介质的料位、液位的非接触式连续测量	放射线对人体有害
	微波式物位计	0~35	适于罐体和反应器内具有高温、高压、湍动、惰性气体覆盖层及尘雾或蒸汽的液体,浆状、糊状或块状固体的物体测量,适于各种恶劣工况和易爆、危险的场合	安装于容器外壁
	雷达液位计	2~20	应用于工业生产过程中各种敞口或承压容器的液位控制和测量	测量结果不受温度、压力影响
	激光式物位计		不透明的液体粉末的非接触测量	测量不受高温、真空压力、蒸汽等影响
	机电式物位计	可达十几米	恶劣环境下大料仓内固体及容器内液体的测量	

常见液位测量仪表见图 5.30。

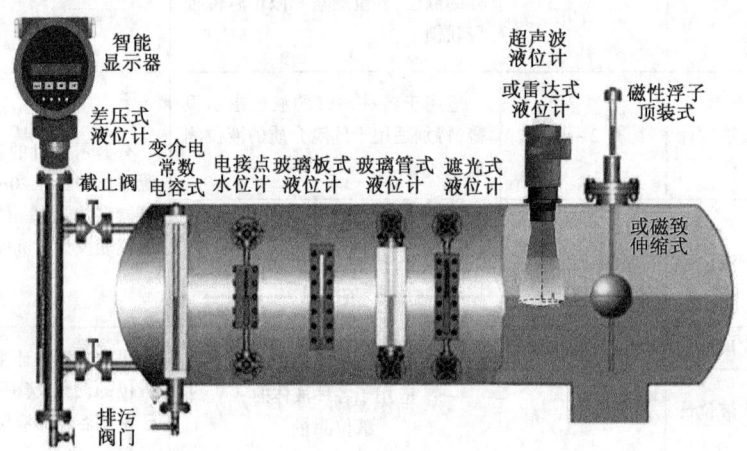

图 5.30　常见液位测量仪表

2.加气站液位计

天然气领域液位计主要用于承压或常压液化天然气的液位测量。其主要要求为耐低温性。常用差压式、浮力式、电磁式、声波式。

加气站液位计主要用于低温 LNG 储罐液位计量。常用差压式液位计、电容式液位计、浮力式伺服液位计、超声波液位计等。

LNG 储罐一般设有一个 LTD(L 指液位;T 指温度;D 指密度),LTD 指同时监测 LNG 的液位、温度与密度的测量仪表,主要为监测不同液位 LNG 的温度和密度,防止分层发生,当相邻液位 LNG 密度或温度相差很大时,就要引起警觉,注意对分层现象的消除。防止分层发生,最终还是为防止发生翻滚,引起储罐超压,出现事故。另外,还有液位开关为防止储罐液位过高或过低而设置,当液位达到一定高度触发液位开关就会触发 ESD 系统,采取必要保护措施。

1) 差压式液位计

差压式液位计工作原理为利用液体自身上下高度产生的压差,其压差与液体高度成正比的关系进行测量(图 5.31):

$$\Delta p = p_1 - p_2 = H\rho g \tag{5.8}$$

式中,H 为液面高度;ρ 为介质密度;g 为重力加速度。

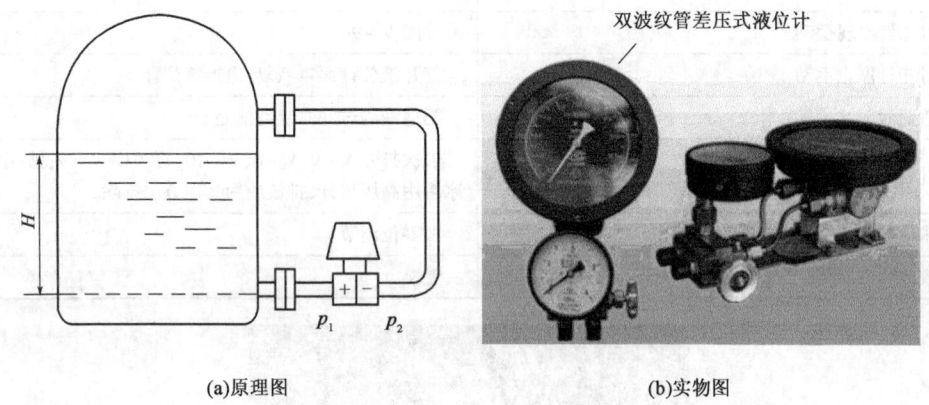

(a)原理图　　　　　　　　(b)实物图

图 5.31　差压式液位计

差压式液位计利用差压或压力变送器可很方便地测量液位,且能输出标准的电流或气压信号。被测介质密度已知,差压变送器测得的差压与液位高度成正比,即把测量液位高度转换为测量差压,但校验时需考虑零点迁移。

加气站用差压式液位计主要为差压变送器型(智能、高精度、远传与就地均可),也有弹性式差压式液位计(精度不高只适合就地显示,不能作计量依据)。

目前,国内 LNG 储罐、槽车储罐上所使用的几乎都为差压式液位计,如成都兰石、美国巴顿等品牌,但因其差压方式工作原理原因,指示精度相对较低,精度等级为 2.5 级,误差较大。通过换算查表后所得的 LNG 存量与实际误差很大,严重影响到加气站运营管理成本核算。

影响差压式液位计的指示精度有多种因素,但最常见的原因有:引压管漏气(微小的一点都会影响);引压管采样位置;储罐内液体动荡;温度密度变化;储罐安装水平;储罐 BOG 排放操作;换算表密度的取值等都会影响指示误差。

弹性式差压式液位计常用双波纹管差压式液位计,其感测部分是基于位移平衡原理工作的。差压式液位计常见故障及处理方法见表 5.12、表 5.13、图 5.32。

表 5.12　差压式液位计常见故障及处理方法

故障	处理办法
差压式液位计静置时,指针偏移零上、零下 1~3 小格	(1)打开表盖;(2)用手指按住指针端部;(3)用 T 型螺丝刀轻旋指针芯;(4)松开手指;(5)重复以上步骤,直至指针回零(注:指针回零后仍可保持 2.5 级准确度;液位计应垂直于地面安装)
储槽(或槽车)内液体高度变化时,差压式液位计指针停止于某刻度不动	将仪表退回制造厂家检查

续表

故障	处理办法
关闭平衡阀,差压式液位计处于工作状态时,指针停止于满刻度或零位以下不动	检查储槽(或槽车)上下管路有无堵塞现象; 检查低压阀、高压阀、平衡阀的开关动作是否符合操作规程
使用过程中指针抖动	检查高压阀、低压阀和平衡阀的连接是否有漏气现象

表 5.13 液位计常见故障及处理实例

故障	处理措施
液位计无显示	V-8、V-10 打开后关闭 V-9,更换液位计
液位计指针出现摆动	关闭 V-9
液位计指针停止不动	打开液位计面罩恢复,更换液位计
仪表管泄漏	肥皂液测试并修复泄漏处
液位计指针出现正反转	依次打开 V-9、V-8、V-10,再关闭 V-9;液相气相管冰堵用高压顶开、排放或用其他方法排除
指针未做零位调节	做零位调节
表出现故障或损坏	更换

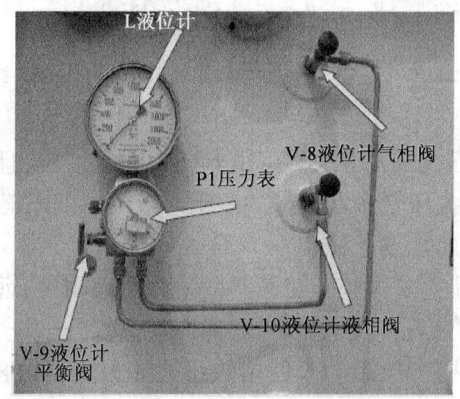

图 5.32 液位计实例图

差压式变送器常选智能差压式变送器(如 ABB 与罗斯蒙特 3051 系列液位变送器)。其检测原理及实物如图 5.33 所示。

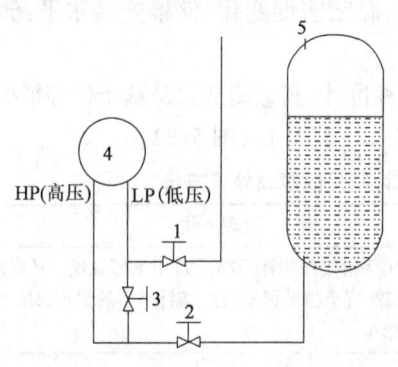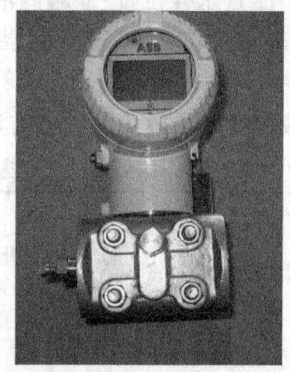

图 5.33 智能差压式液位计检测原理及实物图
1—低压阀;2—高压阀;3—平衡阀;4—差压式液位计;5—储槽

2)电容式液位计

电容式液位计利用液位高低变化影响电容器电容量大小的原理进行测量。依此原理还可进行其他形式的物位测量。对导电介质和非导电介质都能测量,此外还能测量有倾斜晃动及高速运动的容器的液位。不仅可作液位控制器,还能用于连续测量。

加气站可用于 LNG 储罐及罐车的液位控制与连续测量。电容式液位计检测工作原理图如图 5.34 所示。车载 LNG 气瓶液量智能测试仪实物图如图 5.35 所示。

(a)电容式液位计工作原理框图　(b)工作原理图

(c)电容与高度对应关系示意图　(d)电容传感器的安装示意图

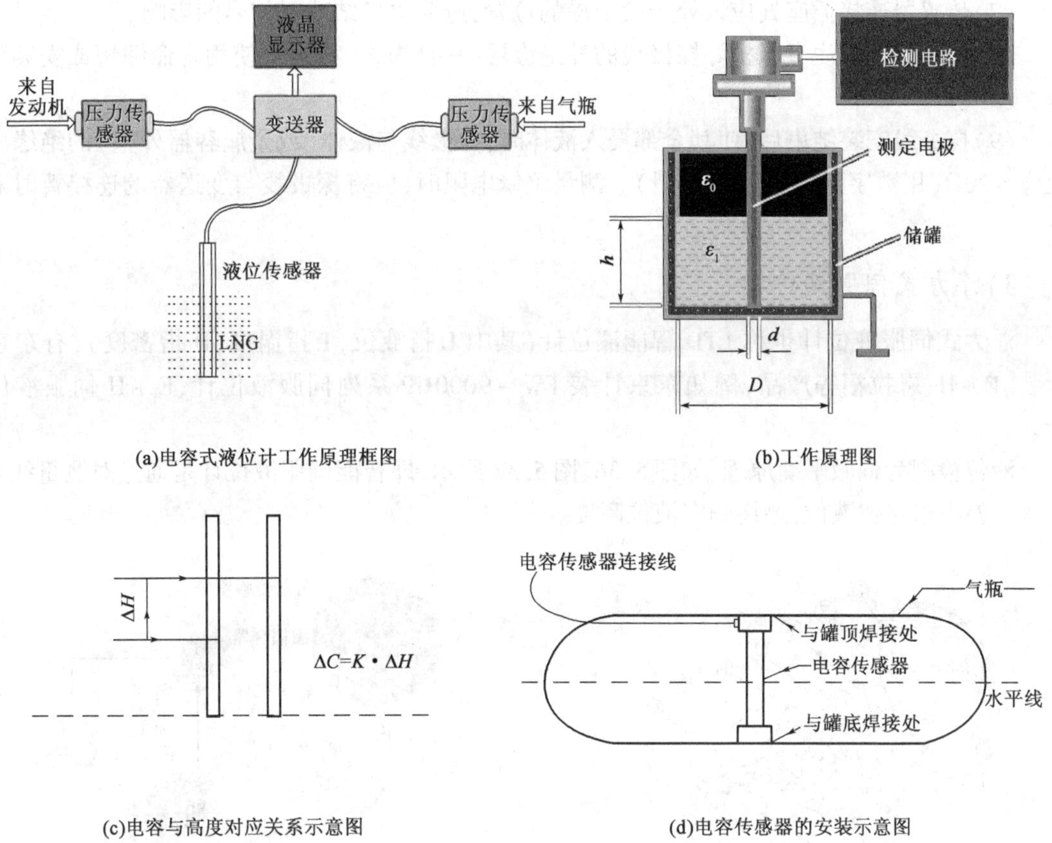

图 5.34　电容式液位计检测工作原理图

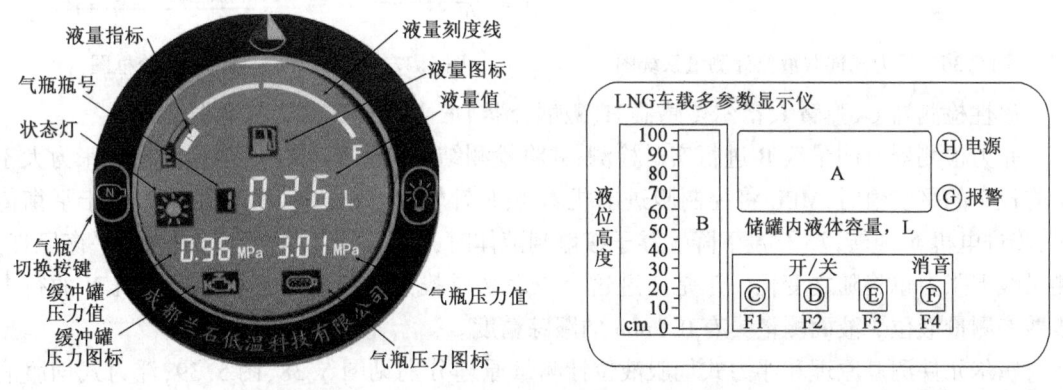

图 5.35　车载 LNG 气瓶液量智能测试仪实物图

电容式液位计安装使用时注意点如下：

(1) 传感器应该与液面保持垂直状态。

(2) 传感器与罐体的连接必须可靠，并使传感器外壳和罐外壳有效连通（接地）。

(3) 传感器焊接好后要保证焊接点干净，确保传感器中无残留焊渣。

(4) 拉出传感器引线时应小心拉扯，防止引线包层被刃口划破。

(5) 传感器到连接插座的引线长度必须严格按照产品推荐的长度。

(6) 传感器连接插座处必须要密封处理，避免液体溢出。

(7) 传感器连接插座处应该处于较干燥的位置，避免出口结冰对信号的影响。

(8) 安装时一定注意保护好探极线的外绝缘层，一旦损伤，将导致使用寿命缩短或安装失败。

(9) 探极线安装结束后，使其全部浸入液体时，探极线与液体（或金属容器外壁）的绝缘电阻应 $>20 \Omega$（用数字万用表 20Ω 测量）。测量绝缘电阻时，应将探极线与变送器的连接暂时断开。

3) 浮力式伺服液位计

浮力式伺服液位计也称 LTD 智能液位计（其中 L 指液位，T 指温度，D 指密度），有东京计装、E＋H、恩拉福等产品，例如东京计装 FW－9000CP 系列伺服液位计、E＋H 伺服液位计。

液位检测为伺服平衡原理，如图 5.36、图 5.37 所示，即智能伺服液位计是通过对测量线 B 的张力检测来寻找液位，最终确定液位高度。

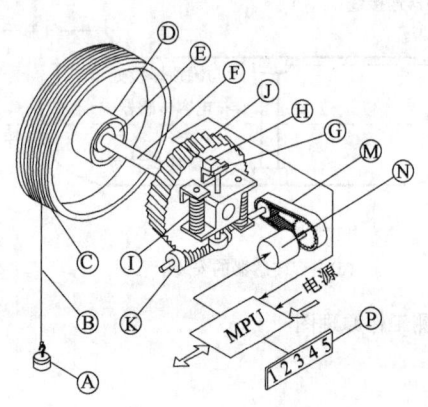

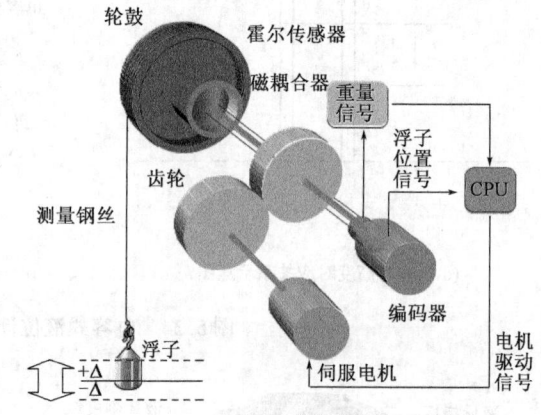

图 5.36 浮力式伺服液位计测量系统图　　图 5.37 浮力式伺服液位计系统框图

磁性检测器 G、弹簧 I、霍尔传感器 H、磁耦合器 DE 共同组成张力检测器。

张力检测器对测量线 B 进行实时检测，并将检测结果发送至 MPU。当检测出的张力大于事先设定的平衡值时，MPU 将控制步进电机 N 顺时针转动，浮子 A 将上升；张力小于平衡值时，步进电机 N 逆转，浮子 A 下降。浮子接触到液体时，因受到浮力的影响，根据力平衡原理，测量线上张力也将随之变化。正是通过这个原理来寻找液位。通过计算步进电机 N 的行走步数来测量液位。液面测量具有 0.1mm 的跟踪精度。

霍尔元件测量原理和浮力式伺服液位计测量原理分别见图 5.38、图 5.39，浮力式伺服液位计应用如图 5.40 所示。

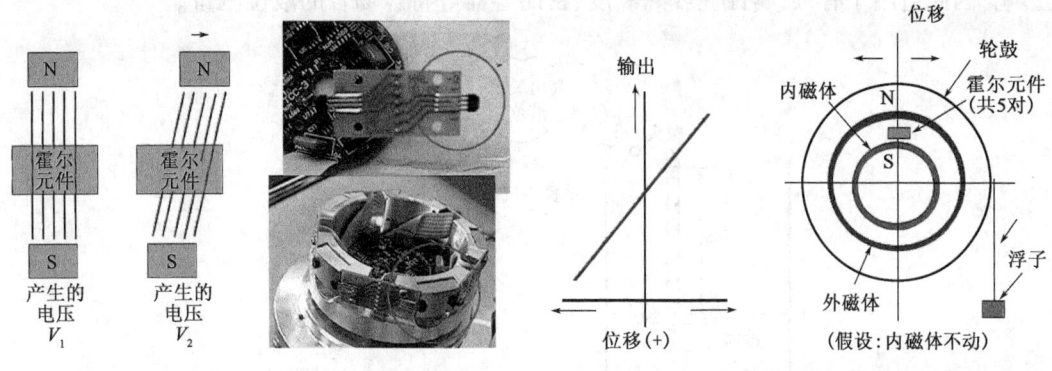

图 5.38 霍尔元件测量原理框图
磁通量的不同,霍尔元件产生不同的电压

图 5.39 浮力式伺服液位计测量原理
重量的变化,造成位移的变化,从而改变霍尔元件的输出

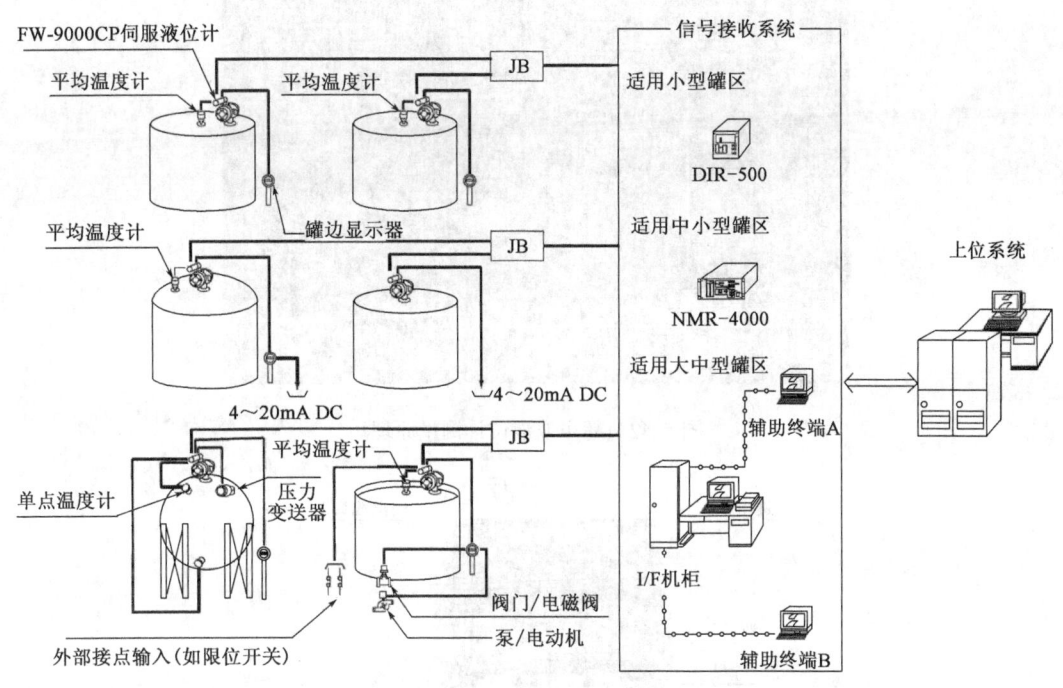

图 5.40 浮力式伺服液位计应用示意图

4)超声波液位计

(1)超声波液位计工作原理。

如图 5.41、图 5.42 所示,其利用声波在空气中传播速度不变的原理,通过检测声波发射、反射和接收全过程的时间间隔可计算出物料界面到探头的距离,从而得到物位的高低,其结构见图 5.43。

(2)超声波液位计优点。

①与介质不接触,无可动部件,电子元件只以声频振动,振幅小,仪器寿命长;安装维修方便。

②超声波传播速度较稳定,光线、介质黏度、湿度、介电常数、电导率、热导率等对检测几乎

无影响,因此适用于有毒、腐蚀性或高黏度、密闭容器等特殊场合的液位测量。

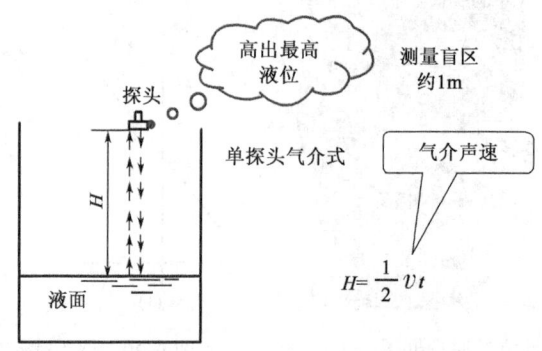

图 5.41 超声波液位计测量方法

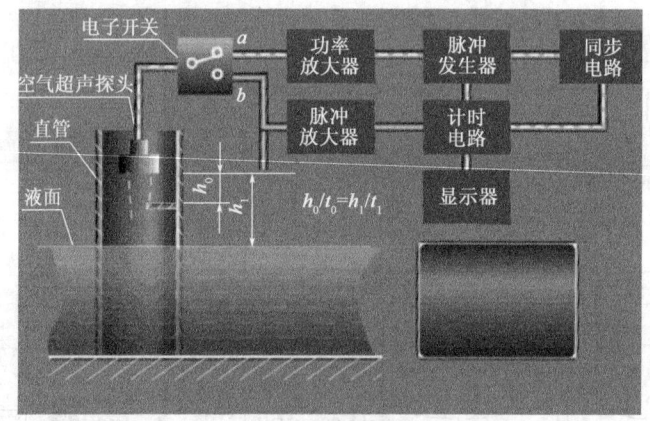

图 5.42 超声波液位计测量原理

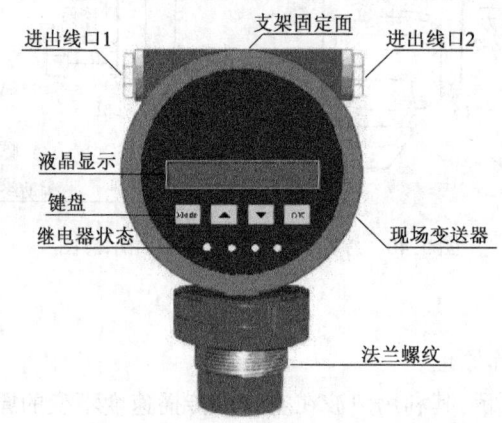

图 5.43 超声波液位计结构图

③不仅可进行非接触式连续测量和定点测量,还能方便地提供遥测或遥控信号。

④能测量高速运动或有倾斜晃动的液体的液位,如置于汽车、飞机、轮船中的液位。

⑤超声波是机械波,传播衰减小,界面反射信号强,且发射和接收电路简单,故应用较为广泛。

(3)超声波液位计缺点。

①超声波仪器结构复杂,价格相对昂贵。

②当超声波传播介质温度或密度发生变化,声速也将发生变化,对此超声波液位计应有相应的补偿措施,否则严重影响测量精度。

③超声波的传播速度受介质的密度、浓度、温度、压力等因素影响,其测量精度较低,一般需要温度补偿。

3. 加气站液位测量仪表的选型

加气站液位测量仪表的选型原则如下:

(1)液面和界面测量应选用差压式仪表、浮子式仪表。当不满足要求时,可选用电容式、声波式、磁致伸缩式等仪表。

(2)仪表的结构形式及材质,应根据被测介质的特性来选择。主要考虑因素为压力、温度、腐蚀性、导电性;是否存在聚合、黏稠、沉淀、结晶、结膜、气化、起泡等现象;密度和黏度变化;液体中含悬浮物的多少;液面扰动的程度。加气站液位计要求耐低温性、智能性。

(3)仪表的显示方式和功能应根据工艺操作及系统组成的要求确定。当要求信号传输时,可选择具有模拟信号输出功能或数字信号输出功能的仪表,优先考虑智能型。

(4)仪表量程应根据工艺对象实际需要显示的范围或实际变化范围确定。除供容积计量用的物位仪表外,一般应使正常物位处于仪表量程的50%左右。

(5)仪表精确度应根据工艺要求选择,但供容积计量用的物位仪表的精确度应不低于±1mm。

(6)用于可燃性气体、蒸汽及可燃性粉尘等爆炸危险场所的电子式物位仪表,应根据所确定的危险场所类别以及被测介质的危险程度,选择合适的防爆结构形式或采取其他的防爆措施。

(7)仪表计量单位采用 m 和 mm 时,显示方式为直读物位高度值的方式,如计量单位为%时,显示方式为 0~100% 线性相对满量程高度形式。

(8)仪表精度应根据工艺要求选择,但容积计量用的物位仪表,精度等级应在 0.5 级以上。

液位测量仪表选型推荐表见表 5.14。

表 5.14 液位测量仪表选型推荐表

测量对象 仪表名称	液体		液/液界面		泡沫液体		脏污液体		粉状固体		粒装固体		块状物体		黏湿性固体	
	位式	连续	位式	连续	位式	连续	位式	连续	位式	连续	位式	连续	位式	连续	位式	连续
差压式	可	好	可	可	—	—	可	可	—	—	—	—	—	—	—	—
浮筒式	好	好	可	可	—	—	差	可	—	—	—	—	—	—	—	—
浮子开关式	好	—	可	—	—	—	差	—	—	—	—	—	—	—	—	—
带式浮子式	差	好	—	—	—	—	—	差	—	—	—	—	—	—	—	—
伺服式	—	好	—	—	—	—	—	差	—	—	—	—	—	—	—	—
光导式	—	好	—	—	—	—	—	—	—	—	—	—	—	—	—	—
磁性浮子式	好	好	—	—	—	差	差	差	差	—	—	—	—	—	—	—
磁致伸缩式	—	好	—	好	—	—	差	—	差	—	—	—	—	—	—	—

续表

仪表名称 \ 测量对象	液体		液/液界面		泡沫液体		脏污液体		粉状固体		粒装固体		块状物体		黏湿性固体	
	位式	连续	位式	连续	位式	连续	位式	连续	位式	连续	位式	连续	位式	连续	位式	连续
电容式	好	好	好	好	好	可	好	差	可	可	好	可	可	可	好	可
射频导纳式	好	好	好	好	好	可	好	差	好	可	好	可	好	可	好	好
电阻式(电接触式)	好	—	差	—	好	—	好	—	差	—	差	—	差	—	好	—
静压式	—	好	—	—	—	可	—	可	—	—	—	—	—	—	—	—
声波式	好	好	差	差	—	—	好	好	好	差	好	好	好	好	好	好
微波式	—	好	—	—	—	—	—	好	好	—	好	—	好	—	好	—
辐射式	好	好	好	好	好	好	好	好	好	好	好	好	好	好	好	好
吹气式	好	好	—	—	—	—	差	可	—	—	—	—	—	—	—	—
阻旋式	—	—	—	—	—	—	差	—	可	—	好	—	差	—	—	—
隔膜式	好	好	好	—	—	—	可	可	差	—	差	—	差	—	好	—
重锤式	—	—	—	—	—	—	—	好	—	好	—	好	—	好	—	好

注:"—"表示不能选用。

5.1.2.4 可燃气体检测仪

在加气站生产过程中,天然气是易燃、易爆介质,生产工艺设备的密封失效或事故,会造成可燃气体泄漏。为避免爆炸、火灾事故的发生,需用可燃气体探测报警系统对危险区域的环境进行检测、报警,并带动联锁装置自动关闭生产设备,自动开启风机,排除险情。

可燃气体检测仪由气体泄漏检测系统及简单的报警控制器组成。结构比较简单,带有简单的报警控制器,具有报警功能,如便携式气体检测仪。可燃气体检测仪即可燃气体传感器,目前常用催化燃烧式(接触式)和半导体气敏式两种传感器。各种可燃气体检测仪适于测量的气体不同,浓度测量范围也有所不同,实际应用时需根据对危险性气体的检测灵敏度、选择性、可靠性、响应时间、浓度范围和经济性等因素综合考虑。

当加气站环境中可燃气体泄漏时,可燃气体检测仪检测到气体浓度达到报警控制器设置的临界点时,可燃气体报警控制器就会发出报警信号,以提醒工作人员采取安全措施,从而保障安全生产。

可燃气体探测报警系统为工业专用的综合性可燃气体探测、报警、控制系统,简称可燃气体报警器,其实质为可燃气体检测仪的专业升级版。可燃气体探测报警系统属于热学式分析与控制仪表,它由采样器、指示器、检测器、报警显示、电源五部分组成,它根据无焰催化燃烧原理工作,可分为接触式和半导体式两种,LNG加气站用接触式。

可燃气体检测仪的作用是把可燃气体的浓度转换成电信号,其供电电源由控制器提供。控制器由供电电源、信号处理和控制电路组成,其作用为对检测仪提供电源,同时把检测仪送来的信号放大、处理、显示或报警,并驱动继电器动作。控制器具有显示实时气体浓度、指示正常、故障或报警状态的功能,也具有对探测器进行零点校准、灵敏度校准、高/低限报警值的设定功能。

1. 可燃气体检测仪的检测原理

催化燃烧式和半导体气敏式可燃气体检测仪,都是用气敏电阻作为测量元件,将其连接在如图 5.44 所示的平衡电桥中。其基本测量原理电路如图 5.45 所示,当空气中有可燃气体时,气敏元件电阻变化,造成电桥失去平衡,电桥 A、B 间输出一个电信号,测量电信号的大小就可测知可燃气体的浓度。当检测到燃气浓度大于可燃气体的爆炸下限浓度时,驱动报警控制电路进行声光报警。

桥路中,电阻 R_3 为检测用气敏电阻,R_4 为补偿元件,用于补偿环境温度、电源电压变化等因素的影响。补偿元件上没有催化剂,不与可燃气体起作用。有的气敏元件将检测、补偿元件封装在一起。

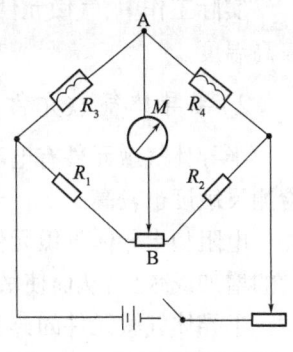

图 5.44 气敏式可燃气体检测仪测量桥路

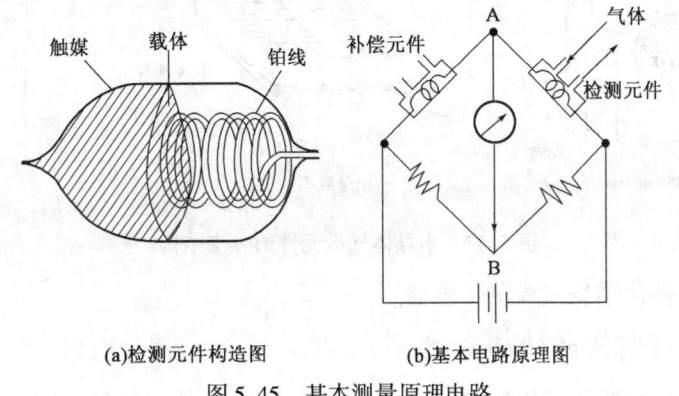

(a)检测元件构造图 (b)基本电路原理图

图 5.45 基本测量原理电路

1)催化燃烧式气敏元件

催化燃烧式气敏电阻组成、结构与外形见图 5.46,是用氧化铝、氧化硅粉末与作为催化燃烧的触媒材料——金属钯盐溶液混合成膏状,涂覆在金属铂丝上后,经干燥、高温烧结制成。气敏电阻被封装在陶瓷基座上。

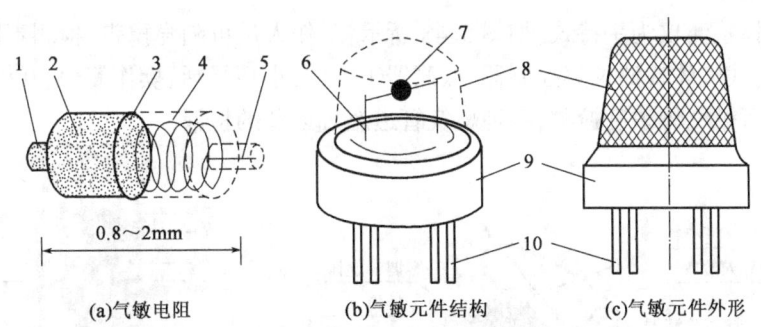

(a)气敏电阻 (b)气敏元件结构 (c)气敏元件外形

图 5.46 催化燃烧式气敏电阻组成、结构与外形

1,5—引出电极;2—催化触媒层;3—氧化铝—氧化硅烧结体;4—铂丝;6—支撑电极;7—气敏元件;8—不锈钢护网;9—陶瓷基座;10—引脚

可燃气体在较高的温度下,经钯金属触媒催化作用,与氧气发生氧化反应,产生无焰燃烧而放热。其放热量与可燃气体的浓度有关。空气中可燃气体浓度越大,所产生的燃烧热越多、温度越高,其内铂丝的电阻越大。桥路输出电势与可燃气体的浓度成正比。

实际工作中,气敏元件的铂丝上,保持100～200mA的加热电流,以保持催化燃烧所需的较高温度。

2)半导体气敏元件

半导体气敏元件有电阻型和非电阻型两类。这类气敏元件制造成本低,工作稳定性尚好,检测灵敏度也较高。

电阻型半导体气敏元件,利用气体在半导体表面的氧化或还原反应,引起半导体载流子数量的增加或减少,从而使敏感元件电阻值变化。

半导体气敏元件的典型结构见图5.47。

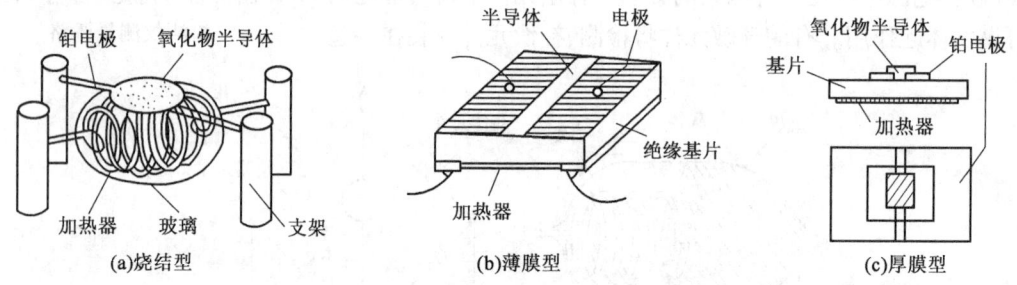

图5.47 半导体气敏元件的典型结构

加气站通常用催化燃烧式检测传感器。

2.可燃气体检测仪的结构类型

可燃气体检测仪主要用于检测空气中的可燃气体,常见的如氢气(H_2)、甲烷(CH_4)、乙烷(C_2H_6)、丙烷(C_3H_8)、丁烷(C_4H_{10})等。

可燃气体检测仪按自身形态可分为便携式气体检测仪与固定式气体检测仪。按照检测采样方式分为扩散式气体检测仪和泵吸式气体检测仪。

1)便携式气体检测仪

便携式气体检测仪为手持式,如图5.48所示,工作人员可随身携带,检测不同地点的可燃气体浓度,便携式气体检测仪集控制器、探测器于一体,小巧灵活、操作简便、开机就能检测,可以对动火前的可燃气体浓度检测,各种燃气管道燃气设备的检漏。

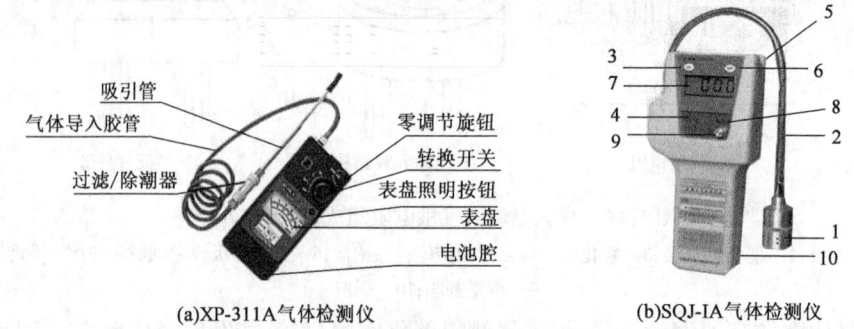

图5.48 便携式气体检测仪

1—探头;2—探管;3—"ON"开机按钮;4—欠压指示灯;5—充电插孔(背面);6—"OFF"关机按钮;7—显示屏;8—报警指示灯;9—调零按钮;10—电池

便携式气体检测仪有泵吸式、扩散式。泵吸式与扩散式气检仪的区别如下:

(1)泵吸式仪器配置了一小型气泵,其工作方式为电源带动气泵对待测区域的气体进行抽气采样,然后将样气送入仪表进行检测。其特点是检测速度快,对危险的区域可进行远距离测量,维护人员安全。

(2)扩散式是被检测区域的气体随空气的自由流动,缓慢将样气流入仪表进行检测。这种方式受检测环境的影响,如环境温度、风速等。扩散式气体检测仪特点是成本低。

2)固定式气体检测仪

固定式气体检测仪由报警控制器和探测器组成,如图5.49所示,控制器可放置于值班室内,主要对各监测点进行控制,探测器安装于可燃气体最易泄漏的地点,其核心部件为内置的可燃气体传感器,传感器检测空气中气体的浓度。探测器将传感器检测到的气体浓度转换成电信号,通过线缆传输到控制器,气体浓度越高,电信号越强,当气体浓度达到或超过报警控制器设置的报警点时,报警器发出报警信号。

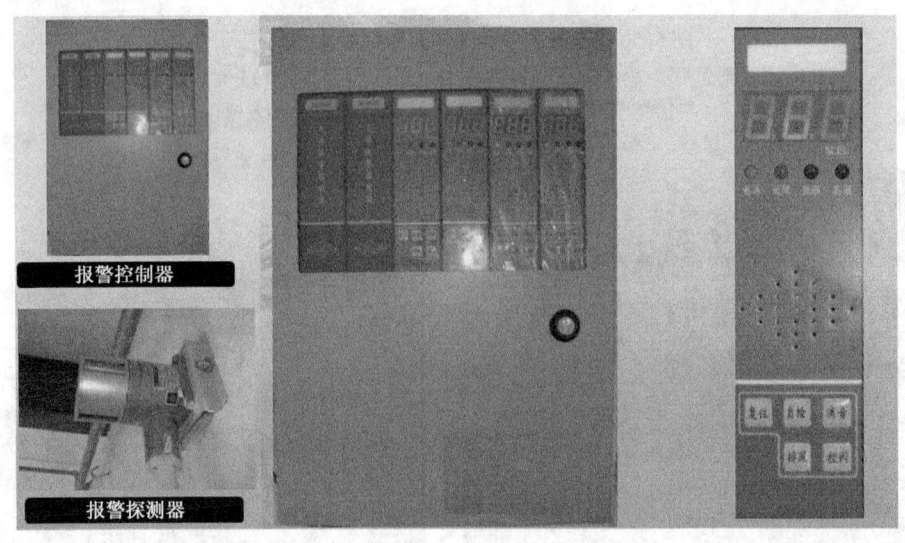

图5.49 固定式气体检测仪组成

固定式气体检测仪为配有专用检测传感器、带有专用报警控制器的综合性可燃气体检测、报警、控制仪表系统,行业俗称可燃气体报警器,也可称为可燃气体报警仪,为工业生产专用的综合性可燃气体探测报警控制系统。

工业现场一般采用固定式。固定式报警仪有一个探测器配一个控制器的点式,也有一个控制器配多个探测器的多通道式。

手持式有电池供电,便于携带,一般用于移动检查、检验。

例如某多通道可燃气体报警仪由探测器、控制器组成,组成与结构如图5.50所示。其点型气体探测器实例,如图5.51所示。

多通道可燃气体报警仪,多个探测器共用一个控制器,进行巡回检测、显示报警。有的采用现场总线方式,每一探测器都有内置惟一的电子编号。控制器与探测器间采用总线方式连接,多个探测器共用2条信号线和2条电源线,方便安装,自动化程度高,功能多,精度高。

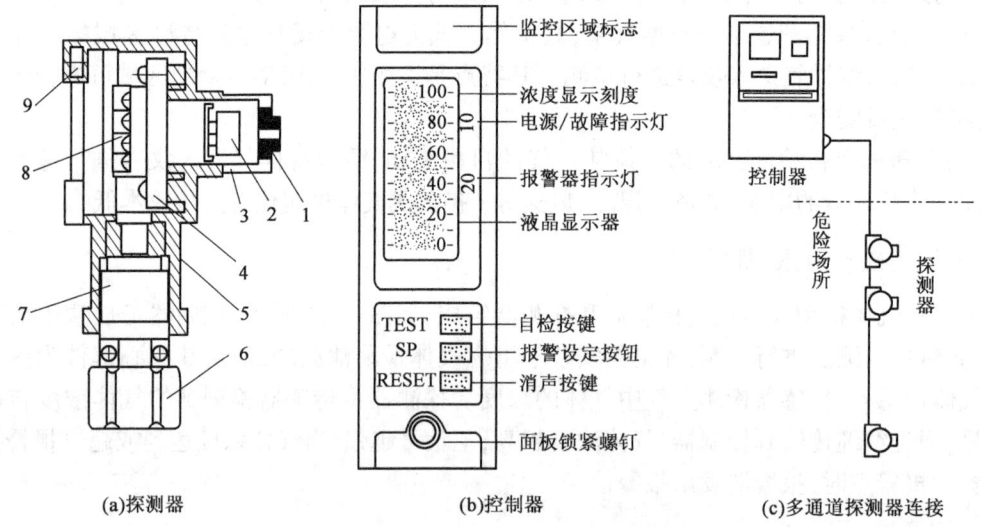

图 5.50 多通道可燃气体报警仪组成与结构图
1—传感器保护罩;2—气敏元件;3—通气格栅;4—传感器支架;5—出线密封圈;
6—电缆进线口;7—防爆接头;8—接线端子;9—固定螺孔

图 5.51 点型气体探测器实例图

3)主要技术指标

(1)检测气体:液化石油气、天然气、酒精、甲烷等可燃气体。

(2)测量范围:0~100% LEL。分辨率为1% LEL。

(3)精度:≤±5% LEL;响应时间:≤30s;传感器使用寿命:3年(典型值)。

(4)使用环境:-40~+70℃,相对湿度≤90%。

注:% LEL为可燃气体在空气中的含量与其爆炸下限的百分比。

3.可燃气体检测仪的安装与应用

可燃气体检测仪都是通过扩散方式采样,所以必须使气敏元件接触到目标气体才行。因而,可燃气体检测仪安装的原则就是安装在能最大可能探测到目标气体的位置,必须考虑以下因素:

(1)检测天然气、甲烷等比空气轻的可燃气体,其安装高度宜高出释放源 0.5~2m,且与释放源的水平距离宜小于 5m。

(2)检测液化石油气、油制气、酒精等比空气重的可燃气体,其安装高度应距地面 0.3~0.6m,且与释放源的水平距离在 5m 之内。

(3)空气的流动会导致目标气体散失,探测器应安装在目标气体易于积聚的地方。

探测器选点应选择阀门、管道接口、出气口等易泄漏处附近 1m 的范围内,尽可能靠近。同时尽量避免高温、高湿环境,要避开外部影响,如溅水、油及造成机械损坏的可能性,并应考虑便于维护、标定。

4. 可燃气体检测仪的校准

可燃气体检测仪灵敏度会受到使用时间的影响,定期对可燃气体检测仪进行校准是十分必要的。校准必须由专业人员在有标准气体的条件下进行,连接方法如图 5.52 所示。

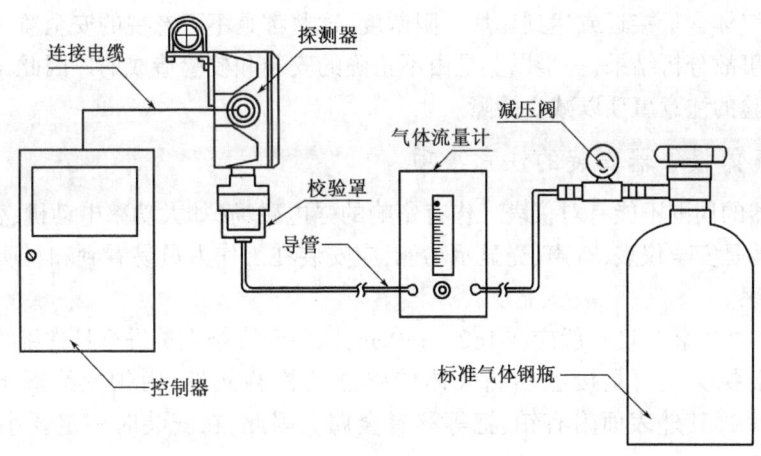

图 5.52 校验可燃气体检测仪连接图

(1)开启控制器电源,预热 10min,待可燃气体检测仪进入稳定工作状态时,在洁净空气中标定零点,调至指示 0%。

(2)将标准气(一般用 50%LEL 甲烷气体或其他标准气体)瓶、流量计及校验罩用气管连接好后,打开气瓶开关,调流量计调节钮,使气体流速为 0.2~0.3L/min,约 2min 后,把校验罩罩在探测器传感器上,这时可燃性气体扩散进入传感器,约 1min 后调整控制器使之指示 50%LEL。

(3)为了保证可燃气体检测仪的准确性,建议每半年进行灵敏度校准。

5. 常规可燃气体报警器的选点、安装、使用及维护的方法和注意事项简介

1)可燃气体报警器应用时的注意事项

可燃气体报警器定点式安装一经就位,其位置就不易更改。具体应用时应考虑以下几点:

(1)弄清所要监测的装置有哪些可能泄漏点,分析它们的泄漏压力、方向等因素,并画出探头位置分布图,根据泄漏的严重程度分成Ⅰ、Ⅱ、Ⅲ三种等级。

(2)根据所在场所气流方向、风向等具体因素,判断当发生大量泄漏时,可燃气体的泄漏方向。

(3)根据泄漏气体的密度(大于或小于空气),结合空气流动趋势,综合成泄漏的立体流动趋势图,并在其流动的下游位置作出初始设点方案。

(4)研究泄漏点的泄漏状态是微漏还是喷射状。如是微漏,则设点的位置就要靠近泄漏点一些;如是喷射状泄漏,则要稍远离泄漏点。综合这些状况,拟定出最终设点方案。这样,需要购置的数量和品种即可估算出来。

(5)对于存在较大可燃气体泄漏的场所,根据有关规定每相距 10~20m 应设一个检测点。对于无人值班的小型且不连续运转的泵房,需要注意发生可燃气体泄漏的可能性,一般应在下风口安装一台检测器。

(6)对有氢气泄漏的场所,应将检测器安装在泄漏点上方平面。

(7)对气体密度大于空气的介质,应将检测器安装在低于泄漏点的下方平面上,并注意周围环境特点。对于容易积聚可燃气体的场所应特别注意安全监测点的设定。

(8)对于开放式可燃气体扩散逸出环境,如果缺乏良好的通风条件,也很容易使某个部位空气中的可燃气体含量接近或达到爆炸下限浓度,这些都是不可忽视的安全监测点。

根据现场事故分析结果,一半以上是由不正确的安装和校验造成的。因此,有必要介绍正确的安装和校验的注意事项以减少故障。

2)可燃气体报警器安装的注意事项

(1)报警器的周围不能有对仪表工作有影响的强电磁场(如大功率电动机、变压器)。

(2)报警器是安全仪表,有声、光显示功能,应安装在工作人员易看到和易听到的地方,以便及时消除隐患。

(3)报警器的安装高度一般应在 160~170cm,以便于维修人员进行日常维护。

(4)报警器探头主要是接触燃烧气体传感器的检测元件,由铂丝线圈上包氧化铝和黏合剂组成球状,其外表面附有铂、钯等稀有金属。因此,在安装时一定要小心,避免摔坏探头。

(5)被测气体的密度不同,室内探头的安装位置也应不同。被测气体密度小于空气密度时,探头应安装在距屋顶 30cm 外,方向向下;反之,探头应安装在距地面 30cm 处,方向向上。

(6)露天探头的安装可根据被测气体的密度而选择安装高度,特别注意的一点是探头应安装在下风侧。

(7)报警回路的连接电缆要加保护套管,在探头的接线处最好加金属软管,并注意要与工厂的防爆等级一致。

(8)安装调试后,一定要装透气防水罩,以免雨水进入损坏探头。

3)可燃气体报警器校验的注意事项

(1)原则上要采用经计量认证与被检测气体相匹配的标准样气。相同的被测介质所选的标准样气不同,报警点也不同。

(2)校验前,探头的周围环境应无可燃气体。如果有可燃气体,要先拆下防雨罩,充入一定量的洁净空气后,再连续通入样气,以保证校验的准确性。

(3)当被测气体为烃类混合物时,异丁烷为首选样气,其次为丙烷。

(4)对于非烃类混合物或爆炸下限浓度的气体燃烧时产生的热量相差较多的烃类混合物,不得已时,可使用丁烷、异丁烷、丙烷等既易得又稳定的单组分燃料作为样气。此时必须依据一定的检测信号换算关系调整报警器的量程。

4）可燃气体报警器使用和维护方法

可燃气体报警器的种类和型号较多，但基本电路原理相同，其使用和维护的方法也较相似。现将使用和维护的方法介绍如下：

(1)检测元件与补偿元件的使用寿命通常为3～5年。在使用条件合理和维护得当的条件下，可延长其使用寿命。

(2)对于有试验按钮的报警器，每周应按动一次试验按钮，检查报警系统是否正常。每2个月应检查标定一次报警器的零点和量程。

(3)应经常检查检测器有无意外进水。检测器透气罩在仪表检测时，应取下清洗，防止堵塞。

(4)检测器为隔爆型防爆设备，不得在超出规定的范围使用。检测器不得在含硫的场合使用。检测器应尽量在可燃气体浓度低于爆炸下限的条件下使用，否则，有可能烧坏元件。

(5)热线型半导体式检测器不得在缺氧的条件下使用。不要用大量的可燃气直冲探头。

5.1.3 加气站的计量系统及仪表

天然气贸易交接中的计量方式通常有三种，即体积计量、质量计量和能量计量。

能量计量反映天然气的热能，为最能反映其燃料特点的合理和科学的计量方式，在天然气贸易中被广泛采用。

国内目前 CNG 尚普遍采用以体积计量作为天然气贸易结算的依据，LNG 以质量计量作为天然气贸易结算的依据。

加气站计量系统分 CNG 天然气气体与 LNG 低温液体计量系统两类。

CNG 天然气气体计量系统有进站调压计量或卸车计量、CNG 销气计量。

LNG 低温液体计量系统有进站卸车计量、LNG 销气计量。

5.1.3.1 加气站天然气计量系统

1. 加气站流量计分类及应用

加气站流量计按照测量原理分为以下几类：
(1)差压式流量计，如孔板流量计。
(2)速度式流量计，如涡轮流量计、旋涡流量计、超声波流量计。
(3)容积式流量计，如膜式流量计、罗茨流量计。
(4)质量式流量计，如科式力质量流量计。

对管输贸易计量流量计，欧洲主要使用涡轮、罗茨流量计，如在荷兰涡轮、罗茨流量计的使用约占80%；加拿大涡轮流量计约占90%；美国使用孔板约占80%；从整体上看，20世纪70年代形成孔板使用高潮，80年代形成涡轮流量计使用高潮，90年代中后期形成超声波流量计使用高潮。

不同类型流量计性能对比表见表5.15，实例图如图5.53所示。

表 5.15 不同类型流量计性能对比表

流量计类型	量程比	压损	对涡流敏感度	对流速分布敏感度	测脉动流	测双向流	测湿气体	清洗管路
孔板	1∶3(4)	很大	很敏感	很敏感	不适合	不能	不能	不能
涡街	1∶40	较小	很敏感	很敏感	不适合	不能	不能	不能
涡轮	1∶50	较小	不敏感	不敏感	不适合	不能	不能	不能
超声波	1∶40~1∶100	无	不敏感	不敏感	适合	可以	可以	可以

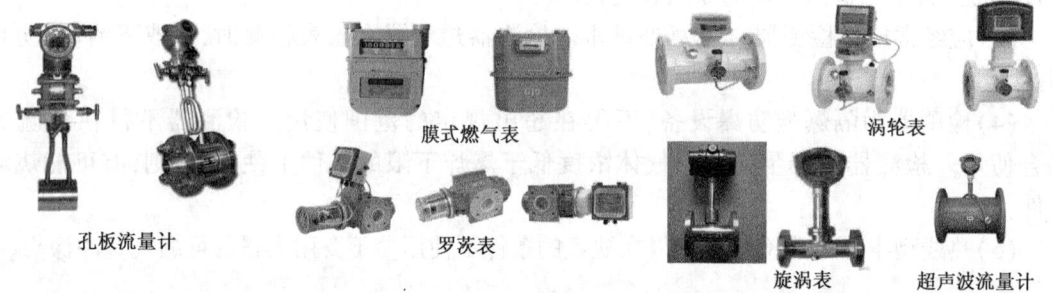

图 5.53 不同类型流量计实例图

大口径、高流量的计量系统宜用超声波流量计；对小口径、低流量计量系统宜采用涡轮流量计或智能旋进旋涡流量计。其计量方法有三类：

(1)体积量计量法：以标准参比条件下的天然气体积量作为结算单位。流量计有孔板、涡轮、超声波、旋进旋涡、质量流量计等。

(2)质量计量法：以天然气重量作为结算单位。流量计为科里奥利质量流量计。

(3)能量计量法：以天然气发热量作为结算单位。流量计为体积或质量流量计＋在线色谱分析仪(天然气全组分分析)。

国内加气站管输进站计量常用涡轮流量计、超声波流量计；卸车计量用涡轮流量计、储气柱压力计量、质量流量计等。

2.天然气气体计量仪表选型

1)选型考虑因素

(1)仪表性能：准确度、测量范围、压力损失、上下限流量等；

(2)流体特性：温度、压力、密度、黏度、腐蚀、压缩系数、脉动流等；

(3)安装要求：管道布置与流动方向、上下游直管段、维护空间、管道振动、过滤排污等；

(4)环境条件：环境温度、湿度、安全性、电磁干扰、防爆等；

(5)维护需求：维护周期、法定强制检定周期等；

(6)价格：购置费、安装费、维修费、检定费、使用期限、备品备件等。

2)天然气计量系统选型依据

国家标准 GB/T 18603—2014《天然气计量系统技术要求》适用于新建天然气贸易计量站计量系统的设计、建设、投产运行、维护方面的技术要求。

国内天然气气体流量测量标准及准确度要求见表 5.16、表 5.17、表 5.18。

表 5.16　国内天然气气体流量测量标准

序号	标准名称	颁布日期	主要参照标准
1	GB/T 18603《天然气计量系统技术要求》	2014	EN 1776
2	GB/T 22723《天然气能量的测定》	2008	ISO 15112
3	GB/T 21446《用标准孔板流量计测量天然气流量》	2008	AGA No.3
4	SY/T 6658《用旋进旋涡流量计测量天然气流量》	2006	ISO/TR12764
5	SY/T 6659《用科里奥利质量流量计测量天然气流量》	2016	AGA No.11
6	SY/T 6660《用旋转容积式气体流量计测量天然气流量》	2006	EN 12480
7	GB/T 18604《用气体超声流量计测量天然气流量》	2014	AGA No.9
8	GB/T 21391《用气体涡轮流量计测量天然气流量》	2008	EN 12261
9	JJG 1038《科里奥利质量流量计检定规程》	2008	
10	JJG 1037《涡轮流量计检定规程》	2008	

表 5.17　不同等级的计量系统

设计能力 Q(标准参比条件), m³/h	$500 \leq Q \leq 5000$	$5000 \leq Q \leq 50000$	$Q \geq 50000$
用于测量的检验系统 如串联标准流量计			√
温度转换	√	√	√
压力转换	√	√	√
Z 系数转换	√	√	√
发热量和气质量的测定			√
每一时间周期的流量记录		√	√
准确度等级	C 级(3.0%)	B 级(2.0%)	A 级(1.0%)

表 5.18　计量系统配套仪表准确度要求

参数测量	A 级(1.0%)	B 级(2.0%)	C 级(3.0%)
温度	0.5℃	0.5℃	1.0℃
压力	0.2%	0.5%	1.0%
密度	0.25%	0.75%	1.0%
压缩因子	0.25%	0.5%	0.5%
发热量	0.5%	1.0%	1.0%
工作条件下体积流量	0.75%	1.0%	1.5%

3) 天然气计量技术发展方向

随中国加入 WTO,外资企业不断进入中国市场,以及大量引进国外天然气,天然气计量与国际接轨成为现实,计量观念及其发展趋势也由此而发生系列变化。天然气广泛使用,工商用户成为用气主流。

我国天然气计量向 7 个方面发展:
(1) 计量方式向自动化、智能化、远程化方向发展。
(2) 检定方式、量值溯源从静态单参数向动态多参数方向发展。
(3) 仪表选型从单一仪表向多元化仪表发展。

(4)计量标准由单一标准向多重标准发展。

(5)计量方式从体积计量向能量计量发展。

(6)单一数据管理向计量系统管理方向发展。

(7)计量管理从事后计量纠纷解释向事前过程管理发展。

3. 主要流量计简介

1)涡轮流量计(速度式)

涡轮流量计是一种速度式流量仪表,具有灵敏度高、重复性好、量程比宽、准确度高等特点。

(1)工作原理与组成。如图5.54所示,涡轮流量计是靠气流冲动叶轮旋转来感受流体的平均流速,通过测量叶轮的转动次数来确定气体的流量。

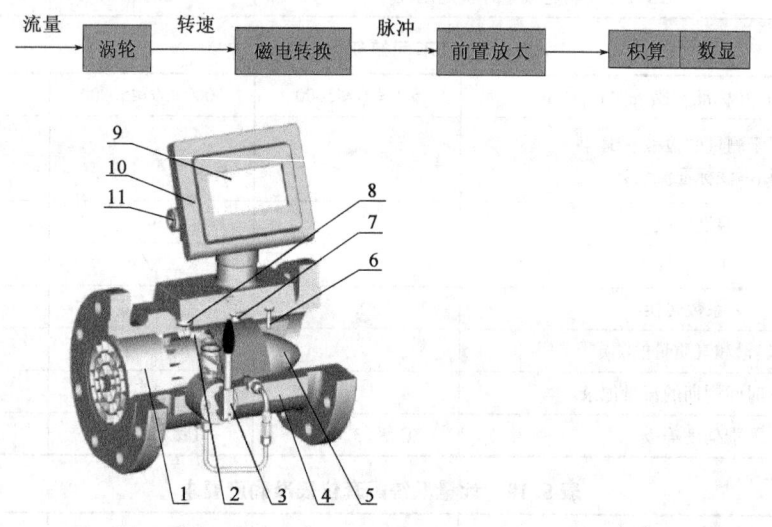

图5.54 涡轮流量计工作原理及结构组成

1—两级整流器;2—涡轮;3—加油泵(选用);4—壳体;5—后导流体;6—温度传感器;
7—磁敏传感器;8—压力传感器;9—LCD显示屏;10—体积修正仪壳体;11—信号输出接口

信号检测单元:利用电磁感应原理,通过旋转的涡轮叶片顶端导磁体周期性地改变磁阻,使磁场也发生相应的变化,从而在线圈两端感应出脉冲信号。该信号经前置放大器放大、整形后,和压力传感器、温度传感器的信号同时输入流量积算仪进行处理,直接显示体积流量和累计流量。相同脉冲数时仪表系数越大,流量越小。

(2)计量特性。

涡轮流量计优点:①测量精度高,复现性和稳定性均好;准确度高,对气体准确度为1%~1.5%,对液体准确度为0.25%~0.5%。国外的高质量涡轮流量计可用作标准流量计。②流通能力大,耐高压,量程范围宽,测量范围可达15:1~40:1,在高压输气的场合,流量范围还可扩展。③适应介质广泛,除天然气外,还可用于煤气、轻质原油、有机液体等介质。④有的流量计采用特殊耐磨轴承,使用波音飞机发动机的轴承材料,设计为全密封状态,使脏污杂质很难进入流量计的运转部位,使用寿命可达8~15年。⑤对流量变化反应迅速,可测脉动流量;抗干扰能力强,信号便于远传及与计算机相连。

涡轮流量计缺点:①不适用于脉动流和多相流。②大部分涡轮流量计对测量流体的清洁度要求较高。脏污介质造成轴承磨损和卡轴问题是影响流量计大量使用的重要原因,加装过滤器增加了维护工作量,同时增加了压力损失。③流量计需要直管段甚至整流器,以消除旋涡流和速度分布畸形。④受流体密度、黏度影响较大,高黏度流体影响其使用。⑤制造困难,成本高。

(3)安装方式。

①涡轮流量计应水平安装,避免垂直安装。

②气体涡轮流量计推荐上游至少 10D(D 为管外径),当有整流器时,整流器出口到涡轮流量计入口端面至少为 5D 的直管段(分别从流量计的上、下游端面算起)。其内径与流量计公称内径 DN 之差,一般应不超过 DN 的 ±1%,并不超过 5mm。

③用于静压补偿的取压孔应位于气体涡轮流量计叶片相对应的位置处。

④测温元件应安装在流量计下游,在叶轮下游的 5D 内,尽可能靠近流量计。

⑤变送器应安装在不受外界电磁场影响的地方,否则在变送器的磁电感应转换上应加设屏蔽罩。

⑥涡轮流量变送器与二次仪表都应良好的接地,连接电缆应采用屏蔽电缆。

2)科里奥利质量流量计

(1)原理。科里奥利质量流量计原理为利用流体在振动管内流动时产生的科里奥利力,以直接或间接的方法测量科里奥利力而得到流体质量流量。图 5.55 所示为科里奥利流量计的简单原理图。在该图中,流体从左边进入直管中,从右边出来,可通过速度矢量(v)看出来。流量管在其共振频率下振动,图中流量管显示向上移动。从图中可看出,在入口侧,质量将抵抗流量管运动并对流量管施加一个向下的作用力。在出口侧,情况刚好相反。流体的流动将增加因向上作用力而引起的流量运动。这两个作用力大小相等,方向相反,就是所说的科里奥利力。

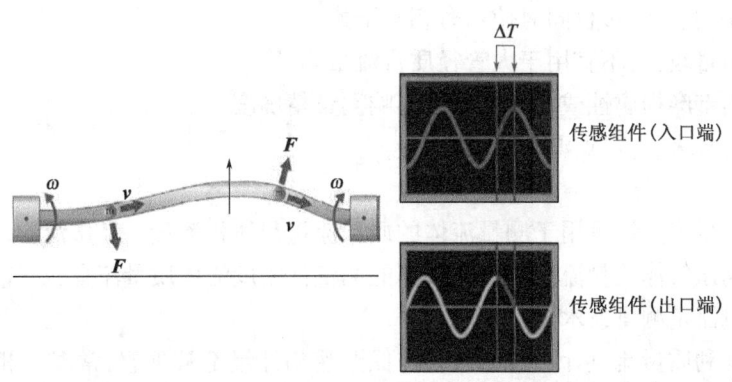

图 5.55　科里奥利质量流量计测量原理

这两个科里奥利力就造成了测量管的扭曲运动,这时两个检测传感器上产生的正弦波就出现了不同步的现象,两个正弦波的时间差称为相位差,单位为微秒。其与质量流量成正比。

(2)结构。如图 5.56 所示,科里奥利流量计由传感器和变送器组成,其中传感器主要由振动管、驱动部件等构成,变送器主要由测量和输出单元等构成。

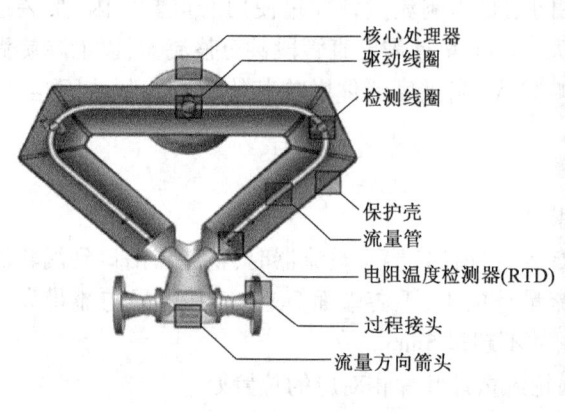 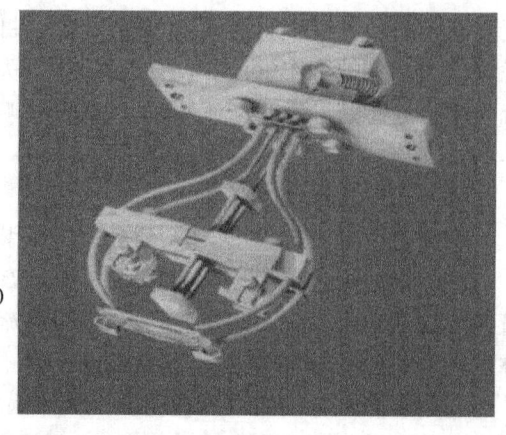

|(a)结构图|(b)实物图|

图5.56 科里奥利流量计构成图

(3)特点。科里奥利流量计优点如下：
①测量范围宽，测量误差小，重复性高。
②测量流体范围广泛，包括高黏度的各种液体、含固形物的液体、有足够密度的中高压气体。
③不受介质流动状态影响，对流速分布不敏感，因而无上下游直管段要求。
④无可动部件，使用寿命长。
⑤对流体黏度不敏感，流体密度变化对测量结果影响小，可做多参数测量，如同期测量密度。

其缺点如下：
①对环境振动敏感，多台同时使用时相互干扰。
②体积和质量较大，不宜用于大管径质量流量测量。
③测量管内壁磨损腐蚀或沉积结垢会影响测量精确度。
④压力损失较大、有零点漂移、价格昂贵。

(4)应用。
科里奥利质量流量计可用于测量流体的质量流量与体积流量。其广泛应用于石油化工等行业的液体和高压气体质量流量测量。但不能测量低密度流体质量流量，对气—固、气—液的双相流体的质量流量测量技术还有困难。

目前科里奥利质量流量计对常温气相与低温液相计量都较理想，常温气相与低温液相的计量精度可达 ±0.10%，而低温气相的计量精度只有 ±0.35%，对低压气体精度较差。

测量管振动是科里奥利质量流量计获取计量数据的直接手段，外界振动对质量流量计的正常工作产生影响，当外部振动频率接近测量管振荡频率时，对流量计影响会相对较大，所以振动信号隔离至关重要。

(5)加气机质量流量计故障及处理(以华气厚普加气机用质量流量计为例)。
科里奥利质量流量计以科氏力为基础，在传感器内部有两根平行的T型振动管，中部装有驱动线圈，两端装有拾振线圈，变送器提供的激励电压加到驱动线圈上时，振动管作往复周期振动,工业过程的流体介质流经传感器的振动管,就会在振动管上产生科氏力效应,使两根振动管扭转振动,安装在振动管两端的拾振线圈将产生相位不同的两组信号,这两个信号差与流经传感器的流体质量流量成比例关系。计算机解算出流经振动管的质量流量。不同介质流经传感器时,振动管的主振频率不同,据此解算出介质密度。安装在传感器振动管上的铂电阻可间接测量介质的温度。其常见故障及处理方法见表5.19。

表5.19 常见故障及处理方法

序号	故障现象	故障原因	故障排除
1	不计量	流量计供电不正常	检查供电线路及电源板
		通信不正常	检查信号线
			检查隔离板
		设置不正确	检查计数方式
			检查当量设置
			检查小流量切断数值
			检查计量单位设置
		加气机主板工作异常	检查主板DC12V供电
			维修或更换主板
		流量计损坏	更换
2	计量不准确	零漂	清零
		流量计内部污垢过多	先清洗、再清零
		存在安装应力	去掉安装应力
		流量计的传感器故障	使用流量计设置软件检测流量计是否出现报警信号,出现报警应更换流量计
		电磁阀关不严	维修电磁阀
		外界振动	排除振动

5.1.3.2 加气站管输等CNG进站计量系统

加气站管输等CNG进站计量系统如图5.57所示。

1. 加气站管输等CNG进站计量系统类型

1) 管输进站CNG调压计量系统

如图5.58所示,输气管道来气经调压后,进行计量,常用涡轮或质量流量计。

2) 管输进站CNG分析计量系统

如图5.59所示,大型加气站通常经取样分析或在线色谱分析后,再进入计量柜进行进站计量。

输气管线计量常用计量橇,常用涡轮或超声波流量计,有些加气站在输气管线计量橇后,直接进入计量柜进行进站计量,不做天然气分析,以输气管线提供的分析样本作为气源质量依据。

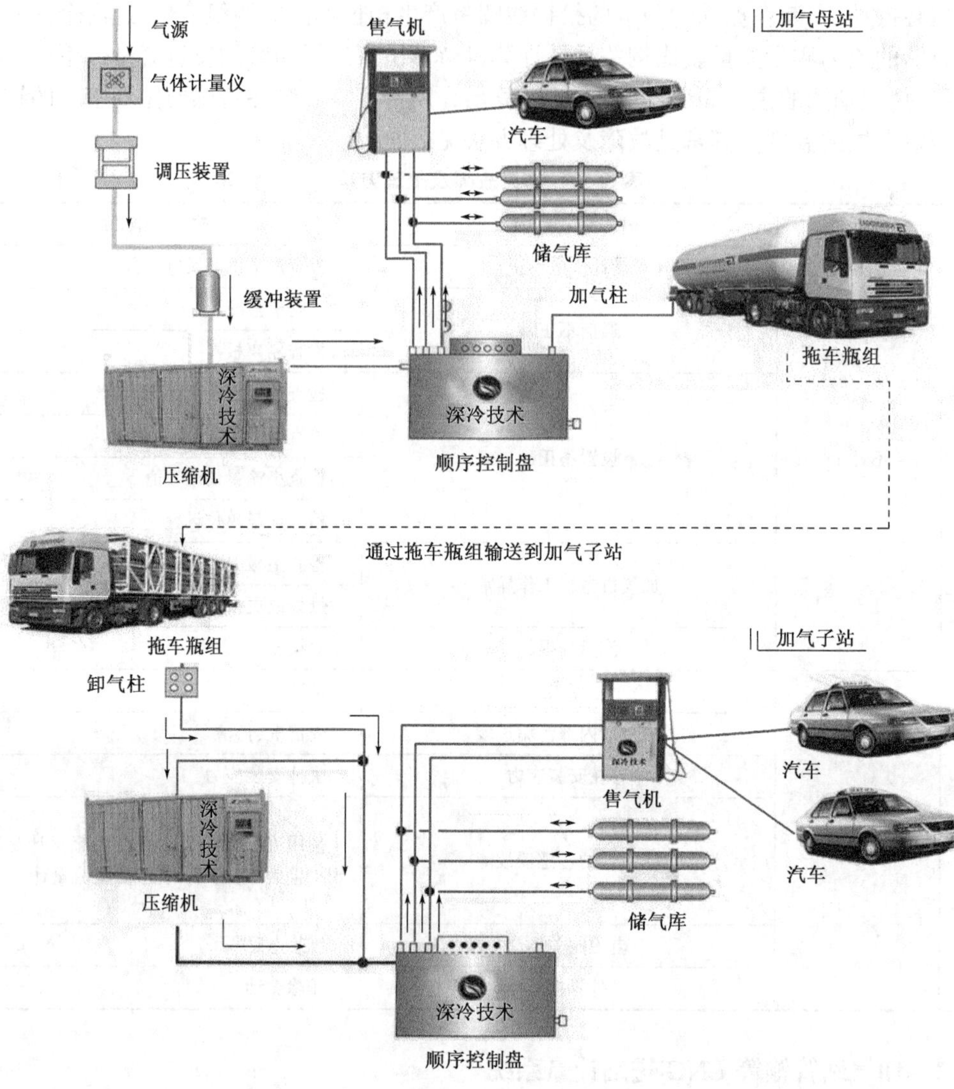

图 5.57 加气站管输等 CNG 进站计量系统

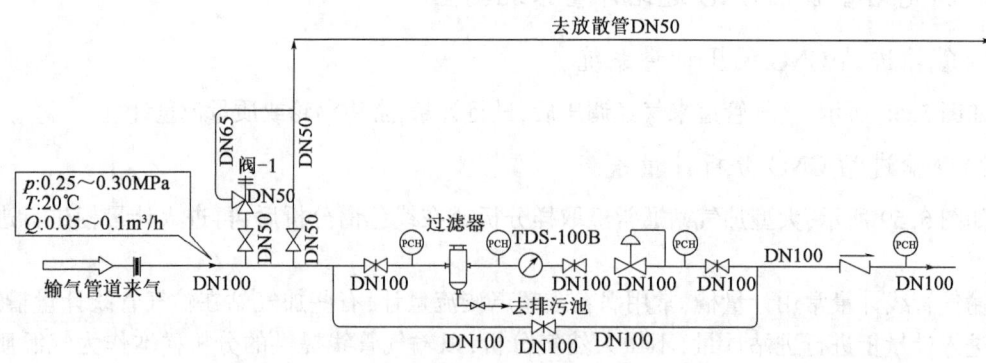

图 5.58 管输进站 CNG 调压计量流程图

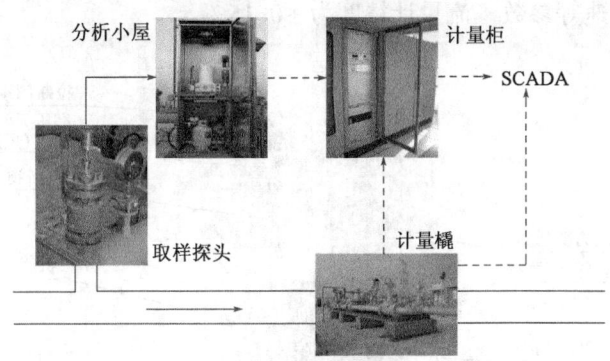

图 5.59　管输进站 CNG 分析计量系统

3) CNG 运输车来气进站计量系统

如图 5.60 所示, CNG 运输车运输来的压缩天然气通过快速转换接头, 经拉断阀、质量流量计、电磁阀进入站上储气瓶,完成卸气工作。

卸气柱上的微机控制器自动控制卸气过程,并根据质量流量计在计量过程中输出的流量信号和压力变送器输出的电信号等进行监控、处理和显示,完成卸车进站计量。

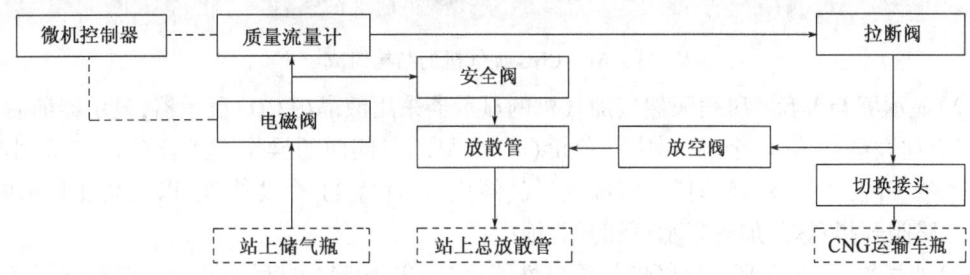

图 5.60　CNG 运输车来气进站计量系统

2. CNG 销气计量系统(CNG 加气机)

1) CNG 加气机组成方框图与工作原理

CNG 加气机是为燃气汽车储气瓶充装压缩天然气的一种测量系统,它包括了流量计、电子计控器、辅助装置和附加装置。

压缩天然气进入加气机后,经气体过滤器、加气机电磁阀、质量流量计、拉断阀和加气枪注入汽车储气瓶,完成加气工作。加气机上的微机控制器自动控制加气过程,并根据质量流量计在计量过程中输出的流量信号和压力变送器输出的电信号等进行监控、处理和显示。

2) CNG 加气机的结构组成

CNG 加气机的结构组成如图 5.61 所示。整机由质量流量计、显示器与键盘、加气软管、拉断阀、气体过滤器、高压防爆电磁阀、高压球阀、安全阀、工艺管道、IC 卡系统、小票打印机、防爆电源、微电控制系统和机壳组成。

CNG 加气机主要部件介绍如下:

(1)质量流量计:质量流量计可直接测量流体质量、体积,具有寿命长、计量精度高并可分体维修。其工作性能不受内部介质的密度、温度影响,具有温度自动补偿功能,并可随时提供气源的密度、温度、流速等参数。流量计精度为 ±0.15%。

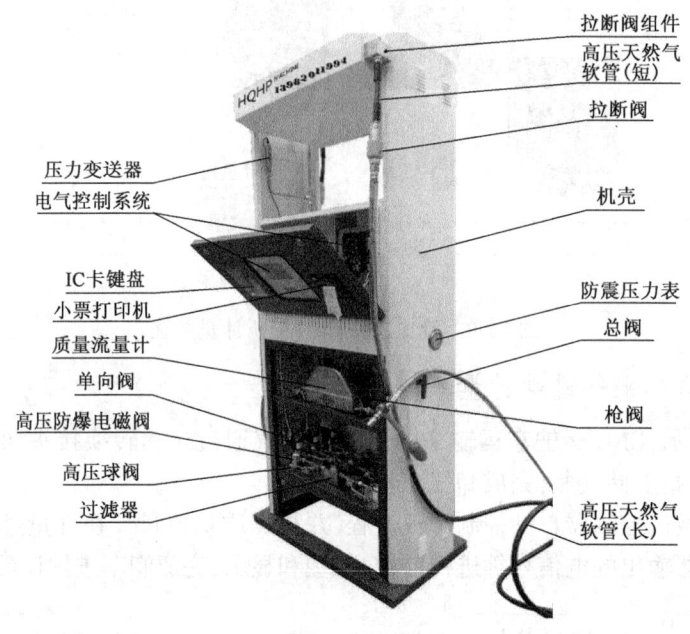

图 5.61　CNG 加气机的结构组成

(2)显示器与键盘：压缩天然气加气机的显示器采用液晶(LCD)显示器,显示器前后面板同时设有加气量(6 位)、金额(6 位)、单价(4 位)显示。侧面的操作键盘设有 0~9 和小数点共 11 个数字键,复位、转换、时间、清数、加气、停止、累计等 11 个功能键,以及功能显示屏、IC 卡座、三路阀开指示灯、加气指示灯和开关锁。

(3)加气软管：加气高压软管的导静电性能符合 GB 10543 的有关规定。加气软管必须耐天然气腐蚀,承压不应小于 80.0MPa。加气软管有效服务半径不应小于 2.5m,加气软管管长不应大于 5.0m。

(4)拉断阀：当加气机内的压缩天然气工作压力在 20MPa 时,拉断阀的分离拉力不得大于 400N；拉断阀在外力作用下分开后,必须保证两端立即密封；拉断阀在外力作用下自动分成的两个部分,可重新连接,保证加气机的正常工作。

(5)气体过滤器：过滤器应能阻止粒度大于 0.04mm 的固体杂质通过,过滤器滤网眼面积之和必须大于管道截面面积的 5 倍以上。

3)CNG 加气机工作原理

CNG 加气机工作原理及控制框图如图 5.62、图 5.63 所示,其工作原理如下：

(1)先按照操作规程给压缩天然气汽车插好加气枪,打开加气枪加气阀,然后按下加气机键盘上的启动键,启动信号送入电脑控制器处理后,指令低压电磁阀打开,开始加气。

(2)质量流量计测量出的 CNG 气体,传送到加气机通用控制系统,计算出相应体积、金额并送至显示器。当车用储气瓶里的压力达到 20MPa(或按下"停止"键)时,加气机自动停止加气,然后关闭天然气汽车储气瓶的总阀,再关闭加气枪,之后打开放散阀、放散加气枪阀到枪嘴之间的高压气体,最后取出加气枪,完成加气。

CNG 加气机工作过程示例,如图 5.64 所示。

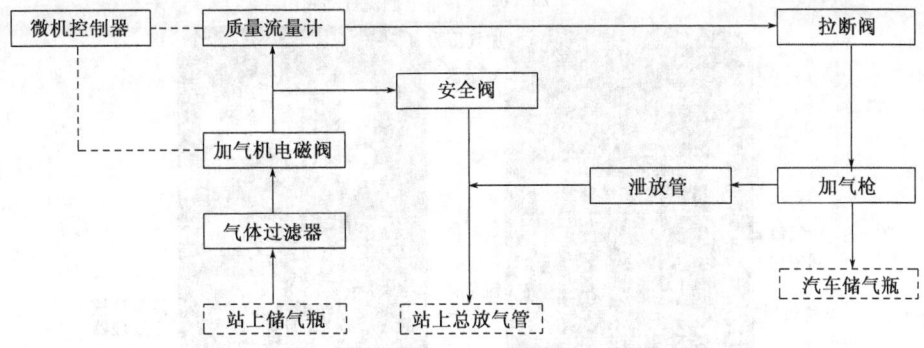

(a)加气机工作原理框图

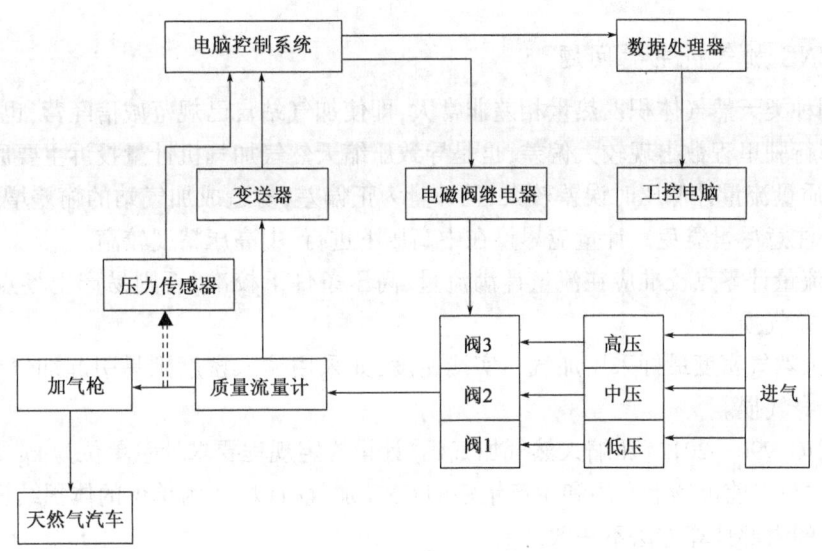

(b)加气机控制框图

图 5.62 CNG 加气机工作原理及控制框图

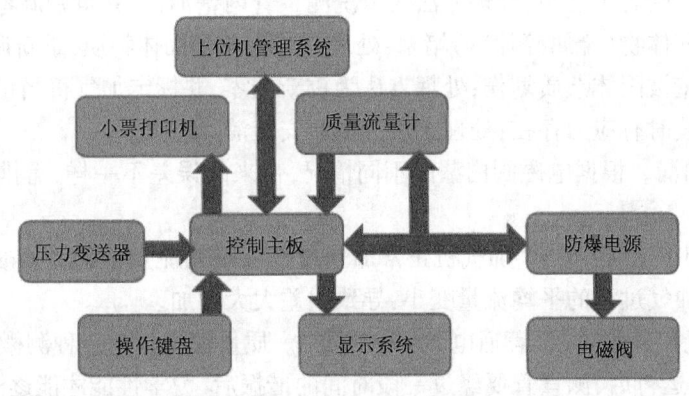

图 5.63 CNG 加气机控制系统框图

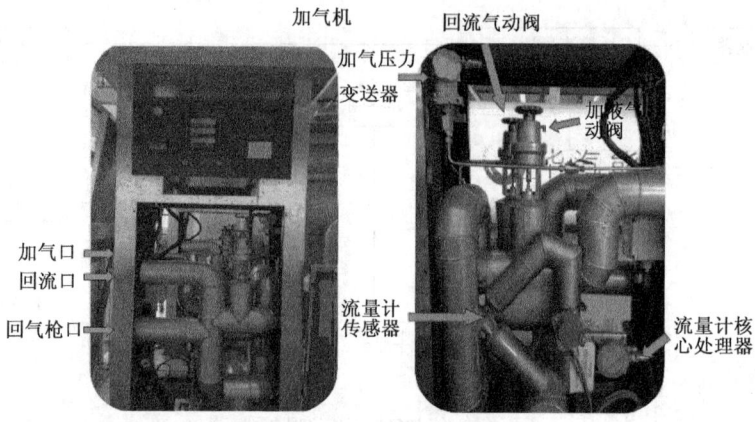

图 5.64 CNG 加气机工作过程示例图

4) CNG 加气机主要问题

不同种类天然气体积发热量相差非常大,即使加气站自己规范诚信经营,也有可能造成天然气汽车行驶里程数出现较大偏差,也是导致压缩天然气加气机计量投诉主要原因之一。

(1) 质量流量计低压时误差较大,且计量为正偏差,易造成加气站的输差增加。低温低压时尤其应注意尽量避免。计量应尽量在中高压下进行,中高压精度较高。

(2) 流量计零点校准应在流量计满流量、高压条件下校准,否则易产生零点正漂移,增加加气站输差气损。

(3) 天然气密度最好采用加气时实测密度,如采用输入密度则易引起加气纠纷或增加加气站的自身气损。

(4) JJG 996—2012《压缩天然气加气机》计量检定规程要求计量单位为 kg,即取消密度参与计算,这与目前市场上在用和生产销售的 CNG 加气机以 m^3 为单位的体积结算方式,与密度参与计算的内部计算方法不一致。

5) CNG 计量检定常见问题及原因分析

(1) 流量计零点漂移。质量流量计零点漂移原因:

①流量计本身稳定性不好;处理方法为更换流量计。

②测量管内壁附着了油污;处理方法为清洗测量管内壁油污,并重新调零。

③测量管被固体物(金属碎片等)堵塞;处理方法为清理固体物质,重新调零。

④测量管内壁被固体杂质划伤;处理方法为重新调零,并标定加气机当量。

⑤流量计安装时有应力存在;处理方法为重新安装消除应力。

(2) 电磁阀内漏。根据电磁阀内漏的不同情况,带来的误差不一样,需排除故障后再进行计量检定。

(3) 管路阀门节流等。CNG 加气机正常加气过程的平均流量大约是 6kg/min,因此,管路节流会导致整个加气过程的平均流量变小,导致误差大大增加。

(4) 检定装置充分预热(推荐通电 20min 以上)。质量流量计是一种测微弱力学信号的高精密仪表,其通电运行后,测量管要经过一段时间的谐振后,力学性能才能逐渐稳定下来,所以在对加气机进行计量前,需对检定装置进行通电预热,推荐预热时间在 20min 左右。

(5)检定装置笔记本电源的干扰。
(6)检定装置可靠接地。
(7)每次检定前后流量计后端滞留气体气量的一致性。每次加气结束后,加气枪管内保持20MPa压力的情况下都会滞留大概 0.1m³ 左右的气体,以密度 0.7kg/m³ 计算,即有 0.07kg 的滞留气;CNG 加气机以平均流量 6kg/min 计算,滞留气带来的误差为 $0.07/6 \times 100\%$ = 1.17%。

6) CNG 加气机控制主板常见故障及处理

CNG 加气机控制主板常见故障及处理方法见表 5.20。

表 5.20 CNG 加气机控制主板常见故障及处理方法

常见故障现象	原因分析	处理办法
主板不读 IC 卡或读卡不灵敏	(1)主板主电源 DC5V 电压波动;(2)主板硬件损坏	(1)更换电源板;(2)更换主板
主板与上位机系统不通信	(1)软件协议不匹配;(2)主板硬件损坏;(3)信号转接板坏;(4)电源板输出电压不稳定;(5)主板拨码开关波特率设置错误	(1)升级软件;(2)更换主板;(3)更换信号板;(4)更换电源板;(5)重新设置拨码开关波特率
加气过程中屏幕上走数	(1)主板参数 18 设置错误;(2)电源板无 DC12V 电压输出;(3)主板硬件损坏;(4)流量计故障	(1)正确设置参数 18;(2)更换电源板;(3)更换主板;(4)检查流量计故障
系统启动后立即限压停机	(1)电源板 DC12V 输出不正常以及无电压输出;(2)压力变送器损坏;(3)主板硬件损坏;(4)软件故障;(5)压力参数设置错误	(1)检测或更换电源板;(2)更换压力变送器;(3)更换主板;(4)升级软件;(5)重新设置压力参数
系统非正常小流量统计	(1)检测流量计故障;(2)程序流量参数设置错误;(3)主板硬件损坏	(1)用专业软件检测流量计,若有问题,更换处理;(2)重新设置流量参数;(3)更换主板

5.1.3.3 加气站液化天然气(LNG)计量系统

1. LNG 计量方法与标准

1) LNG 计量方法

LNG 计量可分为液化前、气化前和气化后的计量,液化前和气化后的计量属于管道天然气计量;LNG 气化前计量方法与油品类似,可分为动态和静态计量两种方式。

LNG 气化前是处于极低温度(约 -165℃)下储存和输送,质量流量计能对其流量进行动态测量,其他测量只能使用静态计量方式,但须注意耐低温性。

LNG 静态计量与油品的静态计量类似,都通过测量储罐的液位等参数后计算其体积,再使用密度计算质量,不同的是所使用的设备和方法受到极低温度的限制,在能量计量方式中,还要计算发热量和能量。

当前 LNG 气化前的计量方法介绍如下:
(1)储罐容积标定:储罐容积标定方法有物理测量、立体照相测量和三角测量 3 种方法。
(2)液位测量:有电容液位计、浮式液位计和微波液位计 3 种。

(3)液相和气相温度测量:有电阻温度计和热电偶 2 种,建议用智能铂(Pt)电阻温度变送器。

(4)样品采集:要求使用特殊设备采集液体样品,并使之均匀气化,压缩到气体样品容器中供组成分析用。

(5)组成分析:LNG 的组成分析方法与管输天然气的方法相同。

(6)密度计算:使用组成分析和测量的液体温度数据计算。

(7)体积计算:使用测量的液位、温度和压力,利用储罐容积标定(校正)表计算。

(8)质量计算:使用计算的密度和体积计算。

(9)发热量计算:使用组成分析数据计算。

(10)能量计算:使用计算的发热量和质量计算。

对大宗 LNG 贸易交接计量,国际惯例是采用离岸交接计量(FOB),计量地点是在装载 LNG 的船上;对使用汽车和火车运输的计量,是使用地磅和轨道衡直接称量质量,测量技术和标准与油品计量相同。

2)LNG 计量标准

与 LNG 计量相关的标准目前只有 ISO 和 ASTM 两个标准化组织在制定,共有 13 份标准,全国天然气标准化技术委员会已把这些标准纳入 LNG 标准体系。

(1)交接程序标准。

ISO 13398 规定了 LNG 船上贸易交接程序,主要内容如下:

①规定了测量液位、温度、压力测量仪器的数量(最少)和安装要求;

②保证液位、温度和压力测量准确度预防措施;

③LNG 取样和分析方法;

④储罐(棱柱形和球形)横倾和纵倾校正表、制作程序;

⑤安全的防范要求。

(2)储罐容积标定标准。

储罐容积标定方法有物理测量(ISO 8311)、立体照相测量(ISO 9091—1)和三角测量(ISO 9091—2)3 种方法,前者适用于船上薄膜储罐和独立菱形储罐,后 2 个适用于船上球形储罐。

(3)液位测量标准。

ISO 8309(电容液位计)、ISO 10574(浮式液位计)和 ISO 13689(微波液位计)是以液位测量原理为基础制定的标准,适用于船上和岸上储罐液位的测量;ISO 18132—1 和 ISO 18132—2(工作组文件阶段)是以储罐所处位置(船上和岸上)为基础制定的标准,如表 5.21 所示。

表 5.21 冷冻轻烃流体液位测定标准技术指标比较

项 目	ISO 8309	ISO 10574	ISO 13689	ISO 18132—1
分辨率	1mm	1mm	1mm	1mm
合成(综合)误差	±5mm			±7.5mm
最大允许误差	±(7.5~10)mm[①]	±2mm	±(3.3~7.4)mm[①]	

①误差与液位有关,液位取 0~50m 计算。

(4)温度测量标准。

ISO 8310 规定了冷冻轻烃流体液相和气相温度测量的方法,有电阻温度计和热电偶两种。综合误差要求列于表 5.22。

表5.22 冷冻轻烃流体温度测量综合误差

分级	用于	LNG	LPG和其他
A级 （适合于贸易计量）	液相	±0.3℃	±1℃
	气相	±2℃	±2℃
B级 （适合于一般计量）	液相	±2℃	±2℃
	气相	±2℃	±2℃

注：特有的误差取决于LNG、LPG和其他流体膨胀系数的差异。

(5)样品采集标准。

LNG样品采集标准为ISO 8943。

(6)参数计算标准。

ISO 6578规定了与冷冻轻烃流体计量相关的计算有密度、体积、质量、发热量和能量等的计算方法；ASTM D4784规定了LNG密度计算方法。目前国外只有ISO 6578规定了与冷冻轻烃流体计量相关的计算有体积、质量、发热量和能量等的计算方法，并且ASTM D4784没有提供计算LNG密度所需要的数据（需要购买），实际使用时还需要使用ISO 6578计算LNG密度。

2. LNG进站计量系统

1）LNG进站计量方法

LNG进站计量通常用称重法，也可用流量计计量（科氏质量流量计），内部可用液位计计量。流量计选型直接影响LNG进站及加气的计量性能。

按以往石油和天然气贸易交接应用中所用流量计量方法，最合理的LNG流量测量计包括差压（孔板式）流量计、涡轮流量计、超声波流量计和科里奥利质量流量计，其中差压流量计和涡轮流量计是得到公认的传统技术，但用其来测量低温的LNG时却存在一些困难：差压装置和涡轮流量计都会使流量管内压力大大降低，这可能导致LNG气化；差压流量计还要求管道上游和下游为长距离直线型布局，计量的流量范围不广。

超声波流量计和科里奥利质量流量计被视为新技术，得到了美国石油学会（API）、美国天然气协会（AGA）和国际法制计量组织（OIML）的认可，但在LNG贸易交接过程中使用超声波流量计仍存在一些问题。

目前，科里奥利质量流量计是应用最成功的LNG流量计。

2）加气站LNG进站计量过程

加气站LNG进站计量过程如图5.65所示，方法可用称重法或流量计计量（科氏质量流量计），内部可用液位计计量。

3）LNG销气计量系统（LNG加气机）

(1)LNG加气机选型。

LNG加气机是用于LNG贸易结算的设备，分为单流量计加气机和双流量计加气机。

单流量计加气机无回气管和气相流量计，仅用于车瓶压力低的系统，成本较低。

双流量计加气机有气相流量计，对回气进行计量，并从总量中扣减，系统计量精度高，但成本较高。

LNG流量计是整个LNG加气机的核心部件。目前科里奥利质量流量计是应用最成功的LNG流量计。如美国艾默生旗下高准公司的CMF系列质量流量计和Endress + Hauser公司生

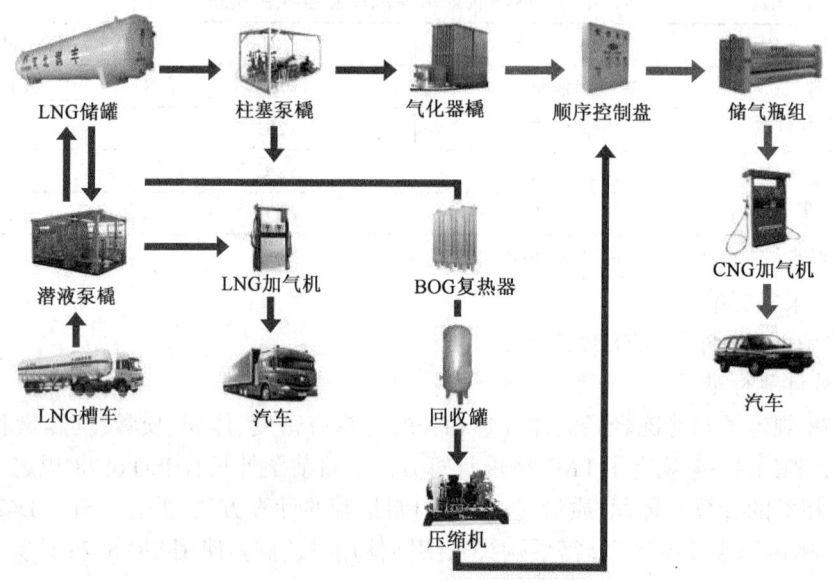

图 5.65 加气站 LNG 进站计量

产的 83F 低温型质量流量计以其耐低温和性能稳定的优点得到 LNG 加气机行业的认同。

但 LNG 加气机在加液过程中难免会发生 LNG 部分气化,气液两相的存在对科里奥利质量流量计的计量精度影响很大,其中气相流量计量的准确性对加气机计量精度有着至关重要的影响。

目前科里奥利质量流量计对常温气相与低温液相计量都较理想,常温气相与低温液相的计量精度可达 ±0.10%,而低温气相的计量精度只有 ±0.35%,是需进一步解决的技术问题。

目前国内 LNG 加气机主要采用双流量计计量方式,即用液相质量流量计和气相质量流量计分别测量加液和回气的质量,二者之差才是 LNG 加气机计量最终结果。LNG 加气机电气控制原理图如图 5.66 所示。

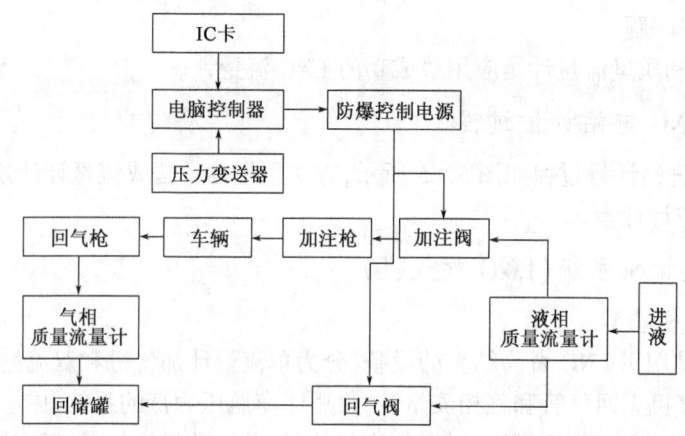

图 5.66 LNG 加气机电气控制原理图

采用单流量计还是双流量计主要取决于 LNG 汽车储气瓶类型和使用压力的要求。
欧美国家 LNG 汽车均使用喷淋式储气瓶,加气过程中液态 LNG 可把气态 LNG 重新液化,降低了储气瓶内气相压力,为使用单流量计提供了前提条件。

我国 LNG 汽车储气瓶不是喷淋式储气瓶,不能将 LNG 蒸发气有效地液化,所以必须使用双流量计 LNG 加气机(2 个枪头)。此外,LNG 储气瓶初次使用和长期搁置后再次使用时,由于 LNG 储气瓶内温度较高,LNG 充装进去后很快会产生 LNG 蒸发气,造成 LNG 储气瓶内压力升高,此后 LNG 液体就难以充装进 LNG 储气瓶,这时也须使用双流量计 LNG 加气机进行回气。

国内 LNG 加气机工作原理如图 5.67 所示。

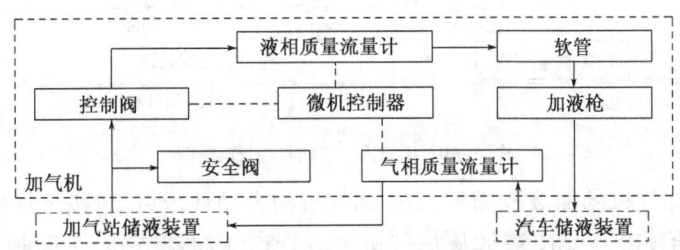

图 5.67　国内 LNG 加气机工作原理图

从 LNG 加气机技术发展趋势看,随喷淋式 LNG 汽车储气瓶的广泛使用和储气瓶制造水平的进一步提高,单流量计 LNG 加气机是未来 LNG 加气机的发展方向。

单流量计 LNG 加气机减少了 1 个回气枪头和 1 个气相质量流量计,大大降低了成本,加气过程也得到简化,同时因其只对液态 LNG 进行计量,克服了 LNG 科里奥利质量流量计低温气相计量精度不高的缺点,有利于进一步提高 LNG 加气机的精度等级,也将简化其检定流程。

目前,国内 LNG 加气站对 LNG 汽车储气瓶的回气处理,因其温度与压力问题(接入 LNG 储罐怕其温度对罐内低温 LNG 液体造成冲击超压放散;接入 CNG 又因其低温低压处理不便),故通常采用直接放散方式。直接造成了加气气损,加大了加气站运行成本。

(2)LNG 加气机的组成及工作流程。

①LNG 加气机的组成。LNG 加气机整机主要由 3 部分组成:LNG 质量流量计(低温型);机壳、阀门及管路系统,包括压力传感器、低温气动阀、低温安全阀、低温止回阀、低温截止阀、低温紧急切断阀、金属软管、加液枪头、回气枪头、加气枪座、回气枪座和低温工艺管道等;电脑控制系统和防爆控制电源等电气系统。其电气控制原理如图 5.68 所示。

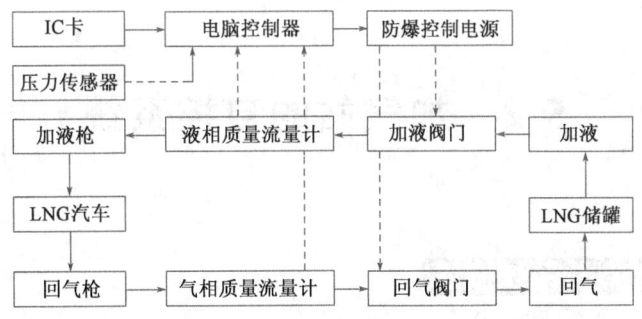

图 5.68　LNG 加气机的电气控制原理图

②LNG 加气机的工作流程。LNG 加气机的工作流程如图 5.69 所示,其流程包括:

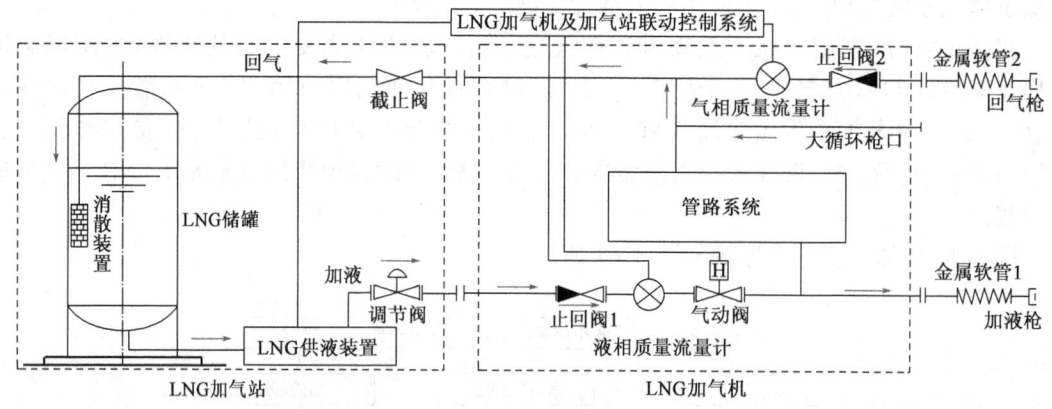

图 5.69 LNG 加气机的工作流程

——将 LNG 加气机的加液枪插到 LNG 加气机的大循环枪口上,按下加气机键盘上的"预冷"键,加气机开始预冷。LNG 液体从加气机进液管道流向调节阀、止回阀 1、液相质量流量计、气动阀、LNG 加气机加液金属软管、加液枪、大循环枪口和截止阀,最后经管路回到 LNG 储罐,当加气机内部管路充满液体且相关状态参数达到冷却要求后预冷结束。此阶段加气机不计量。

——预冷结束后,将 LNG 加气机的加液枪插入车载 LNG 储气瓶进液口,回气枪插入储气瓶回气口,按下 LNG 加气机键盘上的"加气"键,加气机开始加气。LNG 液体从加气机进液管道流向止回阀 1、液相质量流量计、气动阀、LNG 加气机加液金属软管和加液枪,然后进入车载 LNG 储气瓶;车载 LNG 储气瓶内已经气化的 LNG 蒸发气经回气枪、LNG 加气机回气金属软管、止回阀 2、气相质量流量计及回气管路回到 LNG 储罐。LNG 加气机的加气量为液相质量流量计与气相质量流量计的计量值之差,加气机会自动计算差值并显示。当汽车 LNG 储气瓶加满 LNG 后加气机自动停机(也可提前手动停机或定额加气)。

——LNG 加气机停机后从车载 LNG 储气瓶先取下回气枪,再取下加液枪,将加液枪插入 LNG 加气机的加液枪座,完成加气。

——在整个加气过程中,质量流量计测出流经 LNG 加气机的流体密度和质量等参数的物理信号,由信号转换器转换成电脉冲信号传送到控制器,LNG 加气机上的压力传感器和控制器可以将 LNG 加气机的工作状态传输给 LNG 加气站服务器,使其对整个加气过程进行监控,自动完成加气工作。

5.2 加气站的自控系统

5.2.1 加气站自动化系统概述

如图 5.70、图 5.71 所示,为 CNG 母站与 LNG-CNG 加气站的工艺系统图,工艺管道及控制流程图(PID)根据工艺要求需要了解管道及设备各环节的工艺参数及运行情况,来确定测量点与控制点,并按各类工艺参数的不同类型要求安装测量仪表与控制仪表,以充分了解与掌握工艺系统的运行情况,最终组成加气站工艺监测控制系统。

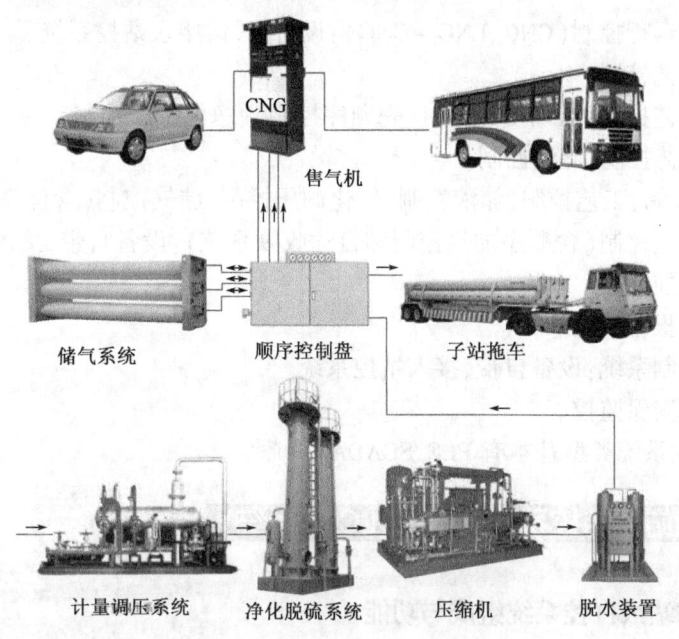

图 5.70　CNG 母站工艺系统图

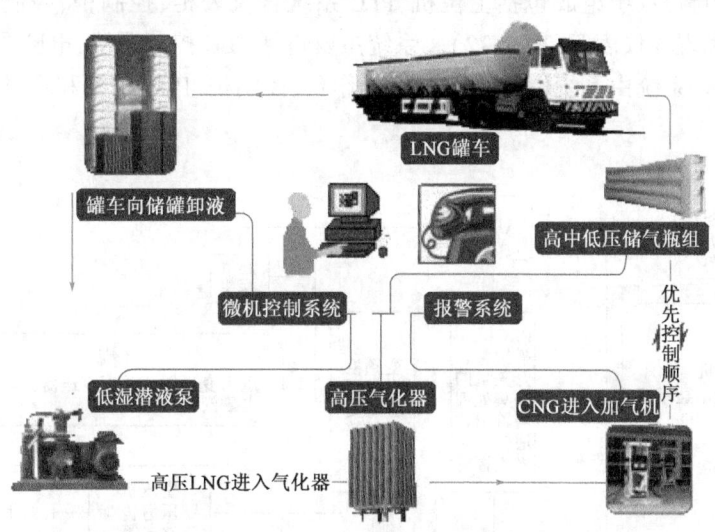

图 5.71　LNG – CNG 加气站工艺系统图

其中测量点仪表为检测仪表,主要用于检测工艺管道及设备各环节的工艺参数,属检测环节。通常也称常用仪表,分为就地仪表与远传仪表两类。

对加气站而言,其主要工艺参数为温度、压力、流量、液位与危险气体浓度。

加气站自控系统用得最多的为闭环负反馈简单控制系统,如 CNG 站压缩机控制、加气站工艺控制、加气机销气控制等。

加气站的自控系统组成大致可分为 CNG 站、LNG 站、LNG – CNG 站三类。

加气站的基本控制系统可分为以下 8 个类型:
(1)电源控制。
(2)压缩机组运行控制(CNG、LNG－CNG):设备自带,接入站控系统。
(3)加气站工艺控制:
①CNG 站:工艺控制、储气控制(含优先顺序控制)、净化干燥控制。
②LNG 站:工艺控制、储液控制。
③LNG－CNG 站:工艺控制、储液控制、气化调压控制、储气控制(含优先顺序控制)。
(4)加气机售气控制(含顺序加气控制和自动收款系统):设备自带,接入站控系统。
(5)系统安全控制。
(6)可燃气体报警控制。
(7)仪表风控制系统:设备自带,接入站控系统。
(8)周边视界安保监控。
加气站的自控系统类型基本有 PLC、SCADA 系统等。

5.2.2 加气站站级自控系统(站控 PLC 子系统)

5.2.2.1 加气站站级自控系统组成与功能

1.加气站站级自控系统的组成

加气站站级自控系统组成包括上位机、PLC 系统含仪表柜、控制柜、控制电缆、电控气动阀、仪表风系统和现场仪表等(图 5.72)。系统主要包括 PLC 控制系统、电脑图形控制软件、数据采集处理系统。系统由系统硬件(计算机、操作台、控制柜、PLC 系统和现场仪表)及系统软件组成。

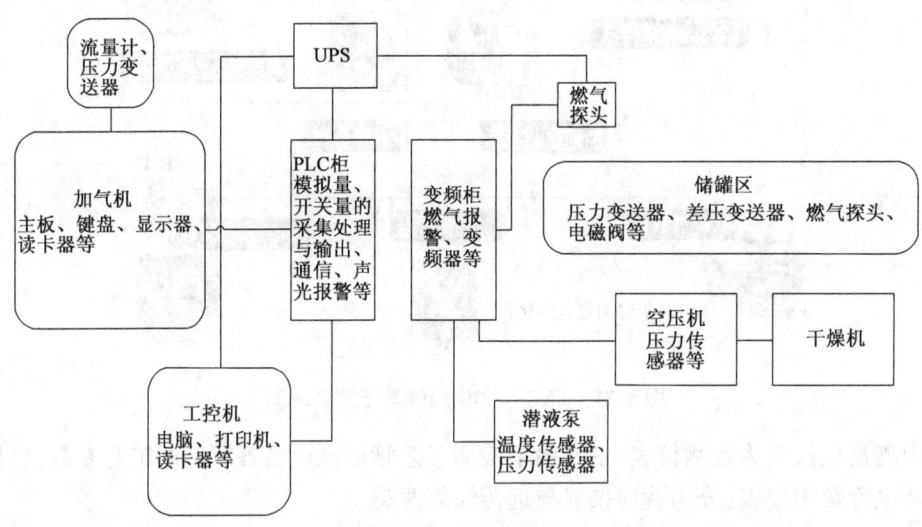

图 5.72 LNG 加气站站级自控系统的组成

站控子系统功能有:生产工艺监控;加气机监控;气罐监控;气罐计量;安全检测及联锁;卸车监控;历史数据查询管理;报警管理;远程数据交换等。

2. 加气站站级自控系统的基本框架及系统概况

如图 5.73 所示为 LNG 加气站的站级自控系统基本框图。

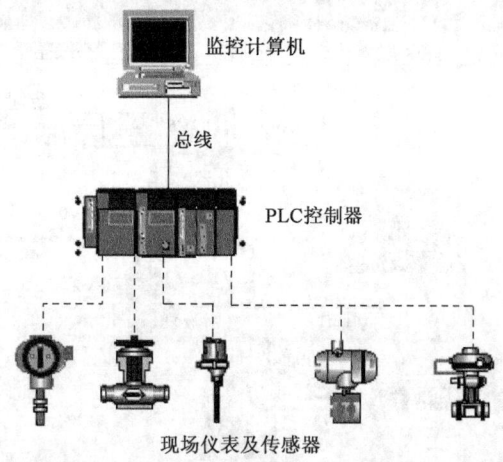

图 5.73　LNG 加气站的站级自控系统基本框图

如图 5.72、图 5.73 所示,加气站站级自控系统以 PLC 系统和工控机为核心,对加气站的工艺变量、设备状态及其他过程变量进行监测和数据处理;根据需要实现流程的自动化切换及设备的顺序启停,对工艺流程及设备进行连锁保护;流量计算及数据归档,显示本站的工艺流程图、数据趋势图、棒状图等,工艺变量的越限或故障报警、打印,各种报警画面显示,实现 CNG 或 LNG 接收、储存、调压、加气等加气站作业功能,从而实现加气站的监控自动化和智能化。

加气站的控制系统包括所有需要的管理、工艺控制、安全检测、数据获得等功能,预编程控制器可完成数据评价、预警、紧急关停,支持各种不同的输入、输出,控制系统接收和显示所有相关的数字输入和输出,处理所有危险信号,并自动防止故障,需要时紧急关停系统。所有旋转设备和气动控制阀均由自动控制系统操作,加气站所有的仪表信号均传输到控制系统,控制系统的后备电源支持停电状态下的可燃气体监测和数据保持。

站级监控包括生产现场的监控和管理,对压缩机等现场设备各级压力、温度等状态数据,以及加气机加气量的监控和信息采集。对生产、处理和输送过程进行实时监测,有实时监测、自动计量、过程监控、智能预警等系统功能。

图 5.74 为 LNG 加气站泵组动力设备基本过程控制系统图。

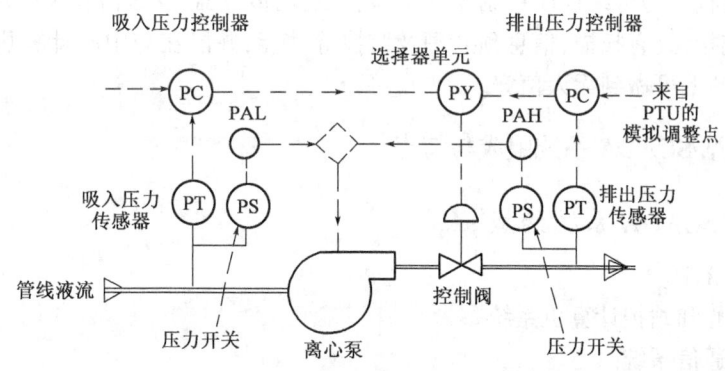

图 5.74　LNG 加气站泵组动力设备基本过程控制系统图

图 5.75 为加气站自动化控制系统界面。

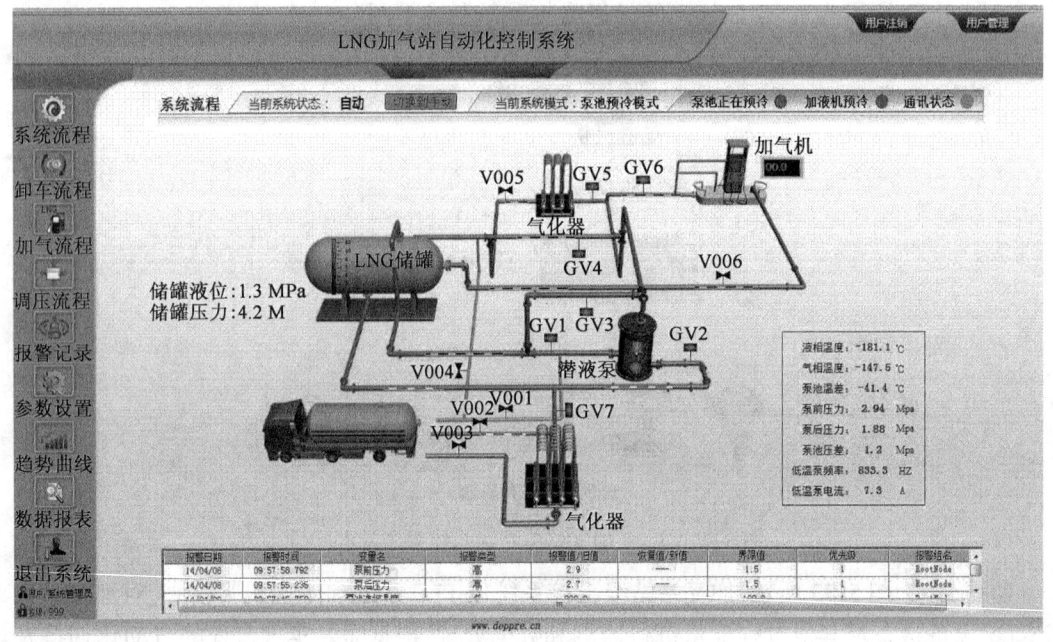

图 5.75　加气站自动化控制系统界面

5.2.3　加气站 SCADA 系统

加气站 SCADA 系统是一种可靠性高的分布式计算机控制系统。其系统整体架构如图 5.76 所示。

控制中心小型计算机或服务器通过数据传输系统对设在加气站的可编程序控制器 PLC 定期进行查询，连续采集各站的操作数据和状态信息，并向 PLC 发出操作和调整设定值的指令。中心计算机对整个自控系统进行统一监视、控制和调度管理。

加气站站级 SCADA 系统总体框架及功能如图 5.77 所示，实现数据采集自动化、安全控制实时化、生产管理数字化、领导决策信息化四大类功能。

加气站 SCADA 系统管理系统结构、应用部署拓扑结构如图 5.78、图 5.79 所示。

各站控系统核心为可编程序控制器 PLC，其与现场传感器、变送器和执行器或泵机组等工业控制系统等连接，具有扫描、信息预处理及监控等功能，并能在与中心计算机的通信一旦中断时独立工作，站上可做到无人值守。

5.2.3.1　加气站 SCADA 系统组成与特点

1. 加气站 SCADA 系统组成

(1) PLC 或 RTU。
(2) 控制中心和站控计算机系统。
(3) 网络及通信系统。
(4) 应用软件。

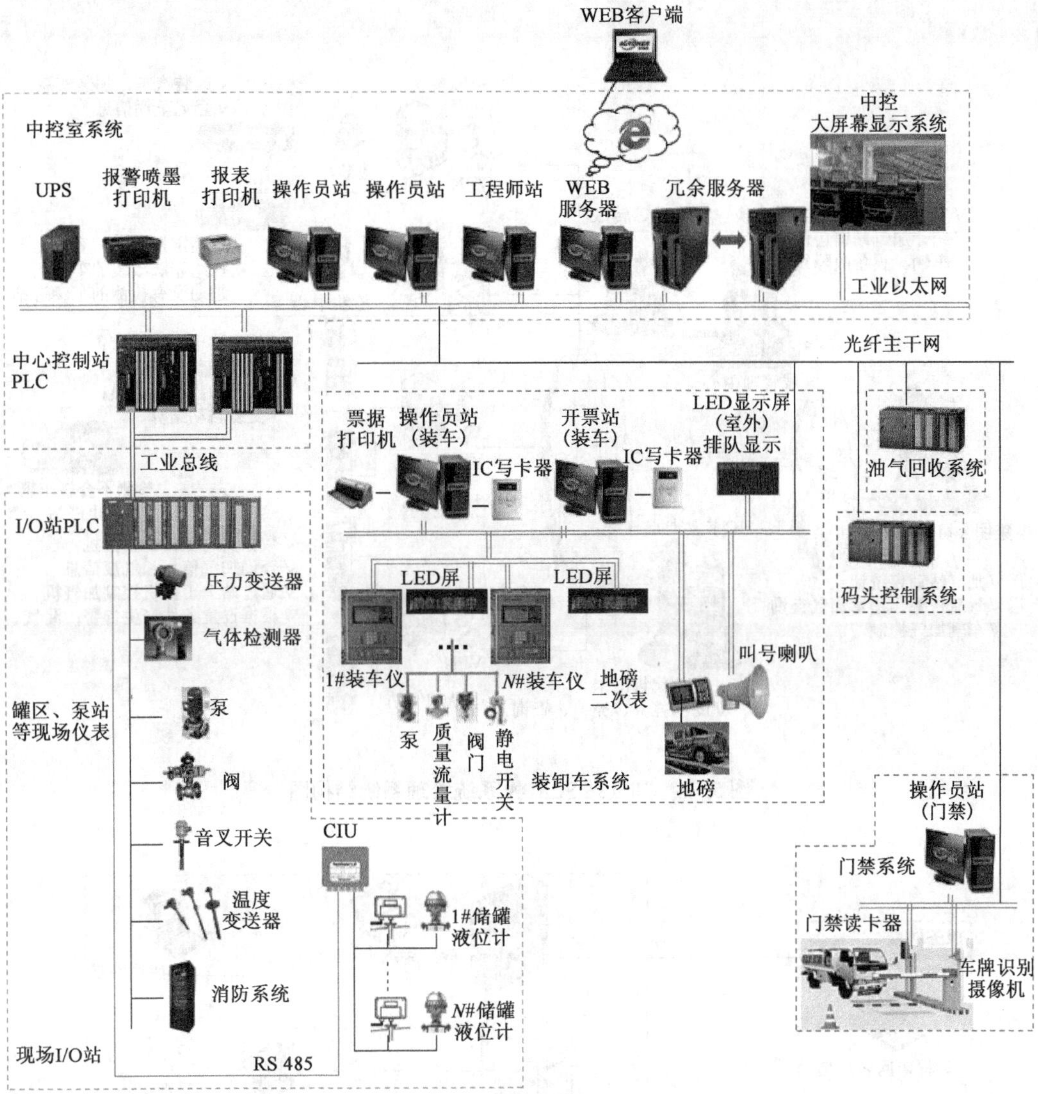

图 5.76　加气站 SCADA 系统整体架构图

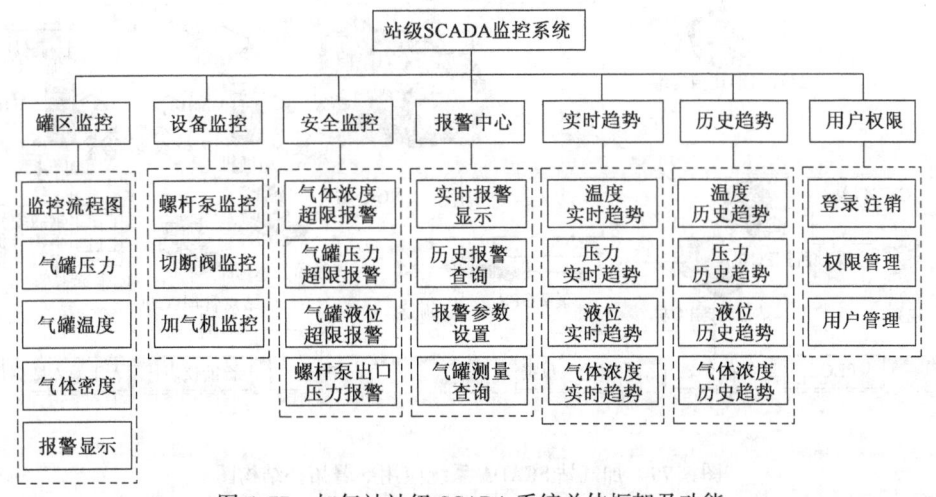

图 5.77　加气站站级 SCADA 系统总体框架及功能

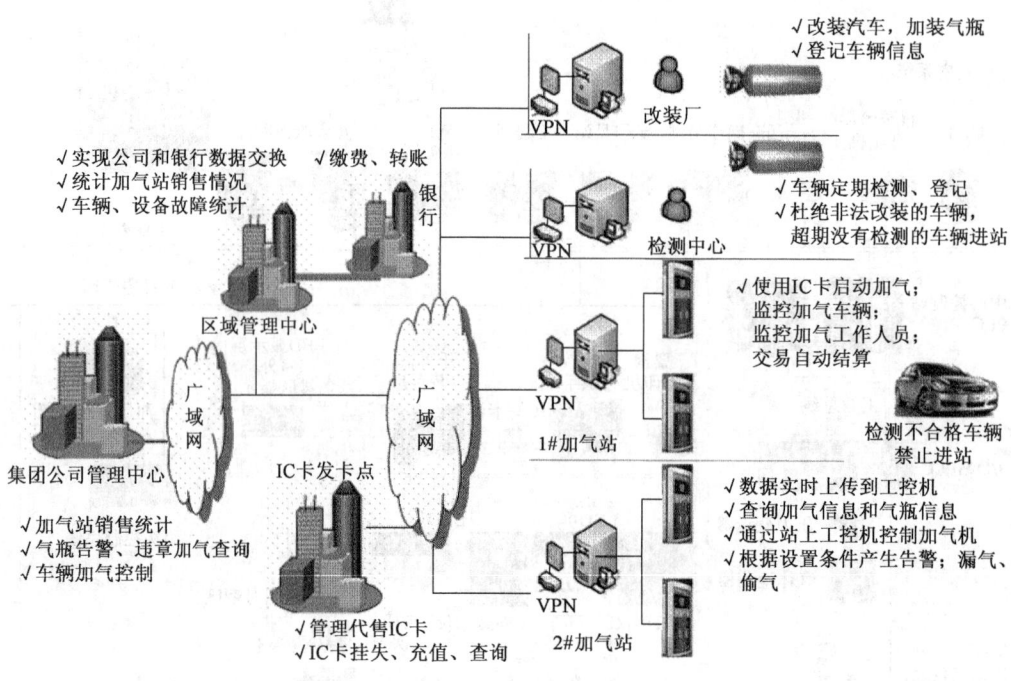

图 5.78 加气站 SCADA 系统管理系统结构图

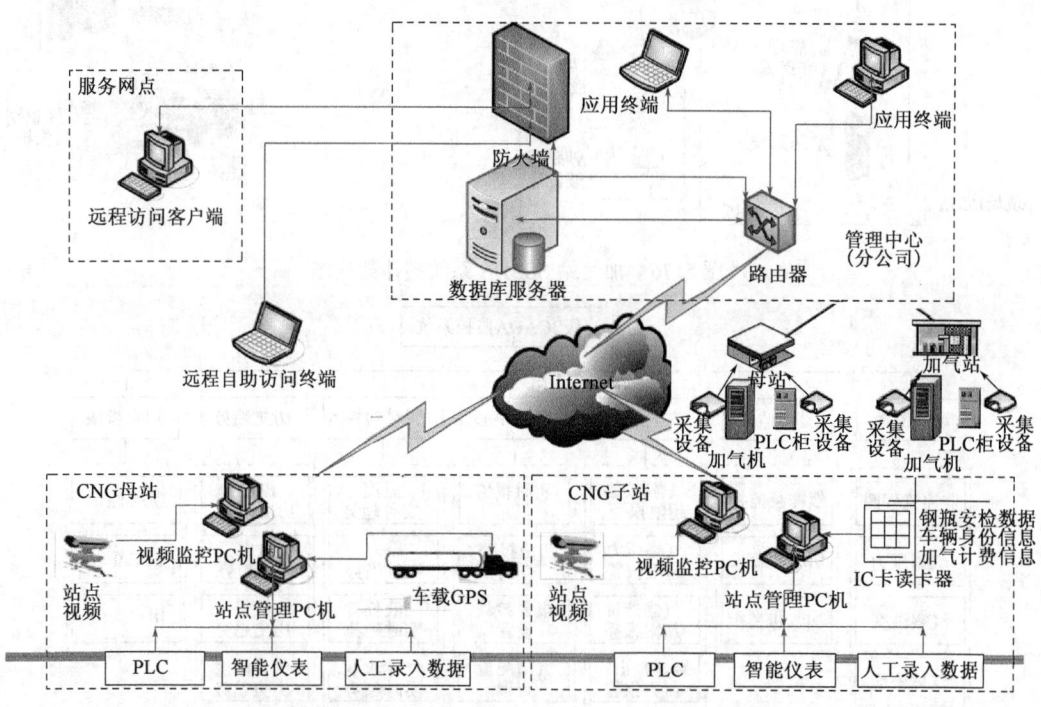

图 5.79 加气站 SCADA 系统应用部署拓扑结构图

2. 加气站 SCADA 系统特点

现代 SCADA 系统是一种集散型控制系统。其控制层次通常分为三级：
(1) 控制中心级（DCC）。
(2) 站控级（SCS）。
(3) 设备控制级（直接控制级，DDC）。

5.2.3.2　加气站 SCADA 系统调度控制中心

加气站 SCADA 系统调度控制中心（简称 DCC 主站）实质指收集远程终端所有数据并以工艺流程的形式显示的计算机系统。其主机也称 HOST，当操作员需对远端设备操作时，可通过这套计算机系统向相关 PLC 或 RTU 发出指令，用来启或停泵及压缩机，改变控制设定值，开或关管道阀组等。

基本功能为收集远程装置的数据和实现远程操作控制，以及对有关组合、解释、显示运行信息的操作。辅助功能为累计历史数据、计划、调度、编制管理报表等。

加气站 SCADA 系统主站调度控制中心框架如图 5.80 所示。加气站 SCADA 系统主站调度控制中心实例如图 5.81 所示。

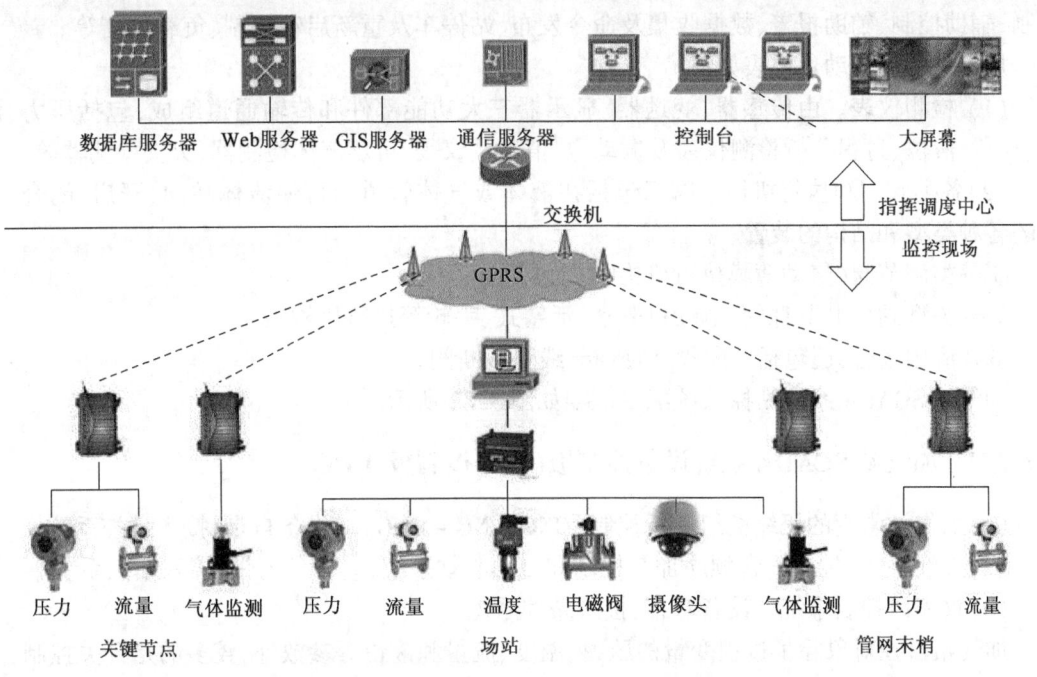

图 5.80　加气站 SCADA 系统主站调度控制中心框架图

5.2.3.3　加气站 SCADA 系统站控系统

加气站 SCADA 系统站控系统（简称 SCS）指各加气站的中央控制系统，它除了要对站内重要设备的控制系统进行监控和协调外，还要完成与主站通信等其他功能。其结构分为点对点结构（星型结构）和多点结构（总线型结构）。

站控系统一般由主控制器、紧急停车控制器、通信网络接口、火焰及可燃气体探测器、二次仪表及调节器组成，其通过现场的检测仪表及设备进行监控。

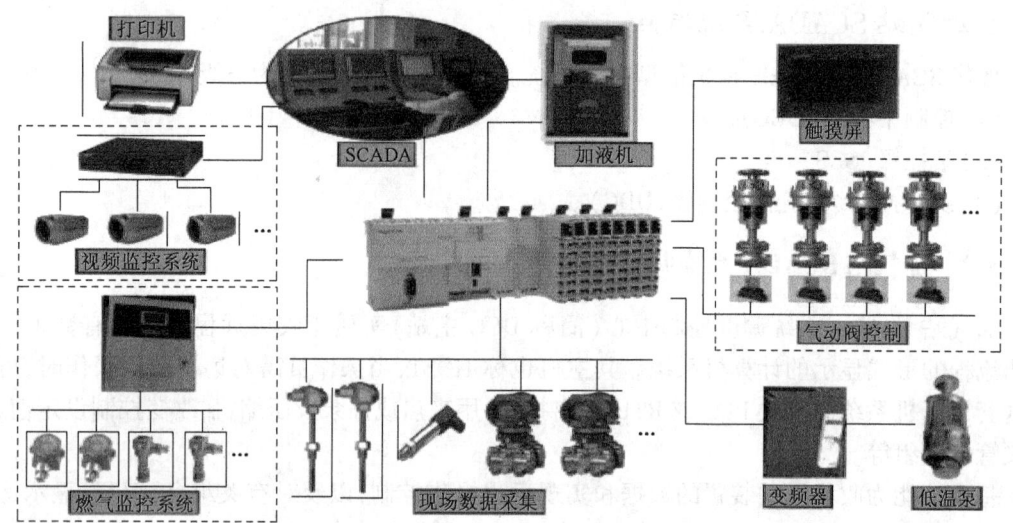

图 5.81　加气站 SCADA 系统主站调度控制中心实例图

主控制器通常是工业控制机、PLC 或专用 RTU。

对小规模站场,也可用小型 PLC 或以微处理器为基础的各种数字控制器。它可完成过程控制、辅助控制、辅助报警、数据收集及命令发布、站停车及重新启动控制、负载均衡等。

加气站常见自动化仪表如下:

(1)检测仪表。由传感器、变送器、显示器三大功能部件和传输通道组成,包括压力、温度、流量、液位、过程分析检测仪表及振动、热值测量仪表、可燃气体检测器、火灾检测器等。

(2)各类阀门和执行机构。阀门包括在液体或气体管道上可使流体转向、开启、闭合、调节的各种类型和结构的装置。

①各类调节阀(气动薄膜执行机构、电动执行机构);

②开关型阀(闸阀、球阀,电动机驱动、活塞式、手轮等执行机构);

③按应用场合,还包括单向阀、泄压阀、线路截断阀。

加气站 SCADA 系统站控系统配置框架如图 5.82 所示。

5.2.3.4　加气站 SCADA 系统设备控制级(直接控制级,DDC)

(1)加气站常用的压缩机组运行控制(CNG、LNG-CNG)。设备自带,接入站控系统。
(2)加气机售气控制(含顺序加气控制和自动收款系统)。设备自带,接入站控系统。
(3)仪表风控制系统。设备自带,接入站控系统。

加气站自控对象除了过程变量的压力、温度、流量和液位等参数外,较多的是开关控制,如阀门的开关、机泵的启停、事故跳闸等。它们都不是一般的开关、启停,设备的动作必须按一定的逻辑顺序。设置在站场或所监控设备处的控制装置必须具备较强的逻辑功能、通信能力和数据处理能力。

5.2.3.5　加气站 SCADA 系统软件

加气站 SCADA 系统软件一般可分为三个主要部分,即计算机操作系统软件、SCADA 系统软件和应用软件。SCADA 系统为实时系统,需要专门的计算机操作系统才能在实时环境中工作,包括系统生成、诊断、程序编制、文件及存储管理、汇编语言、语言编译程序。

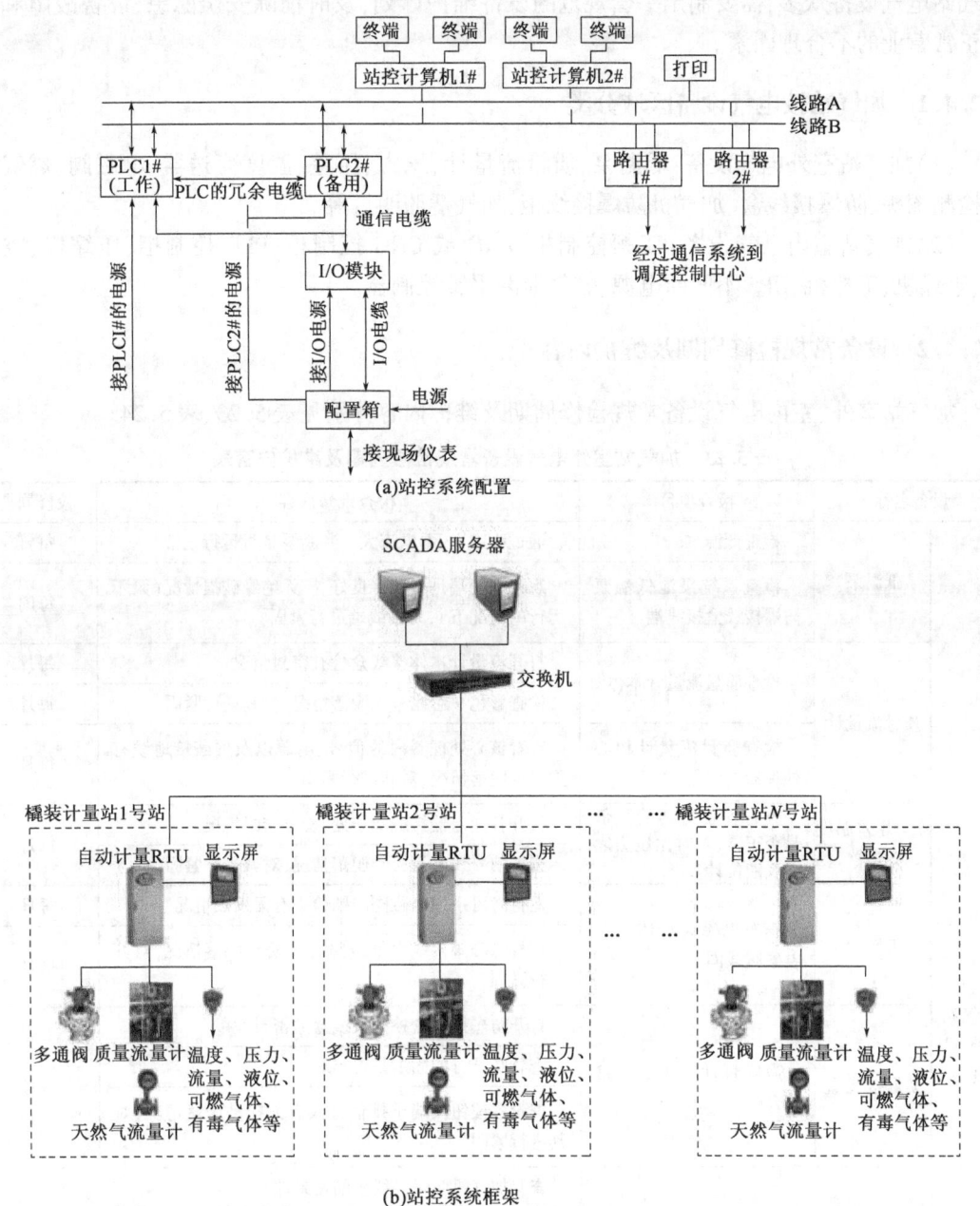

图 5.82 加气站 SCADA 系统站控系统配置框架图

SCADA 系统软件一般包括远程终端查询软件、数据采集软件、传送指令软件、建立及管理实施数据库软件、显示、记录报警、报告生成软件及运行调度决策指导软件等。

应用软件主要包括工艺动态模拟软件、安全检测定位软件、运行工况预测软件、优化运行软件、培训模拟软件等。一般由专业软件公司开发。

5.2.4 加气站电气自控系统及设备的常规检查及维护

加气站电气自控系统及设备的安全无故障、高效稳定运作是企业销售业绩的重要环节,而加气站电气设备众多,需要制定一套规范的设备维护计划,及时消除安全隐患、设备故障和影响正常营业的不合理因素。

5.2.4.1 加气站按电气设备区域分类

(1)加气站室外电气设备:低温泵、质量流量计、压力、压差、温度变送器、电磁阀、燃气泄漏检测探头、防爆接线盒、加气机防爆接线柜、加气橇照明灯等。

(2)加气站室内电气设备:变频控制柜、LNG 或 CNG 控制柜、PLC 控制柜、压缩机、空压机、干燥机、工控机、UPS 不间断电源、燃气泄漏报警控制器。

5.2.4.2 设备常规检修周期及维护内容

加气站室外、室内电气设备常规检修周期及维护内容分别见表5.23、表5.24。

表5.23 加气站室外电气设备常规检修周期及维护内容表

设备名称		检查项目	检查维修内容	检修周期
加气站室外电气设备	低温泵	检查低温泵	通过听声音、看电流大小判断泵是否运行正常	每日
		检查系统泵池低温泵防爆接线盒接线端	观察接线端是否连接良好,有无绝缘破损情况(泵不运行的情况下),对接线端进行紧固	每周
	质量流量计	检查质量流量计本体	打开流量计本体接线盒检查密封情况	每月
			检查彩色9芯线有无脱落情况,对其进行紧固	每月
		检查质量流量计核心处理器	查看核心处理器内的信号、电源以及屏蔽接地线有无松动脱落情况,对其进行紧固	每月
	压力压差温度变送器	查看各变送器的数值是否正常,可对比压力表以及液位计参考	打开各变送器接线端子处,检查密封情况	每月
			查看信号线有无松动脱落情况,对其进行紧固	每月
	电磁阀	查看电磁阀本体以及电磁阀线圈	运行时可手摸电磁阀线圈检查有无发热情况	每日
			查看电磁阀接线端处线路有无松动脱落情况,对其进行紧固	每月
	防爆接线盒	需要打开防爆接线盒检查	打开防爆接线盒检查接线盒的密封性	每月
			查看端子排的固定是否牢靠	
			查看各按钮及端子排信号线有无松动脱落情况,对其进行紧固	
	加气机防爆接线柜	需要打开加气机防爆接线柜检查	查看加气机防爆接线柜的密封性	每月
			查看加气机内各个单片板的固定是否完好	
			查看内部的按钮接线是否完好	
			查看内部接线端有无信号线脱落情况,对其进行紧固	
			检查主板、键盘、显示屏及读卡器的DP插头有无松动情况	
	燃气泄漏检测探头	橇内燃气探头及橇外加气机或储罐区探头	检查探头是否固定牢靠	每月
			打开接线端查看密封性以及有无信号线脱落情况	
	加气橇照明	加气橇内等的照明	观察照明灯开启关闭有无异常情况	每日

表 5.24 加气站室内电气设备常规检修周期及维护内容表

设备名称		检查项目	检查维修内容	检修周期
加气站室内电气设备	变频器控制柜	变频器控制柜为动力控制柜,内有断路器、接触器、浪涌保护器、变频器及动力电缆等电气设施	查看控制柜有无异味异音及有无电线脱落情况、观察三相电压电流表的数值是否正常	每日
			在接触器、变频器工作情况下查看接触器动作是否流畅、变频器声音是否正常	每日
			查看控制柜内的变频器温度,确保控制室及控制柜内的散热能满足设备正常运行	每日
			在断掉电源,确保控制柜无电的情况下,检查动力线端子、控制线端子及断路器、接触器和变频器的接线端是否良好,有无线头松动情况,对其进行紧固	每周
			检查控制柜的接地是否完好	每周
			在确保断电的情况下定期对控制柜内电气设备进行吹扫,确保无灰尘	每月
	CNG/LNG 控制柜	CNG/LNG 控制柜主动力控制及高压控制线路较多	查看控制柜有无异味异音及有无明显线路脱落情况	每日
			在泵运行时观察柜内接触器动作是否正常,柜外电压表及电流表是否显示正常	每日
			定期对柜内断电,对各断路器、接触器及各继电器和接线端子的接线进行紧固	每周
	PLC 控制柜	PLC 控制柜内零散部件较多	查看 PLC 控制柜内有无异味异音及有无明显线路脱落情况	每日
			查看 PLC 控制器的温度是否正常,需要确保其散热正常,保证其运行正常	每日
			定期断电查看 PLC 控制柜内的线路有无松动脱落情况,需要的就对其进行紧固	每月
	空压机	供给站内电磁阀及吹扫枪所用的空气压缩机	电动机运行情况下,查看三相电动机的声音、温度是否正常	每日
			查看减速机的油位是否在正常位置	每日
			定期打开空压机接线盒查看接线是否牢靠,对其进行紧固	每周
	干燥机	干燥机	定期打开干燥机接线盒,检查其内部线路有无松动脱落情况	每月
	工控机	远程监控操作的电脑	观察工控机的温度,确保在正常的工作温度中工作	每日
			在场站检修时,定期对工控机进行关机、清灰等维护	每季度
	UPS 不间断电源	供给场站 PLC 及工控机的电源	查看 UPS 主机控制器和电瓶的温度是否正常,确保其散热和在适宜的温度下运行	每日
			定期在断电并戴手套的情况下,查看 UPS 电瓶的各连接线是否牢靠,有无接头松动和打黑情况,对其进行处理并紧固	每季度
			定期对 UPS 主机散热口及电瓶盒进行清灰处理,确保其运行正常	每月
	燃气泄漏报警控制器	变频控制柜上的燃气泄漏控制器和壁挂式控制	查看其显示屏上有无故障报警和泄漏报警	每日
			定期查看控制器接线端是否松动,对其进行紧固	每月

5.2.4.3　加气站控制系统故障排除方法

加气站在运行过程中,因为人员操作习惯、器件自身质量和使用率等情况而出现故障,在器件出现故障时,会影响加气站的加气工作,严重时甚至全站停运。

控制系统出现故障后,要看、闻相结合,特别是要多看,要仔细观察,如元器件表面有无变色、烧焦的痕迹,通电运行过程中有无异常声响或冒烟现象等。

1.元器件损坏后的故障

元器件在损坏后会出现相应故障现象,根据出现的故障可大致判断出损坏的元器件:

(1)空气开关损坏:空气开关损坏后无法接通电源,或接通电源后不稳定,时常自动断开,发热,有臭味,严重时会看到烧红的接线端子。

(2)接触器损坏:控制柜无法通电,一般为烧毁,控制线圈及触头短路、断路时无法提供系统要求的电压,发烫。

(3)开关电源损坏:开关电源损坏时,变送器和中间继电间无法工作,PLC 的 CPU 上报警灯 SF 会亮,无法运行程序;电磁阀不能启动,打不开气动阀。

(4)PS 电源损坏:PS 电源负责给 PLC 的 CPU 和触摸屏供电,它损坏后,整个系统无法工作。

(5)PLC 故障:PLC 出现故障的概率非常小,在出现故障时会自动报警,但需要注意程序错误也可能引起 PLC 报警而无法工作。

(6)中间继电器损坏:如果中间继电器损坏,则相应的器件(如负电磁阀开关、变频器启停,声报警和电源急停等)将无法工作。由于中间继电器是机械触点式,容易出现继电器通电吸合,但是触点接触不良而引发其他器件无法工作。

(7)安全栅损坏:安全栅损坏后,相应变量数据会出现很大偏差。

(8)浪涌保护损坏:浪涌保护损坏后,相应变量数据会出现很大偏差。

2.加气站常见站控制系统故障

加气站常见站控制系统故障见表5.25。

表5.25　加气站常见站控制系统故障表

电仪故障	故障描述	处理方法
加气机面板显示传感器通信故障	加气机面板无法读取流量计信号,无法进行加气	(1)检查加气机主板、安全栅、流量计核心处理器的接线是否牢固可靠,是否有短路、虚接,外壳是否有效接地; (2)检查安全栅是否正常; (3)用 PROLINK 软件检查流量计是否正常
加气机面板显示 PLC 通信故障	工控机报警通信故障,加气机信号无法传输至工控机端,无法进行加气	(1)对加气机、PLC 断电后重新上电; (2)检查 PLC 柜内开关电源是否损坏; (3)检查 PLC 柜内总线桥地址是否设置准确,总线桥是否损坏; (4)冬季阶段,打开加热器开关,保证加气机电路板工作的稳定性
加气机没有画面	加气机面板没有显示,PLC 柜内有电源指示	(1)检查加气机防爆柜内断路器是否跳闸; (2)检查 PLC 柜内开关电源是否损坏

续表

电仪故障	故障描述	处理方法
加气机报急停故障	加气机面板显示急停，工控机端诊断界面显示急停故障	(1)检查急停按钮是否被按下； (2)检查急停按钮开关是否损坏，是否有短路的情况； (3)将加气机断电重启复位
仪表风压力低	气动阀无法动作，加气时报警空载或者差压超限，吹扫枪没有力道	(1)检查空压机出口压力是否正常； (2)检查空压机至加气机管路是否正常； (3)冬季阶段需要定期给空压机排水，防止仪表风管路被冻结
电动机空载	泵池抽不到LNG，工控机端报警电动机空载	(1)检查储罐是否有液，如果是在卸车，检查槽车是否有液； (2)检查储罐出液与泵池进液气动阀是否打开，管路是否通畅； (3)打开泵池放空阀，排除泵气蚀故障
差压超限	泵池启动后泵后压力无法达到预制压力，工控机端报差压超限报警	(1)检查工控机端出口设置是否正确； (2)降低储罐压力； (3)观察泵转速是否正常； (4)检查LNG温度是否过高； (5)微微打开泵池放空阀，观察泵后压力能否上升
超压报警	泵池启动后，泵后安全阀频繁起跳，工控机端报超压报警	(1)降低工控机端出口压力设置； (2)将工控机泵控制改成手动控制降低转速
变频器故障	变频器面板故障报警，工控机报变频器故障，加气时泵不运转	(1)检查变频器通信线是否牢固可靠，是否有短线、虚接； (2)检查变频器三相交流电源是否稳定可靠，电压频率是否正常，三相电压是否平衡； (3)根据变频器面板显示的故障代码查找手册分析故障
加气机无法加气	按加注按钮没有反应	(1)检查工控机端是否已经设置成加注模式； (2)检查诊断信息是否有报警，并进行复位； (3)检查加气机操作员是否登录； (4)检查加注按钮是否故障
IC卡显示灰卡或HASH错误	IC卡在加气机端显示灰卡或者HASH错误，无法正常读卡，无法加气	(1)此现象多是由于在加气过程中出现了卡移除造成的，或者是读卡器有问题，感应不到IC卡； (2)在工控机端进入IC卡管理软件后进行解灰处理
加气时跳枪	加气加到一半就跳枪	(1)检查气瓶压力是否过高； (2)检查气瓶液位是否已满； (3)检查加气机出口压力是否正常； (4)检查储罐压力是否正常； (5)检查工控机端有无报警
工控机无法监控	监控画面右下角显示通信错误	(1)检查计算机网线是否正常； (2)检查计算机IP地址是否有被更改
压缩机系统	压缩机监控报警或显示异常	按检查压缩机监控系统的要求，检查压缩机系统

5.3 加气站供配电系统

5.3.1 电气控制柜

5.3.1.1 电气控制柜组成与功能简介

电气控制柜由 PLC 控制柜和变频配电柜两部分组成。PLC 控制柜完成加气站各设备的顺序控制功能,属于弱电部分;变频配电柜完成泵的变频控制和加气站的配电功能,属于强电部分。PLC 控制柜如图 5.83 所示,变频配电柜如图 5.84 所示。

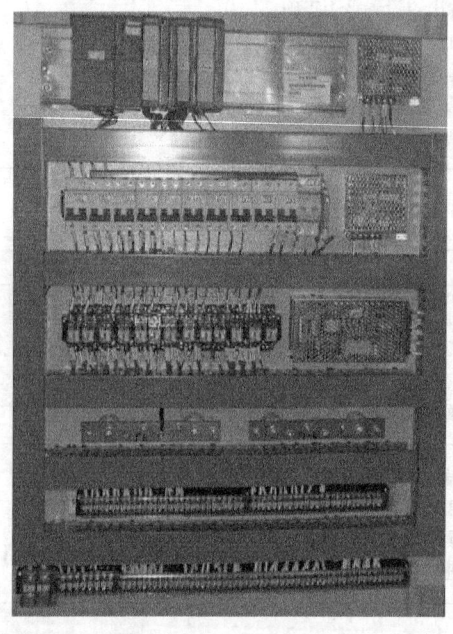

图 5.83 PLC 控制柜

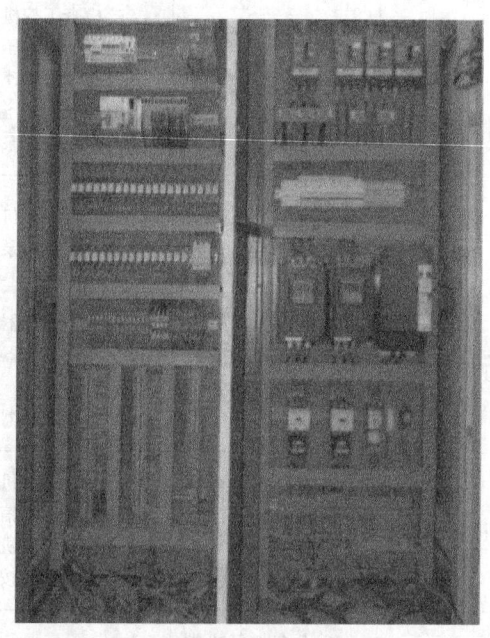

图 5.84 变频配电柜

电气控制柜由变频器、软启动器、低压电器系统、可编程控制器、I/O 模块、信号隔离转换器、模拟量采集模块、触摸屏、温度、压力变送器等功能部件组成一套完整的 LNG 加气站设备控制、保护系统,具有对泵、阀、储罐的控制、检测报警、停机的功能,实现加气站设备的自动运行、控制和保护,出现故障时自动声光报警、自动停机、提供故障查询等。

PLC 采用模块化结构,易于扩展和根据工艺要求调整控制方式,12 位的模拟量采集精度能实时有效地检测各温度、压力值、差压等值的变化;触摸屏能实现各种参数的在线设置、修改、调用以及监控各设备的工作情况。

5.3.1.2 电气控制柜的技术参数

(1)配电柜电源:3 相,380 V,50 Hz。

(2) PLC 控制柜电源:220V AC,50Hz。

(3) 低温泵:3 相,380V AC,11kW,0~120Hz。

(4) 加气机:220V,50Hz。

(5) 照明用电:220V,50Hz。

(6) 电磁阀:24V DC。

(7) PLC 数据保持时间:存储卡长期保存。

5.3.1.3 电气控制柜的工作条件

(1) 环境温度:最高 40℃,最低 -30℃。

(2) 天然气危险环境:二类危险区。

(3) 相对湿度 :46% ~95%。

(4) 无导电尘埃和破坏绝缘介质的气体或蒸汽。

(5) 无剧烈振动和冲击。

(6) 良好通风条件。

5.3.1.4 电气控制柜的工作原理

电气控制柜由丰富扩展模块的小型 PLC 作为主控制器。

现场各种模拟量信号(压力、温度信号)由变送器(安置于现场)转换为 4~20mA 的电流信号,经 PLC 的 A/D 采集模块,送入 CPU 处理。CPU 对实时信号和设定信号比较,并作相应报警处理,同时监控整个系统流程。

电气控制柜由西门子 S7-300 作为主控制器。

触摸屏用于参数设置、实时信号显示以及故障报警显示。

5.3.1.5 电气控制柜的系统控制

按控制柜面板上的"急停"按钮,可使整个控制柜和加气站断电。必须将此"急停"按钮旋转复位,电源断路器 QFO 才能合上。它们各自有相应的自动控制和手动控制。合上主电源断路器 QFO 后,加气站供电系统接通,控制系统的各种参数可根据实际情况进行调整。按控制柜面板上的"急停"按钮,可使整个控制柜和加气站断电。必须将此"急停"按钮旋转复位,主电源断路器 QFO 才能合上。

控制系统可按需要分为 LNG 和 L-CNG 两部分,其各自有相应的手动控制和自动控制两种方式。

1. 手动控制

手动控制部分由触摸屏面板上的"手动/自动"切换按钮完成。

在手动控制方式下运行时,相关"电磁阀 PV 打开" "电磁阀 PV 关闭" "变频器(泵)启动" "变频器(泵)停止" "泵预冷启动" "泵预冷停止"按钮可单独控制各个设备。

手动运行时,无自动启、停机动作,无故障报警保护功能,只能用于维修和调试。在手动情况下低温泵的转速可通过修改变频器的频率参数进行改变。泵和电磁阀运行时均有状态显示。

2. 自动控制

自动控制要承担的任务是对储罐、低温泵、站内工艺阀门以及加气机的监控，完成卸车、储存、调压、加气等各种工艺过程的采集、控制、显示、报警等监控功能，又具有参数查询、修改等功能，同时要完成对气站的安全状态进行监测，通过泄漏报警仪等监测设备及时发现泄漏等隐患，并予报警并关闭紧急切断阀。

自动控制分为卸车、调压、加气和待机等运行模式，控制系统针对这几种不同的工艺运行模式分别自动进行切换和控制。

合上电源，系统处于待机模式，只有触摸屏控制系统、加气机控制系统和上位机控制系统给出相关允许命令信号时，系统才能切换到其他运行模式。在待机模式状态下 PV1 打开。

以下三种方法可进入自动控制运行方式：

(1) 系统上电后直接进入自动控制运行方式。
(2) 按触摸屏面板上的"手动/自动"切换按钮可以进入自动控制运行方式。
(3) 按上位机面板上的"手动/自动"切换按钮可以进入自动控制运行方式。

1) 卸车运行模式

在主画面中控下"运行模式选择"按钮→进入卸车运行模式→卸车运行模式确定→进入卸车运行模式→提示接好管道，打开槽车增压进气阀→确认后增压阀开，并提示同时进行槽车增压→进行压力平衡，当槽车压力增压达到要求后→按确定按钮→关增压阀，开槽车卸液阀、储罐进液阀→延时→泵运转→储罐满→报警→停机→进入待机模式。

卸车时低温泵的转速可通过修改变频器的频率参数进行改变。

2) 调压运行模式

在主画面中控下"运行模式选择"按钮→进入调温调压运行模式→调温调压运行模式确定→选择运行模式→增压模式(判断符合条件后开启相关阀门)→减压模式(判断符合条件后开启相关阀门，启泵)→增温模式(判断符合条件后开启相关阀门，启泵)→结束模式运行→停机→进入待机模式。

调压时低温泵的转速可通过修改变频器的频率参数进行改变。

3) 加气运行模式

在主画面中控下"运行模式选择"按钮→进入加气运行模式→加气运行模式确定(或者加液机请求加液)→进入加气运行模式→开启相关阀门→泵预冷完成后→泵运转→延时→泵运转正常→加气机预冷或加气信号结束→保持状态等待→加气结束→是否还要加气→不继续加气→停机→进入待机模式。

加气时低温泵的转速可通过修改变频器的频率参数进行改变。

4) 报警

系统一旦通电进入自动状态就开启报警系统，进入正常运行、监控状态。

注：正常与不正常，主要是指检测的压力、温度是否在要求的范围内，变频器、电动机是否有故障。在自动运行的任一状态任一时候按下停止按钮，系统将停泵复位相关输出，并返回到待机状态。

报警有声报警和光报警两种。

5）正常停机

系统在卸车、调压、加气模式正常运行并完成相关动作后停机并返回到待机运行模式，等待下一次的启动。

6）故障停机

当监控发现故障时，系统声光报警，同时在触摸屏上显示报警信息，根据故障性质分三种情况：

(1) 如检测到压力、液位、温度超过报警值，系统报警，操作员根据具体情况进行处理。

(2) 如检测到变频器故障，系统报警停机，返回到待机状态。

(3) 如检测到燃气浓度高，系统报警，操作员根据具体情况进行处理。如果检测到燃气浓度超高、火灾报警，系统断电急停。

(注：系统故障报警时，按"消音"按钮，声报警解除。故障解除后，按"复位"按钮后，光报警解除。)

7）紧急停机（突发故障）

按"急停"按钮，所有设备断电停止运行。重新开机前，必须复位"急停"按钮给主回路重新上电。

8）实时数据、运行状态、故障查询、参数设置及显示

(1) 数据显示：系统正常运行时触摸屏显示累积运行、单次运行时间等信息，具体操作方法请参见触摸屏软件介绍部分。主电压在控制柜面板上显示；储罐压力、泵的进出口压力、储罐液位、储罐内液体温度、泵池温度、燃气气浓度、泵的运行时间等在触摸屏上显示。

(2) 状态显示：电源指示、系统故障（光报警）和声报警在控制柜面板上显示。低温泵运行、PV1 电磁阀、PV2 电磁阀、PV3 电磁阀、PV4 电磁阀、PV5 电磁阀、PV6 电磁阀、PV7 电磁阀运行状态在触摸屏上显示。

(3) 故障查询：在触摸屏上可显示各报警值的详细信息，如压力低、压力高、温度高、燃气浓度高等。

(4) 参数设置：参数设置方法请参见触摸屏软件介绍部分。

5.3.1.6　电气控制柜的系统故障

电气控制柜的系统故障包括各种压力、液位、温度超限和主机、辅机过载保护。通过触摸屏显示的报警信息可确定故障的位置，在故障排除后按"复位"按钮将该报警消息从触摸屏窗口中删除。系统出故障后再次启动前，必须进行复位。

当监控发现故障时，系统报警、故障显示（报警内容具体，方便操作人员可以根据显示的内容迅速查找故障原因）。

5.3.1.7　电气控制柜的现场安装

(1) 根据外形尺寸及地脚螺钉孔打好地基，待养生期到后可进行设备就位、找平、埋妥地脚螺钉。水泥固化后可把紧地脚螺钉以固定设备。

(2) 按图接上电源线、输出线。检查进出线正确之后，应检查绝缘，用500V摇表在2MΩ以上方可送电，否则要检查原因并消除之后，方可送电。检查电动机绝缘和电线连接性、转子

转动灵活性、机械传动机构是否正常。

(3)以上均正常后,接通电源,并注意现场不能因电动机转动而伤害人和设备。观察电动机运转是否正常,包括电流大小、转速高低,以及旋转方向是否正确。

5.3.1.8 电气控制柜的使用和维护

(1)保证使用时不要超负荷运转。

(2)定期进行维护保养,经常检查接线鼻子有无松动,尘埃太厚时应及时清理,否则,可能使绝缘降低引起短路或"放炮"。

(3)更换元件时,应核准元件参数,如耐压、电流、尺寸等,接线时注意极性。

5.3.1.9 电气控制柜的系统参数设置

电气控制柜的系统参数设置参考表见表5.26。

其中,报警值指当参数超出报警设定值时,系统发出报警信号。停机值是指当参数超出停机设定值时,系统自动停机。报警发生时,闪光报警器发出报警,触摸屏显示相应的报警内容。

表5.26 系统参数设置参考表

名称	位号	变送器量程	报警值	停机值	备注
储槽压力	P3	0~1.6MPa	>0.8MPa		参数可调
泵进口压力	P2	0~1.6MPa	<0.8MPa;>0.4MPa		参数可调
泵出口压力	P1	0~3MPa	>1.4MPa		参数可调
储槽液位	LT	0~20kPa	<0.1m;>2.2m		参数可调
泵池进口温度	T1	-200~100℃			参数可调
泵池溢流口温度	T2	-200~100℃			参数可调
罐区燃气浓度		0~100%LEL			
卸车区燃气浓度		0~100%LEL			
加气区燃气浓度		0~100%LEL			
卸车自然平衡压力		0.1MPa			
卸车增压平衡压力		0.3MPa			
卸车时泵出进最低压差		0.3MPa			
卸车储罐满高限		1.85m			
卸车储罐满高高限		1.986m			
泵预冷的溢流口温度高限		-125℃			
泵预冷结束的温度差高限		3℃			
调压时泵出进最低压差		0.2MPa			
调压的泵池进口温度低限		-139℃			
加气时泵出进最低压差		0.4MPa			

5.3.1.10 电气控制柜的触摸屏软件使用简介

本系统主要通过触摸屏来实现人机的交互,完成各控制功能。在线路连接确认无误后,进行下一步的操作,在触摸屏的不同界面上都有各个功能不同的控制按钮,用手指单击即可完成相应的控制要求。

1. 开机界面

当系统正常上电后，触摸屏呈现此界面"开机界面"，也是该程序的主界面，如图 5.85 所示。

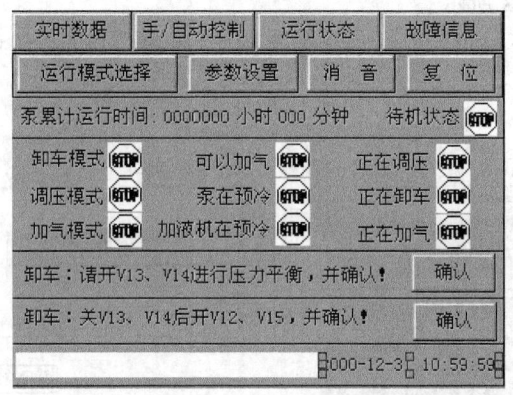

图 5.85 触摸屏开机界面——开机画面图

通过"开机界面"可以控制网络中的 5 台压缩机的停机、进站阀开、进站阀关；在自动运行状态，单击"消音""复位"按钮时，可对系统进行相应操作控制。单击"实时数据""手/自动控制""运行状态""故障查询""参数设置"等按钮时，可切换到相应的界面。

该界面可显示压力、温度等实时数据；可显示运行时间（单次和累计）；可进行消音、复位、手/自动切换。

2. 实时数据

在系统正常运行时，可以通过单击"开机界面"上的"实时数据"查看系统中的各个压力值、温度值、天然气浓度值，如图 5.86 所示。

单击图 5.86 中"实时数据 1"中的"下一页"进入"实时数据 2"界面，可以查看相关的数据情况，如图 5.87 所示。

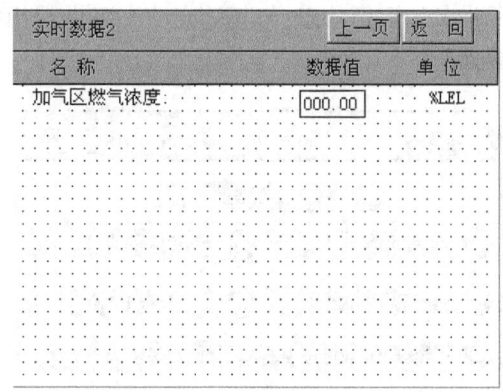

图 5.86 触摸屏实时数据界面——实时数据 1 图　　图 5.87 触摸屏实时数据界面——实时数据 2 图

单击图 5.88 中"实时数据 2"中的"上一页"返回到"实时数据 1"。

3. 手/自动控制

在系统正常运行时,可以通过单击开机界面上的"手/自动控制"按钮,在操作员输入正确的密码后进入手动控制界面。在手/自动控制界面中,可以单独控制系统中的各电磁阀、变频器的启动、停止,如图 5.88 所示。

单击图 5.88 中的"下一页"进入"泵/阀控制 2"界面,可以控制系统中预冷泵的启动、停止,如图 5.89 所示。

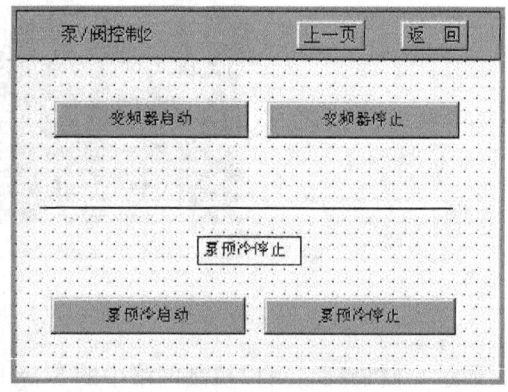

图 5.88　触摸屏"手/自动控制"界面——"手/自动控制"图(手动控制界面 1)　　图 5.89　触摸屏"泵/阀控制"界面——"泵/阀控制"图(手动控制界面 2)

单击图 5.90 中"泵/阀控制 2"中的"上一页"返回到"泵/阀控制 1"。单击"泵/阀控制 1" "泵/阀控制 2"界面上的"返回"按钮均可换到"开机界面"。

4. 运行状态

在系统正常运行时,可以通过单击开机界面上的"运行状态"查看系统中的各风机、水泵、阀门的启动、停止,如图 5.90 所示。

在图 5.91"运行状态"中,指示灯和右边的文本显示是一致的,如图 5.91 所示指示灯显示时,表示设备的停止状态,与其对应的文字指示相符;当指示灯以相反的状态显示时,表示设备的运行状态,与其对应的文字指示相符。单击界面上的"返回"按钮均可切换到"开机界面"。

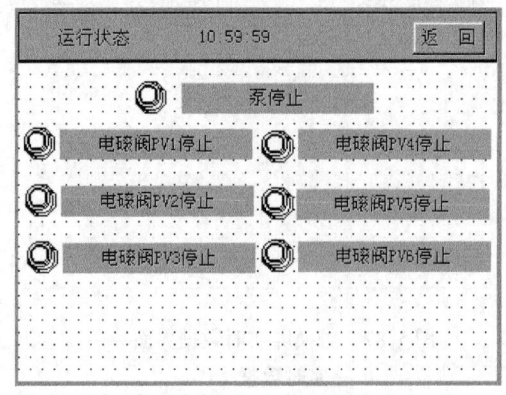

图 5.90　触摸屏运行状态界面——运行状态图　　图 5.91　触摸屏故障信息界面——故障信息图

5. 故障信息

在系统运行时,如需查看故障信息,可在"开机界面"中单击"故障信息"按钮,进入故障查询显示界面,如图 5.91 所示。

在该界面可查询本次上电以来的所有报警信息。当系统出现报警信息时,系统画面会自动弹出报警信息显示界面。该画面可关闭,若故障未解除,可从报警指示器上显示报警信息数量,报警解除后,报警指示器自动消失。

单击"故障信息"中的"返回"按钮可换到"开机界面"。

6. 参数设置

在系统运行时,如需进行参数设置操作,可在"开机界面"中单击"参数设置"按钮,系统弹出一对话框,提醒用户输入用户名(ADMIN)和密码,用户在输入了正确的密码之后进入系统参数设置画面,如图 5.92 所示。

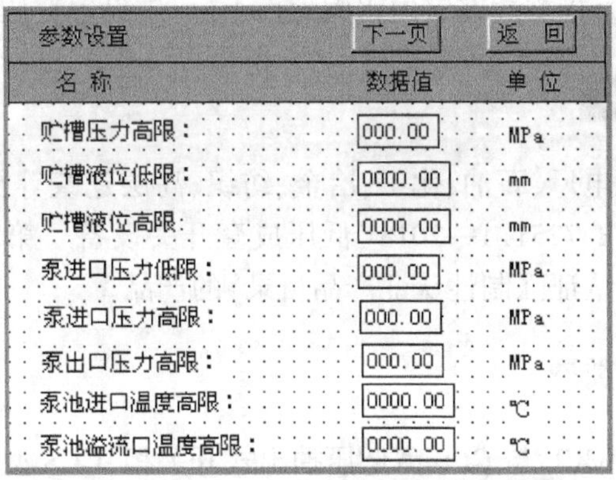

图 5.92　触摸屏参数设置界面——参数设置 1 图

在"参数设置 1"画面中,可以浏览和修改系统的各项参数设定值(包括停机报警、量程),其操作方法是,单击需要修改的参数值,系统弹出一个数字面板,在其上面可修改当前参数值。点击"下一页"按钮可进入到下一页参数设置界面,点击"返回"按钮可返回到上一界面。

5.3.2　变压器

变压器是利用电磁感应原理来改变交流电压的装置,主要构件有初级线圈、次级线圈和铁芯(磁芯)。主要功能有电压变换、电流变换、阻抗变换、隔离、稳压(磁饱和变压器)等。

按用途可分为配电变压器、电力变压器、全密封变压器/组合式变压器、干式变压器、油浸式变压器、单相变压器、电炉变压器/整流变压器等。

5.3.2.1　变压器的主要类别

配电变压器根据绝缘介质的不同,分为油浸式变压器和干式变压器;根据调压方式的不同,分为无励磁调压变压器和有载调压变压器。

5.3.2.2　变压器的主要技术性能

变压器使用环境温度为 $40℃ \geqslant T \geqslant -25℃$,最高日平均温度 30℃,最高年平均温度 20℃,

相对湿度不超过90%（环境温度25℃），海拔高度≤1000m。若与上述使用条件不符时，应按 GB 1094.11—2007《电力变压器 第11部分：干式变压器》的有关规定作适当的定额调整。

5.3.2.3 变压器的布置

（1）室内设置的油浸变压器应安装在单独的隔间内。

（2）有防护外罩的干式变压器，可与不带可燃油的高低压配电装置安装在同一房间内，但其防护外罩的防护能力不低于IP2X，并有良好的通风。

（3）当干式变压器与低压开关柜组合安装，变压器防护外壳为IP2X时，变压器防护外壳距低压柜的间距不宜小于0.8m；当变压器的防护外壳为IP3X时，变压器与低压开关柜可贴邻安装。

（4）无防护外壳的干式变压器，宜安装在单独的变压器室内。

（5）干式变压器允许直接摆放在室内水泥地面上，但应设置变压器金属轨道。

5.3.3 低压开关柜

低压开关柜适用于发电厂、石油、化工、冶金、纺织、高层建筑等行业，作为输电、配电及电能转换之用。产品符合 GB 7251.1—2013《低压成套开关设备 第1部分：总则》标准规定。低压开关柜属于列入《3C认证强制性认证产品目录》的产品。

5.3.3.1 低压开关柜的类型

低压开关柜的类型有GCL与GCS型低压抽出式开关柜、GCS型低压开关柜、GCK抽出式开关柜、GGD低压固定式开关柜和组装式低压开关柜、MNSC型、MS、GCS型低压抽出式开关柜、1AINSQH抽出式低压开关柜、GCK(L)低压开关柜。

1．按结构方式分类

1）固定式低压开关柜

固定式低压开关柜能满足各电器元件可靠地固定于柜体中确定的位置，柜体外形一般为立方体，如屏式/箱式等，也有棱台体如台式等。这种柜有单列，也有排列。

为保证柜体形位尺寸，往往采取各构件分步组合方式，一般是先组成两片或左右两侧，然后再组成柜体，或先满足外形要求，再顺次连接柜体内部支件。组成柜体各棱边的零件长度必须正确（公差取负值），才能保证各方面几何尺寸，从而保证整体外形要求。对于柜体两侧，因考虑排列需要，中间不能有隆起现象。

另外，从安装角度考虑，底面不能有下陷现象。在排列安装中，地基平整是先决条件，但平整度和柜体本身都有一定误差，在排列中要尽量抵消横向差值，而不要造成差值积累，因为差值积累将造成柜体变形，影响母线联结及产生组件安装异位、应力集中，甚至影响电器寿命。故在排列时宜用地基最高点为安装参考点，再逐步垫正扩排，在底面平整度较理想并可预测条件下，也可采取由中间向两侧扩排方式，使积累差值均布。

为了易于调整，抵消公差积累，柜体宽度公差都取负值，柜体各个构件结合体完成以后，视需要进行整形，以满足各部分形位尺寸要求。对定型或批量较大的柜体，制造时应充分考虑用工装夹具,以保证结构的正确统一,夹具的基准面以取底面为妥,夹具中的各定位块布置以工作取出方便为准,对于柜体的外门等因易受运输和安装等影响,一般在安装时进行统一调整。

2)抽出式低压开关柜

抽出式低压开关柜是由固定的柜体和装有开关等主要电器元件的可移装置部分组成,可移部分移换时要轻便,移入后定位要可靠,并且相同类型和规格的抽屉能互换,抽出式中的柜体部分加工方法基本和固定式柜体相似。但由于互换要求,柜体的精度必须提高,结构的相关部分要有足够的调整量,至于可移装置部分,要既能移换,又能可靠地承装主要元件,所以要有较高的机械强度和精度,其相关部分还要有足够的调整量。

制造抽出式低压开关柜的工艺特点:(1)固定和可移两部分要有统一的参考基准;(2)相关部分必须调整到最佳位置,调整时应用专用的标准工装,包括标准柜体和标准抽屉;(3)关键尺寸的误差不能超差;(4)相同类型和规格的抽屉互换性要可靠。

2. 按连接方式分类

1)焊接式低压开关柜

焊接式低压开关柜优点是加工方便、坚固可靠;缺点是误差大、易变形、难调整、欠美观,而且工件一般不能预镀。另外,对焊接夹具有一定的要求:

(1)刚性好,不会受工件变形影响;
(2)外形尺寸略大于工件名义尺寸,可抵消焊后收缩影响;
(3)平整、简易、方便操作,尽量减少可转动机构,避免卡损;
(4)为防止焊蚀和易于检修调整,要选择好工件支持,支持还要加置防焊蚀垫件。

工件焊后变形现象是焊接时因焊接处受热分子膨胀,挤压产生微观位移,冷却后不能复位而产生的应力所致。为克服变形影响,必须考虑整形工艺。

整形的方法一般有:

(1)通过试验预测工件变形范围,在焊接前强迫工件向反方向变形,以期焊后达到预定尺寸;
(2)焊后用过正方法矫正;
(3)击、压焊接后相对收缩部分,而得到应力平衡;
(4)加热焊接后相对疏松与凸出的部分,达到与焊接处同样收缩的目的;
(5)必要时对构件进行整体热处理。

另外,焊接点选择、焊缝走向、焊接次序、点焊定位对焊后变形现象都有一定的影响,如处理得当可减少变形,但要视具体情况而定。

2)紧固件连接低压开关柜

紧固件连接低压开关柜优点是适于工件预镀,易变化调节,易美化处理,零部件可标准化设计,并可预生产库存,构架外形尺寸误差小。缺点是不如焊接坚固,要求零部件的精度高,加工成本相对上升。紧固件一般都为标准件,其种类主要有常规的螺钉、螺母和铆钉、拉铆钉,以及预紧而可微调的卡箍螺母和预紧的拉固螺母,还有自攻螺钉等。也有专用紧固螺钉(如引进的国外低压柜大多用专用紧固螺钉)。

工艺特点为:以夹具定形,工装定位,并视需要配以压力垫圈;铆接一般要配钻,且预镀件要防止镀层被破坏;对于用精密的加工中心或专用设备加工的构件,如各连接孔径与紧固件直径能保持微量间隙时,则可不用夹具进行装合,一次成形;对导向及定位件的紧固,应以专用量具先定位再以标准工装检测。

5.3.3.2 低压开关柜的基本电气参数

额定绝缘电压为交流660V;额定工作电压为交流380V、额定频率为50Hz。

额定工作电流为:水平母线额定电流630～6300A;垂直母线额定电流630～1600A;额定短时耐受电流;额定峰值耐受电流30～80kA;额定短时耐受电流30～80kA;额定耐受峰值电流:水平母线(主母线)63～176kA、垂直母线(支母线)63～176kA。

思考题

1. 加气站自动化仪表分哪几类?各起什么作用?
2. 加气站需要检测的工艺过程变量有哪些?与哪些检测仪表相关?
3. 加气站检测仪表有何要求?
4. 简析加气站仪表及系统的防爆措施。
5. 如何达到本质安全防爆的要求?
6. 加气站仪表的准确度有何要求?如何界定?
7. 加气站工艺中的温度检测仪表常用哪几类?CNG与LNG温度仪表有何不同要求?
8. 加气站测温仪表的选用、安装与使用有哪些要求?
9. 加气站工艺中的压力检测仪表常用哪几类?CNG与LNG压力仪表有何不同要求?
10. 加气站压力仪表的选用、安装与使用有哪些要求?
11. 加气站液位检测仪表主要用于什么介质?
12. LNG加气站用液位检测仪表有哪些?差压式有何缺点?
13. 加气站液位检测仪表的选用、安装与使用有哪些要求?
14. 加气站可燃气体检测仪表如何分类?
15. 简析可燃气体报警器的组成、结构及工作原理。
16. 加气站常规可燃气体报警器的选点、安装有何要求?
17. 加气站常规可燃气体报警器的使用及维护有何要求?
18. 加气站常用流量计有哪几类?CNG与LNG用流量计有何不同?
19. CNG加气站天然气气体计量系统有哪几类?
20. 分析加气站LNG低温液体计量系统。
21. 天然气气体计量仪表选型要考虑哪些因素?
22. 天然气计量系统选型依据是什么?
23. 简析天然气计量技术发展方向。
24. 加气站用涡轮流量计有何特点?有何安装要求?
25. 简析质量流量计特点。
26. 简析加气站CNG进站计量系统。
27. 简析CNG销气计量系统的组成及工作原理(CNG加气机)。

28. 目前 CNG 加气机主要存在什么问题?
29. 简析 CNG 计量检定常见问题及原因。
30. 简析液化天然气(LNG)计量方法与标准。
31. 简析 LNG 进站计量系统的工艺控制过程。
32. 简析 LNG 销气计量系统(LNG 加气机)的工艺控制过程。
33. LNG 加气机选型有何要求? 单流量计与双流量计工艺有何不同?
34. 简述 LNG 加气机的工作流程。
35. 加气站的基本控制系统可分为几个类型?
36. 简析加气站站级自控系统的组成与功能。
37. 简述加气站站级自控系统的基本框架。
38. 简析加气站站级 SCADA 系统总体框架及功能。
39. 简述加气站 SCADA 系统组成与特点。
40. 简析加气站设备常规检修周期及维护内容。
41. 加气站室外电气设备有哪些?
42. 加气站室内电气设备有哪些?
43. 简述加气站电气控制柜的组成与功能。
44. 简要分析加气站电气控制柜的系统控制过程。
45. 加气站电气控制柜的现场安装有何要求?
46. 简述加气站电气控制柜的使用和维护要求。
47. 简析电气控制柜的触摸屏软件使用过程与功能要求。
48. 简析加气站变压器的主要功能及分类。
49. 简析加气站变压器的布置要求。
50. 简析低压开关柜的分类。

参 考 文 献

[1] 中国石化销售公司. 基础知识(天然气 HSE 与设备管理丛书). 北京:中国石化出版社,2017.
[2] 李一庆,范小平. 天然气加气站建设与管理. 北京:中国质检出版社,2013.

6 天然气加气站操作技术与运营管理

6.1 加气站的试运行

加气站在建设和设备安装完成后需要首先进行试运行,试运行通过后方可交付用户使用。用户在使用过程中必须清楚地了解加气站各种设备的操作方法以及意外事件的处理方法,以保证任何情况下的人身和设备安全。设备在使用过程中必须按使用说明进行定期维修及维护,并按期进行消耗品的更换,以保证设备高效、良好、安全的运行状态。

6.1.1 LNG 加气站的投产试运行

6.1.1.1 投产组织与分工

LNG 加气站的投产工作需成立投产领导小组,投产领导小组下设现场操作组、现场维护者、安全监督组和事故救护组,主要构成如下:总指挥;现场指挥;安全监督组;现场操作组,控制室 1 人(操作员、记录员),储罐区 4 人(操作员、记录员),后备人员 2 人;预冷配合厂家及人员;加气站相关设备厂家及相关技术人员;现场维护组;事故救护组。

6.1.1.2 投产前的准备工作

(1)站区设备、管道系统应吹扫、试压合格并通过验收,仪表联校等相关工作也已完成并经过确认,储罐经过真空度检测,各种设备处于完好状态,站区、设备卫生整洁。

(2)安全阀全部就位并经过校验(所有安全阀控制阀门处于关闭状态)。

(3)所有操作人员已经过安全和上岗培训,熟知操作流程,操作时穿戴工作服、防护靴、防护手套。

(4)制订完善的置换方案并通过主管部门审批。

(5)器材、车辆准备。

①液氮 6t(准备槽车)。

②抢修车辆(抢险车、工具车、救护车)到位。

③通信工具(对讲机或手机)到位。

④木槌、防护工作服、工作鞋、防冻手套到位。
⑤铜制紧固工具(活动扳手等)1套。
⑥预冷人员准备机械式手表、预冷、置换记录表、记录笔等。
⑦检测仪器(测漏仪)到位。
⑧LNG槽车运抵现场(随车要有卸车人员)。

6.1.1.3 投产试运行流程及操作分工

1. 投产试运行流程

投产试运行流程图见图6.1。

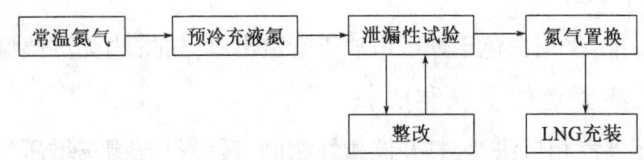

图6.1 投产试运行流程图

2. 现场操作分工

(1)储槽区运行工:储槽进液、出液阀门,气相阀门;储槽自升压系统阀门操作,同时注意监视储罐压力、温度变化。

(2)加气橇区(调饱和气化器、卸液增压器、EA加热器)运行工:负责加气橇区域的阀门操作并注意操作顺序,注意管道压力、温度变化。

(3)加气机区控制运行工:负责加气机前后阀门操作、调试加气枪回气枪、监视该区域接口的严密性。

(4)电气仪表工:负责控制室电气仪表监控,及时报告各点压力温度变化。

(5)HSE:负责现场安保、监护。

(6)施工单位:负责现场维护和抢修,运营部抢险队协助抢修工作。

(7)设备厂家:负责低温储槽的操作;加气橇、加气机厂家技术人员负责各自的设备。

(8)监理、质检员督促施工单位做好接口、阀门、仪表各部位检漏工作。

3. 操作要点

(1)储槽至加气橇的阀门要按指挥要求依次开启,并随时观察储槽的压力。

(2)开启紧急切断阀之前必须先打开仪表风的控制阀门。

(3)站区的阀门操作人员必须接到指令后再操作。

(4)控制室的操作人员注意监控温度、压力变化随时报告,同时按指令进行操作。

(5)检漏人员将肥皂水涂在法兰密封处并检查是否有气泡产生,发现漏点及时汇报。

(6)预冷操作前必须检查确认所有阀门处于关闭状态。

4. 操作纪律

(1)所有参加预冷人员必须按时到达指定岗位;除操作人员外,其他人员不得进入预冷操作区,以免冻伤。

(2)所有操作人员着统一工作服,戴安全帽及防冻手套。

（3）除现场指挥、操作人员、安全员、质检员、抢修人员外，其余人员一律在预冷警戒区以外待命；进出人员需经现场指挥同意，严禁闲杂人等进出。

（4）出入人员不得穿带钉鞋、化纤服装等易引起火花的物品，以免引起火灾。进入站区不得携带和使用手机、火机等。

（5）所有参加预冷人员保证通信畅通，手机不得被与工作无关的事所占用。

（6）未接到操作指令，任何人不得擅自开、闭阀门或进行其他操作。

（7）LNG 进料时，生产区内禁止拍照。

6.1.1.4 投产试运行操作步骤

1. 管道干燥和吹扫

管道干燥合格标准：采用白色干燥纸巾放于管道出口，5min 内无潮湿痕迹。

1）槽车增压气相管道的干燥和吹扫

拆下加气橇增压器气相口法兰，打开储槽气相阀，缓慢打开槽车增压气相阀，将白色干燥纸巾放于法兰出口处，确认吹扫干燥合格后，将各打开阀门按顺序回复原位。

2）槽车卸车进液液相管道的干燥和吹扫

拆下加气橇增压器液相口法兰，打开储槽气相阀，手动打开泵池气相紧急切断阀将白色干燥纸巾放于法兰出口处，确认吹扫干燥合格后，将各阀门按顺序回复原位。

3）泵池干燥和吹扫

打开储槽气相阀，手动打开泵池气相控制阀，将白色干燥纸巾放于法兰出口处，确认吹扫干燥合格后，将各阀门按顺序依次关闭。

4）加气枪管道的干燥和吹扫

打开储槽气相阀，手动缓慢打开加气机进液阀和加气机加注紧急气动阀，将白色干燥纸巾放于加气软管接口处，确认吹扫干燥合格后，关闭储槽气相阀，再将各阀门按顺序依次关闭。

5）回气枪管道的干燥和吹扫

打开储槽气相阀，手动缓慢打开加气机进液阀和加气机内循环阀将干燥纸巾放于加气软管接口处，确认吹扫干燥合格后，将各阀门按顺序依次关闭。

到此所有管道干燥和吹扫结束。如果储槽压力不够，可以通过槽车给储槽增压，增压液体通过增压器进入储槽，以增压器不完全结霜，进入储槽的氮气为常温氮气为标准。

2. 预冷

1）LNG 储槽的预冷、充装和置换

将准备好的快速充装接头安装在加气橇槽车卸液液相法兰处，用槽车卸车软管接在快速充装接头上，将槽车的压力增到 0.6MPa 后，打开槽车出液阀进行卸液。打开卸液阀门，液氮开始进入储槽，密切注意储槽的压力，当储槽压力超过 0.2MPa 后，打开储槽气体排放阀进行排放。卸车完后关闭卸液阀，拆下快速充装接头。

2）对换热设备和加气枪进行预冷和调试

（1）增压器调饱和气化器预冷。

打开储槽气相阀门,确保气体进入气化器,预冷直至液相管下部结霜,持续 0.5h 左右,并确认管道、增压器、法兰接口无异常,管路化霜后关闭储槽气相阀。

(2)加气橇卸液液相和气相管预冷。

采用 DN50 充装软管将加气橇槽车卸液液相口法兰和加气橇增压器气相口法兰连接,打开槽车的出液阀门,然后打开加气橇进液阀门,预冷直至液相管下部结霜,持续 0.5h 左右,并确认管道、增压器、法兰接口无异常,关闭槽车出液阀,管路化霜后关闭储槽气相阀。

(3)加气枪预冷。

装好加气枪、回气枪,并把加气枪装入加气机回气口,控制室开启加气模式,泵池回气阀开启。打开储槽液相出液阀,潜液泵泵池开始预冷,等泵池温度达到 -110℃ 并保持此温度 10min 后,启动潜液泵,液体通过真空管道进入加气机进行小循环预冷,预冷直至液相管下部结霜,持续 0.5h 左右,并确认管道、法兰接口无异常。开启加气,液体通过加气枪进行大循环预冷,仔细检查各管道、法兰接口无异常,关闭加气。到此整个加气机预冷完成。

3. 泄漏性试验

(1)将系统所有安全阀的根部阀关闭。

(2)用肥皂水检查所有设备、管线、阀门、法兰、接头、焊缝,对发现的泄漏部位要做好记录,局部或全部泄压后处理漏点,漏点处理完毕后继续升压,对处理后的漏点试漏,直到全部合格为止。

(3)泄漏性试验完毕后,打开系统放空阀门,将系统泄压。

4. LNG 加气站置换

1)液氮及氮气的排放

确认所有控制安全阀的截止阀都已开启。

阀门操作:打开储槽出液阀,注意槽车卸液口前方不能站人。

氮气排放:打开储槽出液阀、泵池进液紧急气动阀和卸车进液阀,氮气通过槽车卸液口卸出,注意液氮的流量控制阀开启大小,以没有液氮滴液到地为好,过程中应注意储槽压力、管道结霜情况,直至将储槽压力降到 0.1MPa 以下(将整个系统压力维持在 0.05~0.1MPa)。记录压力、时间。关闭储槽出液管阀门。

2)LNG 的进罐

(1)气体置换。

LNG 槽车司机按指定位置停好车,设置停车(手闸关闭、电源切断、车轮固定、车钥匙放好、静电接地牢固等)和警示标志"卸车作业中,严禁入内"。由 LNG 槽车司机、押运员用防爆工具将槽车液相、气相接口分别和加气站卸车台相对应的液相、气相接口用波纹软管相连接。正常吹扫软管,注意管路放空总阀处于关闭位置,打开槽车气体排放阀,气体平衡后关闭,打开加气橇卸液、增压液相、增压气相阀、放空阀再关闭,重复 3 次,先打开加气橇增压液相和增压气相阀门,慢慢打开槽车增压阀,使 LNG 通过增压器变成气态天然气进入储槽内,注意以增压器不完全结霜为标准。当储槽的压力到 0.2MPa 后,打开气体排放阀进行压力排放,直至将储槽压力降到 0.05MPa 以下(保持正压),此过程重复进行 3 次。

(2)LNG 进液。

a. 手动自增压卸车。

进行充液管、增压液相输出、气相输入管的连接。打开槽车气相阀、槽车增压液相阀后待增压器充满天然气后关闭槽车气相阀，排放增压器内空气(连续两次以上)，打开加气橇增压液相和增压气相阀，开始增压到 0.6MPa，打开槽车出液阀卸液。

打开加气橇卸车进液阀、卸车气动阀和储槽进液阀，LNG 开始进入储槽。在卸液过程中要注意槽车的压力，压力过高关小增压气相阀，压力过低要关小增压液相阀；增压器停止工作后关闭槽车增压液相阀。卸液完关闭槽车相关阀门，关闭加气橇的相关阀门，排放管道压力，拆下充液管、增压输入管、增压输出管的连接，装盲法兰。

b. 泵卸车。

控制室开启卸液模式，打开槽车出液阀，确保储槽气相口及进液口打开。泵池开始预冷，等泵池温度达到 −110℃ 并在此温度保持 10min 后，启动潜液泵，液体由储槽顶部进液，卸液过程中，可以观察储槽压力，打开放散口来降低储槽的压力。当液位到达设定值时，打开溢流阀，出液表示储槽已经充满，停止卸液。关闭槽车阀门，拆下卸车软管。整个加气站工艺系统 LNG 进液、置换过程结束。

6.1.1.5 紧急情况的处理程序

当发生紧急情况时，所有操作人员不得慌乱，按总指挥指令进行相关操作：

(1)关闭事故点前相应阀门或关闭总进气(液)阀门。

(2)打开事故点后阀门进行排放降压。

(3)现场维护组、抢险队进行抢修。

(4)安全监督组负责现场安全警戒和安全监护。

(5)所有无关人员撤离现场。

事故处理结束，安全监督组检查鉴定无隐患后汇报总指挥，由总指挥确认抢修完毕，下达重新操作指令后，方能重新进行操作。

6.1.2 CNG 加气母站(标准站)的投产试运行

6.1.2.1 投产组织与分工

投产领导小组一般由业主方的主管领导、技术人员以及设计单位、施工单位和设备相关厂家的技术人员组成，现场指挥机构一般可下设 8 个工作组。

(1)置换及试运行现场指挥小组：负责执行试运行方案、现场调度各参与试运行工作人员及时到位，负责现场试运行的调度指挥，负责置换及试运行中的一切安全问题，及时处理现场试运行过程中遇到的问题。

(2)工艺管线组：负责所有工艺管线的吹扫、送气置换、气密性检测，并检测所有连接点、焊口有无渗漏。

(3)压缩机及干燥器试运行组：负责本设备的吹扫、设备试运行，负责干燥器、压缩机的送气置换、安全检测、PLC 控制系统参数调整、配合后续吹扫置换及气密性试验工作。

(4)顺序控制盘和储气井组试运行组：负责顺序控制盘的气密检测和压力调整，储气井组设备的送气置换、安全检测、储气设备气密性检测。

(5)加气机试运行组：负责本设备的吹扫、设备送气置换、设备试运行、安全检测、控制系统参数调整、完成向加气车辆灌装气体工作。

（6）电气设备试运行组：根据试运行领导小组的要求进行试运行期间箱式变压器、配电柜和设备控制柜各相关控制系统参数设定、送电操作、开关控制操作。

（7）冷却水调试组。

（8）消防组及后勤保障组：负责现场消防安全和警戒工作，监督投试运行所有人员的操作规范、及时制止处理不安全因素，提供安全指导，保障试运行顺利进行。

6.1.2.2 投产试运行安全预案

（1）参加投产人员及投产现场其他工作人员严禁带火种入场，一律按规定穿戴统一的劳动保护工装上岗，胸前佩戴进站许可证。

（2）投产现场不得进行动火作业，特殊情况必须动火须经安全主管部门办理有关手续方可进行。

（3）现场严禁堆放易燃易爆物品，并清除全部施工遗留物、垃圾、油污，做到工完、料净、场地清。

（4）各类车辆必须在指定地点停放，不得进入投产现场。

（5）投产期间采访人员严禁使用闪光灯、新闻灯，与投产无关人员谢绝入场。

（6）防静电、防雷击、接地装置进行100%检查测试，符合要求。

（7）按照设计要求配备足够有效的防火、防爆灭火器材并按规定就位，消防冷却系统运行可靠。参加投产人员能熟练使用消防器材和消防设施，懂得安全知识。

（8）所有操作器械必须防爆。

（9）对所有动、静密封点进行检查，投产区域不漏油、不漏水、不漏气。

（10）操作人员经严格考核后持证上岗。

（11）由安全人员巡回检查，投产工作人员持通行证，操作人员戴上岗证进入投产现场，其他闲杂人员不得进入生产区大门。

以上安全措施由安全主管部门组织实施并监督执行。

6.1.2.3 投产试运行前的准备工作

1. 操作、维护人员的配备和技术培训

由业主方、设备厂家的技术人员对即将上岗的操作人员和维护人员进行设备、工艺、电气、仪表、安全等方面的理论知识与实际操作技能的上岗前系统培训，使其熟悉工艺流程和运行参数，能单独顶岗、能独立处理设备及整个系统运行过程中出现的问题。所有上岗人员必须经考试合格后方可上岗。

2. 工具、用具及消防灭火器材的准备与就位

投产过程中使用的工具必须防爆，消防灭火器材必须按照设计要求的数量和规格进行配备，并放置到规定地点。

3. 压力表、温度表及安全阀的调校

站内所有压力表、温度表及安全阀必须一个不漏地到有调校资质的相关部门进行重新检验和调校。不合格者一律不能投入使用。

4. 可燃气体报警仪的调试

由安全主管部门派技术人员到现场对可燃气体报警装置逐点进行测试和调校,直至合格。

5. 调压阀的调整

由厂家技术人员完成调压阀的调整。

6. 设备、工艺管线、电气仪表的检查

由设计单位、施工单位、业主三方对安装完工后的设备和工艺管线进行认真的联合检查,如有错误及时整改。检查所有阀门、电气仪表是否处于良好的工作状态。

7. 工艺管线焊缝检查、吹扫、试压及严密性实验

(1)现场设备、管道焊缝外观质量的检查由质检主管部门按现行国家标准《现场设备、工业管道焊接工程施工规范》(GB 50236—2011)表11.3.2的质量等级负责执行。焊缝经检验发现的缺陷超出设计文件和国标(GB 50236—2011)的有关规定时,必须进行返修或换管重新焊接。返修复检应按 GB 50236—2011 的有关规定执行。经检验的焊缝应在竣工图上标明位置、编号和焊工代号,并填写存档资料。

(2)压力实验按单体设备、管道系统分段进行,在制造厂内已完成吹扫和压力实验并附有资质部门检验报告的压缩机、泵、加气机、储气罐的有关容器设备,现场不再进行吹扫和压力实验,在进行吹扫和压力实验时,用盲板或采取其他措施将其隔开。设备强度实验压力取 1.25 倍于设计压力,管道强度实验压力取 1.5 倍于设计压力。实验介质采用洁净水。强度实验时,环境温度应高于5℃,低于5℃时应采取防冻措施。强度实验时,设备和管道上的安全阀、调压器、液位计等仪表元件应拆下或采取有效隔离措施。强度实验注水时,应排净实验设备和管道内的空气。强度实验应按几个压力段分步骤进行:压力升至实验压力的50%时,保持15min并进行检查,确认无渗漏、无异常情况后方可继续升压;压力升至实验压力的90%时,保持15min并进行检查,确认无渗漏、无异常情况后方可继续升压;压力升至实验压力后,保持30min,然后将压力降至设计压力并进行检查,确认无渗漏、无异常情况后为合格。严密性实验压力为设计压力,实验介质为干净和洁净的压缩空气或氮气。严密性实验时安全阀、调压器、液位计等仪表元件应安装复位。严密性实验也应按几个压力段分步骤进行:压力升至0.2MPa后,保持10min并进行检查,确认无渗漏、无异常情况后方可继续升压;压力升至实验压力的50%时,保持10min并进行检查,确认无渗漏、无异常情况后方可继续升压;以后按实验压力的10%逐级升压,应每级稳压5min,直至实验压力。停压时间应根据查漏情况而定,以发泡剂检验不泄漏为合格。严密性实验应重点检验阀门填料函、法兰或螺纹连接处、放空阀、排污阀、软管连接等处。在压力实验过程中发现泄漏时不得带压处理,清除缺陷后应重新进行实验,压力实验合格后卸压应缓慢进行。压力实验过程中做好记录。

(3)吹扫(吹洗)也按单体设备、管道系统分段进行。吹扫前将孔板、喷嘴、滤网、安全阀、调压阀、回流阀、止回阀芯、仪表等拆除,吹扫结束后复位。不需进行吹洗的设备应与吹洗系统隔开,确保无脏物进入。吹洗的顺序按主管、支管、疏排管依次进行,吹扫时管道吹出的脏物严禁进入设备,设备吹出的脏物也不得进入管道。选用洁净水冲洗时,其流速不得低于1.5m/s,水冲洗应连续进行,以排水口的水色和透明度与入水口目测相一致为合格。设备和管道最后用清洁空气吹扫干净,空气吹扫压力不得超过设计压力,压缩天然气系统的吹扫压力为

0.6MPa即可。空气吹扫时,在排气口用白布或涂白漆的靶板检查,若连续在10min内检查其上无铁锈、尘土、水分或其他脏物时为合格。20min后重新吹扫检查一次。吹洗钢管时,在不损伤设备与管道的条件下用铁锤敲打管底、焊缝、死角处以彻底清除污物。设备和管道吹洗合格后,不许再进行影响设备和管道内清洁的其他作业。吹扫过程中做好记录。

8. 天然气深度脱水装置的严密性实验、分子筛的装填、再生系统的调试

由于设备长途运输过程中的颠簸引起的设备、管线法兰连接、螺纹连接、卡套连接以及焊口等处的松动极易导致泄漏,尤其是脱水装置吸附高压管线的连接处或焊口处,所以天然气深度脱水装置虽然已经经过了出厂前的压力实验,到了使用现场安装完毕后投运前必须要进行压力实验。实验过程中注意要参照装置正常投运时的实际运行情况进行操作,即一塔吸附、另一塔同时再生并交替进行,合格后方可进行吸附塔分子筛填料的装填,并做好相关记录。之后可引入天然气对装置进行再生调试,达到装置设计的技术条件为合格。

9. 运转设备单机试运

1) 空气压缩机与气动系统的试运

对于天然气压缩机、加气机、天然气深度脱水装置自动化程度较高的加气站,天然气压缩机自动启停过程中进排气阀以及卸载阀的打开与关闭、加气机加气主阀的打开与关闭、天然气深度脱水装置状态(吸附与再生)自动切换过程中主阀的打开与关闭,系统中都用压缩空气做动力。空气压缩机与气动系统的试运按设备操作说明进行,空气压缩机能按照设定的压力参数自动启停和正常运转、压缩空气能达到特定地区(尤其是北方地区)对水露点的设计要求即可。

2) 循环水泵与循环水冷却系统的试运

有水冷设备的加气站要用到循环水。其试运按设备操作说明进行,循环水泵能连续稳定运转、循环水能达到设计的压力与流量要求即可。

3) 天然气压缩机

天然气压缩机是加气站的核心和关键设备,其试运分为空负荷试运和负荷试运两个阶段进行:

(1) 空负荷试运。

通过空负荷试运检查主机的制造及装配是否合理和完善,检查能否保证运行安全可靠,为负荷试运做好准备。空负荷试运前应做好以下准备工作:①试车前应将主机和润滑系统、冷却系统、电气控制系统等按规定安装好;②试车时应拆下机组所有吸排气阀;③主机曲轴箱内加够符合机组设计要求的润滑油,并在机身滑道、连杆轴瓦等运动部位处喷注足够润滑油(配预润滑系统的设备应启动预润滑系统进行预润滑);④因设备经过长途运输和吊装,主机与主电动机之间联轴器的同轴度和平行度需要重新检查调整;⑤检查各零部件的装配是否到位,连接是否牢固;⑥检查油路、水路是否清洁畅通;⑦盘车两圈以上,检查有无卡阻现象;⑧单独启动气缸注油器系统,检查和调整每一个注油单泵的工作情况,确保各级气缸和填料部位能得到充分的润滑;⑨通入冷却水,检查调节水流量与压力;⑩以上准备工作做好以后,即可拆开主机与主电动机之间的联轴器连接螺栓,点动主电动机,检查主电动机的运转方向及运转电流是否正常,有无异常响声;⑪再将联轴器连接螺栓装好,启动主机。在运转中和停车后做如下检查:运动机构润滑油压力在设备使用说明书规定的范围内,否则检查调整;注油器注油是否正常;运

动机构在运动中有无异常响声;主轴承、连杆瓦、活塞杆、滑道等摩擦部位的温升是否正常(用测温仪检测不高于70℃);压缩机的振动情况及噪声是否在规定范围内。如以上过程均无异常,即可进行空负荷连续试车。5~8h空负荷连续试车过程中及停车后必须进行除以上试车内容之外的检查工作:定时检查油温不高于70℃及摩擦部位的温升(用测温仪检测不高于70℃),如温升不正常,应停车检查,待故障排除后再重新试车。

(2)负荷试运。

为验证设备的整机性能和可靠性,压缩机必须进行负荷试运。负荷试运又分为空气负荷试运和天然气负荷试运。空气负荷试运前先将主机与各级冷却器、油水分离器、润滑系统、冷却系统、控制系统等按设备设计要求安装连接好,启动压缩机对气路系统从一级开始逐级进行吹扫(吹扫压力为0.1~0.3MPa,首先拆下一级与二级之间的连接管道,在一级吹除处用白布检查脏物情况,吹扫时间不限,吹净为止,照此完成其余各级的吹扫)。启机,在运转中和停车后做如下检查:运动机构润滑油压在设备使用说明书规定的范围内,否则检查调整;注油器注油是否正常;运动机构在运动中有无异常响声;主轴承、连杆瓦、活塞杆、滑道等摩擦部位的温升是否正常;压缩机的振动情况及噪声是否在规定范围内。如以上过程均无异常,可缓慢升压至5MPa,运转30min,再缓慢升压至10MPa,运转30min,最后缓慢升压至15MPa,并在该压力下连续运转2h。运行过程中应密切注意运行情况,如有异常情况应停车卸压检查。空气负荷试运合格后转入天然气负荷试运之前,先要进行气路系统的置换。气路系统的置换可采用抽真空法、充氮法和直接置换法,但务必确保气路系统内含氧量在安全范围内,之后即可进行天然气负荷试运(在此之前必须完成进站调压阀或天然气压缩机入口调压阀的调试,其方法是先开启调压阀前的控制阀门,慢慢开启调压阀后管路上的吹扫放空阀门,同时调节调压阀的调节螺栓直至获得满足设计要求的阀后压力)。启机待运转正常后,缓慢开启进气阀,待末级排气压力升至10MPa时,运转30min;待末级排气压力升压至15MPa、20MPa时,分别运转30min;待末级排气压力升压至25MPa时,进行4h连续负荷运转。停车注意事项:缓慢关闭进气阀,缓慢卸载后方可停机;停机后应按由高压级到低压级的顺序依次缓慢打开各级排污阀卸载排污;关闭循环冷却水,并检查主轴承、连杆轴承、活塞杆、滑道等摩擦部位的磨损情况,测量机身油温及摩擦部位的温升。

10. 工艺管线及设备的置换

置换的目的就是使置换后系统中的气体含氧量小于0.5%(体积比)以防爆炸或火灾事故的发生,确保投产安全顺利进行。参加置换的人员必须穿戴防静电劳动保护用品,使用防爆工具。可用氮气也可直接用进站天然气对工艺管线及设备分段、分设备进行置换(置换天然气压力控制在不超过0.05MPa),直至从各段、各设备的最高点取样分析。

11. 报表、运行记录的准备

准备好投产中和投产后所需的各类生产报表、设备运行记录本等资料。

6.1.2.4 投产试运行操作步骤

(1)启动站用电气系统,检查电网电压应在规定范围内。

(2)启动空气压缩机(如果用气动控制仪表),开启空气储罐通往各用风现场的控制阀门,检查空气压力是否满足使用要求。

(3)启动循环水泵与循环水冷却系统(当为水冷式时),开启通往各用水现场的控制阀门,检查冷却水压力是否满足使用要求。

(4)开启天然气进站总阀到天然气深度脱水装置、天然气压缩机、优先/顺序控制盘、储气瓶组(或储气井)的正常生产工艺阀门,按天然气压缩机操作规程启动天然气压缩机、负载、正常运行,直至储气瓶组(或储气井)的储气压力达到规定值时停机。在设备运行过程中要按照设备操作规程进行巡回检查和操作,并做好有关记录。

6.1.3 CNG加气子站的投产试运行

6.1.3.1 投产组织与分工

为确保投产试运行安全、高效、有序进行,需成立投产试运行工作领导小组,分工全面做好投产试运行工作,主要构成如下:

(1)技术支持:从全方位上给予调试工作技术指导,审核投产试运行方案。
(2)总体协调:总体协调推进投产试运行工作全面展开。
(3)现场执行:逐项逐条落实、完善投产试运行准备工作相关事宜,现场全程参与准备、调试操作、数据记录、安全维护等工作。
(4)现场保运、监督:各施工单位、设备供应商调试期间作为保运单位,确保各设备、阀门、工艺管线正常投入、操作、运行,处理各种突发状况,调试期间操作以设备厂家、施工单位为主,加气站人员辅助配合;监理监督、检验调试过程、结果。
(5)后勤保障:做好投产试运行期间使用资金、物资采购、人员生活、安全警戒工作。

6.1.3.2 投产试运行准备工作

(1)供电工程施工完毕,能够提供稳定供电要求,给排水系统已投入使用。
(2)设备安装已全部就位,加气罩棚安装完毕。
(3)工艺管线安装焊接、检测、监督检测已完成,强度及严密性试验已完成,工艺管线处于氮气保压状态;储气井强度试验已经完成。
(4)站房、场地地面、围墙、照明均已投入使用状态。
(5)消防器材已配备到现场;可燃气体报警器已安装完毕,可正常投入使用;加气数据采集管理软件已经调试完毕。
(6)接地、防雷防静电现场测试已经合格,资料已上报等待出验收报告。
(7)施工资料、竣工图纸整理完毕。
(8)有设备基本操作规程、调试操作人员落实;基本记录表单完善。
(9)调试用工具、润滑油、防护用品等已准备齐全。
(10)调试用气源、加气车辆已落实。
(11)各设备厂家、施工单位、监理单位预先通知到场。
(12)投产试运行应急预案准备完成。

6.1.3.3 投产试运行操作步骤

1. 辅助系统投用并检查落实

为确保工艺设备安全、持续正常调试,应先将相关辅助系统正常投入运行:

（1）检查供配电系统、照明系统等供电是否正常；

（2）检查消防器材是否按设计要求数量规格配备齐全到位；

（3）检查可燃气体报警系统投入是否正常，进一步检验探头检测效果；

（4）检查卸气柱、加气机数据采集管理系统安装调试是否正常；

（5）检查空压机、空压管线等空压系统正常投入运行；

（6）给排水系统是否运行正常；

（7）全面检查各设备、工艺管线进出口阀门均处于关闭状态；

（8）各设备厂家调试技术人员全面检查设备安装情况、设备内部连接情况、润滑油等，确保设备通气、通电满足各项要求后能够运转；

（9）调试现场安全警戒线拉好到位。

2. 压缩机单机调试

天然气引入，进入到压缩机，关闭连接加气机、中压储气瓶组的直充管线，对压缩机进行单机调试：

（1）指导橇车停到指定停车位，对橇车进行检查无异常情况后，将卸气柱卸气软管正常连接，连接好橇车静电接地线。此时记录好橇车相关数据（如压力、温度、气量等），记录卸气柱相关数据（如原始累计底数、流量计本体底数等）。

（2）检查卸气柱无异常情况，缓慢打开卸气柱进气阀门（此时出口阀门处于关闭状态），对卸气柱所有接口进行检查，看是否有泄漏，如有泄漏关闭进气阀打开放空阀，将卸气柱内天然气排放确保无压力状况下进行消漏处理。

（3）卸气柱检查正常后，缓慢打开卸气柱出口球阀，通过工艺管线、压缩机入口气动球阀将天然气引入压缩机，对入口管线、压缩机管线、设备连接进行检漏检查，如发现漏点进行标注，全面检查完毕后关闭卸气柱出口球阀，通过压缩机过滤器排污阀门将管线、设备内天然气全部排放，确保在无压力状态下对所有漏点进行消除。

（4）将进气管线、压缩机漏点消除后，关闭所有打开的排污阀，将卸气柱出口球阀打开，天然气进入压缩机，分别打开压缩机一级、二级阀盖将气阀取出，通过压缩机入口处手动球阀控制天然气，对工艺管线、压缩机设备进行吹扫，确保焊渣、异物被带出，运行当中不进入压缩机缸体。

（5）压缩机检漏、吹扫一切都正常后，检查压缩机润滑油、一次仪表、电器控制柜是否正常，检查压缩机各项保护参数设定是否正常，压缩机控制置于手动状态，打开压缩机排污阀，利用压缩机内部工艺流程启动压缩机。缓慢提高压缩机运行压力，观察压缩机各运行参数是否正常（如各级压力、温度、声音、震动等），判断压缩机运行是否正常，在各项数据正常状态下压缩机运行两小时，初步判定压缩机单机运行成功。

3. 储气井投用

（1）储气井安装公司检查储气井目前状态，是否具备充入天然气进行排水的条件。

（2）根据储气井排液管出口尺寸，准备一根配套引水管，将排出水引到远离储气井位置。

（3）缓慢打开橇装压缩机组内直充管线截止阀（所有加气机入口阀门均处于关闭状态），使天然气可充入中压储气瓶组内，利用橇车内天然气压力缓慢将中压储气井内液体排出，注意控制天然气的压力，当出水量较少时可关闭阀门，让井内静止一会后再开阀门进行排液，反复多次，直至出口排出干燥天然气后，关闭排液阀，关闭压缩机橇内直充截止阀，中压储气瓶组排液完成。

（4）按照压缩机正常开机运行条件检查压缩机各状态，关闭中压瓶组进气阀门（所有加气机阀门处于关闭状态),压缩机起机运行,注意控制压缩机进气量,升压不要太快。天然气经过压缩机增压后充入高压储气瓶组,将液体排出;当压缩机出口压力达到20.0MPa后停止压缩机,关闭压缩机出口球阀,利用高压管线内压力继续为高压储气井排液,当储气井压力低于2.0MPa后再次启动压缩机为高压储气井充气。如此反复几次,直至出口排出干燥洁净天然气后,停止压缩机,关闭排液阀,高压瓶组排液完成。

(5)高压、中压储气瓶组排液工作都完成后,按照启动压缩机正常程序检查压缩机组,关闭直充回路截止阀,打开中压、高压瓶组进口阀门,启动压缩机对储气瓶组进行充气,直至达到储气瓶组严密性试验压力后,停止压缩机,关闭储气瓶组入口阀门,记录储气瓶组压力,记录停止时间,对储气瓶组进行严密性试验,保压24h,观察压力变化情况,如压力变化在允许范围内,储气井严密性试验合格,储气井可以投入使用。

4. 加气机及相连接工艺管线投用

(1)检查加气机供电是否正常、数据采集传输是否正常、管理系统调试是否正常;加气机各项参数设定在规定范围内。

(2)分别缓慢打开预留位置加气机(加气机未安装)直充管线阀门、中压管线阀门、高压管线阀门,分别缓慢打开压缩机橇直充截止阀、中压储气井出口阀、高压储气井出口阀,对加气机入口前所有工艺管线进行吹扫,排出管线内可能存在的水汽、异物,确保进入加气机气体干净。

(3)当工艺管线排空结束后,关闭预留位置加气机所有阀门,分别缓慢打开正常工作加气机的进口阀门,分别对加气机内管线、设备接口进行检漏检查,发现有漏点后做下标记,然后关闭加气机所有进气阀门,打开排气阀将加气机内天然气排空后,在无压状态下对加气机进行消漏处理,处理完毕后再次通入天然气检查,确认无漏点后加气机可正常使用操作;记录下加气机相关原始数据,如密度、累计计量底数、流量计原始读数等。

5. 系统联调

在上述各单体设备检查、调试均正常后可进行系统联调:

(1)认真再次检查各设备状态,有无出现异常情况;检查各设备、工艺阀门、设备设定参数(压缩机控制置于自动状态)是否正常。

(2)准备好的加气车辆停放到位,加气操作人员到位,按照正常操作程序进行加气操作,各设备厂家观察记录自己相关设备运行状况,当储气瓶组压力降至设定压力时压缩机自动起机给加气机供气,同时给储气瓶组充气,储气瓶组压力达到高限值时压缩机自动停机;反复多次进行加气测试。

(3)加气人员做好每次加气记录,观察加气管理系统运行状况是否与记录吻合。

6. 调试结束

在安全顺利完成设备单调、系统联调,各设备运行状况良好,各项参数达到设计值后确认调试结束,进一步做以下事项:

(1)搜集、整理各项调试数据、记录;

(2)参与调试相关人员填写调试报告;

(3)现场各设备厂家对加气站操作人员进行操作、流程、日常管理、保养维护、事故判断与处理等培训;

(4)撰写调试总结。

6.2 加气站的竣工验收

加气站在通过试运行后正式投入运营之前,必须经过竣工验收。加气站的竣工验收由主管部门会同消防、劳动安全、质量监督部门联合组织进行。竣工验收应具备以下文件:

(1)加气站的建设文件,包括加气站的立项、建设项目批复、初步设计审查文件。
(2)设计施工图和设计变更等有关资料。
(3)购进设备、材料等产品质量证明和安装、使用说明书。
(4)施工安装资料应包括。
①设备的检验、检测报告和调试记录;
②管道、阀门、管件的检验、检测报告和调试记录;
③设备、管道的防腐、绝缘防静电等测试记录;
④电气、仪表和燃气检漏装置的检验、检测报告和调试记录;
⑤建筑物、构筑物的施工和竣工记录;
⑥基础沉降观察记录、隐蔽工程施工检查记录;
⑦设备和管道的吹洗、压力实验记录;
⑧试运转记录;
⑨安全和消防设施的建设、实验资料;
⑩质量事故处理记录。
(5)工程竣工图和竣工报告。

验收小组根据需要进行抽检和测试部分装置的性能,验收和整改不合格的加气站严禁投入使用。工程竣工验收后填写验收报告。

若为集装箱式,应对供货单位提供的设备清单以及出厂试车报告等逐项进行验收,并写出验收报告。

6.3 加气站的运行操作与维护巡检规程

6.3.1 LNG 加气站及 LNG、L-CNG 合建站运行操作与维护巡检规程

目前 LNG 加气站及 LNG、L-CNG 合建站大多采用标准化工艺流程和模块化、橇装化和集成化的加气设备,但由于各个生产厂家的设计思路和采用单体设备的不同,其工艺流程和设备集成会有较大的不同,相应的其运行操作与维护巡检规程也有较大的不同。本书以富瑞特装橇装式 LNG 加气站为例,介绍 LNG 加气站主要运行操作与维护巡检规程。

6.3.1.1　LNG加气站运行操作规程

1. LNG卸车操作规程

1）作业准备

接卸人员须经培训后,持压力容器操作证、压力容器安全管理证上岗,并保证证件在有效期内。

(1)着装。按规定着统一工作服装,佩戴工号牌上岗。服装整洁、仪表端庄,不得穿高跟鞋,身上不带手机等通信工具。

(2)准备工具。根据加气站进气计划,备好笔、计算机、登记台账、防爆工具等相应物品。2只完好有效的8kg干粉灭火器、1只35kg推车式干粉灭火器分别放置在卸液台两侧。带报警功能的静电接地线。

2）接卸准备

(1)槽车到站后,接卸人员陪同车辆进行过地磅。

(2)引车到位。槽车到站后,接卸人员引导至指定的安全作业地点,驾押人员用三角木固定槽车并连接好槽车三根卸车软管。加气站接卸人员会同司机认真检查槽车安全状况,检查槽车上手动阀是否处于正确位置。检查车辆轮胎、消防器材以及车辆外观等。

(3)安全防护。摆放隔离栏,设置警示标识,与加气场地隔离,并按规定摆放消防器材。连接静电接地线。

(4)核对送货单。接卸人员核对液化天然气实际吨位和气体质量检测报告。如发现不符要查明原因并及时上报。与驾押人员复核上一批次的实收数量,并签字确认。

3）接卸作业

(1)停止加液,抄录卸车前储罐吨位。

(2)软管吹扫。明确吹扫BOG来源,阀门开启顺序,注意防止冷凝或凝固的霜带入加气站系统,优先采用槽车放空管进行放空。面对卸车操作盘,开启三根卸车软管上放空阀,关闭最后面的第4个放空阀。手动开启储罐气相阀、气相平衡阀、卸车气相阀,分别对三根卸车软管进行吹扫,吹扫清除管线内部分残留的高温高压气态天然气及其他杂物完毕后关闭上述阀门。

(3)储罐压力平衡。在待机模式下首先采取冷凝平衡方式进行手动压力平衡,检查阀门状态,确认槽车底部进液阀全开,开启储罐气相阀、气相平衡阀、卸车气相阀,将储罐气相口BOG导入槽车下进液,注意通过调整卸车气相阀开度,控制槽车压力不得高于0.4MPa,将槽车和储罐的压力平衡至0.4MPa。平衡完毕后手动关闭储罐气相阀、气相平衡阀。

(4)转换模式。接卸人员按控制室的工控机上选择"卸车模式"。

(5)停止卸液台卸液,卸液台按钮按"停止"。

(6)接卸操作。

①泵卸车。

开启储罐上进液阀,关闭储罐下进液阀,开启泵卸车潜液泵进液阀,到控制室启动"泵卸车模式",开启槽车增压,开启泵上的放空阀进行手动放空,使得槽车内LNG液体流入泵池,进行泵池预冷,待LNG潜液泵的温度低于设定温度,满足启动条件时,泵启动,随后关闭泵上放空阀,开始进行泵卸车。在卸车过程中,通过开关卸车气相阀,确保槽车压力高于泵池压力,确保泵卸车的正常进行。

待槽车液位达100mm时,在自控"参数设置"中的联锁设置里勾选泵空载联锁失效,开启储罐下进液阀,关闭储罐上进液阀,直至卸车结束。泵停止后,进行差压卸车将最后一点LNG压入储罐,完成后关闭泵卸车进液阀。

②压差卸车。

压力平衡完毕后应观察槽车与储罐之间的压力,启动压差卸车模式,具体操作如下:

到控制室选择储罐阀门手动模式,开启储罐上进液气动阀,待确认储罐上进液气动阀开启后,开启进入卸车流量计的手动阀门。微开卸车增压阀预冷管道和气化器,让少量的LNG经卸车增压气化器后返回槽车气相进行增压,待卸车增压气化器进口法兰结霜后全开卸车增压阀,卸车过程中要一直给槽车增压,手动控制卸车气相阀确保增压过程中槽车压力不超过0.7MPa。缓慢开启卸车液相阀对进液管道进行预冷,2min后全开卸车液相阀,用储罐上进液阀卸车,待储罐压力开始下降时可适量开启下进液阀以提高卸车速度。待槽车液位达100mm时,开启储罐下进液阀,关闭储罐上进液阀,调整卸车液相阀开度,也可适当开启储罐放空阀适当降压,确保储罐压力不上升,直至槽车、储罐压力平衡。

(7)巡回检查。卸液过程中,巡检人员巡回检查卸液管线、阀门、压力表等设备的变化情况;检查确认各管路法兰接口是否牢固可靠、密封良好。发现异常立即停止卸液,启动相应的应急预案。在监护期间要做到以下几点:

①所有操作人员统一工作服,戴安全帽及防冻手套;
②不得让闲杂人员进入卸液区;
③进入站区不得穿化纤服装、带钉鞋等易引起火花的物品;
④卸气现场不得使用通信器材;
⑤遇雷雨等恶劣天气应停止卸液;
⑥槽车驾驶员不得在现场检修车辆。

(8)结束接卸。待卸车软管化霜后,切换至待机模式,依次关闭卸车液相阀、卸车增压阀、卸车气相阀(压差卸车时还需关闭进入卸车流量计的手动阀门)与槽车上阀门,并将排空阀打开,排空三根卸车软管余气,确认无误后断开卸液管法兰拆下静电接地夹,关闭槽车空气制动阀,等待牵引车车头到站。

作业完毕,收起静电接地线,驾押人员关好操作仓门,接卸人员引导槽车过磅离开,清理场地。

4)复核

复核卸液吨数、加气机字码数,录入天然气进货管理系统。

2. LNG加液操作规程

1)班前准备

员工须经培训后,持压力容器(气瓶充装)操作证上岗,并保证证件在有效期内。

(1)接班。

接班人员应提前20min到站,按交接班作业指导书进行交接班,清点、核对有关票证、数据和实物,检查设备、消防器材完好状况并签字确认。

加气前,加气工应检查下列内容:

①检查售气机机体、加气枪是否有泄漏现象,检查加气软管是否完好。

②检查加气枪枪头是否吹扫完毕、灵活、完好。

③检查售气机操作键盘是否完好,操作键盘输入是否准确。

(2)着装。按规定统一工作服装,佩戴工号牌,服装整洁、仪表端庄,不得穿高跟鞋,身上不带手机等通信工具。

(3)岗前准备。上岗备好零钞、员工卡、笔、记录台账、计算器。防冻手套、安全面罩、橡皮锤、螺丝刀、钳子、活动扳手、手电筒、干抹布等相应物品。

2)加液前

(1)引车入位:进站车辆应限速在5km/h以内,严禁载人进入加气区。

(2)加液操作员应引导加气车辆停靠在指定位置,将加气汽车钢瓶静电接地,并监督司机拉紧手刹,引擎熄火,关闭车灯,取下车钥匙,离开驾驶室,并垫上三角木。

(3)佩戴防护设施:加气员应佩戴防冻手套、全护镜安全帽,穿防静电工作服、工装鞋作业,雨天穿上雨衣和雨裤,不许穿露臂服装进行加气操作。

(4)加气机停止加注超过一定时间(约20min)后再进行加气前预冷操作(把加液枪插在回流口,打开上进液阀或下进液阀,关闭泵池回气阀),当压力、流量达到一定值会自动停止预冷。

(5)车辆充装前检查。加液操作员应做如下检查,并填写《LNG加气站车辆气瓶充装前检查表》,以备查询。

①加气车辆乘客是否全部下车,发动机是否熄火,车辆电源是否全部关闭,三角木是否顶好,接地线是否连接。

②加气车车牌号与IC卡显示车号是否相符。

③加气车辆钢瓶是否有超压或泄漏现象。

④钢瓶是否在规定的定期检验有效期限内。

⑤新瓶或者定期检验后的钢瓶首次充装是否已经置换或者抽真空处理。

⑥钢瓶内有无剩余压力。

⑦瓶体是否存在裂纹、严重腐蚀、明显变形、机械损伤以及其他影响钢瓶强度和安全使用的缺陷。

另加气前,应使用高压氮气冲洗加气枪头和回气枪头,吹出枪头内部的冷凝水蒸气,防止冰堵现象发生。

(6)加液操作员打开加气接口盖,与司机共同确认加气机走字归零。

3)加液中

(1)加液操作员将加气枪插入车载液化天然气钢瓶进液口,当钢瓶压力高于储罐压力且高于0.6MPa时,必须将回气枪插入车载钢瓶回气口,将钢瓶压力降至0.6MPa以下,再开始加气作业。执行回气操作时应注意观察车载瓶压力情况,控制好车载瓶放空阀,防止车载瓶压力过低。

(2)按下加气机面板上的"加气"按钮,自控系统再次进行加气前系统条件自检,当泵、加气枪、质量流量计不能满足加气机准确计量和加气要求时,自控系统分别针对不符合条件的参数执行泵预冷、枪预冷及枪预冷循环,直至泵、加气枪、质量流量计满足加气机准确计量和加气要求后,开始加气;自控系统通过加气机停机条件进行自动判断,当满足停机条件时,停泵,关闭相应阀门,进入待机模式。

(3)作业时,加气软管不得交叉或绕过其他设备;加液操作员应注意观察加气机计量仪表及储气瓶的液位或压力是否正常(液化天然气液量不得超过储气瓶容积的90%);加气及大小循环预冷过程中,严禁用手指触摸加气机内部金属软管表面结霜部分,以防发生意外冻伤事故;加气期间,加液操作员不得离开现场,严禁让非岗位人员代为操作,遇紧急情况应立即停止作业。

4)加液后

(1)加气结束,依次拔下回气枪和加气枪,将加气枪归位(不可一直回气,在压力表达到指定压力后就可关闭钢瓶回气阀)。在回气枪无法正常插入时应使用橡皮锤敲击钢瓶上的回气口单向阀,将回气软管内的气体排空。然后用高压氮气或空气冲洗车载液化天然气钢瓶进液口和回气口后,方可盖上盖子。撤出三角木,填制LNG加气站车辆气瓶充装后检查表。

(2)加液操作员应记录加液量等数据,填写LNG日加气记录表,与司机共同核准并签字确认后,指引加气车辆驶离加气机。

5)加液注意事项

将加气枪与加液口对接,操作加气机进行加气,加气时应注意:

(1)加气前要求操作人员必须佩戴防冻手套,并且不允许穿露胳膊的衣服进行加气操作。

(2)检查吹扫:检查汽车LNG气瓶压力;必须小于1MPa方可吹扫、加注。若LNG气瓶压力小于1MPa,用吹扫气枪对加注枪头及汽车接触面进行简单吹扫。主要对中心部位,目的是去除灰土或者冰霜。若LNG气瓶压力大于1MPa,用吹扫气枪对回气枪及回气接口接触面进行吹扫;然后,连接回气枪接头,进行回气,直至气瓶压力小于0.6MPa。

(3)连接枪头。

夹紧:握住加气枪两侧的手握竿,双手向内侧微微用力,使枪头外侧的三个固定块张开一点。

推到底:枪口对准需加气的加气口缓缓向里推进,注意在对准和推进中枪口与加气口保持在一条直线上。

打开:枪口完全套入加气口后左右转动一下,确定平滑后向前推动手握竿,使枪头稳稳地卡在加气口上,再次左右稍微转动一下,确保枪头依然可以平滑转动枪头。

操作时必须一人一枪并戴好防护设备,由持操作证的员工持枪,加气过程中不得离开加气现场,禁止将加液枪交顾客操作。

(4)操作时先观察加气车辆的气瓶压情况,判断是否需要回气。

(5)加液作业时要注意观察压力及流速,检查各连接点有无天然气泄漏;

(6)电闪、雷击频繁时应停止加气作业;

(7)不准在加气机出现乱码时继续加气;

加气过程中,对车辆气瓶、管线、仪表进行检查是否有异常,出现异常营业员应立即启动相应应急预案。对等待加气顾客做到"加一看二照顾三"。

6)交班

本班作业结束,按交接班作业指导书进行交班,填写作业记录。

3. CNG加气操作规程

1）班前准备

（1）接班。接班人员应提前10min到站，按交接班作业指导书进行交接班，清点、核对有关票证、数据和实物，检查设备、消防器材完好状况并签字确认。

（2）着装。按规定统一工作服装，佩戴工号牌，服装整洁、仪表端庄，不得穿高跟鞋，身上不带手机等通信工具。

（3）岗前准备。上岗备好零钞、员工卡、笔、记录台账、计算器等相应物品。

2）加气

（1）引车到位。车辆进站时，加气站员工要主动热情地引导车辆，进入有明显标识的指定位置，保持与加气机1m以上距离。侧身引车时，伸直远离车头方向的手臂并与肩同高，另一臂平举、指向车头，水平挥动小臂至胸前引车，讲话声音要清晰洪亮。

（2）问候顾客。车辆停稳，加气员主动向前，面带微笑，在第一时间目视顾客并用文明用语问候顾客，招呼："您好，欢迎光临。"询问、确认顾客加气数量（金额），结算及方式（是否使用IC卡）。提醒司机熄火后取下车钥匙下车。

（3）加气检查。打开引擎盖和后备箱盖，主动出示车用气瓶使用登记证并刷卡验证。要对车辆的储气瓶仪表、阀门、管道进行安全检查。取下汽车加气接口处的防尘塞，检查汽车加气接口的清洁情况。引导司乘人员离开充装现场，同时用亲切语言，开展非油品销售，正确引导顾客消费。

（4）加注天然气。

①将加气枪与充气口套接，确认连接符合要求，从加气机枪盒上取下加气枪，注意让枪阀手柄箭头指向"关"的方向，将加气枪头插入汽车气瓶上的加气接口，可靠连接；打开汽车气瓶上的充气阀；旋转枪阀的手柄，让其箭头指向"开"的方向，此时可从加气机上的压力表读出汽车车瓶的剩余压力。

②按键盘上的"加气"键开始加气（IC卡加气机需刷卡），加气操作有三种方式：

非定量加气：按加气机键盘上的"加气"即可加气，当气瓶压力达到20MPa时加气机自动停止加气，也可按停止键手动结束加气。

定量加气：首先通过加气机键盘设定需加的气量（m^3或kg）或金额，然后按加气机键盘上的"加气"键开始加气，当达到设定值时自动结束加气。

非常规加气：当加气站储气设施压力严重不足时，可通过加气机键盘上"换班"键手动控制低、中、高三组电磁阀切换，加快充气速度、节约时间。

③停止加气。停止加气有以下两种方式：

——自动停止加气：当气瓶压力达到设定值（19.6MPa）时；或达到设定加气量；或加气站地面储气瓶组压力不足以满足加气机所需的最低流量；所有电磁阀关闭，加气机自动停止加气。

——手动停止加气：充装人员根据司机要求或现场实际情况，随时可按加气机键盘上的"停止"键停止加气。

④加气时应注意：

——严禁为非汽车储气瓶以外的任何燃气装置、气瓶加气，严格执行"七不充装规定"。加气员要将加气枪与车辆加气口连接牢固。严禁加气管交叉和缠绕在其他设备上。

——操作时必须一人一枪,由持操作证的员工持枪,禁止将充气枪交顾客操作,防止意外;加气枪放散口禁止对准电瓶和引擎。

——加气作业时要注意观察压力及流速,及时调整加气压力(低压转成中压后手动换至高压加气,以保证储气井后续压力),检查各连接点有无天然气泄漏;确保CNG加气压力不得超过20MPa。

——严禁在充装过程中做与加气作业无关的工作。

——高强电闪、雷击频繁时应停止加气作业。

——不准在加气机出现乱码时继续加气。

——严禁顾客在站内清洁、检修车辆、敲击铁器等易产生火花的作业。

——严禁加气场地使用手机。

——用未戴手套的手指触摸一下汽车,放掉身上的静电,方可开始加气。

——启动加气机,观察加气机是否处于正常状态,显示屏上本次加气量已归零时,旋开加气机上应急球阀。

——左手虎口抓住充气枪手柄,协同其余手指扶住加气车充气阀。右手拔出充气阀防尘塞,插入充气枪嘴。有失重的感觉,确认充气枪嘴插入到位后,一只手握住加气枪后软管,另一只手旋开充气枪旋钮开关开始加气。

——当拔出防尘塞,产生较响亮的"砰"响声时,说明有两种情况的可能。一是该车的充气阀没有关严。二是充气阀已发生故障。判断是第一种情况时,应告诫驾驶员,注意关严充气阀。判断是第二种情况时,应建议驾驶员将车送修理站修理后,再来加气。

——充气嘴橡胶密封圈由于反复使用,容易磨损变形,应适时更换。如果将充气嘴插入充气阀充气产生啸叫声时,说明充气嘴橡胶密封圈已经损坏。这时,加气工切莫慌张,应握紧软管,立即关闭充气阀旋钮开关,关闭充气车充气阀开关。拔出充气嘴更换充气嘴橡胶密封圈后重新加气。

——充气时能听到天然气流动的声音,说明充气正常。

——充气过程中,应注意观察加气机、充气阀和加气车充气阀是否有结露,异常响声、异常的硫化氢味道等现象。发生异常现象,应立即中止加气,待查明原因并排除故障后方可恢复加气。

——充气过程中,当听到气瓶有异常响声时,应立即停止加气,发出警报,启动应急预案,打开加气车充气阀放空,关闭充气阀、关闭加气机进气阀,将人员疏散到安全地带观察(这种情况一般不会发生)。

——充气过程中,加气工一定要坚持手握加气软管头,防止充气嘴冲出,软管飞舞发生事故。

——当加气机工作状态灯指示加气完毕时,关闭充气阀旋钮,关闭充气车充气阀,打开排空阀排空后,拔出充气嘴,插好防尘塞后,方可示意加气车启动离开。

——加气工要随时注意防止,在未拔出充气嘴之前,加气车驾驶员启动汽车。

——拔出充气嘴困难时,可适当用力旋转向上即可拔出。切忌向水平方向用力。

——充装过程中发生紧急情况的处置预案,按石油加气站事故应急救援预案执行。

——每天加气工作结束或加气机停止使用时,应关闭加气机侧面板控制总阀,打开加气枪阀,排空软管中高压气体,以防软管长期处于高压状态,减少使用寿命,再次使用时,应先排除管中空气。

(5)拆卸加气枪。加气结束后,加气员先关闭汽车加气阀,再打开充气枪放空阀,排除枪阀至汽车气瓶阀门之间管道中的高压气体,脱卸加气枪后放回原处,并放置好胶管,盖好加气车辆加气口防尘盖、气箱盖。打开充气枪放空阀时要注意放散前不得有人。

(6)盖引擎盖。加气结束要主动为顾客关闭车辆储气瓶阀门,提醒顾客盖好防尘盖;对车辆加气设施再次检查,确认后提醒顾客盖好引擎盖和后备箱盖,作好充装登记记录。

(7)结算货款。结算货款时唱收唱付,加气卡客户提醒余额,现金客户需要开具发票时,迅速如实开具发票,再次道谢。

(8)引车出站。加气结束后,加气员应精神饱满、面带微笑、礼貌引导车辆出站。

3)交班

本班作业结束,按交接班作业指导书进行交班,填写作业记录。

4.气化器供气操作规程

1)注意事项

(1)在使用气化器时,必须穿好干净的工作服、保温手套,以免污染设备和冻伤工作人员。

(2)检查气化器和与气化器相连的管道是否含有油污,若发现有油污存在,必须先清洗油污,清洗油污的步骤:用60~80℃热水清洗,用加热至80~100℃的氮气吹除,确认无油吹干为止。

(3)油污严重时,应采用四氯化碳清洗,清洗时加强警觉,气味剧烈时应戴上防毒面具。

(4)药剂洗后用无油、无杂质的清水清洗直至水中无药剂成分为止,最后再用加温至80~100℃的氮气吹除水分,确认吹干为止。

(5)检查设备的密封性,用清洁干燥的氮气进行气密性试验检查,合格后进行使用。

2)操作

(1)首先将系统中供液阀、排气阀关闭,然后缓慢打开供液阀,管道外部出现霜雾时,缓慢开启排气阀,直至设备达到额定气化量后,稳定阀门开度。

(2)若设备出气温度过低,造成气管结霜,表明进液量过大,必须立即关小供液阀,防止过液,并应及时清除管外结霜,增加通风设备或采取其他响应措施,防止低温气体对设备出口管路产生冷脆而爆破。

(3)气化器工作时必须定时巡检,记录气化器的进出口温度,按要求对气化器进行切换工作,以增加气化效率。

5.LNG储罐操作规程

1)首次使用前注意事项

储罐在首次使用前必须用氮气进行吹扫及预冷。最大吹扫压力应相当于最大工作压力的50%,或者低于这个压力。

2)首次充液时注意事项

(1)打开上、下充装阀,顶、底部同时充装,同时,打开液体充满溢流口阀,排放储罐内的气体,直至有LNG的气体排出时,立即关闭充满溢流口阀。

(2)充装至储罐的50%以上容积时,应关闭下充装阀。

(3)当充装到储罐容积的85%时,应关闭上充装阀,并停止充装3min,以使筒内液面镇静,然后打开上充装阀继续充装,直到有液体从充满溢流口阀流出时,立即关闭充满溢流口,停止充装及关闭上充液阀口。

(4)在开始充液时,应拧松液位计两端的接头,完全打开液位显示液相阀和液位显示气相阀,检查排放的气流中是否含有水分。如有水分,应继续排放,直到无水分时停止排放。并将液位计两端的接头拧紧,并关闭平衡阀,使液位计处于正常工作状态。

3)再充装程序

(1)储罐在首次正式充装后,进行再充装时,储罐内的气相压力应尽可能减低。

(2)顶、底部同时充装,当液位表显示约50%满时,应关闭下充装阀,当充装到储罐容积的85%时,应关闭上充装阀,并停止充装3min,以使筒内液面镇静,然后打开上充装阀继续充装,直到有液体从溢流阀排出时,关闭溢流阀停止充装,同时关闭上充装阀。

(3)在充装过程中观察压力表。如果压力上升至高于充装输送压力或接近安全阀压力,必须打开气体排放阀将储罐内的气相进行适量排放。

4)储罐的使用

储罐的正常使用前应检查各阀门是否处于表6.1中的状态。

表6.1 储罐阀门状态表

阀门名称	状态	备注
顶部充装阀	关闭	
底部充装阀	关闭	
排放阀	关闭	
溢流阀	关闭	
液位计均衡阀	关闭	
液体出口控制阀	关闭	
液体显示液相阀	开启	
液体显示气相阀	开启	

各相关阀门处于表6.1所述状态时,方可按使用目的及要求,开始正常工作。

5)LNG储罐的自增压操作

LNG储罐的工作压力一般为0.3~0.7MPa,当运行过程中压力不能满足柱塞泵需要时,应进行储罐增压。

储罐都带有自增压系统,为自动压力调节系统,当压力低于设定值时,增压调节阀打开,完成自动增压。手动操作时完成如下操作:

(1)打开自增压调节阀的旁通阀;
(2)打开气相根部阀;
(3)打开升压气化器进口阀;
(4)打开出液根部阀使LNG直接进入升压气化器,观察压力,当储罐压力升到需要的压力时,关闭旁通阀。

6)注意事项

(1)短期内储罐停用,不要将罐中液体排尽,一般应留有一定的液体,以免重新启用时带来处理的麻烦。

(2) 若较长时间停用,不是因为检修的需要,则应用产品气体使罐内保持 0.3MPa 左右的余压。

(3) 如检修的需要,将罐内的液体排尽,重新使用时,应对系统进行气密性试验,吹除处理合格后,才能重新充装液体。

(4) 自增压系统手动操作时现场严禁离人。

6. LNG 加气站潜液泵操作规程

1) 开机前的检查

(1) 检查所有的管路、配件、螺栓和电路接线是否准备就绪。

(2) 检查所有管路接头部位的密封情况是否达到要求。

(3) 检查储罐液位与泵吸入口是否有足够的液位差。

2) 启动

按照潜液泵的预冷流程,缓慢地对泵进行冷却。

(1) 预冷完成后,泵壳内充满液体。当泵池测点温度低于设定值之后,变频器按照给定频率启动电动机。

(2) 如果泵发出异常的声音,或排出管路有较大震动,应立即停泵,查找出原因后,重新启动。

3) 停泵

(1) 切断泵的变频输出,关闭进液阀,导通加气机回流管线。

(2) 常开回气阀门,确保回气畅通。

4) 注意事项

(1) 必须密切关注泵的气蚀问题,即良好控制启泵温度,关注泵出口压力,避免严重气蚀给现场操作人员带来人身伤害或给设备带来损害。

(2) 当泵不起压时,首先判断泵是否转动。若泵不转,先查找动力电源及变频器问题;若正常,则考虑泵本体机械发生故障。若判断泵转动,则根据泵运行声音正常与否,判断是否为液体原因或是电源因素;若均正常,则考虑泵本体机械发生故障。当泵起压后压力不平稳,起伏波动时,先判断管路管阻是否发生变化(即进、出口阀门和加气机阀门是否正常开启),若均正常,则先考虑变频器频率是否恒定,最后考虑泵本体机械发生故障。

(3) 加气机运行频率建议 70~80Hz,依据气瓶压力的不同酌情选择,在气瓶压力大于 0.8MPa 时,建议回气卸压,以确保加气速度及泵在较好的工况工作。

(4) 当泵的转速不为"0"时,请勿二次点动电动机。

7. 柱塞泵操作规程

1) 开机前的检查

(1) 检查所有的管路、配件、螺栓和电路接线是否准备就绪。

(2) 检查所有管路接头部位的密封情况是否达到要求。

(3) 全开储罐上气体回液阀、泵进口阀,检查泵的吸入压力是否大于 0.08MPa 且小于 0.8MPa。

2)启动

(1)冷却泵,完全打开进口阀,回气放空阀和出口阀,液体从进口管流入泵中而气—液混合物将通过回气管重新回到储槽中。在泵的冷却过程中,储槽的压力会上升。

(2)当预冷完毕(冷却时间约为15min),按照CNG加气流程,开启管路上的阀门,启动泵。

(3)检查泵的启动是否正常。正常的启动工作,将有以下现象:

①有一泵的排出管路开始结霜。

②可听到轻微的震动声,证明泵的进、出阀正在工作。

③排出管路上的压力表将显示逐渐增加的压力。

(4)本泵运转约2000h后,为了确保十字头、滑套和连杆有更长的使用寿命,可更换电动机的旋转方向。

(5)如果气化器最后一排翘片发生结霜现象或气化器去储气瓶的管路发生结霜现象或气化器出口温度低于$-5℃$,表明系统的流量已超出汽化器的气化能力,应马上停泵,切换另一套设备使用。

(6)如果泵发出异常的声音,显示在压力管路中形成了过高的压力,那么应立即停泵,并查找原因。

3)停泵

(1)正常充装工作完成后,应点击操作柱上停止钮,即停止变频器输出并关闭泵的进液阀及气化器的进口阀,延时10s打开泵的出液放空阀放掉残液,同时常开回气阀。

(2)如果系统出现故障,则应首先切断泵的电动机电源,停止泵的工作,待故障排除后,再重新启动。

4)注意事项

(1)必须密切关注柱塞泵的气蚀问题,即良好控制起泵温度,该温度值设置应低于饱和温度$-10\sim0℃$。关注泵出口压力,若存在波动或不起压,请及时放空回气管路直至压力稳定。关注储槽液位高度,一般储槽液位低于20cm,就应考虑卸车。避免严重气蚀给现场操作人员带来人身伤害或给设备带来损害。

(2)储槽压力一般不应大于0.6MPa,最大不能大于0.8MPa,否则会极大影响设备使用寿命。

(3)关注泵变频器输出电流,在任何状况下,该电流值不应大于45A,在缺相状态下严禁使用设备。

(4)两泵建议一周切换一次使用,但在切换时,必须正确导通阀门顺序。

(5)开泵前,必须首先确认气化器进口前压力是否小于2MPa,若满足要求,才能到现场操作阀门,若气化器进口前压力大于2MPa,先要进行泵出口放空后,才能操作阀门并确认阀位是否正确,之后回到中控室,点击确认现场阀门已正确导通,然后在现场操作柱上点击启动,此时,必须确认启动泵的位号与预冷泵的位号一致,否则没有预冷过的泵头会发生干磨,直至设备损毁,乃至给现场操作人员带来人身伤害。

(6)设备启动后请关注两个泵头的出液管路,均要同时结霜,若没有,则停泵,打开放空出液阀门泄压后,再启动设备,直至设备正常工作。

(7)设备启动后,应随时关注泵排液阀的清脆响声,若该响声停止,表征泵已发生气蚀,立即打开回气放空阀,直至设备正常运转。

(8)设备启动后,关注所有安全阀,当安全阀起跳,则要立即停泵、关阀查找原因。

(9)柱塞泵设备为间断运行设备,请勿长周期使用,冷备时间建议不超过4h。

(10)关注泵头支撑处与真空夹套之间部位的结霜情况,若泵头支撑处结霜明显,则观察活塞杆与填料之间是否漏气,若漏气,首先判断储槽压力是否过高;若正常,请在设备恢复常温后,按操作说明书用专用扳手将开槽螺母旋紧,至无气体泄漏;若状况没有明显好转,请更换填料。若仅为泵头支撑处结霜而无漏气现象,表征设备使用时间或预冷时间过长,请启动另一台设备。

6.3.1.2 LNG加气站维护巡检规程和注意事项

1. LNG加气站维护巡检规程

1)日检

(1)每小时巡回检查一次。

(2)设备有无"跑、冒、滴、漏"情况,如有问题及时处理。

(3)加气岛:管路连接部位有无漏气现象,接地线是否牢固,加气软管的放置是否合理。

(4)增压系统、仪表风系统及储罐:检查管路连接部位、各阀门有无漏气现象,并记录压力,温度等参数,各零部件是否牢靠。

(5)消防器材:各处消防器材是否齐备、灭火器压力是否合格。

(6)检查广告灯、加气雨棚照明灯和安全疏散标志是否完好。

(7)检查控制柜与配电柜上的各电器元件有无失灵或异常情况,压力、温度、电流、电压等的读数是否正常,工作环境是否有异味或异常声音。

(8)检查上位机运行、画面是否正常。

(9)检查空压机运行是否正常,压力是否处于正常范围之内。

(10)各部位卫生情况:由班长巡查,协调各班长做好卫生工作。

(11)在值班记录上详细记录检查情况。

2)周检

(1)完成日检应检查的内容。

(2)增压系统和仪表风系统:设备的清洁卫生情况,工艺管道及设备有无漏气,工艺管道及设备上所有阀门是否灵活可靠,各种计量表、压力表、温度计是否准确完好。

(3)所有设备管道的查漏(用肥皂水)。所有阀门启动是否灵活。

(4)仪表间:配电柜、中控台上仪表、指示灯是否正常完好,配电柜内电源裸露部位是否有异物,各触点接触是否灵敏。

(5)消防设备:消防栓、消防水带、灭火器是否齐备,消防栓、消防水泵启动是否正常,检查时对消防设备进行清洁整理。

(6)在值班记录上详细记录检查情况。

(7)周检一般在周一进行。

3）巡回检查路线

加气系统：LNG 储罐（压力、液位）→LNG 加液泵（安全阀、压力表）→LNG 加液机（压力、温度）。

控制系统：控制柜→配电柜→上位机。

仪表风系统：空气压缩机→干燥器。

2. LNG 加气站维护巡检注意事项

（1）在维修、调整法兰、阀门和接头时，应该考虑到管线内有压力。

（2）更换使用的另配件应适用于深冷工况，禁止使用低碳钢的配件。不锈钢、铝、铜或黄铜材质的另配件可安全使用在低温工况。

（3）低温设备一般经受温差很大，从而导致机械连接松动，这很正常。日常维护中经常检查法兰、阀门盘根、压力式连接和螺纹连接是否松动，若有松动应及时拧紧，以防泄漏。

日常巡检维护项目见表 6.2。

表 6.2　日常巡检维护项目表

维护项目	日检	周检	月检	季检	年检	5年检
排空压缩机空气储罐的和分水罐内的存水	√	√	√	√	√	√
排放空总管内的湿气	√	√	√	√	√	√
检查加液软管和放空软管是否完好，有无泄漏，护片有无损坏，根据情况修理或更换	√	√	√	√	√	√
检查 LNG 售气机有无漏点，功能是灵敏，视情况修理	√	√	√	√	√	√
检查阀门和管线有无漏点，视情况修理		√	√	√	√	√
检查 LNG 售气机的接地是否完好			√	√	√	√
检查加气嘴，有无漏点，视情况维修和调整加液速度		√	√	√	√	√
检查消防器材是否完好			√	√	√	√
进行系统功能测试，检验阀门包括手动阀、气动阀和电磁阀、紧急关闭系统是否完好				√	√	√
启动污水泵，排尽污水，清理雨水坑，对污水泵进行保养				√	√	√
检查加气站的接地是否完好，视情况维修					√	√
检查各泵橇块的接头是否泄漏，视情况维修					√	√
调校火焰探测器、甲烷探测器				√	√	√
检查储罐环形空间的真空度，视情况维修					√	√
检查真空管的真空度，视情况维修					√	√
检查压力表、液位计和流量传送器是否完好，有无泄漏，视情况维修					√	√
检查在线安全阀，有无泄漏，并调校					√	√
更换空气过滤器的过滤网、干燥剂					√	√
每运转 4000h，LNG 泵小修一次，超出 8000h，中修一次					√	
每 5 年更换控制柜的不间断电源						√

6.3.2 CNG加气母站(标准站)运行操作与维护巡检规程

6.3.2.1 CNG加气母站(标准站)运行操作规程

1. 脱硫装置操作规程

1) 吹扫、试压和置换

新建和大修后(更换脱硫剂后)的CNG站脱硫系统在投入生产和试生产前都必须对脱硫塔进行吹扫、试压和置换系统中的空气。

2) 脱硫系统开车操作

(1) 打开脱硫塔后分离器阀门,使脱硫塔与进站天然气流程连通循环。
(2) 打开脱硫塔进出口阀门,使原料气进入脱硫塔,脱硫后的清洁气进入分离器,将气体中的水分分离出去,定时进行排污。
(3) 打开脱硫系统前分离器阀门,使经过水气分离的气体进入脱硫塔脱硫。
(4) 观察进、出口压力表,确认系统处于正常工作状态。进口压力高于出口压力1kg左右均为正常状态。
(5) 每班对脱硫塔分离器进行一次排污。
(6) 填写脱硫操作记录。

3) 脱硫系统停车操作

(1) 关闭脱硫塔前分离器阀门,截断进入脱硫塔的气源。
(2) 关闭脱硫塔进出口阀门,防止流程余气回流脱硫塔。
(3) 关闭脱硫塔后分离器进口阀门,防止气体倒流。
(4) 对脱硫塔前后分离器进行排污。
(5) 对脱硫塔进行排污。
(6) 填写脱硫停车记录。

4) 脱硫剂的再生更换

(1) 一般用测量法判断脱硫剂是否应再生更换。
(2) 打开再生板对脱硫剂进行再生、还原。
(3) 打开排料口,排出旧脱硫剂。
(4) 为了防止旧脱硫剂自燃,适当用水喷淋排出的旧脱硫剂。
(5) 清扫整理塔内脱硫剂支撑篦子板、筛网垫等,做好装填脱硫剂的准备。
(6) 通过过筛,筛出可以重复利用的旧脱硫剂同新脱硫剂混合使用。

5) 脱硫剂的装填

(1) 对脱硫塔内的篦子板等部件进行检查,确认无误。
(2) 将装袋的脱硫剂用滑轮吊入塔内。
(3) 将脱硫剂装入塔内。
(4) 装填过程中,一般应禁止足踏脱硫剂,可用木板垫在料层上,人再进入塔内操作或检查装填情况。

（5）一般应装到一定高度后再放置一层不锈钢钢丝网，用瓷球压住后，再进行进一步装填。

（6）装填到位后，关闭（密封）进、出料口。

（7）做好更换脱硫剂记录。

2. 脱水装置操作规程

以图6.2脱水装置流程图和表6.3的脱水装置为例说明其操作规程。

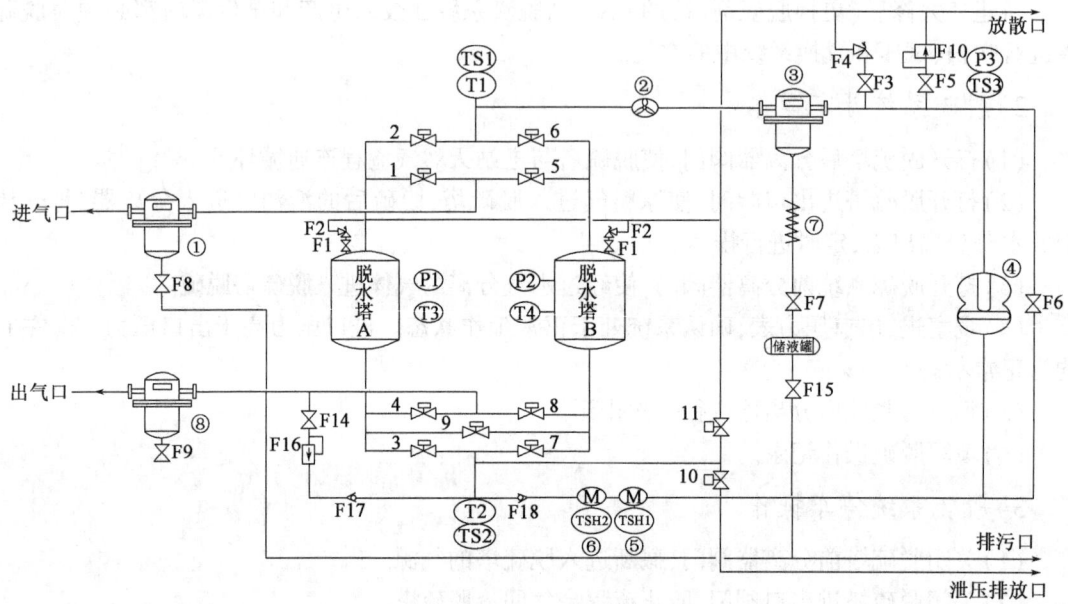

图 6.2　脱水装置流程图

表 6.3　脱水装置附件名称说明

①前置过滤器	②风冷器	③分离器	④循环风机
⑤主加热器	⑥辅加热器	⑦电热带	⑧后置过滤器
1A塔湿气进气气动阀	2A塔再生气排气气动阀		3A塔再生气进气气动阀
4A塔干气排气气动阀	5B塔湿气进气气动阀		6B塔再生气排气气动阀
7B塔再生气进气气动阀	8B塔干气排气气动阀		9 均压气动阀
F1 吸附回路安全阀前球阀	F2 吸附回路安全阀		F3 再生回路安全阀前球阀
F4 再生回路安全阀	F5 球阀		F6 循环风机流量调节阀
F7 分离器排污阀	F8 前置过滤器排污阀		F9 后置过滤器排污阀
11 泄压回收排放气动阀	10 泄压放散排放气动阀		F10 自力式调节阀
F14 减压阀前球阀	F15 储液罐排污球阀		F16 减压阀
F17、F18 单向阀	T1 再生气排气温度表		T2 加热器排气温度表
T3 A塔温度表	T4 B塔温度表		TS1 再生气排气温度传感器
TS2 加热器排气温度传感器	TS3 冷却器排气温度传感器		TSH1、TSH2 加热器表面温度传感器
P1 A塔压力表	P2 B塔压力表		P3 压力表

1) 脱水装置置换操作

设备投入使用前,容器及管线内部为空气,必须用天然气置换。进气口接入天然气后,气动阀2与6关闭,气动阀1、5和4、8打开,吸附管路升压,缓慢打开阀F8、F9及气动阀9,对A、B脱水塔及吸附管路置换,至放散口有天然气流出关闭阀F8、F9及气动阀9、4和8。缓慢打开气动阀2与6及气动阀3与7,此时自力式调节阀前球阀F5应关闭,保持A、B脱水塔压力在0.2MPa。开启F7与F15阀直至排污口有天然气排出时关闭阀F15;开启气动阀11、10、9,直至放散口、泄压排放口有天然气排出时再关闭气动阀11、10、9。此时,气动阀2、6、3、7关闭,阀门F1、F3、F15、F5、F14处于开启状态,设备的置换完成。

2) 减压操作

气动阀1和气动阀4关闭,脱水塔B开始吸附。气动阀10打开,A塔再生气经气动阀3去卸压排放口。待脱水塔A压力下降至0.1MPa时气动阀10关闭,气动阀11开启3~5min后关闭,气动阀2打开,接通再生系统对A脱水塔吸附剂进行再生。

3) 吸附操作

来自管网的天然气经前置过滤器分离出游离水分后,通过气动阀5进入脱水塔B,经过管道式扩散器,气体在吸附床之间被均匀扩散开,充分地利用干燥介质。当气体流过干燥床时,水蒸气被吸附到亲水性的干燥剂表面,天然气被干燥到所要求的露点。净化后的气体从吸附塔出来经气动阀8和后置过滤器到出气口。

4) 加热操作

循环风机与加热器开启。A脱水塔残留的余气,依靠循环风机作为动力源,通过加热器将温度提高到所要求的195℃。被加热的再生气体进入A塔床层并均匀地扩散,将水分从干燥剂中蒸发出来。再生废气经过冷却器冷却,冷凝液在分离器中被分离,气体再次通过循环风机,经加热器加热后导入容器。当干燥剂中的水分被逐步蒸发后,再生气体出口的温度随之升高,再生气体出口温度升至120℃时,控制器自动发出指令,加热器停止加热。

5) 冷却操作

加热器停止工作后,循环风机、冷却风机、分离器继续工作,通过不断降低循环再生气体的温度,使脱水塔A内的干燥剂温度逐步降低,当再生气体出口温度降到40℃时,控制器自动发出指令,循环风机、冷却风机、分离器停止工作,终止冷却过程。

冷却过程中单向阀F17将自动控制补气管路以及成品干气阀门,通过减压阀F16向再生系统充压,使系统压力恒定保持在0.05~0.1MPa。

6) 均压/待机操作

冷却过程完成后,设备进入均压过程。气动阀2和气动阀3先关闭,然后均压气动阀9打开,对A塔开始充压,当A塔压力上升至B塔压力时,气动阀9关闭,均压结束,A塔进入待机状态。

7) 切换操作

(1) 本装置采用全自动控制切换方式,系统中所有阀门的动作,全部自动完成,循环风机、冷却风机、加热器的工作自动进行。

(2)吸附时间设计为12h,再生时间设计为6h,其中加热时间约4h,冷却时间约2h,再生过程工作时间以达到设定温度为限。

(3)再生程序启动后,加热器出口温度自动控制在180~220℃。脱水塔再生气出口温度上升到120~150℃时,加热器自动停止工作。系统自动执行冷却过程,随着冷却过程的进行,脱水塔再生气出口温度降到40~50℃时,循环风机和冷却风机自动停止工作。控制器发出信号,提示再生工作结束。

(4)装置再生达到温度设定值时操作结束。当加热或冷却时间可能和上述说明不一致,如果偏差过大,需要分析原因,重新设定参数。

8)开机操作

(1)首先检查仪表风系统是否正常,控制系统通电后检查各指示灯及参数是否正确。

(2)在控制柜上选择"手动"方式,打开循环风机和冷却风机,检查电动机旋转方向是否正确。循环风机联轴器旋转方向应与其指示一致,冷却器风向应从电动机吹向散热器。确认正确后,重新选择"自动"方式。按"A塔启动"或"B塔启动",则系统按照预设的参数运行;如果用户按"停机"或"故障停机"(即PLC系统停机),则系统进入停机均压程序,最后停止运行。

(3)装置第一次开机,在系统投入使用之前,应该使两个脱水塔分别作两次6h的再生循环,保证干燥剂具有充分的活性。

(4)在最初的几个循环过程中,观察温度设定参数是否合适,是否需要调整。如果需要调整可参照"天然气脱水装置自控系统使用说明书"调整。若所有的设定参数都已达到要求,不需调整,装置便可完全正常地使用了。

9)停机操作

装置停止工作时,必须保证干燥再生已经完成,避免干燥剂再生不彻底而造成露点升高。不能用直接切断电源的方式使装置停止工作,突然断电会造成干燥剂的再生(加热/冷却)阶段无法正常完成。正确操作是先关闭吸附回路所有进出口阀门,如果再生塔再生工作没有结束,继续让其再生,直至完成再生工作,然后关闭再生塔所有进出口阀门,最后切断电源。重新工作时,应让已完成再生的脱水塔用于吸附工作。

10)掉电操作

要防止由于掉电而造成控制中断的情况发生。掉电会使加热或冷却过程突然停止,再次通电后,控制将从起始处重新运行。

11)运行操作说明

本系统设有手动、自动两种工作方式。电伴热带只有手动控制一种方式,当环境温度降低到使冷却器出口管道结冰时,需手动启动电热带加热;当正常工作时,应手动停止电伴热。

(1)手动工作方式:通常在脱水装置处于调试阶段时使用手动工作方式。将手动/自动旋钮置于手动位置,此时循环风机、电加热器、冷却风机、阀门均为手动控制。阀门手动控制必须在手动操作画面操作,循环风机、加热器、冷却风机可以在任何画面操作。

(2)自动工作方式:系统正常运行时使用自动工作方式。将手动/自动旋钮置于自动位置,装置处于自动控制状态,电加热器在循环风机运行后启动,在运行的过程中根据加热器出口温度来控制输出。冷却风机在冷却器出口温度达到35℃时开始运行,冷却器出口温度达到30℃时停止运行。

12)排污操作

(1)前置过滤器的排污。打开前置过滤器排污阀 F8,使其在开启状态下停留 20s,然后缓慢关闭排污阀 F8,前置过滤器排污结束。前置过滤器每 1h 排污一次。

(2)后置过滤器的排污。打开后置过滤器排污阀 F9,使其在开启状态下停留 3~5s,然后缓慢关闭排污阀 F9,后置过滤器排污结束。后置过滤器每周排污一次。

(3)脱水装置储液罐的排污。系统再生时,打开储液罐排污阀 F15,使其在开启状态下停留 30s,然后关闭排污阀 F15,分离器排污结束。系统再生时,储液罐每小时排污 1 次。

脱水装置再生时,析出的混合物经管线,进入排污罐,经排污罐的排污阀及管线流至隔油池。

13)脱水系统操作注意事项

开机时,为防止再生系统和整个装置过载,每次启动循环风机时,应先全部打开阀门 F6,运转 1min 后再缓慢关闭该阀门,使风机缓慢加载,避免风机因过载而损坏。

3. 母站压缩机操作规程

1)开车前注意事项

(1)在压缩机组运行前,必须注意不可有人在机器上进行检修工作。

(2)压缩机应在技术规范规定的范围内运行。对检修后的压缩机组在正式运行前需做气体置换,将压缩机内及其管路中的空气排尽。

(3)注意压缩机运行时人不可以接触管路系统,尤其是排气管或是在运行中的高温部件。

(4)发现油泄漏时,不仅应清除泄漏液,还应修复泄漏点消除泄漏。

(5)压缩机组运行时,操作人员不可做其他的工作。

(6)每次开车前必须用测油杆检查曲轴箱内油位及注油器油箱油位,不得过多或过少。

2)压缩机投入正常运转前注意事项

(1)检查各连接部件的紧固性(包括地脚螺栓),特别是气路连接部件之间的紧固性。

(2)检查润滑油的质量及油量是否符合规定要求。曲轴箱中油面高度应在油标尺两刻度之间,数量不足时应及时加油;用手摇动注油器,从各膜片止回阀处检查供油情况。

(3)检查压缩机进口压力是否在规定范围内。

(4)手动盘车,检查运动部件的灵活性和可靠性。

(5)检查各检测仪表的指示情况是否正确,有无校验合格证。

(6)必须确保压缩机组内无空气进入。若有空气进入或停机时间较长,则仍然要进行置换。

(7)其他附属设备,如干燥脱水装置、水冷却装置等都必须按各自的要求做好启动前的一切准备。

(8)检查设备电器的完好情况,各电器触点应做到无尘垢,电器主开关应在断开位置上。

(9)检查电动机及电缆线的完好情况,各电器元件不得有任何松动等明显缺陷存在,检查并紧固一次和二次电气接线,使接线牢固可靠。

(10)各启动阀门的开启状态是否符合规定。

(11)接通电源,使电器系统具备启动条件,并检查各控制和安全装置是否灵敏可靠。

(12)点动测试转向正确。站在电动机端看,压缩机为逆时针转。

(13)以上一切正常后,即可按照启动规定要求启动压缩机,否则作相应检查。

3)压缩机的启动

(1)确认水路系统畅通后,启动循环水泵,开启冷却塔给压缩机系统供水。

(2)将所用压缩机的总放污阀及进气球阀关闭,打开各级的放污阀门及一级进气旁通球阀,使压缩机处于无负荷启动状态。

(3)按启动按钮,系统启动润滑油泵(注油器)电动机。经过延时后系统检测润滑油压力,当润滑油压力≥0.15MPa 时,系统自动启动主电动机,否则系统无法启动,同时声光报警。主机一旦运转,必须立即检查电动机旋转方向是否正确,机组是否有异常现象。

(4)主机切换后,逐渐打开进气阀门,关闭各级放污阀门及一级进气旁通阀门,并及时打开总排污阀门及送气阀门,机组开始给罐车或气瓶组加气,各级压力平稳上升。注意:当送气阀门后的背压低于 10MPa 时,则须控制送气阀门开启度,使三级排压控制在 10~12MPa,以保证过滤器能正常工作。

(5)压缩机每工作 1~2h 应打开排污阀进行吹除排污,排污阀要逐个打开,不能同时打开。每打开一个排污阀吹除后,应立即关闭,才能打开另一个排污阀进行吹除。各级排污时间应不大于 30s。

(6)压缩机油压、水压、各级排温及末级排压、一级进气压力等各关键点设有自动保护控制,一旦超限,均会自动停机并报警,但操作者仍要经常巡视、检查各仪表读数,及时发现处理问题并做好值班记录,以免造成不必要的损失。

4)压缩机启动正常运转后注意事项

(1)压缩机应运转平稳,各运动部件声音正常。

(2)各连接法兰部分、轴封、进气阀、排气阀、气缸盖和管路等,不得漏气、漏油。

(3)进气阀、排气阀的工作应正常,安全阀无异常现象。

(4)各级排气温度应符合规定要求。

(5)要经常检查排污装置,做到定时排放,并观察排污阀有无堵塞现象。

(6)润滑油压力应在 0.15~0.4MPa 范围内,任何情况下不得低于 0.15MPa。

(7)压缩机的自动控制请参阅压缩机电器设备系统说明进行操作。

5)压缩机的停机

压缩机的停机有正常停机、自动停机、手动停机、紧急停机和故障停机 5 种情况。

(1)正常停机:当确认总排污阀处于全开位置。

①首先打开一级油分器吹洗阀,吹除 5~10s 后关闭,然后打开二、三级分离器,打开过滤器吹洗阀,打开一级进气旁通阀,接着关闭一级进气球阀,此时可按下"停机"按钮使机组停机。

②当系统压力与回收罐平衡时,即可关闭总排污阀及总送气阀。

③开启压缩机末端的放空阀,使机组内剩余天然气泄压,但要保持有 0.02~0.05MPa 压力。

④停循环水泵和冷却塔,关闭水路系统阀门。

⑤冬季停机时,应把室外水路系统中的冷却水全部放尽;若压缩机房内温度低于 0℃时,

也应将整个冷却系统中的冷却水全部放尽。若机组将停机 4h 以上,则应切断总电源。

(2)自动停机。

自动停机属于正常现象,此时压缩机为待机状态,随时可能启动,遇到这种情况时不得对压缩机进行任何维修工作,以防发生故障。

(3)手动停机。

手动停机为压缩机组自控系统报警或其他外界因素的影响而人为停机,此时针对报警原因进行解决或稍等片刻后,再进行人为手动启动。

(4)紧急停机。

紧急停机是为发生了意想不到的情况,可能会影响到压缩机的正常运行而采取的应急措施,此时压缩机中存有大量的高压气体,建议采用手动放空(打开放污气动球阀和放空气动球阀的旁通针形阀即可,放空后需关闭该阀)。压缩机再次启动需人为手动启动。

(5)故障停机。

故障停机是为压缩机的运行数据与 PLC 设定不符而超限停机,此时需根据文本显示器显示的内容加以分析并解决后,确定故障已排除方可重新开机。

注:机组严禁带压启动。若机组出现故障,需要紧急停车时,则应立即切断电源,迫使主机带负载停机,然后立即按照上述方法,分别打开各吹洗阀进行放空,并关闭总进气阀及总放气阀。

4. 储气井操作规程

(1)加气站储气井是由三口储气井并联使用,分别作为高、中、低压井,其最高工作压力不得大于 25MPa,否则应立即关闭压缩机,停止向储气井充气,最低工作压力不得低于 18MPa,否则应立即用压缩机来补充增压。

(2)储气井允许压力波动幅度为 18~25MPa,设备使用寿命为压力波动幅度下循环次数不大于 80000 次。

(3)压缩机初次向储气井充气(压力为 0~25MPa)和储气井排空(压力为 25~0MPa)时,必须保证其压力升降速度不大于 0.25MPa/min。

(4)压缩机给储气井补井中,必须保证其压力升降速度不应超过 0.25MPa/min。

(5)储气井给汽车气瓶充气过程中,首先应用低压井向车用气瓶充气;当压力与气瓶压力达到平衡时,则启动中压井给车用气瓶充气;当压力与气瓶压力达到平衡时,则启动高压井给车用气瓶充气,如此循环即可。

(6)储气井首次使用 15 天后,在压力小于 15MPa 的情况下排污一次,以后每 3~6 个月排污一次,保证储气井中压缩天然气的气质和储量,冬季不宜排污,特别是气温寒冷地区在冬季排污时易产生冰堵。

(7)储气井排污过程,必须保证操作规范,带压排放开启排污阀动作要缓慢,保证排污过程的安全,储气井排污在 2MPa 的条件下排放污水。

(8)排污时,首先应关闭与压缩机系统相连的进出气阀门,排污人员侧身站立,采用双手开阀,一旦发现有冰堵现象应反复开关,将冰压碎或用开水融冰,全开排污球阀,再逐渐开启排污针阀。针阀开度不宜过大,应逐渐开启,当气流声稳定通畅后,再全部打开针阀,直至无油、无水状态后,关闭第二级排污阀,开启进出气阀门,该储气井恢复原始工作状态,该井排污完毕。

(9)现场管理人员应携同机房操作人员和班组长每周对储气进行一次安全检查。

5. CNG 加气操作规程

具体内容详见 6.3.1.1 节 CNG 加气操作规程。

6. CNG 槽车加气操作规程

1)接车检查

(1)充装人员检查、确认 CNG 槽车排气管安装消火器。
(2)检查气瓶压力及温度正常。
(3)检查槽车无漏气。
(4)CNG 气瓶、阀门及 CNG 拖车车况无异常。
(5)CNG 车货运单,核实无误后做好记录。
(6)督促槽车驾驶员、押运员留下手机、火种。

2)泊车

(1)充装人员在 CNG 槽车首尾各一人指挥引导槽车进入充装区。
(2)车速不得大于 5km/h,并按指定位置停好,熄火、拉起手闸。
(3)押运员安装好固定车墩,两侧车轮前后分别放置好三角垫木。
(4)现场设立"正在加气,请勿靠近"警示牌。

3)充前准备

(1)充装前观察 CNG 车天然气压力、温度,做好记录。
(2)(首次充装时)检查加气站设备各阀门,使其全部处于关闭状态。
(3)检查确认加气站、CNG 车的压力表、安全阀处于开启状态。
(4)检查充装接头确认完好。
(5)确认热水系统使水温处于 50℃ 左右。
(6)连好接地线。
(7)检查、确认高压软管无异常。

4)充装作业

(1)引导槽车停到固定车位上。
(2)打开槽车后备箱,拉下气刹。
(3)进行安全检查。
(4)连接加气软管和静电接地线。
(5)打开管束拖车的各瓶组阀和进气总阀。
(6)安装好充装软管安全固定装置。
(7)观察无异常,打开加气柱上主阀。
(8)检查、启动压缩机进行充气。
(9)充气时,必须有一人在现场监护。
(10)当槽车充满,要先停止压缩机。
(11)关闭充加气柱上的总阀门,关闭槽车的进气总阀和各瓶组的阀。
(12)开启加气柱上放散阀门,将高压软管内天然气放空。

(13)拆除安全固定装置,卸下高压软管、接地线,锁好车箱门。
(14)签单并填写充装台账。

5)送车

(1)收回固定车墩,拆除三角垫木。
(2)充装人员指挥槽车出站。

6)注意事项

(1)充装作业时,操作人员必须穿防静电工作服,不得带入手机及火种,禁止穿钉鞋进入生产区域。
(2)设备维修、检测时,必须使用防爆工具,非防爆工具需涂抹黄油。
(3)一切充装任务由操作工负责完成,司机不得随意靠近高压设备。
(4)在操作加气柱和槽车主阀门过程中,应侧向操作,严禁正面对向阀门。
(5)充装过程中发现气瓶出现冰堵现象,应停止充气,待冰融化后再进行充装。
(6)遇雷雨、大风等不利于生产的天气和可燃气体泄漏、附近有明火、压力异常等情况应停止作业。
(7)正常充气期间每10min对设备运行状况和工艺指标进行巡视、检查,并作好记录。
(8)充装作业发生在交班时,交接班人员必须到作业现场把本班设备运行情况及记录告知接班人员,如接班人员没有了解清楚,交班人员不得下班。

6.3.2.2 CNG加气母站(标准站)维护巡检规程

1. 维护巡检原则

(1)在生产过程中,当班人员应定期按照工艺流程和技术要求逐点逐件认真对各设备、管线、阀门、仪表等进行检查,若发现异常情况要立即进行处理,处理不了要即时报告班长和站长,采取相应措施,杜绝事故的发生,并要做好记录。
(2)交接班时,当班人员与交接班人员一道沿巡回检查路线,进行交接生产情况介绍和意见交换,让接班人员了解设备的现状,做到心中有数,以利于下班的生产。

2. 维护巡检线路

(1)进气调压系统:流量计→安全阀→缓冲装置→压缩机进气口。
(2)压缩系统:进气→Ⅰ级→Ⅱ级→Ⅲ级→Ⅳ级(压力、温度)→轴瓦(温度)→脱水装置阀门组。
(3)储气系统:程序控制盘→高、中、低储气罐(井)→工艺管线阀门组。
(4)控制系统:控制柜→水分析仪→硫化氢检测仪→配电室。
(5)售气系统:售气机→充气嘴→车载储气瓶。
(6)水冷系统:水泵→压缩机进口→各级冷却器→冷却塔
　　　　　　　　　　　　↓　　　　　　　　↑
　　　　　　　　　　　　→各级气缸——

3. 巡回检查的内容

(1)过滤器:是否有堵塞现象或进行清洗。
(2)流量计:计量是否准确无误。

(3)分离过滤器：定时检查排污是否堵塞。

(4)电磁阀：是否失灵或开关不到位及各级气缸气压是否正常、各级排污阀与安全阀是否正常工作、运转是否平稳无异常响声、各点温度是否正常、电动机的电流电压与温度是否在正常范围内、有无异常响声。

(5)压缩机：检查曲轴箱油底盒内润滑油的高度，定期检查润滑油的品质，检查压力表读数和各级温度，检查齿轮油泵工作是否正常，压缩机运转的声音是否正常，各级呼吸孔有无严重漏气、漏油现象，电动机噪声、表面温度。

(6)干燥器：再生气压力、温度是否正常，温度控制器工作是否正常，三相电流是否平衡。

(7)控制室：控制柜与配电屏上的各电器元件及压力表、压力表导管、导线是否正常工作，有无失灵或异常情况，压力、温度、电流、电压等的读数是否正常。

(8)各连接点、阀门有无泄漏。

6.3.3 常规 CNG 加气子站运行操作与维护巡检规程

6.3.3.1 常规 CNG 加气子站运行操作规程

1. CNG 槽车卸气操作规程

1）作业准备

接卸人员须经培训后，持压力容器操作证、压力容器安全管理证上岗，并保证证件在有效期内。

(1)着装。按规定着统一工作服装，佩戴工号牌上岗。服装整洁、仪表端庄，不得穿高跟鞋，身上不带手机等通信工具。

(2)准备工具。根据加气站进气计划，备好笔、计算机、登记台账、防爆手电筒等相应物品。2 只完好有效的 8kg 干粉灭火器、1 只 35kg 推车式干粉灭火器分别放置在卸气柱两侧。备好带报警功能的静电接地线。

2）接卸准备

(1)引车到位。管束车到站后，接卸人员引导至指定的安全作业地点，驾押人员打开管束车空气制动阀、用支架固定好拖车，牵引车离开。加气站接卸人员会同司机认真检查管束车安全状况，检查管束车上各高压管件、阀门是否连接牢固，手动阀是否处于正确位置。检查车辆轮胎、消防器材以及车辆外观等。

(2)安全防护。摆放隔离栏，设置警示标识，与加气场地隔离，并按规定摆放消防器材。连接静电接地线。

(3)核对送货单。接卸人员核对压缩天然气计量单上压力数据、管束车上的压力表和气体质量检测报告，如发现不符要查明原因并及时上报。与驾押人员复核上一批次的实收数量，并签字确认。

3）接卸作业

(1)停止加气。抄录加气机走字码。

(2)停止压缩机。接卸人员按控制室的控制柜"停止"按钮。

(3)停止卸气柱卸气。卸气柱键盘按"停止",并抄录卸气柱走字码。检查橇装车上各高压管件、阀门是否连接牢固,手动阀是否处于正确位置。

(4)接卸操作。关闭卸气柱加气阀,打开排空阀,排空卸气管余气,正确用卸气管连接卸气柱与管束车,连接好来回拉两次,转动接头,确保接头连接到位,系好卸气管的安全绳,关闭排空阀;再次确认无误后,缓慢开启管束车储气瓶阀门,开阀同时检查接头是否渗漏,完全打开后,开启卸气柱加气阀,按加气键,启动压缩机开始卸气。

(5)巡回检查。卸气过程中,巡检人员巡回检查卸气管线、阀门、压力表等设备的变化情况;检查确认各管路接头是否牢固可靠、密封良好。发现异常立即停止卸气,启动相应的应急预案。在监护期间要做到以下几点:

①不得让闲杂人员进入卸气区;
②卸气现场不得使用通信器材;
③遇雷雨等恶劣天气应停止卸气;
④气罐车驾驶员不得在现场检修车辆;
⑤如遇冰堵按规范处置,禁止直接加热瓶体的方法卸气。

(6)结束接卸。卸气完毕(管束车气瓶余压 4MPa 左右),依次关闭管束车阀门、卸气柱加气阀门、压缩机,打开卸气柱排空阀,排空卸气管内余气,确认无误后断开卸气管接头,取下静电接地夹,关闭管束车空气制动阀,等待牵引车车头到站,抄录加气机、卸气柱字码数。

作业完毕,收起静电接地线,驾押人员关好操作仓门,接卸人员引导拖车离开,清理场地。

4)复核

复核卸气柱、加气机字码数,录入天然气进货管理系统。

2. 子站压缩机操作规程

以中石化、中石油等企业加气子站常用的自贡通达子站 XD-11/35-250 型机械式子站压缩机为例说明常规加气子站机械式压缩机操作规程。

1)压缩机的运行准备

(1)检查机身润滑油油位及注油器油位是否正常,并启动注油器。

(2)开启冷却水阀,调节好水压(量)。

(3)检查气路各处阀门的开关情况,使压缩机处于空载启动的状态(回收罐压力不大于 3.5MPa)。

(4)检查各种仪表、安全阀和控制保护装置,应处于完好状态。

(5)检查机身和气缸的连接螺栓及地脚螺栓有无松动现象,机身、电动机、机房内应无多余物件,地面无油渍,保护装置、灭火器等应齐全,并放在指定位置。

(6)盘车 2~5 转,各运动机构应轻巧无阻。

(7)瞬时启动电动机,检查其旋转方向是否正常。

(8)检查供电电压是否正常,供电电压不应超过额定电压的 ±5%。

2)压缩机的运行

(1)完成开车前的准备工作后,方可开车。

(2)压缩机空车运转 1~2min,应注意机器的运转状态,油压、声响和振动有无异常,若一切正常,即可缓慢加载。

(3)供气量小于排气量时,应加强监视和检查。正常运转时要求各级压力、温度以及机油压力等均应符合说明书所规定的各项指标。

3)压缩机的监护

(1)压缩机在正常工作期间,各级油水分离器应每隔30~60min排放一次(可根据气质状况适当调整)。

(2)调整气缸、填料的注油量,即调整注油滴数和油滴大小,使耗油量保持在最小值。注油滴数按技术参数确定,开车初期按加倍调整。

(3)机身油池最好不在运转中加油,压缩机如连续运转,加油应有规律、定期定量加油,使油位高度保持在一定的范围内(液位计中位)。

(4)监听压缩机各部位的响声是否正常,如电动机的运转声、吸气管的吸气声,各级进、排气阀的启闭声、气体的流动声、运动机构的运转声、油泵声响等,如有异常应及时检查并排除。

(5)定期巡视压缩机各部位运转情况,每隔1h将各种观测数值填入记录表。

4)压缩机停车

压缩机停车的顺序和开车相反,步骤如下:

(1)减负荷至不排气,应逐渐降低各级压力,并注意不得过快;

(2)打开各级油水分离器排污阀(可由电器控制自动进行),使压缩机卸载;

(3)切断电源、停止压缩机运转;

(4)停止注油器电动机运转;

(5)关闭冷却水,如长期停用,应排除各级气缸和各级冷却器中的冷却水。

5)压缩机紧急事故的处理

发现下列情况之一时,须紧急停车进行检查和处理:

(1)任意级排气压力值超过允许值,并继续升高。

(2)突然停水、断油、电动机某相断电或部分断电。如因断水而停车,应待机器自然冷却后再通水,不允许马上向热气缸送冷却水,否则气缸会因收缩不均而炸裂。

(3)有严重的不正常响声,或发现机身、气缸有裂纹甚至断裂等异常情况。

(4)电动机出现明显的故障。

(5)压缩机任一部位温度升高异常。

(6)危及机器或人身安全时。

3. 车用气瓶充装前、后检查操作规程

根据 TSG R0009《车用气瓶安全技术监察规程》,应对车用气瓶进行充装前后检查。

1)气瓶充装前的检查

(1)气瓶是否由国家锅炉压力容器安全监察机构批准持有制造许可证的制造厂所生产制造的产品,否则不予充装。

(2)气瓶材质是否适应天然气性质的要求。发现气瓶材质不适应天然气要求的,不予充装使用。

(3)充气前应对气瓶的外观进行检查,是否存在凹陷、鼓包、裂纹、腐蚀以及焊缝缺陷等,如发现不正常现象,及时提出并不给予充装。

(4)气瓶是否在规定的定期检验有效期限内,其检验色标志是否符合规定。过期气瓶,不得充装使用。

(5)气瓶内有无剩余压力,剩余气体与天然气是否相符合。如果首次使用,应进行天然气置换,然后才可充装使用。

(6)检查气瓶原始标志或检验标示的公称工作压力或水压试验压力是否符合规定的充装压力要求。

(7)瓶阀的材质、结构形式和出气口连接形式是否符合天然气性质的规定,是否符合技术规定。

(8)瓶组出口的压力表是否完好无损,其量程是否大于充装的最大压力,如果压力表损坏,应及时提出,并不给予安装。

(9)气瓶的出入口阀门是否完好,转动灵活,且没有腐蚀及漏气情况,管线及接头是否连接可靠,没有松动或脱落。

2)气瓶充装后的检查

(1)查看瓶内压力是否在规定范围内。

(2)瓶阀及其瓶口连接的密封性是否良好,是否有漏气现象。

(3)气瓶在充装后,是否出现鼓包变形等影响安全使用的严重缺陷。

(4)瓶体温度是否有异常变化。

(5)充气口阀门是否拧紧,防尘塞是否上牢,加气口防护门是否关严。

4.子站储气瓶组操作规程

1)向瓶组内充装天然气

(1)充装前检查。检查储气瓶组阀门、压力表、安全阀。检查初期瓶组基础螺栓有无松动。

(2)充装。CNG槽车压力大于中压瓶组压力,天然气通过直通管道自动向中压瓶组充气。启动天然气压缩机,通过顺序控制盘自动向瓶组内充装天然气。

(3)停止充装。压缩机达到设定压力时,自动停止充装。

2)储气瓶组给汽车加气

储气瓶组进出口阀门常开,通过加气机给汽车加气。

3)储气瓶组停止使用

关闭储气瓶组上除压力表阀外的所有阀门。

4)排污操作

每周定期排污一次,排污操作如下:

(1)缓慢打开排污阀;

(2)注意排污压力,保证安全;

(3)缓慢关闭排污阀。

5)操作注意事项

(1)严禁快速开启阀门。

(2)经常检查各接点严密性。

(3)发现瓶组泄漏时,应立即放散,同时关闭 CNG 槽出口阀门,严禁带压维修。

(4)压力表、安全阀定期校验,瓶组定期刷防腐漆。

6.3.3.2 常规 CNG 加气子站维护巡检规程

1. 维护巡检路线

控制室→卸气区→压缩机组→储气井(储气瓶组)→加气区→配电室。

2. 维护巡检内容

1)控制室

(1)控制柜各参数有无异常,参数显示与现场是否相符。

(2)可燃气体检测仪工作是否正常。

(3)UPS 是否处于正常工作状态,切断外电后,UPS 是否能自动切接到备用电源供电。

(4)UPS 通风是否良好,机器有无过热现象。

2)卸气区

(1)仪表数据是否正常。

(2)各接口处有无跑冒滴漏现象。

(3)各阀门阀位是否处于正常状态。

3)压缩机组

(1)保证机房通风良好。

(2)检查机组各系统有无跑冒滴漏现象。

(3)看润滑油、冷却水液位是否在允许范围内。

(4)看机组各仪表参数是否正常,并做记录。

(5)听压缩机内部各机组有无异常声音。

(6)摸压缩机气缸头、十字头及填料函外部机体温度是否异常。

(7)闻设备区域有无异常气味。

(8)定时对回收罐进行排污。

4)储气井(储气瓶组)

(1)检查垫圈以及各密封点有无跑冒滴漏现象。

(2)检查各仪表参数是否正常。

(3)检查各阀门阀位是否处于正常状态。

(4)检查安全阀是否正常。

(5)查看瓶组基础及周围地面有无裂痕、升降,瓶组有无倾斜,地脚螺栓有无松动。

5)加气区

(1)检查枪头是否完好、密封圈是否损伤、开关是否工作正常。

(2)检查压力表数据是否在规定范围之内。

(3)检查管线是否完好。

(4)检查各连接部位是否有松动漏气现象,闻加气机内部有无异常气味。
(5)注意监视加气机计量仪表是否正常。
(6)按要求对加气机各部件进行定时维护保养。

6.3.4 CNG液压子站运行操作与维护巡检规程

本书以安瑞科(廊坊)能源装备集成有限公司 LND1000/20 型液压式天然气汽车加气子站为例,介绍 CNG 液压子站运行操作规程与维护巡检规程。

6.3.4.1 CNG液压子站运行操作规程

1. 子站拖车到站操作规程

(1)拖车进入卸气区,设置隔离桩,禁止无关人员进入,避免造成伤害事故。
(2)将拖车停放在卸气区指定的安全作业地点,熄灭牵引车发动机。
(3)拖车停到指定位置,确认制动有效后,用挡块双向固定好拖车,并启动拖车连锁刹车装置,放置拖车的支撑底座,摇下拖车支腿,让牵引车离开。
(4)垫好木板拔出辅助支撑腿固定销,用短摇把摇下辅助支腿,插入固定销,用同样方法放下另一支腿并固定好。
(5)将卸气点的静电接地线与拖车操作仓内的导静电片连接。
(6)检查车底顶升油路放散阀是否关闭,打开注油阀防止油箱被高压油冲破裂。
(7)打开拖车后仓门,并将仓门固定在拖车两侧。

2. 卸气操作规程

1)卸气前检查

(1)检查拖车上各高压管件、阀门有无异常,用仪器检查有无泄漏,如发现问题,必须在处理好问题后再进行下一步工作。
(2)检查液体连接块、气体连接块上的放散阀门有无结霜,确保其密封性。
(3)在拖车与节能液压式 CNG 汽车加气子站橇体连接前,打开拖车上各块体处的放散阀门,将该部分卸压,以便连接高压软管;确保连接部分在无压状态,然后关闭放散阀。
(4)对应软管连接好后,检查并关闭所有放散阀。

2)卸气前管路连接操作

(1)液压油管路连接。
①确认单、双油路接头,单注(回)油路接头与橇体连接管路上是公接头,与其对应的子站拖车上安装母接头,双注(回)油路接头与橇体连接管路上是母接头,与其对应的子站拖车上安装公接头。
②连接单注(回)油路时,关闭单注(回)油路橇体上的注(回)油阀,打开单注(回)油路橇体上的放散阀,待单注(回)油路卸压完毕后关闭放散阀,打开拖车上母接头油块的放散阀,卸压后关闭放散阀,将橇体上的注液高压软管公接头对准专用半挂车上的母接头(图6.3),逐渐用力向前推,听到"咔哒"声音,高压软管公母接头即锁住,连接成功(用力向后拖拉接头,确认是否接牢)。

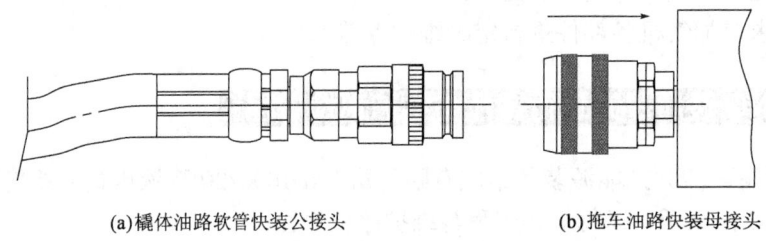

(a)橇体油路软管快装公接头　　　　(b)拖车油路快装母接头

图6.3　单注(回)油路注液高压软管连接示意图

③连接双注(回)油路时,关闭双注(回)油路橇体上的注(回)油阀,打开双注(回)油路橇体上的放散阀,待双注(回)油路卸压完毕后关闭放散阀,打开拖车上公接头油块的放散阀,卸压后关闭放散阀,将橇体上的注液高压软管母接头对准专用半挂车上的公接头(图6.4),逐渐用力向前推,听到"咔哒"声音,高压软管公母接头即锁住,连接成功(用力向后拖拉接头,确认是否接牢)。

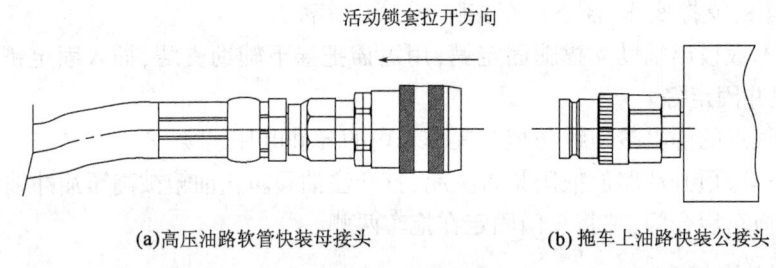

(a)高压油路软管快装母接头　　　　(b)拖车上油路快装公接头

图6.4　双注(回)油路注液高压软管连接示意图

④脱开单注(回)油路时,将半挂车上快装母接头上活动锁套向前推开到要求的位置后,注液高压软管公母接头即脱开;脱开双注(回)油路时,将橇体侧快装母接头上活动锁套向后拉开到要求的位置后,注液高压软管公母接头即脱开。

(2)高压天然气管路连接。

①关闭橇体上CNG总阀门,打开橇体高压天然气管路放散阀,等高压天然气管路卸压完毕后,关闭橇体高压天然气管路放散阀。

②打开拖车上CNG管路气块的放散阀,待卸压完毕后,关闭放散阀,将天然气软管母接头上的活动锁套向后拉开,对准公接头插到要求的位置后把活动锁套松开并复位,即可将接头锁住(图6.5)。

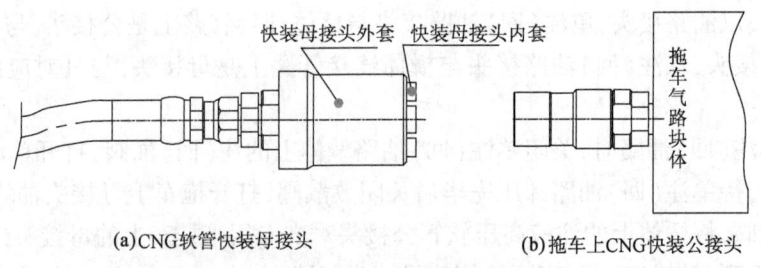

(a)CNG软管快装母接头　　　　(b)拖车上CNG快装公接头

图6.5　高压天然气管路连接示意图

(3)气动控制系统管路连接。

①确认前仓(CNG)气动控制气快装接头、后仓(液压油)气动控制气快装接头和8#钢瓶回油控制气接头。

②将母接头内靠近边缘的地方有一个定位插脚对准公接头有缺口的部位,使插头和插座同轴(图6.6),轻轻插入后拧紧锁母即为可靠连接,切忌暴力操作。

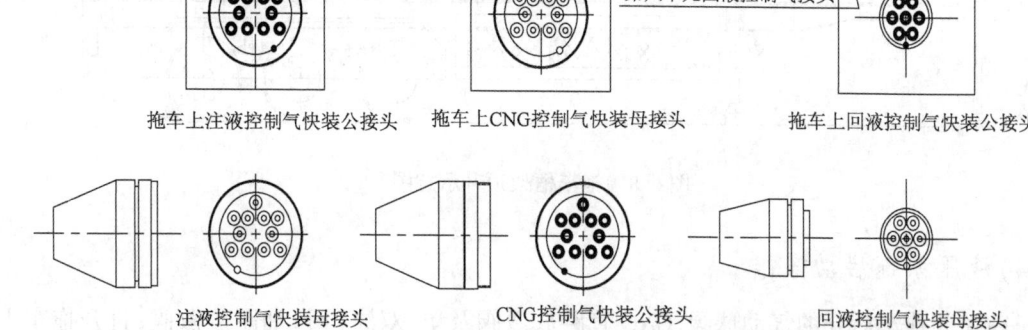

图6.6 压缩空气控制器快装接头示意图

③脱开时,先将锁母拧开,再拔下插头即可。

④连接好8#钢瓶的气动接头。

(4)拖车顶升装置液压管线连接。将橇体上黑色的胶管与拖车底盘上的接头接牢(图6.7)。

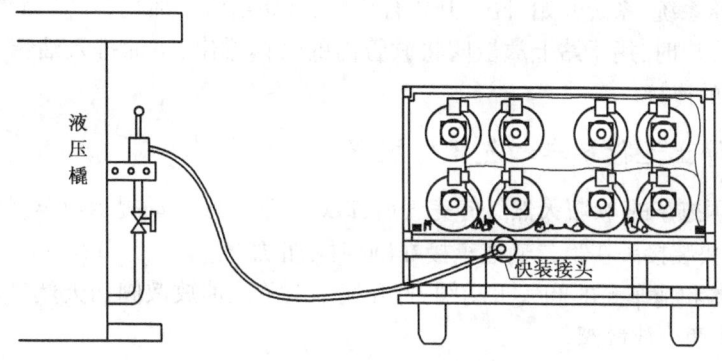

图6.7 拖车顶升装置液压管线连接示意图

3)拖车框架顶升操作

(1)关闭拖车及子站系统中的放散阀门。

(2)对正支好垫板,摇下辅助支腿,销轴插入到位。

(3)调整支腿使辅助支腿接触对应垫板,确认各腿稳定对称受力均匀后,启动液压系统,打开顶升操作装置下部的注油阀、关闭回油阀,将顶升操作装置上部黑色扳手扳至升车状态,观察压力表的压力,当压力达16MPa时扳动换向阀手柄将钢瓶框架顶起,仰角为10°(图6.8),然后关闭顶升操作装置下部的注油阀。

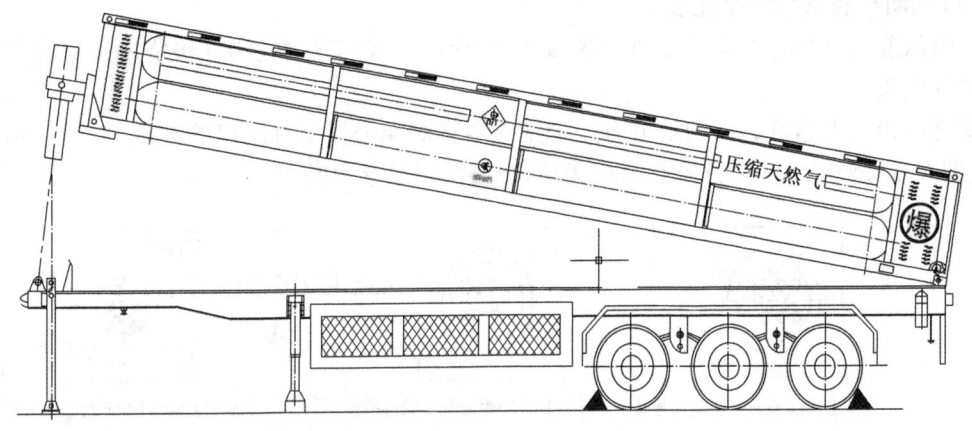

图 6.8　拖车框架顶升示意图

4)液压系统启动操作

(1)关闭拖车后仓的气动球阀、CNG 管路放散阀及单、双注(回)油路放散阀;打开拖车上的卸气总阀及前、后仓各钢瓶口手动球阀。

(2)关闭橇体上的单、双(回)油管路上的手动回油阀,CNG 管路上的放散阀,打开橇体上的单、双供(回)油路总阀、CNG 管路总阀。

(3)系统送电,此时软启动器显示 ready,控制面板显示当前工作状态、参数等信息。

(4)打开空气压缩机气泵和脱水装置,开启压缩气源设备,使气体储罐压力达到设定值(0.65~0.8MPa)。

(5)启动液压系统,系统开始升压,升压合格后,开始给汽车加气。

(6)当卸气完毕时,用子站上放散阀将软管内的气体排出,将油排入油箱,确认无误后依次断开全部接头的连接。

3. 系统不停止运行换车卸气操作规程

(1)当前一辆拖车的 8#瓶天然气卸完气后,PLC 控制程序自动提示换车,将顶升系统的第二辆车液压油管快装接头在第二辆拖车接好(此时停止加气)。

(2)关闭橇体和拖车上的卸气手动阀,打开拖车上单注油放散阀和天然气放散阀,使软管内无压力,再关上两个放散阀。

(3)依次将单注油软管、高压气管、前后仓控制气快装接头、拖车信号线调换至第二辆车,留下双注油软管和 8#钢瓶的回油阀控制气管、拖车顶升装置液压管线。

(4)此时可以启动第二辆车的 1#钢瓶开始加气,以保证加气持续进行。

(5)待第一辆车 8#钢瓶回油完毕后,打开顶升装置的一号针形阀把拖车降下来(图 6.9),立即把双注油软管、8#钢瓶的回油控制气快装接头调换至第二辆拖车上(此时换车整个过程结束,大约为 15min)。

4. 卸气后拖车移走操作

(1)一辆车加气结束,当 8#钢瓶内的液压油全部返回储罐时,将 8#钢瓶气动控制快装接头转接至下一辆车。

图 6.9 顶升装置控制阀示意图

(2)关闭拖车的卸气阀门,关闭子站拖车加气总阀门,打开拖车卸气管路放散阀,排出气压块的压力,关闭放散阀,断开 CNG 供气管(如果换车过程已完成此操作,这里可省去此操作)。

(3)打开拖车上的双注油管的放散阀门,排出油压块的压力,关闭放散阀门,断开双注油软管并接至下一辆车上。

(4)拖车仰角降下来后,确认到位,收起辅助支腿,插好销轴及保险销,连接车头移走子站拖车的支撑底座,移走子站拖车车轮锲块。

(5)收起静电接地线,关好拖车操作仓门。

(6)用摇把将两面支撑腿摇起,插好销轴及保险销,检查子站拖车连接情况,收起垫车木块,松开子站拖车安全闸,移走子站拖车。

6.3.4.2 CNG 液压子站维护巡检规程

CNG 液压子站橇体的日常维护巡检内容见表 6.4。

表 6.4 CNG 液压子站橇体的日常维护巡检内容

序号	检查维护项目	检查要求	期限
1	压力表	指示正确、灵敏	每班
2	手动阀门开关情况	操作灵活	每天
3	气动阀门开关情况	动作灵活	每班
4	气动阀门开启顺序	符合程序要求	每周
5	液压泵运行情况	运行正常(温度、噪声、电流等)	每班
6	PLC 人机接口显示情况	显示正常	每班
7	安全报警系统运行情况	运行正常	每周
8	电动机电流显示情况	显示正常	每班
9	洁净气源设备运行情况	运行正常	每班
10	气动管路快装接头密封情况	无泄漏	每班
11	液位计	指示正确、灵敏	每班
12	液体介质	无粉尘、脏物等	每周
14	排污阀、排气阀、工作情况	灵敏、可靠、致密性良好	每天
15	与 CNG 拖车连接情况	连接良好、无泄漏	每班

CNG液压子站拖车的日常维护巡检内容见表6.5。

表6.5 CNG液压子站拖车的日常维护巡检内容

保养对象		维护保养内容	期限
瓶式压力容器		检查外观	每次
		检查端塞与容器连接面有无泄漏现象	每天
操作仓、安全仓	管件	检查各连接及焊接处是否泄漏	每次
		检查安全爆破装置有无泄漏	每天
	快装接头	密封是否可靠,装卸是否灵活	每次
	阀门	手柄密封处有无渗漏	每天
		阀门有无内漏现象	每天
		阀门各连接处有无泄漏现象	每天
	压力表	连接处有无泄漏现象	每天
	高压软管	检查外表面有无凹凸、破裂、折痕、老化以及泄漏	每天
	胶管、垫片	检查U型螺栓与管件间的胶管或垫片有无老化、松脱	每天
安全仓		检查安全装置及与端塞连接处有无泄漏	每天

注:检查泄漏方法为采用稀释的洗洁精水(肥皂水)检查连接密封处,无泄漏为合格。

注意事项:

(1)瓶式压力容器、压力表如发生泄漏、爆破片泄漏或破裂,立即停止系统运行,关闭各手动球阀,打开放散阀,摘除快装接头与子站高压软管的连接,将子站车拖至安全通风无明火的开阔地带,尽快通知厂家。

(2)管件、快装接头、阀门、高压软管如发生泄漏,立即停止系统运行,关闭各手动球阀、放散油路和气路的压力,并及时通知厂家。

(3)U型螺栓与管件间的胶管、垫片如发生松脱、老化或遗失,请及时紧固、更换。

(4)严禁带压操作。

(5)快装接头的连接如不灵活,滤芯、油封影响装卸介质,请及时更换。

(6)高压软管如出现凹凸、破裂、褶皱及折痕,请及时更换。

(7)由于拖车运输在过程中的颠簸,会使钢瓶根部与球阀之间的活节连接产生松动,因此对该部位每周应进行一次检查。

6.4 加气站主要设备的维护管理和检修

6.4.1 LNG加气站及LNG、L-CNG合建站主要设备维护管理和检修

6.4.1.1 LNG潜液泵的维护管理和检修

1. 潜液泵维护保养

(1)定期对潜液泵进液、回气管路连接法兰进行紧固。

(2)对管路紧急切断阀进行维护保养,确保正常。
(3)定期对潜液泵池地脚和顶部螺丝检查紧固。
(4)泵体外观清洁。
(5)在泵运行时,随时观察有无异常噪声。
(6)每4000h检查轴承有无磨损。
(7)每8000h,拆卸泵,检查所有备件的磨损情况并更换轴承。

2. 注意事项

(1)遇雷雨天气禁止启动潜液泵。
(2)安全附件定期进行校验。
(3)潜液泵转向不得随意调整,避免反转。
(4)潜液泵出现故障,应关闭上下端阀门,放散后维修,不能修复应与厂家联系。
(5)定期维护保养、检查,发现问题及时处理总结。

3. 常见故障分析及排除

潜液泵常见故障和维修排除方法见表6.6。

表6.6 潜液泵常见故障和维修排除方法

故障	可能原因	解决办法	有资质处理部门/人
泵不能升压;无流量和无出口压力	泵的转向错误	互换三根输入导线中的任意两根重新接线	电气技师
	进口净正压头或冷却不足	允许增加泵的冷却(时间)或提高进口压力	机械技师
	进口管中有气阱	弛放进口管	机械技师
	冰或二氧化碳阻塞进口管或出口管或泵	加热周围环境和用热氮气吹扫净化,消除水分或二氧化碳的来源	机械技师
泵气蚀或启动后失压	进口净正压头或冷却不足	再次冷却或增加进口压力	机械技师
	进口管中有气阱	弛放进口管	机械技师
	泵的出口流量太大或太小	用出口阀调节出口流量	机械技师
	进口滤网阻塞	清洗滤网	机械技师
泵的出口流量太小	进口净正压头或冷却不足	再次冷却或增加进口压力	机械技师
	迷宫密封环损坏	更换备件	制造厂商
	系统背压太高	检查安装情况	机械技师
	进口滤网阻塞	清洗滤网	机械技师
马达超负荷	马达额定功率太小	更换马达	制造厂商
	轴承磨损	大修泵的马达	制造厂商
	泵的出口流量太大	关小出口阀	机械技师
泵体振动	泵流量不足	增大流量	机械技师
	泵内有杂质异物	大修泵	制造厂商
	叶轮失去平衡	大修泵	制造厂商
	轴承不同轴或磨损	大修泵	制造厂商
轴承过度磨损或过热	轴承间隙或预紧力不当	大修泵	制造厂商
	轴承内被污染	更换马达轴承	制造厂商

6.4.1.2 LNG 加气机的维护管理和检修

1. 加气机的维护保养

(1) 保持加液机的清洁,对各部件上聚集的灰尘、污垢等应及时清理。
(2) 定期使用检漏仪检查液化天然气管路及加液机管路系统,如有泄漏,应及时请专业人员维修。
(3) 加液机的真空管路、加液枪应注意保护、定期检查,如有损坏应及时维修、更换。
(4) 电脑系统及各防爆电器部件非加气站电工人员严禁拆卸。

2. 加气机常见分析与排除

本书以富瑞特装橇装 LNG 加气站所用加气机为例介绍 LNG 加气机常见故障,见表 6.7。

表 6.7 加气机常见故障列表

故障分类	故障名称	故障描述	处理方法
一类故障（电仪故障）	加气机面板显示传感器通信故障	加气机面板无法读取流量计信号,无法进行加气	(1) 检查加气机主板、安全栅、流量计核心处理器的接线是否牢固可靠,是否有短线、虚接,外壳是否有效接地; (2) 检查安全栅是否正常; (3) 用 PROLINK 软件检查流量计是否正常
	加气机面板显示 PLC 通信故障	工控机报警通信故障,加气机信号无法传输至工控机端,无法进行加气	(1) 对加气机、PLC 断电后重新上电; (2) 检查 PLC 柜内开关电源是否损坏; (3) 检查 PLC 柜内总线桥地址是否设置准确,总线桥是否损坏; (4) 冬季阶段,打开加热器开关,保证加气机电路板工作的稳定性
	加气机没有画面	加气机面板没有显示,PLC 柜内有电源指示	(1) 检查加气机防爆柜内断路器是否跳闸; (2) 检查 PLC 柜内开关电源是否损坏
	加气机报急停故障	加气机面板显示急停,工控机端诊断界面显示急停故障	(1) 检查急停按钮是否被按下; (2) 检查急停按钮开关是否损坏,是否有短路的情况; (3) 将加气机断电重启复位
	加气机无法加气	按加注按钮没有反应	(1) 检查工控机端是否已经设置成加注模式; (2) 检查诊断信息是否有报警,并进行复位; (3) 检查加气机操作员是否登录; (4) 检查加注按钮是否故障
	IC 卡显示灰卡或 HASH 错误	IC 卡在加气机端显示灰卡或者 HASH 错误,无法正常读卡,无法加气	(1) 此现象多是由于在加气过程中出现了卡移除造成的,或者是读卡器有问题,感应不到 IC 卡; (2) 在工控机端进入 IC 卡管理软件后进行解灰处理

续表

故障分类	故障名称	故障描述	处理方法
一类故障 （电仪故障）	加气时跳枪	加气加到一半就跳枪	(1)检查气瓶压力是否过高； (2)检查气瓶液位是否已满； (3)检查加气机出口压力是否正常； (4)检查储罐压力是否正常； (5)检查工控机端有无报警
二类故障 （工艺）	加气枪漏液或漏气	加气时漏液	(1)检查加气枪黄色密封圈是否有杂物； (2)更换黄色密封圈
		拔枪时枪口漏液	(1)检查加气枪口阀顶是否归位，如果没有归位可以用吹扫枪进行吹扫； (2)检查加气白色密封垫是否有脏物附着，是否有缺口，更换密封垫
	加气软管、回气软管漏	软管漏液、漏气	更换软管
	回气枪无法回气	回气枪不能给气瓶泄压	(1)检查气瓶放空阀是否打开； (2)检查储罐压力是否过高； (3)检查回气枪是否正常
	加气枪无法与气瓶对接	连接加气枪时要花费很大的力气才能推上去	(1)检查气瓶加气口是否正常，气瓶加气软管内压力是否过高； (2)需要调大加气枪上的间距，合理间距149~153mm

3. LNG 加气机阀件维护保养

每天对 LNG 加气机内部的阀门进行检查，发现锁紧螺母松动的，一定要将螺母锁紧。检查消气器是否积灰，应定期清洗，防止紧急切断阀关闭缓慢。加气机阀门常见故障见表6.8。

表6.8 加气机阀门常见故障

阀门故障	原因分析	处理方法
填料处泄漏	填料超期使用，已老化	应及时更换损坏/老化的压料，逐圈安放，接头成30°~40°
	操作时用力过大	应按正常力量操作，不许加套管或使用其他方法加长力臂
	填料压料螺栓没有拧紧	均匀拧紧压住压料螺栓
密封面泄漏	阀门安装方向与流程图不符	注意安装检查
	关闭不到位	观察行程螺母是否松动，重新调整关严到位（螺母调节不能太大），观察密封、流量情况；如果密封效果不好，或者用一段时间后再次封不严，需要考虑更换弹簧
	久闭的阀门在密封面上积垢	将阀门打开一条小缝，让高速流体将污垢冲走
	密封面轻微擦伤	调整垫片进行补偿
	密封面损伤严重	重新研磨，调整垫片进行补偿

续表

阀门故障	原因分析	处理方法
法兰连接面泄漏	螺旋拧紧力不均匀	重新均匀拧紧螺栓
	垫片老化损伤	更换垫片
	垫片选用材料与工况要求不符	按照工况要求正确选用材料,必要时联系厂家,进行材料选择
手柄、手轮的损坏	使用不正确	禁止使用管钳、长杠杆、撞击工具
	紧固件松脱	随时修配
	手柄、手轮与阀杆连接受损	随时修复
阀芯脱落	阀芯紧固卡簧脱落	更换阀芯
	阀芯紧固螺丝松动	紧固螺丝
气动阀开关不灵活	仪表风压力不足	检测空压机和管路
	电磁阀漏气	更换电磁阀
	填料压得过紧	调节填料压紧螺栓
	活塞行程有杂质	清洗活塞,保证气体干燥

6.4.1.3 LNG加气枪维护管理和检修

LNG加气枪是LNG加注系统的专属设备(图6.10),具有密封结构和托架设计,保证操作方便、可靠。加气枪与加液软管相连,可自由移动,通过剪刀型操作进行双柄驱动。加液卡座固定在液化天然气车上。加气枪和加液卡座均设有独立自动切断阀门,当两者被分离后,内置阀门自动关闭,可以防止液化天然气从加气枪或加液卡座处流出。

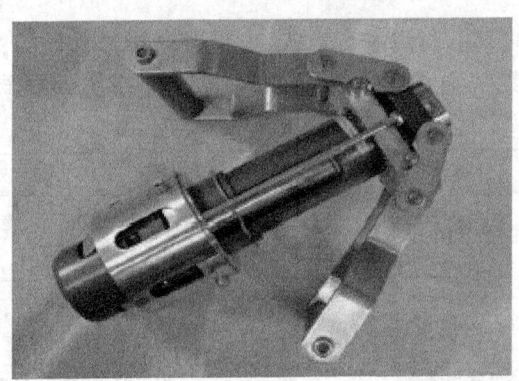

图6.10 LNG加气枪

1.日常维护

(1)每天开始使用时,检查加液枪以确保没有压力。用干净、干燥的布擦拭加液枪和加液枪座接触处,避免灰尘及异物损伤密封圈。

(2)每天开始使用时,检查加液枪外观有无异常以及插销、拉杆是否有脱落、变形。

(3)每天开始使用时,检查加液枪内、外密封圈是否损坏。

(4)每次加气时用干燥清洁的软布擦拭加气枪座内部。注意不要连续工作3h。

(5)定期对加液枪进行系统检查维护。

2. 加气枪维修

加气枪设计有内封垫和外密封圈,当使用到一定时间或加气时遇到异物、操作不当等会损坏密封件导致泄漏,应更换内密封件(图6.11)。

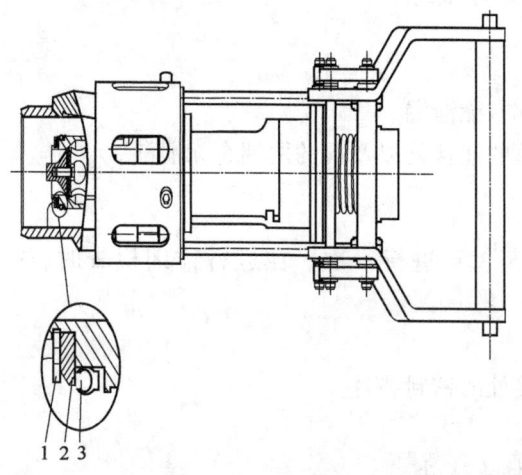

图 6.11　加气枪内密封件示意图
1—挡圈;2—铜环;3—密封圈

更换加气枪密封圈时,用卡环钳先将挡圈取出,接着取出铜环,最后将密封圈取出;更换新的密封圈时,确保密封圈的沟槽清洁无杂物,安装时,一定要注意密封圈的开口朝向外侧,再依次将铜环和挡圈安装上。

6.4.1.4　低温阀门的维护管理和检修

1. 低温紧急切断阀的维护保养

1)日常检查

(1)确认气动头与下部截止作用阀门连接处的压盖部有无泄漏。

(2)确认阀盖与阀体的连接处有无泄漏。

(3)确认开关时有无异常声音或异常冲击。

(4)确认螺栓螺母有无松动。

(5)确认气缸处有无泄漏。

2)详细检查

以下的检查每1年至3年进行一次。此外,在进行这样的检查时,先准备好有关的密封件备件。

(1)密封垫片与阀体的密封座部位。

(2)密封垫片。

(3)填料箱内部表面。

(4)紧固螺母螺纹的磨损情况。

(5)各摩擦间隙部位。

(6)配管连接处、气体连接处。

(7)请勿再次使用取下的密封件。

(8)阀门的消耗品因使用状态不同,寿命也不同,在操作中感到明显异常时请立即进行详细检查。

2.低温截止阀的维护保养

1)日常检查

(1)确认阀杆压盖部有无泄漏。

(2)确认阀盖与阀体的连接处以及阀的两端有无泄漏。

2)详细检查

以下的检查每1年至3年进行一次。在进行详细检查时,先要准备好有关的密封件备件。

(1)阀体、阀杆。

(2)阀盖与阀体连接处的密封垫片。

(3)各摩擦间隙部位。

(4)配管连接处、气体连接处。

(5)操作螺丝的磨耗情况。

3)故障现象及其处理

低温截止阀常见故障及处理方法见表6.9。

表6.9 低温截止阀常见故障及处理方法

可能发生的故障	发生故障的原因	消除方法
填料渗漏	填料压盖未压紧	均匀地拧紧螺母,将填料压紧
	填料因使用过久或保存不妥而失效	更换填料
密封面间渗漏	密封面有污杂物附着	将污杂物清除干净
	密封面损坏	重新加工修整或更换
	阀杆关闭不到位	检查气源压力是否达到要求
阀体与阀盖连接处渗漏	连接螺栓紧固不均匀	均匀拧紧
	法兰密封面损坏	重新修整
	垫片破裂或失效	更换新垫片
手轮转动不灵活或阀瓣不能启闭	填料压得太紧	适当旋松填料压板上的螺母
	填料压板,压套装置歪斜	校正填料压板
	气缸阀杆螺母有损坏	拆开修整螺纹和清除污杂物
	气缸阀杆螺母的螺纹严重磨损或断裂	更换阀杆螺母
	气缸阀杆弯曲	矫正阀杆
阀冻		当阀门冻住需要冷水浇灌,然后重新转动阀门

3.低温止回阀的维护保养

1)日常检查

确认阀盖与阀体的连接处以及阀的两端有无泄漏。

2)详细检查

以下的检查每1~3年进行一次。在进行详细检查时,先要准备好有关的密封件备件。
(1)阀盖与阀体连接处的密封垫片。
(2)配管连接处、气体连接处。
(3)操作螺丝的磨耗情况。

4. 低温安全阀的维护保养

1)低温安全阀的日常检修保养

(1)安全阀在安装使用前,应在经当地国检所校验,调整到图纸设计的压力,并检查关闭件以及可拆卸连接处的密封性。由国检所出具校验报告,挂牌。
(2)按国家标准规定每年进行一次定期校验。

2)故障分析与排除

安全阀安装后,由于使用不当,往往会造成许多故障。这些故障如果得不到及时地排除,就会影响安全阀的作用和使用寿命。常见故障主要有以下三类。

(1)安全阀泄漏,设备在运行工作压力下,阀瓣与阀座密封面发生超过允许程度的渗漏,其原因可能是:

①有杂物在密封面上。安装前未完全使用压缩空气进行清扫的情况,或者流体中混有固体杂质进入试运转的情况,或者使其进行必要的动作情况,都会使得杂物进入阀座与阀芯之间被夹住。此时如果是很简单就可以取下杂物的话,通过手动操作取下。但如取下后仍有泄漏可以考虑以下原因:可能是阀座与阀芯的密封面损伤;另外可能是杂物嵌入阀座或阀芯中。如果出现这种情况在用户处理比较困难的情况下,要返送给制造厂修理或者送到当地特种设备检测研究院进行检测与修理。

②管道内部作用力。a.人为因素:在将安全阀安装在管道上的过程中,强行将其回转时,其阀座有可能被回转,此时安全阀调整环的位置有可能发生变化或者密封面被强行磨损,动作性能变低的情况可能发生。如出现这种情况按状况不同既可以在用户现场处理也可以返厂处理,但是充分把握状况迅速做出判断是必要的。b.内部作用力的因素:管道内的焊接残留作用力对安全阀产生的坏影响。此时发生的问题与上述情况几乎完全一致。所以,在安装管道时要充分考虑管道内作用力的吸收作用。

③安全阀的整定压力与设备正常工作压力太接近,以致密封面上的密封比压过低,当安全阀受震动或介质压力波动时更容易发生泄漏。在满足强度的条件下,应适当提高安全阀的整定压力。弹簧松弛使整定压力降低,引起安全阀泄漏。造成弹簧松弛的主要原因可能为校验安全阀完毕后,安全阀的调整螺杆未锁紧,在设备运行中松动,弹簧松弛,预紧力下降,造成安全阀提前开启,应重新校验安全阀。

(2)安全阀启闭不灵活,其原因可能是:

①安全阀如果有调节圈,调节圈调整不当,会造成安全阀开启过程延长或回座迟缓,应重新进行调整。通过调整下调节圈,提高回座压力。

②安全阀的排放管阻力过大,排放时有较大的背压,使安全阀开高度不足。要把安全阀的排气管改为直通室外,去除中间的转弯处,安全阀的工作就正常了。

(3)安全阀频跳或震颤,其原因可能是:

①安全阀的排放量过大。应当使所选用安全阀的额定排量尽可能接近设备的必须排放量。
②进口管道口径太小或阻力太大。
③排放管道阻力过大,造成排放时过大的背压。应降低排放管道阻力。
④调节圈调整不当,使回座压力过高。应重新调整调节圈位置。

6.4.1.5 LNG低温储罐的维护管理和检修

1. 低温储罐的日常维护

(1) 内外夹层间真空度的测定(周期1年);
(2) 日常检查储罐设备的配套设施;
①阀门是否处于正确的开关位置;
②压力表和液位计的性能;
③设备管道、阀门有无泄漏、堵塞;
④储罐出厂前已将安全阀调整好并铅封,在正常情况下不得随意调整,日常应检查安全阀铅封是否完好、是否有泄漏等。
(3) 储罐基础观察,严防储罐外壳受到撞击。
(4) 正常储存液位上限为95%,下限为15%,不得低于3m(低温泵的要求)。
(5) 外配阀门管件,应保持清洁完整,阀门应能开关灵活。低温阀门使用一段时间后,会出现漏液现象。若发现上压盖有微漏,应压紧填料压盖。若阀芯不能关闭,应更换阀芯,低温阀门严禁加油和水清洗。
(6) 外配阀门、仪表,应保持清洁完好,并按规定进行定期校验。所有阀门的开启或关闭,都应文明操作,严禁用铁锤敲打。正常使用的情况下,每年应对全部的阀门管件及仪表进行一次检查和维护,易损件(如阀门密封垫)进行更换。

2. 低温储罐故障分析与排除

低温储罐常见故障原因与排除方法见表6.10。

表6.10 低温储罐常见故障原因与排除方法

故障现象	可能原因	排除方法
储罐压力过高	储罐压力表失灵	更换压力表
	储罐充装时槽车增压太高	槽车及时泄压
	储罐增压器入口阀关闭不严	将阀门关闭严实
	储罐保冷性能下降	与储罐制造厂家联系
罐体出现冒汗结霜现象	储罐真空度受到破坏	与储罐制造厂家联系
	储罐绝热性能的故障	与储罐制造厂家联系
安全阀起跳	LNG储罐超压	及时手动放空、加速泄压,分析储罐超压原因,并及时处理
	管路超压	及时打开管线上下游阀门、平衡压力

注:安全阀出现故障后需重新调校安全阀,关闭安全阀根部阀后拆下安全阀,送检验所进行校验。校验合格后安装到原位置,打开安全阀根部阀,投入使用。

6.4.1.6 气化器维护管理和检修

1. 气化器日常维护

(1)在产品运行前检查所有的管路、配件和螺栓是否安装就绪,检查所有管路元件的密封情况是否达到要求。

(2)使用产品时,检查所有的管道及焊缝、进出口管连接处有无渗漏,如有渗漏现象,应及时进行补焊(严禁带压焊接,焊接前须气化器恢复常温,并须先用氮气进行管道内壁吹扫后,方可施焊),并及时与制造商取得联系。

(3)为了不降低气化器的换热效率,避免安全事故,用户在使用过程中应尽量避免蒙灰、沾污,如有上述情况应及时用干净软布擦净,除去污迹。去污剂应选用专用清洁剂或四氯化碳,严禁用汽油或煤油等易燃易爆物质去污。

(4)气化器必须定期检漏,间隔时间一般为12个月。在检修维护需补焊时,气化器管道必须先排除管道内的残余气体,再用干燥氮气吹干后方可施工焊接。

2. 气化器故障处理

(1)外观结霜不均匀。

(2)焊口有开裂现象,特别注意低温液体导入管与翅片和低温液体汇流管焊接处的裂纹。

(3)注意低温液体或低温气体对人体的冻伤,以及对皮肤表面的黏结冻伤,故在操作过程中务必注意穿戴劳动保护用品。

(4)气化器在运行过程中如发现设备过度结冰和周边环境温度下降等情况,请尝试以下几个解决办法:

① 减少液体的输入量;

② 增加气化器的数量;

③ 用热水或者其他手段给气化器化霜;

④ 停止、切换气化器或使用备用气化器。

6.4.1.7 柱塞泵的维护管理和检修

1. 常规预防性维护

(1)在任何时候听有无不正常的噪声,检查轴承区是否过热以至烫手。

(2)换上新皮带或每次调整后,在运行8h内检查传动运行状况和皮带的松紧。

(3)每8h或每天观察泵有无任何异常情况。

(4)每周检查所有外部螺栓或螺钉有无松动。

(5)每200h或每3个月检查皮带有无磨损或拉长。

(6)每500h润滑驱动端组件,更换润滑油。

(7)每1000h或每12个月对冷端进行彻底检修。

(8)电动机:通过加脂口对电动机轴承进行润滑。

(9)每3000h或每24个月对驱动端组件进行彻底检修。

2. 真空绝热腔的维护

检查冷端组件真空腔内的真空度保持在 $5\sim10\mu m$ 汞柱。若要拔出真空腔上的真空阀,请使用专用 T12682-1 真空抽头(图 6.12)。

3. 调整 V 型皮带的松紧度

用约 71~106N 的力,皮带会偏移¼in。使用柱塞泵配套的工具检查松紧度,如果致偏力(或称推移力)小于最低限度,应再调紧皮带。如果致偏力大于最高限度,说明皮带过紧(图 6.13)。

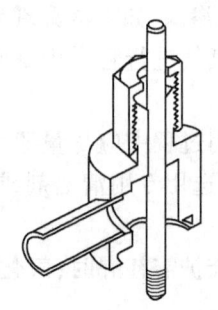
图 6.12　T12682-1 真空抽头

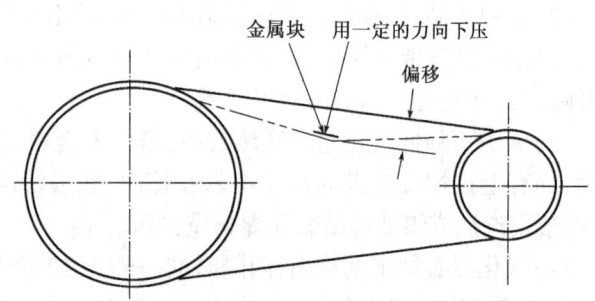
图 6.13　V 型皮带的松紧度调整

4. 常见故障分析

柱塞泵常见故障及排除方法见表 6.11。

表 6.11　柱塞泵常见故障及排除方法

故障	可能原因	解决办法
泵不能升压;无异常噪声	出口提升阀泄漏	清洁或更换
	进口阀泄漏或关闭不严	清洁、返工或更换,也可返回服务中心维修或更换
	进口净压力(NPSP)不足	提高进口净正头
	进口滤网堵塞	清洗或更换
泵压力稍微上升后很快又严重气蚀	液体饱和	增加储罐压力,或将储罐压力放空后重新加压
	进口阀泄漏	检查阀座是否有刮擦和外来杂质或损坏的痕迹,清洁、返工或更换。返回服务中心维修或更换
泵体振动或有冲击现象,高压产生气蚀	液体中有气体;进口管或回气管有鹅颈	修正管道,消除管线中的鹅颈和盲端
	系统的汽蚀余量不足,进口管压力过分降低	提高进口净正压力;检查管路配件并进行改进
	进口管或回气管冷损过大	泵组件尽可能靠近储罐或对管路进行绝热保温
泵运行时储罐压力上升过高	活塞环失效或磨损,过多的漏气返回储罐	更换活塞环
泵体振动或有冲击现象,有明显撞击声	进口阀、提升阀或阀座磨损	更换活塞环
	驱动端轴承磨损、松动或无油脂	返回服务中心维修或更换
泵的真空绝热腔结霜过快(1h 内);泵在高压下发生气蚀	真空绝热腔真空度丧失	卸下真空绝热腔,将真空阀拉出,并检验其真空度是否能达到 5~10μmHg,使用真空管抽头

续表

故 障	可 能 原 因	解 决 办 法
噪声过大,驱动端剧烈振动	十字头活塞磨损	检查配件的磨损程度,必要时立即更换
每个冲程都有敲击的噪声	轴承损坏	立即停泵并更换轴承
轴承区温度过高	轴承故障	立即停泵并更换轴承
泵的转速低于泵的额定转速	皮带损坏	更换皮带,同时需检查皮带的松紧度

注:泵所需要的进口净压力(NPSP)在泵启动及正常工作条件下都必须得到保持。泵所需的 NPSP 可以通过以下途径来提高:增加液体静压头(注满储罐或提升储罐的安装高度);降低液体温度;增加储罐内压力;加强进口管的绝热保护;减少管路的压头损失;缩短进口管长度。

6.4.1.8 主要测量仪表维护管理和检修

1. 液位计

1) 故障现象

故障现象为液位计显示不准,失效。

2) 检修方法

(1) 用肥皂水检查液位计是否有漏点,如果有漏点,紧固接头。

(2) 如果是液位计表需要清理管线或者更换,则需要关闭与储罐直接相连的气相与液相角阀,打开平衡阀,观察液位计指针是否可以归零。如果液位计不能归零,且与零值差距较小,调零处理;如果液位计差值较大考虑更换液位计。

(3) 液位计管线清理参照上一步进行。恢复之前关闭的阀门,做检漏处理。

(4) 注意事项:关闭平衡阀时请注意缓慢关闭,防止压力过大击穿液位计膜片。

3) 液位计自检流程

(1) 液位计正常工作状态时,相关阀门的情况为气相阀、液相阀打开、液位计平衡阀关闭。

(2) 如发现液位显示器指针停留在某处不动,可按照以下方法进行自检:确定液位显示器的阀门是否处于正常情况,观察液位显示器指针是否有卡住的现象(部分液位计表盘罩为有机玻璃材质,在遇冷收缩的情况下会造成表盘罩内凹卡住指针。如有此类情况,请将表盘罩拆下重装或者轻轻拍打液位计玻璃即可)。

(3) 在液位计使用过程中出现指针抖动,请用肥皂水对所有接头处进行检查,如泄漏点请用扳手拧紧。

(4) 在确认液位计管线无泄漏后,可微开平衡阀,立即关闭液相阀和气相阀。如液位显示器指针不能顺利归零,则证明液位显示器存在问题,可进行调零。在此情况下,可以进行液位显示器和压力表的更换工作(注:此时管道内仍存有压力)。液位计属于精密仪器,在操作前必须详细了解操作步骤,并咨询专业人员。

(5) 先微开气相阀、待压力表指示平稳后关闭平衡阀,再缓慢打开液相阀;待液位显示器指针稳定后,全开气相阀和液相阀,如正常运转,则说明液位计处于可工作状态。

应注意压力差过大,会造成液位显示器指针快速大幅度旋转,很容易造成液位计损坏。在工作过程中必须时刻注意指针运行情况,如出现液位计指针不正常运行,请立即打开平衡阀,避免液位计受损;打开平衡阀后,也需关闭液相阀,避免液位计管线过液。

(6)以上步骤完成后,如无问题则进行持续观察,如液位计指示仍出现问题,则可证明该液位显示器已经损坏。

在操作前都需详细了解该部分组件的工作原理,并咨询厂家技术人员。更换过程中,不能野蛮操作,注意仪表管线的保护。如故障无法按以上方法排除,联系厂家进行处理。由于液位计损坏后很难进行维修;压力表损坏后也无法修复。如出现故障,只能进行更换。

2.压力表

1) 故障现象

压力表可能会接头漏气、压力表失效、更换压力表效验。

2) 检修方法

用肥皂水检查压力表是否有漏点,如果有漏点,紧固接头。

如果是储罐压力表失效或者更换,则需要关闭与储罐直接相连的气相与液相角阀,打开平衡阀,释放管线的压力,清理管线或者更换压力表。

如果是泵池压力表需要清理管线或者更换,则需要关闭与储罐直接相连的气相与液相角阀,打开平衡阀,关闭与储罐直接相连的辅助液相与辅助气相阀门,排空泵池,释放管线压力,然后清理管线或者更换压力表,恢复之前关闭的阀门,做检漏处理。

6.4.2 CNG加气母站(标准站)主要设备的维护管理和检修

6.4.2.1 母站压缩机维护管理和检修

以中石化、中石油 CNG 加气母站常用的自贡通达 D-5.4/3-250 I 型对称平衡型往复活塞式母站压缩机为例介绍母站压缩机的常规检修和维护管理方法。

1.母站压缩机的常规检修和维护要求

(1)设备完整无损处于良好状态,压力、温度、电流、电压等均在正常参数范围内;
(2)无漏油、漏水、漏气现象;
(3)保持仪表的完整齐全,指示准确,并按期校验;
(4)管路、线路整齐、正规、清洁畅通,绝缘良好;
(5)冷却液与润滑油的质量应符合要求,不能混用不同的润滑油;
(6)新压缩机和大修的压缩机,首次运行 200h 后应更换润滑油,清洗运动部件和油池油箱,并清洗或更换油过滤器滤芯;
(7)曲轴箱油位应符合要求;
(8)安全阀、压力表、变送器等安全装置应灵敏可靠,防爆防雷和接地装置应符合要求;
(9)设备和工作场地整齐、清洁、无灰尘、无油渍,标牌齐全,连接可靠;
(10)认真填写运行记录。

2. 母站压缩机多级保养规程

1) 一级保养

一级保养应每天或每班进行,保养内容如下:

(1) 检查曲轴箱内润滑油油位,油量不足及时补充。
(2) 检查仪表指示值,更换指示值不准或已损坏仪表,补齐缺损仪表。
(3) 检查油过滤器是否畅通。
(4) 检查各操作开关的工作情况。
(5) 检查压缩机有无异常声响及泄漏。
(6) 清洁机器和环境。
(7) 作好保养记录。

2) 二级保养

二级保养内容如下:

(1) 压缩机每运转 1000h 检查润滑油是否符合要求,清洗或更换油过滤器滤芯。
(2) 清除冷却器换热管管间积聚的污垢。
(3) 压缩机每运转 2000h 清洗气阀,清洗阀座、阀盖积碳,检查气阀密封性。
(4) 压缩机每运转 2000h 检查运动部件紧固螺纹有无松动,放空装置有无松动或失效,摩擦面(气缸镜面、十字头滑道)有无拉毛现象。

3) 三级保养

压缩机每运转 4000h 后进行三级保养,内容如下:

(1) 换润滑油,清洗油过滤器,更换滤芯。
(2) 检查仪表控制系统,修复或更换失效和动作不可靠的元器件,校正仪表。
(3) 校正安全阀。
(4) 检查运动部件的磨损情况和紧固锁紧装置,磨损严重或间隙过大时应修理或更换。
(5) 检查气阀的密封情况和活塞环、支承环的磨损情况,更换已损坏的阀片和弹簧,更换磨损的活塞环和支承环。
(6) 检查压缩机和电动机联轴器的径向跳动和端面跳动,若超出规定值应进行调整。
(7) 清除冷却器换热管间的污垢。
(8) 对压缩机机组进行全面检查,包括管路、电路和各部分连接。

3. 母站压缩机常见故障及排除方法

母站压缩机常见故障及排除方法见表 6.12。

表 6.12 母站压缩机常见故障及排除方法

故障现象	可能产生的原因	解决方法
排气量达不到设计要求	气阀泄漏,特别是低压级气阀的泄漏	检查低压级气阀,并采取相应措施
	填料漏气	检查填料的密封情况,并采取相应措施
	第一级气缸余隙容积过大	调整气缸余隙容积
	第一级吸气压力过低或吸气温度过高	调整第一级吸气压力达到规定压力和规定的吸气温度

续表

故障现象	可能产生的原因	解决方法
功率消耗超过设计规定	气阀阻力太大	检查气阀弹簧力是否合适,气阀通道面积是否足够大,气阀是否卡滞
	一级吸气压力太高	检查管道和冷却器,如阻力太大,应采取相应措施
	压缩机之间的内泄漏	检查吸、排气阀是否正常,各级气体排出温度是否增高,并采取相应措施
级间压力超过正常压力	后一级的吸、排气阀不好	检查气阀,更换损坏件
	第一级吸入压力过高	检查并消除
	前一级冷却器冷却能力不足	检查冷却器
	活塞环泄漏引起排出量不足	更换活塞环
	到后一级的管路阻力增大	检查管路保持畅通
	本级吸、排气阀不好或装反	检查气阀
级间压力低于正常压力	第一级的吸、排气阀不良引起排气不足及第一级活塞环泄漏过大	检查气阀,更换损坏件,检查活塞环
	前一级排出后或后一级吸入前的机外泄漏	检查泄漏并消除
	吸入管道阻力太大	检查管路保持畅通
排气温度超过正常温度	排气阀泄漏	检查气阀并消除泄漏
	吸入温度超过规定值	检查工艺流程,消除高温源
	气缸或冷却器冷却效果不良	增加冷却水量,使冷却器畅通
运动部件发生异常的声音	连接螺栓、轴承盖螺栓、十字头螺母松动或断裂	紧固或更换损坏件
	主轴承、连杆大小头瓦、十字头滑道等间隙过大	检查并调整间隙
	各轴瓦与轴承座接触不良,有间隙	研刮轴瓦瓦背
	曲轴与联轴器配合松动	检查并采取相应措施
气缸内发生异常声音	气阀有故障	检查气阀并消除故障
	气缸余隙容积太小	适当加大余隙容积
	润滑油太多或气体含水多,产生水击现象	适当减少润滑油量,提高油水分离器效果,缩短油水分离器排污周期或在气缸下部加排污阀
	异物掉入气缸内	检查并消除
	气缸套松动或活塞断裂	检查并采取相应措施
	活塞杆螺母或活塞螺母松动	紧固并锁好防松装置
	填料破损	更换填料
气缸发热	冷却水太少或冷却水中断	检查冷却水供应情况
	气缸润滑油太少或润滑油中断	检查气缸润滑油、油压是否正常、油量是否足够
	由于脏物带进气缸,使气缸镜面拉毛	检查气缸,并采取相应措施

续表

故障现象	可能产生的原因	解决方法
轴承或十字头滑道发热	配合间隙过小	调整间隙
	轴和轴承接触不均匀	重新研刮轴瓦
	润滑油油压太低或断油	检查油泵、油路情况
	润滑油太脏	更换润滑油
油泵的油压不够或没有压力	吸油管不严密,管内有空气	排除空气
	油泵泵壳和填料不严密、漏油	检查并消除
	吸油阀有故障或吸油管堵塞	检查并消除
	油箱内润滑油太少	添加润滑油
	滤油器太脏	清洗滤油器
填料漏气	油、气太脏或由于断油,把活塞杆拉毛	更换润滑油,消除脏物,修复活塞杆或更换
	回气管不通	疏通回气管
	填料装配不良	重新装配填料
气缸部分发生不正常的振动	支撑不对	调整支撑间隙
	填料或活塞环磨损	更换填料或活塞环
	配管振动引起	消除配管的振动
	垫片松	调整垫片
	气缸内有异物掉入	请出异物
	压缩机基础沉降	重新找平天然气压缩机
机体部分发生不正常的振动	各轴承及十字头滑道间隙过大	调整各部分间隙
	气缸振动引起	消除气缸振动
	各部件接合不好	检查并调整
管道发生不正常振动	管卡太松或断裂	紧固或更换新的管卡,应考虑管子热膨胀
	支撑刚性不够	加固支撑
	气流脉动引起共振	用预流孔改变其共振面
	配管架子振动大	加固配管架子
	压缩机基础沉降	重新找平天然气压缩机

6.4.2.2 母站干燥脱水装置常规检修和维护管理

1. 不需中断运行的保养与检查

需定期完成下列保养与检查：
每周一次,检查切换过程及所描述的功能是否正常;
每日一次,检查再生温度、冷却器温度是否正常;
每日一次,检查循环风机、声音、振动是否异常;
每周一次,检查吸附、再生、冷却及切换时间;
每月一次,紧固所有松动的接头;
每周一次,检查干燥塔的压力损失;
每周一次,检查过滤器、分离器排污口是否通畅。

2. 需中断运行的保养与检查

若运行中没有故障出现,定期完成下面的保养工作:

每月一次,检查所有压力表和温度表;

每季一次,检查前、后置过滤器压力损失;

每季一次,检查或更换循环风机润滑油;

每年一次,检查电加热元件、所有阀门及垫片;

每年一次,清洗前、后置过滤器滤芯。

3. 更换吸附剂

正常使用工况下,吸附剂可连续使用 3 年以上。经验表明,干燥剂的使用寿命有可能更长,使用寿命直接与干燥剂的质量及前置过滤器的质量状况有关。每年检查吸附剂粉化情况。可打开后置过滤器及干燥塔手孔、干燥塔底部排污口检查,如果发现粉化严重,应及时更换吸附剂。

4. 再生处理

每年对两个干燥塔吸附剂进行一次再生处理。再生处理时可根据需要,调整温度控制设定参数,以达到较好的再生效果。再生处理的方法是:将设备进出口阀门关闭,按上述规定调整好再生压力,然后分别对 A 塔和 B 塔进行闭式循环加热再生。再生结束后,将温度控制设定参数调回原来数值。

注意:更换装置压力系统中任何零部件,都应在设备不带压情况下进行。

5. 母站干燥脱水装置故障判断及排除

1) 露点偏高

导致露点偏高的可能原因是:

(1)入口流量大于规定值,导致干燥剂用量不够,露点升高;

(2)进气温度高于规定值,导致进气水分压降低,干燥剂吸附性能下降;

(3)进气压力低于规定值,导致干燥剂负荷加大,露点升高。

2) 干燥剂再生不充分

干燥剂再生不充分可能原因是:

(1)温度设定值低,导致再生温度不够;

(2)加热器发生故障,导致再生温度太低;

(3)大量液态水进入干燥塔,导致再生困难;

(4)干燥剂损坏。

3) 风机阻力增加

导致风机风量减少,影响再生效果,可能原因是:

(1)干燥剂粉化严重,不能继续使用,需要更换;

(2)再生系统设备阻力增加,如管道堵塞、过滤网堵塞等;

(3)风机转子间隙增大,需调校间隙或更换转子;

(4)进出口压比增大,检查进出口压力并控制在规定范围内;

(5)冷却不够,导致干燥床温度过高,使露点出现波动;

(6)循环风机故障。

4)风机工作时,发出不正常响声

风机工作时,发出不正常响声,可能原因是:

(1)可调齿轮和转子的位置失调,按风机说明书规定位置矫正、锁紧;

(2)轴承磨损严重,更换轴承;

(3)升压波动大,检查管路,查出压力波动原因并排除;

(4)齿轮损伤,更换齿轮。

5)润滑油泄漏

润滑油泄漏可能原因是:

(1)油位过高,调整油标油位;

(2)密封失效,更换密封件。

6)风机振动大

风机振动大可能原因是:

(1)基础不稳固,需加固、紧固;

(2)电动机、风机对中性不好,按风机说明书重新找正;

(3)轴承磨损,更换轴承。

6.4.2.3 储气井维护管理和检修

(1)储气井应每天进行一次井口全面检漏,检查井口连接管件上的短节、阀门等,各管件接口无漏气。安全阀有检测标志、有效期正常。

(2)生产运行期间经常观察阀件与连接管接口有无泄漏,压力表在未加气时有无压降,压力传感器显示正常、接口无漏气。压力表有检测标志、在有效期内。

(3)每半个月测量、记录各井露出地面高度,观察井管是否有上升、下降现象,如有异常,应及时将信息上报公司生产技术部。

(4)每年对储气井井管及上封头裸露部分进行防腐处理,刷防锈漆和黄色面漆,平时保持清洁干燥。

(5)储气井作业区周围要有良好的通风条件,不能堆放杂物。

(6)储气井井口应略高于地面,防止雨水长期侵蚀。

6.4.2.4 CNG加气机维护管理和检修

本书以中石化、中石油加气站所常用的成都华气厚普机电设备股份有限公司生产的CNG加气机为例介绍CNG加气机的常规检修和维护管理方法。

1. CNG加气机整机维护管理和检修

1)首次运行一周后首检

(1)加气机过滤器积垢程度检查;

(2)加气机管路外漏检查;

(3)加气机出口压力检查。

2)每月例行检查

(1)加气软管磨损程度；
(2)加气机管路、配件外漏检查；
(3)检查拉断阀能否正常工作；
(4)加气枪阀有无出现内漏；
(5)检查加气机有无外力损坏。

3)每3~6个月定期检查、维修

加气机的维修分为故障维修和定期检查维修。定期检查维修时间应视具体情况而定，它与天然气的气质及清洁度、加气机的可靠性要求有关。

(1)至少每个月对加气机进行一次检查；
(2)至少每3个月对拉断阀进行一次检查；
(3)至少每6个月对加气机内部零件进行清洁维护，对其易损件如阀门密封件、O形圈等进行检查，及时更换已溶胀、老化、压痕不均匀的密封件；
(4)检查关键零件的磨损及变形情况，必要时更换。

4)注意事项

(1)加气机维修前必须先断电，再将加气机进气阀门关闭，并泄压，才能打开加气机；
(2)维修总装完毕后，应检查各活动部件能否灵活运动，再进行气密性试验、加气机电控部分检查、设定值检查，合格后才能重新使用；
(3)根据气质和使用情况，适当调整检查维护周期，及时对加气机密封件进行检查、更换，以保证安全、正常供气。

2. CNG加气机主要部件及阀门的维护管理和检修

一般情况下加气机内部主要阀门包含了拉断阀、过滤器、枪阀(二位三通阀)、安全阀、电磁阀、单向阀等。

1)拉断阀

拉断阀是加气机上的安全装置。在额定拉脱力作用下可以断开成两段，并保证拉开的两段自动密封，同时可以重新连接，保证加气机继续正常使用(图4-38)。常见的故障原因和排除办法见表6.13。

表6.13 CNG加气机常见的故障原因和排除办法

序号	故 障 现 象	故 障 原 因	故 障 排 除
1	拉断阀进气端漏气	O形圈2、O形圈3被腐蚀或变形	更换O形圈
		O形圈1被腐蚀或变形	更换O形圈
2	拉断阀出气端漏气	O形圈3损坏	更换O形圈
3	自动脱落	进气塞上的排气孔被堵塞	清洁排气孔

拉断阀拉断后重装注意事项：拉断阀被拉断后在重装前必须检查出气嘴有无被拉伤痕迹，如果有拉伤痕迹必须更换新拉断阀，没有被拉伤则可以更换出气嘴上的所有密封件后重装拉断阀。

每周检查一次出气嘴与拉断阀主体的配合是否过紧。检查方法为抓住拉断出气嘴,旋转拉断阀主体,看拉断阀主体旋转时有无卡涩或转不动的情况,如果出现卡涩或转不动的情况应拆开拉断阀清洗内部的杂质或更换新的拉断阀。

O形圈1、O形圈2、O形圈3为易损件,正常使用寿命为1年,如果拉断阀被拉断则必须更换O形圈3。

2) 过滤器

过滤器是输送介质管道上不可缺少的一种装置,通常安装在其他设备的进口端,用来消除介质中的杂质,以保护阀门及设备的正常使用。当流体进入置有一定规格滤网的滤筒后,其杂质被阻挡,而清洁的滤液则由过滤器出口排出,当需要清洗时,只要打开排污阀排出污垢即可,因此使用维护极为方便(图4.32)。常见故障原因和排除办法见表6.14。

表6.14 CNG加气机过滤器常见的故障原因和排除办法

故障现象	原 因	处理方式
排污口漏气	排污阀密封处磨损	更换钢珠或阀体
进气口漏气	O形圈坏	更换
滤盖处漏气	O形圈坏	更换
没有起到过滤效率	滤芯或滤芯O形圈坏	更换滤芯或O形圈或清洗
螺塞处漏气	O形圈坏	更换

保养方法:过滤器应每周在线排污一次,新安装的加气机或气质差的加气站应两天在线排污一次。每半年需将滤芯取出清洗检查一次。滤芯正常使用寿命为两年,使用两年后应及时更换过滤器滤芯。新站调试时候必须要把工艺管道吹扫干净,不要留有铁屑,防止把滤芯上的滤网打穿。

3) 枪阀(二位三通阀)

接通或断开汽车加气气源,并能在加气后放空加气嘴内残留高压气体的三通球阀(图4.36)。常见故障原因和排除办法见表6.15。

表6.15 CNG加气机枪阀常见的故障原因和排除办法

序号	故障现象	故障原因	故障排除
1	内漏	球体划伤	更换球体
		密封端面划伤	更换密封端面
		密封端面出现偏心导致损坏	
		碟形垫片安装不正确导致密封端面损坏	
		环境温度过高或过低造成密封端面损坏	
2	外漏	O形圈1、O形圈2、密封垫损坏	更换相应密封件

保养方法:密封端面和球头为易损件,密封端面正常使用寿命为3个月,球头正常使用寿命为6个月。控制好压缩机油污,防止油污混入天然气,增加过滤器的排污频率,减少进入枪阀的杂质、油污能大幅提高密封端面和球头的使用寿命。更换球体或密封端面后重装枪阀时应注意碟形垫片应按一正一反的方向安装。

4) 安全阀

弹簧微启式安全阀结构轻便紧凑,灵敏度也比较高,安装位置不受限制,而且因为对振动的敏感性小,所以可用于移动式的压力容器上(图6.14),其常见故障原因和排除办法见表6.16。

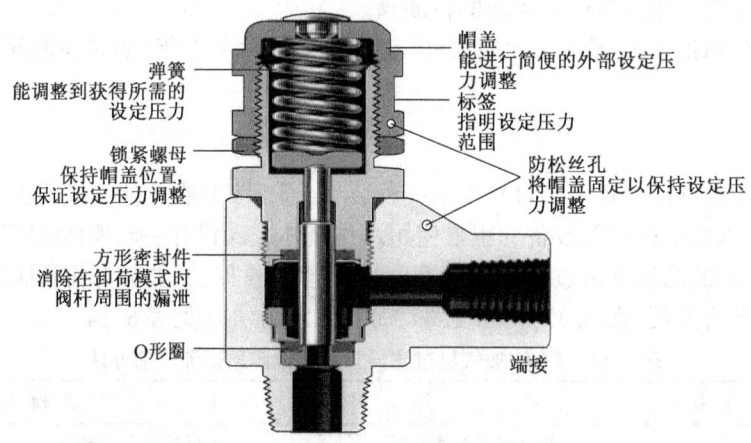

图 6.14 安全阀

表 6.16 CNG 加气机安全阀常见的故障原因和排除办法

序号	故障现象	故障原因	故障排除
1	开启压力不准	弹簧疲劳	送检,调校
2	漏气		更换

5)电磁阀

电磁阀是用来控制流体通断的自动化基础元件,属于执行器;通常用于机械控制和工业阀门上面,对阀门开关进行控制(图4.36),常见故障原因和排除办法见表6.17。

表 6.17 CNG 加气机电磁阀常见的故障原因和排除办法

序号	故障现象	故障原因	故障排除
1	电磁阀内漏	油污、杂质堵塞	清洗主阀芯、副阀芯及先导孔
		主阀芯损坏(有可能是过滤器滤芯损坏)	更换主阀芯(检查过滤器滤芯)
		主阀芯与排气孔不同心	更换主阀芯
		主阀芯被卡死	对密封环做适当的调整或更换为O形圈
		主阀弹簧断裂	更换主阀弹簧
		阀针偏心	更换阀针和副阀芯
		先导孔偏心	更换阀座或主阀芯
		先导孔有毛刺或阀针锥度表面光洁度较差	去掉先导孔的毛刺,更换光洁度好的阀针
		副阀芯被卡死	更换新的副阀芯
2	电磁阀外漏	O形圈损坏	更换O形圈
3	电磁阀打不开	先导孔被堵	清洗先导孔
		气体中存在的油污和水较重,导致主、副阀的开启不一致	(1)排掉过滤器里的油污; (2)清洗重装电磁阀
		线圈烧坏	更换电磁阀线圈
		供电不正常	检查电源板

续表

序号	故障现象	故障原因		故障排除
3	电磁阀打不开	主阀芯弹簧或副阀芯弹簧被卡死		更换弹簧
		冰堵	试压时未将管路中的水吹净	先将相应管道加热,然后排除管路中的水,最后检查电磁阀前端的管路脱水装置是否正常工作
			天然气中水分含量高	
		密封环与螺塞的配合不当		更换密封环、调整配合间隙
4	压差大时打不开	主阀芯严重变形		更换主阀芯
5	爆圈	螺塞的压紧力度不够		更换密封圈增加拧紧力度

保养方法:主阀芯为电磁阀易损件,正常使用寿命为1年。增加过滤器的排污频率,减少进入电磁阀的杂质、油污能大幅降低电磁阀的维修率。

6) 单向阀

单向阀是气流只能一个方向流动而不能反向流动的方向控制阀(图4.34),其常见故障原因和排除办法见表6.18。

表6.18 CNG加气机单向阀常见的故障原因和排除办法

序号	故障现象	故障原因	故障排除
1	不能止回	阀芯损坏	更换单向阀
2	外漏	阀体与外壳没有装紧	将其拧紧
		阀体与外壳间采用O形圈密封,其O形圈已损坏	更换O形圈
		其他原因	更换单向阀
3	加气时发出异响	单向阀的弹簧弹力过强或其他原因	更换单向阀

7) 顺序控制阀

顺序控制阀(图4.33)是依靠气路中压力的作用而控制执行元件按顺序动作的压力控制阀,它根据弹簧的预压缩量来控制其开启压力。当输入压力达到或超过开启压力时,顶开弹簧,于是才有输出,反之无输出,其常见故障原因和排除办法见表6.19。

表6.19 CNG加气机顺序控制阀常见的故障原因和排除办法

序号	故障现象	故障原因	故障排除
1	开启压力不准确	弹簧疲劳	用内六角扳手调节顺序控制阀上的内六角调压螺栓,调紧为提高开启压力,调松为降低开启压力,根据客户需求调至相应开启压力即可
2	顺序控制阀损坏	漏气或无法调压	更换

8) 高压软管

高压软管(图6.15)常见故障原因排除办法见表6.20。

高压软管日常保养方法为:每天检查一次高压软管表面的护套或耐磨O形圈有没有被地面磨穿,如果出现被磨穿的现象(露出软管红色橡胶层)就应及时更换新的护套,以增加高压软管的使用寿命。

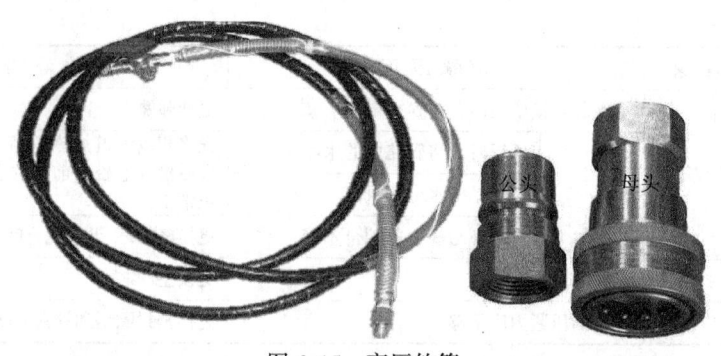

图 6.15　高压软管

表 6.20　CNG 加气机高压软管常见的故障原因和排除办法

序号	故障现象	故障原因	故障排除
1	加气软管表面出现鼓包的现象		更换
2	加气软管与地面的长期摩擦造成表面严重磨损		更换
3	加气软管出现漏气		更换
4	加气软管发生爆管		更换
5	加气时枪头打火	静电放电	检查接地

软管接头通常采用快速接头,它为一种不需要工具就能实现管路连通或断开的接头。(1)断开时:当母头的套圈移到另一端时,不锈钢珠自动向外滚动,公头因母头与公头共同阀门弹簧力的作用下而断开,公头与母头的单向阀各自关闭,瞬间阻断流体流动。(2)连接时:当公头插入母头时,套圈在弹簧的作用下回到原来的位置,钢珠滚动锁紧公头紧密连接,同时母头与公头的单向阀互相推动而打开,流体流通,O 形圈能完全阻断流体的渗漏,快速接头常见故障原因和排除办法见表 6.21。

表 6.21　CNG 加气机快速接头常见的故障原因和排除办法

序号	故障现象	故障原因	故障排除
1	外漏	未正确连接	断开,重新连接
		O 形圈损坏	更换 O 形圈
		快速接头损坏	更换快速接头
2	断开后无法连通	长期使用过程中钢球与母头磨损造成	更换快速接头
3	连通后无法断开	长期使用过程中钢球与母头磨损造成	更换快速接头

9)加气枪

加气枪枪头常见故障和处理方法见表 6.22。

表 6.22　加气枪枪头常见故障和处理方法

序号	故障现象	故障原因	故障排除
1	枪头漏气	枪头 O 形圈或汽车加气嘴 O 形圈损坏	更换相应 O 形圈
		枪头密封面划伤	换新枪头
2	枪头卡不住	枪头卡套损伤	换新枪头
3	枪头无法卡进加气嘴	枪头卡套行程不够、枪头变形	清洗枪头或换新枪头
		车上加气嘴变形	维修或更换汽车加气嘴

3. CNG加气机电气部件维护管理和检修

1)质量流量计常见维护保养

质量流量计常见故障及处理方法见表6.23。

表6.23 质量流量计常见故障及处理方法

故障现象常见	原因分析	处理办法
不计量	流量计供电不正常	检查供电线路及电源板
	通信不正常	检查信号线
		检查隔离板
	设置不正确	检查主板计数方式
		检查主板当量设置
		检查流量计小流量切断数值
		检查计量单位设置
	加气机主板工作异常	检查主板DC12V供电
		维修或更换主板
	流量计损坏	更换
计量不准确	零漂	清零
	流量计内部污垢过多	先清洗,再清零
	存在安装应力	去掉安装应力
	流量计的传感器故障	使用流量计设置软件检测流量计是否出现报警信号,根据报警提示处理故障
	电磁阀关不严	维修电磁阀
	外界振动	排除振动

2)压力表及压力变送器常见维护保养

在CNG加气机靠近出口处一般安装有压力表,使得加气全过程实时压力可见,便于操作人员和用户连续监控。压力表范围通常为0~40MPa。压力表出现漏油、表面有机玻璃凸出或破裂、指针损坏或不灵敏、精度误差过大、不回零(无压力时指针不能指到0MPa处)等现象时现场无法维修,应更换新的压力表。

CNG加气机要配备一个压力变送器,用于检测加气过程中加气机出口的压力,并将它们实时传递给电脑控制器,以实现压力控制,保证加气安全。压力变送器常见故障及处理方法见表6.24。

表6.24 压力变送器常见故障及处理方法

序号	故障现象	故障原因	故障排除
1	精度差	供电不正常	检查变送器线路及主板是否损坏,出现损坏应更换相应配件
		管路堵塞	清洗管道及压力变送器内部的油污和杂质
		测量精度降低	更换
2	无法检测压力	损坏	更换

压力变送器日常保养方法为压力变送器每年应按国家规定送检。

6.4.2.5 母站过滤器维护管理和检修

1. 运行的维护、保养

(1)由值班人员负责设备平时的维护保养。
(2)经常保持设备表面清洁。
(3)随时监测差压计读数,当压差达到 0.02MPa 时,必须冲洗滤芯。
(4)过滤器的定期检验必须严格按照有关规定进行。
(5)每年至少对过滤器进行一次全面检验、设备壁厚的测量,每两年对设备的承压焊缝进行无损检测。所有的检验、检测结果,应记入设备的技术档案。
(6)设备内部有压力时,不得进行任何维修。对于特殊情况下的维修,必须严格遵守相关规定进行。

2. 过滤器滤芯清洗维护操作

1)准备工作

(1)准备安全警示牌、可燃气体检测仪、隔离警示带等;
(2)检查排污区及放空区周围情况,杜绝一切火种火源;
(3)排污区及放空区周围 10m 设置隔离警示带或安全警示牌,禁止一切无关人员入内;
(4)检查过滤器的安全阀是否经过校验,确认是否在安全使用时间;
(5)准备防爆扳手、气动扳手、盲板专用工具等相关工具;
(6)熟悉应急预案,掌握应急处理方法。

2)滤芯清洗维护操作

(1)关闭过滤式过滤器上、下游球阀及差压表;
(2)依照排污操作步骤打开排污阀进行排污;
(3)排污结束后,关闭排污阀,开放空阀泄压为零,关闭放空阀;
(4)打开过滤器快开盲板,检查上下密封面、密封槽、橡胶圈完好;
(5)打开盲板,拧下滤芯边上的紧固螺母,滤芯即可整体拿出;
(6)滤芯清洗,宜使用饱和水蒸气(即高温水蒸气)或 100℃ 沸水,清洗过程中禁止用任何硬物敲击滤芯的过滤面,防止损坏滤芯;
(7)将清洗合格的滤芯放入过滤器内,关闭盲板前,必须将上下密封面、密封槽、橡胶圈,全部擦干净,在密封槽内涂适量的黄甘油(润滑油脂),并仔细检查橡胶圈有无划伤、划痕,当确认无误后,再将橡胶圈放入密封槽内、关闭盲板、装好联锁装置。

3)异常情况

过滤器运行时,当出现下列异常现象时,操作人员应立即采取紧急措施,并按规定的报告程序,及时向有关部门报告。

(1)工作压力、壳体壁温超过规定值,采取措施仍得不到有效控制;
(2)筒体、盲板等发生裂纹、变形、泄漏等危及安全的现象;
(3)安全阀、自动排气阀失效;

(4)接管、紧固件损坏,难以保证安全运行;
(5)发生火灾等直接威胁到本设备的安全运行;
(6)本设备与管道发生严重振动,危及安全运行。

6.4.2.6 母站压力容器维护管理和检修

1. 压力容器的运行检查

1)工艺条件方面

工艺条件方面主要检查操作条件,检查操作压力、温度、液位等参数是否在操作规程规定的范围内。检查工作介质的化学成分,特别是那些影响容器安全(如产生腐蚀,使压力、温度升高)的成分是否符合要求。

2)设备状况方面

设备状况方面主要是检查压力容器各连接部位有无泄漏现象、压力容器有无明显变形、基础和支座是否松动和磨损、压力容器的表面腐蚀以及其他缺陷或可疑现象。

3)安全装置方面

安全装置方面主要检查压力容器的安全泄压装置以及与安全有关的计量器具(如温度计、压力表及流量计)是否保持完好。主要检查内容有:
(1)压力表与容器之间的连接管有无泄漏和堵塞现象,旋塞手柄是否处在全开位置;
(2)安全阀是否锈蚀;
(3)安全装置和计量器具是否在规定的使用期限内,其精度是否符合要求。

2. 日常的维护保养

(1)保持完好的防腐层,经常检查防腐层有无自行脱落,检查衬里是否开裂或焊缝处是否有渗漏现象;
(2)加强巡回检查,消除容器的跑、冒、滴、漏现象,保持良好的工作环境;
(3)保护好保温层,防止容器壁裸露产生温差应力,引起局部变形,影响正常运行;
(4)减少或消除容器的振动,防止应力集中或可能出现的共振现象;
(5)维护保养好安全装置,使其处于灵敏准确、使用可靠的状态,容器上的安全装置不得任意拆卸或封闭不用,没有按规定装设安全装置的容器不能使用;
(6)保持容器外表面的防腐油漆等完好无损,发现油漆脱落要及时补涂,有保温层的容器,注意保温层下的防腐和支座处的防腐。

3. 紧急情况下的停止运行

当压力容器及其设备发生破裂、鼓包、变形、大量泄漏或容器周围发生火灾和其他自然灾害等非正常原因时,应紧急停止运行:
(1)容器的操作压力、介质温度或壁温超过工艺安全操作规程所规定的极限值,经采取措施仍无法控制,并且有继续恶化的趋势;
(2)容器本体不合格(主要受压元件出现裂纹、鼓包、变形、焊缝或可拆连接处发生泄漏等缺陷),危及安全;
(3)安全附件失效,接管端断裂,紧固件损坏,难以保证安全运行;

(4)容器的信号孔或警告孔泄漏;
(5)操作岗位发生火灾或其他自然灾害,威胁到容器的安全操作;
(6)接管、紧固件损坏,难以保证安全运行;
(7)压力容器与管道发生严重振动,危及安全运行;
(8)其他危及压力容器安全运行的异常情况。

6.4.2.7 母站 CNG 拖车高压瓶组及附件维护管理和检修

(1)每月对 CNG 拖车高压瓶组及附件进行全面检查,并填写 CNG 运输车瓶组检查表。
(2)每周对站内现有 CNG 拖车最少排污一次,严格按照操作规程进行排污,并填写相关记录。
(3)每日检查接气箱内的大小阀门、排污针阀及管束各接头等处是否有漏气现象。
(4)检查各阀门手轮及阀柄有无松动脱落。
(5)检查压力表、温度表是否正常完好。
(6)检查放散管接头锁母是否松动,检查散管紧固卡子是否松动,检查散管防雨帽是否齐全。
(7)检查高压瓶组紧固带、支撑杆螺母是否松动。
(8)检查接气箱门及关门联动装置是否灵活有效,检查箱门是否有损坏现象。

6.4.3 常规 CNG 加气子站主要设备的维护管理和检修

6.4.3.1 常规 CNG 加气子站压缩机的维护管理和检修

以中石化、中石油常规 CNG 加气子站常用的自贡通达 XD – 11/35 – 250 型往复活塞式对称平衡结构子站压缩机为例介绍子站压缩机的常规检修和维护管理方法。

1. 子站压缩机常规检修和维护管理

为了保证压缩机在维修间隔期内始终处于良好的运转状态,延长机器使用寿命而必须进行定期检查、清洗、排除故障和调整等维护工作,维护保养可分三级进行。

1)压缩机的一级维护

压缩机的一级维护是每天必须进行的工作,在班前、班后及当班时间进行,以保证设备的正常运转和机房文明整洁,一级维护保养的工作内容包括:
(1)按操作规程使用机器,勤检查、勤调整、及时处理故障,并作好运行记录。
(2)工作时要保持机器和地面清洁,交班前应将机器擦干净。
(3)环境温度低于5℃时,停车后应放掉水腔及冷却器中的冷却水。

2)压缩机的二级维护

为保持设备内部清洁,并能可靠地工作,及时排除设备缺陷、消除隐患等。二级保养在压缩机停机期间进行,其工作内容包括:
(1)每 500h 清洗阀一次,清除阀座、阀盖积碳,对运动机构作一次调整。
(2)对运转中发生的故障,如阀片破损、阀门弹簧断裂、填料函及其他连接点漏气等进行维修,以免引起更大的故障。

(3)循环润滑用油,需定期更换。试运转时使用的油至多满 500h,即应更换,正常运转中使用的油每 1000h 更换一次。油泵后过滤网每运转 200h 应取出清洗。

(4)为防止由于振动,每运转 500h,即应检查运动部位螺栓的紧固情况,若有松动或有松动的迹象,应紧固并确认确无问题。

3)压缩机的三级维护

压缩机的三级维护是为提高设备中修间隔的完好率,其工作内容与小修相同。

(1)压缩机如停止使用一段时期,则各加工表面应涂防锈油,以免锈蚀,并应定期转动压缩机,使各接触部件的位置改变,以免油脂干涸,发生锈蚀。

(2)在连续运转情况下,每年应对压缩机找正一次,同时检查基础是否有裂纹、松动及不均匀沉陷等缺陷,当发现上述缺陷时,应采取适当措施补救。

4)压缩机的小修

设备运行间隔时间在 800~1500h 时,一般应进行小修一次。小修的工作内容包括:

(1)清洗吸、排气阀,检查气缸套。

(2)检查阀门的严密性,并研磨阀座。

(3)检查所有运动机构的紧固程度。

(4)检查连杆螺栓的紧固程度。

(5)清洗和调整轴颈和轴瓦的间隙。

(6)清洗前、后过滤器。

(7)检查活塞、活塞环和气缸的磨损情况,并清洗干净。

(8)必要时检查清洗密封填料函。

(9)检查油路中的逆止阀、注油器、油泵和油管。

(10)检查压力表、温度计和安全阀等安全附件。

5)压缩机的中修

设备运行间隔时间在 3200~6000h 时,一般应进行中修一次。其工作内容除包括进行小修内容外,还应包括:

(1)更换吸、排气阀中阀片、弹簧等易损件。

(2)清洗冷却水套及各冷却器。

(3)除去排气管道上的积垢。

(4)检查曲轴颈、打磨毛刺或重新修磨。

(5)检查和调整各部间隙,必要时修理或更换轴瓦。

(6)修磨活塞、活塞杆、密封环及紧固螺钉。

(7)更换活塞环和连杆螺栓。

(8)检修十字头,必要时更换十字头销和十字头体。

(9)清洗机身、缸体,修理或更换密封填料函刮油环等。

(10)检查压缩机与电动机联轴器的同轴度、水平度和端面间隙等,检查或更换柱销、弹性套。

(11)检修油泵及更换油泵部分零件。

(12)部分表面涂漆。

6) 压缩机的大修

设备运行间隔时间在12000~26000h时,通常应进行大修一次,其工作内容除包括中修内容外,还应包括:

(1) 机器全部进行分解清洗。
(2) 镗磨气缸或更换气缸套。
(3) 修复或更换曲轴。
(4) 修理或更换活塞、连杆和活塞杆。
(5) 更换大头瓦、主轴轴承,修理轴承座。
(6) 更换各部轴承,更换活塞环、密封填料函刮油环,并调整其间隙。
(7) 更换冷却器损坏的管子。
(8) 清洗、修理或更换前、后过滤器。
(9) 清洗油管、油泵、注油器,更换已损坏的零件。
(10) 清洗和修理各部管道、冷却器、油水分离器。
(11) 修理或更换管道附件。
(12) 检修和校正安全阀,更换损坏的零件。
(13) 更换或加固各部的连接螺栓。
(14) 检查联轴器,更换柱销弹性套。
(15) 校验各部仪表。
(16) 检验机身和基础状态,并清除缺陷。
(17) 试压与全部表面油漆并试运转。

注:为减少压缩机组因活塞杆磨损,与填料不能完全密封,导致高压天然气窜入曲轴箱从呼吸口冒出而造成损耗的问题。应加强压缩机组的维护,防止设备损伤后产生更大的泄漏量。要定期对压缩机组活塞杆、填料、各高压阀门等进行检查,若活塞杆与填料密封性较差,则应更换活塞杆或填料。

2. 常规子站压缩机故障诊断及排除方法

常规子站压缩机常见故障及排除方法见表6.25。

表6.25 子站压缩机常见故障及排除方法

序号	故障现象	发生的原因	排除方法
1	排气量达不到要求	一级吸气压力过低或吸气温度过高	提升吸气压力或降低吸气温度
		活塞环磨损或折断或活塞环开口在一个方向	检查活塞的磨损情况,有无折断或装配错误及开口应相互错开180°
		气阀泄漏,特别是低压吸气阀的泄漏	检查低压吸排气阀、弹簧等,注入煤油作渗漏检查
		填料漏气	检查填料的密封情况,确定采取相应措施
2	功率消耗超过设计规定	气阀阻力太大	检查气阀弹簧力是否恰当,气阀通道面积是否足够大。检查管道和冷却器,如阻力太大,应采取相应措施。检查吸、排气压力是否正常,各级气体排出温度是否增高,并采取相应措施

续表

序号	故障现象	发生的原因	排除方法
2	功率消耗超过设计规定	第Ⅰ级吸气压力过高	设法降低吸气压力
		压缩级间的内泄漏	提高泄漏部位的密封可靠性
3	级间压力超过正常压力	后一级的吸、排气阀不好	检查气阀,更换损坏件
		第Ⅰ级吸入压力过高	设法降低吸气压力
		风冷却器效果差,冷却翅片较脏及风压低	设法消除
		活塞环泄漏引起排出量不足	更换活塞环
		到后一级间的管路阻力增大	检查管路使之畅通
		本级吸、排气阀不好或装反	检查吸、排气阀
4	级间压力低于正常压力	第一级吸、排气阀不良引起排气不足及第一级活塞环泄漏过大	检查气阀更换损坏件,检查活塞环
		前一级排出后或后一级吸入前的机外泄漏	检查泄漏处,并消除
		吸入管道阻力太大	检查管路,使之畅通
5	运动部件发生异常声音	连杆螺栓、轴承盖螺栓、十字头螺母松动或断裂	紧固或更换损坏件
		主轴承、连杆大头、小头、十字头、滑道等间隙过大	检查并调整间隙
		各轴瓦与轴承座接触不良,有间隙	刮研轴瓦瓦背
		曲轴与联轴器配合松动	检查并采取相应措施
6	气缸内发生异常声音	气阀有故障	检查气阀,并消除故障
		气缸余隙、容积太小	适当加大余隙容积
		润滑油太多或气体含水多,产生水击现象	适当减少润滑油量,提高油、水分离器效果,或在气缸下部加排泄阀
		异物掉入气缸内	检查并消除
		气缸套松动或活塞断裂	检查并采取相应措施
		活塞杆螺母或活塞螺母松动	紧固螺母
		填料破损	更换填料
7	气缸镜面拉毛	冷却水太少或冷却水中断	检查冷却水供应情况
		气缸润滑油太少或润滑油中断	检查气缸润滑油,油压是否正常,油量是否足够
		由于脏物带进气缸,使镜面拉毛	检查气缸,并采取相应措施
8	轴承或十字头发热	配合间隙过小	调整间隙
		轴和轴承接触不均匀	重新刮研轴瓦
		润滑油压太低或断油	检查油泵、油路情况
		润滑油太脏或黏度过高	更换润滑油

序号	故障现象	发生的原因	排除方法
9	油泵的油压不够或没有压力	吸油管不严密,管内有空气	排除空气
		油泵泵壳和填料不严密,漏油	检查并消除
		吸油阀有故障或吸油管堵塞	检查并消除
		油箱内润滑油太脏或黏度过高	更换润滑油
		滤油器太脏	清洗滤油器
10	气缸部分发生不正常的振动	支撑不对	调整支撑间隙
		填料或活塞环磨损	调整填料和活塞环
		配管振动引起	消除配管的振动
		垫片松	调整垫片
		气缸内有异物	清除异物
11	机体部分发生不正常的振动	各轴承及十字头滑道间隙过大	调整各部分间隙
		气缸振动引起	消除气缸振动
		各部件接合不好	检查并调整
12	管道发生不正常的振动	管卡太松或断裂	紧固或更换新的,应考虑管子热膨胀
		支撑刚性不够	加固支撑
12	管道发生不正常的振动	气流脉动引起共振	用节流孔改变其共振面
		配管架子振动大	加固配管架子
		气路系统某单向阀卡阻	检查或更换单向阀

6.4.3.2 常规 CNG 子站卸气柱维护管理和检修

1. 需每天进行一次的项目

(1) 检查工艺管路表面、管件等有无变形,有无泄漏或异常响声。
(2) 检查管路有无泄漏。
(3) 检查键盘按键、紧急停止按钮、气动阀等运转是否自如,液晶显示屏亮度是否足够。
(4) 检查空气过滤调压器水杯是否有水,如有应及时排空。
(5) 关闭站上工艺气阀门,缓慢打开过滤器排污阀,排出过滤器内杂物。
(6) 检查卸气软管 O 形圈,有老化变形时,应及时更换。
注意:如果需要维修,必须停电、停气、放空。

2. 需每月进行一次的项目(由专业人员进行)

(1) 天然气密度测量及设置。
(2) 流量计零点校准。
(3) 卸气柱接地电阻测试。
常规子站其他相关设备的维护管理和检修内容可参见上节相关内容。

6.4.4 CNG液压子站主要设备的维护管理和检修

6.4.4.1 CNG液压子站主要设备的维护管理

1. CNG液压子站橇体的定期维护保养内容

(1)当压差计指针在0.03~0.1MPa时,前置过滤器应予以清洗。
(2)液体介质每年进行一次过滤,每半年化验一次。
(3)每年对液体储罐进行清洗一次,将油垢全部清除。
(4)每班检查CNG子站各高压管路、管件连接是否可靠,有无泄漏情况,发现问题及时处理。
(5)每班检查橇体中液压增压系统中液位是否符合要求,如果液位低于规定值,查明原因则适当补充液体介质。
(6)每天检查橇体中各高压管路、管件连接是否可靠,有无泄漏情况,发现问题及时处理。
(7)每天检查压缩空气管路接头是否松动和漏气现象,并消除。
(8)每周检查电路系统接线端子是否有松动现象,并及时处理。
(9)每班检查PLC报警器系统,发现问题及时处理。
(10)检查液压泵运转情况,电动机运行情况,检查各部连接螺栓情况,发现问题及时处理。
(11)检查空气压缩机运行情况和润滑情况,发现问题及时处理。
(12)严禁带压调整连接螺栓。

2. CNG液压子站拖车的定期保养内容

(1)瓶式压力容器应到符合国家标准GB/T 12135—2016《气瓶检验机构技术条件》的具有省级以上质量技术监督行政部门锅炉压力容器安全监察机构核准资格的检验站定期检验。
(2)瓶式压力容器及安全附件的定期检验应按国家有关规定执行。

3. 液压式天然气汽车加气子站拖车顶升装置的维护与保养

(1)顶升装置应避免雨水漏入箱体;
(2)过滤器定期清洗;
(3)液压介质每半年进行一次过滤,并及时补充液体介质。

6.4.4.2 CNG液压子站主要设备常见故障与处理方法

1. 空气泵常见故障及排除方法

空气泵常见故障及排除方法对照表见表6.26。

表6.26 空气泵常见故障及排除方法对照表

故障现象	主要原因	排除方法
输出风量减少或压力不足	需求风量大于额定量	更换较大马力空压机
	进气滤清器堵塞	清洗滤清器的滤芯或更换新件
	阀片附碳或卡异物	拆下清洗
	阀座松脱或衬垫破损	锁紧或更换新件
	阀组磨损或弹簧失效	更换新件
	活塞环或气缸壁破损	更换新件
	转速过低	调整皮带松紧或更换新件
	排气管路或接头处漏气	用肥皂水检查管路或接头处并锁紧
压力过高或安全阀叫响	设定输出压力高于额定压力	调整压力设定
	压力开关或释荷阀损坏	更换新件
	安全阀设定压力过低或损坏	调整压力或更换新件
气体中有油或耗油量过大	加油过多	调整油位
	油环装错	更换
	使用机油黏度不合格	更换正确润滑油
	活塞环或气缸壁破损	更换新件
	通气孔堵塞	清除堵塞物
空气泵过度振动	使用压力过高	降低使用压力
	皮带轮不正或松动	调整或锁紧
	地基不稳	置垫或固定平稳
转动时声音过大	阀座松动	锁紧阀座
	活塞冲击气缸盖	加后衬垫
	连杆轴承合金磨损	轴承合金换新
空气泵零件过热	回转方向不对	更改接线
	使用压力过高	降低使用压力
	润滑油不够或不适当	添加正确润滑油
	周围温度太高或通风不良	移置通风良好处
饱和释荷阀持续漏气	释荷阀损坏	更换新阀
	逆止阀卡异物或损坏	拆下检查或更换新件
空气泵不启动	配线接触不良或保险丝断掉	检查配线或更换保险丝
	电磁保护器跳脱	重新按压保护器
	马达故障	送修
马达嗡嗡响但不启动	使用太久之延长线造成压降	更换较短的延长线或更换适当线径电源线
	电压不足	通知电力管理部门检修
	马达负载过重	释放气缸内压力,减轻负载
	曲轴束心	送修
	马达故障	送修
	电源欠相	检查电源

2. 加气机常见故障及排除方法

加气机常见故障及排除方法对照表见表6.27。

表6.27 加气机常见故障及排除方法对照表

故障现象	主要原因	排除方法
显示屏示"EU"	掉电或电压过低	检查输入220V电源
按"复显"键无显示	电脑蓄电池电压过低	检查并更换蓄电池
加气不计数	质量流量计信号不正常	检修并调整质量流量计
	信号线接头松动	重新插接信号线
无法读出累计	累计储存器损坏	更换累计存储器
按键无效	键盘上集成电路故障	更换键盘集成块
	CPU故障	更换主板上CPU
充气速度明显缓慢	加气站气瓶压力不足	检查气压
	过滤器堵塞	排污或更换滤芯

3. 系统常见故障及排除方法

系统常见故障及排除方法对照表见表6.28。

表6.28 系统常见故障及排除方法对照表

故障现象	主要原因	排除方法
控制柜显示液压泵升压结束,拖车压力显示正常,但加气机不能加气	加气机进气手动阀未开启	打开加气机进气阀
	加气机进气过滤网堵塞	清洗过滤网
控制柜显示液压泵升压结束,拖车压力显示正常,刚刚加气,气体压力马上降下来	拖车加气手动阀未打开	打开拖车加气手动阀
	液压橇注油手动阀未打开	打开液压橇注油手动阀
系统不能启动	有报警信号存在	排除故障,报警复位
	系统全部被锁定	释放并重新启动系统
系统启动后电动机空载运行,显示进入操作单元,高压泵没有给系统升压	空压机未启动	启动空压机后重新启动系统
	自动控制气源总阀未打开	打开气阀后重新启动系统
高压泵升压达不到设定值,加气速度受到影响	溢流阀调节旋钮松动	调整压力到设定值,然后锁定锁紧螺母
高压泵升压能达到设定值,但升压非常慢加气速度受到影响	高压泵卸油管有回流油	清洗泵出口组合块上气动换向阀,使之换向灵活
	压力表开关卸油管有回流油	清洗压力表开关,使之换向灵活
	泵入口过滤器差压表压差超出范围	停机更换过滤器滤芯
	天然气过滤器堵塞	停机更换过滤器滤芯
	加气机过滤器堵塞	停机更换加气机过滤器滤芯

续表

故障现象	主要原因	排除方法
系统运行中,忽然出现不能加气的现象	钢瓶出气气动阀或子站出气气动阀非正常关闭	检查气动管接头密封情况并处理泄漏
系统运行中出现不能回油的现象	钢瓶回油气动阀非正常关闭	检查气动管接头密封情况并处理泄漏
控制柜显示低压报警不能复位,系统不能启动	低压压力开关触点卡住	修理压力开关并将其复位

4. 控制柜人机界面报警系统故障及排除方法

控制柜人机界面报警系统故障及排除方法见表6.29。

表6.29 控制柜人机界面报警系统故障及排除方法对照

屏幕显示	屏幕显示含义	报警原因及处理方法
压力开关动作	压力开关动作	压力开关动作超过15s而未复位,余压过高,高压气倒入,促使回油不完全,丢油等问题;可能原因:没有按规定油位进行操作,油位低时没有及时补充
油位过低	油位已达到最底限	液压油达到油位最底限,此时继续注油,而发生此报警,检查油位低限簧管是否有问题
软启动故障	电动机软启动器出现故障	检查电动机是否过载、缺相等故障,解除故障后,需按下软启动器复位按钮,再按下控制柜复位按钮,可解除报警
电动机温度高	电动机内部温度开关动作	可能由于电动机轴承损坏,或电动机过载等,导致电动机温度升高,致使温度开关动作,消除故障后,且电动机温度开关自动复位,按下控制柜复位按钮,即可解除报警
注油时间不足	注油时间短	注油时间低于参数设定的注油报警时间,此时可能出现回油时间也短,压力开关被激活等多种报警同时出现,应首先考虑上一瓶二次回油时余压过高;空压机压力不够,导致回油气动执行器关闭;或在系统运行中,进入过程序操作,使用过设备重启,造成注油累计时间不够等原因
1~8回油时间不足	回油时间短	由于回油过程中瓶内余压高,或其他瓶回油球阀内漏,造成油气混合,光电开关灯亮,造成回液停止,但又低于参数设定的回油报警时间,故产生此报警。按下控制柜复位按钮,重新启动系统后,继续回油或手动回油
油位高报警	油位已达到最高限	可能回油时余压过高造成,检查介质液面高度是否正常,按下复位按钮,即可解除报警
换车超时	换车时间长	如果管路已经转换完毕,按下换车确认按钮,按下控制柜复位按钮,可解除报警,再按下启动按钮,即可重新启动,继续系统运行,如果操作人员没有再次按下换车确认按钮,即使管路已经转换完毕,系统仍发出该报警

6.5 加气站的运营管理

6.5.1 加气站岗位设置

6.5.1.1 设置原则

按需设岗,科学高效,动态调整,依法管理。

6.5.1.2 主要岗位设置及岗位职责

1. 主要岗位设置

加气站主要设站长、班长、设备管理员、账务员、HSE 管理员、技术维修员、加气员、便利店营业员等岗位。加油加气站可根据工作需要增设或者优化减少岗位。

2. 岗位职责

1)站长

(1)精通加气站业务,有较强的工作责任感、奉献精神,对全站的工作负责。

(2)负责传达和落实公司的指示及各项法律、法规;组织、实施并完成公司下达的各项任务。

(3)负责保持加气站形象,定时或不定时对加气站进行全面巡检,做好现场管理。

(4)负责员工考核、分配工作,充分调动员工积极性。

(5)负责加气站的团队建设,组织全体员工进行业务、政治的学习,开展法制和职业道德教育,提高员工的业务、思想素质和服务质量,搞好服务水平,不向顾客吃、拿、卡、要,廉洁奉公,优质服务,保持良好的站风。

(6)制定和实施本站的生产计划以及人员的合理调配;了解其他单位加气站的经营情况,提出加气站经营活动建议并将了解到的市场信息及时上报公司相关部门。

(7)协调站内员工之间的关系,团结并带领全站员工实现公司制定的工作目标。

(8)全面掌握加气站的进、销气量,审核、汇总本站各种统计报表,完成公司经营销售指标。

(9)负责加气站的安全生产及消防工作,认真执行相关安全消防管理制度及条例,预防事故发生。

(10)做好加气站设备、设施的管理和防护工作,严禁设备带故障运行。

(11)检查加气站劳动保护及设备运行管理情况,落实安全操作规程,检查各项规章制度执行情况,杜绝违章操作,实现安全生产。

(12)负责组织员工进行消防安全知识学习,指导其正确使用消防器材,熟知《事故应急预案》,能熟练排除一般性的突发险情。

(13)负责加气站 QHSE(质量、安全、环境、健康)管理体系文件的建立、完善安全设施,落实安全措施。

(14)负责与供气单位联系,保证气源,不得延误。

(15)负责加气站外部经营环境的建设。向上级主管部门汇报经营管理情况,解决顾客投诉,协调行政主管部门在计量、行政收费等方面的联系。

2)班长

(1)在站长的领导下负责组织全站当班人员认真执行生产技术管理规定,严格按要求和操作规程进行操作,保障安全生产顺利进行。

(2)负责监督操作人员认真执行相关技术规定,做好原始记录和各项报表,做到资料全、数据准确、不弄虚作假。

(3)组织操作人员开展岗上练兵活动,提高员工的业务技术水平。

(4)认真落实各项安全制度,协助站长对员工进行安全教育,检查监督各项安全措施的落实。

(5)认真监督员工做好交接班工作,准确填报本班报表,保证当班设备处于完好状态。

(6)完成站领导交办的其他工作。

3)设备管理员

(1)配合站长贯彻实施相关规章制度和操作规程并检查落实情况。负责设备管理,具体组织实施设备的维护保养、计划检修工作,确保检修质量,建立设备档案,做好维修保养记录。

(2)协助站长抓好本站的安全生产工作,严格遵守安全生产制度,做到安全生产、文明生产。负责设备的日常维护和保养工作,包括按时加油、清洗、排污。定期检查压力及温度传感器和现场仪表工作状态,并观察其数据是否正常,有无死表等现象发生。

(3)定期检查设备卡套、阀门、法兰、管件连接处,及高压容器是否泄漏。

(4)能判断加气站机泵、加气机等设备运行声音是否正常;能在设备停机时,通过听、看、闻判断是否漏气。

(5)掌握加气站的工艺流程、各设备的工作原理、自动控制系统和设备技术标准,要有较强的专业技术知识。

(6)进行经常性的设备电路、气路、油路巡回检查,发现故障或异常情况应及时汇报并尽快处理,以免造成不必要的损失。

(7)保证设备在无故障的状态下运行,有权拒绝违章指挥。

(8)负责检查设备外表、机房及工作场所的卫生。

(9)定期检查设备运行情况,做好设备安全检查记录。

(10)整理、保管设备技术资料、使用说明书等非存档的文本资料。

(11)严格执行交接班制度,做到不迟到、不早退、不旷工、不串岗、不脱岗、不酒后上岗,完成领导交办的其他工作。

4)账务员

(1)熟悉公司规定的有关财务制度、财经纪律及加气站账务管理制度,规范操作,按章办事;

(2)现金、票证的结算工作做到日清月结,及时填报各种报表及账表册单,及时解缴现金,正确反映商品流转情况,做到账账相符、账实相符;

(3)熟悉加气站经营的商品知识、商品价格和收款、开票程序,快速准确地收款、开票;

(4)熟悉本岗位安全防范知识,妥善保管本站现金、账表、凭证、单据及相关印章,严防丢失、被盗;

(5)负责受理加气卡开户、发卡、挂失、换卡、密码解锁、重装、清户等业务;

(6)负责向客户提供加气卡开户、发卡、挂失、换卡、清户等相关内容的咨询;

(7)根据客户需求为其提供加气卡台账对账单,严格按照开票规程填开发票;

(8)负责本人经手的现金、单据的安全存放;

(9)营业终了,按时进行操作员班结,并核对本日所经手的现金、单据,按规定移交账务员;

(10)负责IC卡系统和设备的使用和保养;

(11)负责加气卡客户信息档案的建立;

(12)负责完善加气卡客户消费信息变化,每月对比上月的加气信息变化,对每个客户进行消费变化情况、消费站点情况的维护;

(13)负责向公司提供加气卡客户信息;

(14)负责气瓶充装登记建档工作;

(15)熟悉站内消防器材性能,会扑救初期火灾;

(16)做好分管责任区的卫生工作,保持环境整洁。

5) HSE管理员

(1)贯彻落实安全生产制度,负责站内安全生产、职业卫生和环境保护工作,并按照加气站HSE管理规定,监督落实加气站HSE管理工作。

(2)负责安全检查,及时制止不安全行为,发现安全隐患及时处理并上报。

(3)负责站内现场HSE维护、预案演练和风险评估工作。

(4)负责安全检查和隐患整改记录填写,建立健全HSE管理台账、档案。

(5)协助设备管理员做好设备日常维护保养,并填制设备运行记录。

6) 技术维修员

(1)技术员负责完成公司和站所属生产设备、管线、阀门、仪表及其他维修和保养工作。

(2)接受站上的各项工作安排和设备部门的技术业务指导。对生产设备运行情况随时检查,并提出检修计划,保证设备正常运行。

(3)技术人员在维修设备、管线时,必须挂维修牌,以防止操作人员误操作,设备维修后,经技术人员检查合格后,才能交给操作人员使用。

(4)检修输气设备时,必须首先切断气源并放空,保持工作场所的良好通风,经检查无隐患后,方可作业。

(5)在易燃易爆场所检修作业时,必须严格遵守有关安全制度,工作时禁止撞击产生火花。

(6)对生产系统出现的故障要及时处理,及时记录,并收集整理好资料,上报有关部门。

(7)根据技术部门制定的大、中修计划,对设备进行检查维修。

(8)协助技术部门对设备各操作岗位人员进行正确操作和维护保养知识的传播和指导,对违章作业及时制止并向上级部门报告。

(9)做好设备维修配件、材料、工具的购置,低值易耗品的准备及制作工作,保管好现有配件、材料、工具及机修设备。

(10)严格按修理规范作业,严禁违章,有权拒绝违章指挥,并向上级部门报告。

(11)工作时必须检查使用的工具是否安全可靠,并正确使用各种工具设备,对所有工具要定期擦拭保养。

(12)技术人员完成维修后,将工作现场打扫干净。

(13)完成领导下达的临时性任务。

7) 加气员

(1)严格遵守公司和加气站的各项规章制度,做好当班加气工作。负责加气站日常充装工作,完成当班加气任务。

(2)负责加气车辆加气前气瓶的安全检查,杜绝不合格气瓶充装,确保加气安全,随时提醒司机熄火、断电、关闭空调机、音响设施下车,严禁在加气时发动汽车。

(3)负责气瓶充装过程中的安全检查,发现异常现象,及时妥善处理。

(4)严格执行气瓶充装有关规定,不错装、不超装,规范作业,文明服务。

(5)负责所使用设备、仪表及安全装置的日常维护、保护工作。发现问题及时处理并上报。

(6)负责本岗位设备及卫生区域的清洁,严格落实交接班制度,及时核对各类票据,确保票款相符。

(7)接受上岗培训,并通过考试合格,持有气瓶操作证。

(8)做好岗位原始记录。

(9)完成直接级领导交办的其他工作。

8) 便利店营业员

(1)负责向顾客介绍商品,引导消费。

(2)负责商品日常管理,保持商品充裕、整洁,确保商品在保质期内销售。

(3)负责便利店商品进、销、存登统工作,及时上报有关报表,做到财务统计日清月结,账账相符、账实相符。

(4)负责便利店清洁卫生工作,保持店内环境整洁。

3. 任职(上岗)资格

1) 站长

(1)大专及以上学历,初始任职年龄45周岁以下。两年以上工作经历,具备加气站或相关零售管理工作经验。特殊情况可适当放宽条件。

(2)身体健康,品行端正,有良好的职业道德。

(3)掌握一定的经营管理、财务、安全、设备等知识。

(4)具有较强的组织、协调和应变能力。

(5)持有上级公司颁发的站长资格证书。

2) 班长

(1)中专(高中)及以上学历,初始上岗年龄45周岁以下。

(2)身体健康,品行端正,有良好的职业道德。

(3)有较强的组织纪律性和责任心,执行力强。

(4)有较强的服务意识、沟通能力和应变能力。

(5)经上级公司岗前培训合格。

3)设备管理员

(1)中专(高中)及以上学历,6个月以上加气站工作经历,初始上岗年龄45周岁以下。

(2)掌握一定的安全、设备、数质量知识。

(3)身体健康,品行端正,有良好的职业道德。

(4)工作责任心强,有较强的洞察力和严谨细致的工作作风。

(5)经上级公司岗前培训合格。

4)账务员

(1)中专(高中)及以上学历,初始上岗年龄45周岁以下。

(2)身体健康,品行端正,有良好的职业道德。

(3)熟悉财务知识,熟练操作计算机。

(4)原则性强,具备诚信规范、严谨细致的工作作风。

(5)经上级公司岗前培训合格。

5)HSE 管理员

(1)中专(高中)及以上学历,6个月以上加气站工作经历,初始上岗年龄45周岁以下。

(2)掌握一定的 HSE 知识。

(3)身体健康,品行端正,有良好的职业道德。

(4)工作责任心强,有较强的洞察力和严谨细致的工作作风。

(5)经上级公司岗前培训合格。

6)技术维修员

(1)中专(高中)及以上学历,初始上岗年龄45周岁以下。

(2)掌握加气站主要设备维修技术和知识。

(3)身体健康,品行端正,有良好的职业道德。

(4)经上级公司岗前培训合格。

7)加气员

(1)初中及以上学历,初始上岗年龄45周岁以下。

(2)身体健康,品行端正,有良好的职业道德。

(3)有较强的工作责任心和服务意识,工作主动性强。

(4)经上级公司岗前培训合格。

8)便利店营业员

(1)初中及以上学历,初始上岗年龄45周岁以下。

(2)语言表述清晰流利,具有亲和力。

(3)具有一定的营销知识和技巧,有较强的沟通能力。

(4)有较强的工作责任心和服务意识,工作主动性强。

(5)经上级公司岗前培训合格。

6.5.2 加气站的规范服务管理

6.5.2.1 基本要求

1. 仪容仪表

(1) 头发应洁净、整齐,无头屑,不染发,不做奇异发型。男性不留长发,女性长发及肩需束起,不用华丽头饰。

(2) 眼睛应明亮,无睡意,无充血。配戴眼镜者,眼镜需佩戴端正、洁净明亮。不戴墨镜或有色眼镜。女性不画浓眼影,不用人造睫毛。

(3) 耳朵应内外干净,不戴耳环。

(4) 鼻孔应干净,不流鼻涕,鼻毛不外露。

(5) 胡子应刮干净或修整齐,不留长胡子,不留八字胡或其他怪状胡子。

(6) 牙齿整齐洁白,口中无异味,女性不用深色或艳丽口红。

(7) 保持脸部洁净,无明显粉刺。女性施粉适度,不留痕迹。

(8) 保持手部洁净。指甲整齐干净,不留长指甲(指甲不超过指尖)。不涂有色指甲油,不戴结婚戒指以外的饰物。

2. 着装

(1) 加气站工作人员的着装应为公司统一发放的劳保服装。

(2) 勤洗澡更衣,特别要注意制服衣领、袖口的清洁卫生。

(3) 鞋袜搭配得当。系好鞋带,鞋面洁净亮泽,无尘土和污物,不宜钉铁掌,鞋跟不宜过高、过厚或怪异。袜子干净无破损,女性穿肉色短袜或长筒袜,袜子不要褪落或脱丝。

(4) 着装"四不准":不准赤脚穿鞋或穿鞋露脚趾;不准穿背心、短裤、超短裙;不准穿袒胸露肩或透明、半透明服装及其他奇装异服;不准穿牛仔裤、运动服、旅游鞋等上岗。

3. 化妆

(1) 上班时间女士尤其是直接面对客户的女士宜画淡妆,切忌浓妆艳抹。

(2) 直接面对客户的服务人员,除婚戒外不得佩戴其他饰品,办公室人员佩戴饰品以雅致为宜,避免夸张、庸俗。

(3) 涂抹香水不宜过浓,有淡淡香味即可。

(4) 女士不得涂有色彩的指甲油,宜透明为宜。

(5) 男士忌涂脂抹粉,应保持阳刚之气。

6.5.2.2 服务行为标准

1. 服务"五个必须"

(1) 必须佩戴工作卡上岗。

(2) 必须主动热情待客。

(3) 必须一切以客户为中心。

(4)安全质量必须第一。

(5)必须认真执行服务规范。

2. 工作举止

(1)工作期间要精神饱满,精力充沛。

(2)要主动、热情与同事打招呼,在企业内营造一种关系融洽的工作环境。

(3)不扎堆聊天、嬉笑打闹。

(4)不应有打哈欠、打喷嚏、挖耳朵、剔牙、解衣擦汗、挠痒等不雅动作。

(5)不能违反纪律,不得在工作时间随意吸烟、吃零食、看杂志、干私活。不与顾客顶嘴、吵架。

(6)在为客户服务过程中,取拿物品,应轻拿轻放,收找款项,应唱收唱付。

6.5.2.3 服务语言标准

1. 原则

(1)使用标准普通话。

(2)用明确精练、通俗易懂的语言与顾客交谈。

(3)尊重对方,注意倾听。

(4)学会使用敬语和谦语。

(5)采取委婉的表达方式。

(6)声音大小要适当。

2. 基本服务用语

(1)迎客时说——欢迎、欢迎您的光临、您好!

(2)感谢时说——谢谢、多谢您的支持/帮助!

(3)听取客户意见时说——听明白了、清楚了、请放心!

(4)不能立即接待客户时说——请您稍等、麻烦您等一下!

(5)对在等待的客户说——对不起,让您久等了!

(6)打扰客户或给客户带来麻烦时说——对不起,打扰您一下!

(7)表示歉意时说——很抱歉、实在很抱歉!

(8)当客户向你致谢时说——请别客气、不用客气、很高兴为您服务!

(9)当客户向你道歉时说——不用客气、很高兴为您服务!

(10)当你听不清客户问话时说——很对不起,我没听清,请再重复一遍好吗?

(11)送客时说——再见、欢迎下次再来!

(12)当打断客户谈话时说——对不起,我可以占用您一点儿时间吗?

3. 礼貌用语

(1)请:请进、请坐、请讲、请留步。

(2)好:您好(早)、早上好、新年好、大家好。

(3)谢谢:多谢合作、多谢关照、辛苦了、谢谢帮助、感谢致电。

(4)对不起:非常抱歉、真不好意思。

(5)劳驾:打扰了、麻烦您。

4.委婉的表达方式

(1)说"我会……"以表达服务意愿。
(2)说"我理解……"以体谅对方情绪。
(3)说"你能……吗"以缓解紧张程度。
(4)说"我能做到的是……"来代替说"不"。
(5)说"我想想看……"来代替说"我不知道"。

6.5.2.4 服务禁用语言与行为

1.服务禁用语言

(1)不知道!
(2)不清楚!
(3)不可能!
(4)我没空!
(5)不是告诉您了吗?怎么还不明白!
(6)刚才不是跟你说了,怎么又问!真啰嗦!
(7)有完没完!
(8)什么怎么样!
(9)怎么这么烦啊!
(10)你着什么急啊!
(11)你去告啊,随便告哪都行。
(12)我就这态度,你又能怎么样。
(13)这是谁说的?!
(14)不想用就别用。
(15)你快点讲。
(16)不能办就是不能办。
(17)这么简单都不懂,和你说话真是费劲!
(18)你有没有搞错!
(19)你问我,我问谁去呀。
(20)没地方查,不清楚。
(21)我也没办法啊。
(22)这不是我的错啊,没这回事。
(23)不是我受理的,别找我呀。
(24)这事儿不归我们管。
(25)这事不好办,你自己另想办法。
(26)你讲的是什么话?
(27)你有意见找领导去!
(28)你能先听我说吗?
(29)现在才说,怎么不早说?
(30)怎么还不明白/怎么还不会……

(31)这是本公司的规定!
(32)这是你操作的问题!
(33)这是谁告诉你的?

2. 服务禁用行为

(1)以不正当手段刁难用户或者对提出投诉的用户进行打击报复。
(2)对用户不履行公开做出的承诺或者做容易引人误解的虚假宣传。
(3)夸大公司服务范围及优惠政策,承诺超出职权范围的内容。
(4)在公司规定的各种收费标准外,擅自向客户收取其他费用,非收费人员和部门参与收费。
(5)向客户暗示或提出不合理要求,利用工作之便谋取私利,索取或非法收受客户财物。
(6)要求用户提供劳力、运输工具及其他方便。
(7)对客户的询问不理不睬或当客户指责时用粗暴的语言对待客户,或以辱骂殴打等暴力方式对待客户。
(8)利用职务之便,为达到非正常目的违反有关规定,提出不合理条件或在职权范围内应该解决的问题,故意不办理或找借口拖延,给客户制造麻烦。

6.5.2.5 劳动纪律

(1)按时上下班,不得迟到、早退、旷工。
(2)在岗期间不得串岗、脱岗、睡岗,未经允许不得离岗、私自会客。
(3)严禁在站内吸烟、岗前或在岗饮酒。
(4)在岗期间不得做与工作无关的事情。
(5)严格遵守操作规程,安全作业。
(6)服从领导,听从指挥。

6.5.2.6 便民服务

(1)加气站应根据实际情况,设置便利店、汽服、天气及路线信息、司机休息室、加水、小药箱、风景区咨询等服务项目。
(2)提供饮水设施,免费为顾客供应饮用水。
(3)站内厕所对外开放。
(4)根据加气站所处地理位置、客户类型,可适当提供特色服务。

6.5.2.7 现场服务

1. 加气服务"八步法"

详见 6.3.1.1 节中 CNG 加气操作规程。

2. 沟通技巧

(1)设定明确的目标,在服务全程中牢记并兑现。
(2)服务过程中要保持真诚友善的服务态度,善于聆听,注重承诺,努力赢得顾客的信任。

(3)随时关注对方的感受,尽量使用顾客熟悉的语言进行交流,交流过程中注意语速、语调和语气,拉近与顾客的距离。

(4)熟记顾客信息,并正确称呼和问候顾客。

(5)善于观察,由衷地赞美顾客。

(6)善用形体语言与顾客沟通。

(7)遇持异议的顾客时,应冷静处理,理解对方的处境,明确对方的意图,牢记自身的目标,不得与顾客发生争执。

3. 服务效率

(1)车辆到位后,在无特殊情况下,顾客等候服务时间不得超过2min。

(2)开票、收款快速、准确、无差错,时间一般不得超过2min。

(3)每班工作交接,中断加气作业时间不得超过5min。

6.5.3 加气站制度管理

严格规范的管理制度是加气站正常安全生产制度化、规范化管理的基础,本书特列举一些保障加气站正常安全运行的基本管理制度。

6.5.3.1 安全生产管理制度

(1)上岗员工必须按规定穿戴劳保服装,正确使用劳保用品,佩戴胸卡,持证上岗。

(2)熟练掌握各种设备的操作规程,正确使用安全防护用具,对各种事故发生做到能准确、快速处理,严格执行以岗位责任制为核心的各规章制度及操作规程。

(3)各种技术操作工必须经过三级安全教育、岗位技术培训,考试合格取得资格证后方可上岗。

(4)严禁违章操作,对违反操作规程的指令,岗位人员有权制止并提出意见,有了明确答复后执行。

(5)发现站内管线、设备发生跑、冒、滴、漏现象,应按相关操作规程及时处理,以防重大事故的发生。

(6)发现工艺参数有异常变化,应立即向主管(特殊情况可越级)汇报并分析原因按相关操作规程及时处理。

6.5.3.2 加气站进出站管理制度

(1)非本站人员禁止进入防爆区(储气井、压缩机工艺间),确因工作需要进入时,必须经站长批准、登记后,方可在本站工作人员的陪同下进入,并服从站内安全管理人员的安排。

(2)进入防爆区的工作人员、外来人员不得携带火种(打火机、火柴、烟头),不得穿化纤衣物和带钉鞋;工作人员上岗必须穿防静电工作服和防静电鞋。

(3)严禁在站内使用手机、呼机、照相机、摄像机。

(4)严禁在站内吸烟,车辆在进入加气站前,吸烟者必须将香烟熄灭,否则不准入加气站加气。

(5)进气车辆进站要减速慢行,加气时发动机必须熄火。

(6)电瓶车、拖拉机、畜力车、摩托车不准进入加气站。

（7）酒后人员不准加入加气站，严禁孩童和带孩子进入。

6.5.3.3　加气站交接班管理制度

（1）交接班人员应提前做好交接的各项准备工作。

（2）交班人员应主动向接班人员说明本班的工作情况、应注意的问题，对主要生产活动应提前填写在交接班记录上。

（3）接班人员应提前到达工作岗位，认真听取交班人员的交班工作内容，查看有关记录、报表，并对现场进行认真检查。

（4）在交接过程中，接班人员如有不清楚的问题，应当面提出，交班人员必须认真进行处理。在交接过程中发生的问题，由双方共同处理。

（5）严格按照交接内容，做到"六交、六不接"。对设备、参数、安全、工具、卫生逐项进行交接。"六交"内容：①交设备仪表、运行情况及存在问题。②交生产流程变化情况及原因。③交气源或车辆加气量变化情况及原因。④交内外联系及上级指令。⑤交资料数据报表记录。⑥交室内设备及清洁卫生。"六不接"内容：①生产情况不明不交接。②设备、仪表动态不清不交接。③资料数据不齐不交接。④内外系统及上级指令不明确不交接。⑤值班室内设备不齐全、不完好不交接。⑥室内不清洁不交接。以上各项工作全部完成后，接班人员应在交接班记录上签名，然后交班人员应在交接班记录、运行报表上签名，之后交班人员方可离岗。

6.5.3.4　加气站安全巡回检查制度

（1）巡回检查分为公司组织每月安全巡查，站长组织的每月安全巡查，小班带班长对站内进行不定时的安全巡查。

（2）公司每月至少应对加气站的安全消防工作进行一次检查，并利用交接班时间对接班人员进行安全讲话，对交接人员进行安全讲评。

（3）站长每日应对加气站的安全消防工作进行一次检查，并利用交接班时间对接班人员进行安全讲话，对交班人员进行安全讲评。

（4）带班长上班时间对站内的设备、仪器仪表、压力容器、压力管主道、安全装置、消防器材、消防通道进行不定时巡回检查，发现问题及时整改，不能整改的要及时向站长和公司有关领导汇报，并做好记录。

（5）加气站操作人员每小时应对自己分管的设备和安全消防设施做好记录。

（6）生产运营部每月对各加气站进行生产过程及安全管理中可能存在的事故隐患、有害与危险因素、设备（设施）缺陷等进行检查，以确定事故隐患、有害与危险因素、设备（设施）缺陷的存在状态，以及它们转化为事故的条件，以便制定切实可行的整改措施，消除事故隐患和有害与危险因素。确保各加气站安全生产，稳定供气。

安全检查主要是查思想、查管理、查事故隐患、查整改措施、查事故处理。

公司安全领导小组对各加气站安全检查的内容如下：

（1）安全领导小组将不定期组织对加气站的重点安全检查、抽查和奖惩、评比；

（2）检查安全领导小组布置的工作计划和整改措施的落实情况；

（3）检查各站《安全目标考核评价标准》（各燃气企业自定标准）的执行情况；

（4）检查安全管理规章制度和操作规程的执行情况；

（5）检查特种设备运行、定期检验情况以及是否存在事故隐患；

(6)检查安全防护、保险、报警等装置或器材是否完备、有效;
(7)检查员工劳动防护用品是否齐全及正确使用;
(8)检查员工是否违反安全操作规程;
(9)检查生产工作的衔接配合和组织是否合理;
(10)检查各项事故隐患防范、整改措施的落实情况。

6.5.3.5　加气站设备、仪器仪表管理制度

(1)为了加强加气站设备、仪器仪表的使用、维护保养、检修等管理工作,使设备、仪器仪表保持完好状态,特制定本制度。

(2)加气站站长兼设备、仪器仪表管理员,负责站内设备、仪器仪表的更新、修理、检验及档案备份的管理,操作人员负责所使用设备、仪器仪表的日常管理和维护保养工作。

(3)站长对储罐、加气机及所有压力容器使用应制定安全操作规定,其中压力容器在使用前应按有关规定向安全监察部门办理申报及时使用登记手续。

(4)操作人员对所操作的设备要做到"四懂、三会"(即懂结构、懂性能、懂原理、懂用途、会使用、会维护会保养、会排除故障),并按规定做好设备的"十字作业"(即润滑、调整、紧固、防腐、清洁),认真落实巡回检查制度,如实填写运转记录。

(5)操作人员对本岗位所有设备负责,要保持设备整洁,及时消除跑、冒、滴、漏,并做好防尘、防潮、防冻、防腐工作,维护人员要对设备的维修质量负责,保证检修后设备完好使用。

(6)设备管理员要按规定周期做好压力容器、仪器仪表、安全装置等设备的定期检查制度的安排和落实。

(7)雷雨季节,对静电接地装置和防雷接地装置进行一次检查。

(8)设备、仪器、仪表应建立技术档案,其内容包括:
①设备随机文件、产品质量证明文件等。
②安装、检测、验收等技术资料文件。
③修理、改造记录等技术文件、资料。
④检测、检验报告:压力表、安全阀、接地电阻等安全附件的效验、修理、更改记录和资料。
⑤设备事故及处理记录资料。

6.5.3.6　用户信息反馈管理制度

(1)认真做好用户及上级部门来信、来电、来客登记。
(2)对用户意见、建议及投诉等重大问题,及时落实并予以书面答复。
(3)对用户意见涉及有关单位、部门,及时传递和请示,并尽快将回复信息反馈意见。
(4)及时整理相关信息,上报公司领导及相关部门。
(5)不定期进行一次信息分析活动,记录在案,归档备查。

6.5.3.7　压力容器、压力管道使用、检验管理制度

(1)压力容器、压力设备在投用前30日内,需向当地特种安全监督管理部门登记备案。
(2)建立健全压力容器、管道的各项相关安全技术档案。
(3)制定和完善压力容器及管道的事故应急措施及预案。

(4)操作人员定期参加相关岗位技术培训及考核并取得特种行业岗位操作资格。

(5)严格遵守安全操作规程,认真填写操作运行记录。

(6)加强压力容器及管道设备的巡回检查,发现事故隐患或其他不安全因素,应立即报告现场安全管理员及有关负责人。

(7)压力容器及管道的日常自检及定期检测,实行专人管理,按照压力容器、管道相关安全技术规范要求,向特种设备检验检测机构申请进行定期检验。

(8)未经定期检验或不合格的压力器、管道及安全附件不得继续使用。

6.5.3.8 计量器具与仪表校验管理制度

(1)计量器具与仪表校验实行专人负责制。

(2)必须使用正规厂家生产的计量器具与仪器、仪表。

(3)熟悉国家相关的计量器具(仪表)管理法规、定期送检,接受行政主管部门的监督。

(4)操作人员必须经过培训,熟悉各种计量器具(仪器、仪表)的结构、性能,加强日常管理及维护。

(5)检验后不合格的计量器具(仪器、仪表)不得继续使用,必须及时更换。

(6)计量器具(仪表)相关技术资料及时整改、完善、建档归案,以备查验。

6.5.4 加气站员工的培训及考核

6.5.4.1 加气站员工的培训

1.培训原则、形式与组织

(1)培训原则:坚持思想政治教育与业务知识和能力培训相结合,突出对业务知识和操作技术、技能的培训。

(2)培训形式:加气站培训主要分为岗前培训和在岗培训。

(3)培训组织:按照统一组织、分级负责的原则,进行培训组织与实施。

①地市公司负责加气站员工岗前培训的组织和实施工作。

②地市公司负责加气站班长、设备管理员、账务员、HSE 管理员、技术维修员、加气员、便利店营业员的岗位培训工作。

(4)片区经理、站长负责组织加气员的岗位培训工作。

2.培训时间及内容

1)岗前培训

(1)岗前培训不少于80课时(10天),考试合格后方可上岗。

(2)岗前培训内容坚持思想政治教育与业务知识和能力培训相结合,主要包括职业道德、企业文化、理论知识、实际操作、规范化服务等内容。

2)岗位培训

各级单位应根据经营管理需要,定期组织对加气站员工操作技能和服务水平培训,不断提升员工岗位技能。

（1）加气站员工岗位培训每年不少于30课时。

（2）岗位培训内容：岗位培训的重点是本岗位相关的专业（工种）知识的更新、拓展和提高。主要内容包括加气站管理规范、HSE管理制度、内控管理办法及相关规章制度、加气操作技能、信息系统操作技能、客户管理与服务、设备知识、销售技巧、气品和车辆基本知识等。

（3）各级单位应充分依托培训站开展全员培训工作，提倡通过岗位练兵、师带徒、技术（技能）竞赛等与工作实际紧密结合的途径开展培训。同时鼓励并支持员工利用业余时间自学。

3. 培训档案

各级培训组织应建立加气站员工培训档案，并做好培训记录。档案内容包括培训计划、培训方案、员工学习情况、考试试卷等。

6.5.4.2 加气站员工的考核

1. 考核原则

考核原则为公开、公平、公正。

2. 考核组织

（1）加气站站长考核由地市公司负责组织。

（2）加气站班长、设备管理员、账务员、HSE管理员、技术维修员、加气员、便利店营业员等人员的考核由地市公司和加气站共同负责。

（3）一线员工的试用期考核由加气站站长负责，财务人员的试用期考核由上级财务部门和加气站经理共同负责；站长的试用期考核由地市公司负责。

（4）试用期满后，考核合格者签订用工合同，在试用期间被证明不符合录用条件和考核不合格者视情况延长试用期或不予聘用。

3. 考核内容

考核结果应与员工收入挂钩。考核主要指标包括：

（1）销售量：考核重点为销售计划完成情况、销售增长情况等。

（2）可控费用：重点考核加气站预算执行情况、加气站的可控费用情况等。

（3）综合管理水平：重点考核加气站的人员、财务、进销存、客户服务、促销、设备、档案、安全、公共关系等管理水平和状况。

4. 奖励与处分

根据考核结果，对员工的工作表现予以奖励或处分。

（1）奖励形式：通报表扬和嘉奖。嘉奖应给予一定的奖金。

（2）处分形式：根据情节轻重，可处以通报、警告、严重警告、免职（待岗）、解除劳动关系等处分。

6.5.5 加气站人员资质

加气站办理压力管道使用登记、锅炉压力容器使用登记、气瓶充装许可证、燃气经营许可证等登记或证件照时对人员的资质均有一定的要求。

办理气瓶充装许可证要求企业具备一定数量的压力容器、压力管道、气瓶充装操作及管理人员,具体要求见表6.30。

表6.30 办理气瓶充装许可证取证要求

证件名称	人数要求	培训单位	发证单位
压力管道操作工	每作业班一个	市质监局培训中心	市质监局
压力容器操作工	每作业班一个	市质监局培训中心	市质监局
气体充装操作工	所有充装人员	市质监局培训中心	市质监局
压力管道管理人员	技术负责人、站长、安全员	市质监局培训中心	市质监局
压力容器管理人员	技术负责人、站长、安全员	市质监局培训中心	市质监局
气体充装管理人员	技术负责人、站长、安全员	市质监局培训中心	市质监局

表6.30中各证件的有效期为4年,有效期满前3个月,持证人员应申请办理复审,需要考试后复审的,凭考试合格成绩向考试场所所在地发证部门或作业所在地发证部门申请复审。逾期未复审或复审不合格,证件失效。

同时,办理燃气经营许可证要求企业具备一定数量的安全、技术管理人员,运行、维护和抢修、抢险人员,压力管道及气瓶充装等特种作业人员,具体要求见表6.31。

表6.31 办理《燃气经营许可证》资质要求

证件名称	人数要求	培训单位	发证单位
主要负责人	公司主要负责人、技术负责人、气站站长必须取证	燃气协会	燃气协会
安全管理人员	每班1个	燃气协会	燃气协会
管道工	每站1~2个	燃气协会	燃气协会与劳动厅
调压工	每站1~2个	燃气协会	燃气协会与劳动厅

续表

证件名称	人数要求	培训单位	发证单位
运行工	每站1~2个	燃气协会	燃气协会与劳动厅
充装工	所有充装人员	燃气协会	燃气协会与劳动厅
燃气行业抢险维修人员	一个行政区域内多于3家气站的不少于6人,多于6家的不少于12人	燃气协会	燃气协会

注:管道工、调压工、运行工、充装工证件每人只能取其中一个。

思考题

1. 简述CNG加气母站和子站投产试运行的操作的步骤。
2. 简述加气站竣工验收应具备的文件资料有哪些?
3. 简述LNG加气站汽车加液操作规程。
4. 简述CNG加气操作规程。

5. 简述低温潜液泵在开泵前的程序。
6. 思考柱塞泵操作时的注意事项。
7. 简述 LNG 加气站日常巡检维护项目有哪些？
8. 简述 CNG 加气母站脱硫装置脱硫剂的再生更换与装填方法。
9. 低温潜液泵的停泵工作分为临时停泵、整晚停泵和永久停泵,这些停泵工作应分别注意什么？
10. 低温潜液泵如何进行维护保养？
11. CNG 加气站压缩机开机前应进行哪些准备工作？
12. 思考 CNG 母站压缩机有几种停机？
13. 思考 CNG 压缩机常见故障原因及排除方法。
14. 思考 CNG 加气母站维护巡检内容有哪些？
15. 简述常规 CNG 子站槽车卸气操作规程。
16. 简述 CNG 液压子站系统不停止运行换车卸气操作规程。
17. 思考对比 LNG 加气站潜液泵和柱塞泵常用故障及解决方法。
18. 简述 LNG 加气机及加气枪的维护保养方法。
19. 思考 CNG 母站压缩机保养分为几级保养。
20. 思考 CNG 母站干燥脱水装置常见故障判断及排除方法。
21. 思考 CNG 加气站主要阀件的常见故障及处理方法。
22. 简述 CNG 液压子站主要设备的常见故障及处理方法。
23. TSG R0009—2009《车用气瓶安全技术监察规程》规定:什么情况下的气瓶严禁充装？对充装记录有哪些规定？
24. 简述加气站客户服务标准。
25. 假设自己是某加气站站长,思考如何科学安全有效管理加气站运行？

参 考 文 献

[1] 李继从,范小平.天然气加气站操作与运行.北京:中国质检出版社,2014.
[2] 范小平.天然气加气站设备管理.北京:中国质检出版社,2015.
[3] 中国石化销售有限公司.液化天然气加气站.北京:中国石化出版社,2017.
[4] 中国石化销售有限公司.压缩天然气加气站.北京:中国石化出版社,2017.

7 天然气加气站的安全技术与管理

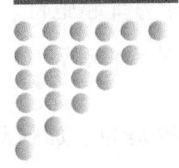

7.1 加气站相关安全生产法律法规

我国安全生产法律法规体系是由全国人民代表大会及其常务委员会制定的国家法律,国务院制定的行政法规和标准,各地方国家权力机关和地方政府制定和发布的适合本地区的规范性法律文件及行政法规,各专业和行业管理部门及企业依据上述法律、法规制定的安全生产的规章制度、安全技术标准等三个层次构成的。

(1)法律。法律是由全国人民代表大会及其常务委员会制定的法律,如《中华人民共和国宪法》《中华人民共和国民法通则》《中华人民共和国刑法》《中华人民共和国劳动法》《中华人民共和国建筑法》《中华人民共和国消防法》等。

(2)行政法规。它是由国家和地方行政部门颁布的有关安全生产的法规,主要包括安全技术法规、职业健康法规和安全生产管理法规。

①安全技术法规。安全技术法规是指国家为搞好安全生产,防止和消除生产中的灾害事故,保障职工人身安全而制定的法律规范。国家规定的安全技术法规是对一些比较突出或有普遍意义的安全技术问题的基本要求做出规定,一些比较特殊的安全技术问题,国家有关部门也制定并颁布了专门的安全技术法规。安全技术法规一般包括设计、建设工程安全,机器设备安全装置,特种设备安全措施,防火防爆安全规则,工作环境安全条件,个体安全防护等。

②职业健康法规。职业健康法规是指国家为了改善劳动条件,保护职工在生产过程中的健康,预防和消除职业病和职业中毒而制定的各种法规规范。这里既包括职业健康保障措施的规定,也包括有关预防医疗保健措施的规定。

③安全生产管理法规。安全生产管理法规是指国家为了搞好安全生产、加强安全生产和劳动保护工作、保护职工的安全健康所制定的管理规范。劳动保护管理制度是各类工矿企业为了保护劳动者在生产过程中的安全、健康,根据生产实践的客观规律总结和制定的各种规章。概括地讲,这些规章制度一方面是属于行政管理制度,另一方面是属于生产技术管理制度。这两类规章制度经常是密切联系、互相补充的。

7.1.1 《危险化学品安全管理条例》

1987年,国务院颁布实施《化学危险品安全管理条例》。2002年,国务院对《化学危险品安全管理条例》进行了修订,并更名为《危险化学品安全管理条例》重新发布,并于2002年3月15日起施行。2011年2月16日修订。根据2013年12月4日国务院第32次常务会议通过,2013年12月7日中华人民共和国国务院令第645号公布,自2013年12月7日起施行。

7.1.1.1 总则

(1)制定的目的《条例》第一条说明了制定危险化学品安全管理条例的目的是为了加强对危险化学品的安全管理,保障人民生命、财产安全,保护环境。

(2)应用范围在中华人民共和国境内生产、经营、储存、运输、使用危险化学品和处置废弃危险化学品,必须遵守本条例和国家有关安全生产的法律、其他行政法规的规定。民用爆炸品、放射性物品、核能物质和城镇燃气的安全管理,不适用本条例。

(3)危险化学品的种类本条例所称危险化学品,是指具有毒害、腐蚀、爆炸、燃烧、助燃等性质,对人体、设施、环境具有危害的剧毒化学品和其他化学品。

危险化学品目录,由国务院安全生产监督管理部门会同国务院工业和信息化、公安、环境保护、卫生、质量监督检验检疫、交通运输、铁路、民用航空、农业主管部门,根据化学品危险特性的鉴别和分类标准确定、公布,并适时调整。

(4)危险化学品安全管理,应当坚持安全第一、预防为主、综合治理的方针,强化和落实企业的主体责任。

7.1.1.2 职责分工

(1)安监部门负责危险化学品安全监督管理综合工作,组织确定、公布、调整危险化学品目录,对新建、改建、扩建生产、储存危险化学品(包括使用长输管道输送危险化学品,下同)的建设项目进行安全条件审查,核发危险化学品安全生产许可证、危险化学品安全使用许可证和危险化学品经营许可证,并负责危险化学品登记工作。

(2)公安机关负责危险化学品的公共安全管理,核发剧毒化学品购买许可证、剧毒化学品道路运输通行证,并负责危险化学品运输车辆的道路交通安全管理。

(3)质检部门负责核发危险化学品及其包装物、容器(不包括储存危险化学品的固定式大型储罐,下同)生产企业的工业产品生产许可证,并依法对其产品质量实施监督,负责对进出口危险化学品及其包装实施检验。

(4)环保部门负责废弃危险化学品处置的监督管理,组织危险化学品的环境危害性鉴定和环境风险程度评估,确定实施重点环境管理的危险化学品,负责危险化学品环境管理登记和新化学物质环境管理登记;依照职责分工调查相关危险化学品环境污染事故和生态破坏事件,负责危险化学品事故现场的应急环境监测。

(5)交通部门负责危险化学品道路运输、水路运输的许可以及运输工具的安全管理,对危险化学品水路运输安全实施监督,负责危险化学品道路运输企业、水路运输企业驾驶人员、船员、装卸管理人员、押运人员、申报人员、集装箱装箱现场检查员的资格认定。铁路监管部门负责危险化学品铁路运输及其运输工具的安全管理。民航部门负责危险化学品航空运输、航空运输企业及其运输工具的安全管理。

（6）卫生部门负责危险化学品毒性鉴定的管理，负责组织、协调危险化学品事故受伤人员的医疗卫生救援工作。

（7）工商行政部门依据有关部门的许可证件，核发危险化学品生产、储存、经营、运输企业营业执照，查处危险化学品经营企业违法采购危险化学品的行为。

（8）邮政部门负责依法查处寄递危险化学品的行为。

7.1.1.3　13项管理制度

1. 备案制度

（1）生产、储存危险化学品的企业，应当将安全评价报告以及整改方案的落实情况报所在地县级人民政府安全生产监督管理部门备案。在港区内储存危险化学品的企业，应当将安全评价报告以及整改方案的落实情况报港口行政管理部门备案。

（2）对剧毒化学品以及储存数量构成重大危险源的其他危险化学品，储存单位应当将其储存数量、储存地点以及管理人员的情况，报所在地县级人民政府安全生产监督管理部门（在港区内储存的，报港口行政管理部门）和公安机关备案。

（3）剧毒化学品、易制爆危险化学品的销售企业、购买单位应当在销售、购买后5日内，将所销售、购买的剧毒化学品、易制爆危险化学品的品种、数量以及流向信息报所在地县级人民政府公安机关备案，并输入计算机系统。

（4）危险化学品单位应当将其危险化学品事故应急预案报所在地设区的市级人民政府安全生产监督管理部门备案。

2. 6项名单公告制度

（1）危险化学品目录，由国务院安全生产监督管理部门会同国务院工业和信息化、公安、环境保护、卫生、质量监督检验检疫、交通运输、铁路、民用航空、农业主管部门，根据化学品危险特性的鉴别和分类标准确定、公布，并适时调整。

（2）环境保护主管部门负责废弃危险化学品处置的监督管理，组织危险化学品的环境危害性鉴定和环境风险程度评估，确定实施重点环境管理的危险化学品，负责危险化学品环境管理登记和新化学物质环境管理登记；依照职责分工调查相关危险化学品环境污染事故和生态破坏事件，负责危险化学品事故现场的应急环境监测。

（3）生产、储存剧毒化学品或者国务院公安部门规定的可用于制造爆炸物品的危险化学品（以下简称易制爆危险化学品）的单位，应当如实记录其生产、储存的剧毒化学品、易制爆危险化学品的数量、流向，并采取必要的安全防范措施，防止剧毒化学品、易制爆危险化学品丢失或者被盗；发现剧毒化学品、易制爆危险化学品丢失或者被盗的，应当立即向当地公安机关报告。

（4）危险化学品使用量的数量标准，由国务院安全生产监督管理部门会同国务院公安部门、农业主管部门确定并公布。

（5）禁止通过内河运输的剧毒化学品以及其他危险化学品的范围，由国务院交通运输主管部门会同国务院环境保护主管部门、工业和信息化主管部门、安全生产监督管理部门，根据危险化学品的危险特性、危险化学品对人体和水环境的危害程度以及消除危害后果的难易程度等因素规定并公布。

（6）国家实行生产许可证制度的工业产品目录（以下简称目录）由国务院工业产品生产许

可证主管部门会同国务院有关部门制定,并征求消费者协会和相关产品行业协会的意见,报国务院批准后向社会公布。

3.7 项其他法律规章

(1)依照《中华人民共和国港口法》的规定取得港口经营许可证的港口经营人,在港区内从事危险化学品仓储经营,不需要取得危险化学品经营许可;未向港口行政管理部门报告并经其同意,在港口内进行危险化学品的装卸、过驳作业的,依照《中华人民共和国港口法》的规定处罚。

(2)邮政企业、快递企业收寄危险化学品的,依照《中华人民共和国邮政法》的规定处罚。

(3)生产列入国家实行生产许可证制度的工业产品目录的危险化学品的企业,应当依照《中华人民共和国工业产品生产许可证管理条例》的规定,取得工业产品生产许可证;生产列入国家实行生产许可证制度的工业产品目录的危险化学品包装物、容器的企业,应当依照《中华人民共和国工业产品生产许可证管理条例》的规定,取得工业产品生产许可证;其生产的危险化学品包装物、容器经国务院质量监督检验检疫部门认定的检验机构检验合格,方可出厂销售。

(4)危险化学品生产企业进行生产前,应当依照《安全生产许可证条例》的规定,取得危险化学品安全生产许可证。

(5)有下列情形之一的,依照《中华人民共和国内河交通安全管理条例》的规定处罚:通过内河运输危险化学品的水路运输企业未制定运输船舶危险化学品事故应急救援预案,或者未为运输船舶配备充足、有效的应急救援器材和设备的;通过内河运输危险化学品的船舶的所有人或者经营人未取得船舶污染损害责任保险证书或者财务担保证明的;船舶载运危险化学品进出内河港口,未将有关事项事先报告海事管理机构并经其同意的;载运危险化学品的船舶在内河航行、装卸或者停泊,未悬挂专用的警示标志,或者未按照规定显示专用信号,或者未按照规定申请引航的。

(6)生产、储存剧毒化学品、易制爆危险化学品的单位未设置治安保卫机构、配备专职治安保卫人员的,依照《企业事业单位内部治安保卫条例》的规定处罚。

(7)危险化学品单位发生危险化学品事故,其主要负责人不立即组织救援或者不立即向有关部门报告的,依照《生产安全事故报告和调查处理条例》的规定处罚。

4.15 项审查、审批制度

(1)危险化学品生产企业的安全生产许可制度。
(2)危险化学品安全使用许可制度。
(3)危险化学品经营许可制度。
(4)危险化学品禁止与限制制度。
(5)建设项目安全条件审查与论证制度。
(6)作业场所和安全设施、设备安全警示制度。
(7)人员培训考核与持证上岗制度。
(8)剧毒化学品、易制爆危险化学品准购、准运制度。
(9)从事危险化学品运输企业的资质认定制度。
(10)危险化学品登记制度。
(11)危险化学品和新化学物质环境管理登记。

(12)危险化学品环境释放信息报告制度。
(13)化学品危险性鉴定制度。
(14)危险化学品事故应急救援管理制度。
(15)法律责任追究制度。

7.1.2 《汽车加油加气站设计与施工规范》(GB 50156—2012)中的强制执行条款

7.1.2.1 灭火器材配置

1. 加气站工艺设备配置

加气站工艺设备配置灭火器材应符合下列规定:

(1)每2台加气机应配置不少于2具4kg手提式干粉灭火器,加气机不足2台应按2台配置。

(2)每2台加气机应配置不少于2具4kg手提式干粉灭火器,或1具4kg手提式干粉灭火器和1具6L泡沫灭火器。加气机不足2台应按2台配置。

(3)地上LPG储罐、地上LNG储罐、地下和半地下LNG储罐、CNG储气设施,应配置2台不小于35kg推车式干粉灭火器。当两种介质储罐之间的距离超过15m时,应分别配置。

(4)地下储罐应配置1台不小于35kg推车式干粉灭火器。当两种介质储罐之间的距离超过15m时,应分别配置。

(5)LPG泵和LNG泵、压缩机操作间(棚),应按建筑面积每50m^2配置不少于2具4kg手提式干粉灭火器。

(6)一、二级加气站应配置灭火毯5块、沙子2m^3;三级加气站应配置灭火毯不少于2块、沙子2m^3。加气合建站应按同级别的加气站配置灭火毯和沙子。

2. 其余建筑的灭火器配置

其余建筑的灭火器配置应符合现行国家标准《建筑灭火器配置设计规范》(GB 50140)的有关规定。

7.1.2.2 消防给水

(1)加气站的LPG设施应设置消防给水系统。

(2)设置有地上LNG储罐的一、二级LNG加气站和地上LNG储罐总容积大于60m^3的合建站应设消防给水系统,但符合下列条件之一时可不设消防给水系统:

①LNG加气站位于市政消火栓保护半径150m以内,且能满足一级站供水量不小于20L/s或二级站供水量不小于15L/s时。

②LNG储罐之间的净距不小于4m,且在LNG储罐之间设置耐火极限不低于3h钢筋混凝土防火隔墙。防火隔墙顶部高于LNG储罐顶部,长度至两侧防护堤,厚度不小于200mm。

③LNG加气站位于城市建成区以外,且为严重缺水地区;LNG储罐、放散管、储气瓶(组)、卸车点与站外建(构)筑物的安全间距,不小于该规范表4.0.8和表4.0.9规定的安全间距的2倍;LNG储罐之间的净距不小于4m;灭火器材的配置数量在该规范第10.1节规定的基础上增加1倍。

(3)加气站、CNG加气站、三级LNG加气站和采用埋地、地下和半地下LNG储罐的各级LNG加气站,及合建站,可不设消防给水系统。合建站中地上LNG储罐总容积不大于60m³时,可不设消防给水系统。

(4)消防给水宜利用城市或企业已建的消防给水系统。当无消防给水系统可依托时,应自建消防给水系统。

(5)LPG、LNG设施的消防给水管道可与站内的生产、生活给水管道合并设置,消防水量应按固定式冷却水量和移动水量之和计算。

(6)LPG设施的消防给水设计应符合下列规定:

①LPG储罐采用地上设置的加气站,消火栓消防用水量不应小于20L/s;总容积大于50m³的地上LPG的储罐还应设置固定式消防冷却水系统,其冷却水供给强度不应小于0.15L/(m²·s),着火罐的供水范围应按其全部表面积计算,距着火罐直径与长度之和0.75倍范围内的相邻储罐的供水范围,可按相邻储罐表面积的一半计算。

②采用埋地LPG储罐的加气站,一级站消火栓消防用水量不应小于15L/s,二级站和三级站消火栓消防用水量应小于10L/s。

③LPG储罐地上布置时,连续给水时间不应少于3h;LPG储罐埋地敷设时,连续给水时间不应少于1h。

(7)按该规范第10.2.2条规定应设消防给水系统的LNG加气站及加气合建站,其消防给水设计应符合下列规定:

①一级站消火栓消防用水量不应小于20L/s,二级站消火栓消防用水量不应小于15L/s。

②连续给水时间不应少于2h。

(8)消防水泵宜设2台。当设2台消防水泵时,可不设备用泵。当计算消防用水量超过35L/s时,消防水泵应设双动力源。

(9)LPG设施的消防给水系统利用城市消防给水管道时,室外消火栓与LPG储罐的距离宜为30~50m。三级站的LPG储罐距市政消火栓不大于80m,且市政消火栓给水压力大于0.2MPa时,站内可不设消火栓。

(10)固定式消防喷淋冷却水的喷头出口处给水压力不应小于0.2MPa。移动式消防水枪出口处给水压力不应小于0.2MPa,并应采用多功能水枪。

7.1.2.3 电气装置

1. 供配电

加气站的电力线路宜采用电缆并直埋敷设。电缆穿越行车道部分,应穿钢管保护。当采用电缆沟敷设电缆时,加气作业区内的电缆沟内必须充沙填实。电缆不得将LPG、LNG和CNG管道以及热力管道敷设在同一沟内。爆炸危险区域内的电气设备选型、安装、电力线路敷设等,应符合现行国家标准《爆炸危险环境电力装置设计规范》(GB 50058)的规定。

2. 防雷、防静电

(1)钢制油罐、LPG储罐、LNG储罐和CNG储气瓶(组)必须进行防雷接地,接地点不应少于两处。CNG加气母站和CNG加气子站的车载CNG储气瓶组拖车停放场地,应设两处临时用固定防雷接地装置。

(2)埋地钢制油罐、埋地LPG储罐和埋地LNG储罐,以及非金属油罐顶部的金属部件和罐内的各金属部件,应与非埋地部分的工艺金属管道相互做电气连接并接地。

(3)加气站的汽油罐车、LPG 罐车和 LNG 罐车卸车场地,应设卸车或卸气时用的防静电接地装置,并应设置能检测跨接线及监视接地装置状态的静电接地仪。

(4)在爆炸危险区域内工艺管道上的法兰、胶管两端等连接处,应用金属线跨接。当法兰的连接螺栓不少于 5 根时,在非腐蚀环境下可不跨接。

(5)LPG 罐车、LNG 罐车卸车场地内用于防静电跨接的固定接地装置,不应设置在爆炸危险 1 区。

3.报警系统

(1)加气站应设置可燃气体检测报警系统。

(2)加气站内设置有 LPG 设备、LNG 设备的场所和设置有 CNG 设备(包括罐、瓶、泵、压缩机等)的房间内、罩棚下,应设置可燃气体检测器。

(3)可燃气体检测器一级报警设定值应小于或等于可燃气体爆炸下限的 25%。

7.1.2.4 建(构)筑物

布置有 LPG 或 LNG 设备的房间的地坪应采用不发生火花地面。

7.1.2.5 工程施工

(1)承建加气站建筑工程的施工单位应具有建筑工程的相应资质。

(2)承建加气站安装工程的施工单位应具有安装工程的相应资质。从事锅炉、压力容器及压力管道安装、改造、维修的单位,应取得相应的特种设备许可证。

(3)从事锅炉、压力容器和压力管道焊接的焊工,应按现行行业标准《特种设备焊接操作人员考核细则》(TSG Z6002)的有关规定,取得与所从事的焊接工作相适应的焊工合格证。

(4)无损检测人员应取得相应的资格。

(5)加气站工程施工应按工程设计文件及工艺设备、电气仪表的产品使用说明书进行,需修改设计或材料代用时,应有原设计单位变更设计的书面文件或经原设计单位同意的设计变更书面文件。

(6)施工中的安全技术和劳动保护,应按现行国家标准《石油化工建设工程施工安全技术规范》(GB 50484)的有关规定执行。

7.2 加气站安全管理组织机构和职责

加气站应实行全面安全管理。全面安全管理是指安全工作要实行全过程、全员和全方位的安全管理。

(1)全过程安全管理:对加气站从选址、设计、施工,到竣工、投产、成品储存、运输、销售等全过程的每一个环节都要进行严格的安全管理。

(2)全员安全管理:从站长、安全管理人员、技术人员,直到每个工人都要参与安全管理。其中,领导层是全面安全管理的核心,如果没有这个核心,一切安全管理工作都难以得到有效的实施;专业安全人员、技术人员等都应在各自的业务范围内对安全生产负责,这是搞好安全工作的中坚力量；操作工人则是全面安全管理的基础，只有每个工人都重视安全，做到自觉遵章守纪，主动安全操作，才能最终搞好安全。

(3) 全方位的安全管理：只要有生产劳动的地方就存在安全问题，所以，对生产工艺、设备、站房的所有部分、区域，都要全面辨识危险，并采取相应的防范措施。

全面安全管理首先需要建立完善的安全管理组织，并明确安全管理组织中各部门的职责。

7.2.1　加气站安全管理组织

7.2.1.1　方针目标

加气站应坚持"安全第一、预防为主、持续改进、安全发展"的安全生产方针。主要负责人应依据国家法律法规，结合企业实际，组织制定文件化的安全生产方针和目标。安全生产方针和目标应满足：

(1) 形成文件，并得到所有从业人员的贯彻和实施；
(2) 符合或严于相关法律法规的要求；
(3) 与企业的职业安全健康风险相适应；
(4) 目标予以量化；
(5) 公众易于获得。

7.2.1.2　安全管理组织的建立

加气站应成立安全生产工作领导小组，加气站站长为组长，也是安全生产第一责任人。依据《中华人民共和国安全生产法》第十九条规定，加气站应设专职安全员。在班组应设兼职安全员，一般可由班长担任。

加气站的安全组织简单，而且由于人手少，加上员工不可能经常集中在一起，但安全管理组织不能形同虚设，要结合实际科学开展工作。如定期不定期地开展安全教育、消防演习、安全知识竞赛；督促检查加气现场安全管理措施；成立群众性的义务消防组织，并经常进行安全教育，使员工做到"三懂三会"，即懂火灾危险性、懂预防措施、懂扑救方法，会报警、会使用消防器材、会扑救初期火灾等。

(1) 加气站应设置安全领导小组，设置安全生产管理部门或配备专职安全生产管理人员，并按规定配备注册安全工程师。

(2) 加气站应根据生产经营规模大小，设置相应的管理部门。某加气站行政管理网络图如图 7.1 所示。

(3) 加气站应建立、健全安全生产管理网络。如某加气站建立了安全生产领导小组(图 7.2)，由站长担任组长，副站长、安全员担任副组长，各职能部门的第一责任人为组员，员工为成员，并由此构成安全生产管理网络，日常的具体工作由安全科负责实施。

7.2.2　加气站安全生产责任制

安全生产责任制是按照职业安全健康工作方针"安全第一，预防为主，综合治理"和"管生产的同时必须管安全"的原则，将各级负责人员、各职能部门及其工作人员和各岗位生产工人在职业安全健康方面应做的事情和应负的责任加以明确规定的一种制度。

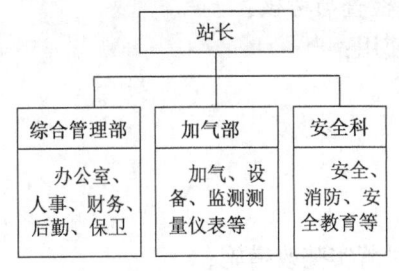
图 7.1 某加气站行政管理网络图
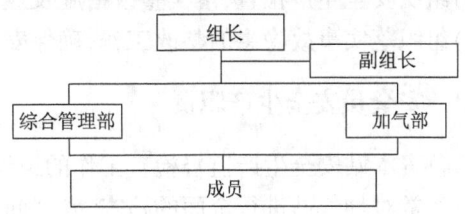
图 7.2 安全管理领导小组

《安全生产法》明确规定生产经营单位必须建立、健全安全生产责任制。安全生产责任制是生产经营单位各项安全生产规章制度的核心,是生产经营单位行政岗位责任制和经济责任制度的重要组成部分,也是最基本的职业安全健康管理制度。

安全生产责任制由各级各类人员安全生产职责构成。各级领导、各类人员是指企业主要负责人、主管安全生产副厂级及其他副厂级负责人、安全生产管理人员、车间主任、班组长及职工。安全生产责任制要满足:(1)明确主要负责人安全职责,对《安全生产法》规定的主要负责人安全职责进行细化;(2)明确各级管理人员的安全职责,做到"一岗一责";(3)明确从业人员安全职责,做到"一岗一责"。

加气站安全生产责任制具体如下。

7.2.2.1 站长安全职责

加气站站长是本单位安全生产的第一责任人,全面负责安全生产工作,落实安全生产基础和基层工作。

根据法律规定,加气站负责人对本加气站安全生产工作负有下列职责:

(1)建立、健全加气站的安全生产责任制。
(2)组织制定加气站安全生产规章制度和操作规程。
(3)保证加气站安全生产投入的有效实施。
(4)督促、检查加气站的安全生产工作,及时消除生产安全事故隐患。
(5)组织制定并实施加气站的安全生产事故应急预案。
(6)及时、如实报告安全生产事故。
(7)全面负责成品油的安全管理,使之符合有关法律法规、规章的规定和国家标准、行业标准的要求。
(8)保证加气站具有法律、行政法规和国家标准或行业标准规定的安全生产条件。
(9)企业主要负责人组织实施安全标准化,建设加气站安全文化。
(10)企业主要负责人作出明确的、公开的、文件化的安全承诺,并确保安全承诺转变为必需的资源支持。

7.2.2.2 主管安全生产副站长安全职责

(1)协助站长抓好安全生产工作,贯彻落实安全生产方针、政策,对本单位安全生产负直接领导责任;
(2)认真组织好生产经营活动中的生产安全工作,负责研究协调处理有关安全生产问题;
(3)负责安排编制安全生产劳动保护措施计划并组织实施;

（4）负责对本单位干部、职工的安全教育的监督、检查与考核；
（5）组织安全生产检查，落实整改措施及经费的使用；
（6）组织落实事故隐患的整改工作，确保安全生产。

7.2.2.3　安全员安全生产职责

（1）负责本站安全生产监督检查工作的组织；
（2）经常对加气站进行全面的检查，发现问题及时落实整改措施；
（3）负责对本单位的特种设备建档、登记，并做好特种作业人员操作证的发放、登记；
（4）负责劳保用品、用具的登记、发放工作；
（5）负责检查上级安排的各种安全活动的开展情况，并及时收录；
（6）负责安全生产文件、资料的收集保管，并做好各项活动记录；
（7）发生事故参加抢救和调查，并负责上报登记。

7.2.2.4　岗位工人安全生产职责

（1）严格执行安全生产规章制度和安全技术操作规程，不违章作业和冒险蛮干；
（2）必须正确穿戴和使用劳动保护用品、用具，检查本岗位安全防护装置、设施是否齐全、完好、有效；
（3）熟练掌握安全操作技能和故障排除方法，坚守工作岗位，定时巡回检查，及时发现和消除事故隐患，对重大问题应立即向上级报告；
（4）制止、纠正他人的不安全行为。

7.2.2.5　安全领导小组的安全职责

安全领导小组是加气站安全管理标准化体系实施成功的最重要的因素之一，在履行承诺、推动和督促安全工作方面具有不可替代的关键作用。

加气站安全领导小组成员的安全职责：
（1）全面贯彻落实《安全生产法》，依法建立和完善各级安全生产责任制；
（2）建立重大隐患整改制度，落实安全责任追究制度；
（3）通过多种形式提高员工安全生产法制意识；
（4）适应形势发展变化要求，全面推进安全生产标准化工作；
（5）推动"关爱生命、关注安全"的企业安全文化建设；
（6）研究和分析安全生产中的重大问题，指导全局性的安全生产工作；
（7）就安全生产重大问题提出决策性意见；
（8）安全领导小组要落实领导干部带班制度，主要负责人要对领导干部带班负全责。

7.2.2.6　安全投入

加气站的安全生产费用提取和控制，依据国家有关规定（《企业安全生产费用提取和使用管理办法》财企〔2012〕16号），执行加气站的《企业安全生产费用提取和使用管理办法》中规定了安全生产费用的提取标准。

《安全生产费用提取使用管理规定》中还规定了安全生产费用的使用范围，即完善改造和维护安全防护设备设施、配备必要的应急救援器材和现场作业人员安全防护用品、安全生产检查和评价、安全技能培训及应急救援演练、其他与安全生产直接相关的事项。

加气站财务部门应建立安全费用使用台账,确保所提取的安全费用全部用于安全生产和员工作业环境的改善。

依据《安全生产法》《职业病防治法》,加气站执行"职业卫生管理制度",其中明确了加气站须按照《工伤保险条例》为所有从业人员按期缴纳工伤保险费用。

加气站应按规定缴存安全风险抵押金,或参加包括雇主责任险和公众责任险在内的安全生产责任保险,投保的赔偿限额标准不低于每人30万元和每次事故100万元。

7.3 加气站的风险分析

天然气汽车的迅速发展对天然气加气站提出了更高的要求,天然气加气站的种类主要分为:压缩天然气(CNG)加气站、液化天然气(LNG)加气站。

CNG加气站是目前国内建设最多(数量能占到80%以上)、技术最为成熟、配套设备最为完善的一种加气站建设模式,又称为标准站,适应于天然气输配管网的覆盖区域,一般靠近主城市。

LNG能量密度远大于CNG,约为CNG的3倍。因此,LNG的充装速度快(100~180 L/min),大型车辆的充装时间也不过4~6min,是一种正在兴起、具有良好推广应用前景的加气站类型。

由于天然气本身具有极高的易燃易爆性质,而且CNG加气站、LNG加气站又具有高压、低温等特性,因此天然气加气站的生产经营过程具有一定的危险性,需要对其风险进行辨识和分析。

7.3.1 CNG加气站风险分析

目前国内已建成CNG站的运行过程中,因安全管理、安全检测手段和安全技术措施尚不到位,自1994年以来,已先后发生了多起火灾爆炸事故,如1994年9月12日,绵阳CNG充装站的2只钢瓶发生爆炸,幸无人员伤亡;1997年7月24日,泸州纳溪加气站在给川EOO296号大客车加气时,由于驾驶员未关闭防漏阀,使天然气在车内泄漏,遇乘客点火吸烟闪燃起火,烧伤18人,其中3人重度烧伤;2004年7月10日下午4时许,成都二环路南四段鲁能永丰加气站里一辆出租车突然发生爆炸,致使出租车司机当场死亡,旁边另外一名出租车司机也被炸伤,后经有关部门调查,引发事故的主要原因是气瓶的质量及稳定性存在问题;2006年4月16日,由于车主使用不合格气罐,重庆气矿鱼洞CNG加气站内发生爆炸,气罐飞出百多米外,泄漏气体冲起数米高,车主被炸伤。

CNG是一种易燃易爆气体,且在发生事故时其扩散能力强、火势蔓延快,加之生产中需将它加压到25MPa,并以20~25MPa的压力储存,故CNG储存装置是目前我国可燃气体的最高压力储存容器。加气站生产的特点决定了其危险是客观存在的,这些潜在危险因素可能给加气站工作人员、用户和周围环境造成一定风险和危害。

7.3.1.1 车用气瓶泄漏、爆炸

CNG车用气瓶可分为全钢气瓶、环向缠绕气瓶、全缠绕气瓶和全复合材料气瓶等。全钢

气瓶的优点是价格低廉,结构牢固,缺点是十分笨重,且易腐蚀,因而必须定期反复地进行耐压试验,以确保气瓶安全。金属内胆、外表全部缠裹纤维带的气瓶,内胆疲劳寿命低,高温状态下易产生热应力,金属内胆的生产周期长。全复合材料压缩天然气气瓶的突出优点是,强度重量比值高,设计灵活,同时具有较强的抗腐蚀性能,生产周期较短,此外复合材料在受到撞击或高速冲击发生破坏时,不会产生具有危险性的碎片,避免了对人员的伤害;缺点是管子接口与内胆的连接设计较复杂,工作温度范围较窄,为 $-59 \sim 104℃$。

在 CNG 加气站的安全事故中,车用气瓶爆炸占首位,多达 20 多起,主要原因是:气瓶制造技术缺陷、材质缺陷和非法改装、气瓶的安全泄压装置泄气。

1. 气瓶制造技术缺陷

CNG 车用气瓶发生事故的主要表现形式是泄漏、燃烧和爆炸。发生安全事故的重要原因是气瓶制造技术存在缺陷。通过对 CNG 钢瓶的抽样检验和对爆炸钢瓶的宏观检查,断口扫描、电子探针和 X 射线质谱分析发现,钢瓶材料存在抗拉强度值偏高、屈强比偏大、塑性指标偏低的问题;通过分析钢瓶材质的纯净度可知,部分钢瓶材质中有害杂质元素(S、P、O)的含量超过了安全技术要求的控制指标;一些钢瓶生产企业的生产工艺和制造精度难以满足技术要求,加工、装配、安装质量不稳定。

2. 材质缺陷和非法改装

这类事故多发生在早期的全钢气瓶上,主要原因是早期钢瓶材料抗硫化氢腐蚀能力不足,同时气瓶长期反复充气所形成的交变应力的强度不够或因材料内部缺陷而产生疲劳破坏。近年来也曾出现钢内胆环向缠绕及钢气瓶或铝内胆全缠绕气瓶爆炸事故,内置材质及缠绕工艺和材料的品质也需要注意采用劣质气瓶、报废气瓶非法改装,甚至使用液化气钢瓶改装或用焊接的方式自制钢瓶。

3. 气瓶的安全泄压装置泄气

在车用气瓶的瓶阀上装有爆破片及易熔塞组合的安全泄压装置,一旦气瓶超压和被火烧时进行泄压,然而泄压气就地排放遇到点火源极易发生火灾爆炸事故。

7.3.1.2 加气机故障

加气机故障除了会影响营业外,还可能引起安全事故,尤其是火灾、爆炸事故。加气机的主要故障如下所述。

1. 误操作导致加气机拉倒被撞和加气枪高压管拉断

2006 年 8 月 19 日中午 11 点,利川市亿利达车用压缩天然气加气站出现惊险一幕,一台大货车加气后,工作人员未及时抽出加气枪,货车启动前行时将加气枪拉断,导致大量天然气喷出。事发当时正值城区出租车、公共汽车加气的高峰时段,一辆驾校教学用大货车在 1 号加气机 A 位加完气后,急着让后面的车加气,没有检查及抽掉加气枪就启动发动机前行。随着"轰"的一声巨响,加气枪被拉断成两截,加气管弹起老高,高压的天然气从加气机和货车内同时喷出。事发后,工作人员立即关掉加气机的加气开关和汽车进气阀,才没酿成火灾事故。

2. 加气软管老化,爆管

2010 年 7 月 8 日,一辆槽车抵达该站卸气,加气站女工陈某用软管将槽车和基站的管道连接好以后，相继打开槽车和基站的阀门，由于管子老化的缘故，软管突然爆裂，舞动的管子将陈某击倒在地上，继而出现天然气泄漏。

3. 电磁阀和单向阀故障率高

加气机电磁阀过滤器堵塞或滤网破坏等，易造成电磁阀、加气口、单向阀密封处等承压部件连接处压缩天然气气路漏气现象。两位三通阀泄漏及电磁阀和单向阀故障率高发是应引起重视的问题。特别在经营状况较好的加气站，两位三通阀正常使用寿命仅数月，给加气带来了较大的影响，而电磁阀和单向阀（特别是三连电磁阀）零件损坏频繁，甚至造成一路无法修复整个三连电磁阀报废的局面。

4. 加气机的限压设定值偏差较大，超压加装

当加气压力达到天然气汽车储气瓶压力最大值（20MPa）时，加气机自动停止加气。目前需要注意的是这一功能的正确发挥，部分加气机的限压设定值往往偏差较大，造成汽车储气瓶的安全隐患。为此，个人认为应加强重视这一涉及安全的充装措施，限压设定值的偏差宜控制在汽车储气瓶允许最高工作压力的±5%以内。

5. 未设安全拉断阀或拉断阀质量不过关

加气机的加气软管上应设拉断阀，拉断阀在外力作用下分开后，两端应自行密封，当加气软管内的天然气工作压力为20MPa时，拉断阀的分离拉力范围宜为400~600N。

7.3.1.3 储气井隐患

目前国产储气的装置，可分为3种：储气瓶组、储气罐和地下储气井。井管储气方式是近几年迅速发展起来的一种全新储气方式，经过10多年来的开发研究和应用，目前正逐步趋于成熟与完善。地下储气井具有占地面积小、运行费用低、操作维护简便和事故影响范围小等优点，很快就受到CNG汽车加气站建设者和消防安全部门的广泛关注和欢迎。地下储气井使用中出现的异常情况主要是泄漏、井管爆裂和井口装置上串或下沉。

1. 泄漏

泄漏有两种情况：井口装置泄漏和井下泄漏。井口装置泄漏发生在井口封头与井管连接螺纹处和井口装置中的阀门、管件处，这类泄漏现象比较容易发现，也较容易处理，一般不致酿成严重后果。井下泄漏发生在井下，可通过储气井充满CNG后，井口压力表不能稳压而发现。问题在于很难弄清井下泄漏的确切泄漏位置，也就很难采取有效的补救措施。实践中往往只好采取报废旧井、另建新井的做法。

2. 井管爆裂

井管往往会因腐蚀、"氢脆"而发生爆裂。若固井质量良好，则爆裂后仅产生天然气的泄漏现象，否则将会导致整个储气井全部井管拨地腾空，十分危险。在最近的一次事故，井底封头与储气井管连接口胀破，导致该井9根井管冲出地面，其中4根断裂后倒向站侧停车场，5根倒向加气区及其附近，造成7辆汽车和加气站顶棚损毁，造成巨大经济损失，幸无人员伤亡。

3. 井口装置上串或下沉

一些储气井在使用过程中，出现井管慢慢地向上爬的现象，甚至出现处理一次后，又继续上爬的现象；有些储气井在使用一段时间后，出现气井有下沉的现象。对于上述两种情况，如

不及时处理会造成连接管线破裂拉断,连接接箍松动发生冲管事故,导致大量气体从井内喷出,其后果也是较为严重的。此种情况多数是由于固井质量不良所致。

7.3.1.4 压缩机故障

对于加气站,压缩机为动设备,其产生故障和发生事故的概率较大。现在的CNG压缩机虽然在安全保护及自动运行方面比较完备,可对运行中的主要工艺参数进行监控、分析和处置,但对压缩机可能产生的机械故障和强度破坏目前没有完善的检测手段。因此,对压缩机的运行安全应给予足够的重视。

1. 压缩机进气压力过低或过高

用户非常关注CNG压缩机的排气压力,采取的安全措施都比较多。但对进气压力的变化,对压缩机的运行产生的不良影响往往重视不够,部分用户只看到进气压力的提高可大幅提高排气量,且忽略了进气压力超过额定压力后造成的超负荷,会给电动机以及压缩机前两级受压和受力构件安全带来影响。许多压缩机出现曲轴、连杆、十字头、活塞杆的损坏均与此有关。

压缩机适应进气压力低于额定压力的范围较宽,但过低的进气压力也会使压缩机前两级的压缩比过大,工作温度上升,压缩机排气量下降,过高的工作温度也会使压缩机损坏,并带来安全隐患。

2. 冷却水系统结垢

压缩机在运行一段时间后,其冷却效果会逐步降低,尤其水冷压缩机,其冷却系统在运行一段时间后会产生冷却器管束结垢,严重的会堵塞冷却水通道,使各级吸气温度和排气温度大幅上升,造成压缩机相关零件的工作温度上升,负荷加重甚至损坏压缩机从而酿成事故。因此,应保持冷却水的通畅、水温的控制以及冷却器的清洁、定期出垢。

3. 冷却器及分离器的损坏

因管道天然气在压缩为CNG的过程中,各级冷却器、分离器长期受到CH_4、H_2S、CO_2、H_2O、O_2、Ca^{2+}、Mg^{2+}、C_3、C_4等物质共同作用,还受到中高压气体和杂质的长期冲刷和振动,应力幅度变化也较大,极易发生疲劳。

特别应提防压缩机级间及末级冷却器的损坏,尤其是水冷式冷却器。人们往往因为冷却水程(0.2~0.4MPa),而忽略爆炸的可能性。重庆某加气站压缩机末级冷却器的不锈钢冷却管破裂,大量高压天然气冲入壳程而一时无法全部从水道排出,造成爆炸。因此冷却管的质量非常重要,同时加强日常的检查也很重要。

4. 压缩机的润滑系统问题

压缩机分为有油、少油和无油润滑三种。无论哪种压缩机,其曲轴、连杆及十字头的摩擦面均是采用油泵加注润滑油进行润滑。对于采用有油润滑的压缩机,压缩机的注油量应适当,过多会使压缩机腔内严重积碳,也可能因缸内积累润滑油过多而产生液击,液击严重的可能会损伤运动部件,甚至顶飞气缸盖(座)酿成重大事故。过少润滑不良、摩擦加剧以及损坏零部件,甚至造成全机损坏。

在润滑系统中人们将重点放在油泵和注油器上,还要重视气缸注油的单向阀,该阀一旦故障,可能导致高压气体反串入润滑油系统。注意冷却水系统和润滑油系统的运行压力,一般润滑油系统的运行压力略高于冷却水系统压力,防止水进入润滑系统。

7.3.2 LNG加气站风险分析

LNG加气站除了在气体质量、加气机等方面与CNG加气站有部分共性问题外,它还有一些自身特有的安全问题和危险隐患。

由于LNG的低温特性、蒸发特性、易燃易爆特性等,如果加气站的设备不能满足LNG的低温要求,以及LNG加气站周围复杂的环境,对LNG加气站的管理不够完善,会导致危险事故的发生。LNG加气站应预防发生的事故类型有LNG分层及翻滚,间歇泉现象,急冷和液击现象,快速相变,低温损害,LNG的泄漏、燃烧、爆炸。

1. LNG分层及翻滚

LNG分层及翻滚是LNG储罐容易发生的流体剧烈蒸发的失稳储存现象,从20世纪70年代LNG工业兴起以来,已发生过多起翻滚引发的事故。1993年10月英国燃气公司的一座LNG储配站发生翻滚事故,储罐内压力急速上升,紧急放散阀开启,导致大约150tLNG被排空,翻滚事故导致储罐内LNG剧烈蒸发,压力急剧增大,导致安全放散阀打开,不仅造成LNG资源的浪费,而且有可能引发燃烧爆炸等事故,对LNG加气站及其周边环境的安全造成威胁。

分层是导致翻滚现象发生的直接原因,而导致储罐内LNG分层原因主要有两个:一是外界热量的渗入,使得靠近储罐壁的流体温度升高,形成热边界层,热量的不断漏入使边界层厚度增加,在储罐内形成自然分层,当上下层的密度差趋于0时,大量流体蒸发引起翻滚现象。同时,随着LNG的老化,甲烷和氮的率先蒸发也会导致储罐内发生分层现象。二是向储罐中充注与原有LNG温度、组成有较大差异的新LNG,会引起储罐内充注分层。分层后下层流体的密度大,温度高;上层流体的温度低,密度小,储罐内形成自然对流循环,两层之间不断进行热交换,密度和温度逐渐接近,当密度接近相等时则迅速混合,流体迅速剧烈蒸发,发生翻滚现象。

LNG储罐内如果发生了分层及翻滚现象,储罐内将产生大量蒸发气体,为防止储罐超压,需要设置安全放散系统、火炬系统和气体回收系统,将产生的气体回收,或者不能回收时则通过火炬系统将其燃烧,以免翻滚现象对储罐安全造成威胁。

2. 间歇泉现象

间歇泉现象指流体在长的低温输送垂直管道中,低温流体由于受热气化产生气泡,随着气泡数量的不断增多,将低温流体挤出管道进入储罐产生喷发的现象。

环境的热量不断漏入管道内,导致管内LNG流体的温度升高,产生蒸发气体。管道内的气体不能及时上升到液面,随着热量的增加,气体量也逐渐增多,逐渐积聚到一起。积聚到一定程度后,气体压力逐渐增大,在管道中逐渐上升,并在储罐中突然喷发,在喷发的同时将管道内的流体也推向储罐内。与此同时流体的喷发排空了管道内的气相空间,储罐内的LNG流体便迅速地补充进入到管道中,重新开始流体受热蒸发和气化的积聚过程,经过一段时间以后会再次形成流体喷发的过程,因为这种过程具有间歇性而且像喷泉一样喷发因此被称为间歇泉。这种管内流体不断被排空和充注的过程会产生类似水锤的压力波动。如果间歇泉现象在系统中经常发生的话,产生的压力冲击波动会对储罐的管道、阀门造成结构性破坏,同时也使储罐内LNG的蒸发量显著上升。

间歇泉和水击现象的发生主要是LNG储罐底部管道及其附件热量漏入导致管内LNG受热气化造成的,在LNG的储罐充注过程中也有可能出现流动过程中的间歇泉。所以在设计和建设中需要管道和储罐具有较好的绝热性能。

3. 急冷和液击现象

急冷是指管道或设备在短时间内迅速降温的现象。由于 LNG 加气站运行的间歇性，在系统运行后突然启动加气或者卸气的过程中，特别是首次运行启动可能会发生急冷现象。急冷现象会在管道的顶部和底部形成温度变化梯度，使两个支架间的管道发生扭曲现象，由于扭曲应力较大，管道存在断裂的危险。

由于 LNG 汽车加气的间歇性，加气站内的设备反复开停，阀门或者泵的开启或者关停使得管道内的流体流速突然发生变化，有时甚至是激烈的变化，流体的动量也发生改变，管道内的压强迅速上升或下降，同时会伴有流体锤击的声音，这种现象称为液击(或者称水击)。液击会造成管道内压力的剧烈变化，压力突然升高，严重时可导致管道爆裂，而迅速降压造成管内负压，则会使管道失稳，引起管道振动。

为防止急冷和水击现象的发生，在设计中要考虑到由管道内介质的低温特性造成管道的冷收缩，设置合理的管道补偿方式；加气站在运行之前一定要进行设备和管道的预冷；运行过程中，泵和阀门等设备的开启和关闭速度一定不能过快，建议采用行程较长的阀门，例如低温截止阀，防止压力的突然升降。

4. 快速相变(冷爆炸)

快速相变是指 LNG 在泄漏遇到水的情况下，由于 LNG 的密度比水的密度小，LNG 会在水面之上；起初 LNG 温度非常低(约 $-162℃$)，两者的温差达 $175℃$。于是两者之间发生强烈的传热过程，因为大温差使得接触面处流体剧烈蒸发，在水面和 LNG 之间形成一层蒸气层，这更加剧了换热的强度。如果蒸气层遭到破坏，则会进入沸腾传热状态，因此 LNG 迅速被加热并发生快速相变。同时气体的剧烈蒸发导致接触面的压力逐渐升高，从而引发冷爆炸现象。

LNG 快速相变发生的直接原因是 LNG 的泄漏和泄漏流体所接触到的环境，因此当 LNG 加气站发生大量 LNG 泄漏后，严禁用水喷淋，而且应该经常对 LNG 加气站的环境进行清理，及时清理站内的积水等。

5. 低温损害

LNG 的低温对人体造成的损害可以分为三类，即低温冻伤、低温麻醉和窒息。操作人员在直接接触 LNG 低温设备或者 LNG 发生泄漏时，皮肤表面会黏在低温物体表面上，人的皮肤及皮肤以下组织被冻结，很容易撕裂，并留下伤口。如果人体长时间处在 $-10℃$，则会有低温麻醉的危险。LNG 泄漏后，如果人吸入低温的 LNG 蒸汽，短时间内会呼吸不畅，长时间吸入冷气体的话就会有严重的后果。随着 LNG 的泄漏，空气中的氧含量也在不断减少，当大气中的氧含量低于 18% 时，则会造成操作人员出现窒息的症状，若长时间处于高浓度 LNG，氧含量低于 6% 的环境下可能会使人呼吸停止，甚至死亡。

LNG 对人体造成低温伤害的主要来源一是低温设备的绝热效果不好，设备表面温度过低；二是加气站内发生 LNG 泄漏，导致人类直接与 LNG 接触，并吸入过冷气体；三是操作人员在操作时没有采取低温防护措施，造成了本可以避免的损害。为防止 LNG 对人体造成损害，操作人员在操作过程中应与低温设备保持一定的距离，避免直接接触低温设备表面；穿好低温防护服、佩戴好防护用具；为避免由泄漏 LNG 对人体造成伤害，应该经常检查 LNG 加气站内容易发生泄漏的环节，比如阀门和连接管道等。

6. 泄漏、燃烧、爆炸

LNG 的泄漏是各种 LNG 场站事故比较严重的一种,许多加气站事故的发生往往都是由 LNG 的泄漏引发的。LNG 的泄漏在短时间内便会迅速蒸发,会引发快速相变、蒸汽云团、燃烧、爆炸等现象,严重的话可能会引发火灾,并会对人体造成低温损害。

LNG 泄漏后果的严重程度的主要影响因素为:发生泄漏的储罐或者管道的工作温度和压力;泄漏处的位置和大小;加气站的位置和周边的环境;监测到加气站内发生泄漏后采取的措施。根据 LNG 加气站的实际运行情况,容易发生泄漏的部位和环节有储罐底部阀门、LNG 低温泵的进出口、加气机加气软管接口处、卸车软管与储罐和槽车连接处、管道连接焊缝等位置。

如果加气站内存在点火源,当 LNG 泄漏浓度达到其燃烧范围时会导致 LNG 燃烧。加气站内可能存在的火源有电器设备的切断或接通、接线松动和电线破裂等情况下产生的电火花,金属或硬物碰撞产生的电火花、工人的化纤类衣服产生的静电、人员吸烟、打电话等其他火源。

加气站的燃烧、爆炸情况分为燃烧后爆炸和爆炸后燃烧两种情况。燃烧后爆炸的原因为:燃烧的火焰不能及时扑灭,导致设备内 LNG 温度和压力迅速升高,如果安全放散阀不能及时工作,导致设备爆炸;泄漏燃烧的气体与空气的混合比例达到天然气的爆炸极限(5% ~ 15%),发生爆燃。

加气站的爆炸主要是指管道和设备的压力超过其最大承受压力强度时发生的爆炸或局部炸裂。爆炸事故发生的主要原因有两方面:一是系统运行压力超过设备的强度极限;二是设备由于腐蚀、疲劳损伤等原因,设备本身的强度和承受能力下降导致。一旦设备发生爆炸,LNG 发生泄漏,如果没有点火源不会发生燃烧,但是如果大量的 LNG 泄漏与空气混合形成可燃混合气体,有可能导致爆炸后的燃烧事故。

为了防止 LNG 泄漏导致安全事故的发生,加气站内设备和管道除了能承受 LNG 低温外,作运行过程中应加强设备状态的监控,定期检修,一旦发生泄漏应及时采取补救措施。

7.4 加气站设备安全与管理

天然气主要组分是甲烷,大约占 80% ~ 99%,其次还含有乙烷、丙烷、总丁烷、总戊烷、二氧化碳、一氧化碳、硫化氢、总硫和水分等。由于天然气的组成绝大部分为甲烷,因而 CNG 加气站、LNG 加气站在工艺、设施和作业操作方面均具有一定危险性,应采取安全技术措施保证安全生产。

7.4.1 CNG 加气站工艺设备安全

7.4.1.1 工艺流程

CNG 加气站的工艺流程为:原料天然气进站后,进入压缩机组,由压缩机压缩到一定压力,此时可直接通过加气装置,将压缩天然气加气给汽车,也可将压缩天然气储存在储气瓶组内,再向汽车加气,如图 7.3 所示。

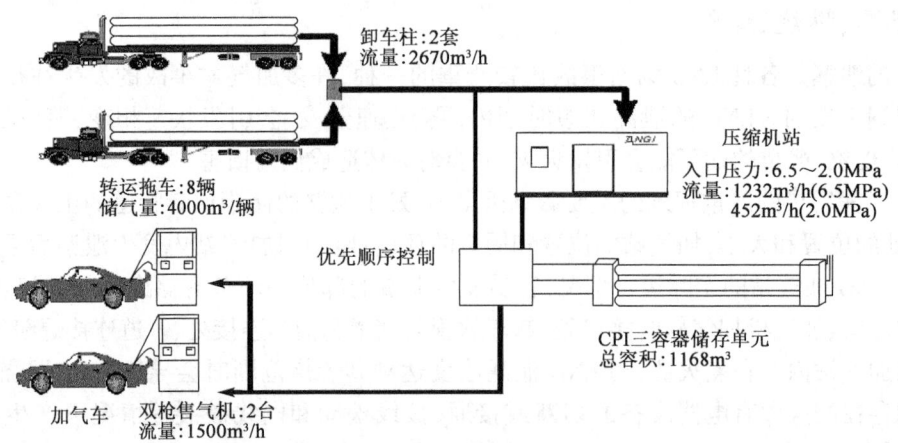

图 7.3　CNG 加气站工艺流程示意图

7.4.1.2　工艺与设施安全

1. 天然气的质量、调压、计量、脱硫和脱水

(1)压缩天然气加气站进站天然气的质量应符合现行国家标准《天然气》(GB 17820)中规定的 11 类气质标准和压缩机运行要求的有关规定。增压后进入储气装置及出站的压缩天然气的质量必须符合现行国家标准《车用压缩天然气》(GB 18047)的规定。

进站天然气需脱硫处理时,脱硫装置应设在压缩机前。脱硫装置应设双塔。脱硫塔设在压缩机前可保护压缩机组,选用双塔轮换使用,有利于装置运行和维护。当进站天然气需脱水处理时,脱水可在天然气增压前、增压中或增压后进行。脱水装置应设双塔。

(2)天然气进站管道上宜设置调压装置,以适应压缩机工况变化需要,满足压缩机的吸入压力,平稳供气,并防止超压,保证运行安全。

(3)天然气进站管道上应设计量装置,计量装置的设置应符合 GB/T 18603—2014《天然气计量系统技术要求》的相关规定。

(4)加气站内的设备与管道,凡经增压、输送、储存需显示压力的地方,均应设压力测点,并应设供压力表拆卸时高压气体泄压的安全泄气孔,保证拆卸压力表时排放管内余压,确保操作安全。压力表量程范围应为 2 倍工作压力,压力表的准确度不应低于 1.5 级。

2. 天然气增压

天然气压缩机的选型和台数应根据加气站进、出站天然气压力、总加气能力和加气的工作特征确定。加气母站宜设一台备用压缩机,加气子站宜设一台小型倒气用压缩机。加气母站内压缩机一般运行时间较长,设一台备用压缩机可保证加气站不间断运营。加气子站设一小型压缩机协助卸气及子站内输气,可提高输气效率。压缩机动力机宜选用电动机,也可选用天然发动机。压缩机前应设缓冲罐,以保证压缩机工作平稳。

设置压缩机组的吸气、排气和泄气管道时,应避免管道的振动对建筑物、构筑物造成有害影响。压缩机进出口管道的振动如果引起压缩机房共振,会对压缩机房产生破坏作用。所以,需采取措施予以避免。控制管道流速(如压缩机前进气总管天然气流速不大于 20m/s,压缩机后出气总管天然气流速不大于 5m/s)是减少管道振动的一项有效措施。

天然气压缩机宜单排布置,压缩机房的主要通道宽度不宜小于2m,通道留有足够的宽度,便于安装、维修、操作和通风。

压缩机组的运行管理宜采用计算机集中控制,这样可提高机组的安全可靠程度。压缩机组运行的安全保护应符合下列规定:

(1)压缩机出口与第一个截断阀之间应设安全阀,安全阀的泄放能力不应小于压缩机的安全泄放量。

(2)压缩机进、出口应设高、低压报警和高压越限停机装置。

(3)压缩机组的冷却系统应设温度报警及停车装置。

(4)压缩机组的润滑油系统应设低压报警及停机装置。

压缩机的卸载排气不得对外放散。回收的天然气可输至压缩机进口缓冲罐。压缩机排出的冷凝液应集中处理。

3. 压缩天然气的储存

(1)加气站内压缩天然气的储气设施宜选用储气瓶或储气井。

(2)储气设施的工作压力应为25MPa,其设计温度应满足环境温度要求。

(3)储气瓶应选用符合国家有关规定和标准的产品。

(4)加气站宜选用同一种规格型号的大容积储气瓶。当选用小容积储气瓶时,每组储气瓶的总容积不宜大于$4m^3$,且瓶数不宜大于60个。

(5)加气站内的储气瓶宜按运行压力分高、中、低三级设置,各级瓶组应自成系统。

(6)小容积储气瓶应固定在独立支架上,且宜卧式存放。储气瓶采用卧式排列便于布置管道及阀件,方便操作保养,当瓶内有沉积液时易于外排。卧式瓶组限宽为1个储气瓶的长度,限高1.6m,限长5.5m。同组储气瓶之间净距不应小于0.03m,储气瓶组间距不应小于1.5m。

(7)储气井的设计、建造和检验应符合国家现行标准《高压气地下储气井》(SY/T 6535)的有关规定。储气井的建造应由具有天然气钻井资质的单位进行。

(8)储气瓶组或储气井与站内汽车通道相邻一侧,应设安全防撞栏或采取其他防撞措施。

(9)压缩天然气加气站也可采用橇装式储气加气设备。

4. 压缩天然气加气机

(1)加气机不得设在室内。

(2)加气机的数量应根据加气汽车数量、每辆汽车加气时间4~6min计算确定。

(3)加气机应具有充装与计量功能,并应符合下列规定:

①加气机额定工作压力应为20MPa。

②加气机加气流量不应大于$0.25m^3/min$(工作状态)。

③加气机应设安全限压装置。

④加气机计量准确度不应低于1.0级。

⑤加气量计量应以立方米为计量单位,最小分度值应为$0.1m^3$。

⑥加气量计量应进行压力、温度校正,并换算成基准状态(压力101.325kPa,温度20℃)下的数值。

⑦在寒冷地区应选用适合当地环境温度条件的加气机。

⑧加气机的进气管道上宜设置防撞事故自动切断阀。

(4)加气机的加气软管上应设拉断阀。

(5)加气软管上的拉断阀、加气软管及软管接头等应符合下列规定:拉断阀在外力作用下分开后,两端应自行密封。当加气软管内的天然气工作压力为20MPa时,拉断阀的分离拉力范围宜为400~600N。加气软管及软管接头应选用具有抗腐蚀性能的材料。

(6)加气机附近应设防撞柱(栏)。

5. 加气工艺设施的安全保护

(1)天然气进站管道上应设紧急截断阀,这样可以在一旦发生火灾或其他事故、自控系统失灵时,操作人员仍可以靠近并关闭截断阀,切断气源,防止事故扩大。手动紧急截断阀的位置应便于发生事故时能及时切断气源。

(2)储气瓶组(储气井)进气总管上应设安全阀及紧急放散管、压力表及超压报警器。每个储气瓶(井)出口应设截止阀。

各储气瓶组的截断阀设置是为了检查、保养、维修气瓶。如个别地方渗漏或堵塞不通时,即可分段关闭进行检修。储气瓶组总输出管设置主截断阀是为了储气区的维修、操作和安全需要。紧急截断阀主要是截断加气区与储气区、压缩机之间的通道,以便于维修和发生事故时紧急切断。加气截断阀主要用于加气机的加气操作。

(3)储气瓶组(储气井)与加气枪之间应设储气瓶组(储气井)截断阀、主截断阀、紧急截断阀和加气截断阀。

(4)加气站内缓冲罐、压缩机出口、储气瓶组应设置安全阀。安全阀的设置应符合《固定式压力容器安全技术监察规程》的有关规定。安全阀的定压 p_0 除应符合《固定式压力容器安全技术监察规程》的有关规定外,尚应符合下列规定:

① 当 $p \leqslant 1.8$MPa 时, $p_0 = p + 0.18$;

② 当 1.8MPa $< p \leqslant 4.0$MPa 时, $p_0 = 1.1p$;

③ 当 4.0MPa $< p \leqslant 8.0$MPa 时, $p_0 = p + 0.4$;

④ 当 8.0MPa $< p \leqslant 25.0$MPa 时, $p_0 = 1.05p$。

p 为设备最高操作压力。

(5)加气站内的天然气管道和储气瓶组应设置泄压保护装置,泄压保护装置应采取防寒和防冻措施。泄放气体应符合下列规定:

① 一次泄放量大于 $500m^3$(基准状态)的高压气体应通过放散管迅速排放。

② 一次泄放量大于 $2m^3$(基准状态),泄放次数平均每小时 2~3 次以上的操作排放,应设置专用回收罐。

③ 一次泄放量小于 $2m^3$(基准状态)的气体可排入大气。

(6)加气站的天然气放散管设置:

① 不同压力级别系统的放散管宜分别设置。

② 放散管管口应高出设备平台 2m 及以上,且应高出所在地面 5m 及以上。

6. 压缩天然气管道及其组成件

(1)增压前的天然气管道应选用无缝钢管,并应符合现行国家标准《输送流体用无缝钢管》(GB/T 8163)的有关规定。增压后的天然气管道应选用高压无缝钢管,并应符合现行国家标准《高压锅炉用无缝钢管》(GB/T 5310)或《流体输送用不锈钢无缝钢管》(GB/T 14976)的有关规定。

(2)加气站内的所有设备、阀门、管道、管件的设计压力应比最大工作压力高10%,且在任何情况下不应低于安全阀的定压。

(3)加气站内与压缩天然气接触的所有设备、管道、管件、阀门、法兰、垫片等的材质应与天然气介质相适应。

(4)增压前的天然气管道宜埋地敷设,其管顶距地面应大于0.5m。冰冻地区宜敷设在冰冻线以下。

(5)加气站内室外高压管道宜埋地敷设,这样受外界干扰小,较安全。若采用低架敷设,其管底距地面应大于0.3m。管道跨越道路时,管底距地面净距应大于4.5m。室内管道宜采用管沟敷设,管沟应用于沙填充,以防泄漏天然气聚集形成爆炸危险空间。还要设活门及通风孔。

(6)埋地管道防腐设计应符合国家现行标准的有关规定,并应采用最高级别防腐绝缘保护层。

7.4.2 LNG加气站的工艺安全

7.4.2.1 工艺流程

LNG加气站主要有预冷流程、卸车流程、汽车加气流程、加气机工作流程等方面工艺流程。

1. 预冷流程

预冷的主要目的是降低LNG流经管道的温度,减少工作过程中产生的BOG蒸汽。实现的方法为:首先依靠储罐与LNG泵池间的液位差,预冷泵及泵池与储罐间的管道,在达到设定条件要求后,泵低速运行,预冷泵出口至LNG加气机及加气机至储罐间的管道。预冷设定的主要条件是泵池入口温度,以及泵池入口温度与泵池温度间的差值,只有当温度低于设定值以及温度差小于设定值两个条件均满足时,泵才能启动。

2. 卸车流程

增压卸车:利用卸车增压器将部分LNG气化,气体回到槽车储罐提高槽车压力,利用压差将槽车中的LNG输送到站内储罐中。

泵卸车:启动泵,直接用LNG泵将LNG从槽车充装到站内储罐。

3. 汽车加气流程

泵高速运行,通过LNG泵高速旋转提升出口压力,一般情况下泵出口和泵入口压差到达0.8~0.9MPa,如果站内储罐压力为0.5MPa,泵出口压力为1.3~1.4MPa,此时只要被加注车辆容器内压力低于1MPa,即可顺利实现加气。如果车辆气瓶压力过高,需要连接回气枪,将车辆内气相放回到站内储罐,降低车辆压力。

4. 加气机工作流程

大循环预冷:将加气枪插回到加气枪座,LNG依次流经单向阀、流量计、液相气动阀、软管、加气枪、加气枪座、单向阀循环回站用储罐,当流量计检查到温度达到设定值后,预冷完成。

加气:从加气机加气枪座上拔下加气枪,如有必要(车瓶压力较高时)连接好回气枪,LNG

流经流量计后充装入车瓶,当液相流量低于设定值或气相流量高于设定值时,结束加气。

小循环预冷:如果预冷与加气间隔时间较长,检测到条件不允许加气时,加气机自动开启小循环流程,流体经单向阀、气相气动阀循环回站内储罐,当检测到条件达到设定值时,加气机自动转入加气模式。

7.4.2.2 工艺和设施安全

1. LNG 低温储罐

LNG 低温储罐,通常采用立式或卧式真空粉末绝热低温储罐,双层结构,内筒为 0Cr18Ni9 奥氏体不锈钢,外筒为 16MnR 容器板材制造,内外筒之间用珠光砂填充并抽真空绝热,最大的危险性在于真空破坏,绝热性能下降,从而使低温深冷储存的 LNG 因受热而气化,储罐内压力剧增,安全放散阀开启,产生大量的天然气放空。其次可能的危险性还有储罐根部阀门之前产生泄漏,如储罐进出液管道或内罐泄漏,但这些事故发生概率很小。

2. LNG 泵橇

LNG 泵橇上有两个主要工艺设施,一个是低温潜液泵,一个是增压器,在正常运行时,两设施与 LNG 储罐之间阀门开启而相通,泵的进出口有可能因密封失效产生泄漏,增压器的进口是 LNG 储罐或 LNG 槽车的液相出口,出口是气体,同样因密封失效可能产生泄漏,但在关闭了储罐或 LNG 槽车的出液口后,泄漏量很小。

3. LNG 加注机枪

LNG 加注机枪直接给汽车加注 LNG,其接口为软管连接。接口处容易泄漏,也可能因接口脱落或软管爆裂而泄漏。在关闭了储罐出液口后或低温泵停止工作后,泄漏量很小。

4. 卸车软管

LNG 卸车软管与槽车连接,危险性同 LNG 加气枪一样。但在关闭了 LNG 槽车出液口后或低温泵停止工作后泄漏量不大。

5. LNG 槽车

LNG 槽车危险性与 LNG 储罐相同,但一般卸车时间控制在 2h 左右,每天最多卸车一次,时间短,次数少,发生事故概率较小。

7.4.3 典型设备安全管理

1. CNG 储气瓶的安全管理

(1)加气站储气瓶组宜采用同一种规格的储气瓶。

(2)压缩天然气储气瓶必须使用具有国家认定生产资质厂家的产品,并符合国家相关标准的规定。

(3)储气瓶应按《压力容器安全技术监察规程》(质技监局国发〔1999〕154号)要求定期送检,以保证钢瓶安全,严禁使用过期未检钢瓶。

2. 压缩机、泵的安全管理

(1)压缩机的固定应牢固可靠,避免其振动影响其他设备。

(2)定期巡检时应检查机泵的声音、振动、温升有无异常。

(3)经常检查机泵润滑系统,定期加注润滑油。电动机、泵每两月加注一次润滑脂,每半年化验一次压缩机油,不符合要求时立即更换。特殊情况下随时安排化验检查,及时依据检查情况决定更换与否。

(4)每半年至少进行一次压缩机的气门组件检查。

3.加气机的安全管理

(1)应定期检查加气机各密封面,保证无泄漏。

(2)加气机须具有紧急切断、过流切断、拉断切断、安全回流等安全装置并保持完好有效。加气枪的加气嘴应具有自封功能。

(3)加气机的安全装置应定期进行检测,保证加气机安全运行。

4.阀门及安全附件安全管理

(1)阀门应定期进行养护,保持启闭灵活,无渗漏现象。

(2)紧急切断阀应每月进行一次校验,泄压后应在3s内关闭阀门,保证在紧急状态时发挥作用。

(3)储气罐、管道、机泵和加气机的安全附件应按国家有关规定定期进行检定校验:高压储气罐每3年一次;压力表、温度计每半年一次;流量计每半年一次;液位计应在每次开罐检查时进行一次校验;安全阀每年至少应校验一次。

7.5 加气站电气安全技术与管理

为了避免加气站电气事故的发生,必须做好电气的安全技术与管理,采取相应的措施,如绝缘、安全电压、自动断开电源、防火、防爆、漏电保护、防雷、防静电等。加气站电气安全是一项综合技术。它既有工程技术的要求,又有组织管理的要求,彼此相辅相成,关系十分密切。

7.5.1 危险区域的划分

加气站内生产和生活设施在不同环境和作业条件下具有不同的安全要求,特别是安全用电要求。为了便于正确合理地进行电气设计、设备选型、安装、维护和安全管理,把加气站划分成爆炸危险区域、火灾危险区域和一般用电区域。

爆炸危险区域是指压缩天然气(CNG)或液化天然气(LNG)与空气混合后,有可能达到爆炸极限的区域,包括压缩天然气(CNG)或液化天然气(LNG)生产作业区,及其周围的有限空间。

火灾危险区域是指闪点高于环境温度的可燃气体生产作业区。

一般用电区域是指除上述两个区域以外的其他区域。

可燃性气体与空气或氧气混合后,在某一浓度范围内,遇到火源将引起爆炸,此浓度范围称为混合气体的爆炸极限。当浓度高于或低于某一极限值时,火焰便不再蔓延,所以这个能使可燃气体与空气或氧气组成的混合物在点火后可以蔓延的最低浓度称为该混合气体的爆炸下限。同样能使火焰蔓延的最高浓度称为混合气体的爆炸上限。浓度在爆炸极限范围以内的混合气体称为爆炸性气体混合物。

加气站经营的压缩天然气、液化天然气与空气混合形成爆炸性气体混合物,根据其出现的频繁程度和持续时间,将爆炸危险区域划分为 3 个等级。

0 级区域(简称 0 区):连续出现或长期出现爆炸性气体混合物的环境。

1 级区域(简称 1 区):在正常运行时可能出现爆炸性气体混合物的环境。

2 级区域(简称 2 区):在正常运行时不可能出现爆炸性气体混合物的环境,或即使出现也仅是短时存在爆炸性气体混合物的环境。

正常运行是指正常的开车、运行、运转、停车、天然气的装卸、输送,密闭容器盖的开闭,安全阀、排放阀等以及设备在其设计参数范围内工作的状态。区域划分图的图例如图 7.4 所示。

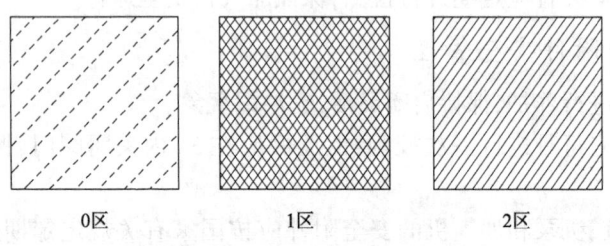

图 7.4 爆炸危险区域划分图的图例

7.5.2 电气防爆技术

1. 防爆电气设备的类型及标志

防爆电气设备类型有Ⅰ类和Ⅱ类:Ⅰ类指煤矿用电气设备;Ⅱ类指除煤矿外的其他爆炸性气体环境用电气设备。加气机用的电气设备一般属于Ⅱ类。

各类电气设备,按其不同的防爆性能和工作原理,分为隔爆型、增安型、本质安全型、浇封型、正压型、充油型和充砂型等,有关防爆型式的标志见表 7.1。

表 7.1 防爆型式的标志

防爆型式	隔爆型	增安型	本质安全型	浇封型	正压型	充油型	充砂型
标志	d	e	I(ia、ib)	m	p	o	q

防爆电气设备的外壳明显处均应有永久性防爆共同标志"Ex"。防爆标志举例如图 7.5 所示。

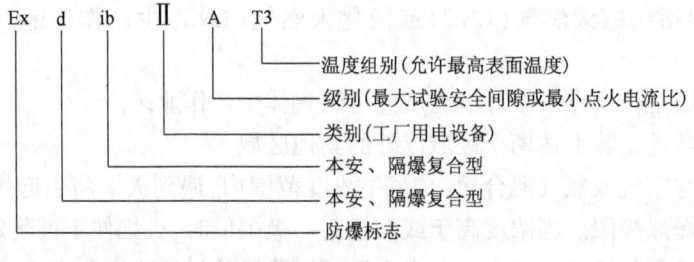

图 7.5 防爆标志举例

2. 防爆设备选择的基本要求

(1)按所处的爆炸危险区域选择电气设备的防爆类型。

0区危险环境应选择本质安全型(ia)与适合0区危险环境的特殊型(s)。

1区危险环境应选择隔爆型(d)、增安型(e)、本质安全型(ia、ib)、浇封型(m)、正压型(p)等。增安型设备只限于接线箱、三相鼠笼式异步电动机产品。

2区危险环境应选择0区、1区危险环境使用的防爆类型、n型电气设备。

(2)防爆电气设备的结构设计及选材应保证设备在户外有遮蔽的可燃气体环境中可靠运行。

3. 等电位连接

电气部件的绝缘损坏将使设备的外壳带电,壳体的局部电位升高,与固定的金属机架或邻近的设备外壳产生电位差,碰触后会引起电气火花,引燃周围环境的爆炸性气体混合物。所以,加气机机箱、电气设备的金属外壳、配线的金属接头及附件、加气枪金属接头都应进行等电位连接。

等电位连接有两种办法:一是通过电缆的PE绝缘芯线或金属管中的PE线在设备的内接地连接件上互相连接在一起;另一种是通过铜芯截面为$2.5mm^2$以上的绝缘线与电气设备的外接地连接件相互连接在一起,达到接触电阻值小于0.1Ω。

本质安全型电气设备不需要进行等电位连接。具有双重绝缘的电气设备或金属管布线的电气设备不必进行等电位连接,后者要求壳体于金属管螺纹啮合处涂的防锈油应有导电性。

7.5.3 静电的控制和防护

加气站在接卸、输转、加气过程中,流体与储罐内壁,流体与管道内壁,流体与泵、阀门、计量器等摩擦都会产生静电荷。由于压缩天然气、液化天然气都是静电的非导体,易产生静电积聚,静电荷积聚到一定程度就会形成静电放电。如果静电放电能量超过可燃气体的最小点燃能量,就会引起火灾、爆炸事故。

静电对加气站和加气站的主要危害:一是引起气体燃料的燃烧爆炸和火灾;二是引起电气元件误动作及作业条件受到限制,妨碍经营;三是引起人体电击及因电击造成二次伤害。

7.5.3.1 形成静电灾害的条件及消除静电灾害的基本途径

1. 形成静电灾害的条件

静电灾害是在一定条件下造成的,静电作为火源引起爆炸和燃烧的条件可归纳为4点:

(1)有静电产生的来源。

(2)静电得以积聚,并达到足以引起火花放电的静电电压。

(3)静电放电的火花能量达到爆炸性混合物的最小引燃能量。

(4)静电放电周围必须有爆炸性混合物存在。

上述4个条件,任何一个条件不具备时,就不会引起静电灾害。

2. 消除静电灾害的基本途径

从静电灾害形成的条件看出,消除静电灾害有4个基本途径:

(1)减少静电的产生。加气站减少静电电荷产生的措施通常有:在工艺上尽量减少弯头、阀门的设置,缩短气管线距离;控制卸气和加气速度。

(2)防止静电积聚,加速静电电荷的泄漏。不论采用什么样的方法控制静电的产生,都不能完全消除静电,即静电的产生是不可避免的,但只要防止静电荷积聚使其不能达到静电放电电压,就能有效地防止静电灾害事故的发生。因此,必须加速静电电荷的泄漏。加气站防静电积聚的主要措施是对储气罐、管线、加气机等设备进行接地和跨接等安全管理措施。

(3)防止产生高电场引起静电火花放电。爆炸危险场所,如加气作业场所、卸气作业场所等操作人员严禁穿脱、拍打衣服。

(4)防止爆炸性混合气体存在。降低爆炸危险场所的可燃气体浓度,如防止储罐、管线及设备的泄漏;在爆炸危险区域内对气体浓度进行自动检测,如超过爆炸极限浓度下限的20%,则进行安全自锁,即停止作业。

7.5.3.2 加气站防静电措施

静电作为火源引起爆炸和燃烧有4个条件。要避免火灾事故的发生,只要消除其中的任何一个或几个条件就可以了,即防止或减少静电的产生;设法导走或中和产生的静电荷,使它不能积聚;防止产生高电场,静电放电没有足够能量;防止爆炸性混合气体的形成。

静电接地是指将储存容器、管道及其他设备通过金属导线和接地体与大地连通而形成等电位,并有最小电阻值。跨接是指将金属设备以及各管道之间用金属导线相连造成等电位体。加气站中的爆炸危险场所和火灾危险场所内的所有装置都需要静电接地,但当金属体已与防雷保护接地系统连接时,就不需要另做静电接地。接地装置严禁与电气设备的接地装置共用。加气站的静电接地应符合以下要求:

(1)地上或管沟敷设的输油和输气管道的始端、末端和分支处应设防静电和防感应雷接地装置。防感应雷的接地电阻值不大于30Ω。

(2)加气站的加气机,加气枪均应作静电接地,静电连接线应为截面不小于$6mm^2$的软铜线,接地电阻不大于100Ω。加气枪流速不大于3m/s。卸车场地,应设用于罐车卸车时用的防静电接地装置,为卸油设施跨接的静电接地装置,且宜采用能检测跨接线及监视接地装置状态的静电接地仪。

(3)在爆炸危险区域内的输气管道的法兰接头、胶管两端、阀门等连接处应用金属线跨接。有不少于5根螺栓连接的法兰,在非腐蚀环境下,可不跨接。

(4)防静电接地装置的接地电阻值不大于100Ω。

7.5.3.3 人体的防静电

加气站加气员在爆炸危险场所频繁作业和接触设备,可能由于带电会造成事故。人体由于自身活动和与带电体接触产生静电带电。人体穿着的内外衣,由于材料不同,在穿、脱情况所产生的静电也有差异。人体穿着的内外衣为化纤织品或毛织品产生的静电最高,在穿脱时形成的蓝色火花,即放电可能引燃、引爆爆炸性混合气体的机会较多。因此,加气员应避免穿化纤衣服,应穿着防静电服,或棉织品的衣服;在加气站勿用化纤和丝绸类纱布去擦拭加气机(加气机、烃泵、压缩机)、油罐口、量油口等;在爆炸危险场所设置座椅,也勿选用人造革或化纤类作靠垫的座椅;在爆炸危险场所,工作人员严禁穿脱衣服,不得梳头、拍打衣服。

7.5.4 加气站防雷技术

加气站是车用压缩天然气(CNG)或液化天然气(LNG)的专门场所。这些场所不可避免地存在爆炸性混合气体,一旦遭受雷击,可能导致严重的火灾爆炸事故。

7.5.4.1 雷电的危害

雷电是大自然中静电放电过程,是雷云接近大地时,地面感应出相反电荷,当电荷积聚至一定程度,产生云和云之间以及云和大地之间放电,迸发出光和声的现象。雷电是一种自然灾害,有很大的破坏作用。建筑物、构筑物、电气线路和变配电装置等设施和设备遭受雷击时,会产生相当高的过电压和过电流,在所波及的范围内,可能造成设备和设施的破坏,导致火灾或爆炸,甚至人员的伤亡。

雷电的危害可分为直接危害和间接危害。直接危害是由雷电对大地放电引起的,间接危害是由雷电流产生的电磁感应和雷云静电而引起的。

7.5.4.2 加气站雷电灾害的控制和防护

加气站的防雷接地装置,其接地电阻越小,雷电流导入大地的能力越好,反击和跨步电压也越小。加气站的防雷应符合以下要求:

(1)钢制储气罐及其金属附件应相互作等电位电气连接并接地,接地点不应少于2处。接地线与接地体应采用焊接方式连接,连接线与被接地设备应使用防锈金属材料并设断接卡,用双螺栓连接,埋地部分均应焊接。

加气站的防雷接地、防静电接地、电气设备的工作接地、保护接地及信息系统的接地等,宜共用接地装置,其接地电阻不应大于4Ω。

当各自单独设置接地装置时,储气罐的防雷接地装置、配线电缆金属外皮两端和保护钢管两端的接地装置,其接地电阻不应大于10Ω;保护接地电阻不应大于4Ω;地上输气管道始、末端和分支的接地装置,其接地电阻不应大于30Ω。

(2)气罐的罐体、阻火器等附件,应相互作电气连接并接地。

(3)当加气站的站房(罩棚)需要防直击雷时,应采用避雷带(网)保护。

(4)加气站的信息系统(通信、液位、温度、压力、计算机系统等)应采用铠装电缆或导线穿钢管配线。配线电缆金属外皮两端、保护钢管两端均应接地。

(5)弱电系统(通信、信号、监测和微机控制等)应按有关专业规定或产品技术要求,采取防雷措施,装设与电子器件耐压水平相适应的过电压保护器。

(6)380/220V供配电系统的电缆金属外皮或电缆金属保护管两端均应接地,在供配电系统的电源端应安装与设备耐压水平相适应的过电压保护器(电涌保护器)。

(7)配电间的配电盘、仪表间的仪表盘、电气设备及正常不带电的电气设备外壳均应作保护接地,保护接地电阻不应大于4Ω。

(8)加气站应采用不发火地面。

7.6 加气站事故管理与应急救援

7.6.1 事故管理概念

7.6.1.1 事故

事故是造成死亡、职业病、伤害、财产损失、环境破坏的事件；也可以说是导致生命或财产达到特定损伤水平的不希望出现的事件；还可以说事故是人们在实现有目的的行动过程中，突然发生的、迫使其有目的的行动暂时或永远终止的一种意外事件。这个定义有三重意思：一是事故的背景，存在某种实现目的的行动过程；二是突然发生了意想不到的事件，即事故是随机事件；三是事故的后果迫使行动暂时或永远终止。事故有生产性事故和非生产性事故，生产性事故才是预测预防和监督的对象。所谓生产性事故是指企业在生产过程中突然发生的，伤害人体、损坏财物、破坏环境、影响生产正常进行的意外事件。

"隐患"顾名思义是隐藏的祸患，通常在安全生产中称为事故苗子，安全系统工程学称之为危险因素或不安全因素，即生产中存在的可能导致事故和损失的不安全条件。

事故是不正常事件的总称，是事故隐患转化的结果。它并不是人们的愿望，而是意外的事件，随着生产过程而存在，随着生产过程的延续而发生和发展。任何事故的发生都是一个动态过程，要想不发生事故，根本措施就是消除潜在的危险因素。危险因素是造成事故的直接原因，主要来自人的不安全行为、物的不安全状态、环境的不安全条件和管理的缺陷，这四项称为4M因素。

7.6.1.2 事故管理

事故管理是将加气站中发生的各类事故、不安全因素和事故隐患进行调查处理、统计分析、归纳分类、研究对策，为安全管理提供科学依据。事故管理意义在于为加气站提供事故发生和发展的规律，制订预防和控制事故发生的对策。同时，事故管理以各项数据记载着事故造成的危害，控制和战胜事故的业绩，显示出安全管理的社会效益和经济效益。随着技术和经济的发展，加气站事故的发生和发展规律也在变化，事故管理要适应经济和技术的发展。

事故管理方法是运用统计分析法，对加气站各类事故及其相关因素进行统计和运算，定性和定量分析，找出事故发生和发展的规律，或运用调查研究法，在大量统计分析的基础上，进行许多局部和专题的深入调查，准确地判断事故发生的客观原因与发生部位、作业方式、季节、时间的关系，以及人们心理和行为的关系，找出人、物、环境的内在联系，为预防事故、减少和控制事故危害提供科学依据，以制订有效的预防措施。

7.6.2 加气站事故的分类和等级划分

7.6.2.1 事故的分类和分级

凡在加气站区域或作业过程中发生的人员伤亡、物资财产损失均称为加气站事故。按事故类型分为爆炸事故、火灾事故、设备事故、生产作业事故、交通事故、人身伤亡;按事故性质分为责任事故、非责任事故或破坏事故。

事故等级分为六级,具体划分标准如下所述。

1. 特大事故

凡符合下列条件之一,为特大事故:
(1)一次事故造成死亡 10 人及以上。
(2)一次事故直接经济损失 500 万元及以上。

2. 重大事故

凡符合下列条件之一,为重大事故:
(1)一次事故造成死亡 3~9 人。
(2)一次事故造成重伤 10 人及以上。
(3)一次事故直接经济损失 100 万元及以上、500 万元以下。

3. 一级事故

凡符合下列条件之一,为一级事故:
(1)一次事故造成重伤 1~9 人。
(2)一次事故造成死亡 1~2 人。
(3)一次事故直接经济损失在 10 万元及以上、100 万元以下。

4. 二级事故

一次事故直接经济损失在 1 万元及以上、10 万元以下为二级事故。

5. 三级事故

一次事故直接经济损失在 6000 元及以上、1 万元以下为三级事故。

6. 四级事故

一次事故直接经济损失在 1000 元及以上、6000 元以下为四级事故。

7.6.2.2 事故报告

(1)发生事故后,事故当事人或发现人应立即报告站(班)长和主管公司的有关领导,紧急情况要报警;伤亡、中毒事故应保护现场并迅速组织抢救人员及财产;重大火灾、爆炸,应组成现场指挥部,防止事故蔓延扩大。

(2)凡属二级以上事故,加气站应立即报告主管公司,主管公司在事故发生后 15h 内将事故发生的时间、地点、起因、经过、造成的后果、初步分析、已采取措施等情况报省(区、市)公司,省(区、市)公司应在事故发生后 20h 内,以电话、电报或传真方式上报上级公司。涉及人员伤亡及重大事故应立即按事故性质,相应报告企业所在地的消防、劳动部门。

(3)由于火灾、爆炸等原因造成较大社会影响的事故,应迅速报集团公司相关部门。

(4)发生涉及死亡的特大、重大和一级事故,由省(区、市)公司的主要领导、主管部门负责人、安全处长及事故单位的主要负责人,在对事故原因基本调查清楚的基础上,提出处理意见,在事故发生 20 天内向上级公司汇报。

(5)凡发生一级以上事故,在事故发生后 25 天内,按事故报告要求上报上级公司。

7.6.2.3 事故调查

1. 事故调查应分级进行

轻伤、重伤事故,由企业负责人或其制定的人员组织生产、技术、安全等有关人员以及工会成员参加的事故调查组,进行调查。

死亡事故,由企业主管部门会同企业所在地设区的市(或者相当于设区的市一级)安全生产监督管理部门、公安部门、工会组成事故调查组,并邀请人民检察院派员参加,还可以邀请有关专家参加调查。

重大死亡事故,按照企业的隶属关系由省、自治区、直辖市企业主管部门或者国务院有关部门会同同级安全生产监督管理部门、公安部门、监察部门、工会组成事故调查组,并邀请人民检察院派员参加,还可以邀请有关专家参加调查。

特大安全事故的调查,按照发生事故企业的隶属关系由省、自治区、直辖市人民政府或者国务院归口管理部门组织,成立特大事故调查组,负责事故的调查工作。国务院认为应当有国务院调查的特大事故,由国务院或国务院授权的部门成立特大事故调查组。特大事故调查组根据事故的具体情况,由发生事故的企业归口管理部门、公安部门、监察部门、计划综合部门、安全生产监督管理部门等单位派员组成,并邀请人民检察院和工会派员参加。特大事故调查组根据调查工作的需要,可以选聘其他部门或者单位的人员参加,也可以聘请有关专家进行技术鉴定。

2. 事故调查组成员任职条件

(1)具有事故调查所需要的某一方面的专长;
(2)与所发生事故没有直接利害关系;
(3)具有认真负责、实事求是的品德。

3. 事故调查组的职责

(1)查明事故经过、人员伤亡及经济损失情况;
(2)查明事故发生原因;
(3)确定事故的性质和责任;
(4)提出对事故责任者的处理建议;
(5)检查控制事故的应急措施和落实情况;
(6)提出防止类似事故再发生的技术措施和事故教训;
(7)提出今后需要研究的课题;
(8)提出对有关法律、条例、规程等修改意见;
(9)写出事故调查报告。

事故调查组有权向发生事故的企业和有关单位、有关人员了解有关情况和索取有关资料,任何单位和个人不得拒绝。

事故调查组在查明事故情况后,如果对事故的分析和事故责任者的处理不能取得一致意见,安全监察部门有权提出结论性的意见;如果仍有不同意见,应当报上级安全监察部门商请有关部门处理;仍不能达成一致意见的,报同级人民政府裁决。但不得超过事故处理工作的时限。

任何单位和个人不得阻碍、干涉事故调查组的正常工作。

4. 事故调查中重点工作

事故调查中要重点做好下列几项工作：

(1) 现场处理。事故发生后，要积极组织抢救受伤害者，采取措施防止事故蔓延扩大；要认真保护现场，不得破坏与发生事故有关的物体、痕迹和标志。为抢救受伤人员和防止事故扩大，需要移动现场对象时，必须做出标志、拍照和详细记录。事故现场的清理，如无特殊情况，必须经当地安监部门、检察院同意。

(2) 搜集物证。事故现场物证是指破损部件、碎片、残留物、致害物及其位置。在现场搜集到的所有对象，均应贴上标签，注明地点、时间、管理者。所有对象应保持原样，不准冲洗擦拭。

(3) 搜集事故事实材料。

5. 管理方面的调查

管理方面的调查包括：

(1) 企业及主管部门对党和国家"安全第一，预防为主"的方针和安全生产法律的执行情况；

(2) 企业安全管理机构的建立和安全管理人员配备情况；

(3) 安全生产规章制度的指定和执行情况；

(4)《作业规程》及技术措施的编制、审批和事实情况；

(5) 对员工的培训教育情况；

(6) 安全技术措施经费的提取和使用情况；

(7) 历年来的安全情况。

7.6.2.4　事故原因的确定

在整理和阅读调查材料的基础上，首先进行事故的伤害分析，然后分析和确定事故的直接原因和间接原因，最后进行事故的责任分析，确定事故的责任者。

事故伤害分析按受伤部位、受伤性质、起因物、致害物及伤害方式等方面进行。在事故直接原因分析中要找出直接导致事故的不安全行为和不安全状态。间接原因分析要找出使人的不安全行为和物的不安全状态产生的原因，特别要找出管理方面的缺陷。

7.6.2.5　事故责任的追究

处理伤亡事故的主要目的，在于吸取教训、采取措施、消除导致发生事故的各种不安全因素，避免同类事故再次发生。因此，对于伤亡事故的处理，一定要做到"四不放过"，即事故原因分析不清不放过、事故责任者和群众没有受到教育不放过、没有制订出防范措施不放过、事故责任者没受到处理不放过。

根据对事故直接原因和间接原因的分析，确定事故的直接责任者、领导责任者和主要责任者。

通过追究事故责任，使事故责任者受到教育，使事故单位领导和广大职工从中吸取教训，改进工作，提高事故预防水平，同时也对社会其他成员起到警示作用。

根据《企业职工伤亡事故报告和处理规定》，因忽视安全生产、违章指挥、违章作业、玩忽职守或者发现事故隐患、危害情况而不采取有效措施以致造成伤亡事故的,由企业主管部门或企业按照国家有关规定,对企业负责人和直接责任人给予行政处分;构成犯罪的,由司法机关依法追究刑事责任。

7.6.3 加气站事故预防

7.6.3.1 防止人失误与不安全行为

与工业安全领域长期以来使用的术语"人的不安全行为"不同,在现代安全工程中广泛采用术语"人失误"。按系统安全的观点,人也是构成系统的一种元素,当人作为一种元素发挥功能时,会发生失误。人失误是指人的行为的结果偏离了规定的目标,或超出了可接受的界限,并产生了不良的后果。人的不安全行为也可以看作是一种人失误。一般来讲,不安全行为是操作者在生产过程中发生的。直接导致事故的人失误,是人失误的特例。

不同学者对造成人为失误的原因提出了不同的看法,比较著名的是皮特森(Petersen)人失误致因分析。皮特森认为过负荷、人机学方面的问题和决策错误是造成人失误的原因。

从预防事故角度,可以从三个阶段采取措施防止人失误:控制、减少可能引起人失误的各种原因因素,防止出现人失误;在一旦发生了人失误的场合,使人失误不至于引起事故,即人失误无害化;在人失误引起了事故的情况下,限制事故的发展,减小事故损失。

可以从技术措施和管理措施两方面采取防止人失误措施,一般地,技术措施比管理措施更有效。

1. 防止人失误的技术措施

(1)用机器代替人。据统计,机器的故障率在 $10^{-4} \sim 10^{-6}$,而人失误率在 $10^{-2} \sim 10^{-3}$。因此,用机器代替人操作,不仅可以减轻人的劳动强度,提高劳动效率,而且可以有效地避免或减少人失误。

(2)冗余系统。冗余是把若干元素附加于系统基本元素上来提高系统可靠性的方法。附加上去的元素称作冗余元素,含有冗余元素的系统称作冗余系统。冗余系统的特征是,只有一个或几个而不是所有的元素发生故障或失误,系统仍然能够正常工作。用于防止人失误的冗余系统主要是以并联方式工作的系统。

两人操作。本来由一个人可以完成的操作,由两个人来完成。一般地,一人操作另一人监视,组成核对系统(check system)。

人机并行。由人员和机器共同操作组成的人机并联系统,人的缺点由机器来弥补,机器发生故障时由人员发现故障并采取适当措施来克服。

审查。各种审查(review)是防止人失误的重要措施。在时间比较充裕的场合,通过审查可以发现失误的结果而采取措施纠正失误。

(3)耐失误设计。耐失误设计(fool proof)是通过精心的设计使得人员不能发生失误或者发生失误了也不会带来事故等严重后果的设计。

利用不同的形状或尺寸防止安装、连接操作失误。

采用联锁装置防止人员发生误操作;紧急停车装置;采取强制措施迫使人员不能发生操作失误;采用联锁装置使人失误无害化。

(4)警告。警告包括视觉警告、听觉警告、触觉警告。视觉警告又包括以下方面:亮度;颜色;信号灯;旗;标记;标志;书面警告。

(5) 人、机、环境匹配。工业生产作业是由人员、机械设备、工作环境组成的人—机—环境系统。作为系统元素的人员、机械设备、工作环境合理匹配,使机械设备、工作环境适应人的生理、心理特征,才能使人员操作简便准确、失误少、工作效率高。人机工程学就是研究这个问题的科学。人—机—环境匹配问题主要包括人机功能的合理分配、机器的人机学设计及生产作业环境的人机学要求等。机器的人机学设计主要是指机器的显示器和操纵器的人机学设计。这是因为机器的显示器和操纵器是人与机器的交接面。人员通过显示器获得有关机器运转情况的信息,通过操纵器控制机器的运转。设计良好的人机交接面可以有效地减少人员在接收信息及实现行为过程中的人失误。

显示器的人机学设计。机械、设备的显示器是一些用来向人员传达有关机械、设备运行状况的信息的仪表或信号等。显示器主要传达视觉信息,它们的设计应该符合人的视觉特征。具体地讲,应该符合准确、简单、一致及排列合理的原则。

操纵器的人机学设计。操纵器的设计应该使人员操作起来方便、省力、安全。为此,要依据人的肢体活动极限范围和极限能力来确定操纵器的位置、尺寸、驱动力等参数。

生产作业环境的人机学要求。许多工业伤害事故的发生都与不良的生产作业环境有着密切的关系。工业生产作业环境问题主要包括温度、湿度、照明、噪声、震动、粉尘及有害物质等问题。这些问题必须合理解决,达到一定的标准要求。

2. 防止人失误的管理措施

(1) 职业适合性。职业适合性是指人员从事某种职业应该具备的基本条件,它着重于职业对人员的能力的要求。

职业适合性分析。职业适合性分析是确定职业适合性的方法,通过分析某种职业的任务、责任、性质等特征,确定职业对人员的具体要求;分析人员的生理、心理特征,确定人员适合于什么职业。职业适合性分析包括工作定向分析和人员定向分析两方面的工作。

工作定向分析在于确定职业的特征,如工作条件,工作空间,物理环境,使用的设备、工具,操作特点,训练时间,判断难度,安全状况,作业姿势,体力消耗等特征。人员定向分析在工作定向分析的基础上确定从事该职业人员应具备的基本条件。人员应具备的基本条件包括所负责任、知识水平、技术水平、创造性、灵活性、体力消耗、训练和经验八个方面的情况。

职业适合性测试。职业适合性测试是在确定了某种职业的职业适合性的基础上,测试人员的能力看其是否符合该种职业的要求。职业适合性测试包括生理功能测试和心理功能测试两方面的测试。

职业适合性与人员选择。选择能力过高或过低的人都不利于事故预防。一个人的能力低于操作要求的水平,则由于他没有能力正确处理操作中出现的各种信息而不能胜任工作,还可能发生人失误;反之,当一个人的能力高于操作要求的水平时,不仅浪费人力资源,而且在工作中会由于心理紧张度过低,产生厌倦情绪而发生人失误。

(2) 安全教育与技能训练。安全教育与技能训练是防止职工产生不安全行为,防止人失误的重要途径。安全教育、技能训练的重要性,首先在于它能够提高企业领导和广大职工搞好事故预防工作的责任感和自觉性。其次,安全技术知识的普及和安全技能的提高,能使广大职工掌握工业伤害事故发生发展的客观规律,提高安全操作技术水平,掌握安全检测技术和控制技术,搞好事故预防,保护自身和他人的安全健康。

人的行为层次和安全教育。拉氏姆逊把生产过程中人的行为划分为三个层次,即反射层次的行为、规则层次的行为和知识层次的行为,如图7.6所示。

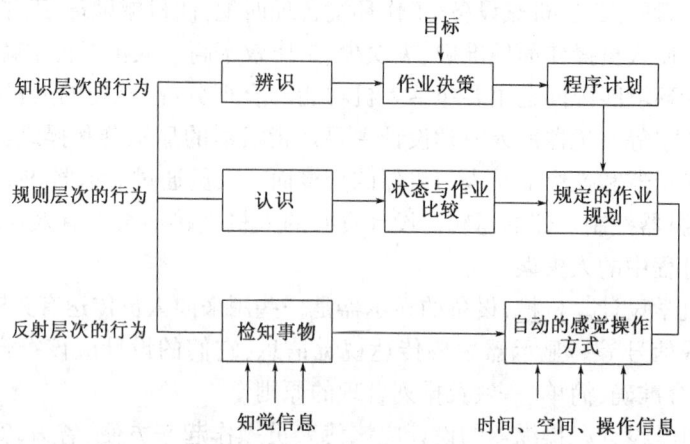

图7.6 人的行为层次

对于反射层次的行为,容易由于操作者不注意而错误地接受刺激,或操作对象、程序变更、仪表、设备人机学设计不合理而发生失误。进行规则层次的行为时,操作者可以由于思路错误或按常规办事,或由于忘记了操作程序、省略了某些操作、选错了替代方案而失误;长期的规则层次行为形成习惯操作而不大用脑思考,在出现异常情况的场合容易发生失误。进行知识层次的行为时,操作者受已有的知识、概念所左右,可能做出错误的假设、设想或推论,或对事故原因与对策的关系考虑不足而发生失误。

在进行安全教育时,要注意针对各层次行为存在的问题采取恰当的弥补措施。

安全教育的阶段。安全教育可以划分为三个阶段的教育,即安全知识教育、安全技能教育、安全态度教育。安全知识教育使人员掌握有关事故预防的基本知识;安全技能教育,通过对受教育者培训及反复的实际操作训练,使其逐渐掌握安全技能;安全态度教育的目的是使操作者尽可能自觉地实行安全技能,搞好安全生产。

(3)其他管理措施。合理安排工作任务,防止发生疲劳,使人员的心理紧张度最优;树立良好的企业文化,建立和谐的人际关系,调动职工的安全生产积极性;持证上岗,作业审批,安全确认。

7.6.3.2 安全技术措施

安全技术措施是消除、控制危险源,防止危险源导致事故、造成人员伤害和财物损坏的工程技术手段。采取安全技术措施的基本理论依据是能量意外释放论。

1. 控制第一类危险源的安全技术

工程技术手段是控制第一类危险源的基本措施,它包括防止事故发生的安全技术和避免或减少事故损失的安全技术两类。

1)防止事故发生的安全技术

防止事故发生的安全技术的基本出发点是采取措施约束、限制能量或危险物质,防止其意外释放。常用的防止事故发生的安全技术有以下3种:

(1)消除危险源。消除系统中的危险源可以从根本上防止事故发生。但是,人们不能消除系统中所有的危险源,只能根据具体的技术、经济等条件,消除其中的部分危险源。

(2)限制能量或危险物质。受实际的技术、经济条件等方面的限制,有些危险源不能被彻底根除,这时应该设法限制它们拥有的能量或危险物质的量,降低其危险性。

(3)隔离。预防事故发生的隔离措施有分离和屏蔽两种。前者是指时间或空间上的分离,防止一旦相遇则可能产生或释放能量或危险物质的两种及两种以上的物质相遇;后者是利用物理的屏蔽措施局限、约束能量或危险物质。

2)避免或减少事故损失的安全技术

避免或减少事故损失的安全技术,其基本出发点是防止事故时意外释放的能量或危险物质达及人和物,或者减轻对人或物的作用。

(1)隔离。避免或减少事故损失的隔离措施,其作用在于把被保护的人或物与意外释放能量或危险物质隔开。具体地,隔离措施包括远离、封闭、缓冲三种措施。

①远离。把可能发生事故而释放出大量能量或危险物质的工艺、设备或工厂等布置在远离人群或被保护物的地方。

②封闭。利用封闭措施可以控制事故造成的危险局面,限制事故的影响,以及为人员提供保护。

③缓冲。缓冲可以吸收能量,减轻能量的伤害作用。

(2)个体防护。佩戴个体防护用品也是一种隔离措施,它把人体与能量或危险物质隔开。

(3)薄弱环节。利用事先设计好的薄弱环节使能量或危险物质按照人们的意图释放,防止能量或危险物质作用于被保护的人或物。一般地,设计的薄弱环节即使破坏了,却以较小的损失避免了较大的损失。因此,该项技术又称为"接受微小损失"。

(4)避难与救援。事故发生后应该努力采取措施控制事态的发展。但是当判明事态已经发展到了不可控制的地步的时候应该迅速避难,撤离危险区域。

2. 第二类危险源控制

第二类危险源是一些围绕着第一类危险源随机出现的物的故障、人失误或环境因素,控制它们是一件十分困难的工作。下面介绍关于防止物的故障的问题,而关于人的因素的控制问题已经在前面的章节里做了介绍。

防止物的故障可以从两个方面来考虑:首先应该采取措施减少故障的发生;其次在一旦发生故障的情况下使故障的影响最小。

1)减少故障

安全系数。最早的减少故障的方法是在设计中采用安全系数。安全系数的基本思想是,把结构、部件的强度设计得超出其必须承受的应力的若干倍,这样就可以减少因设计计算错误、未知因素、制造缺陷及老化等原因造成的故障。

提高可靠性。所谓可靠性,即设备、部件等在规定的条件下和预定的时间内完成规定功能的性能。

提高可靠性可以减少故障。在可靠性工程中采用许多方法来减少故障,如:降低额定值;冗余设计;选用高质量元部件;维修保养及定期更换。

安全监控系统。在生产过程中,利用安全监控系统对某些参数进行监测,以控制这些参数不达到危险水平而避免事故的发生。

检测只是发现问题,要解决问题则必须把检测与警告、连锁或其他安全防护措施结合起来。通过警告可以把信息传达给操作者,以便让人们采取恰当的措施。通过连锁装置可以停止设备或系统的运行,或者启动安全装置。实际上,监测与上述技能结合构成了监控系统。典型的安全监控系统由检知部分、判断部分和驱动部分组成,如图7.7所示。有些情况下,驱动部分的功能不是由机械,而是由人完成的。

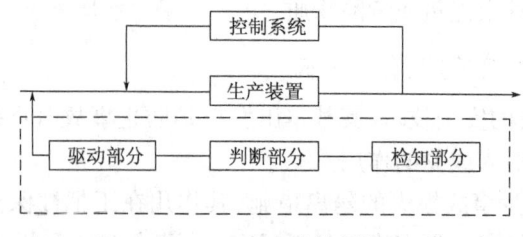

图7.7 安全监控系统

2) 故障—安全设计

在系统、设备的一部分发生故障或破坏的情况下,在一定时间内也能保证安全的安全技术措施称为故障—安全设计。一般来说,通过精心地技术设计使得系统、设备发生故障时处于低能量状态,防止能量意外释放。按系统设备在其中一部分发生故障后所处的状态,实现故障—安全有三种方案。

(1) 故障消极方案。故障发生以后,设备、系统处于最低能量状态,直到采取校正措施之前不能运转。

(2) 故障积极方案。故障发生后,在没有采取校正措施之前使系统、设备处于安全的能量状态之下。

(3) 故障正常方案。保证在采取校正行动之前,设备、系统正常发挥功能。

7.6.4 应急救援预案

7.6.4.1 制定应急救援预案的目的及基本原则

1. 制定应急救援预案的目的

制定应急救援预案是为了在发生事故时,以最快的速度、最大的效能,有序地实施救援,达到尽快控制事态发展,降低事故造成的危害,减少事故的损失。

2. 制定应急救援预案的基本原则

(1) 科学性。加气站应急救援工作是一项科学性很强的工作,制定预案也必须以科学的态度,在全面调查研究的基础上,实行领导和专家相结合的方式,开展科学分析和论证,制定出严密、科学、完整的应急方案。

(2) 实用性。应急救援预案应符合当地的客观情况,具有适用性、实用性,便于操作且见效快。

(3) 权威性。救援工作是一项紧急状态下的应急性工作,所制定的应急救援预案应明确救援工作的管理体系,救援行动的组织指挥权限和各级救援组织的职责、任务等一系列的行动性管理规定,保证救援工作的统一指挥。制定后的应急救援预案还应经上级部门批准后才能实施,保证预案具有一定的权威性。

7.6.4.2 制定应急救援预案的基本步骤

1. 调查研究

调查研究是制定应急救援预案的第一步。在制定预案之前,需对预案所涉及的区域进行全面调查。调查内容主要包括:加气站的经营燃气种类、数量、分布状况;当地的气象、地理、环境和人分布特点;社会公用设施及救援能力与资源现状等。

2. 危险源评估

在制定预案之前,应组织有关领导和专业人员对加气站危险状况进行科学评估,确认可能发生的事故类型、地点,确定事故影响范围及可能影响的人数,从而确定危险源目标,探讨救援对策,为制定预案提供科学依据。

3. 分析总结

对调查得来的各种资料,组织专人进行分类汇总,做好调查分析和总结,为制定预案做好资料准备。

4. 编制预案

视救援目标的种类和危险度,结合本站的救援能力,编制相应的应急救援预案。

5. 科学评估

编制的预案需组织专家评审,并经修改完善后,报上级领导审定。

6. 审核实施

预案经上级领导审核批准后,正式颁布实施。

7.6.4.3 应急救援预案的内容与演练

1. 应急救援预案的基本内容

(1)加气站基本情况;
(2)加气站可能出现的事故类型、影响范围、严重程度;
(3)确定危险目标、应急救援所需用的照明、通讯、防护等物资器材;
(4)应急救援指挥部的组成、职责和分工;
(5)救援队伍的组成和分工;
(6)报警信号,包括向周围群众、消防队伍、医疗机构的报警,做到群众及时疏散、专业消防队伍及时出警、医疗救护人员及时到达,最大限度地减少人员伤亡和财产损失;
(7)针对不同事故征兆及事故状态下的应急处置方案;
(8)伤员的救治;
(9)事故后的恢复;
(10)应急救援训练与演习。

应急救援预案的书写应简明扼要,附有预案的各项平面图和救援程序图。

2. 应急救援预案演练

应急救援预案演练是按既定方案所开展的救援模拟演练。目的是提高救援人员的技术水平与救援队伍的整体能力，以便在事故的救援行动中，达到快速、有序、有效的效果。经常性地开展应急救援演练，是救援队伍的一项重要的日常性工作。加气站必须根据自己的实际情况，有组织有计划地进行应急救援训练与演习，切实提高救援的实战水平。

同时，应急救援演练也是对应急救援预案的实践检验，应根据演练情况，及时发现、总结预案中的不足甚至错误之处，及时修改、完善应急预案。

7.7 加气站作业人员个体防护

7.7.1 加气站职业病危害

职业病危害因素是指在生产过程、劳动过程和作业环境中存在的危害劳动者健康的因素。职业病是指由职业病危害因素所引起的疾病。

7.7.1.1 职业病危害因素分类

1. 生产过程有关的职业病危害因素

生产过程有关的职业病危害包括生产过程有关的原材料、工业毒物、粉尘、噪声、振动、高温、辐射、传染病因素等，分为化学性因素、物理性因素和生物性因素。

(1) 化学性因素。化学生产性毒物生产过程中产生的，存在于工作环境空气中的化学物质称为化学性因素。

(2) 物理性因素。高温，如夏天进入油罐车或油槽车内作业等；噪声，如泵、机械传送带、电气设备等；振动，如循环压缩机转动，使用风动工具、交通运输工具等；辐射，如工业探伤用的X射线、高频电磁场、电焊、氩弧焊等。

(3) 生物性因素。生物性因素指细菌、寄生虫或病毒所引起的与职业有关的某些疾病。

2. 劳动过程中有关的职业病危害因素

(1) 劳动组织不合理如劳动时间过长。

(2) 劳动精神过度紧张，多见于新工人或新装置投产试运行，或生产不正常时。

(3) 劳动强度过大或安排不当，如超负荷的加班加点。

(4) 个别器官、系统过度疲劳如光线不足使视力紧张，长时间处于不良体位或使用不合理的工具设备。

3. 作业环境有关的职业病危害因素

(1) 生产场所设计不合理。如车间布置不当，有毒与无毒岗位设在同一工作间；厂房矮小、狭窄，设计时没考虑必要的卫生技术设施，如通风、换气或照明等。

(2) 防护措施缺乏、不完善或效果不好，如缺少防毒、防噪声等措施。

(3) 缺乏安全防护设备和必要的个人防护用品。

(4) 自然环境因素。如炎热季节的太阳辐射,长时间头部受照而发生中暑。

(5) 环境污染因素。

7.7.1.2 加气站职业危害

根据《中华人民共和国职业病防治法》的相关要求,加气站所属经营单位必须设置有专门的职业卫生管理机构及专职管理人员,加气站内应设置有兼职管理员。此外,还必须建立较为完整的职业卫生管理制度,且职工健康档案内容齐全,符合要求,专人管理。

根据《工业企业设计卫生标准》(GBZ 1—2010)的相关要求,加气站内应设置职业病危害防护设施,包括防噪设施和除尘、通风设施。

根据《劳动保护用品配备标准(试行)》(国经贸安全〔2000〕189 号)的相关要求,加气站必须按照标准配置个人职业病危害防护用品。根据《工业企业设计卫生标准》(GBZ 1—2010)的相关要求,加气站内应设辅助卫生用室。

根据加气站生产工艺和作业岗位分工,加气站主要的职业病危害因素包括噪声、硫化氢等,其中噪声检测结果不应超过国家卫生标准规定的 85dB(A),硫化氢检测结果不应超过国家卫生标准规定的 $10mg/m^3$。

(1) 硫化氢。硫化氢为无色有恶臭气体,溶于水、乙醇,相对密度(空气 =1)为 1.19,能在较低处扩散到相当远的地方,易燃,与空气混合能形成爆炸性混合物,遇明火、高热能引起燃烧爆炸,与浓硝酸、发烟硫酸或其他强氧化剂强烈反应,发生爆炸。硫化氢侵入途径为吸入,本品是强烈的神经毒物,对黏膜有强烈刺激作用。

(2) 甲烷。甲烷是无色、无味气体。甲烷对空气的质量比是 0.54,比空气约轻一半。其侵入途径为吸入。甲烷对人基本无毒,但浓度过高时,使空气中氧含量明显降低,使人窒息。

(3) 噪声对人体的影响是全身性的,既可引起听觉系统的变化,也可以对非听觉系统产生影响。这些影响的早期主要是生理性改变,长期接触比较强烈的噪声,可以引起病理变化,也就是早期人体生理性改变属可逆性,而长期接触引起的病理性变化,则形成不可逆的疾病。噪声对人体的作用分为特异性(听觉系统)、非特异性(其他系统如神经系统、心血管系统、内分泌免疫系统、消化道系统及代谢功能、生殖功能及胚胎发育)。噪声引起生产工人的耳聋称为"噪声聋",被列入国家法定职业病名单,噪声作业场所的职业接触限值见表 7.2。

表 7.2 噪声作业场所的职业接触限值

接触时间	接触限值,dB(A)	备 注
5d/w, =8h/d	85	非稳态噪声计算 8h 等效声级
5d/w, ≠8h/d	85	计算 8h 等效声级
≠5d/w	85	计算 40h 等效声级

7.7.2 加气站职业病危害防护措施及人员个体防护

7.7.2.1 加气站应具备的职业病危害防护措施

1. 防毒

(1) CNG 加气站生产装置应配置抽排风系统。

(2) 站内管道安装符合国家标准及规范要求,按照 GB/T 14976—2012 的规定,高压管道采用SS316不锈钢管。按照GB/T 8163—2018的规定,放散管道采用无缝钢管,材质选用20号钢。埋地钢管的防腐材料使用3层PE加强级外防腐并采用镁合金阳极来做牺牲阳极保护。地上管道(包括地沟内管道)采用环氧富锌底漆和氯磺化聚乙烯防腐涂料。

(3)阀门宜选用进口高压不锈钢阀门,减少泄漏。

(4)储气方式宜选用储气井,同时做到打井接点少,以达到泄漏点少,对周边环境、居民心理影响小的目的。

(5)压缩机宜选用自动化程度高且控制系统中的PLC柜功能能完全满足加气站自动监控要求的设备。

2. 防噪

对产生较大噪声的设备(如压缩机、水冷器、干燥器等),要选用隔音设施(如降噪罩)保证其符合标准,且操作值班室要与噪声源进行隔离。

7.7.2.2 作业人员应具备的个人防护用品

CNG加气站应按照《个体防护装备选用规范》(GB/T 11651—2008)进行配置,接触噪声的工作人员应配置塞栓式耳塞或耳罩;接触化学毒物的工作人员应配备防护服、呼气器官防护用品、手套等。

呼气器官防护用品包括防尘口罩、防毒口罩、防毒面具等,根据结构和作用原理,可分为过滤式和隔离式呼吸防护器两大类。

(1)过滤式呼吸防护器:以佩戴者自身呼吸为动力,将空气中有害物质予以过滤净化。适用于空气中有害物质浓度不高,且空气中含氧量不低于18%的场所,有机械过滤式和化学过滤式两种。

(2)隔离(供气)式呼吸防护器:经此类呼吸防护器吸入的空气并非经净化的现场空气,而是另行供给。按其供气方式又可分为自带式与外界输入式两类。

噪声危害防护用品主要为耳塞和耳罩。

(1)耳塞:为插入外耳道内或置于外耳道口的一种栓,常用材料为塑料和橡胶。按结构外形和材料分为圆锥形塑料耳塞、蘑菇形塑料耳塞、伞形提篮形塑料耳塞、圆柱形泡沫塑料耳塞、可塑性变形塑料耳塞和硅橡胶成型耳塞、外包多孔塑料纸的超细纤维玻璃棉耳塞、棉纱耳塞。对于耳塞的要求为应有不同规格适合于各人外耳道的构型,隔声性能好、佩戴舒适、易佩戴和取出,又不易滑脱、易清洗、消毒、不变形等。

(2)耳罩:常以塑料制成呈矩形杯碗状,内具泡沫或海绵垫层,覆盖于双耳,两杯碗间连以富有弹性的头架适度紧夹于头部,可调节,无明显压痛,舒适。要求其隔音性能好,耳罩壳体的低限共振率越低,防声效果越好。

佩戴耳塞或耳罩工作室应佩戴适合的通信设备。

加气站工作人员根据作业的不同还需穿戴相应的工作服和其他劳动防护用品。

7.8 加气站健康、安全与环境(HSE)管理体系

7.8.1 HSE管理体系概述

HSE管理体系分别是英文health、safety、environment的缩写,即健康、安全、环境。HSE管

理就是结合职业健康安全管理体系和环境管理体系的一体化管理。HSE作为一个管理体系，与GB/T 28001—2011管理体系相似，是用科学化、系统化的方式，全面规范和改进企业安全、环境与健康的管理现状。它要求组织有明确的安全、健康与环境的责任制，对其活动、作业、产品、服务等有关的安全、健康危害与环境因素进行系统的识别及科学的评估，对高风险的危害和环境因素，通过制定或完善管理制度，并定期制定相应的目标、指标及管理方案等手段加以控制，把风险控制在尽可能低的程度，确保组织的经营活动符合有关的安全、健康与环境法规及其他要求，同时要求组织定期对管理体系进行审核、评审，从而达到持续改进安全、健康与环境绩效的目的。

HSE管理体系是一种事前进行风险分析，确定其自身活动可能发生的危害和后果，从而采取有效的防范手段和控制措施防止其发生，以便减少可能引起的人员伤害、财产损失和环境污染的有效方式。

健康、安全、环境的管理在实际工作过程中，有着密不可分的联系，因而把健康、安全、环境形成一个整体的管理体系，作为现代石油化工企业管理方式的必然选择。

健康（H）是指人身体上没有疾病，在心理上（精神上）保持一种完好的状态。安全（S）是指在劳动生产过程中，努力改善劳动条件、克服不安全因素，使劳动生产在保证劳动者安全、健康、企业财产不受损失的前提下顺利进行。安全生产是企业一切经营活动的根本保证。环境（E）是指与人类密切相关的、影响人类和生产活动的各种自然力量或作用的总和，它不仅包括各种自然因素的组合，还包括人类与自然因素间相互形成的生态关系的组合。

7.8.2 HSE管理体系实施要求

7.8.2.1 建立HSE管理体系的指导原则

1. 继承和发展的原则

建立HSE管理体系是支持现有的健全而又行之有效的管理制度，不是取代。过去我们建立了一套完整的而又行之有效的安全、环境与健康的规章制度，即HSE管理体系，它是一套与国际接轨的HSE标准体系，只是对这些规章制度规范化、程序化和标准化，并且予以完善。建立体系不是最终目的，体系的实施运行及国际一流HSE业绩才是要求。杜绝或减少事故、污染和伤害，使公司在社会、在投资者心目中建立良好企业形象，成为国际一流的石油石化企业。

2. 第一责任的原则

HSE管理体系，强调最高管理者的承诺和责任，各级企业的最高管理者是HSE的第一责任人，对HSE应有形成文件的承诺，并确保这些承诺转变为人、财、物等资源的支持。各级企业管理者通过本岗位的HSE表率，树立行为榜样，不断强化和奖励正确的HSE行为。

3. 全员参与的原则

HSE管理体系立足于全员参与，突出以人为本的思想。在体系中规定了各级组织和人员的HSE职责，强调了企业各级组织和全体员工必须落实HSE职责。公司的每位员工，无论身处何处，都有责任把HSE事务做好，并通过审查考核，不断提高公司的HSE业绩。

4. 重在预防的原则

HSE管理体系，着眼点在于预防事故的发生，并特别强调了企业的高层管理者对HSE必须从设计抓起,初步设计的安全环保篇要有 HSE 相关部门的会签批复,设计施工图纸应有 HSE 相关部门审查批准签章。风险评价是一个不间断的过程,是所有 HSE 要素的基础。HSE 标准规定了企业的最高管理者对事故隐患应做到心中有数,并亲自组织隐患治理工作。

5. 强化考核的原则

HSE 承诺、HSE 目标要求各企业建立 HSE 业绩管理及监督考核程序,对管理层成员 HSE 业绩进行考核,并与经济责任制相挂钩。

6. 持续改进的原则

HSE 管理体系着眼于持续改进,实现动态循环,形成了计划—实施—检查—改进四个阶段,即 P—D—C—A 循环,持续改进,不断完善 HSE 管理体系,实现 HSE 管理的动态循环。

7. 以人为本的原则

在体系中强调了所有的生产经营活动都必须满足 HSE 管理的各项要求,并强调人的行为对企业至关重要,建立培训系统并对人员技能和能力进行评价,以保证 HSE 水平的提高。

8. 一体化管理的原则

通过一体化管理,使公司的经济效益、社会效益和环境效益有机地结合在一起。

9. 独立审核的原则

体系要求公司应按适当的时间间隔对 HSE 进行审核和评审,以确保其持续的适应性和有效性。

7.8.2.2 实施 HSE 管理的新理念

(1)安全、环境与健康一体化管理的理念。企业虽然已有一套有效的健康、安全与环境管理方式和管理制度,但它们各管一方,未形成科学、系统、持续改进的管理体系。石油行业是一种高风险的行业,而且它们在安全、环境与健康方面的事故往往是关联的,需要用适应现代化企业安全、环境与健康管理要求的系统管理方法和科学管理模式加以控制。因此,在实施安全、环境与健康一体化管理时,必须从安全、环境与健康分开管理转变到一体化管理的思想上来,坚持三位一体,相互加强。

(2)领导承诺和社会责任理念。领导承诺和责任是指企业自上而下的各级管理层的领导和承诺,是 HSE 管理体系的核心。高层领导对 HSE 的责任和管理上的承诺,既指明了 HSE 工作的方向,又是体系运转的动力。

(3)任何事故都可以预防的理念。在 HSE 目标中,向社会、员工和相关方郑重承诺:"追求最大限度的不发生事故、不损害人身健康、不破坏环境,创国际一流的 HSE 业绩。"推行 HSE 管理体系的目的是争取减少事故,要求在思想观念上树立任何事故都可以预防的理念,即"零事故"的新理念。

(4)职能部门 HSE 职责落实的理念。"一岗一责制"已经建立运行多年,但在考核机制上还未完善,而 HSE 与过去不同的是,既有职责又有考核。HSE 要求企业的各级组织和全体员工都应落实 HSE 职责,企业的每位员工,无论身在何地,都有责任把 HSE 事务做好,并通过审查考核不断提高企业的 HSE 业绩。特别强调要定期检查,确保 HSE 职责全面落实。

(5)承包商和供应商与HSE业绩密切相关联的理念。业主的定义是在合同情况下的接受方,即在一定区域内签订契约,并按契约的要求付款的个人、伙伴、公司或团体。承包商的定义为合同情况下的供方,即业主或操作者雇佣来完成某些工作或提供服务,供应原料与设备的个人、部门或合作者。

企业对于自身的行为能够控制,但对承包商和供应商HSE行为不能实施控制,只能通过企业本身HSE方针政策进行影响。在签订承包合同时,要对HSE管理的内容加以规定,使承包商和供应商必须按照HSE管理体系的要求和条款运作,并与本企业的HSE管理体系相一致,这样既可避免由于工程任务交给承包商完成而造成安全、环境和健康危害,又可避免工作过程中发生分歧,提高业主的HSE管理水平。

因此,实施HSE管理必须加强对承包商和供应商的管理,这种新理念一定要建立。业主组织对承包商的HSE体系的审核,向承包商派出HSE监督,对于供应商品和售后服务的供应商制定资格预审、选用和续用标准,而且经常识别管理与采购有关的危害和风险对提高业主HSE业绩是十分必要的。

(6)程序化、规范化管理的理念。HSE管理体系就是依据管理学的原理,建立PDCA模型,即计划(P)、实施(D)、检查(C)、改进(A)4个相关联的环节,以持续改进的思想,指导企业系统地实现无事故、无伤害、无污染的HSE目标。因此,在实施HSE管理体系时,要树立程序化、规范化管理的理念,形成一个动态循环的管理框架。

(7)HSE从设计抓起的理念。在实施HSE管理中,从思想观念上要从消极预防转变到积极预防,关键就是认真抓好设计这一关。新建、改建、扩建装置(设施)时,应按照"三同时",即劳动安全卫生和环境保护设施要与主体工程同时设计、同时施工、同时投入使用的原则。目前"三同时"的原则越来越受到领导和设计人员所理解和遵守,但对于设计责任强调和重视不够,要搞好HSE管理,首先要从设计做起,不留隐患。每年企业要花大力气,投入大量的人力、物力、财力整改事故隐患,从这些隐患分析来看,绝大部分原因就是原设计不足和缺陷造成的,也到了人们觉醒和重视的时候了。

(8)风险评价实行积极预防方针的理念。在HSE管理体系实施过程中,评价和风险管理主要是识别确定HSE关键活动中存在的风险和影响,制定防止事故发生的措施和一旦发生事故后的恢复措施。可能发生的危险、危害都可能发生事故,事故无论大小,都会给企业造成经济上和政治上的影响。

防止事故的发生,将危害和影响降低到可接受的程度是HSE管理体系运行的最佳最直接的目的,而风险的正确、科学评价和有效的管理是达到杜绝事故、实现事先预防的关键所在。所以说,风险评价是一个不间断的过程,是所有HSE要素的基础,是实现HSE方针目标中最关键的行为。

(9)动态循环管理的理念。在将体系有机组织、形成体系的运行机制时,HSE管理体系标准基于一个共同的概念框架,即PDCA模型。HSE管理体系就是使企业建立一个动态循环的管理框架,以持续改进的思想,指导企业系统地实现其既定目标,即HSE目标,实现无事故、无伤害、无污染的宏伟目标。

(10)配置资源以保证"安全第一"方针的理念。资源是指实施安全、环境与健康管理体系所需要的人员、资金、设备、技术等。HSE体系的建立和运行以及各项活动的实施都离不开资源的支持,只有配置必要的资源,才可以实现"安全第一"和HSE的方针目标。各级企业的最高管理者是HSE的第一负责人,对HSE应有形成文件的承诺,并确保承诺转变为人力、财力、物力的资源支持。

(11)把各种形式检查、整改过程融入体系的审核和评审中的理念。在过去安全、环境与健康管理中,经常说的一句话是"体育靠比赛,安全靠检查",这句话不无道理。对安全检查而言,有国家和上级部门指令性检查,有定期和不定期检查,有以岗位责任制为中心内容的安全大检查,有以专项为主的专业安全大检查,所以这些安全检查对于消除事故隐患、纠正违章、搞好安全生产起到非常重要的作用。但随着市场经济进一步开放、WTO 的加入,各种经济成分的企业应运而生,仅靠行政命令的指令检查,就明显不足。而在建立 HSE 体系管理中将检查监督纳入体系运行、体系的内部审核和注册审核之中。

审核是对体系是否按照预定要求进行运行的检查和评价活动,可分为内部审核(审核组成员来自公司内部)和外部审核(应公司要求,由外部审核机构进行);评审是对体系充分性、适宜性和有效性进行的检查,由公司最高管理者组织进行。

体系审核主要针对:HSE 各要素与规定要求的符合和不符合;在实现目标和表现准则中 HSE 管理体系所起作用的有效性;上次审核提出改进措施的实行及实施效果。

在实施 HSE 管理时,应把重点放在基层队的作业指导书 HSE 计划上,而且在实施程序中特别强调了内部审核,岗位审核,班组审核。其目的在于发现不符合,而不符合项主要是任何能够直接或间接造成伤亡、职业病、财产损失、环境污染的事件;违背作业标准、规程、规章的行为;与管理体系要求产生的偏差。当不符合情况发生后,企业应采取以下措施:

(1)通知责任单位和相关方。
(2)确定导致不符合的原因及可能的结果。
(3)制订整改计划和改进方案。
(4)根据不符合情况,制定并采取纠正措施,以确保预防活动的有效性。
(5)修改程序以预防不符合情况的再次发生,并通知有关人员,实施修改后的工作程序。
(6)对于严重违章指挥和违章操作及时予以纠正。

对于 HSE 管理体系及其实施程序的企业都由最高管理者来组织评审。评审主要进行适应性、充分性和有效性的评价,企业可根据持续改进的原则,根据审核后评审的结论对 HSE 管理体系进行改进,使之不断完善。

7.8.2.3 HSE 管理体系的实施要求

(1)突出各级职责是 HSE 管理核心。企业的经理是 HSE 的最高管理者,也是 HSE 的第一责任人,应作出 HSE 表率。管理者的态度、行为对 HSE 管理体系的成功实施具有决定性的作用,企业的各级领导都应高度重视这项工作,落实 HSE 管理体系的人力、物力、财力,明确各岗位 HSE 职责,制定 HSE 目标、业绩考核和奖惩制度,鼓励、奖励 HSE 行为。

(2)层层落实的关键是严格考核。落实 HSE 的关键在于各层次上的严格考核,只有通过严格的、经常性的考核,才能切实查出问题,及时改进提高。各企业要制定好符合自身实际、切实可行的考核办法,在加强 HSE 事项结果考核的同时,加强 HSE 业务技能和行为的考核,强化过程控制。没有考核就没有管理,只有通过经常性的考核,及时掌握完成情况才能把握工作方向。

(3)强化风险意识和风险管理。加气站是一个高风险的行业,几乎所有的进、销、存和维修活动都存在着火灾、爆炸、可燃气体外泄等风险因素,因此必须发动广大员工,充分认识存在的风险,经常性地开展群众性的风险识别、评价活动,找出身边的风险,提高全员风险意识。同时企业还要开展专业风险评估,采取适当的控制措施防范、化解风险。

(4)加强宣传,注重 HSE 技能培训和行为训练。人身是否受到伤害、是否安全与人的行为是相关联的。强化 HSE 技能训练,除了坚持行之有效的"三级"安全教育,开展班组安全活动以外,还要建立再培训制度,定期开展全员安全再培训,更新知识和技能。此外,还要培育鼓励安全行为、惩罚不安全行为的企业文化氛围,消除不安全行为,使规范的安全行为成为干部和员工的自发行为。

7.8.3　HSE 管理体系文件编制

HSE 管理体系是系统化、结构化、程序化的管理体系,是遵循 PDCA 管理模式并以文件支持的管理制度和管理办法。原则就是:标准要求的要写到;文件写到的要做到;认真做到要有效、要有记录。其目的就是使安全管理工作,从人治变为法治,从职责不清到有章可循,严格按程序办事。

7.8.3.1　文件的编写原则

(1)要符合 HSE 管理体系的要求。HSE 管理体系标准是提供给企业编写 HSE 管理体系文件的依据。企业应按标准条款编写 HSE 管理体系文件。

(2)要结合企业经营、产品或服务的特点。HSE 管理体系提供了一个规范,而作为实施 HSE 管理体系的企业则是千差万别,因此在进行 HSE 管理体系文件编制时,应密切结合企业经营、产品或服务的特点,充分反映出企业的安全生产现状。

(3)要努力做到管理体系文件的一体化。依据 HSE 管理体系标准所建立的 HSE 管理体系是企业全面管理体系的一个组成部分。HSE 管理体系标准与 ISO 9000 质量体系与 ISO 14000 环境管理体系标准遵循共同的管理体系原则,作为实施了 ISO 9000 质量体系的企业,不必撇开企业现行的管理体系要素而单独确定 HSE 管理体系,可以对现行的管理体系要素加以修改,使之适应 HSE 管理体系标准的要求。

7.8.3.2　文件的结构

1. 文件的结构层次

HSE 管理体系标准中并未对文件的结构提出具体要求,但依据 ISO 9001 质量管理体系文件及 HSE 试点企业的经验,一般可把 HSE 管理体系文件结构分成三个层次——HSE 管理手册、HSE 管理体系程序文件、HSE 管理体系其他文件(作业指导书、操作规程、工艺卡及其他有关规程)。

2. 文件的系统性

HSE 管理体系是由 10 个管理要素共同构成的有机整体,是由系统化、结构化和程序化的文件所组成。对这些描述管理活动的文件要做到:

(1)HSE 管理手册、HSE 管理体系程序文件以及 HSE 管理体系其他文件(作业指导书、操作规程、工艺卡及其他有关规程)之间应层次清楚,接口明确。

(2)HSE 管理体系程序文件是规范组织安全生产行为、改善组织安全生产绩效的关键性文件,应分工合理、职责明确、要求具体。

(3)HSE 管理体系其他文件(作业指导书、操作规程、工艺卡及其他有关规程)是有效实施 HSE 程序文件的具有可操作性、可检查性的支持性文件,应有针对性、岗位职责明确、技术要求具体,并有相应的自检内容。

7.8.3.3　HSE 管理手册

HSE 管理手册是 HSE 管理体系文件总体性的描述,通过 HSE 管理手册可以向社会及相关方展示组织的安全、环境与健康意图和宗旨;可以展示组织对遵守安全生产法规及其他要求的承诺;可以展示组织对风险控制和持续改进的承诺。

HSE 管理手册对企业全体员工来说是法规性文件,必须严格遵照执行。HSE 管理手册通常包括如下内容:

(1)组织的 HSE 方针。
(2)HSE 目标要求。
(3)HSE 管理方案实施描述。
(4)组织结构及 HSE 管理工作的职责和权限。
(5)依据 HSE 管理体系标准的要求,并结合组织活动、产品或服务的特点,对标准中全部管理要素的实施要点进行描述。
(6)HSE 管理手册的审批、管理和修改的规定。

7.8.3.4　程序文件

程序文件是健康、安全与环境(HSE)管理体系中的第二个层次文件,按 ISO 8402 标准,将程序文件定义为"为进行某些活动所规定的途径",就是为实施 HSE 管理体系要素所规定的方法。

程序文件是组织实施健康、安全与环境(HSE)管理体系,规范组织的健康、安全、环境、管理行为的主要管理文件,它的有效实施关系到组织对遵守安全、环境、职业卫生法律、法规及其他要求的承诺;关系到对风险控制和持续改进的承诺;关系到能否预期实现组织的 HSE 方针;关系到组织能否按计划完成 HSE 目标。

程序文件是 HSE 管理手册的支撑性文件,更进一步具体明确了组织实施 HSE 管理工作的程序、方法和要求。

7.9　加气站典型事故案例

7.9.1　三起成都加气站案例

7.9.1.1　事故经过

2008 年 2 月 25 日,锦江区龙舟路成都公交压缩天然气有限公司成仁加气站天然气泄漏。2008 年 3 月 6 日,金牛区营门口北一段 151 号长新科技有限责任公司天然气泄漏。2008 年 12 月 28 日,一私家车在武侯区草金 CNG 加气站加气时,钢瓶发生爆炸,造成站内部分设施和 3 辆机动车不同程度受损。

7.9.1.2 事故原因

(1)高压储气罐排污阀连接管冲脱。
(2)违章指挥、违规操作更换储气罐压力表。
(3)违规加装的非法钢瓶。

7.9.1.3 事故分析

上述事故的原因在于:

(1)安全生产管理主体责任不落实,安全培训不到位。一些企业的管理人员法制意识、安全生产意识淡薄,违章指挥、违规操作,日常监管不到位;从业人员安全意识差,对作业场所存在的危险性认识不足,缺乏必要的技能知识,违章作业现象严重。

(2)安全设备、设施隐患严重。一些企业未严格按照国家有关安全生产法律、法规、规章制度和设备设施的技术规范要求,组织相关技术人员认真排查、分析、查找存在的安全隐患,在完善本企业内部相关安全生产制度、预案、设施设备的检修方面缺乏必要的手段,安全设施经费投入不足,安全管理制度、工艺技术规程、设备、设施、储存场所的安全附件、安全保护装置、压力容器、压力管道等机器设备的维护、检修、保养状况不到位。

(3)CNG加气站与周边建筑安全距离不足。由于城市建设的发展造成部分企业与周边单位、居民建(构)筑物安全距离不能满足相关规范要求,产生重大安全隐患,而这些隐患整改周期长、协调解决难度大。

(4)车辆违规加装CNG气瓶行为严重。自武侯区草金CNG加气站发生违规加装非法钢瓶加气时发生爆炸事故以来,市内加气站工作人员在加气前进行的检查工作中,陆续发现部分违规加装CNG钢瓶的机动车辆。

7.9.1.4 事故分析结论

加气站要确保作业场站的安全附件、安全联锁、安全保护装置处于完好状态;压力容器、压力管道、防雷防静电及规定送检的仪器仪表要定期监测和送检;建立健全运行设备的维护保养、检修等台账。继续深入开展隐患排查治理工作,进一步建立和完善隐患排查治理工作机制,使隐患排查治理工作制度化、规范化、常态化,真正把隐患排查治理工作纳入企业日常管理之中。不断完善安全管理制度和事故应急救援预案,加强作业现场安全生产管理,确保安全生产。此外,还应加强安全教育和培训,使管理人员、从业人员掌握相关安全生产法律法规及规范,依法规范安全生产行为,做到依法生产、安全生产。

7.9.2 徐州加气站火灾事故

7.9.2.1 事故经过

2011年2月8日晚19时07分,江苏徐州市二环西路北首沈场立交桥西南侧的加气站储气罐发生泄漏,引发大火。徐州消防支队先后出动15辆消防车、80余名消防官兵赶往现场处置火情。8日晚19时50分,20余米高的火势被成功控制。

7.9.2.2 事故原因

(1) LNG储罐底部的阀门管道区域泄漏,泄漏检测报警系统失效。
(2) 外来火种点燃了储罐底部泄漏的天然气,引发大火。

7.9.2.3 事故分析

(1) LNG储罐区域天然气泄漏报警器安装位置不当或者是报警器灵敏度不够,在发生天然气泄漏的情况下,没有及时报警。
(2) LNG储罐底部管道系统的液相管上没有"紧急切断阀",因此没有实施"泄漏—报警—关闭出液管路"的自动切断功能。
(3) LNG储罐区域没有紧急切断按钮,在发生危险时,不能人为启动紧急切断系统。
(4) LNG储罐底部管路系统中有多组法兰连接件,它是LNG站中最大的泄漏点,尤其在火灾情况下,更容易发生泄漏,这是火灾中有大量LNG流出助长火势的重要原因。管路系统采用焊接的连接方式就不会存在法兰连接件泄漏的隐患。
(5) 储罐的自增压器也存在泄漏的隐患,应当与储罐保持一定的距离,不要直接放在储罐下部。

7.9.3 宜宾CNG加气站储气井爆炸案

7.9.3.1 事故经过

2005年7月18日夜,宜宾某CNG加气站储气井发生爆炸。埋入地下的几十米钢管全部飞向天空,然后分成数段砸向地面,所幸无人员伤亡,钢管落入隔壁的修造厂,造成数辆车辆受损。

7.9.3.2 事故原因

(1) 钢管严重腐蚀,造成钢管壁厚减薄,承压能力下降,引起爆炸。
(2) 固井和钢管防腐存在缺陷,未能有效防止钢管腐蚀。

7.9.3.3 事故分析

储气容器分为瓶储式、罐储式和井储式。从应用范围看,地下储气井应用范围最广;从发生故障概率看,储气瓶组发生故障概率最高,储气罐次之,储气瓶组最低。无论是哪种形式的储气容器,其内部压力都在25~30MPa,均属高压容器。储气容器中存在的问题主要是储存的天然气气质不佳;储存容器的材料不符合相应的技术标准;地下储气井的无损探伤和缺陷补救问题尚未解决;大部分储气容器内没有安全阀,地面没有监测系统。

7.9.3.4 事故分析结论

储气井材质必须符合相关标准;储气井尽量选用耐"氢脆"的材料,储气井井管应进行外壁防腐;防止与地下水中的酸、碱等腐蚀性介质长期接触,产生严重的外腐蚀,造成爆管事故。加强储气井无损探伤和缺陷补救问题技术的研究;按照有关标准要求,地下储气井每隔6年就要进行一次全面检查。

7.9.4 郑州丰庆路加气站气瓶爆炸事故

7.9.4.1 事故经过

2004年2月13日中午12时,郑州市丰庆路汽车加气站,郑州大成出租车公司司机高四行驾驶豫AT6894富康车和另一位驾驶出租车司机在丰庆路加气站加气时气瓶突然爆炸。加气站内共停放9辆汽车,其中富康出租车5辆,公交车4辆。豫AT6894富康车位于东侧北端第二车道处,其左后侧全部因爆炸炸开,车头完好,该车顶炸飞至东南侧3.4m处,左侧后门炸飞至4.2m处,车内天然气气瓶底座炸飞至西北侧17.3m处。充装工罗某卧在豫AT6894车尾左侧,身体被烧焦。

7.9.4.2 事故原因

事故原因为充装工违反操作规程进行充装作业。

7.9.4.3 事故分析

(1)加装部技术主管,未按照生产厂家的安装规定要求对气瓶抽真空,对事故的发生应负直接责任;

(2)改装有限公司负责人,工作失职,没有受过安全培训,对安装工人是否受过培训不清楚,对事故的发生应负一定的责任。

7.9.4.4 事故分析结论

应做到的防范措施:
(1)加强气瓶改装企业的监管力度,各岗位人员应按相关要求培训,持证上岗;
(2)加强加气站工作人员安全意识教育,对情况不明的气瓶禁止加气。

7.9.5 西安加气站爆炸事故

7.9.5.1 事故经过

2006年7月5日早晨,西安市丰禾路一加气站突然发生爆炸,火焰冲出设备房的屋顶。事故中,一名加气站员工身亡。

7.9.5.2 事故原因

事故原因为天然气压缩机气缸冲顶,破损口瞬间压力过大,进而引发了天然气自燃。

7.9.5.3 事故分析

压缩机存在的主要问题是:压缩机间泄漏量较大;润滑油泄漏量较大,在对车用气瓶检测过程中,发现不少气瓶中有润滑油残留物;排气温度高,在有的压缩机上未设置超温报警停机装置。

7.9.5.4 事故分析结论

提高压缩机质量应做到：
(1)压缩机外露运动部件应设置防护装置。
(2)压缩机应符合防爆、防雷标准,各类阀门应安全可靠;压缩机组现场电气和电路系统防爆等级应符合 GB 3836.1 的规定且有防爆措施;静电接地和压缩机、驱动机接地装置应可靠,防雷装置应工作可靠。
(3)压缩机各类阀门必须可靠;安全阀开启压力应合格,止回阀关闭应可靠。
(4)压缩机中气体压力或润滑油压超限时能进行声光报警;压缩机各级排气温度及润滑油温度超限时应能进行声光报警。

7.9.6 自贡天然气加气站爆炸事故

7.9.6.1 事故经过

1995 年 9 月 29 日,四川自贡富顺华油公司压缩天然气加气站发生爆炸,造成重大经济损失和人员伤亡事故。

7.9.6.2 事故原因

事故原因为钢瓶泄漏燃烧。

7.9.6.3 事故分析

站内工艺过程处于高压状态,工艺设备容易造成泄漏,气体外泄可能发生地点很多,管道焊缝、阀门、法兰盘、气瓶、压缩机、干燥器、回收罐、过滤罐等都有可能发生泄漏;当压缩天然气管道被拉脱或加气车辆意外失控而撞毁加气机时会造成天然气大量泄漏。泄漏气体一旦遇引火源,就会发生火灾和爆炸。

7.9.6.4 事故分析结论

储气容器中存在的问题主要是储存的天然气气质不佳;储存容器的材料不符合相应的技术标准。储气瓶的最大储气压力为 25MPa,设计压力应大于工作压力,并保持一定的设计冗余。

7.9.7 遂宁市压缩天然气加气站喷射燃烧事故

7.9.7.1 事故经过

1995 年 10 月 7 日,四川省遂宁市压缩天然气加气站发生喷射燃烧,火焰柱高达 20 余米,造成直接经济损失 18 万余元。

7.9.7.2 事故原因

事故原因为钢瓶质量问题。

7.9.7.3 事故分析

压缩天然气加气站技术要求充装站的压缩机必须加压至 25MPa 以上,才能将天然气压缩到钢瓶内,这是目前国内可燃气体的最高压力储存容器。若钢瓶质量或加压设备不能满足基本的技术要求,稍有疏忽,便可发生爆炸或火灾事故。系统高压运行容易发生超压,系统压力超过了其能够承受的许用压力,最终超过设备及配件的强度极限而爆炸或局部炸裂。

7.9.7.4 事故分析结论

进入气瓶的 CNG 气质必须符合要求;增压后进入储气装置及出站的压缩天然气的质量,必须符合现行国家标准《车用压缩天然气》(GB 18047)的规定。

7.9.8 绵阳地方天然气公司压缩天然气加气站爆炸事故

7.9.8.1 事故经过

1995 年 8 月 12 日,四川绵阳地方天然气公司压缩天然气加气站,给钢瓶充气时而发生爆炸并起火成灾。

7.9.8.2 事故原因

事故原因为脱水工序处理不净。

7.9.8.3 事故分析结论

在天然气中的游离水未脱净的情况下,积水中的硫化氢容易引起钢瓶腐蚀。从理论上讲,硫化氢的水溶液在高压状态下对钢瓶或容器的腐蚀,比在 4MPa 以下的管网中进行得更快、更容易。目前,CNG 气质存在的主要问题如下:

(1)出站 CNG 的含水量过高。在 GB 18047《车用压缩天然气》的所有技术要求指标中,水露点是最重要的一项指标。但实际监测发现,有的加气站的出站 CNG 的含水量超过 80mg/L,有的在 70~80mg/L,普遍的含水量都在 50~60mg/L。出站 CNG 的水露点超过 GB 18047 技术要求规定的 85%。

(2)出站 CNG 的硫化氢含量过高。美国腐蚀工程师协会(NACE)认为可导致井管出现"氢脆"的硫化氢浓度与储存气体的压力有关,并有近似对数线性反比关系,储存气体的压力越大,不发生"氢脆"的硫化氢最高容许浓度越低。CNG 储存装置属于高压容器。在车载气瓶最高工作压力为 20MPa 条件下,不发生"氢脆"的硫化氢最高容许浓度约为 15mg/L;在储气井的最高工作压力 25MPa 条件下,不发生"氢脆"的硫化氢最高容许浓度约为 12mg/L。严格执行 GB 18047 是可以避免"氢脆"的,但据调研,大约有 45%的加气站在线监测硫化氢超标。

(3)气质在线监测装置问题。据调研,45%的加气站没有安装微量水分分析仪等监测设备;42%的加气站没有安装硫化氢在线监测设备。有些加气站即使安装了在线检测仪,由于没有法定监测单位,没有明确规定的监测周期,不少装置建站时候装上后,就再也没有校验标定过,形同虚设。

7.9.8.4 事故分析结论

要提高 CNG 加气站气质,应采取以下措施:

(1) 要提高分子筛耐热耐压性能。目前的脱水装置,由于分子筛的耐热强度差,再生气体加热温度只能控制在 230℃ 以下,所以 CNG 中的水含量极易超标。因此,当前首先应着重解决脱水装置分子筛的耐高温、耐高压的问题再解决脱水装置的其他各项参数匹配问题。

(2) 接触 CNG 的设备应尽量选择抗"氢脆"性能较好的材质。

(3) 应对 CNG 的含水量、含硫量进行监测;如条件允许,可对整个加气站建立实时安全监控系统。

思考题

1. 什么是加气站安全技术?
2. 什么是安全技术措施?
3. 当加气站员工在加气过程中突然"发现"加气车辆阀漏气并引发火灾时,应采取什么应急措施?
4. 事故处理中的"四不放过"是哪四不放过?
5. 什么是危险作业?
6. 什么是应急预案?
7. 简述事故报告的程序。
8. 生产经营单位的安全生产管理机构以及安全生产管理人员应履行哪些职责?

参 考 文 献

[1] 祖因希.液化石油气操作技术与安全管理.北京:化学工业出版社,2000.
[2] 郭建新.加油(气)站安全技术与管理.3 版.北京:中国石化出版社,2013.
[3] 中国石化销售有限公司.压缩天然气加气站.北京:中国石化出版社,2017.
[4] 周宁,刘矩亚.油气储运安全管理概论.北京:中国石化出版社,2012.
[5] 郁永章.天然气加气站设备与运行.北京:中国石化出版社,2006.